奇跡のローテーション馬券術

双馬の方式【完全版】

双馬 毅 &「競馬最強の法則」特捜班

CONTENTS

序章 【双馬の方式】プロローグ――100円玉の錬金術師

3000円を数十万円に変える男　8

カンも大金も必要のない馬券術　9

リストを信じて買い続ける　10

第1章 【双馬の方式】基本＆実戦編――10万馬券へのアプローチ

これが【双馬の方式】の手順　14

史上6位の馬連34万馬券も的中！実戦ではこう使う　16

実戦例①08年2月17日・東京3R3歳未勝利戦　16

実戦例②08年2月3日・京都12R4歳上1000万下　19

実戦例③08年2月23日・京都8R4歳上500万下　23

実戦例④08年3月23日・中山3R3歳未勝利　24

第2章 【双馬の方式】応用編 ── 回収率頂上作戦！

馬場、競馬場ごとの「クセ」をつかめば威力倍増！ 28

買い目を絞って18万馬券を的中！ 29

「激変ローテリスト」を見なくても勝てる日 33

ウインクを狙って26万馬券を的中した理由 34

短縮馬が不振なら、延長馬、同距離馬を狙い撃ち 36

ローテの「クセ」で超配当を連チャン！ 40

馬場状態に「クセ」は大きく左右される 42

ダート→芝替わり馬のXデーがあった 43

馬自身の「クセ」を見抜いて大穴獲り！ 46

戦歴をタテに見ると、人気馬の死角が… 46

「逆ローテーション」で好走した馬は嫌って正解 48

絶好調馬を前走ローテで判別する方法 49

馬連歴代6位34万馬券で「特買い」ダンツショウグンを消して、マイネルフォルザを買った理由 53

【重賞・GI応用編】

コレならGIの900万馬券も狙える
● 07年5月6日・東京11R NHKマイルC ……54
● 07年5月13日・東京11Rヴィクトリアマイル ……57
マイル重賞は前2走で1600m使った馬が狙い
● 08年4月13日・阪神11R桜花賞 ……59
700万馬券の主役も激変ローテ馬だった!

第3章 完全保存版!「激変ローテ&血統リスト」

距離別「激変ローテリスト」——芝コース編
芝1200m 69
芝1400m 87
芝1600m 97
芝1800m 111
芝2000m 128
芝2200m以上 144

距離別「激変ローテリスト」——ダートコース編
ダート1000m 155
ダート1200m 164

ダート1400m 181

ダート1700m 206

ダート2000m以上 243

「激変血統リスト」 247

第4章 【双馬の方式】運用検証──何も考えずに儲ける方法

単勝・複勝編 256

馬連編 262

3連複・3連単編 263

巻末──【即、金になる袋とじ】双馬厳選ローテーション

ダート1600m 197

ダート1800m 225

装丁　橋元浩明（so what.）
本文デザイン＆ＤＴＰ　サイツ
本文イメージ写真　野呂英成
馬柱　1馬

＊馬券は自己責任においてご購入ください。また本文中の成績、配当は主催者発行のものと必ず照合してください。なお、名称・所属・記録等は、一部を除いて2008年4月15日時点のものです。

序章
【双馬の方式】プロローグ

100円玉の錬金術師

本章では、双馬毅という馬券師の人となり、そして馬券術【双馬の方式】の成り立ちと基本的な使い方について触れる。「競馬最強の法則」08年4月号の掲載記事とかなり重複するが、この馬券術の根幹部分なのでお読みになっていない方のために、あえて採録することとした。また、読まれた方もおさらいのつもりで、しっかり再読してほしい。

3000円を数十万円に変える男

08年の2月。双馬毅は我々特捜班の前で、毎週のように10万円を超える配当の馬券を当て続けた。

まずは、2月3日の京都12Rで3連単14万4350円を的中。

翌週の2月9日は、東京11R白富士Sで3連複12万7790円を的中。

さらに2月17日の東京3Rでは3連複26万7490円を的中。

2月23日も京都8Rで3連複13万9730円を的中させた。

いずれのレースも投入金額は3000円前後。1レースあたりの回収率は5000%を楽に超えている。

双馬毅は、一風変わった馬券師だ。プロ馬券師といえば「様々な競馬の予想ファクター」を「独自の勝負勘」で吟味し「数十万単位の賭け」に勝利できる人物。一般的にはそんな印象だろうか。実際、我々特捜班も、大金勝負に勝負勘で勝つ馬券師を数多く見てきた。

しかし、双馬は「カン」も「大金」も使わずに馬券で勝ち続けている。

双馬は**「近2走の着順」「ローテーション」「父、母父の名前（血統）」**──この3つの要素しか見ない。

この3つの要素を独自のリストに当てはめるだけ

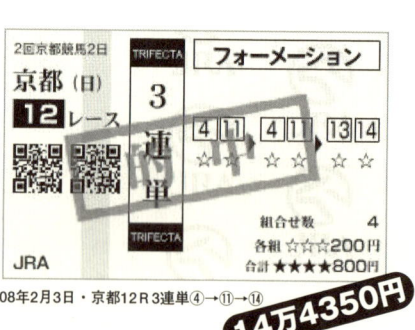

08年2月3日・京都12R 3連単④→⑪→⑭
14万4350円

08年2月9日・東京11R 3連複①⑥⑧
12万7790円

で、買い目が決定する。

【双馬の方式――買い目決定のプロセス】
① 近2走の着順を「◎」「○」「×」「××」に記号化して「激変ローテリスト」を参照する
② 「激変血統リスト」を参照する

以上2つのリストを見るだけで「買い」の馬が機械的に決定される。

カンも大金も必要のない馬券術

双馬毅は生活の糧として「看板張替え業」のアルバイトも並行していた。しかし現在、双馬はそのアルバイトを辞めた。

「元々、看板屋の仕事を本職にするつもりはなかったんです。看板屋には昇給制度がありまして、地上50m以上と高いビルの屋上にある巨大広告に命綱も付けずに登って張替えできるなどの技術を、親方に習えば給料は上がります。

ただ、僕は一番下っ端の紙に糊を塗る作業をずっと担当しました。もちろん時給もずっと安いまま。後から入ってきた人たちのほうが、どんどん時給は高くな

っていました。

実は親方にも、他にやりたいことがあるなら、ウチは手伝いだけでかまわないと最初にいっていただいたから、このバイトを続けられたのですが。その親方には今でも感謝しています」

こう話す双馬だが、看板張替え業のアルバイトを辞めたのは、馬券師になることへの決意表明でもある。

「昨年（07年）から、独自リストの研究時間を増やしていったのですが、それから馬券貯金が徐々に増え始め、自分でも確実にリストの精度が上がっていることを実感しました。

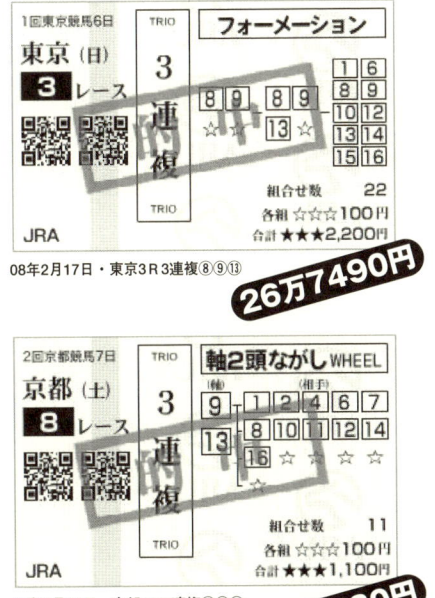

08年2月17日・東京3R 3連複⑧⑨⑬　26万7490円

08年2月23日・京都8R 3連複①⑨⑬　13万9730円

時間をかければもっと勝てる自信も出てきて、しばらく当たらなくてもなんとか生活できる貯金もできました。

本当は看板のバイトも続けたかったのですが、いつまでも中途半端にバイトを続けていても親方にも迷惑がかかりますから、今年の初めに思い切って辞めることにしたのです。

実は、馬券貯金が減ったら違うバイトを探せばいいやぐらいの気持ちもありましたが（笑）、幸い今年になっても馬券貯金は増え続けているので、今はバイトもせず、競馬の研究に没頭できる毎日を過ごしています。フリーターからニートになりました（苦笑）。

こうして、双馬は来る日も来る日も、自身のリストとレース結果を検証する日々を続けた。フリーター時代も家に帰ってはリストの検証を続けていたのだが、バイトを辞めてからはまさに一日中競馬漬けの日々である。

後ほど本書でも紹介するデータの数々も、双馬が日々血の滲む思いでデータを打ち込み、作りあげたものだ。

「毎日、毎日ローテーションと配当金を打ち込む毎日のおかげで、夢の中でも馬柱の数字が回っていました。

おかげで、馬柱を見た瞬間に、そのローテーションの回収率がまるで、レジの計算機のように出るようになりました（笑）」

そんな日々を過ごす中で、双馬は確信する。

「**このリストがあれば負けるはずはない**」と。

リストを信じて買い続ける

後ほど詳しく説明するが、このリストは双馬が目指す「1レース300円で10万円以上の利益を狙う」ことも実現させた。

「今までの僕は単勝や複勝に僕なりの大金を注ぎ込むことも結構ありました。この勝負に勝てる確率が上がれば、利益が増えるとも信じていました。でも、今の僕はその当時よりもお金を使わずに、利益金額を増やし続けています。ええ。リストの精度が上がったおかげで、少ない投資額で10万馬券を安定して当てられるからです」

また、このリストは双馬が馬券で勝ち続けられるのは、独自のリストで「買い」のシグナルが出た馬を、機械的に買い続けて利益を得る方法を確立しているからだ。

双馬の馬券貯金はすでに、1年以上アルバイトをしなくても食べて行ける水準にある。しかし、双馬は金

額を増やして大勝負——などはしない。

双馬の今の馬券は、端から見れば、我々が趣味で楽しんでいる馬券とさほど変わらない。だが、これが双馬の馬券生活の秘訣でもあるのだ。

「体験したことはありませんが、仮に1開催全敗しても生活できる貯金を残せるようにもしています。僕の馬券術は、たまぁーに10レース以上続けて当たらないともありますが、買い目も賭け金も少ないので、資金はほとんど減りません。そして、当たった時は十万単位の払い戻しがあります。残高をほとんど減らさず、数週に一度、十万円単位の収入が入る状態ですね。

一ケタ金額を上げれば、数週に一度、百万円単位の収入があるかもって?

そりゃあ、僕だって何度もそう考えていますよ。でもね。負け続けている時の金額も一ケタ上がるわけですよ。今は、競馬貯金が減りだした緊張感によって、同じように賭け続けられること、リストへの自信が揺るぐことが一番怖いのです」

この発言は別の見方をすれば、自身の馬券購入スタイルへの信頼ともとれる。

目先の欲(お金)に惑わされずに「リスト通りに購入し続ける信念」さえあれば、自然に競馬貯金は増え続けられるという自信だ。その自信を保てるのは、たゆまぬ努力で精度を向上させたリストの存在なのだろう。

今の双馬は「お金は賭けていないに等しい」と語る。賭けるのは**「負け続けの馬を、磨き上げた理論、リスト通りに狙えば勝てる」**という「知恵」と「信念」なのである。

第1章 【双馬の方式】基本＆実戦編

10万馬券へのアプローチ

これが【双馬の方式】の手順

では、双馬はリストをどのように使い、そして勝ち続けているのか。実戦例を挙げながらリストの使い方を解説する。

双馬は「激変ローテリスト」と「激変血統リスト」という2つのリストを用いる。この2つのリストで「買い」のシグナルが出ている馬を買い続けている機械的な作業で双馬は高配当を当て続けている。リスト自体は莫大な研究時間を費やして作られたものだが、使い方は単純である。さっそく馬券術の手順を説明しよう。

【手順1】近2走の着順を記号化する

まず、出走馬の近2走の着順を「◎」「○」「×」「××」の4種類の記号に分類する。

分類方法は、「1着なら◎」「2、3着なら○」「着差1.9秒以内の4着以下なら×」「着差2.0秒以上の4着以下なら××」となる。

つまり、双馬の方式では出走馬の着順はたった4つに分類されるのだ。そして、この方法では全出走馬の近2走の着順パターンは16通り。これに**「キャリア1戦だけの馬」**の4通りを加えた20パターンで、全出走馬のローテーションは評価できるのだ。

なお、初出走の馬はデータの対象外（当然だが新馬戦は買うことはできない）。出走取り消しのレースは出走競争中止の馬は××。出走取り消しは出走していない扱いとする。例えば、2走前が出走取り消

● 近2走の着順パターン

「◎→◎」	「◎→○」	「◎→×」	「◎→××」
「○→◎」	「○→○」	「○→×」	「○→××」
「×→◎」	「×→○」	「×→×」	「×→××」
「××→◎」	「××→○」	「××→×」	「××→××」
「—(出走なし)→◎」	「—→○」	「—→×」	「—→××」

● 着順記号化説明表

着差	1着	2～3着	4着以下
1.9秒以内	◎	○	×
2.0秒以上			××

しならば、前々走は3走前の扱いだ。また地方交流戦も対象とする。

【手順2】「激変ローテリスト」で各馬を評価する

今回出走する条件、人気に応じた「激変ローテリスト」を参照して、【手順1】の方法でパターン化した前2走の着順記号と、前2走それぞれの出走条件（距離とトラック）に応じた項目を見る。

例えば「今回のレースが京都ダート1400mの1000万条件に出走する」馬で「当日5番人気」「前々走が芝の1800mに出走して1.6秒差負けの5着」「前走がダートの1200mに出走して1着」の馬の場合、「激変ローテリスト」のダート1400m1000万条件で「4（番）〜人気」の「ダート1400m」の前々走「芝1800m×」前走「ダート1200m◎」の項目を参照する。

あとは「買い」「特買い」の評価が出ていた馬を買うだけだ。

また、危険な人気馬のローテーションには「消し」の評価もつく。危険な人気馬が出走しているレースも一目瞭然である。

【手順3】「激変血統リスト」で馬場変更の馬の期待値を調べる

・前走ダートに出走していて、今回芝に出走している馬

または

・前走芝レースに出走していて、今回ダートに出走している馬

の父か母父が「激変血統リスト」の対象になるかを参照し、いずれかが該当するのであれば、その評価をチェックする。

芝からダートやダートから芝への条件変更は、昔から穴を狙う方法論として使われている。また、条件変更による期待込みで人気になる馬もしばし見られる。

だが、それだけを狙っていても、なかなか当たらない。それどころか、危険な人気馬、危険な穴人気馬を買わされることも多い。そこで、双馬は「血統」を使って取捨する手法を確立した。

血統と聞くと難しく考える人も多いかもしれないが、双馬が使う「血統」は「父」と「母父」の「人気」と「前走着差」を調べるだけ。その他の要素は一切無視する。双馬にとっては、父と母父の名前だけが、高

配当を獲るために都合のいい記号だから採用したまでなのだ。

例えば、当日5番人気で、前走着差が1・5秒の馬で母父がサンデーサイレンスの馬は、「4番人気以下、前走着差1・9秒以内、母父サンデーサイレンス」の評価を調べる。

このパターンに「買い」のシグナルが表示されていれば買い、人気馬で「消し」に当てはまる馬なら嫌うだけだ。

なお、評価表に載っていない種牡馬は、その段階で評価の対象外となる。「激変ローテリスト」でも買いの材料にならなければ、【双馬の方式】リストからの狙い馬とはならない。

このようにして「激変ローテリスト」と「血統リスト」を参照すれば、誰でも同じ穴馬を的確に買い続けられるのが【双馬の方式】だ。

双馬自身、この方法論自体は決して目新しいものでもないと照笑いを浮かべながら語る。

「僕は元々、ある競馬評論家の予想理論を尊敬してまして。その方の理論で『本当に勝てるのかな？』と自分なりに検証してみました。

そうしていくうちに、自分なりのデータで馬券を買

い始めるようになり、本当に勝てるように
なってしまったのです」

「本当に勝てるのか」と自分で検証し、必要な要素は掘り下げて調べ、不要な要素はバッサリと切り捨てる。

このような試行錯誤の末、誰もが使える馬券術が完成した。これが双馬の馬券術誕生の顛末である。

史上6位の馬連34万馬券も的中！
実戦ではこう使う

実戦例①08年2月17日・東京3R3歳未勝利戦（ダ1600m）

では、序章でも触れた、双馬が「激変ローテリスト」と「激変血統リスト」を見るだけで的中できた2月のレースから例に取り、手順に沿って説明しよう。

まずは、2月17日の東京3R、3歳未勝利戦を取り上げる。

【手順1】近2走の「激変ローテリスト」を参照

結論からいえば、このレースは双馬のリ

●本文では着差を秒差で表示していますが、実戦例の専門紙「1馬」の表示は馬身表示となっています。この場合、「1秒＝5馬身（0.2秒＝1馬身）」を基準に計算してください。【双馬の方式】をこれにあてはめると、
「×…着差1.9秒以内の4着以下」→「×…着差10馬身未満の4着以下」
「××…着差2.0秒以上の4着以下」→「××…着差10馬身以上の4着以下」となりますので、ご注意ください（例えば「9馬身負けての5着」ならば×となる）。

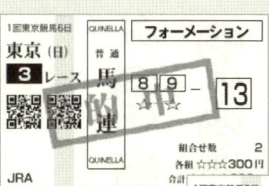
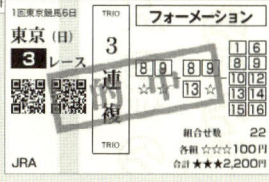

実戦例①

該当馬
⑨ウインク10番人気→2着（複870円）
⑧シルキーチーフ13番人気→3着（複1620円）
③マルターズマリー15番人気→12着

馬連⑨-⑬13550円
馬単⑬→⑨21790円
3連複⑧⑨⑬267490円

ストで「買い」のシグナルが出ている馬は③マルターズマリー、⑨ウインク、⑧シルキーチーフのたった3頭に絞られる。

そして、この3頭のうち10番人気のウインクが2着、13番人気のシルキーチーフが3着になり、双馬は3連複26万7490円を的中させた。

まずは③マルターズマリーの近2走の着順を記号化する。マルターズマリーの前々走はダート1800mに出走し1・9秒差の10着だから、ダート1800の×となる。前走はダート1800mに出走し3・1秒差の10着だからダート1800の××だ。

当日人気は15番人気。「激変ローテリスト」の4番人気以下で前々走がダート1800×、前走がダート1800××の項（P200）を参照すると、評価は「特買い」となっている。

同様に⑨ウインクの前々走の7着だからダート1800の×。前走はダート1・3秒差の7着だからダート1800の×。前走はダート1800mに出走し2・4秒差の9着。1800の××だ。

つまり⑨ウインクのローテーション、着順パターン

「激変ローテリスト」（→ダート1600・未勝利P198〜200）とともに確認しよう。

【手順2】馬場替わり馬の血統評価を調べる

このレースはダート戦なので、前走芝を走っていた馬が「血統評価」を確認する対象となる。

前走芝のレースに出走していたのは①フジベガ、⑧シルキーチーフ、⑭カオリワンダー、⑯ラズベリーハーツの4頭。

次に、各馬の父、母父が「激変血統リスト」（P247〜254）に載っている種牡馬であるかを調べる。

このレースの対象馬は父キャプテンスティーヴの⑧シルキーチーフ、父マリエンバードの⑯ラズベリーハーツの2頭であった。

⑧シルキーチーフは当日13番人気で前走着差は1・4秒。父キャプテンスティーヴの「4番人気以下、前走着差1・9秒以内」のデータ（P248）を参照すると評価は「特買い」だ。

また、⑯ラズベリーハーツは、当日2番人気で父マリンエンバード。父は血統評価表のデータ対照種牡馬なので、3番人気以内の父マリンエンバードの「血統評価」（P247）を参照する。

は③マルターズマリーとまったく同じだから、③マルターズマリーと「ローテーション評価」は同じ「特買い」となる。

このデータ表によると、「3番人気以内、父マリエンバード」は「消し」評価に該当する。前走芝1400mの新馬戦で2着と好走して2番人気に推されていたラズベリーハーツだが、双馬の馬券術ではレース前から「危険な人気馬」だとわかる。危険な人気馬が出走していれば、双馬が狙う人気薄馬が好走する期待も当然高まる。

レースは、4番人気トーセンキンボシが逃げ切り勝ちを収め、ローテーション評価「特買い」の10番人気ウインクが好位から脚を伸ばして2着。血統評価「特買い」の13番人気シルキーチーフが後方から上がり最速の脚で3着に入る。

また、危険な人気馬に指定された2番人気のラズベリーハーツは血統評価通り、ダートの競馬に対応できず10着に敗れた。結局、レースは双馬のデータで「買い」評価が出ていた3頭のうち2頭、それも二ケタ人気の2頭が3着以内に走ったわけだ。

この3頭を2頭軸にし「消し」評価の⑯ラズベリーハーツ以外の上位人気馬に流せば、わずか数点で26万7490円を的中できる。仮に3頭の2頭軸から3連複総流しをかけても、買い目は40点でやはり26万馬券が的中できる。

実戦例② 08年2月3日・京都12R 4歳上1000万下（ダ1400m）

このレースでは馬連5660円、3連複2万4600円、3連単14万4350円を本線で的中させた。

ここでも、先ほど紹介した手順に従うだけで、誰でも⑪アルヴィスを本命にできる。アルヴィスしか買わない評価の馬は残らないからだ。穴馬を何頭も挙げれば、どれかは当たるだろうが、双馬のリストは狙える穴馬も厳選される。

このアルヴィスの近2走の着順を記号化すると、前々走はダート1800mで2・1秒差の16着だからダート1800×と なり、前走はダート1700で0・6秒差の6着なのでダート1700×だ。当日人気は8番人気。「激変ローテリス

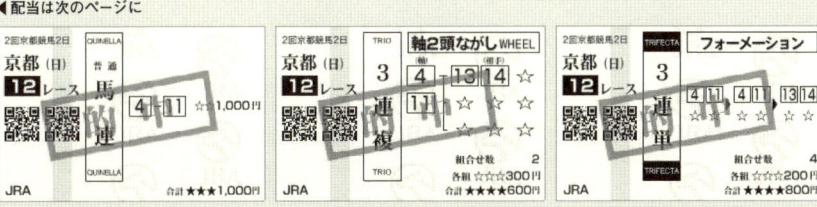
◀配当は次のページに

実戦例②

該当馬
⑪アルヴィス 8番人気→2着（複580円）

馬連④-⑪ 5660円　馬単④→⑪ 10180円
3連複④⑪⑭ 24600円　3連単④→⑪→⑭ 144350円

ト】(ダート1400・1000万下〜OP　P193〜196)の4番人気以下の前々走がダート1800×××、前走がダート1700××の項（P195）を見ると、評価は「買い」だ。

続いて「激変血統リスト」を調べる。今回のレースは、ダート戦だから前走で芝のレースを使っていた馬が「激変血統リスト」の評価対象だ。

このレースで前走芝のレースに出走していた馬は、⑦ヴィクトリーランのみ。ヴィクトリーランは、前走芝2400mで競走を中止していた。当日ヴィクトリーランは、9番人気だったので、「4番人気以下、前走着差2.0秒以上の父ヴィクトリースピーチ、母父タマモクロス」の評価を調べる（P247〜254）。すると、父、母父ともに評価はない。よってこのレースでの血統評価で「買い」の馬はいない。

さてレースは、【双馬の方式】で唯一選ばれたアルヴィスが後方から鋭い差し脚を見せて2着に入る。3連単はともかく、軸のアルヴィスから上位人気馬に流すだけで、馬連5660円、3連複2万4600円を的中できた。

双馬のローテーション・データは多彩な角度から分析される

ところでアルヴィスの「4番人気以下、前々走ダ1800××、前走ダ1700×」(P195)というローテーションは、総数が5回で3着以内数が1回しかないにもかかわらず「買い」評価がついているのは、秘蔵のデータを参考にしたからだ。

双馬は近2走が「ダ1600以上→ダ1600以上」などと大きく分けたローテーションのデータも持っている。

このデータだと、アルヴィスのローテーションは「1700以上→1700以上」になるが、このローテーションは単勝回収率113%、複勝回収率86%と高い回収率を記録しているという。

そのため「4番人気以下、前々走ダ1800××、前走ダ1700××」のローテーションも3着以内数が少ないものの、リストでは「買い」の評価がついているのだ。

逆に、個別に見ると単勝・複勝回収率が高いローテーションの回収率が低い場合でも、大きく分けたローテーションの回収率がついていないケースもあるが、「買い」評価がついていないケースもあ

実戦例③

該当馬
- ⑬フェスティヴマロン5番人気→1着（単1680円、複750円）
- ⑨ラフィーク11番人気→3着（複1360円）

馬連⑪-⑥6690円　馬単⑬→⑪15150円
3連複⑨⑪⑬139730円

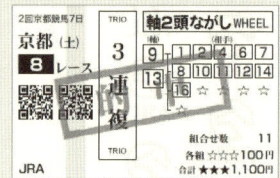

る。

双馬のローテーション評価は、このように多彩なデータを考慮してつけられているから、信頼度が高いわけだ。

P67〜246の「激変ローテリスト」を見る際には、単なる数字上の問題ではなく、双馬の判断もそこに加えられているので注意してもらいたい。

実戦例③ 08年2月23日・京都8R4歳上500万下（ダ1200m）

このレースで双馬は、11番人気で3着に好走した⑨ラフィークを本命、5番人気で1着に好走した⑬フェスティヴマロンを対抗にし、3連複13万9730円を的中させた。双馬のリストさえあれば、誰でも14点で3連複13万9730円を的中できたレースである。

これも手順通りに説明しよう。

まずはラフィークの近2走の着順をパターン化しよう。前々走は芝1400mで0・3秒差の6着で芝1400×、前走はダート1600mで3・1秒差の12着なのでダート1600××となる。

当日人気は11番人気以下で前々走芝1400×、前走がダート1600××のデータ（P175）を見ると、「激変ローテリスト」の4番人気以下で前々走、前走ともにダート1800×の項（P176）を見ると、評価は「買い」だ。

同様にフェスティヴマロンの近2走の着順もパターン化すると、前々走はダート1800mで1・0秒差の12着でダート1800×、前走もダート1800で1・9秒差の13着なのでダート1800××となる。当日人気は5番人気以下でローテーション評価のP172〜177）を参照すると、「買い」以上の評価だった馬は、ラフィークとフェスティヴマロンのみだ。

ローテーション評価（ダート1200・500万下P172〜177）を参照すると、「買い」以上の評価だった馬は、ラフィークとフェスティヴマロンのみだ。

次に「血統評価」を調べる。

今回のレースは、ダート戦なので前走で芝のレースを使っていた馬が対象となる。

このレースで前走芝のレースに出走していた馬は、③オーナーズクリーク、⑤ハングインゼア、⑯マヤノアシビの3頭。しかし、この3頭の中で父、母父のいずれかの血統評価が「買い」以上だった馬は1頭もいない。

したがって、このレースでリストから「買い」と評価されたのはラフィークとフェスティヴマロンのみで

23　第1章◎【双馬の方式】基本＆実戦編──10万馬券へのアプローチ

ある。

レースは、双馬が対抗にした5番人気のフェスティヴマロンが好位追走から、2番人気の⑪ヒカリマーガレットをアタマ差できっちりと差し切って1着。11番人気のラフィークは、終始内々の好位を手応えよく追走し3着に好走した。

【双馬の方式】では、ラフィークとフェスティヴマロンしか「買い」の評価はいないのだから、誰でもこの2頭から馬券を買うことになる。この2頭から3連複総流しをしても、たった14点で13万9730円が的中するのだ。

実戦例④ 08年3月23日・中山3R3歳未勝利（ダ1800m）

このレースで、双馬は馬連34万馬券「しか」的中できなかった。

「しか」と書いた理由は後ほどにして、このレースも【双馬の方式】を用いれば、誰でも数点で34万馬券を的中できる。

このレースでローテーション評価（ダート1800・未勝利　P227〜233）が「買い」だった馬は⑫トミケンクルークと⑭ブラックデビルの2頭。

トミケンクルークの前々走はダート1600mで1・5秒差の10着だったのでダ1600×。前走はダート1800mで0・5秒差の7着でダ1800×となる。トミケンクルークは当日8番人気だったので、「激変ローテリスト」の「4番人気以下、前々走ダ1600、前走ダ1800×」の項（P231）を見ると、評価は「買い」だ。

続いて、ブラックデビルの近2走の着順を記号化すると、前々走はダート1600mで1・2秒差の6着だったのでダ1600×。前走はダート1800mで2・2秒差の8着だったのでダ1800××となる。ブラックデビルは当日10番人気だったので「4番人気以下、前々走ダ1600×、前走ダ1800××」の項（P231）を見ると、これも「買い」だ。

次に「激変血統リスト」も参照する。このレースはダート戦なので、前走で芝のレースを使っていた馬が対象になる。

前走で芝のレースを使っていた馬は、⑥ダンツショウグン、⑦マルタカインプレス、⑨エターナルロマンス、⑩ダイワコルベットの4頭。

⑥ダンツショウグンは、前走芝1800mで0・9秒差の6着だった。当日人気は4番人気だったので、

コスモウイングは馬柱にない3走前を採用（2走前が取り消しのため）

実戦例④

該当馬
⑨エターナルロマンス11番人気→1着（単10570円、複3360円）
⑭ブラックデビル10番人気→3着（複2540円）
⑥ダンツショウグン4番人気→6着
⑫トミケンクルーク8番人気→8着
馬連⑨−⑮348880円　馬単⑨→⑮554720円
3連複⑨⑭⑮2887360円

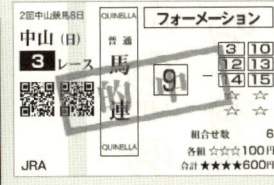

25　第1章◎【双馬の方式】基本＆実戦編——10万馬券へのアプローチ

激変血統リストの「4番人気以下、前走着差1・9秒以内の父ブライアンズタイム、母父サンデーサイレンス」の項（P248）を見ると、父ブライアンズタイムの評価は「特買い」。

⑨エターナルロマンスの前走芝1800mで2・9秒差の15着。当日人気は11番人気だったので激変血統リストの「4番人気以下、前走着差2・0秒以上の父シンボリクリスエス、母父アジュディケーティング」の項（P251）を見ると、アジュディケーティングの評価が「買い」となる。

レースは、「買い」評価の11番人気のエターナルロマンスがゴール前でしぶとく伸びて1着。2着には12番人気のマイネルフォルザ。3着も「買い」評価の10番人気ブラックデビルだった。

「買い」に該当した4頭の2頭軸で総流しをしていれば、3連複史上歴代2位の288万7360円は馬券を70点で的中できたはずだった……。

が、双馬はこのレースで11番人気のエターナルロマンスからの馬連流し馬券で、34万8880円（馬複史上歴代6位）を的中させたものの、3連複288万馬券は獲り逃した。

「僕には70点買いなんて贅沢な買い方はできません。

このレースの3連複はトミケンクルークとエターナルロマンスの2頭軸流しとエターナルロマンスのプッシュハートからの2頭軸流しの10点しか買いませんでした。今にして思うと惜しかったですね」

つまり、双馬はエターナルロマンスのような大穴馬を見つけても、買い目をさらに絞っているのだ。これは支出を極限まで抑えることと同時に「リストさえあれば大穴馬はいつでも選べる」という自信もあるからだろう。

このレースでは残念ながら288万馬券は獲れなかったが、「いつかは3000円以下で100万馬券も的中させる」という研究への、さらなる熱意と手応えも感じ取ったようだ。

なお、なぜ血統評価で「特買い」の⑥ダンツショウゲンを消し、⑮マイネルフォルザ（2着）を拾ったのか——その理由は第2章のP53〜54で明らかになる。

26

第2章 【双馬の方式】応用編

回収率頂上作戦！

馬場、競馬場ごとの「クセ」をつかめば威力倍増！

【双馬の方式】は、リストで指示された「買い」「特買い」を買い続けるだけでも年間でプラス収支を実現できる。さらに「ローテーションのクセおよび、馬自身のクセを見抜けば、的中率を上げ、利益を増やせる」と双馬は語る。実は、双馬馬券の軸やヒモの選び方のキモはここにあるといってもいい。

まずは「ローテーションのクセ」について解説しよう。双馬によれば「同じパターンのローテーションの馬が、同じ日、同じ週の競馬場で走り続けるクセを狙えば、より大きな利益が得られる」という。

この「クセ」は、ローテーションを以下のパターンに分類することで見抜く。

- 今回が前走よりも短い距離に出走する「距離短縮」のパターン
- 今回が前走よりも長い距離に出走する「距離延長」のパターン
- 前走で今回と違う馬場（今回が芝ならば前走がダート、今回がダートならば前走は芝）を走っているパターン
- 今回と同じ距離に出走するパターン

例えば、ある競馬場で前週や当週に、今回が前走よりも短い距離に出走する「距離短縮」のパターンの馬ばかりがよく走っている「クセ」を発見できたとする。

その際には「距離短縮」のローテーションの中で「買い」「特買い」が指示されている馬を狙えば、さらに的中率を上げ、利益を増やせるのだ。

特定のパターンのローテ馬が走り続ける「クセ」

「傾向」は「その週に3着以内に走った馬の近2走のローテーションをメモすることで気づく」（双馬）

彼自身、データ収集のためにすべての馬のローテーションを書き込む作業の中で「同じパターンのローテーション」が続けて走る「クセ」を発見したそうだ。

「例えば、芝1800mの500万条件戦は、芝1600×→芝1400×も芝2200×→芝2200×もどちらも年間を通じて買い続ければプラスになるローテーションです。しかし、この2つのローテーションは違うタイプ、パターンなのです。

芝1600×↓芝1400×の場合、今回（1800）は前走（1400）よりも距離が長い『距離延長』のパターンですが、芝2200×↓芝2200×では、今回（1800）は前走（2200）よりも距離が短い、つまり『距離短縮』のパターンになります」

この2つのパターンは当週、当日の馬場状態の「クセ」によって期待値が大きく変わる。

「例えば、その日の馬場状態が距離短縮のローテ馬ばかりが走る日ならば、芝2200×↓芝2200×の期待値は上がり、反対に、芝1600×↓芝1400×のような距離延長のローテーションは期待値が下がります。

今のケースとは逆に、距離延長馬ばかりが走る日ならば、芝2200×↓芝2200×のローテーションの期待値が下がり、1600×↓芝1400×のローテーションの期待値が上がるのです」（双馬）

この「クセ」を上手に利用すれば、さらに回収率をアップすることができるのだ。

買い目を絞って18万馬券的中！

●07年9月17日・札幌10Rサロマ湖特別（3歳上100万下・芝1200m）

このレースで双馬は16頭立ての15番人気の⑪ドリームキセキを本命にして、3連複18万580円を的中させた。

まずはドリームキセキを選択した理由を、基本通りリストに沿った手順で説明しよう。

「激変ローテリスト」を参照すると、評価が「特買い」だった馬は、⑪ドリームキセキ、⑫タイキマーズの2頭。「消し」だった馬は③シャペロンルージュだ。

③シャペロンルージュの前々走は芝1200mで0・5秒差の7着で芝1200×、前走は芝1200mで3着なので芝1200〇となる。当日人気は3番人気だったので「ローテ評価」の3番人気以内、前々走が芝1200×、前走が芝1200〇の評価を見ると「消し」だ。

双馬が本命にした⑪ドリームキセキの近2走の着順をパターン化すると、前々走は芝1400mで1着だから芝1400◎、前走は芝1500mで0・7秒差の11着で芝1500×。

当日人気は15番人気だったから「ローテ評価」の4番人気以下、前々走が芝1400◎、前走が芝1500×をリストで参照すると「特買い」になる。

同様に、タイキマーズの近2走の着順をパターン化

札幌10R サロマ湖特別

該当馬
- ⑪ドリームキセキ 15番人気→3着（複1840円）
- ⑫タイキマーズ 9番人気→10着

馬連⑥-⑮ 11850円　馬単⑥→⑮ 18510円
3連複⑥⑪⑮ 180580円　3連単⑥→⑮→⑪ 781430円

3連複 ⑥⑪⑮ 180580円

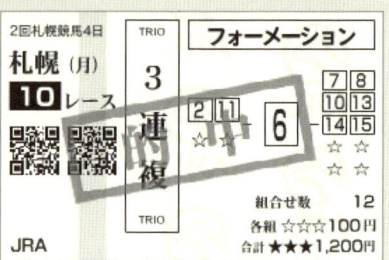

●2007年9月17日・札幌10Rサロマ湖特別 （1000万下・芝1200m）

馬番	馬名	前々走 距離	前々走 着順	前走 距離	前走 着順	評価 ローテ	評価 血統	人気	着順	父	母父
1	チアフルワールド	芝1200	×	芝1200	○			5	11		
2	ロマンスオーラ	ダ1000	×	芝1500	×			13	14		
3	シャペロンルージュ	芝1200	×	芝1200	○	消し		3	6		
4	シャトルタテヤマ	ダ1400	××	芝1200	◎			6	5		
5	リボンノキシ	芝1200	×	ダ1000	◎			8	9	①	②
6	グリューエント	芝1400	◎	芝1500	×			2	1		
7	サクラプログレス	芝1200	○	芝1200	○			10	8		
8	サーキットレディ	芝1200	○	芝1200	○			4	15		
9	フサイチバルドル	芝1200	×	芝1200	○			7	13		
10	エミネンツァベルタ	芝1200	×	芝1200	○			14	7		
11	ドリームキセキ	芝1400	◎	芝1500	×	特買い		15	3		
12	タイキマーズ	芝1200	×	芝1200	○	買い		9	10		
13	スリースピニング	芝1600	×	芝1800	×			12	4		
14	タガノグラマラス	芝1200	×	芝1500	×			1	12		
15	クィーンマルトク	ダ1000	×	芝1200	○			11	2		
16	オースチンローズ	芝1200	×	芝1200	○			16	16		

①…スクワートルスクワート　②…マークオブディスティンクション

し、ローテーション評価を調べると、評価は「買い」であった。

次に「激変血統リスト」で前走ダートを走っていた馬の評価を調べる。

このレースで前走にダートを使っていた馬は、⑤リボンノキシのみ。当日、リボンノキシは前走ダート1000mで1着だった。「4番人気以下、前走着差1・9秒以内、父スクワートルスクワート、母父マークオブディスティンクション」の評価を見ると、評価はない。このレースでは血統評価「特買い」か「買い」の馬は「なし」となる。

レースは、双馬が3番手評価にした2番人気グリューエントが、好位から抜け出した11番人気クィーンマルトクを後方から差し切って1着。双馬が狙った、15番人気ドリームキセキは後方から鋭い差し脚で3着に激走する。

ローテ評価で「特買い」と「買い」だった2頭と「消し」に該当しなかった人気馬2頭から3連複フォーメーションで総流し、⑪⑫—⑥⑭—総流し）をすれば、52点で18万580円が的中する。5200円の投資が18万円以上になるのは悪い話で

31　第2章◎【双馬の方式】応用編——回収率頂上作戦！

表① 07年9月17日・札幌芝の「クセ」

内容	1着	2着	3着	総レース	勝率	連対率	複勝率	単回率	複回率
同距離	1	3	3	35	2.9	11.4	20	5	86
今回延長	3	1	1	24	12.5	16.7	20.8	123	70
今回短縮	2	2	1	21	9.5	19	23.8	84	134

　はないが、双馬はその半分以下の投資金額で18万円を手にした。先に紹介した「クセ」を見抜く方法で買い目を絞ったからだ。

　ョンを調べると、この日の札幌芝コースには、例年の傾向通りにローテーションの「クセ」が出ていた。

　前々日に同じ札幌芝1200mで行なわれた12Rでも前走で1700mを走っていて、今回が芝1200m初出走のヘンリーゴンドーフが3着。また、当日に芝1500mで行なわれた9Rも、前走から「距離短縮」で出走したオリオンオンサイトとマッチレスバローの1、2着だった(当日の傾向については表①参照)。

「この日は良馬場でしたが、レースの勝ちタイムが1分11秒とかかっていたように、札幌開催後半で馬場が荒れていたことと、2日前の雨が残っていたことでスタミナが要求されやすいコンディションでした。札幌の芝1200mはこのようなクセが出やすいから、距離短縮のローテーションの回収率が年間トータルで高いんでしょうね」

　こうして「特買い」か「買い」のローテ馬の中から、さらに「距離短縮」の⑪ドリームキセキを強く狙うことができるわけだ。

　ところで、1番人気の⑭タガノグラマラスも短縮馬だが、双馬はこの馬自身の「クセ」を見抜くことで、むしろ危険な人気馬と判断した。この理由については後の項で説明する。

　サロマ湖特別では「激変ローテ評価」が「特買い」か「買い」だった2頭のうち、双馬はドリームキセキを強く狙った。だが、同じ「買い」評価でも⑫タイキマーズは軽視した。

　P69のデータにも指摘されているように、元々、札幌の芝1200mは、今走は前走よりも短い距離に出走する短縮馬が年間を通じても期待値が高い。「激変ローテーション評価」が「特買い」か「買い」の馬の中でも、短縮馬ならリスト以上の回収率が期待できる。

　さらに、当日、前日までで3着以内に走った馬のローテーシ

「激変ローテリスト」を見なくても勝てる日

●07年10月28日・福島11R河北新報杯（3歳上1000万下・芝1200m）

この日の福島芝コースには全部で102頭が出走したが、前走と「同距離」に出走した馬が20頭。前走のほうが今回よりも短い距離に出走していた「延長」が42頭。そして「短縮」も42頭出走していた。

出走頭数は「延長」も「短縮」も同じだが、なんと3着以内に走った数は「短縮」が倍以上、複勝回収率にいたっては3倍以上の差がついていた（表②）。

このような日は「激変ローテリスト」を見ずとも、単純に「短縮」ばかりを買い続ければ勝てる。

さらに、8番人気以下で3着以内に走った短縮馬4頭のうち3頭は「激変ローテリスト」で「買い」もしくは「特買い」の指示が出ていたので、自信をもって狙うことができた。

メインレースの河北新報杯も11番人気のテンイムホウが勝利したが、この馬は前走芝1400mに出走している短縮馬。さらに、前々走が芝1400mに出走して0・6秒差の7着。前走も同距離に出走して0・

●2007年10月28日・福島11R河北新報杯（1000万下・芝1200m）

馬番	馬名	前々走		前走		評価		人気	着順	父	母父
		距離	着順	距離	着順	ローテ	血統				
1	アンテリオール	芝1200	×	芝1400	×	買い		15	15		
2	ビービーガルダン	芝1200	○	芝1200	◎			1	5		
3	エーティーホーオー	芝1400	×	芝1200	×			14	8		
4	ヤマトサクセス	芝1200	×	芝1200	××			16	14		
5	シルクアヴァロン	芝1200	×	芝1200	×			12	11		
6	クリアエンデバー	ダ1200	×	ダ1300	×		特買い	4	6	①	②
7	ティムガッド	芝1200	○	芝1200	◎			7	10		
8	テンイムホウ	芝1400	×	芝1400	×	特買い		11	1		
9	トウショウアタック	芝1600	×	芝1200	×	買い		8	3		
10	ドリームキセキ	芝1200	○	芝1400	×			3	4		
11	リトルスポーツカー	ダ1000	×	ダ1200	×			10	7	③	④
12	コアレスソニック	芝1200	◎	芝1200	◎			5	12		
13	マキシマムスピード	芝1200	×	芝1200	×			9	16		
14	トーセングラマー	芝1200	○	芝1400	×			2	2		
15	テイエムオペレッタ	芝1200	×	芝1200	×			6	9		
16	ヨバンマツイ	芝1200	××	芝1200	×			13	13		

①…サクラバクシンオー　②…Homebuilder　③…Seeking the Gold　④…Nureyev

表② 07年10月28日・福島芝の「クセ」

内容	1着	2着	3着	総レース	勝率	連対率	複勝率	単回率	複回率
同距離	3	1	3	42	7.1	9.5	16.7	37	40
今回延長	0	0	2	20	0	0	10	0	48
今回短縮	4	6	2	42	9.5	23.8	28.6	287	133

9秒差の11着に敗れているので、芝1400×→芝1400×のローテーションになる。11番人気では「特買い」の馬になる。絶好の狙い馬だったといえるだろう。

ちなみに、このレースで「激変ローテリスト」もしくは「激変血統リスト」で「買い」か「特買い」だった馬はテンイムホウを含めて4頭。それ以外の短縮馬は2頭。ローテリストで「買い」の馬4頭と短縮馬2頭を加えた6頭ボックスで3連複7万480円、3連単56万3620円を的中できる。

「6頭ボックスでは多い」という人は「特買い」のローテーションで短縮馬を軸にすればいい。このレースでは、勝ったテンイムホウただ1頭のみが「短縮」で「特買い」のローテーションの馬だった。

ウインクを狙って26万馬券を的中した理由

●08年2月17日・東京3R（3歳未勝利・D1600m）

続いて、第1章でも触れているが、08年2月17日の東京ダートコースで1〜3着に入線した馬のローテーションに注目しよう。

この日の東京ダートコースはトータルで「同距離」が17頭、「短縮」が37頭、そして「延長」は最多の57頭出走している。「延長」は最多の出走数にもかかわらず「短縮」の半分しか3着以内に入った馬を出せず、回収率も圧倒的に悪かった。(表③)

延長馬を嫌い短縮馬を買えば、確実に勝てる「クセ」のある「馬場」だったのだ。

P17の双馬が26万馬券を的中させた東京3Rの出馬表を改めて見直そう。

このレースで双馬が10番人気のウインクを対抗にしたのも「激変ローテリスト」で「買い」に該当するうえに、今回「距離短縮」で出走するからだ。

まず、この日の1Rでは「特買い」の短縮馬トーセンスクリューが11番人気で2着に激走している。そし

表③ 08年2月17日・東京ダートの「クセ」

R	レース名	ダ	距離	着順	馬名	前々走 距離	前々走 着順	前走 距離	前走 着順	ローテ	評価 ローテ	評価 血統	人気
1	未勝利	ダ	1300	1	グランドメープル	ダ1800	×	ダ1400	×	同距離			3
				2	トーセンスクリュー	ー	ー	芝1600	××	短縮		特買い	10
				3	サラノコジーン	芝1600	×	芝1600	×	短縮		買い	6
2	未勝利	ダ	1400	1	エチセロ	芝1600	×	ダ1600	×	短縮			3
				2	ナリタシェナー	ダ1800	○	ダ1800	×	短縮			2
				3	メイスンファースト	ー	ー	ダ1400	○	同距離			1
3	未勝利	ダ	1600	1	トーセンキンボシ	ダ1800	○	ダ1800	×	短縮			4
				2	ウインク	ダ1800	×	ダ1800	××	短縮	特買い		10
				3	シルキーチーフ	ー	ー	芝1600	×	同距離		特買い	13
6	500万下	ダ	1600	1	ビーチパトロール	ダ1400	○	ダ1400	◎	延長			2
				2	ダイワランスロット	ー	ー	ダ1800	◎	短縮			1
				3	シュリクン	ダ1800	××	ダ1800	×	短縮			9
8	500万下	ダ	1400	1	ヌーサ	ダ1400	×	ダ1700	×	短縮			8
				2	クリノラブゴールド	ダ1200	○	ダ1200	×	延長			3
				3	トーセンマンボ	ダ1200	×	ダ1200	×	延長			2
10	金蹄S	ダ	2100	1	エスケーカントリー	ダ2100	○	ダ2100	◎	同距離			5
				2	ヴァンデグローブ	ダ1800	×	ダ1800	×	延長			1
				3	メイショウゲンスイ	ダ1800	××	ダ1800	×	延長			4
12	1000万下	ダ	1300	1	アルヴィス	ダ1700	×	ダ1400	○	同距離			3
				2	アプローズヒーロー	ダ1200	×	ダ1200	×	延長			4
				3	ノーリプライ	ダ1400	◎	芝1600	×	短縮			2

内容	1着	2着	3着	総レース	勝率	連対率	複勝率	単回率	複回率
同距離	1	0	2	17	5.9	5.9	17.6	50	115
今回延長	1	3	2	57	1.8	7	10.5	6	19
今回短縮	5	4	3	37	13.5	24.3	32.4	123	118

短縮馬が不振なら、延長馬、同距離馬を狙い撃ち

て1R、2Rともに延長馬が1頭も3着以内に走れずに、短縮馬が2頭ずつ3着以内に走っていることが確認できた。

この2レースを見れば「短縮」に有利な「クセ」が発生していることを確信できる。だからこそ双馬はウインクを自信を持って買えたのだ。リストでは「買い」のサインが出ていなかった⑬トーセンキンボシを相手に加えたのも、短縮馬だったことが大きな理由である。

● 08年2月10日・京都12R（4歳上1000万下・ダ1200m）

先ほどまでのケースとは逆に、延長馬が有利で、短縮馬がまったく走らない「クセ」が発生していた日も取り上げよう。

このレースも「クセ」を見ることで、より買い目を絞って的中できるが、「リスト」通りに買うだけでも楽々勝てるレースでもある。基本的な手順から説明しよう。

まずは「激変ローテリスト」で「特買い」「買い」の馬を調べる。該当馬は③アレクシオス、⑨ユーセイハヤトオー、⑩アグネスボゾンの3頭だ。

③アレクシオスの近2走の着順をパターン化すると、前々走がダート1400mで1・2秒差の10着で、前走がダート1200mで1着だったのでダ1200◎。当日人気は7番人気だから、「激変ローテリスト」の「4番人気以下、前々走がダ1400×、前走がダ1200◎」の項を見る。評価は「買い」だ。

⑨ユーセイハヤトオーの近2走は、前々走がダート1400mで1・4秒差の11着だからダ1400×。前走もダート1400mで1・0秒差の5着でダ1400×となる。当日人気は12番人気なので「4番人気以下、前々走がダ1400×、前走もダ1400×」の項は「買い」。

⑩アグネスボゾンの近2走の着順をパターン化すると、前々走がダート1400mで0・6秒差の4着でダ1400×。前走はダート1200mで1・0秒差の7着でダ1200×。当日人気は5番人気だから「4番人気以下、前々走がダ1400×、前走がダ1200×」の項は「買い」となる。

このレースはダート戦。前走芝のレースを使ってい

該当馬
⑩アグネスボゾン5番人気→1着
　（単1640円、複310円）
③アレクシオス7番人気→8着
⑨ユーセイハヤトオー12番人気→7着

馬連⑥-⑩11780円
馬単⑩→⑥24540円
3連複⑥⑩⑪7330円
3連単⑩→⑥→⑪79830円

馬連⑥-⑩11780円

万馬券的中証明書

　　　様
　　　　　　　　　　　2008年02月10日
　　　　　　　　　　　JRA日本中央競馬会

あなたは下記の万馬券を的中させましたので
ここに証明いたします。

　　　　　記

2008年　2回京都4日　12R
　　　　　馬連　06-10　　100円購入
　　　　　払戻金単価　　　　＠11,780円
　　　　　払戻金合計　　　　　11,780円

37　第2章◎【双馬の方式】応用編──回収率頂上作戦！

● 08年2月10日・京都12R （1000万下・ダ1200m）

馬番	馬名	前々走 距離	前々走 着順	前走 距離	前走 着順	評価 ローテ	評価 血統	人気	着順	父	母父
1	テラノフォースワン	ダ1200	◎	ダ1200	×			4	14		
2	コペルニクス	ダ1200	×	ダ1200	×			10	9		
3	アレクシオス	ダ1400	×	ダ1200	◎	買い		7	8		
4	ランドベスト	ダ1400	×	芝1200	×			14	11	①	②
5	セレスブルック	ダ1150	◎	ダ1400	××			11	16		
6	フェザーウイング	ダ1000	◎	ダ1200	×			6	2		
7	カゼノアルペジオ	ダ1200	××	芝1200	×			15	15	③	④
8	ホウショウルビー	ダ1200	×	ダ1200	×			3	5		
9	ユーセイハヤトオー	ダ1400	×	ダ1400	×	買い		12	7		
10	アグネスボゾン	ダ1400	×	ダ1200	×	買い		5	1		
11	バトルサクヤビメ	ダ1400	◎	ダ1200	○			1	3		
12	スマートエッジ	ダ1200	×	ダ1200	×			8	12		
13	カフェリバティー	ダ1300	×	芝1200	×			9	6	⑤	⑥
14	トワイニングイモン	ダ1200	×	ダ1200	×			13	9		
15	フォルテピアノ	ダ1400	×	ダ1200	○			2	4		
16	サンレイラピッヅ	芝1200	×	ダ1200	×			16	13	⑦	⑧

①…ヘクタープロテクター ②…サンデーサイレンス ③…サクラバクシンオー ④…デインヒル
⑤…サンデーサイレンス ⑥…Kaldoun ⑦…タイキシャトル ⑧…Wild Again

表④ 08年2月10日・京都ダートの「クセ」

内容	1着	2着	3着	総レース	勝率	連対率	複勝率	単回率	複回率
同距離	5	5	7	70	7.1	14.3	24.3	159	126
今回延長	2	3	0	30	6.7	16.7	16.7	91	120
今回短縮	1	0	1	24	4.2	4.2	8.3	48	24

た馬が対象になる。該当するのは、④ランドベスト、⑦カゼノアルペジオ、⑬カフェリバティ、⑯サンレイラピッツの4頭。この4頭の中には父、母父が「激変血統リスト」に載っていた馬は1頭もいない。よって本レースでは③アレクシオス、⑨ユーセイハヤトオー、⑩アグネスボゾンの3頭がリストからの「買い」候補となる。

双馬はその3頭の中から馬場の「クセ」と、馬自身の「クセ」に注目することで⑩アグネスボゾンを軸に選んだ。

まずは、馬場の「クセ」だが、この日の京都ダート戦は「同距離馬、延長馬が有利な馬場」だった。1〜3着馬のローテーションを振り返ると、短縮馬はたったの2頭しか走っていない（表④）。前項の2月17日の東京ダートが短縮馬ばかりが走っているのとは対照的だ。

また、この状況は、普段の京都ダート1200mとは正反対の「クセ」だ。

去年1年間の京都ダート1200mの短縮馬の複勝率は19・8％、延長馬の複勝率は13・3％。（2007年2月28日〜2008年2月29日）。本来は短縮馬が走りやすいコースである。

しかし、この日、延長馬は30頭出走し5頭が馬券対象になり、複勝率は16・7％。これに対し短縮馬は24頭出走して2頭しか馬券対象になっていない。複勝率は8・3％。本来とは逆だから、「同距離」「延長馬」にとっても強い「クセ」が生じていたわけだ。

このような日は「激変ローテーション」の「買い」「特買い」に該当する馬でも、「距離短縮」の「特買い」「買い」は狙えない。よって⑨ユーセイハヤトオーは軸にはできない。「延長」もしくは「同距離」の「特買い」「買い」のローテーションの馬で勝負する。

レースは、「買い」評価の5番人気アグネスボゾンが後方から鋭く伸びて1着。2着は6番人気フェザーウイング、3着は1番人気バトルサクヤビメだった。双馬はリストで選ばれた3頭の中から「アグネスボゾン」を本命に選び馬連1万1780円を的中させた。

馬場の「クセ」で⑨ユーセイハヤトオーに不安要素があることは説明したが、さらに③アレクシオスは「馬自身のクセ」で今回のレースには不安材料が出ていたから、⑩アグネスボゾンから買うことになったのだ。③アレクシオスの「馬自身のクセ」については後ほどの項で説明する。

ローテの「クセ」で超配当を連チャン！

● 08年3月1日・中山9Rきんせんか賞（3歳500万下・芝1600m）
● 08年3月2日・中山9R水仙賞（3歳500万下・芝2200m）

まずは2つの表を見比べてほしい。表⑤は3月1日の中山芝で3着以内に走った馬のローテーションだ。表⑥は、前走のローテーション別にその馬たちの成績を集計したものだが、前走「同距離」の複勝回収率は384％、「延長」は121％、「短縮」は27％だった。

明らかに「短縮」の成績が悪い。

9Rのきんせんか賞も、前走同距離の「買い」ローテだった16番人気の⑤ミサトバレーが2着、11番人気の⑯マイネフルーレが3着。圧倒的1番人気ブラックエンブレムとの組み合わせで3連複20万馬券が的中する。

こうなると翌2日も、1日の馬場の「クセ」を見れば「延長」に有利なことは明白だろう。というわけで、2日の中山9R水仙賞もリストに加えて、「延長」のクセに注目することで3連複14万4990円を少ない点数で的中できた。

まずは、基本通りにリストを参照しよう。このレースで「ローテリスト」から「買い」特買い」の評価が出たのは⑥ミヤビベガ、⑬オリエンタルヨークの2頭。「消し」評価の人気馬は、③スマイルオンザランだった。

⑥ミヤビベガの前々走は芝2000mで1・6秒差の12着。前走も芝2000mで0・8秒差の5着。ミヤビベガは当日11番人気だったので4番人気以下の前々走、前走ともに芝2000の×の評価は「買い」だ。

⑬オリエンタルヨークの前々走は芝1800mで2着なので芝1800○、前走は芝2000mで勝っていたので芝2000◎となる。当日人気は、5番人気だから4番人気以下の前々走芝1800○、前走芝2000◎の評価をみると、これも「買い」だ。

③スマイルオンザランの前々走は芝1800mで1着なので芝1800◎、前走は芝2000mで0・3秒差の4着で芝2000×。スマイルオンザランは当日3番人気だったので、3番人気以内の前々走芝1800◎、前走が芝2000×の評価は「消し」だ。

⑥ミヤビベガ、⑬オリエンタルヨークは、ともに前走からの延長馬。当時の馬場の「クセ」からも狙える

表⑤ 08年3月1日・中山芝1〜3着馬のローテーション

R	レース名	芝	距離	着順	馬名	前々走 距離	前々走 着順	前走 距離	前走 着順	ローテ	評価 ローテ	評価 血統	人気
5	未勝利	芝	2000	1	クリスタルウイング	ー	ー	芝1800	×	延長			1
				2	ミュージカルボーイ	ダ1800	××	芝1800	×	延長			11
				3	サッカープリンス	ー	ー	芝1600	×	延長			12
9	きんせんか賞	芝	1600	1	ブラックエンブレム	芝1600	◎	芝2000	○	短縮			1
				2	ミサトバレー	芝1200	×	芝1600	×	同距離	買い		16
				3	マイネフルーレ	芝1600	×	芝1600	×	同距離	特買い		11
10	潮来特別	芝	2500	1	フェニコーン	芝2500	×	芝2000	×	延長	特買い		6
				2	トーセンジョーカー	芝2000	○	芝2000	×	延長			3
				3	ダイワバゼラード	芝2500	×	芝2400	○	同距離			2
11	韓国馬事会杯	芝	1200	1	ウエスタンビーナス	芝1200	×	芝1400	○	短縮			3
				2	エイジアンウインズ	芝1400	○	芝1200	◎	同距離			1
				3	ゼットフラッシュ	芝1200	×	ダ1400	××	短縮			2

表⑥ 前走のローテ別成績（対象は表④の馬）

ローテ	1着	2着	3着	総数	勝率	連対率	複勝率	単回率	複回率
同距離	0	2	1	14	0	14.3	21.4	0	384
延長	2	2	2	29	6.9	13.8	20.7	46	121
短縮	2	0	1	18	11.1	11.1	16.7	52	27

●08年3月1日・中山9Rきんせんか賞（500万下・芝1600m）

馬番	馬名	前々走 距離	前々走 着順	前走 距離	前走 着順	評価 ローテ	評価 血統	人気	着順	父	母父
1	ブラックエンブレム	芝1600	◎	芝2000	○			1	1		
2	コスモビット	芝1200	◎	芝1400	×			15	12		
3	ステラフィッサ			芝1400	◎			9	13		
4	メイショウグラナダ	芝1600	○	ダ1600	◎			2	8	①	②
5	ミサトバレー	芝1200	×	芝1600	×	買い		16	2		
6	カクテルラウンジ	ダ1600	○	芝1400	×			6	14		
7	マロンティアラ	芝1600	×	芝1400	×			14	15		
8	レイコガンベロ			ダ1300	◎			13	11	③	④
9	ナムラテルテル			ダ1400	◎		特買い	5	16	⑤	⑥
10	リーベストラウム	芝1600	×	芝1400	○			8	7		
11	ブリリアントマリー	ダ1200	×	芝1200	×			10	6	⑦	⑧
12	スペシャルディナー			芝1800	◎			4	4		
13	パリスエトランゼル	芝1800	◎	芝2000	××			7	10		
14	メイビリーヴ	芝1200		芝1400	○			3	5		
15	コスモランゲル	芝1600	×	芝1200	○			12	9		
16	マイネフルーレ	芝1600	×	芝1600	×	特買い		11	3		

①…マンハッタンカフェ　②…Dehere　③…マーベラスサンデー　④…Rubiano　⑤…スターオブコジーン　⑥…ダイナコスモス　⑦…エイシンプレストン　⑧…Miswaki

● 08年3月2日・中山9R水仙賞 （500万下・芝2200m）

馬番	馬名	前々走 距離	前々走 着順	前走 距離	前走 着順	評価 ローテ	評価 血統	人気	着順	父	殻
1	マイネルジュレップ	芝2000	×	芝2400	×			8	11		
2	ニシノエモーション	芝1600	○	芝2000	◎			1	4		
3	スマイルオンザラン	芝1800	◎	芝2000	×	消し		3	5		
4	ネオスピリッツ	芝1800	×	芝1600	×			6	2		
5	ティアップドラゴン			芝2000	◎			4	8		
6	ミヤビベガ	芝2000	×	芝2000	×	買い		11	3		
7	メイショウドレイク	ダ2100		芝2000	×			10	12		
8	カネマサロチエ	芝2000	×	芝1800	××			13	9		
9	エバーブライト	芝2000	×	芝2400	×			9	7		
10	ダイワワイルドボア	芝2200	×	芝2400	○			2	6		
11	グリフィス	芝1800	×	芝2400	×			7	10		
12	テンジンミコオウヒ	芝1800	◎	芝1800	×			12	13		
13	オリエンタルヨーク	芝1800	○	芝2000	◎	買い		5	1		

レースは、5番人気の⑬オリエンタルヨークが中団から鋭く伸びて1着。6番人気の④ネオスピリッツが逃げて2着。3着は後方から追い込んだ11番人気の⑥ミヤビだ。

消しの評価だった3番人気③スマイルオンザランは好位から伸びずに5着に敗れた。

「買い」評価の中でも「距離延長」で出走していた⑬オリエンタルヨーク⑥ミヤビベガの2頭からで3連複14万4990円が的中できる。

なお、2着のネオスピリッツの前走は芝1600m。前走からの「距離延長」だから、当時の馬場の「クセ」では有利なローテーションだ。1～3着馬とは反対に、1人気で6着に敗れたダイワワイルドボアは「距離短縮」。不利なローテーションとわかる。

水仙賞も「激変ローテーション」と馬場の「クセ」に注目するだけで、人気薄の激走馬と危険な人気馬が明解に判別できたのだ。

馬場状態に「クセ」は大きく左右される

水仙賞が行なわれた週の中山芝が短縮馬に不利だっ

ダート→芝替わり馬のXデーがあった

●08年2月9日・東京11R白富士S（4歳上OP・芝2000m）

このレースは勝負レースというわけではなかったが、双馬はどうしても11番人気の①ピサノパテックを買いたかったという。

「この日の馬場はJRAの発表によれば『良』でしたが、小雪が舞っていましたし、自分としてはやや重くらいの重たい馬場だと感じていました。実際、6Rでは11番人気ダブルヒーローが勝利しています。この馬はリストで「特買い」になる馬でし

たのは、馬場状態の影響が大きいと双馬は分析する。

「このレースが行なわれたのは、中山2日目。馬場状態が良好です。基本的に馬場状態が良好なときは、時計も速いのですが、時計が速い馬場状態は短縮なるとなる傾向があります。だから延長馬や同距離馬は有利になります」

双馬によれば、時計の速い馬場は「同距離」「延長」に有利になり、時計がかかれば「短縮」に有利になりやすいとのこと。同様に、前走ダートを使っていて、今回のレースで芝に出走する馬は力のいる馬場で有利になりやすい。

例えばJRAから発表される馬場状態の表示ひとつでも、その傾向は現れる。JRAの馬場発表が信頼できるかどうかはともかく、やはり良馬場以外の発表が出るときは、時計がかかる、力が要求される馬場になりやすいことは間違いない。

表⑦を見ても、単純にJRAから重、不良馬場と発表された芝のコースで、前走ダートに出走している馬を買っても高い水準の回収率を記録している。

表⑦「ダート→芝替わり馬」の馬場状態別成績

	馬場状態	1着	2着	3着	総レース	勝率	連対率	複勝率	単回率	複回率
全体	良	604	626	722	16408	3.7	7.5	11.9	64	69
	稍重	86	102	105	2208	3.9	8.5	13.3	62	82
	重	34	32	28	762	4.5	8.7	12.3	104	71
	不良	9	16	14	328	2.7	7.6	11.9	76	84
近2走着順で期待値の低い「―→××」「××→××」パターンを除くと回収率はさらに上がる	良	574	578	664	12836	4.5	9	14.1	75	76
	稍重	79	90	96	1648	4.8	10.3	16.1	75	93
	重	31	31	25	586	5.3	10.6	14.8	108	74
	不良	8	15	11	247	3.2	9.3	13.8	100	102

東京 11R 白富士ステークス

該当馬
⑧ヤマニンメルベイユ14番人気→3着同着（複860円）
⑫オースミグラスワン4番人気→3着同着（複230円）
③グラスボンバー5番人気→7着
⑤タガノデンジャラス12番人気→12着
⑨ヤマニンアラバスタ8番人気→8着
⑬メテオバースト7番人気→9着

馬連①－⑥37630円　馬単⑥→①80480円
3連複①⑥⑧127790円　①⑥⑫82740円
3連単⑥→①→⑧917180円　⑥→①→⑫658140円

3連複①⑥⑧127790円

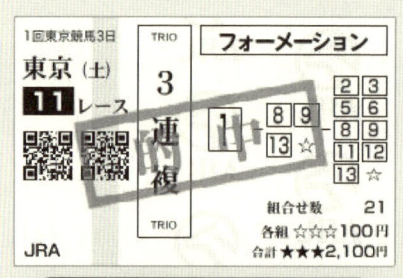

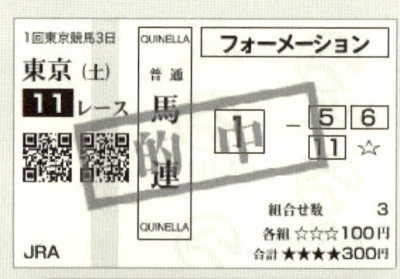

馬連①－⑥37630円

●08年2月9日・東京11R白富士S (OP・芝2000m)

馬番	馬名	前々走		前走		評価		人気	着順	父	母父
		距離	着順	距離	着順	ローテ	血統				
1	ピサノパテック	芝1800	×	ダ1800	××			11	2	①	②
2	ブラックカフェ	芝1600	×	芝1800	×			10	10		
3	グラスボンバー	芝1800	×	芝2000	×	買い		5	7		
4	サンツェッペリン	芝3000	×	芝2500	××			1	13		
5	タガノデンジャラス	芝1600	×	芝1600	×	買い		12	12		
6	ヨイチサウス	芝1600	×	芝1800	××			13	1		
7	ゴールドアグリ	芝1600	×	芝1600	○	消し		3	11		
8	ヤマニンメルベイユ	芝2000	○	芝1600	×	買い		14	3		
9	ヤマニンアラバスタ	芝2000	×	芝2000	×	買い		8	8		
10	フィフティーワナー	ダ1800	◎	ダ1800	◎			6	14	③	④
11	トウショウヴォイス	芝1600	×	芝2000	×			9	6		
12	オースミグラスワン	芝1800	×	芝2400	×	特買い		4	3		
13	メテオバースト	芝1600	×	芝2200	×	買い		7	9		
14	トーホウアラン	芝3000	×	芝2000	◎			2	5		

①…サンデーサイレンス ②…マルゼンスキー ③…Fusaichi Pegasus ④…Irish River

たが、前走はダートに出走している馬でした。そして次の芝のレース、9R春菜賞は近2走ともにダート戦で今回が芝初出走のソーマジックが快勝しました。馬場状態が重そうなことと、前走ダートからの馬が続けて走ったことを見て、この日の芝は前走ダートの馬が狙い目だと判断したのです」

芝のレースで、前走ダートに出走していた馬の出走比率は、全体の10％程度が平均的である。出走数も少なく、ダブルヒーローのような人気薄も多いので、前走ダートの馬が複数3着以内に走る日は、馬場の「クセ」が「前走ダート」の馬が走りやすい傾向にあるといえるだろう。特にその日の馬場状態が、力の要る馬場ならば、なおさらのことだ。

双馬の読み通り、ピサノパテックは2着に激走。ローテーションで「買い」の評価が出ていたヤマニンメルベイユが3着に走り3連複12万7790円が的中する。

ところで、この組み合わせは3連複の364通りのうちの最低人気。双馬の方式は最低人気の組み合わせを的中させたわけだが、レースは3着同着で、配当は半分以下に。

「僕は、写真判定になれば半分以上は負けますし、同着で配当が半分以下になったのは今年すでに3回目で

すよ。なんとかここまで勝てるようになりましたが、僕には競馬で大事な『運』が足りないことに限界があるかもしれません」

取材班は思わず「そんなことないよ！」と双馬の肩を叩いてしまった。これほどまでに、自分に自信がない馬券師を見たことがない。そして取材班は彼にこう声をかけた。「それでも【双馬の方式】は最低人気の組み合わせも的確に当て、確実に勝利を積み重ねているじゃないか！」と。

馬自身の「クセ」を見抜いて大穴獲り！

本書のデータは、同じローテーションをまさに「機械的」に買い続けて集計している。

つまり「激変ローテリスト」のデータは誰の目にも「短縮」が危ない日とわかっていても強制的に「短縮」の「特買いローテーション」を買い続けているわけだ。

馬場の「クセ」がレースに及ぼす影響を知っている我々から見れば、不利な「クセ」が発生しているとわかっているローテーションも買い続けるのは、無謀な買い方とすらいえる。

しかし、そんな敗北が目に見えている馬券を機械的に買い続けても（当然ほとんどハズれるが）「激変ロ ーテ」で「買い」「特買い」に指定されている馬は過去5年に及びプラス収支を実現しているわけだ。そこで「激変ローテリスト」に馬場の「クセ」をプラスアルファすれば、より効率的に稼げることは間違いない。

ここでもうひとつ、リストの評価を超える回収率を実現するアプローチを教えよう。

それは、馬場だけではなく、馬自身の「クセ」を見抜くということだ。

「各馬の戦歴を、タテに見ることによって、その馬自身にとって得意なローテーション、反対の苦手なローテーションという『クセ』も発見できる」（双馬）

馬を「タテ」に見ることで「その馬自身が苦手とするローテーション」を判断できれば、さらに買い目を絞ることや「危険な人気馬」を消すことができる。無駄な買い目が減り、回収額はさらに大きくなるわけだ。

次項からの実践例では、前項までに紹介した「基本的な買い方」に加え、馬自身の「クセ」を見抜いて、より回収率をアップする方法も紹介しよう。

戦歴をタテに見ると、人気馬の死角が…

本章で最初に取り上げた07年9月18日サロマ湖特別の出馬表を改めて見直そう（P30～31）。

サロマ湖特別が行なわれた日の札幌芝コースは短縮馬が走りやすい「クセ」の馬場であることはすでに述べた。そして双馬は「短縮」の15番人気ドリームキセキを本命にして、3連複18万580円を的中させている。

しかし、1番人気馬タガノグラマラスは、前走芝1500mに出走している「短縮」にもかかわらず「危険な人気馬」と判定した。タガノグラマラス自身の「短縮が苦手なクセ」を見抜いたからだ。

「短縮」が有利な馬場の「クセ」であっても、その馬自身が「短縮を苦手としているクセ」があるならば走れない」と双馬は解説する。

「タマノグラマラスは、前々走芝1200mで好位から競馬をして7着、前走芝1500mで逃げて0・9秒差の圧勝というローテーションでした。

タガノグラマラスの戦績（表⑧）を見ればわかるように、この馬は2番手以内での連対実績しかありません。前走も1500mで逃げて圧勝していますが、2走前は1200mに「短縮」

表⑧ タガノグラマラスの戦歴

日付	場所	レース名	芝	距離	人気	着順	
2008.4.5	阪神	難波S	芝	1800	7	13	
2007.11.11	京都	ドンカスターS	芝	1800	4	2	
2007.10.28	京都	清水S	芝	1600	9	6	
2007.9.29	札幌	札幌センテニアル	芝	1800	5	1	
2007.9.17	札幌	サロマ湖特別	芝	1200	1	12	◀該当レース
2007.9.1	札幌	500万下	芝	1500	1	1	◀前走
2007.8.11	札幌	500万下	芝	1200	1	7	◀前々走
2007.7.7	阪神	南港特別	芝	1600	5	8	
2007.3.3	阪神	チューリップ賞	芝	1600	4	8	
2007.2.3	京都	エルフィンS	芝	1600	3	4	
2007.1.13	京都	白梅賞	芝	1600	1	2	
2006.12.23	阪神	未勝利	芝	1600	1	1	
2006.12.9	阪神	新馬	芝	1600	3	2	

●タガノグラマラスのローテ別成績

ローテ	1着	2着	3着	総レース	勝率	連対率	複勝率	単回率	複回率
同距離	1	1	0	6	16.7	33.3	33.3	31	45
延長	2	1	0	3	66.7	100	100	383	256
短縮	0	0	0	3	0	0	0	0	0

されてペースが早くなったため、逃げられずに惨敗しています。

前走の勝因が2走前の1200mよりもペースが緩んで逃げやすい1500mだったとすれば、今回は2走前と同じ1200mですから、惨敗する確率のほうが高いと判断できますよね」

双馬の読み通り、タガノグラマラスは1200mの早いペースに対応できずに12着に敗れる。そして次走は芝の1800mに「延長」で出走し、緩い流れで逃げて快勝。前走の凡走で人気を落としていたので、単勝は890円もついた。

タガノグラマラス自身が前走より短い距離（のローテーション）で走ると惨敗し、前走より長い距離で走れば好走できるという「クセ」を持っていることは、タガノグラマラスのこれまでの戦歴をタテに見れば誰でも気づく。

「馬1頭、1頭をタテに見る」ことで、危険な人気馬を見つけ、リストで「買い」が出た馬にも「より強く勝負できるようになる」と双馬は語る。

「逆ローテーション」で好走した馬」は嫌って正解

08年2月10日の京都12Rに再び注目する（P36〜39）。

このレースでリストから「買い」の評価が出たのは③アレクシオス、⑨ユーセイハヤトオー、⑩アグネスボゾンの3頭だが、双馬はアグネスボゾンを軸にした。

この日の馬場は、短縮馬が走りづらい馬場のため、⑨ユーセイハヤトオーは評価しなかったことはすでに前述した。しかし、同じ「同距離」ローテーションでも⑩アグネスボゾンを軸にしたのは③アレクシオスの戦歴を「タテ」に見て危険と判断したからだ。

「アレクシオスはこのレースまでに5回連対していますが、5回のうち4回は前走が今回よりも距離の長い『短縮』で連対しています。逆に『延長』で連対したことはありません。つまり『短縮』が得意で、『延長は苦手なクセ』が強く

表⑨ アレクシオスのローテ別成績

ローテ	1着	2着	3着	総レース	勝率	連対率	複勝率	単回率	複回率
同距離	0	1	0	12	0	8.3	8.3	0	13
延長	0	0	0	4	0	0	0	0	0
短縮	3	1	0	5	60	80	80	428	170

絶好調馬を前走ローテで判別する方法

出ています。

『延長』を得意とする馬が走りやすい、この日の馬場の『クセ』には不向きですし、前走の勝利も『短縮』で勝ったばかりですから、前走以上に走ることはないと判断できます」

こうしてリストで3頭に絞り込まれた馬から、馬場の「クセ」と馬をタテに見る「クセ」を併せることで、アグネスボゾン1頭に絞り込めるのだ。

●07年12月9日・中山10Rアクアラインス（3歳上1600万下・ダ1200m）

双馬はこのレースで、7番人気の⑧モエレアドミラルを本命にして馬連1万2620円、3連複15万3100円を的中させた。

モエレアドミラルはリストでも選べる馬だが、馬の戦歴から馬自身の「クセ」を見抜く方法、さらには「前走の馬場のクセから馬の強さ、調子を見抜く方法」を見ることで、自信を持って勝負できたと語る。

まずは、いつもの手順通りリストから馬を選ぶ。「激変ローテリスト」の評価を見ると、「買い」以上

だった馬は⑤プリュネル、⑩アイアムアドーター、⑯ビクトリーテッニー、⑬モエレアドミラル、②ラインドライブの4頭。

モエレアドミラル「消し」評価の人気馬は1番人気の②ラインドライブだ。

本命にした⑬モエレアドミラルの前々走はダート1400mで0・9秒差の8着。ダート1400×、前走はダート1600mで0・9秒差の8着だからダート1600×となる。当日人気は7番人気でローテ評価表の4番人気以下、前々走ダート1400×、前走がダート1600×のデータを見ると、評価は「買い」になる。

同様に⑤プリュネル、⑩アイアムアドーター、⑯ビクトリーテッニーの「激変ローテリスト」の評価は「買い」になる。

続いて1番人気の②ラインドライブだが、ダート1300○、前走はダート1400mで1着なのでダート1300◎。ロート1400mで2着だったのでダート1400○。ロート評価表の3番人気以内、前々走ダート1300◎、前走がダート1400◯のデータを見ると、評価は「消し」だ。

次に「激変血統リスト」を見る。今回のレースは、ダート戦なので前走で芝のレースを使っていた馬が「血統評価」を確認する対象だ。

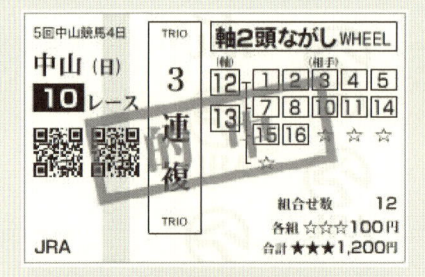

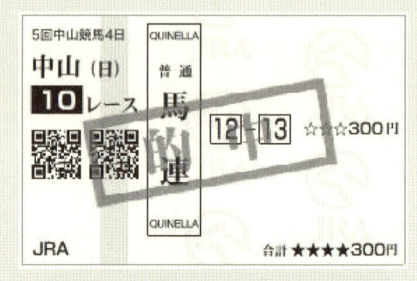

中山 10R アクアラインS

該当馬
- ⑬モエレアドミラル7番人気→1着（単2650円、複660円）
- ⑤ブリュネル9番人気→8着
- ⑩アイアムアドーター12番人気→12着
- ⑯ビクトリーテツニ6番人気→5着

馬連⑫−⑬12620円　馬単⑫→⑬25230円
3連複①⑫⑬153100円　3連単⑬→⑫→①923930円

3連複 ①⑫⑬ 153100円

馬連 ⑫−⑬ 12620円

● 07年12月9日・中山10Rアクアラインs（1600万下・ダ1200m）

馬番	馬名	前々走 距離	前々走 着順	前走 距離	前走 着順	評価 ローテ	評価 血統	人気	着順	父	母父
1	ナリタジューン	ダ1200	◎	ダ1400	◎			8	3		
2	ラインドライブ	ダ1300	◎	ダ1400	○	消し		1	4		
3	ワールドハンター	ダ1400	◎	ダ1200	×			3	7		
4	ルミナスポイント	ダ1200	◎	ダ1200	○			2	6		
5	プリュネル	ダ1400	×	ダ1200	×	買い		9	8		
6	ユキノマーメイド	芝1800	×	芝1600	×			13	10	①	②
7	スイートフィズ	ダ1200	◎	ダ1200	×			11	14		
8	リーサムウェポン	ダ1200	×	ダ1200	×			14	9		
9	ガブリン	芝1600	×	芝1600	○			4	中止		
10	アイアムアドーター	ダ1200	×	ダ1400	×	買い		12	12		
11	ヒカルバローロ	ダ1700	×	ダ1200	×			16	11		
12	サイボーグ	ダ1200	◎	ダ1200	×			5	2		
13	モエレアドミラル	ダ1400	×	芝1600	×	買い		7	1		
14	センターバシレウス	芝1200	××	ダ1200	◎			10	13		
15	ベリーベリナイス	芝1400	×	ダ1400	×			15	15		
16	ビクトリーテツニー	ダ1400	×	ダ1400	◎	買い		6	5		

①…スペシャルウィーク　②…Woodman

このレースに出走していた「馬場替わり馬」は、ユキノマーメイドのみ。ユキノマーメイドは前走芝1600mで0.6秒差の7着。当日人気は13番人気だったので、「4番人気以下、前走着差1.9秒以内、父スペシャルウィーク、母父ウッドマン」を見る。父、母父ともに評価はなく、このレースでの血統評価「買い」の馬はいない。

レースは、双馬が本命にした7番人気のモエレアドミラルが2番手追走から逃げた5番人気サイボーグをゴール前でしっかりと差し切り1着。「消し」評価の1番人気ラインドライブは、好位から伸びずに4着に敗れた。

ローテーション評価が「買い」だった4頭は、すべて単勝10倍以上の人気薄。1番人気のラインドライブも消える可能性は高いのだから、4頭から「消し」評価以外の人気上位馬に流しても、馬連1万2620円を的中できる。

双馬が4頭の中から⑬モエレアドミラルを自信の軸馬に選んだ理由を聞こう。

「モエレアドミラルは中央移籍後に連対した2戦はいずれも『短縮』です。したがって、この馬は『短縮が

得意というクセを持っていることがわかります。前走（07年11月17日）の白嶺Sは東京のダート1600mですから、今回は得意の『短縮』での出走になります」

そして前走の白嶺Sの内容は、モエレアドミラルの強さ、現在の充実振りを示すものでもあったと双馬は指摘する。

「前々走のブラジルCはダートの1400m。前走の白嶺Sはダートの1600m。モエレアドミラルにとって前走は苦手な『延長』での出走になりますよね。だからこの馬にはキツい条件です。さらに、前走の白嶺S自体は前走からの『短縮』が有利なレースが出ていました（表⑩）。モエレアドミラルには厳しい材料が揃ったレースだったのです」

確かに前走の白嶺S上位4頭の前走を見ると、上位4頭のうち3頭は前走ダート1800mに出走している短縮馬。延長馬では前走ダート1800mに出走しているシルクヴェルリッツの5着が最高着順だ。

「5着のシルクヴェルリッツも、過去に

表⑩ 白嶺S（ダ1600m）の成績と前走ローテ

着順	馬名	人気	前走距離	ローテ
1	タイキヴァンベール	2	ダ1800	短縮
2	ウインルーセント	1	ダ1800	短縮
3	ガブリン	3	芝1600	同距離
4	サワノブレイブ	6	ダ1800	短縮
5	シルクヴェルリッツ	10	芝1200	延長
6	セレスクラブ	7	ダ1700	短縮
7	セトノシェーバー	14	ダ1400	延長
8	モエレアドミラル	5	ダ1400	延長
9	マルターズマッシブ	4	ダ1400	延長
10	トラストセレビー	15	芝1600	同距離
11	リスキーアフェア	8	ダ2100	短縮
12	ケージーアジュデ	13	ダ1700	短縮
13	シーサンダー	9	ダ1800	短縮
14	サテライトキャノン	11	ダ1700	短縮
15	マイフラッグ	12	ダ1400	延長
取消	オヤマハリケーン	—		

表⑪ モエレアドミラルのローテ別成績

ローテ	1着	2着	3着	総レース	勝率	連対率	複勝率	単回率	複回率
同距離	0	0	0	6	0	0	0	0	0
延長	0	0	0	8	0	0	0	0	0
短縮	2	1	0	8	25	37.5	37.5	380	170

馬連歴代6位34万馬券で「特買い」ダンツショウグンを消して、マイネルフォルザを買った理由

連対したのは「距離短縮」か「同距離」ですから、距離短縮が苦手といえますよね？苦手なローテーション、不利な馬場で5着に走れたのは、この馬が強いからです。実際、シルクヴェルリッツは、翌週芝1200m『短縮』で出走して3着に走りました。モエレアドミラルも強く、今の調子もいい理由で、シルクヴェルリッツと同じ理由で、モエレアドミラルも強く、今の調子もいいのだと判定しました」

このように馬自身に得意なローテーション、苦手なローテーションが存在すること、ローテーションに有利、不利が発生することは、馬の競争成績が上下することの証明でもある。

「ローテーションだけで『買い』の馬を選ぶ」という双馬の方式が理にかなっているともいえるだろう。

ここで、第1章P24〜26で紹介した3月23日中山3R（ダ1800m）、そう、あの歴代6位の馬連34万馬券を獲ったレースに再び注目したい。

このレースで双馬はマイネルフォルザを買い目に入れ、ダンツショウグンを消したのも当日の「馬場のク

セ」と「馬自身のクセ」に注目したからなのである。

マイネルフォルザは前々走ダ1200×、前走はダ1800×のローテーション。双馬によれば「前々走に今回距離より300m以上短い距離で出走していて、前走は今回距離と同距離に出走して凡走しているパターン」は、期待値の高いローテーションの典型的な形のひとつだという。

「前走は前々走からの『一気の距離延長が苦手なクセ』のために凡走した馬が、今回は同距離で出走するため、巻き返すケースが多いから」だと双馬は解説する。

実際、マイネルフォルザのローテーションに近い「4番人気以下、前々走にダ1200×、前走ダ1800×」というローテーションは複勝回収率157%を記録している。

マイネルフォルザ自体の3月23日時点でのローテーションは複勝率が6.9%とかなり低かったために「買い」評価はないが、現実に2着入線を果たした。これにより、このローテーションも複勝回収率150％を超え、今後も穴を出す期待度が高いローテーションであることを証明した形となった。

そしてダンツショウグンを買わなかったのは、人気馬で、馬券的妙味

がまったくなかったからだという。ダートから芝替わりの馬を買う場合は「芝で凡走している馬を買う」ことが基本だ。なぜなら人気薄になるからだ。これまで紹介した馬券を見てもわかる通り、双馬のスタイルは徹底した穴狙い。しかも回収率を高めるために買い目は絞っていく。評価が「買い」であっても妙味のないものには手を出さない——それが双馬の馬券だ。

ましてやダンツショウグンは、前々走は芝1600mで3着に好走。前走も6着に負けているが、上がり3ハロン34・9秒の脚を使っている。これは芝適性の高さを示すもので、ダート替わりで期待値が高いどころか、危険な人気馬だとすらいえたのだ。

本章ではここまで応用編として、そして双馬馬券の謎解きとして、双馬自身の軸馬、ヒモの選択の根拠——「クセ」について語ってきた。いよいよ次項では応用編の締めくくとして、大波乱の桜花賞を的中した重賞（GI）編に突入する。

重賞・GI応用編

重賞レースも「激変ローテリスト」と「激変血統リスト」を参照することは同じだが、重賞の場合「激変ローテリスト」は近2走の距離だけを見る。着順を◎、○、×、××のパターンにも分ける必要はない。

「重賞は前走に条件戦を走っていた馬がGIを走っていた馬がGIを走っていた馬も着順をパターン化しても、かえってデータがおかしくなります。だから着順をパターン化しても、かえってデータがおかしくなります。前走オープン特別で2着だった馬と、GIで2着だった馬が一緒になるなんてことがザラですから」

コレならGIの900万馬券も狙える
●07年5月6日・東京11RNHKマイルC（3歳GI・芝1600m）

07年のNHKマイルCは、1着が17番人気ピンクカメオ、3着は18番人気ムラマサノヨートーで3連単973万9870円と大波乱の結果になった。このレースも【双馬の方式】を使えば、100万を超える馬券が的中できた「はず」だが、双馬は馬券が的中できなかった。

まずは各馬の近2走の出走距離を調べて「激変ローテリスト」の重賞の芝1600mの項を参照する。なお、先に説明した通り、重賞では着順を◎、○、×、××に記号化する必要はない。このレースで「特買い」「買い」に該当した馬は②

54

マイネルレーニア、⑦キングスデライト、⑭ピンクカメオ、⑱ムラマサノヨートーの4頭。

②マイネルレーニアは、近2走ともに芝1600mを使っていて、当日人気は11番人気。「激変ローテリスト」の「4番人気以下、前走が芝1600、前走も芝1600」の項をみると、評価は「特買い」だ。

⑦キングスデライトは、前々走に芝2400m、前走は芝1800mを使っていた。当日人気は16番人気だったから「4番人気以下、前々走は芝2200m以上、前走が芝1800m」の項をみると評価は「買い」。

⑭ピンクカメオ、⑱ムラマサノヨートーは前々走、前走ともに芝1600mを使っていた。当日人気は、それぞれ17番人気と18番人気だったので「4番人気以下、前々走が芝1600、前走も芝1600」となる。②マイネルレーニアと同じローテだから、評価も同じく「特買い」だ。

馬場替わり馬の血統評価は、芝なので前走にダート戦を使っていた馬が対象となるが、前走ダートを走っていた馬の出走はない。したがって血統評価を調べる必要はない。

レースは、「特買い」評価のピンクカメオが後方から差し切って1着。2着には1番人気ローレルゲレイロ。3着にも「特買い」評価だった18番人気のムラマサノヨートーが入った。

1番人気のローレルゲレイロと「特買い」「買い」に該当した4頭を3連複ボックスで購入すれば、たった10点で3連複122万馬券が的中できたはずだ。

同じ方法で、3連単を購入していれば、120点で3連単970万馬券も的中できたはずだが‥双馬はこのレースでは馬連の3万8800円しか的中することができなかった。

「今ならせめて3連複は的中できたかもしれませんが、3連単はやはり買えません。僕の方式の場合、この馬券を当てるまでに、連敗によって50万円以上の損失が出る確率があります。理論上は970万馬券も狙えたわけですが、それを獲得するために50万円近いリスクを抱えるのは、当時の僕でもまだイヤですね。100万馬券になった当時の資金でも十分狙えるので、これを獲れないのはまだ未熟でしたが」

3連複の122万馬券はリスクがないが、3連単の973万馬券を狙うにはリスクがあると双馬が語った理由は後ほどの項で詳しく解説する。

該当馬

- ⑭ピンクカメオ17番人気→1着
  (単7600円、複1910円)
- ⑱ムラマサノヨート18番人気→3着
  (複3900円)
- ②マイネルレーニア11番人気→15着
- ⑦キングスデライト16番人気→18着

馬連⑩-⑭30800円
馬単⑭→⑩85620円
3連複②⑩⑭1221770円
3連単⑭→⑩→⑱9739870円

万馬券的中証明書

■■ ■■様

2007年05月06日
JRA日本中央競馬会

あなたは下記の万馬券を的中させましたので
ここに証明いたします。

記

2007年　2回東京6日　11R

馬連　　10-14　　　200円購入

払戻金単価　　㊞30,800円
払戻金合計　　　61,600円

馬連⑩-⑭30800円

●07年5月6日・東京11R NHKマイルC（重賞＝GⅠ・芝1600m）

馬番	馬名	前々走距離	前走距離	評価 ローテ	評価 血統	人気	着順
1	アサクサキングス	芝1800	芝2000			3	11
2	マイネルレーニア	芝1600	芝1600	特買い		11	15
3	オースミダイドウ	芝1600	芝1600			2	12
4	マイネルフォーグ	芝1400	芝1600			14	16
5	マイネルシーガル	芝1800	芝2000			6	8
6	イクスキューズ	芝1600	芝2000			8	17
7	キングスデライト	芝2400	芝1800	買い		16	18
8	ゴールドアグリ	芝1400	芝1600			12	14
9	ワールドハンター	芝1200	芝1600			13	13
10	ローレルゲレイロ	芝1600	芝2000			1	2
11	トーホウレーサー	芝1800	芝1600			7	5
12	シベリアンバード	芝1800	芝1600			15	4
13	ダイレクトキャッチ	芝2000	芝1800			4	10
14	ピンクカメオ	芝1600	芝1600	特買い		17	1
15	ハイソサエティー	ダ1600	芝1600			10	7
16	シャドウストライプ	ダ1400	芝1600			5	9
17	ダノンムロー	芝1200	芝1200			9	6
18	ムラマサノヨートー	芝1600	芝1600	特買い		18	3

マイル重賞は前2走連続で1600m使った馬が狙い

●07年5月13日・東京11RヴィクトリアM（GⅠ・芝1600m）

07年のヴィクトリアマイルは「激変ローテリスト」か「激変血統リスト」で「買い」か「特買い」に該当していた馬をボックスで買えば3連単の228万馬券が的中できたはずだった。

まず、このレースは2番人気のスイープトウショウが危険な人気馬だった。⑦スイープトウショウは、前々走に芝2500m、前走は芝1600mを使っていた。「激変ローテリスト」の「3番人気以内、前々走が芝2200m以上、前走は芝1600」の評価は「消し」となる。

③アサヒライジングは、前々走に芝1800m、前走に芝1400mを使っていた。当日は9番人気だったので、「4番人気以下、前々走が芝1800、前走は芝1400」の評価は「特買い」だ。

57　第2章◎【双馬の方式】応用編──回収率頂上作戦！

④コイウタは、前々走に芝1600m、前走も芝1600mを使っていた。当日人気は12番人気だったので「4番人気以下、前々走が芝1600、前走も芝1600」を見ると評価は「特買い」となる。

⑤フサイチパンドラは、前々走に芝2500m、前走は芝1600mだったので「4番人気以下、前々走が芝2200以上、前走は芝1600」に該当する。

⑯デアリングハートは、前々走に芝1600m、前走も芝1600mを使っていた。当日人気は8番人気だったので「4番人気以下、前々走が芝1600、前走も芝1600」のパターン。これは④コイウタとまったく同じなので評価も同じ「特買い」となる。

レースは、12番人気の④コイウタが1着。9番人気の③アサヒライジングが2着。8番人気の⑯デアリングハートが3着で「特買い」「買い」に該当した4頭のうち3頭が上位を独占。スイープトウショウは9着に敗れて、3連単の配当はなんと228万3960円!

双馬はこのレースも痛恨のタテ目でハズす。「自分自身、芝1600→芝1600のローテーションが回収率が高いとは、そのとき半信半疑だったので

●07年5月13日・東京11Rヴィクトリアマイル（重賞=GI・芝1600m）

馬番	馬名	前々走 距離	前々走 着順	前走 距離	前走 着順	評価 ローテ	評価 血統	人気	着順
1	サヨウナラ	ダ1600	×	芝1800	×			18	17
2	ディアデラノビア	芝1600	◎	芝1400	○			4	6
3	アサヒライジング	芝1800	×	芝1400	×	買い		9	2
4	コイウタ	芝1600	×	芝1600	○	特買い		12	1
5	フサイチパンドラ	芝2500	×	芝1600	×	特買い		6	12
6	カワカミプリンセス	芝2000	◎	芝2200	×			1	10
7	スイープトウショウ	芝2500	×	芝1600	○	消し		2	9
8	キストゥヘヴン	芝1600	×	芝1800	×			7	4
9	スプリングドリュー	芝2000	×	芝1800	◎			14	13
10	アグネスラズベリ	芝1600	○	芝1400	○			11	11
11	ソリッドプラチナム	芝1600	×	芝1800	×			17	16
12	ブルーメンブラット	芝1400	×	芝1400	×			15	8
13	コスモマーベラス	芝2000	○	芝1800	×			10	15
14	アドマイヤキッス	芝2000	×	芝1600	×			3	7
15	サンレイジャスパー	芝1800	×	芝1800	×			16	14
16	デアリングハート	芝1600	×	芝1600	×	特買い		8	3
17	ジョリーダンス	芝1200	◎	芝1400	◎			5	5
18	ビーナスライン	芝1200	×	芝1200	×			13	18

700万馬券の主役も激変ローテ馬だった！

● 08年4月13日・阪神11R桜花賞（3歳GI・芝1600m）

実は、本書の原稿締め切りは4月の上旬。08年の桜花賞はスケジュールの都合、本来ならば掲載できないはずだったが、乱桜馬券を見事的中したため緊急掲載する。

先のヴィクトリアマイル、NHKマイルCのGIはともに芝1600→芝1600と2走続けてマイルを使っているローテーションの馬が穴を出していた。芝1600m戦なのだから、芝1600mを続けて使っている馬が多そうなものだと思うだろう。実際、

「『短縮』や『延長』で人気薄が一変するのはなんとなく納得していたのですが、何の変哲もないローテーションがここまで破壊力があるとは信じきれず、人気馬から4頭に流してしまいました」

NHKマイルC、ヴィクトリアマイルと2週連続で芝1600→芝1600の破壊力を見せつけられた双馬は、今後は芝1600→芝1600で必ず馬券をとめると心に誓ったそうだ。

このローテーションは出走数もそれなりに多い。それでいて、複勝回収率259％を記録しているのだから、このローテーションは重賞では本当に期待値が高いといえよう（まだ集計していないが、このローテーションの数値は桜花賞でさらに上がることだろう）。

他にも07年の桜花賞で7番人気2着のカタマチボタン、関屋記念で12番人気2着のマイケルバローズ、京都牝馬Sで9番人気2着のザレマと人気薄が次々に走る特注ローテーションだ。

そして08年の桜花賞も芝1600mを2走続けて走っていた15番人気の⑱エフティマイアが2着に激走した。ちなみに、このレースで2走続けて芝1600mを使っていたはエフティマイアの他には①デヴェロッペ、⑰シャランジュの2頭。意外に出走数は多くない。

「GIは未勝利戦ほど得意ではないのですが、せっかく重賞も取り上げたのに買わないのも後悔すると思ってお祭り気分で『買い』のローテを押さえただけで当たってしまいました」とは双馬の話。

本書のデータは2〜3月までのものだから、3月以降の的中は過去のデータから分析されたリストがその後も使えることの証明になる。08年の桜花賞もそのレースのひとつだ。

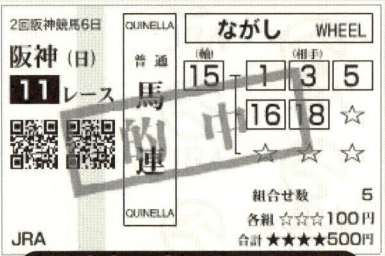

該当馬
⑱エフティマイア15番人気→2着（複1120円）
①デヴェロッペ11番人気→15着
⑰シャランジュ10番人気→13着

馬連⑮―⑱196630円
馬単⑱→⑱334440円
3連複⑬⑮⑱778350円
3連単⑮→⑱→⑱7002920円

馬連⑮―⑱196630円

● 08年4月13日・阪神11R桜花賞 （重賞＝GI・芝1600m）

馬番	馬名	前々走 距離	前々走 着順	前走 距離	前走 着順	評価 ローテ	評価 血統	人気	着順	父	殿
1	デヴェロッペ	芝1600	×	芝1600	×	特買い		11	15		
2	エーソングフォー	芝1400	◎	芝1400	×			13	17		
3	エイムアットビップ	芝1600	×	芝1400	×			6	7		
4	マイネレーツェル	芝1600	×	芝1400	◎			9	6		
5	オディール	芝1600	×	芝1600	○			3	12		
6	マダムルコント	ダ1600	◎	ダ1600	×			17	16	①	②
7	ポルトフィーノ			取り消し							
8	ハートオブクィーン	芝1200	×	芝1600	×			16	4		
9	リトルアマポーラ	芝2000	×	芝1600	◎			2	5		
10	トールポピー	芝1600	◎	芝1600	○			1	8		
11	エアパスカル	ダ1400	××	芝1600	×			7	9		
12	ベストオブミー	ダ1400	◎	芝1400	○			8	11		
13	ソーマジック	芝1400	◎	芝1600	×			5	3		
14	ルルパンブルー	芝1600	×	芝1200	○			14	14		
15	レジネッタ	芝1600	○	芝1400	◎			12	1		
16	ブラックエンブレム	芝1600	◎	芝1800	○			4	10		
17	シャランジュ	芝1600	×	芝1600	○	特買い		10	13		
18	エフティマイア	芝1600	×	芝1600	×	特買い		15	2		

①…メジロライアン　②…アフリート

なぜレジネッタを軸に選んだのか

　ところで双馬はレジネッタを軸に流して桜花賞の馬連を的中させたわけだが、レジネッタを軸にしたのは「延長のローテーションが得意」というクセを見抜いたからだ。

　レジネッタは、4走前の3歳500万下（芝1600m）で「4番人気以下、前々走は芝1200、前走は芝1200◎」というローテーションながら1着に好走している。

　このローテーションで芝の1600mに出走していた馬は、過去に9頭いたが、1頭も3着以内に好走した例がない不利なローテーションだ。

　ところが、不利なローテーションにもかかわらず、レジネッタは上がり3ハロン33・7秒の脚を使い勝利する。これでレジネッタが「延長が得意」という「クセ」を持っていることがわかる。

　また、いくら延長が得意でも、4走前のレースは不利なローテーションではあるのだから、マイラーとしての能力が高くなければ勝利することはできない。

　阪神JFはハイペースで外枠の差し馬に有利なレースだったが、内枠から先行して0・5秒差の6着に走

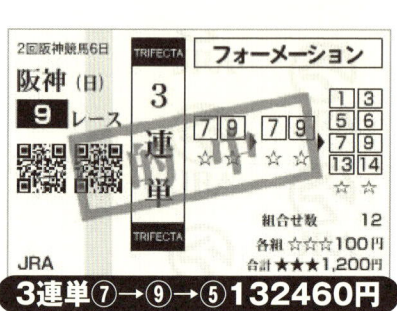

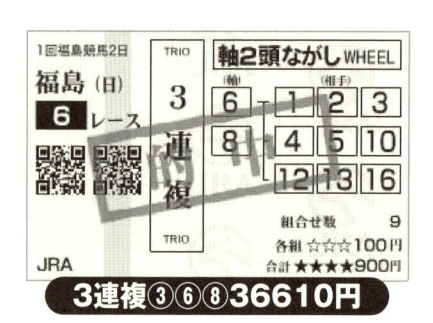

れたこともそれを証明しているだろう。桜花賞は得意の「延長」で今度は外枠。有利な材料が揃っていたわけだ。

本章でこれまで説明した通り、双馬馬券ではときには「リスト」よりも「クセ」が優先されるケースがある。ただしこれは、あくまで応用編であり、ビギナーの方は無理することなく基本のリストから軸馬を選ぶべきだろう。ヒモの選択に迷ったときなど、この応用編を思い出していただきたい。また、シンプルに高配当を狙うなら、万馬券以上になるヒモだけを買ってもいいだろう。

なお、この日の双馬は桜花賞以外にも阪神9Rわずれな草賞の3万、13万馬券、福島6Rの3万馬券を的中させたことを付け加えておく。

62

桜花賞の翌週にまたまた大爆発──
もう締め切り過ぎているけど緊急掲載！
馬連20万馬券＋3連複37万馬券!!

08年4月19日・阪神6R（3歳500万下・ダ1400m）

地方騎手・佐藤友のJRA初勝利となった一戦。16番人気⑫クイックリープの単勝は47360円。当然、5番人気⑯アイソトープとの組み合わせでも20万超えとなった。このレースは「買い」評価の馬はいなかったが、「クセ」を見抜く方法で⑯アイソトープを軸にしている。

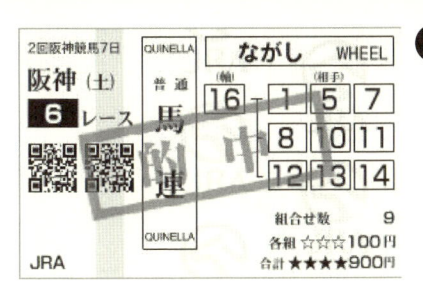

馬連⑫－⑯ 205160円

第2章◎【双馬の方式】応用編──回収率頂上作戦！

●08年4月19日・阪神6R

馬番	馬名	前々走		前走		評価		人気	着順	父	母父
		距離	着順	距離	着順	ローテ	血統				
1	マイネルトリオンフ	ダ1400	×	ダ1400	◎			12	9		
2	マルブツサクラオー	芝1400	×	ダ1400	◎			4	3		
3	タイキドゥカティ	—	—	ダ1200	◎			1	4		
4	エイシンキャップ	ダ1400	×	ダ1400	○			6	10		
5	ロジュマン	ダ1200	×	ダ1400	××			15	11		
6	カシノブレイヴリ	ダ1400	○	ダ1300	××			9	15		
7	カネトシトレンド	ダ1400	×	ダ1400	○			7	7		
8	ソウルスクリーム	ダ1200	◎	芝1400	×			13	16	①	②
9	シュウボンバー	ダ1800	××	ダ1200	×			10	5		
10	ブレイクオンスルー	ダ1800	×	ダ1400	◎			3	8		
11	トップオブボストン	ダ1200	○	ダ1200	×			11	12		
12	クイックリープ	ダ1400	×	ダ1400	×			16	1		
13	クリスタルドア	ダ1200	○	ダ1200	×			8	13		
14	ショウナンマスター	ダ1800	××	芝1800	××			14	14	③	④
15	ブラックルーラー	ダ1400	◎	ダ1400	×			2	6		
16	アイソトープ	ダ1800	×	ダ1400	×			5	2		

①…Tale of the Cat　②…Clever Trick　③…タニノギムレット　④…アイネスフウジン

●08年4月20日・福島5R

馬番	馬名	前々走		前走		評価		人気	着順	父	母父
		距離	着順	距離	着順	ローテ	血統				
1	フジベガ	芝1600	××	ダ1600	××			7	5	①	②
2	コパノシンオー	芝1400	×	芝1200	×	消し		2	13		
3	マダムミツコ	ダ1300	××	芝2000	××			12	11		
4	アサミスマイル	ダ1400	××	ダ1200	××			15	14	③	④
5	タイキトライアンフ	—	—	ダ1400	××			10	4	⑤	⑥
6	ネクストトライ	—	—	芝1400	○			1	12		
7	イズミノセチゴ	ダ1600	××	ダ1200	××			16	16	⑦	⑧
8	ヤマショウボストン	ダ1400	××	ダ1200	××			14	8	⑨	⑩
9	チョコフィオーレ	—	—	芝1200	×			4	7		
10	ドナヴィラージュ	芝1600	×	ダ1200	×			3	6	⑪	⑫
11	ドレストウショウ	ダ1200	××	ダ1400	××		特買い	13	3	⑬	⑭
12	エーシンハウジンク	ダ1700	××	芝1800	××			11	1		
13	ハッピーギフト	ダ1200	××	芝1200	×			6	10		
14	スリータキオン	芝1200	×	ダ1000	×			8	9	⑮	⑯
15	フクノブリング	ダ1200	××	ダ1600	×			9	2	⑰	⑱
16	ローズドサハラ	ダ1150	××	ダ1300	××			5	15	⑲	⑳

①…アドマイヤベガ　②…Gone West　③…スウェプトオーヴァーボード　④…トニービン　⑤…ファルブラヴ　⑥…Sadler's Wells　⑦…ヴィクトリースピーチ　⑧…Kingmambo　⑨…ボストンハーバー　⑩…Silver Hawk　⑪…ブライアンズタイム　⑫…サクラユタカオー　⑬…サクラバクシンオー　⑭…シアトルダンサー2　⑮…アグネスタキオン　⑯…ブライアンズタイム　⑰…ロイヤルタッチ　⑱…プルラリズム　⑲…フォーティナイナー　⑳…Storm Cat

08年4月20日・福島5R（未勝利・芝1200m）
【本命】11番人気⑫エーシンハウジング─【対抗】9番人気⑮フクノブリング─【3番手】13番人気⑨ドレストウショウとの組み合わせ。ワイドも3点中2点が万馬券（その馬券も双馬は持っていた！）。

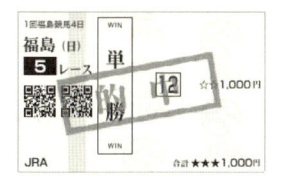

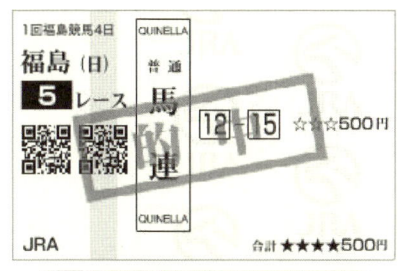

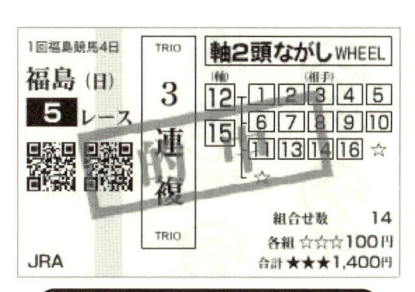

馬連⑫─⑮ 58900円

3連複⑪⑫⑮ 375810円

第2章◎【双馬の方式】応用編──回収率頂上作戦！

第3章 完全保存版!
「激変ローテ＆血統リスト」

「激変ローテリスト」「激変血統リスト」使用上の注意

- 「激変ローテリスト」のデータは、前走の距離が短い順→前々走の距離が短い順に並んでいる。また、芝のレースでは芝の距離が短い順に続いて、ダートの距離が短い順に並び、ダートではダートから優先して並んでいる。
- ローテーションについては〈前々走→前走〉の横並びで解説されている。
- 次の距離は、同距離として集計。芝1400～1500m（→芝1400m）、芝1700～1800m（→芝1800m）、ダート1150～1200m（→ダート1200m）、ダート1300～1400m（→ダート1400m）。
- 芝2200m以上、ダート2000m以上はいずれも同距離として集計。
- 「激変血統リスト」は50音順に並んでいる。
- 「激変ローテリスト」のデータ集計期間は03年1月5日～08年2月24日までのおよそ5年間。
- 「激変血統リスト」のデータ集計期間は05年1月5日～08年2月24日までのおよそ3年間。
- 未勝利戦は2、3歳戦すべてが対象。500万下から上の条件では古馬戦だけではなく、2、3歳の限定戦も同じリストで見る。

「激変ローテリスト」では、各距離、クラスごとに期待値の高いローテーションを取り上げる。

第2章でも解説したが、競馬場、馬場状態によって

- **前走が今回よりも短い距離、同距離に出走していた〈同距離、延長馬〉が有利な馬場**
- **前走が今回よりも長い距離に出走していた〈短縮馬〉が有利な馬場**
- **芝のレースは、前走でダートを走っていた〈ダ→芝〉が有利な馬場**

──この3パターンの「クセ」「傾向」が発生するケースがあるので、それぞれのパターン別に狙えるローテーションも解説している。

また、各競馬場によって、〈同距離馬〉〈延長馬〉〈短縮馬〉の3パターンの走りやすさには傾向がある。◎、○、無印の順番で、各パターンの走りやすさを表にしたので、こちらも参考にしていただきたい。

もちろん馬場によっては、例えば〈短縮馬〉に無印の競馬場でも、狙えるケースなども発生するだろうが、競馬場によって走りやすいローテーションの傾向を知っておくことは、予想のうえで必ずや参考になることだろう。

「激変ローテリスト」で「買い」「特買い」の馬を機械的に購入し続けても、プラス収支は十分期待できるが、これらのパターン別の解説も参考にされることで、より高い回収金額が期待できるはずだ。

◀ P86【ローテリストの注意点・補足】があるのでご覧ください。

距離別「激変ローテリスト」——芝コース編

芝1200m

ダート1200mを走っていたローテーションの期待値が特に高い。芝の血統評価も高い馬ならば、期待値はさらに上がる。

【未勝利戦】

▲同距離馬、延長馬が有利な馬場▼

・芝1600×↓芝1200×、芝1600×↓芝1200×の期待値が高い。このローテーションでは、前走で芝1200mに対応しきれずに負けていた馬の巻き返しが期待できる。
・芝1200×↓芝1400×や芝1200×↓芝1400××のローテーションでは、前走先行していた馬、過去に先行した経験がある馬の期待値が高い。

▲短縮馬が有利な馬場▼

・芝1800×↓芝1200×のローテーションや前走芝1600mで××など、一気に距離を短縮してきた馬の期待値が高い。
・芝1200×↓芝1400×、芝1200×↓芝1400××のローテーションでは、差す競馬をしていた馬の期待値が高い。

▲ダ→芝が有利な馬場▼

・ダ1600×↓ダ1200×、ダ1700×↓ダ1200×と前走でダ1200×と前走で

芝1200mローテ・各競馬場の傾向

	短縮	延長	同距離
京都	○		○
阪神	○		○
札幌	◎		○
小倉	◎		○
新潟	○		
中京	○		
中山	○		
函館	○		
福島		○	

芝1200m【未勝利】馬場別データ

	評価	前々走 距離	前々走 着順	前走 距離	前走 着順
同距離馬、延長馬が有利な馬場	買い	—	—	芝1200m	×
	特買い	芝1200m	○	芝1200m	×
	買い	芝1600m	×	芝1200m	×
	特買い	芝1600m	××	芝1200m	×
	特買い	芝1200m	×	芝1400〜1500m ＊	×
	特買い	芝1200m	×	芝1400〜1500m ＊	××
短縮馬が有利な馬場	特買い	芝1200m	×	芝1400〜1500m	×
	特買い	芝1200m	×	芝1400〜1500m	××
	買い	—	—	芝1600m	××
	特買い	芝1700〜1800m	×	芝1700〜1800m	×
	買い	ダ1300〜1400m	○	ダ1300〜1400m	×
	買い	ダ1150〜1200m	××	ダ1300〜1400m	×
ダ→芝が有利な馬場	買い	ダ1300〜1400m	○	ダ1150〜1200m	×
	買い	ダ1150〜1200m	×	ダ1150〜1200m	××
	買い	ダ1300〜1400m	×	ダ1150〜1200m	○
	買い	ダ1300〜1400m	××	ダ1150〜1200m	○
	買い	ダ1600m	××	ダ1150〜1200m	×
	買い	ダ1700m	××	ダ1150〜1200m	×

＊についてはP96に補足説明があります

芝1200m

芝1200m【500万下】馬場別データ

	評価	前々走 距離	前々走 着順	前走 距離	前走 着順
同距離馬、延長馬が有利な馬場	買い	芝1000m	×	芝1000m	×
	特買い	芝1200m	○	芝1200m	◎
	買い	芝1200m	○	芝1200m	○
	特買い	芝1200m	×	芝1200m	◎
	買い	ダ1150〜1200m	×	芝1200m	◎
	買い	芝1600m	×	芝1200m	○
	買い	芝1200m	×	芝1200m	××
	買い	芝1200m	◎	芝1400〜1500m*	×
	買い	芝1200m	×	芝1400〜1500m*	×
	特買い	芝1400〜1500m	×	芝1400〜1500m*	×
	特買い	芝1200m	×	ダ1150〜1200m	×
短縮馬が有利な馬場	買い	芝1200m	◎	芝1400〜1500m	×
	買い	芝1200m	×	芝1400〜1500m	×
	特買い	芝1400〜1500m	×	芝1400〜1500m	×
	買い	芝1600m	○	芝1600m	×
	特買い	芝1600m	×	芝1600m	×
	特買い	芝1700〜1800m	×	芝1600m	×
	買い	芝1700〜1800m	×	芝1700〜1800m	×
	買い	芝1200m	×	ダ1300〜1400m	××
	買い	芝1200m	×	ダ1700m	××
ダ→芝が有利な馬場	特買い	芝1200m	×	ダ1150〜1200m	×
	買い	芝1200m	×	ダ1300〜1400m	××
	買い	芝1200m	×	ダ1700m	××

【500万下条件】

▲同距離馬、延長馬が有利な馬場▼

・近2走ともに芝1200mを使っていた馬の期待値が高い。
・芝1200○→芝1200◎のローテーションでは、未勝利戦を勝ち上がってきた馬の期待値が高い。
・芝1200◎→芝1200◎のローテーションでは、先行していた馬により注目。
・芝1400×のローテーションや芝1400×→芝1200×のローテーションでは、前走で先行していたことがある馬、過去に芝1200m以下で先行していた馬の期待値が高い。
・前走がダートの馬でも、例えば芝1200×→ダ1200×、芝1200×→ダ1700××のように前走で芝を使っていた場合は、時計が速い決着でも走れる。

▲短縮馬が有利な馬場▼

・芝1400×→芝1600×→芝1600×→芝1800×と同じ距離を続けて使っていて、今回が距離短縮のローテーションの馬が狙い目。芝1400×→芝1400×のローテーションの馬は、前走で3コーナー3番手から10番手以内の競馬をしていた馬の期待値が特に高い。
・前々走に芝1200mを走っていて、前走でダートの1400m以上を走っているローテーションの馬の期待値も高い。

▲ダ→芝が有利な馬場▼

・芝1200×→ダ1200×、芝1200×→ダ1400×、芝1200×→ダ1700××のように、前走で芝1200mを使い前々走でダート戦に出走した馬の期待値が特に高い。

70

芝1200m

【1000万～OP特別】

▽同距離馬、延長馬が有利な馬場▽
・芝1200×→芝1200◎の期待値高い。ただし、前走で逃げて勝ち上がってきた馬の成績は期待値が低いので注意。
・芝1600×→芝1200×、ダ1400×→芝1200×、ダ1300～1400××→芝1200×のローテーションのように、2走前に今回と違う距離を走り、前走は芝1200mに出走するも対応しきれず敗れた馬が同距離2戦目で激変するローテーションに注目。

▽短縮馬が有利な馬場▽
・芝1400◎→芝1400×、芝1400×→芝1400×、芝1400×→芝1600×と近2走ともに芝1400以上を使っているローテーションの成績も優秀。特に、前走で3コーナー4番手以下の差し脚質だった馬の期待値が高い。

芝1200m【1000万～OP】馬場別データ

	評価	前々走		前走	
		距離	着順	距離	着順
同距離馬、延長馬が有利な馬場	買い	芝1000m	◎	芝1200m	×
	買い	芝1200m	×	芝1200m	◎
	買い	芝1600m	×	芝1200m	×
	買い	ダ1300～1400m	××	芝1200m	×
短縮馬が有利な馬場	特買い	芝1400～1500m	◎	芝1400～1500m	×
	買い	芝1200m	×	芝1400～1500m	×
	特買い	芝1400～1500m	×	芝1400～1500m	×
	買い	芝1600m	×	芝1400～1500m	×
	買い	芝1400～1500m	○	芝1600m	×
	特買い	芝1400～1500m	×	芝1600m	×
	買い	芝1600m	×	芝1600m	×

【重賞】

▽同距離馬、延長馬が有利な馬場▽
・ダ1000m→芝1200、ダ1200→芝1200、ダ1400→芝1200と前々走にダート1400m以下、前走で芝1200mに出走のローテーションの期待値が高い。

▽短縮馬が有利な馬場▽
・前走で芝1400mを使っているローテーションに注目。特に2走前も芝1400～1600mの馬で、前走の脚質が差しの馬の期待値が高い。

芝1200m【重賞】馬場別データ

	評価	前々走		前走	
		距離	着順	距離	着順
同距離馬、延長馬が有利な馬場	買い	ダ1000m		芝1200m	
	買い	ダ1150～1200m		芝1200m	
	買い	ダ1300～1400m		芝1200m	
短縮馬が有利な馬場	買い	芝1400～1500m		芝1400～1500m	
	特買い	芝1600m		芝1400～1500m	

芝1200m

激変ローテ●芝1200m【未勝利】3番人気以内

評価	前々走 距離	前々走 着順	前走 距離	前走 着順	1着	2着	3着	総数	勝率	連対率	複勝率	単回率	複回率
	—	—	芝1000m	○	6	12	3	33	18.2%	54.5%	63.6%	56%	80%
消し	—	—	芝1000m	×	2	1	2	12	16.7%	25.0%	41.7%	60%	52%
	芝1000m	○	芝1000m	○	2	1	1	5	40.0%	60.0%	80.0%	180%	94%
	芝1200m	○	芝1000m	○	2	3	0	6	33.3%	83.3%	83.3%	88%	111%
	芝1200m	×	芝1000m	×	1	1	0	6	16.7%	33.3%	33.3%	51%	56%
	芝1200m	×	芝1000m	×	1	1	0	5	20.0%	40.0%	40.0%	156%	86%
	—	—	芝1200m	○	65	46	40	240	27.1%	46.3%	62.9%	60%	76%
	—	—	芝1200m	×	26	18	17	102	25.5%	43.1%	59.8%	103%	90%
	ダ1000m	×	芝1200m	○	4	3	1	13	30.8%	53.8%	61.5%	107%	91%
消し	ダ1150〜1200m	×	芝1200m	○	4	9	1	30	13.3%	43.3%	46.7%	55%	67%
	ダ1150〜1200m	××	芝1200m	○	3	3	2	15	20.0%	40.0%	53.3%	112%	86%
消し	ダ1150〜1200m	×	芝1200m	×	1	0	1	10	10.0%	10.0%	20.0%	69%	46%
	ダ1150〜1200m	○	芝1200m	×	1	1	1	8	37.5%	50.0%	62.5%	86%	77%
	ダ1150〜1200m	××	芝1200m	×	0	3	2	6	0.0%	50.0%	83.3%	0%	121%
	ダ1150〜1200m	×	芝1200m	×	2	0	2	5	40.0%	40.0%	80.0%	212%	138%
消し	ダ1300〜1400m	○	芝1200m	○	3	2	0	14	21.4%	35.7%	35.7%	78%	53%
	ダ1300〜1400m	××	芝1200m	○	4	1	2	8	50.0%	62.5%	87.5%	197%	147%
	ダ1300〜1400m	×	芝1200m	×	1	1	2	7	14.3%	28.6%	57.1%	34%	104%
	芝1000m	○	芝1200m	○	4	5	1	15	26.7%	60.0%	66.7%	80%	76%
	芝1000m	×	芝1200m	○	4	4	1	9	44.4%	44.4%	66.7%	161%	97%
	芝1000m	×	芝1200m	×	1	1	2	7	14.3%	28.6%	57.1%	24%	94%
	芝1000m	××	芝1200m	×	0	0	0	5	0.0%	0.0%	0.0%	0%	0%
	芝1200m	○	芝1200m	○	46	46	41	205	22.4%	44.9%	64.9%	51%	83%
	芝1200m	×	芝1200m	○	28	25	27	145	19.3%	36.6%	55.2%	63%	79%
	芝1200m	○	芝1200m	×	21	15	15	107	19.6%	33.6%	47.7%	88%	77%
	芝1200m	×	芝1200m	×	12	16	6	76	15.8%	36.8%	44.7%	85%	78%
	芝1200m	××	芝1200m	×	2	1	0	7	28.6%	42.9%	42.9%	125%	58%
	芝1400〜1500m	○	芝1200m	○	12	11	8	43	27.9%	53.5%	72.1%	90%	109%
	芝1400〜1500m	○	芝1200m	○	5	3	4	22	22.7%	36.4%	54.5%	66%	68%
消し	芝1400〜1500m	×	芝1200m	×	3	3	0	14	21.4%	42.9%	42.9%	62%	60%
	芝1400〜1500m	×	芝1200m	×	2	2	1	9	22.2%	44.4%	55.6%	53%	77%
	芝1400〜1500m	××	芝1200m	×	2	1	0	5	40.0%	60.0%	60.0%	162%	64%
	芝1600m	×	芝1200m	○	9	3	5	25	36.0%	48.0%	68.0%	93%	91%
	芝1600m	×	芝1200m	×	1	0	3	9	11.1%	11.1%	44.4%	41%	82%
消し	芝1700〜1800m	×	芝1200m	○	4	1	2	15	26.7%	33.3%	46.7%	84%	69%
	芝1700〜1800m	×	芝1200m	×	1	4	0	7	14.3%	71.4%	71.4%	57%	121%
	芝1700〜1800m	××	芝1200m	×	1	1	0	6	16.7%	33.3%	33.3%	36%	38%
	—	—	芝1400〜1500m	○	6	4	3	24	25.0%	41.7%	54.2%	68%	68%
	—	—	芝1400〜1500m	×	5	4	5	24	20.8%	37.5%	58.3%	92%	108%
	芝1200m	○	芝1400〜1500m	×	9	4	2	22	40.9%	59.1%	68.2%	198%	108%
消し	芝1200m	×	芝1400〜1500m	×	2	2	1	14	14.3%	28.6%	35.7%	69%	62%
	芝1200m	○	芝1400〜1500m	○	6	5	0	13	46.2%	84.6%	84.6%	93%	103%
	芝1200m	×	芝1400〜1500m	○	0	1	2	9	0.0%	11.1%	33.3%	0%	44%
	芝1400〜1500m	○	芝1400〜1500m	×	2	3	3	15	13.3%	33.3%	53.3%	72%	94%
	芝1400〜1500m	○	芝1400〜1500m	×	3	2	1	12	25.0%	41.7%	50.0%	55%	64%
	芝1400〜1500m	×	芝1400〜1500m	×	0	0	4	9	0.0%	0.0%	44.4%	0%	85%
	芝1600m	×	芝1400〜1500m	×	4	1	4	11	36.4%	45.5%	81.8%	134%	115%
	芝1600m	×	芝1400〜1500m	×	2	1	0	5	40.0%	60.0%	60.0%	108%	80%
	—	—	芝1600m	○	6	4	3	22	27.3%	45.5%	59.1%	106%	101%
	芝1200m	○	芝1600m	×	2	1	0	9	22.2%	33.3%	33.3%	95%	57%
	芝1200m	×	芝1600m	×	3	1	0	7	42.9%	57.1%	57.1%	132%	97%
	芝1200m	×	芝1600m	×	1	1	1	5	20.0%	40.0%	60.0%	46%	78%
	芝1400〜1500m	×	芝1600m	×	2	3	2	8	0.0%	62.5%	87.5%	0%	117%
	芝1400〜1500m	×	芝1600m	×	1	2	0	6	16.7%	50.0%	50.0%	88%	100%
	芝1600m	×	芝1600m	×	2	1	1	8	25.0%	37.5%	50.0%	68%	76%
	芝1600m	×	芝1600m	×	0	3	0	8	0.0%	37.5%	37.5%	0%	75%
	芝1700〜1800m	×	芝1600m	×	1	0	1	5	20.0%	20.0%	40.0%	40%	62%
	—	—	芝1700〜1800m	×	2	0	2	7	28.6%	28.6%	57.1%	161%	81%
	ダ1000m	○	ダ1000m	×	1	0	1	6	16.7%	33.3%	33.3%	38%	53%
	芝1200m	—	ダ1000m	×	0	2	1	5	0.0%	40.0%	60.0%	0%	118%
	—	—	ダ1150〜1200m	○	0	0	2	9	0.0%	0.0%	22.2%	0%	43%
	—	—	ダ1150〜1200m	×	0	2	0	6	0.0%	33.3%	33.3%	0%	66%
	ダ1150〜1200m	○	ダ1150〜1200m	×	5	1	0	10	50.0%	60.0%	60.0%	190%	102%

芝1200m

評価	前々走 距離	前々走 着順	前走 距離	前走 着順	1着	2着	3着	総数	勝率	連対率	複勝率	単回率	複回率
	ダ1150〜1200m	×	ダ1150〜1200m	×	1	1	2	9	11.1%	22.2%	44.4%	58%	82%
	ダ1150〜1200m	○	ダ1150〜1200m	○	2	1	2	8	25.0%	37.5%	62.5%	103%	83%
	ダ1300〜1400m	×	ダ1150〜1200m	×	1	1	0	5	20.0%	40.0%	40.0%	74%	70%
	芝1200m	×	ダ1150〜1200m	×	0	1	1	9	0.0%	11.1%	22.2%	0%	38%
	芝1200m	○	ダ1150〜1200m	×	1	1	0	7	14.3%	28.6%	28.6%	102%	54%
	芝1200m	○	ダ1150〜1200m	○	1	0	2	6	16.7%	16.7%	50.0%	23%	58%
	芝1400〜1500m	×	ダ1150〜1200m	×	3	0	0	5	60.0%	60.0%	60.0%	362%	152%
	ダ1300〜1400m	○	ダ1300〜1400m	○	1	0	0	5	20.0%	20.0%	20.0%	52%	24%

激変ローテ●芝1200m【未勝利】4番人気以下

評価	前々走 距離	前々走 着順	前走 距離	前走 着順	1着	2着	3着	総数	勝率	連対率	複勝率	単回率	複回率
	ー	ー	芝1000m	×	2	6	3	86	2.3%	9.3%	12.8%	30%	34%
	ー	ー	芝1000m	××	1	0	1	43	2.3%	2.3%	4.7%	31%	16%
	ー	ー	芝1000m	○	0	2	3	13	0.0%	15.4%	38.5%	0%	113%
	ダ1150〜1200m	××	芝1000m	×	1	0	1	11	9.1%	9.1%	18.2%	460%	130%
	ダ1150〜1200m	×	芝1000m	×	0	0	0	5	0.0%	0.0%	0.0%	0%	0%
	ダ1300〜1400m	××	芝1000m	×	0	0	0	6	0.0%	0.0%	0.0%	0%	0%
	芝1000m	×	芝1000m	×	0	0	1	11	0.0%	0.0%	9.1%	0%	275%
	芝1200m	○	芝1000m	×	1	2	0	9	11.1%	33.3%	33.3%	107%	133%
	芝1200m	×	芝1000m	×	0	2	1	47	0.0%	4.3%	6.4%	0%	32%
	芝1200m	××	芝1000m	×	1	0	0	13	7.7%	7.7%	7.7%	465%	94%
	芝1200m	×	芝1000m	○	0	0	0	5	0.0%	0.0%	0.0%	0%	0%
	芝1400〜1500m	×	芝1000m	×	0	0	0	6	0.0%	0.0%	0.0%	0%	0%
買い	ー	ー	芝1200m	×	17	25	36	517	3.3%	8.1%	15.1%	63%	99%
	ー	ー	芝1200m	××	1	4	5	260	0.4%	1.9%	3.8%	5%	29%
	ー	ー	芝1200m	○	5	4	5	68	7.4%	13.2%	20.6%	67%	50%
	ダ1000m	×	芝1200m	×	2	1	3	39	5.1%	7.7%	15.4%	55%	37%
	ダ1000m	××	芝1200m	×	0	0	0	38	0.0%	0.0%	0.0%	0%	0%
	ダ1000m	××	芝1200m	××	0	0	0	11	0.0%	0.0%	0.0%	0%	0%
	ダ1150〜1200m	×	芝1200m	×	4	1	5	106	3.8%	4.7%	9.4%	113%	90%
	ダ1150〜1200m	××	芝1200m	×	4	3	4	59	6.8%	11.9%	18.6%	193%	77%
	ダ1150〜1200m	××	芝1200m	××	1	0	0	26	3.8%	3.8%	3.8%	140%	16%
	ダ1150〜1200m	××	芝1200m	○	2	2	1	18	11.1%	22.2%	27.8%	77%	56%
	ダ1150〜1200m	×	芝1200m	○	0	0	1	13	0.0%	0.0%	7.7%	15.4%	0%	33%
	ダ1150〜1200m	○	芝1200m	×	0	0	0	8	0.0%	0.0%	0.0%	0%	0%
	ダ1300〜1400m	××	芝1200m	×	3	3	3	85	3.5%	7.1%	10.6%	84%	43%
買い	ダ1300〜1400m	×	芝1200m	×	2	1	4	22	9.1%	13.6%	31.8%	178%	160%
	ダ1300〜1400m	××	芝1200m	××	0	0	0	15	0.0%	0.0%	0.0%	0%	0%
	ダ1300〜1400m	××	芝1200m	○	1	1	1	11	9.1%	18.2%	27.3%	51%	86%
	ダ1300〜1400m	×	芝1200m	○	0	1	1	5	0.0%	20.0%	40.0%	0%	104%
	ダ1600m	××	芝1200m	×	1	0	1	5	20.0%	20.0%	40.0%	116%	82%
	ダ1700m	××	芝1200m	×	2	1	1	30	6.7%	10.0%	13.3%	133%	116%
	ダ1700m	××	芝1200m	○	0	1	0	5	0.0%	20.0%	20.0%	0%	70%
	ダ1800m	××	芝1200m	×	2	2	1	28	7.1%	14.3%	17.9%	53%	80%
	ダ1800m	××	芝1200m	○	0	0	0	5	0.0%	0.0%	0.0%	0%	0%
買い	芝1000m	×	芝1200m	×	1	3	4	46	2.2%	8.7%	17.4%	17%	100%
	芝1000m	×	芝1200m	××	0	0	0	12	0.0%	0.0%	0.0%	0%	0%
	芝1000m	○	芝1200m	×	0	1	0	9	0.0%	11.1%	11.1%	0%	28%
	芝1000m	××	芝1200m	×	0	0	0	9	0.0%	0.0%	0.0%	0%	0%
	芝1000m	×	芝1200m	××	0	0	0	6	0.0%	0.0%	0.0%	0%	0%
	芝1000m	○	芝1200m	○	1	0	1	5	20.0%	20.0%	40.0%	98%	78%
	芝1200m	×	芝1200m	×	17	27	39	578	2.9%	7.6%	14.4%	47%	58%
	芝1200m	×	芝1200m	○	7	13	5	143	4.9%	14.0%	17.5%	53%	69%
	芝1200m	○	芝1200m	×	3	6	10	96	3.1%	9.4%	19.8%	28%	62%
	芝1200m	×	芝1200m	××	2	0	2	83	2.4%	2.4%	4.8%	75%	45%
	芝1200m	××	芝1200m	×	2	2	5	77	2.6%	5.2%	11.7%	48%	69%
	芝1200m	○	芝1200m	○	4	3	3	30	13.3%	23.3%	33.3%	144%	81%
	芝1200m	××	芝1200m	××	0	0	1	30	0.0%	0.0%	3.3%	0%	20%
	芝1200m	××	芝1200m	○	0	1	1	9	0.0%	11.1%	22.2%	0%	65%
	芝1400〜1500m	×	芝1200m	×	1	6	9	98	1.0%	7.1%	16.3%	9%	67%
買い	芝1400〜1500m	××	芝1200m	×	1	1	3	36	2.8%	5.6%	13.9%	373%	105%
	芝1400〜1500m	×	芝1200m	○	0	3	2	23	0.0%	13.0%	21.7%	0%	53%

芝1200m

評価	前々走 距離	着順	前走 距離	着順	1着	2着	3着	総数	勝率	連対率	複勝率	単回率	複回率
	芝1400〜1500m	○	芝1200m	×	0	0	2	12	0.0%	0.0%	16.7%	0%	32%
	芝1400〜1500m	×	芝1200m	○	0	1	0	12	0.0%	8.3%	8.3%	0%	125%
	芝1400〜1500m	××	芝1200m	××	0	0	0	9	0.0%	0.0%	0.0%	0%	0%
買い	芝1600m	×	芝1200m	×	1	2	6	56	1.8%	5.4%	16.1%	100%	127%
	芝1600m	××	芝1200m	×	0	0	1	32	0.0%	0.0%	3.1%	0%	38%
	芝1600m	×	芝1200m	○	1	0	1	13	7.7%	7.7%	15.4%	112%	43%
	芝1600m	××	芝1200m	××	0	0	0	7	0.0%	0.0%	0.0%	0%	0%
買い	芝1700〜1800m	×	芝1200m	×	2	2	3	39	5.1%	10.3%	17.9%	36%	92%
	芝1700〜1800m	××	芝1200m	×	0	1	1	35	0.0%	2.9%	5.7%	0%	29%
	芝1700〜1800m	×	芝1200m	○	0	2	1	12	0.0%	16.7%	25.0%	0%	70%
	芝1700〜1800m	××	芝1200m	××	0	1	0	7	0.0%	14.3%	14.3%	0%	171%
	芝1700〜1800m	×	芝1200m	××	0	0	0	6	0.0%	0.0%	0.0%	0%	0%
	芝2000m	××	芝1200m	×	0	0	0	12	0.0%	0.0%	0.0%	0%	0%
	芝2000m	×	芝1200m	○	0	1	2	11	0.0%	9.1%	27.3%	0%	132%
	―	―	芝1400〜1500m	×	1	6	7	127	0.8%	5.5%	11.0%	6%	59%
	―	―	芝1400〜1500m	××	1	2	3	101	1.0%	3.0%	5.9%	4%	25%
	―	―	芝1400〜1500m	○	0	1	2	11	0.0%	9.1%	27.3%	0%	47%
	ダ1150〜1200m	××	芝1400〜1500m	×	0	0	0	18	0.0%	0.0%	0.0%	0%	0%
	ダ1150〜1200m	××	芝1400〜1500m	××	0	0	0	11	0.0%	0.0%	0.0%	0%	0%
	ダ1150〜1200m	×	芝1400〜1500m	×	0	0	0	10	0.0%	0.0%	0.0%	0%	76%
	ダ1300〜1400m	××	芝1400〜1500m	×	1	1	1	20	5.0%	10.0%	15.0%	77%	49%
	ダ1300〜1400m	××	芝1400〜1500m	××	0	0	0	14	0.0%	0.0%	0.0%	0%	0%
	ダ1300〜1400m	×	芝1400〜1500m	×	0	1	0	11	0.0%	9.1%	9.1%	0%	41%
	ダ1000m	×	芝1400〜1500m	×	0	0	1	6	0.0%	0.0%	16.7%	0%	36%
特買い	芝1200m	×	芝1400〜1500m	×	2	5	6	83	2.4%	8.4%	15.7%	50%	120%
	芝1200m	×	芝1400〜1500m	××	0	0	1	26	0.0%	0.0%	3.8%	0%	50%
	芝1200m	○	芝1400〜1500m	×	0	2	4	22	0.0%	9.1%	27.3%	0%	79%
	芝1200m	××	芝1400〜1500m	×	0	1	0	14	0.0%	7.1%	7.1%	0%	38%
	芝1200m	××	芝1400〜1500m	××	0	0	0	13	0.0%	0.0%	0.0%	0%	0%
	芝1200m	×	芝1400〜1500m	○	1	3	0	6	16.7%	66.7%	66.7%	273%	186%
	芝1400〜1500m	×	芝1400〜1500m	×	1	1	3	39	2.6%	5.1%	12.8%	45%	47%
	芝1400〜1500m	○	芝1400〜1500m	×	0	3	0	12	0.0%	25.0%	25.0%	0%	110%
	芝1400〜1500m	××	芝1400〜1500m	×	0	0	0	10	0.0%	0.0%	0.0%	0%	0%
	芝1400〜1500m	×	芝1400〜1500m	××	0	0	0	5	0.0%	0.0%	0.0%	0%	0%
買い	芝1600m	×	芝1400〜1500m	×	2	3	3	35	5.7%	14.3%	22.9%	322%	120%
	芝1600m	××	芝1400〜1500m	×	1	1	1	6	16.7%	33.3%	50.0%	448%	388%
	芝1700〜1800m	×	芝1400〜1500m	×	2	0	0	10	20.0%	20.0%	20.0%	322%	81%
	芝1700〜1800m	××	芝1400〜1500m	×	0	0	0	7	0.0%	0.0%	0.0%	0%	0%
	―	―	芝1600m	××	1	1	2	73	1.4%	2.7%	5.5%	113%	59%
	―	―	芝1600m	×	2	2	2	58	3.4%	6.9%	10.3%	117%	47%
	ダ1150〜1200m	××	芝1600m	×	0	0	1	13	0.0%	0.0%	7.7%	0%	36%
	ダ1150〜1200m	×	芝1600m	×	0	1	1	9	0.0%	11.1%	22.2%	0%	121%
	ダ1150〜1200m	×	芝1600m	××	1	0	0	9	11.1%	11.1%	11.1%	90%	30%
	ダ1150〜1200m	××	芝1600m	××	0	0	0	9	0.0%	0.0%	0.0%	0%	0%
	ダ1300〜1400m	××	芝1600m	××	0	0	1	9	0.0%	0.0%	11.1%	0%	188%
	ダ1300〜1400m	××	芝1600m	×	1	0	0	7	14.3%	14.3%	14.3%	107%	45%
	ダ1300〜1400m	×	芝1600m	×	0	0	0	5	0.0%	0.0%	0.0%	0%	0%
	ダ1800m	××	芝1600m	××	0	0	0	5	0.0%	0.0%	0.0%	0%	0%
	芝1200m	×	芝1600m	×	5	1	1	60	8.3%	10.0%	11.7%	124%	36%
	芝1200m	×	芝1600m	××	2	0	0	19	10.5%	10.5%	10.5%	766%	79%
	芝1200m	○	芝1600m	×	1	0	1	9	11.1%	11.1%	22.2%	84%	61%
	芝1200m	××	芝1600m	××	0	0	0	7	0.0%	0.0%	0.0%	0%	0%
	芝1400〜1500m	×	芝1600m	×	3	0	2	29	10.3%	10.3%	17.2%	85%	36%
	芝1400〜1500m	×	芝1600m	××	1	1	0	9	11.1%	22.2%	22.2%	154%	134%
	芝1400〜1500m	○	芝1600m	×	0	1	0	6	0.0%	16.7%	16.7%	0%	51%
	芝1400〜1500m	××	芝1600m	××	0	0	1	6	0.0%	16.7%	16.7%	0%	433%
	芝1400〜1500m	×	芝1600m	○	0	0	0	5	0.0%	0.0%	0.0%	0%	0%
特買い	芝1600m	×	芝1600m	×	1	3	5	29	3.4%	13.8%	31.0%	41%	111%
	芝1600m	×	芝1600m	××	1	0	0	11	9.1%	9.1%	9.1%	182%	55%
	芝1600m	○	芝1600m	×	0	1	1	6	0.0%	16.7%	33.3%	0%	123%
	芝1600m	××	芝1600m	×	0	0	1	5	0.0%	0.0%	20.0%	0%	118%
	芝1700〜1800m	×	芝1600m	×	0	0	1	12	0.0%	0.0%	8.3%	0%	82%
	芝1700〜1800m	××	芝1600m	×	1	0	0	7	14.3%	14.3%	14.3%	308%	112%
	芝1700〜1800m	××	芝1600m	××	0	0	0	7	0.0%	0.0%	0.0%	0%	0%
	―	―	芝1700〜1800m	××	1	2	0	45	2.2%	6.7%	6.7%	166%	89%

芝1200m

評価	前々走 距離	前々走 着順	前走 距離	前走 着順	1着	2着	3着	総数	勝率	連対率	複勝率	単回率	複回率
	—	—	芝1700〜1800m	×	2	0	2	31	6.5%	6.5%	12.9%	119%	69%
	ダ1150〜1200m	××	芝1700〜1800m	××	0	0	0	11	0.0%	0.0%	0.0%	0%	0%
	ダ1150〜1200m	×	芝1700〜1800m		0	0	0	6	0.0%	0.0%	0.0%	0%	0%
	ダ1300〜1400m		芝1700〜1800m	××	0	0	0	9	0.0%	0.0%	0.0%	0%	0%
	ダ1700m		芝1700〜1800m	×	2	1	0	6	33.3%	50.0%	50.0%	881%	235%
	ダ1800m		芝1700〜1800m	×	0	0	0	11	0.0%	0.0%	0.0%	0%	0%
	ダ1800m		芝1700〜1800m	××	1	0	0	8	12.5%	12.5%	12.5%	743%	108%
	芝1200m		芝1700〜1800m		0	1	2	32	0.0%	3.1%	9.4%	0%	25%
買い	芝1200m	×	芝1700〜1800m	×	0	7	2	24	0.0%	29.2%	37.5%	0%	219%
	芝1200m	××	芝1700〜1800m	×	0	0	0	11	0.0%	0.0%	0.0%	0%	0%
	芝1400〜1500m		芝1700〜1800m	×	1	0	0	10	10.0%	10.0%	10.0%	138%	43%
	芝1400〜1500m	×	芝1700〜1800m		0	0	0	6	0.0%	0.0%	0.0%	0%	0%
特買い	芝1600m	×	芝1700〜1800m	×	1	2	2	20	5.0%	15.0%	25.0%	139%	107%
	芝1600m		芝1700〜1800m	×	0	0	0	7	0.0%	0.0%	0.0%	0%	0%
	芝1600m	××	芝1700〜1800m	×	1	0	0	5	20.0%	20.0%	20.0%	420%	88%
	芝1700〜1800m		芝1700〜1800m		0	1	1	27	0.0%	3.7%	7.4%	0%	28%
	芝1700〜1800m	×	芝1700〜1800m		0	0	0	12	0.0%	0.0%	0.0%	0%	0%
	芝1700〜1800m	×	芝1700〜1800m	××	0	0	1	12	0.0%	0.0%	8.3%	0%	148%
	芝1700〜1800m	××	芝1700〜1800m	×	0	1	0	9	0.0%	11.1%	11.1%	0%	30%
	芝2000m	××	芝1700〜1800m		0	1	1	6	0.0%	16.7%	33.3%	0%	763%
	芝2000m		芝1700〜1800m	×	0	0	0	5	0.0%	0.0%	0.0%	0%	0%
	ダ1300〜1400m	××	芝2000m		0	0	1	9	0.0%	0.0%	11.1%	0%	405%
	ダ1700m		芝2000m		0	0	0	5	0.0%	0.0%	0.0%	0%	0%
	芝1200m	×	芝2000m	××	2	0	1	11	18.2%	18.2%	27.3%	945%	221%
	芝1200m		芝2000m	××	0	0	0	6	0.0%	0.0%	0.0%	0%	0%
	芝1600m		芝2000m	××	0	0	0	5	0.0%	0.0%	0.0%	0%	0%
	芝1700〜1800m		芝2000m	×	0	0	0	10	0.0%	0.0%	0.0%	0%	0%
	芝1700〜1800m	×	芝2000m		0	0	0	5	0.0%	0.0%	0.0%	0%	0%
	芝2000m		芝2000m	×	0	0	1	6	0.0%	0.0%	16.7%	0%	140%
	—	—	ダ1000m	××	0	2	0	73	0.0%	2.7%	2.7%	0%	16%
	—	—	ダ1000m	×	0	3	1	27	0.0%	11.1%	14.8%	0%	36%
	ダ1000m	×	ダ1000m		2	1	1	30	6.7%	10.0%	13.3%	84%	60%
	ダ1000m	××	ダ1000m	××	1	0	0	13	7.7%	7.7%	7.7%	315%	36%
	ダ1000m	××	ダ1000m	×	0	0	0	9	0.0%	0.0%	0.0%	0%	0%
	ダ1000m		ダ1000m	××	1	0	0	8	12.5%	12.5%	12.5%	700%	146%
	ダ1000m		ダ1000m	○	1	0	1	5	20.0%	20.0%	40.0%	164%	150%
	ダ1150〜1200m	××	ダ1000m	××	0	0	0	17	0.0%	0.0%	0.0%	0%	0%
	ダ1150〜1200m	×	ダ1000m		1	2	1	15	6.7%	20.0%	26.7%	358%	156%
	ダ1150〜1200m	××	ダ1000m		0	0	0	12	0.0%	0.0%	0.0%	0%	0%
	ダ1150〜1200m		ダ1000m	××	0	0	1	6	0.0%	0.0%	16.7%	0%	71%
	ダ1300〜1400m	××	ダ1000m	××	0	0	1	11	0.0%	0.0%	9.1%	0%	53%
	ダ1300〜1400m		ダ1000m		0	1	1	10	0.0%	10.0%	20.0%	0%	75%
	ダ1300〜1400m	×	ダ1000m		1	0	0	9	11.1%	11.1%	11.1%	304%	81%
	ダ1700m		ダ1000m		0	0	0	8	0.0%	0.0%	0.0%	0%	0%
	芝1000m		ダ1000m	××	0	1	0	7	0.0%	14.3%	14.3%	0%	40%
	芝1200m		ダ1000m		0	1	2	32	0.0%	3.1%	9.4%	0%	133%
	芝1200m		ダ1000m	×	1	1	1	27	3.7%	7.4%	11.1%	43%	70%
	芝1200m	××	ダ1000m	××	0	0	1	17	0.0%	0.0%	5.9%	0%	35%
	芝1200m	×	ダ1000m		0	0	0	13	0.0%	0.0%	0.0%	0%	0%
	芝1400〜1500m	×	ダ1000m	××	0	0	0	5	0.0%	0.0%	0.0%	0%	0%
	芝1600m		ダ1000m	××	0	0	0	5	0.0%	0.0%	0.0%	0%	0%
	—	—	ダ1150〜1200m	××	0	3	2	158	0.0%	1.9%	3.2%	0%	40%
	—	—	ダ1150〜1200m	×	0	1	2	39	0.0%	2.6%	7.7%	0%	54%
	ダ1000m	××	ダ1150〜1200m	××	0	0	0	18	0.0%	0.0%	0.0%	0%	0%
	ダ1000m		ダ1150〜1200m	××	2	1	0	15	13.3%	20.0%	20.0%	1128%	245%
	ダ1000m		ダ1150〜1200m	×	0	2	0	12	0.0%	16.7%	16.7%	0%	86%
	ダ1000m		ダ1150〜1200m	××	1	0	0	6	16.7%	16.7%	16.7%	398%	98%
	ダ1150〜1200m	×	ダ1150〜1200m		1	2	1	82	1.2%	3.7%	4.9%	71%	57%
特買い	ダ1150〜1200m	×	ダ1150〜1200m		7	2	6	58	12.1%	15.5%	25.9%	145%	110%
買い	ダ1150〜1200m	×	ダ1150〜1200m	××	3	2	2	39	7.7%	12.8%	17.9%	151%	101%
	ダ1150〜1200m	×	ダ1150〜1200m	×	0	3	2	38	0.0%	7.9%	13.2%	0%	44%
買い	ダ1150〜1200m	○	ダ1150〜1200m		2	3	0	14	14.3%	35.7%	35.7%	179%	100%
	ダ1150〜1200m	○	ダ1150〜1200m	××	0	0	0	6	0.0%	0.0%	0.0%	0%	0%
	ダ1150〜1200m	×	ダ1150〜1200m	○	0	1	1	6	0.0%	16.7%	33.3%	0%	65%
	ダ1300〜1400m	××	ダ1150〜1200m	××	0	0	1	30	0.0%	0.0%	3.3%	0%	32%

芝1200m

評価	前々走 距離	前々走 着順	前走 距離	前走 着順	1着	2着	3着	総数	勝率	連対率	複勝率	単回率	複回率
	ダ1300〜1400m	××	ダ1150〜1200m	×	0	0	1	22	0.0%	0.0%	4.5%	0%	12%
	ダ1300〜1400m	×	ダ1150〜1200m	×	0	0	2	14	0.0%	0.0%	14.3%	0%	39%
	ダ1300〜1400m	×	ダ1150〜1200m	××	0	0	0	8	0.0%	0.0%	0.0%	0%	0%
	ダ1700m	××	ダ1150〜1200m	×	0	1	0	6	0.0%	16.7%	16.7%	0%	43%
	ダ1700m	××	ダ1150〜1200m	××	0	0	0	6	0.0%	0.0%	0.0%	0%	0%
	ダ1800m	××	ダ1150〜1200m	×	0	0	0	9	0.0%	0.0%	0.0%	0%	0%
	ダ1800m	××	ダ1150〜1200m	××	0	0	0	6	0.0%	0.0%	0.0%	0%	0%
	芝1000m		ダ1150〜1200m	××	0	0	0	5	0.0%	0.0%	0.0%	0%	0%
	芝1200m		ダ1150〜1200m	×	2	5	4	79	2.5%	8.9%	13.9%	50%	76%
特買い	芝1200m		ダ1150〜1200m	×	2	3	9	59	3.4%	8.5%	23.7%	67%	178%
	芝1200m	××	ダ1150〜1200m	××	1	0	0	36	2.8%	2.8%	2.8%	303%	48%
	芝1200m	○	ダ1150〜1200m	×	0	1	0	7	0.0%	14.3%	14.3%	0%	48%
	芝1200m	××	ダ1150〜1200m	×	1	0	0	7	14.3%	14.3%	14.3%	101%	32%
	芝1200m	○	ダ1150〜1200m	×	1	0	1	5	20.0%	20.0%	40.0%	212%	106%
	芝1200m		ダ1150〜1200m	○	0	1	0	5	0.0%	20.0%	20.0%	0%	34%
	芝1400〜1500m	×	ダ1150〜1200m	×	0	0	0	19	0.0%	0.0%	0.0%	0%	0%
	芝1400〜1500m	×	ダ1150〜1200m	××	1	0	2	18	5.6%	5.6%	16.7%	110%	88%
	芝1400〜1500m	××	ダ1150〜1200m	××	0	0	0	9	0.0%	0.0%	0.0%	0%	0%
買い	芝1600m	×	ダ1150〜1200m	××	2	2	1	18	11.1%	22.2%	27.8%	102%	133%
	芝1600m	××	ダ1150〜1200m	××	0	0	0	8	0.0%	0.0%	0.0%	0%	0%
	芝1600m	×	ダ1150〜1200m	×	1	0	0	7	14.3%	14.3%	14.3%	285%	127%
	芝1700〜1800m	××	ダ1150〜1200m	×	0	0	0	7	0.0%	0.0%	0.0%	0%	0%
	芝1700〜1800m	×	ダ1150〜1200m	×	0	0	0	6	0.0%	0.0%	0.0%	0%	0%
	芝1700〜1800m	×	ダ1150〜1200m	××	1	0	0	6	16.7%	16.7%	16.7%	298%	100%
	芝2000m	××	ダ1150〜1200m	××	0	1	0	7	0.0%	14.3%	14.3%	0%	92%
	—	—	ダ1300〜1400m	××	1	2	2	107	0.9%	2.8%	4.7%	7%	95%
	—	—	ダ1300〜1400m	×	3	1	2	25	12.0%	16.0%	24.0%	122%	84%
	ダ1000m	×	ダ1300〜1400m	××	1	0	0	12	8.3%	8.3%	8.3%	305%	86%
	ダ1000m	××	ダ1300〜1400m	××	0	0	0	10	0.0%	0.0%	0.0%	0%	0%
	ダ1150〜1200m	××	ダ1300〜1400m	×	0	3	1	49	0.0%	6.1%	8.2%	0%	91%
	ダ1150〜1200m	×	ダ1300〜1400m	×	0	1	0	27	0.0%	3.7%	3.7%	0%	13%
	ダ1150〜1200m	×	ダ1300〜1400m	××	1	0	1	19	5.3%	5.3%	10.5%	81%	33%
	ダ1150〜1200m	××	ダ1300〜1400m	×	0	0	1	10	0.0%	0.0%	10.0%	0%	705%
	ダ1300〜1400m	××	ダ1300〜1400m	××	0	0	0	32	0.0%	0.0%	0.0%	0%	0%
	ダ1300〜1400m	×	ダ1300〜1400m	×	0	1	0	17	0.0%	5.9%	5.9%	0%	54%
	ダ1300〜1400m	××	ダ1300〜1400m	×	0	1	0	13	0.0%	7.7%	7.7%	0%	244%
	ダ1300〜1400m	×	ダ1300〜1400m	××	0	0	1	7	0.0%	0.0%	14.3%	0%	105%
	ダ1300〜1400m	○	ダ1300〜1400m	×	1	0	1	6	16.7%	16.7%	33.3%	138%	98%
	ダ1700m	××	ダ1300〜1400m	××	0	0	0	8	0.0%	0.0%	0.0%	0%	0%
	ダ1700m	××	ダ1300〜1400m	×	0	0	0	5	0.0%	0.0%	0.0%	0%	0%
	芝1200m	×	ダ1300〜1400m	××	0	0	0	39	0.0%	0.0%	0.0%	0%	0%
	芝1200m	×	ダ1300〜1400m	×	0	1	1	17	0.0%	5.9%	11.8%	0%	217%
	芝1200m		ダ1300〜1400m	×	1	0	2	11	9.1%	9.1%	27.3%	464%	188%
	芝1400〜1500m	×	ダ1300〜1400m	×	0	0	2	13	0.0%	0.0%	15.4%	0%	213%
	芝1400〜1500m	××	ダ1300〜1400m	×	0	0	1	8	0.0%	0.0%	12.5%	0%	78%
	芝1400〜1500m		ダ1300〜1400m	×	0	1	0	5	0.0%	20.0%	20.0%	0%	52%
	芝1600m	×	ダ1300〜1400m	××	0	0	0	11	0.0%	0.0%	0.0%	0%	0%
	芝1600m	××	ダ1300〜1400m	×	0	1	1	6	0.0%	16.7%	33.3%	0%	526%
	芝1600m	×	ダ1300〜1400m	○	0	0	0	5	0.0%	0.0%	0.0%	0%	0%
	芝1700〜1800m	××	ダ1300〜1400m	××	0	1	1	9	0.0%	11.1%	22.2%	0%	565%
	—	—	ダ1600m	××	0	0	0	7	0.0%	0.0%	0.0%	0%	0%
	ダ1150〜1200m	××	ダ1600m	×	0	0	0	10	0.0%	0.0%	0.0%	0%	0%
	ダ1300〜1400m	××	ダ1600m	××	0	0	0	5	0.0%	0.0%	0.0%	0%	0%
	—	—	ダ1700m	××	1	0	1	13	7.7%	7.7%	15.4%	137%	76%
	ダ1000m	×	ダ1700m	×	0	1	1	7	0.0%	14.3%	28.6%	0%	127%
	ダ1000m	××	ダ1700m	××	0	0	0	7	0.0%	0.0%	0.0%	0%	0%
	ダ1150〜1200m	×	ダ1700m	×	0	0	0	11	0.0%	0.0%	0.0%	0%	0%
	ダ1150〜1200m	××	ダ1700m	×	0	0	0	7	0.0%	0.0%	0.0%	0%	0%
	ダ1300〜1400m	×	ダ1700m	××	1	1	0	13	7.7%	15.4%	15.4%	82%	46%
	ダ1300〜1400m	××	ダ1700m	×	0	0	0	8	0.0%	0.0%	0.0%	0%	0%
	ダ1700m	×	ダ1700m	×	0	0	0	12	0.0%	0.0%	0.0%	0%	0%
	ダ1700m	○	ダ1700m	×	1	0	0	7	14.3%	14.3%	14.3%	232%	74%
	ダ1700m	×	ダ1700m	×	0	0	0	6	0.0%	0.0%	0.0%	0%	0%
	ダ1800m	××	ダ1700m	××	0	1	0	7	0.0%	14.3%	14.3%	0%	140%
	芝1200m	××	ダ1700m	××	0	0	0	9	0.0%	0.0%	0.0%	0%	0%

芝1200m

評価	前々走 距離	前々走 着順	前走 距離	前走 着順	1着	2着	3着	総数	勝率	連対率	複勝率	単回率	複回率
	芝1200m	×	ダ1700m	××	0	1	0	8	0.0%	12.5%	12.5%	0%	162%
	芝1400～1500m	×	ダ1700m	××	0	0	1	5	0.0%	0.0%	20.0%	0%	84%
	芝1700～1800m	×	ダ1700m	××	0	1	0	8	0.0%	12.5%	12.5%	0%	28%
	芝1700～1800m	××	ダ1700m	××	0	0	0	7	0.0%	0.0%	0.0%	0%	0%
	芝2000m	×	ダ1700m	××	0	0	0	7	0.0%	0.0%	0.0%	0%	0%
	—	—	ダ1800m	××	0	0	1	28	0.0%	0.0%	3.6%	0%	29%
	ダ1150～1200m	××	ダ1800m	××	0	0	0	13	0.0%	0.0%	0.0%	0%	0%
	ダ1150～1200m	×	ダ1800m	××	0	0	1	9	0.0%	0.0%	11.1%	0%	58%
	ダ1300～1400m	×	ダ1800m	××	0	0	0	12	0.0%	0.0%	0.0%	0%	0%
	ダ1800m	××	ダ1800m	××	1	0	0	12	8.3%	8.3%	8.3%	281%	71%
	芝1200m	×	ダ1800m	××	1	0	1	21	4.8%	4.8%	9.5%	34%	26%
	芝1600m	×	ダ1800m	××	0	0	1	7	0.0%	0.0%	14.3%	0%	60%
	芝1700～1800m	×	ダ1800m	××	0	0	0	7	0.0%	0.0%	0.0%	0%	0%

激変ローテ●芝1200m【500万下】3番人気以内

評価	前々走 距離	前々走 着順	前走 距離	前走 着順	1着	2着	3着	総数	勝率	連対率	複勝率	単回率	複回率
消し	—	—	芝1200m	◎	6	6	1	29	20.7%	41.4%	44.8%	40%	59%
	ダ1000m	×	芝1200m	◯	4	1	2	11	36.4%	45.5%	63.6%	184%	126%
	ダ1000m	×	芝1200m	×	0	1	1	7	0.0%	14.3%	28.6%	0%	48%
	ダ1150～1200m	×	芝1200m	◯	4	2	2	19	21.1%	31.6%	42.1%	74%	68%
	ダ1150～1200m	×	芝1200m	×	1	0	1	10	10.0%	10.0%	20.0%	23%	32%
	ダ1150～1200m	××	芝1200m	◯	0	2	3	7	0.0%	28.6%	71.4%	0%	134%
	ダ1150～1200m	◎	芝1200m	◯	0	3	1	6	0.0%	50.0%	66.7%	0%	100%
	ダ1150～1200m	◯	芝1200m	◎	0	0	1	6	0.0%	0.0%	16.7%	0%	43%
	ダ1150～1200m	××	芝1200m	×	3	0	0	5	60.0%	60.0%	60.0%	332%	134%
	ダ1300～1400m	×	芝1200m	◯	1	1	3	10	10.0%	20.0%	50.0%	18%	82%
	ダ1300～1400m	××	芝1200m	◯	2	2	1	9	22.2%	44.4%	55.6%	104%	92%
	ダ1700m	×	芝1200m	◯	1	0	1	6	16.7%	16.7%	33.3%	128%	76%
	ダ1700m	××	芝1200m	◯	0	1	0	5	0.0%	20.0%	20.0%	0%	32%
	芝1000m	×	芝1200m	×	4	0	1	11	36.4%	36.4%	45.5%	157%	80%
	芝1000m	×	芝1200m	◯	1	0	1	6	16.7%	16.7%	33.3%	111%	60%
	芝1000m	◎	芝1200m	×	2	0	0	5	40.0%	40.0%	40.0%	156%	76%
	芝1000m	◯	芝1200m	◯	0	2	0	5	0.0%	40.0%	40.0%	0%	56%
	芝1000m	◯	芝1200m	×	1	0	1	5	20.0%	20.0%	40.0%	38%	74%
	芝1200m	×	芝1200m	◯	33	37	12	173	19.1%	40.5%	47.4%	91%	81%
消し	芝1200m	×	芝1200m	×	20	18	20	169	11.8%	22.5%	34.3%	56%	65%
消し	芝1200m	◯	芝1200m	×	26	20	17	163	16.0%	28.2%	38.7%	61%	64%
	芝1200m	◯	芝1200m	◯	41	16	21	156	26.3%	36.5%	50.0%	82%	71%
消し	芝1200m	◎	芝1200m	◯	11	8	5	52	21.2%	36.5%	46.2%	64%	62%
	芝1200m	◎	芝1200m	×	14	9	6	47	29.8%	48.9%	61.7%	102%	106%
	芝1200m	◎	芝1200m	◎	4	6	9	41	9.8%	24.4%	46.3%	34%	78%
	芝1200m	×	芝1200m	◎	8	6	5	32	25.0%	43.8%	59.4%	86%	87%
	芝1200m	××	芝1200m	◯	0	0	1	6	0.0%	0.0%	16.7%	0%	30%
	芝1400～1500m	×	芝1200m	◯	6	7	8	47	12.8%	27.7%	44.7%	39%	76%
	芝1400～1500m	◯	芝1200m	×	6	4	2	34	17.6%	29.4%	35.3%	88%	71%
	芝1400～1500m	◯	芝1200m	◯	6	2	0	16	37.5%	50.0%	50.0%	105%	67%
	芝1400～1500m	×	芝1200m	×	3	0	1	11	27.3%	27.3%	36.4%	115%	61%
	芝1400～1500m	◯	芝1200m	◎	1	2	3	9	11.1%	33.3%	66.7%	88%	107%
	芝1400～1500m	◎	芝1200m	◯	0	2	1	9	0.0%	22.2%	33.3%	0%	58%
消し	芝1600m	×	芝1200m	◯	6	4	2	28	21.4%	35.7%	42.9%	81%	67%
	芝1600m	×	芝1200m	×	5	3	2	16	31.3%	50.0%	62.5%	113%	103%
	芝1700～1800m	×	芝1200m	◯	0	1	2	8	0.0%	12.5%	37.5%	0%	57%
	芝1700～1800m	×	芝1200m	×	2	4	0	7	28.6%	85.7%	85.7%	187%	181%
	芝1700～1800m	×	芝1200m	◎	3	1	0	5	60.0%	80.0%	80.0%	230%	140%
	芝1200m	◯	芝1400～1500m	×	7	4	3	21	33.3%	52.4%	66.7%	127%	112%
	芝1200m	◯	芝1400～1500m	◯	2	1	1	18	11.1%	16.7%	22.2%	56%	46%
	芝1200m	◎	芝1400～1500m	×	3	6	1	16	18.8%	56.3%	62.5%	91%	102%
	芝1200m	◯	芝1400～1500m	◎	5	2	1	16	31.3%	43.8%	50.0%	74%	64%
	芝1200m	◯	芝1400～1500m	×	3	2	0	11	27.3%	45.5%	45.5%	138%	68%
	芝1200m	◎	芝1400～1500m	◯	2	1	1	7	28.6%	42.9%	57.1%	81%	77%
	芝1400～1500m	×	芝1400～1500m	×	2	3	0	14	14.3%	35.7%	35.7%	37%	55%
	芝1400～1500m	◯	芝1400～1500m	×	4	3	4	13	30.8%	53.8%	84.6%	109%	122%
	芝1400～1500m	◯	芝1400～1500m	◯	1	3	0	9	11.1%	44.4%	44.4%	40%	61%

芝1200m

評価	前々走 距離	前々走 着順	前走 距離	前走 着順	1着	2着	3着	総数	勝率	連対率	複勝率	単回率	複回率
	芝1600m	×	芝1400〜1500m	×	2	2	1	9	22.2%	44.4%	55.6%	107%	121%
	芝1600m	○	芝1400〜1500m	×	1	2	0	6	16.7%	50.0%	50.0%	90%	91%
	芝1200m	○	芝1600m	×	2	0	2	10	20.0%	20.0%	40.0%	57%	76%
	芝1200m	×	芝1600m	×	0	1	5	10	0.0%	10.0%	60.0%	0%	106%
	芝1200m	◎	芝1600m	×	1	3	1	9	11.1%	44.4%	55.6%	22%	68%
	芝1400〜1500m	○	芝1600m	×	4	0	2	11	36.4%	36.4%	54.5%	110%	105%
	芝1600m	×	芝1600m	×	3	1	1	14	21.4%	28.6%	35.7%	112%	70%
	芝1600m	×	芝1700〜1800m	×	1	0	0	6	16.7%	16.7%	16.7%	91%	40%
	芝1200m	×	ダ1000m	×	2	1	0	6	33.3%	50.0%	50.0%	165%	98%
	—	—	ダ1150〜1200m	◎	1	1	2	11	9.1%	18.2%	36.4%	15%	53%
	ダ1150〜1200m	×	ダ1150〜1200m	◎	0	1	2	10	0.0%	10.0%	30.0%	0%	52%
	ダ1150〜1200m	×	ダ1150〜1200m	×	1	2	0	8	12.5%	37.5%	37.5%	72%	67%
	芝1200m	×	ダ1150〜1200m	×	1	4	2	17	5.9%	29.4%	41.2%	23%	68%
	芝1200m	×	ダ1150〜1200m	○	3	0	1	6	50.0%	50.0%	66.7%	168%	118%
	ダ1150〜1200m	×	ダ1300〜1400m	×	0	2	1	5	0.0%	40.0%	60.0%	0%	106%

激変ローテ●芝1200m【500万下】4番人気以下

評価	前々走 距離	前々走 着順	前走 距離	前走 着順	1着	2着	3着	総数	勝率	連対率	複勝率	単回率	複回率
	ダ1000m	×	芝1000m	×	0	0	0	5	0.0%	0.0%	0.0%	0%	0%
	ダ1150〜1200m	×	芝1000m	×	0	0	0	5	0.0%	0.0%	0.0%	0%	0%
	ダ1300〜1400m	××	芝1000m	×	0	0	0	5	0.0%	0.0%	0.0%	0%	0%
買い	芝1000m	×	芝1000m	×	2	1	2	25	8.0%	12.0%	20.0%	102%	148%
	芝1000m	◎	芝1000m	×	0	1	0	7	0.0%	14.3%	14.3%	0%	78%
	芝1000m	○	芝1000m	×	1	0	1	7	14.3%	14.3%	28.6%	161%	78%
	芝1200m	×	芝1000m	×	5	2	3	65	7.7%	10.8%	15.4%	166%	60%
	芝1200m	×	芝1000m	○	0	1	0	8	0.0%	12.5%	12.5%	0%	45%
	芝1200m	×	芝1000m	×	0	0	0	7	0.0%	0.0%	0.0%	0%	0%
	芝1200m	○	芝1000m	×	0	1	1	7	0.0%	14.3%	28.6%	0%	147%
	芝1200m	××	芝1000m	×	0	1	1	7	0.0%	14.3%	28.6%	0%	147%
	芝1200m	×	芝1000m	◎	0	1	0	6	0.0%	16.7%	16.7%	0%	148%
	芝1400〜1500m	×	芝1000m	×	0	1	1	9	0.0%	11.1%	22.2%	0%	63%
	ダ1000m	×	芝1200m	×	1	1	4	73	1.4%	2.7%	8.2%	11%	81%
	ダ1000m	××	芝1200m	×	1	0	1	30	3.3%	3.3%	6.7%	60%	49%
	ダ1000m	×	芝1200m	××	1	0	0	13	7.7%	7.7%	7.7%	482%	101%
	ダ1000m	○	芝1200m	×	0	0	1	10	0.0%	0.0%	10.0%	0%	38%
	ダ1000m	◎	芝1200m	×	1	0	1	8	12.5%	12.5%	25.0%	137%	95%
	ダ1000m	××	芝1200m	○	0	0	0	8	0.0%	0.0%	0.0%	0%	0%
	ダ1000m	×	芝1200m	◎	0	0	1	5	0.0%	0.0%	20.0%	0%	162%
	ダ1150〜1200m	×	芝1200m	×	5	1	6	89	5.6%	6.7%	13.5%	80%	75%
	ダ1150〜1200m	××	芝1200m	×	1	3	1	71	1.4%	5.6%	7.0%	53%	78%
買い	ダ1150〜1200m	×	芝1200m	◎	2	1	2	19	10.5%	15.8%	26.3%	217%	180%
	ダ1150〜1200m	×	芝1200m	○	2	0	0	18	11.1%	11.1%	11.1%	88%	28%
	ダ1150〜1200m	◎	芝1200m	×	1	0	1	9	11.1%	11.1%	22.2%	253%	108%
	ダ1150〜1200m	××	芝1200m	◎	0	0	1	7	0.0%	0.0%	14.3%	0%	61%
	ダ1150〜1200m	××	芝1200m	○	1	1	0	6	16.7%	33.3%	33.3%	241%	110%
	ダ1150〜1200m	××	芝1200m	××	0	0	1	5	0.0%	0.0%	20.0%	0%	918%
	ダ1300〜1400m	××	芝1200m	×	3	2	2	44	6.8%	11.4%	15.9%	131%	67%
	ダ1300〜1400m	×	芝1200m	×	2	1	2	42	4.8%	7.1%	9.5%	194%	70%
	ダ1300〜1400m	○	芝1200m	×	0	0	3	15	0.0%	0.0%	20.0%	0%	20%
	ダ1300〜1400m	◎	芝1200m	×	0	1	1	12	0.0%	8.3%	16.7%	0%	425%
	ダ1300〜1400m	×	芝1200m	◎	0	0	2	10	0.0%	0.0%	20.0%	0%	101%
	ダ1300〜1400m	×	芝1200m	○	1	0	1	8	12.5%	12.5%	25.0%	217%	87%
	ダ1300〜1400m	×	芝1200m	××	0	0	1	5	0.0%	0.0%	20.0%	0%	106%
	ダ1300〜1400m	××	芝1200m	××	0	0	0	5	0.0%	0.0%	0.0%	0%	0%
	ダ1600m	××	芝1200m	×	1	0	0	11	9.1%	9.1%	9.1%	151%	47%
	ダ1600m	×	芝1200m	×	0	0	1	7	0.0%	0.0%	14.3%	0%	50%
	ダ1700m	×	芝1200m	×	1	0	2	45	2.2%	2.2%	6.7%	26%	76%
	ダ1700m	×	芝1200m	×	2	0	2	18	11.1%	11.1%	22.2%	281%	98%
	ダ1700m	×	芝1200m	◎	1	0	2	7	14.3%	14.3%	42.9%	131%	121%
	ダ1800m	××	芝1200m	×	1	0	0	12	8.3%	8.3%	8.3%	204%	46%

芝1200m

評価	前々走 距離	前々走 着順	前走 距離	前走 着順	1着	2着	3着	総数	勝率	連対率	複勝率	単回率	複回率
	ダ1800m	×	芝1200m	×	1	1	0	6	16.7%	33.3%	33.3%	133%	176%
	芝1000m	×	芝1200m	×	3	1	6	68	4.4%	5.9%	14.7%	144%	86%
	芝1000m	◎	芝1200m	×	1	0	0	14	7.1%	7.1%	7.1%	96%	17%
	芝1000m	○	芝1200m	×	1	1	0	13	7.7%	15.4%	15.4%	44%	62%
	芝1000m	×	芝1200m	○	0	1	2	10	0.0%	10.0%	30.0%	0%	77%
	芝1000m	×	芝1200m	××	0	0	0	9	0.0%	0.0%	0.0%	0%	0%
	芝1000m	×	芝1200m	◎	0	0	0	6	0.0%	0.0%	0.0%	0%	0%
	芝1200m	×	芝1200m	×	46	77	74	1465	3.1%	8.4%	13.4%	65%	80%
	芝1200m	○	芝1200m	×	21	15	13	240	8.8%	15.0%	20.4%	103%	72%
	芝1200m	×	芝1200m	○	8	21	19	178	4.5%	16.3%	27.0%	50%	88%
	芝1200m	×	芝1200m	◎	4	4	11	158	2.5%	5.1%	12.0%	27%	60%
買い	芝1200m	×	芝1200m	××	2	3	7	85	2.4%	5.9%	14.1%	232%	146%
特買い	芝1200m	×	芝1200m	◎	5	6	4	81	6.2%	13.6%	18.5%	200%	107%
特買い	芝1200m	○	芝1200m	◎	7	6	5	70	10.0%	18.6%	25.7%	142%	99%
	芝1200m	××	芝1200m	×	1	1	2	70	1.4%	2.9%	5.7%	113%	52%
特買い	芝1200m	◎	芝1200m	○	3	10	4	43	7.0%	30.2%	39.5%	114%	111%
	芝1200m	××	芝1200m	××	0	0	0	19	0.0%	0.0%	0.0%	0%	0%
	芝1200m	◎	芝1200m	○	0	1	0	12	0.0%	8.3%	8.3%	0%	51%
	芝1200m	◎	芝1200m	××	1	0	0	12	8.3%	8.3%	8.3%	810%	145%
	芝1200m	××	芝1200m	○	1	1	0	9	11.1%	22.2%	22.2%	84%	55%
	芝1200m	◎	芝1200m	××	0	1	0	8	0.0%	12.5%	12.5%	0%	68%
	芝1400〜1500m	×	芝1200m	×	3	10	15	212	1.4%	6.1%	13.2%	59%	74%
	芝1400〜1500m	○	芝1200m	×	1	3	5	31	3.2%	12.9%	29.0%	18%	80%
	芝1400〜1500m	××	芝1200m	×	1	1	2	31	3.2%	6.5%	12.9%	94%	266%
	芝1400〜1500m	×	芝1200m	○	2	0	0	13	15.4%	15.4%	15.4%	143%	41%
	芝1400〜1500m	×	芝1200m	××	0	0	1	8	0.0%	0.0%	12.5%	0%	147%
	芝1400〜1500m	×	芝1200m	◎	0	0	2	7	0.0%	0.0%	28.6%	0%	74%
	芝1400〜1500m	○	芝1200m	○	1	0	0	6	16.7%	16.7%	16.7%	208%	56%
	芝1400〜1500m	◎	芝1200m	×	0	1	0	5	0.0%	20.0%	20.0%	0%	160%
	芝1600m	×	芝1200m	×	3	5	8	121	2.5%	6.6%	13.2%	20%	73%
	芝1600m	××	芝1200m	×	1	0	1	31	3.2%	3.2%	6.5%	47%	28%
	芝1600m	○	芝1200m	◎	1	0	0	16	6.3%	6.3%	12.5%	36%	40%
買い	芝1600m	×	芝1200m	○	5	0	1	14	35.7%	35.7%	42.9%	330%	109%
	芝1600m	××	芝1200m	◎	0	1	0	5	0.0%	20.0%	20.0%	0%	90%
	芝1600m	××	芝1200m	○	1	0	0	5	20.0%	20.0%	20.0%	242%	66%
	芝1700〜1800m	×	芝1200m	×	0	3	4	53	0.0%	5.7%	13.2%	0%	107%
	芝1700〜1800m	××	芝1200m	×	1	0	2	24	4.2%	4.2%	12.5%	109%	55%
	芝1700〜1800m	○	芝1200m	×	1	1	0	5	20.0%	20.0%	40.0%	266%	164%
	芝2000m	××	芝1200m	×	0	0	0	14	0.0%	0.0%	0.0%	0%	0%
	芝2000m	×	芝1200m	×	1	0	0	10	10.0%	10.0%	10.0%	114%	37%
	ダ1150〜1200m	×	芝1400〜1500m	×	0	0	1	17	0.0%	0.0%	5.9%	0%	51%
	ダ1150〜1200m	××	芝1400〜1500m	×	0	0	1	12	0.0%	0.0%	8.3%	0%	35%
	ダ1150〜1200m	◎	芝1400〜1500m	×	1	0	0	5	20.0%	20.0%	20.0%	410%	112%
	ダ1300〜1400m	××	芝1400〜1500m	×	0	3	1	13	0.0%	23.1%	30.8%	0%	170%
	ダ1300〜1400m	×	芝1400〜1500m	×	0	0	0	8	0.0%	0.0%	0.0%	0%	0%
	ダ1600m	××	芝1400〜1500m	×	0	0	0	7	0.0%	0.0%	0.0%	0%	0%
	ダ1700m	×	芝1400〜1500m	×	0	0	0	5	0.0%	0.0%	0.0%	0%	0%
	芝1000m	×	芝1400〜1500m	×	0	0	2	13	0.0%	0.0%	15.4%	0%	88%
	芝1200m	×	芝1400〜1500m	×	2	7	5	177	1.1%	5.1%	7.9%	10%	38%
	芝1200m	×	芝1400〜1500m	××	0	0	0	37	0.0%	0.0%	0.0%	0%	0%
買い	芝1200m	○	芝1400〜1500m	×	1	3	3	31	3.2%	12.9%	22.6%	58%	120%
買い	芝1200m	◎	芝1400〜1500m	×	3	2	3	28	10.7%	17.9%	28.6%	145%	112%
	芝1200m	◎	芝1400〜1500m	××	0	1	1	7	0.0%	14.3%	14.3%	0%	61%
	芝1200m	×	芝1400〜1500m	○	0	1	0	6	0.0%	16.7%	16.7%	0%	81%
	芝1200m	××	芝1400〜1500m	×	0	0	0	5	0.0%	0.0%	0.0%	0%	0%
特買い	芝1400〜1500m	×	芝1400〜1500m	×	4	6	6	71	5.6%	14.1%	22.5%	125%	131%
	芝1400〜1500m	○	芝1400〜1500m	×	2	0	2	18	11.1%	11.1%	22.2%	282%	92%
	芝1400〜1500m	×	芝1400〜1500m	○	0	0	3	11	0.0%	0.0%	27.3%	0%	81%
	芝1400〜1500m	×	芝1400〜1500m	××	1	0	1	6	16.7%	16.7%	33.3%	121%	68%
	芝1400〜1500m	××	芝1400〜1500m	×	0	0	0	6	0.0%	0.0%	0.0%	0%	0%
	芝1600m	×	芝1400〜1500m	×	3	1	2	33	9.1%	12.1%	18.2%	111%	70%
	芝1600m	××	芝1400〜1500m	×	0	0	0	6	0.0%	0.0%	0.0%	0%	0%
	芝1600m	×	芝1400〜1500m	○	1	2	0	6	16.7%	50.0%	50.0%	98%	110%
	芝1600m	○	芝1400〜1500m	×	1	0	0	5	20.0%	20.0%	20.0%	182%	34%
	芝1700〜1800m	×	芝1400〜1500m	×	1	0	0	12	8.3%	8.3%	8.3%	171%	37%

芝1200m

評価	前々走 距離	着順	前走 距離	着順	1着	2着	3着	総数	勝率	連対率	複勝率	単回率	複回率
	ダ1150〜1200m	×	芝1600m	×	0	0	0	6	0.0%	0.0%	0.0%	0%	0%
	ダ1300〜1400m	××	芝1600m	×	0	1	0	8	0.0%	12.5%	12.5%	0%	147%
	ダ1300〜1400m	×	芝1600m	×	1	0	0	7	14.3%	14.3%	14.3%	717%	87%
	芝1200m	×	芝1600m	×	2	5	6	87	2.3%	8.0%	14.9%	39%	67%
	芝1200m	◎	芝1600m	×	0	1	0	19	0.0%	5.3%	5.3%	0%	16%
	芝1200m	○	芝1600m	××	0	3	0	19	0.0%	15.8%	15.8%	0%	68%
	芝1200m	◎	芝1600m	××	0	2	0	12	0.0%	16.7%	16.7%	0%	147%
	芝1200m	○	芝1600m	×	0	0	1	6	0.0%	0.0%	16.7%	0%	61%
	芝1400〜1500m	×	芝1600m	×	0	1	2	31	0.0%	3.2%	9.7%	0%	47%
	芝1400〜1500m	×	芝1600m	××	0	0	0	11	0.0%	0.0%	0.0%	0%	0%
	芝1400〜1500m	○	芝1600m	×	2	1	1	9	22.2%	33.3%	44.4%	321%	120%
買い	芝1600m	×	芝1600m	×	2	4	0	44	4.5%	13.6%	13.6%	77%	94%
特買い	芝1600m	○	芝1600m	×	2	2	1	7	28.6%	57.1%	71.4%	217%	205%
	芝1600m	×	芝1600m	××	0	0	1	7	0.0%	0.0%	14.3%	0%	115%
	芝1600m	××	芝1600m	×	0	1	0	5	0.0%	20.0%	20.0%	0%	826%
特買い	芝1700〜1800m	×	芝1600m	×	1	1	3	21	4.8%	9.5%	23.8%	811%	230%
	芝2000m	×	芝1600m	×	0	1	0	6	0.0%	16.7%	16.7%	0%	65%
	ダ1150〜1200m	×	芝1700〜1800m	×	0	0	1	7	0.0%	0.0%	14.3%	0%	41%
	ダ1300〜1400m	◎	芝1700〜1800m	××	0	0	0	5	0.0%	0.0%	0.0%	0%	0%
	芝1200m	×	芝1700〜1800m	×	1	1	2	30	3.3%	6.7%	13.3%	216%	95%
	芝1200m	×	芝1700〜1800m	××	1	0	1	19	5.3%	5.3%	10.5%	143%	73%
	芝1200m	◎	芝1700〜1800m	×	1	0	1	6	16.7%	16.7%	33.3%	191%	101%
	芝1400〜1500m	×	芝1700〜1800m	×	1	2	0	20	5.0%	15.0%	15.0%	152%	77%
	芝1600m	×	芝1700〜1800m	×	1	0	1	14	7.1%	7.1%	14.3%	59%	40%
	芝1600m	×	芝1700〜1800m	××	0	0	0	5	0.0%	0.0%	0.0%	0%	0%
特買い	芝1700〜1800m	×	芝1700〜1800m	×	1	3	2	26	3.8%	15.4%	23.1%	68%	234%
	芝1700〜1800m	×	芝1700〜1800m	××	0	0	0	7	0.0%	0.0%	0.0%	0%	0%
	芝2000m	×	芝1700〜1800m	×	0	0	0	13	0.0%	0.0%	0.0%	0%	0%
	芝1200m	×	芝2000m	××	0	0	1	5	0.0%	0.0%	20.0%	0%	256%
	芝1700〜1800m	×	芝2000m	×	0	0	1	9	0.0%	0.0%	11.1%	0%	396%
	芝2000m	×	芝2000m	×	2	0	1	9	22.2%	22.2%	33.3%	405%	413%
	ダ1000m	×	ダ1000m	×	0	3	6	80	0.0%	3.8%	11.3%	0%	140%
	ダ1000m	○	ダ1000m	×	0	2	1	21	0.0%	9.5%	14.3%	0%	90%
	ダ1000m	○	ダ1000m	×	1	0	0	15	6.7%	6.7%	6.7%	84%	20%
	ダ1000m	×	ダ1000m	◎	0	2	0	14	0.0%	14.3%	14.3%	0%	57%
	ダ1000m	×	ダ1000m	××	0	1	0	11	0.0%	9.1%	9.1%	0%	56%
	ダ1000m	××	ダ1000m	×	0	0	0	11	0.0%	0.0%	0.0%	0%	0%
	ダ1000m	◎	ダ1000m	○	2	0	0	10	20.0%	20.0%	20.0%	238%	62%
	ダ1000m	×	ダ1000m	◎	0	1	0	8	0.0%	12.5%	12.5%	0%	50%
	ダ1000m	××	ダ1000m	××	0	0	0	7	0.0%	0.0%	0.0%	0%	0%
	ダ1000m	○	ダ1000m	××	0	0	0	5	0.0%	0.0%	0.0%	0%	0%
	ダ1150〜1200m	×	ダ1000m	×	0	1	1	29	0.0%	3.4%	6.9%	0%	84%
	ダ1150〜1200m	××	ダ1000m	×	0	0	0	12	0.0%	0.0%	0.0%	0%	0%
	ダ1150〜1200m	×	ダ1000m	××	0	0	0	7	0.0%	0.0%	0.0%	0%	0%
	ダ1150〜1200m	××	ダ1000m	◎	0	0	0	7	0.0%	0.0%	0.0%	0%	0%
	ダ1150〜1200m	××	ダ1000m	×	0	0	0	6	0.0%	0.0%	0.0%	0%	0%
	ダ1300〜1400m	×	ダ1000m	×	1	0	0	12	8.3%	8.3%	8.3%	128%	26%
	ダ1300〜1400m	××	ダ1000m	×	0	0	0	10	0.0%	0.0%	0.0%	0%	0%
	ダ1300〜1400m	××	ダ1000m	××	0	0	0	6	0.0%	0.0%	0.0%	0%	0%
	ダ1700m	××	ダ1000m	×	0	0	1	11	0.0%	0.0%	9.1%	0%	34%
	芝1000m	×	ダ1000m	×	0	0	0	5	0.0%	0.0%	0.0%	0%	0%
	芝1200m	×	ダ1000m	×	2	2	3	65	3.1%	6.2%	10.8%	71%	76%
	芝1200m	×	ダ1000m	××	0	0	1	26	0.0%	0.0%	3.8%	0%	84%
	芝1200m	××	ダ1000m	×	0	1	1	8	0.0%	12.5%	25.0%	0%	417%
	芝1200m	○	ダ1000m	×	0	0	0	6	0.0%	0.0%	0.0%	0%	0%
	芝1400〜1500m	×	ダ1000m	×	0	0	0	6	0.0%	0.0%	0.0%	0%	0%
	ダ1000m	×	ダ1150〜1200m	×	1	1	0	27	3.7%	7.4%	7.4%	74%	35%
	ダ1000m	×	ダ1150〜1200m	××	0	0	1	20	0.0%	0.0%	5.0%	0%	22%
	ダ1000m	◎	ダ1150〜1200m	×	0	1	1	8	0.0%	12.5%	25.0%	0%	303%
	ダ1000m	○	ダ1150〜1200m	×	0	0	0	6	0.0%	0.0%	0.0%	0%	0%
	ダ1000m	××	ダ1150〜1200m	××	0	0	0	6	0.0%	0.0%	0.0%	0%	0%
	ダ1150〜1200m	×	ダ1150〜1200m	×	1	1	4	58	1.7%	3.4%	10.3%	55%	67%
	ダ1150〜1200m	××	ダ1150〜1200m	×	0	0	0	20	0.0%	0.0%	0.0%	0%	0%
	ダ1150〜1200m	××	ダ1150〜1200m	××	1	1	0	20	5.0%	10.0%	10.0%	37%	56%
	ダ1150〜1200m	×	ダ1150〜1200m	××	1	0	3	19	5.3%	5.3%	21.1%	137%	103%

芝1200m

評価	前々走 距離	前々走 着順	前走 距離	前走 着順	1着	2着	3着	総数	勝率	連対率	複勝率	単回率	複回率
	ダ1150～1200m	◎	ダ1150～1200m	×	2	1	1	17	11.8%	17.6%	23.5%	83%	65%
	ダ1150～1200m	○	ダ1150～1200m	◎	0	1	0	16	0.0%	6.3%	6.3%	0%	56%
	ダ1150～1200m	○	ダ1150～1200m	○	0	1	0	14	0.0%	7.1%	7.1%	0%	20%
	ダ1150～1200m	×	ダ1150～1200m	◎	0	0	1	13	0.0%	0.0%	7.7%	0%	40%
	ダ1150～1200m	◎	ダ1150～1200m	××	2	1	0	8	25.0%	37.5%	37.5%	498%	202%
	ダ1150～1200m	×	ダ1150～1200m	○	0	0	1	5	0.0%	0.0%	20.0%	0%	56%
	ダ1300～1400m	××	ダ1150～1200m	××	0	0	0	19	0.0%	0.0%	0.0%	0%	0%
	ダ1300～1400m	×	ダ1150～1200m	×	1	0	2	17	5.9%	5.9%	17.6%	44%	69%
	ダ1300～1400m	××	ダ1150～1200m	×	0	1	0	14	0.0%	7.1%	7.1%	0%	159%
	ダ1300～1400m	×	ダ1150～1200m	××	0	0	0	9	0.0%	0.0%	0.0%	0%	0%
	ダ1300～1400m	×	ダ1150～1200m	◎	0	0	0	6	0.0%	0.0%	0.0%	0%	0%
	ダ1300～1400m	×	ダ1150～1200m	○	0	1	1	6	0.0%	16.7%	33.3%	0%	120%
	ダ1300～1400m	○	ダ1150～1200m	×	1	0	1	5	20.0%	20.0%	40.0%	204%	236%
	ダ1700m	×	ダ1150～1200m	×	1	0	0	7	14.3%	14.3%	14.3%	390%	157%
	ダ1800m	××	ダ1150～1200m	×	0	0	0	6	0.0%	0.0%	0.0%	0%	0%
特買い	芝1200m	×	ダ1150～1200m	×	6	4	2	71	8.5%	14.1%	16.9%	162%	93%
	芝1200m	×	ダ1150～1200m	××	0	2	3	59	0.0%	3.4%	8.5%	0%	83%
	芝1200m	××	ダ1150～1200m	×	0	0	0	11	0.0%	0.0%	0.0%	0%	0%
	芝1200m	◎	ダ1150～1200m	×	0	0	1	7	0.0%	0.0%	14.3%	0%	47%
	芝1200m	◎	ダ1150～1200m	××	0	0	0	7	0.0%	0.0%	0.0%	0%	0%
	芝1200m	×	ダ1150～1200m	◎	0	1	0	5	0.0%	20.0%	20.0%	0%	44%
	芝1200m	×	ダ1150～1200m	○	0	0	0	5	0.0%	0.0%	0.0%	0%	0%
	芝1400～1500m	×	ダ1150～1200m	×	0	0	1	13	0.0%	0.0%	7.7%	0%	47%
	芝1400～1500m	×	ダ1150～1200m	××	0	0	0	7	0.0%	0.0%	0.0%	0%	0%
	芝1600m	×	ダ1150～1200m	×	1	1	1	9	11.1%	22.2%	33.3%	723%	334%
	芝1600m	×	ダ1150～1200m	××	0	0	1	7	0.0%	0.0%	14.3%	0%	35%
	ダ1000m	×	ダ1300～1400m	×	0	0	2	8	0.0%	0.0%	25.0%	0%	116%
	ダ1000m	◎	ダ1300～1400m	××	0	0	0	7	0.0%	0.0%	0.0%	0%	0%
	ダ1150～1200m	×	ダ1300～1400m	×	0	0	1	21	0.0%	0.0%	4.8%	0%	28%
	ダ1150～1200m	×	ダ1300～1400m	××	1	0	1	19	5.3%	5.3%	10.5%	71%	213%
	ダ1150～1200m	××	ダ1300～1400m	××	2	1	0	16	12.5%	18.8%	18.8%	482%	162%
	ダ1150～1200m	◎	ダ1300～1400m	××	1	1	0	12	8.3%	16.7%	16.7%	475%	133%
	ダ1150～1200m	××	ダ1300～1400m	×	0	0	0	9	0.0%	0.0%	0.0%	0%	0%
	ダ1150～1200m	○	ダ1300～1400m	×	0	0	2	6	0.0%	0.0%	33.3%	0%	153%
	ダ1300～1400m	×	ダ1300～1400m	×	1	1	1	23	4.3%	8.7%	13.0%	40%	138%
	ダ1300～1400m	××	ダ1300～1400m	××	1	0	2	17	5.9%	5.9%	17.6%	184%	101%
	ダ1300～1400m	○	ダ1300～1400m	◎	0	0	1	16	0.0%	0.0%	6.3%	0%	29%
	ダ1300～1400m	×	ダ1300～1400m	◎	0	0	1	14	0.0%	0.0%	7.1%	0%	172%
	ダ1300～1400m	◎	ダ1300～1400m	×	0	0	0	13	0.0%	0.0%	0.0%	0%	0%
	ダ1300～1400m	×	ダ1300～1400m	○	0	0	1	12	0.0%	0.0%	8.3%	0%	24%
	ダ1300～1400m	×	ダ1300～1400m	××	0	2	2	12	0.0%	16.7%	33.3%	0%	338%
	ダ1300～1400m	◎	ダ1300～1400m	×	0	1	1	11	0.0%	9.1%	18.2%	0%	143%
	ダ1300～1400m	××	ダ1300～1400m	×	0	1	0	11	0.0%	9.1%	9.1%	0%	32%
	ダ1300～1400m	×	ダ1300～1400m	×	0	0	1	9	0.0%	0.0%	11.1%	0%	275%
	ダ1300～1400m	×	ダ1300～1400m	○	0	0	1	8	0.0%	0.0%	12.5%	0%	21%
	ダ1300～1400m	◎	ダ1300～1400m	×	0	0	0	6	0.0%	0.0%	0.0%	0%	0%
	ダ1300～1400m	×	ダ1300～1400m	××	0	1	0	6	0.0%	16.7%	16.7%	0%	83%
	ダ1700m	××	ダ1300～1400m	××	0	0	0	9	0.0%	0.0%	0.0%	0%	0%
	ダ1700m	×	ダ1300～1400m	×	0	0	0	5	0.0%	0.0%	0.0%	0%	0%
	ダ1800m	×	ダ1300～1400m	×	0	0	1	5	0.0%	0.0%	20.0%	0%	58%
買い	芝1200m	×	ダ1300～1400m	××	1	2	2	22	4.5%	13.6%	22.7%	571%	187%
	芝1200m	×	ダ1300～1400m	×	1	1	1	20	5.0%	10.0%	15.0%	49%	39%
	芝1200m	×	ダ1300～1400m	◎	0	0	0	8	0.0%	0.0%	0.0%	0%	0%
	芝1200m	×	ダ1300～1400m	○	0	1	1	5	0.0%	20.0%	40.0%	0%	160%
	芝1400～1500m	×	ダ1300～1400m	×	0	0	2	10	0.0%	0.0%	20.0%	0%	190%
	芝1600m	×	ダ1300～1400m	××	0	0	1	8	0.0%	0.0%	12.5%	0%	37%
	芝1600m	××	ダ1300～1400m	××	0	0	0	5	0.0%	0.0%	0.0%	0%	0%
	芝1700～1800m	×	ダ1300～1400m	×	1	1	0	5	20.0%	40.0%	40.0%	354%	142%
	ダ1150～1200m	×	ダ1600m	×	0	0	1	5	0.0%	0.0%	20.0%	0%	70%
	ダ1300～1400m	×	ダ1600m	×	2	0	0	8	25.0%	25.0%	25.0%	395%	160%
	ダ1300～1400m	×	ダ1600m	××	0	1	1	12	0.0%	8.3%	16.7%	0%	127%
	ダ1000m	×	ダ1700m	×	0	1	0	16	0.0%	6.3%	6.3%	0%	151%
	ダ1150～1200m	××	ダ1700m	××	0	2	0	6	0.0%	33.3%	33.3%	0%	586%
	ダ1300～1400m	◎	ダ1700m	××	0	0	0	9	0.0%	0.0%	0.0%	0%	0%
	ダ1300～1400m	×	ダ1700m	××	0	0	0	7	0.0%	0.0%	0.0%	0%	0%

芝1200m

評価	前々走 距離	着順	前走 距離	着順	1着	2着	3着	総数	勝率	連対率	複勝率	単回率	複回率
	ダ1300～1400m	××	ダ1700m	××	0	0	0	7	0.0%	0.0%	0.0%	0%	0%
	ダ1700m	○	ダ1700m	××	0	0	3	19	0.0%	0.0%	15.8%	0%	128%
	ダ1700m	×	ダ1700m	○	1	1	2	18	5.6%	11.1%	22.2%	990%	276%
	ダ1700m	××	ダ1700m	×	1	0	0	14	7.1%	7.1%	7.1%	65%	25%
	ダ1700m	××	ダ1700m	××	0	0	1	6	0.0%	0.0%	16.7%	0%	75%
	ダ1800m	××	ダ1700m	××	0	0	0	5	0.0%	0.0%	0.0%	0%	0%
買い	芝1200m	×	ダ1700m	××	3	1	1	26	11.5%	15.4%	19.2%	930%	214%
	芝1200m	○	ダ1700m	×	0	0	1	8	0.0%	0.0%	12.5%	0%	70%
	芝1400～1500m	×	ダ1700m	××	0	1	0	6	0.0%	16.7%	16.7%	0%	105%
	芝1600m	○	ダ1700m	×	0	0	0	5	0.0%	0.0%	0.0%	0%	0%
	芝1700～1800m	×	ダ1700m	××	1	1	1	12	8.3%	16.7%	25.0%	90%	110%
	芝1700～1800m	××	ダ1700m	×	0	0	0	6	0.0%	0.0%	0.0%	0%	0%
	芝1150～1200m	○	ダ1800m	××	0	0	1	6	0.0%	0.0%	16.7%	0%	163%
	芝1200m	×	ダ1800m	××	0	2	0	11	0.0%	18.2%	18.2%	0%	131%

激変ローテ●芝1200m【1000万下～OP】3番人気以内

評価	前々走 距離	着順	前走 距離	着順	1着	2着	3着	総数	勝率	連対率	複勝率	単回率	複回率
	芝1200m	×	芝1000m	×	1	2	0	5	20.0%	60.0%	60.0%	140%	120%
	ダ1150～1200m	×	芝1200m	○	0	2	0	6	0.0%	33.3%	33.3%	0%	75%
	ダ1150～1200m	○	芝1200m	◎	0	1	0	5	0.0%	20.0%	20.0%	0%	42%
	ダ1150～1200m	×	芝1200m	◎	0	1	0	5	0.0%	20.0%	20.0%	0%	40%
	芝1000m	○	芝1200m	○	2	1	0	5	40.0%	60.0%	60.0%	128%	98%
	芝1200m	×	芝1200m	×	21	20	16	118	17.8%	34.7%	48.3%	89%	93%
消し	芝1200m	×	芝1200m	○	16	16	11	104	15.4%	30.8%	41.3%	62%	66%
消し	芝1200m	×	芝1200m	○	9	14	13	80	11.3%	28.8%	45.0%	34%	66%
	芝1200m	○	芝1200m	×	13	14	8	80	16.3%	33.8%	43.8%	67%	77%
消し	芝1200m	○	芝1200m	◎	12	9	6	70	17.1%	30.0%	38.6%	84%	67%
	芝1200m	○	芝1200m	○	17	8	6	61	27.9%	41.0%	50.8%	125%	86%
	芝1200m	○	芝1200m	◎	15	7	2	59	25.4%	40.7%	52.5%	85%	89%
	芝1200m	×	芝1200m	◎	9	4	10	56	16.1%	23.2%	41.1%	64%	76%
	芝1200m	◎	芝1200m	○	13	4	4	41	31.7%	41.5%	51.2%	92%	80%
	芝1400～1500m	×	芝1200m	×	7	8	2	38	18.4%	39.5%	44.7%	97%	86%
	芝1400～1500m	×	芝1200m	○	7	6	6	29	24.1%	44.8%	65.5%	81%	108%
	芝1400～1500m	○	芝1200m	○	7	2	2	17	41.2%	52.9%	64.7%	120%	98%
消し	芝1400～1500m	◎	芝1200m	○	4	0	0	13	30.8%	30.8%	30.8%	119%	53%
消し	芝1400～1500m	○	芝1200m	◎	2	1	1	11	18.2%	27.3%	36.4%	80%	54%
	芝1400～1500m	×	芝1200m	×	2	1	0	8	25.0%	37.5%	37.5%	0%	83%
	芝1400～1500m	◎	芝1200m	×	2	1	1	7	28.6%	42.9%	57.1%	134%	90%
消し	芝1600m	×	芝1200m	○	6	2	2	23	26.1%	34.8%	43.5%	128%	64%
消し	芝1600m	×	芝1200m	×	0	2	0	10	0.0%	20.0%	20.0%	87%	61%
	芝1600m	×	芝1200m	○	3	1	2	7	42.9%	57.1%	85.7%	164%	158%
消し	芝1200m	×	芝1400～1500m	×	2	1	0	21	9.5%	14.3%	14.3%	32%	24%
	芝1200m	×	芝1400～1500m	○	11	3	1	19	57.9%	73.7%	78.9%	223%	122%
	芝1200m	◎	芝1400～1500m	×	3	1	5	17	17.6%	23.5%	41.2%	93%	84%
	芝1200m	×	芝1400～1500m	×	1	4	5	17	5.9%	29.4%	58.8%	14%	97%
	芝1200m	×	芝1400～1500m	×	2	1	1	9	22.2%	33.3%	44.4%	94%	76%
	芝1200m	×	芝1400～1500m	○	4	2	2	9	44.4%	66.7%	88.9%	136%	124%
消し	芝1400～1500m	×	芝1400～1500m	×	2	2	2	18	11.1%	22.2%	33.3%	44%	63%
	芝1400～1500m	×	芝1400～1500m	×	1	3	1	11	9.1%	36.4%	45.5%	26%	73%
	芝1400～1500m	×	芝1400～1500m	×	3	2	2	10	30.0%	50.0%	70.0%	112%	109%
	芝1400～1500m	×	芝1400～1500m	◎	0	0	1	5	0.0%	0.0%	20.0%	0%	32%
	芝1400～1500m	○	芝1400～1500m	○	2	2	0	5	40.0%	80.0%	80.0%	98%	114%
	芝1600m	×	芝1400～1500m	○	1	0	1	8	12.5%	25.0%	25.0%	110%	48%
	芝1600m	○	芝1400～1500m	×	3	0	0	5	60.0%	60.0%	60.0%	134%	68%
	芝1200m	◎	芝1600m	×	0	5	1	13	0.0%	38.5%	46.2%	0%	85%
	芝1200m	×	芝1600m	○	2	1	1	7	28.6%	42.9%	57.1%	95%	102%
	芝1400～1500m	×	芝1600m	○	2	2	0	9	22.2%	44.4%	55.6%	132%	94%
	芝1400～1500m	×	芝1600m	×	3	0	1	8	37.5%	37.5%	50.0%	182%	98%
	芝1400～1500m	○	芝1600m	×	2	0	1	5	40.0%	40.0%	60.0%	138%	76%
	芝1600m	○	芝1600m	×	1	3	2	7	14.3%	57.1%	85.7%	44%	135%
	芝1600m	×	芝1600m	×	0	3	0	7	0.0%	42.9%	42.9%	0%	87%
	芝1200m	×	ダ1150～1200m	×	1	1	1	10	10.0%	20.0%	30.0%	46%	47%

芝1200m

激変ローテ●芝1200m【1000万下～OP】4番人気以下

評価	前々走 距離	着順	前走 距離	着順	1着	2着	3着	総数	勝率	連対率	複勝率	単回率	複回率
	ダ1150～1200m	××	芝1000m		1	0	0	7	14.3%	14.3%	14.3%	181%	41%
	芝1000m		芝1000m	×	0	0	0	9	0.0%	0.0%	0.0%	0%	0%
	芝1200m		芝1000m	×	0	1	3	38	0.0%	2.6%	10.5%	0%	86%
	芝1200m		芝1000m	×	1	0	0	8	12.5%	12.5%	12.5%	326%	73%
	芝1200m	○	芝1000m	◎	2	1	0	8	25.0%	37.5%	37.5%	330%	176%
	芝1200m	××	芝1000m		0	0	0	6	0.0%	0.0%	0.0%	0%	0%
	芝1200m	◎	芝1000m		1	0	0	5	20.0%	20.0%	20.0%	284%	82%
	芝1200m	×	芝1000m	○	0	0	0	5	0.0%	0.0%	0.0%	0%	0%
	芝1400～1500m	×	芝1000m		0	1	0	10	0.0%	10.0%	10.0%	0%	99%
	ダ1000m	◎	芝1000m		0	0	1	13	0.0%	0.0%	7.7%	0%	63%
	ダ1000m	×	芝1000m	◎	1	2	1	7	14.3%	42.9%	57.1%	270%	327%
	ダ1000m		芝1000m	×	0	0	1	6	0.0%	0.0%	16.7%	0%	55%
	ダ1150～1200m	×	芝1000m		3	2	3	64	4.7%	7.8%	12.5%	195%	80%
	ダ1150～1200m	××	芝1000m		0	1	2	37	0.0%	2.7%	8.1%	0%	52%
	ダ1150～1200m	○	芝1000m	◎	0	2	0	15	0.0%	13.3%	13.3%	0%	68%
	ダ1150～1200m	○	芝1000m	×	0	0	0	10	0.0%	0.0%	0.0%	0%	0%
	ダ1150～1200m	×	芝1000m	○	1	0	0	7	14.3%	14.3%	14.3%	124%	47%
買い	ダ1300～1400m	××	芝1200m	×	1	3	1	28	3.6%	14.3%	17.9%	70%	207%
	ダ1300～1400m	×	芝1200m		0	0	4	24	0.0%	0.0%	16.7%	0%	101%
	ダ1300～1400m	◎	芝1200m	×	0	0	0	6	0.0%	0.0%	0.0%	0%	0%
	ダ1700m		芝1200m		0	2	0	5	0.0%	40.0%	40.0%	0%	488%
	芝1000m		芝1200m	×	1	1	2	39	2.6%	5.1%	10.3%	22%	31%
買い	芝1000m	◎	芝1200m	×	1	3	1	13	7.7%	30.8%	38.5%	81%	205%
	芝1000m	○	芝1200m	×	0	0	2	11	0.0%	0.0%	18.2%	0%	52%
	芝1000m	×	芝1200m	◎	0	1	0	8	0.0%	12.5%	12.5%	0%	40%
	芝1000m	××	芝1200m		0	0	1	6	0.0%	0.0%	16.7%	0%	170%
	芝1000m		芝1200m	○	0	0	0	5	0.0%	0.0%	0.0%	0%	0%
	芝1200m	×	芝1200m	×	44	46	61	1125	3.9%	8.0%	13.4%	91%	84%
	芝1200m	◎	芝1200m		13	9	10	209	6.2%	10.5%	15.3%	105%	78%
	芝1200m	○	芝1200m	×	7	9	17	186	3.8%	8.6%	17.7%	59%	65%
買い	芝1200m	×	芝1200m	◎	4	12	10	144	2.8%	11.1%	18.1%	38%	94%
	芝1200m		芝1200m	○	8	5	12	127	6.3%	10.2%	19.7%	80%	59%
	芝1200m		芝1200m		4	6	1	99	4.0%	11.1%	17.2%	68%	59%
	芝1200m	×	芝1200m	××	0	1	4	52	0.0%	1.9%	9.6%	0%	112%
	芝1200m	◎	芝1200m	◎	1	3	1	37	2.7%	10.8%	13.5%	18%	43%
	芝1200m	××	芝1200m	×	0	2	2	36	0.0%	5.6%	11.1%	0%	85%
	芝1200m	○	芝1200m	○	0	1	1	23	0.0%	4.3%	8.7%	0%	24%
	芝1200m	◎	芝1200m	○	0	3	4	23	0.0%	13.0%	30.4%	0%	66%
	芝1200m	○	芝1200m	××	0	1	0	15	0.0%	6.7%	6.7%	0%	27%
	芝1200m	◎	芝1200m	××	0	0	0	6	0.0%	0.0%	0.0%	0%	0%
	芝1400～1500m	×	芝1200m	×	4	10	18	231	1.7%	6.1%	13.9%	67%	80%
	芝1400～1500m	×	芝1200m	◎	0	1	4	32	0.0%	3.1%	15.6%	0%	56%
	芝1400～1500m		芝1200m		3	1	0	28	10.7%	14.3%	14.3%	155%	45%
	芝1400～1500m	××	芝1200m		0	1	0	21	0.0%	4.8%	4.8%	0%	69%
	芝1400～1500m	○	芝1200m	×	0	2	0	17	0.0%	11.8%	11.8%	0%	72%
	芝1400～1500m		芝1200m	×	2	0	1	11	18.2%	18.2%	27.3%	435%	120%
	芝1400～1500m		芝1200m	◎	1	0	0	10	10.0%	10.0%	10.0%	73%	25%
	芝1400～1500m	×	芝1200m	○	0	1	0	6	0.0%	16.7%	16.7%	0%	141%
	芝1400～1500m	××	芝1200m	××	0	0	0	6	0.0%	0.0%	0.0%	0%	0%
買い	芝1600m	×	芝1200m	×	1	3	9	64	1.6%	6.3%	20.3%	14%	144%
	芝1600m	××	芝1200m		0	0	1	16	0.0%	0.0%	6.3%	0%	16%
	芝1600m		芝1200m	○	0	1	1	9	0.0%	11.1%	22.2%	0%	61%
	芝1600m	○	芝1200m	◎	1	0	1	8	12.5%	12.5%	25.0%	196%	88%
	芝1700～1800m		芝1200m	×	0	0	3	15	0.0%	0.0%	20.0%	0%	312%
	芝1700～1800m	×	芝1200m		3	1	0	9	33.3%	44.4%	44.4%	320%	152%
	芝1700～1800m	××	芝1200m		0	0	0	6	0.0%	0.0%	0.0%	0%	0%
	ダ1150～1200m	×	芝1400～1500m		0	0	0	12	0.0%	0.0%	0.0%	0%	0%
	ダ1150～1200m	◎	芝1400～1500m		0	0	1	7	0.0%	0.0%	14.3%	0%	195%
	ダ1150～1200m	××	芝1400～1500m		0	0	0	7	0.0%	0.0%	0.0%	0%	0%
	ダ1300～1400m	×	芝1400～1500m		0	0	1	6	0.0%	0.0%	16.7%	0%	120%
	芝1000m	×	芝1400～1500m		0	1	1	8	0.0%	12.5%	25.0%	0%	460%
買い	芝1200m	×	芝1400～1500m	×	6	14	10	202	3.0%	9.9%	14.9%	71%	93%
	芝1200m	◎	芝1400～1500m	×	2	3	1	46	4.3%	10.9%	13.0%	46%	45%

芝1200m

評価	前々走		前走		1着	2着	3着	総数	勝率	連対率	複勝率	単回率	複回率
	距離	着順	距離	着順									
	芝1200m	○	芝1400～1500m	×	3	4	2	39	7.7%	17.9%	23.1%	109%	69%
	芝1200m	×	芝1400～1500m	××	0	0	0	21	0.0%	0.0%	0.0%	0%	0%
	芝1200m	××	芝1400～1500m	×	0	1	1	11	0.0%	9.1%	18.2%	0%	137%
	芝1200m	×	芝1400～1500m	○	0	1	1	8	0.0%	12.5%	25.0%	0%	128%
	芝1200m		芝1400～1500m	×	1	0	1	6	16.7%	16.7%	33.3%	116%	195%
	芝1200m		芝1400～1500m	◎	0	0	0	5	0.0%	0.0%	0.0%	0%	0%
特買い	芝1400～1500m	×	芝1400～1500m	×	5	5	8	88	5.7%	11.4%	20.5%	92%	98%
特買い	芝1400～1500m	◎	芝1400～1500m	×	2	3	2	14	14.3%	35.7%	50.0%	286%	356%
	芝1400～1500m	×	芝1400～1500m	×	0	0	0	11	0.0%	0.0%	0.0%	0%	0%
	芝1400～1500m	×	芝1400～1500m	○	2	1	1	11	18.2%	27.3%	36.4%	268%	114%
	芝1400～1500m	×	芝1400～1500m	××	0	0	1	8	0.0%	0.0%	12.5%	0%	58%
買い	芝1600m	×	芝1400～1500m	×	2	1	4	48	4.2%	6.3%	14.6%	177%	99%
	芝1600m	×	芝1400～1500m	○	2	0	0	8	25.0%	25.0%	25.0%	221%	67%
	芝1600m	×	芝1400～1500m	××	0	0	1	7	0.0%	0.0%	14.3%	0%	128%
	芝1600m		芝1400～1500m	×	0	0	0	6	0.0%	0.0%	0.0%	0%	0%
	芝1700～1800m	×	芝1400～1500m	×	1	0	1	15	6.7%	6.7%	13.3%	584%	208%
	ダ1300～1400m	×	芝1600m	×	0	1	0	6	0.0%	16.7%	16.7%	0%	43%
	ダ1300～1400m	××	芝1600m	×	0	0	0	6	0.0%	0.0%	0.0%	0%	0%
	芝1200m	×	芝1600m	×	2	1	3	57	3.5%	5.3%	10.5%	45%	38%
	芝1200m	◎	芝1600m	×	1	3	0	15	6.7%	26.7%	26.7%	87%	91%
	芝1200m		芝1600m	××	0	0	1	15	0.0%	0.0%	6.7%	0%	204%
	芝1200m		芝1600m	×	0	0	1	7	0.0%	0.0%	14.3%	0%	68%
特買い	芝1400～1500m	×	芝1600m	×	5	6	5	65	7.7%	16.9%	24.6%	198%	114%
買い	芝1400～1500m	○	芝1600m		0	4	1	9	0.0%	44.4%	55.6%	0%	170%
	芝1400～1500m	×	芝1600m	××	0	1	0	8	0.0%	12.5%	12.5%	0%	95%
買い	芝1600m	×	芝1600m	×	0	2	5	41	0.0%	4.9%	17.1%	0%	117%
	芝1600m	××	芝1600m	×	0	0	2	8	0.0%	0.0%	25.0%	0%	155%
	芝1600m	○	芝1600m		0	0	1	5	0.0%	0.0%	20.0%	0%	202%
	芝1600m	×	芝1600m	××	0	0	0	5	0.0%	0.0%	0.0%	0%	0%
	芝1700～1800m	×	芝1600m	×	0	0	0	7	0.0%	0.0%	0.0%	0%	0%
	芝1200m	×	芝1700～1800m	×	0	1	0	6	0.0%	16.7%	16.7%	0%	150%
	芝1200m	×	芝1700～1800m	××	0	0	0	6	0.0%	0.0%	0.0%	0%	0%
	芝1400～1500m	×	芝1700～1800m	×	0	0	0	5	0.0%	0.0%	0.0%	0%	0%
	芝1600m	×	芝1700～1800m	×	1	0	1	14	7.1%	7.1%	14.3%	88%	130%
	芝1700～1800m	×	芝1700～1800m	×	1	1	0	7	14.3%	28.6%	28.6%	245%	171%
	ダ1000m	×	ダ1000m	◎	0	2	0	20	0.0%	10.0%	10.0%	0%	51%
	ダ1000m	×	ダ1000m	○	0	1	2	17	0.0%	5.9%	17.6%	0%	63%
	ダ1000m	◎	ダ1000m		1	1	1	8	0.0%	12.5%	25.0%	0%	167%
	ダ1000m	◎	ダ1000m	×	1	0	0	6	16.7%	16.7%	16.7%	221%	80%
	ダ1000m	◎	ダ1000m	○	0	0	1	5	0.0%	0.0%	20.0%	0%	0%
	ダ1150～1200m	×	ダ1000m	○	0	0	0	5	0.0%	0.0%	0.0%	0%	0%
	ダ1300～1400m	×	ダ1000m		0	0	0	7	0.0%	0.0%	0.0%	0%	0%
	芝1200m	×	ダ1000m	×	1	0	1	12	8.3%	8.3%	16.7%	108%	123%
	芝1200m	×	ダ1000m	○	0	0	0	7	0.0%	0.0%	0.0%	0%	0%
	芝1200m	○	ダ1000m		1	1	0	5	20.0%	40.0%	40.0%	242%	130%
	ダ1000m	◎	ダ1150～1200m	×	0	0	5	11	0.0%	0.0%	0.0%	0%	0%
	ダ1000m		ダ1150～1200m	××	1	0	0	7	14.3%	14.3%	14.3%	1661%	422%
	ダ1150～1200m	×	ダ1150～1200m	×	0	1	2	40	0.0%	2.5%	7.5%	0%	92%
	ダ1150～1200m	×	ダ1150～1200m	××	0	0	1	18	0.0%	0.0%	5.6%	0%	31%
	ダ1150～1200m	◎	ダ1150～1200m	×	2	1	0	16	12.5%	18.8%	18.8%	210%	86%
	ダ1150～1200m	×	ダ1150～1200m	◎	1	0	0	13	7.7%	7.7%	7.7%	1456%	216%
	ダ1150～1200m	××	ダ1150～1200m	×	0	0	0	11	0.0%	0.0%	0.0%	0%	0%
	ダ1150～1200m	××	ダ1150～1200m	××	0	0	0	11	0.0%	0.0%	0.0%	0%	0%
	ダ1150～1200m		ダ1150～1200m		0	0	0	7	0.0%	0.0%	0.0%	0%	0%
	ダ1150～1200m	×	ダ1150～1200m		0	0	1	6	0.0%	0.0%	16.7%	0%	115%
	ダ1300～1400m	×	ダ1150～1200m	×	0	1	1	20	0.0%	5.0%	10.0%	109%	73%
	ダ1300～1400m	×	ダ1150～1200m	○	0	0	0	6	0.0%	0.0%	0.0%	0%	0%
	ダ1300～1400m	×	ダ1150～1200m	○	0	0	1	5	0.0%	0.0%	20.0%	0%	60%
	ダ1300～1400m	××	ダ1150～1200m	××	0	0	0	6	0.0%	0.0%	0.0%	0%	0%
	芝1200m	×	ダ1150～1200m	×	2	1	3	51	3.9%	5.9%	11.8%	53%	62%
	芝1200m	×	ダ1150～1200m	××	0	0	2	36	0.0%	0.0%	5.6%	0%	30%
	芝1200m		ダ1150～1200m	×	0	0	1	9	0.0%	0.0%	11.1%	0%	42%
	芝1200m	○	ダ1150～1200m	◎	0	0	0	8	0.0%	0.0%	0.0%	0%	0%

芝1200m

評価	前々走 距離	前々走 着順	前走 距離	前走 着順	1着	2着	3着	総数	勝率	連対率	複勝率	単回率	複回率
	芝1200m	◎	ダ1150〜1200m	×	0	0	1	5	0.0%	0.0%	20.0%	0%	282%
	芝1200m	×	ダ1150〜1200m	○	0	0	0	5	0.0%	0.0%	0.0%	0%	0%
	芝1400〜1500m	×	ダ1150〜1200m	×	0	0	1	10	0.0%	10.0%	20.0%	0%	245%
	芝1400〜1500m	×	ダ1150〜1200m	××	0	0	0	9	0.0%	0.0%	0.0%	0%	0%
	芝1400〜1500m	×	ダ1150〜1200m	◎	0	1	0	5	0.0%	20.0%	20.0%	0%	46%
	芝1600m	×	ダ1150〜1200m	×	0	0	1	9	0.0%	0.0%	11.1%	0%	34%
	ダ1150〜1200m	×	ダ1300〜1400m	×	1	0	0	33	3.0%	3.0%	3.0%	62%	19%
	ダ1150〜1200m	×	ダ1300〜1400m	××	1	0	0	13	7.7%	7.7%	7.7%	596%	171%
	ダ1150〜1200m	××	ダ1300〜1400m	××	0	0	0	9	0.0%	0.0%	0.0%	0%	0%
	ダ1150〜1200m	××	ダ1300〜1400m	×	0	1	0	6	0.0%	16.7%	16.7%	0%	166%
	ダ1150〜1200m	◎	ダ1300〜1400m	×	0	0	0	5	0.0%	0.0%	0.0%	0%	0%
	ダ1300〜1400m		ダ1300〜1400m		1	1	1	16	6.3%	12.5%	18.8%	383%	123%
	ダ1300〜1400m	××	ダ1300〜1400m	××	0	0	0	11	0.0%	0.0%	0.0%	0%	0%
	ダ1300〜1400m		ダ1300〜1400m		0	1	0	7	0.0%	14.3%	14.3%	0%	62%
	ダ1300〜1400m	××	ダ1300〜1400m	×	0	0	0	6	0.0%	0.0%	0.0%	0%	0%
	ダ1300〜1400m	○	ダ1300〜1400m	×	0	0	0	5	0.0%	0.0%	0.0%	0%	0%
	芝1200m	×	ダ1300〜1400m	×	0	1	1	19	0.0%	5.3%	10.5%	0%	79%
	芝1200m		ダ1300〜1400m	×	0	0	2	11	0.0%	0.0%	18.2%	0%	173%
	芝1400〜1500m	×	ダ1300〜1400m	××	0	0	0	7	0.0%	0.0%	0.0%	0%	0%

激変ローテ●芝1200m【重賞】3番人気以内

評価	前々走 距離	前々走 着順	前走 距離	前走 着順	1着	2着	3着	総数	勝率	連対率	複勝率	単回率	複回率
			芝1000m		0	0	1	3	0.0%	0.0%	33.3%	0%	50%
	芝1200m		芝1000m		0	2	0	4	0.0%	50.0%	50.0%	0%	115%
			芝1200m		1	2	2	11	9.1%	27.3%	45.5%	48%	71%
	ダ1000m		芝1200m		1	1	0	3	33.3%	66.7%	66.7%	440%	143%
	ダ1300〜1400m		芝1200m		2	0	0	3	66.7%	66.7%	66.7%	260%	100%
消し	芝1000m		芝1200m		1	0	0	5	20.0%	20.0%	20.0%	30%	22%
	芝1200m		芝1200m		12	12	10	67	17.9%	35.8%	50.7%	85%	91%
	芝1400〜1500m		芝1200m		1	2	5	13	7.7%	23.1%	61.5%	19%	102%
	芝1600m		芝1200m		4	4	3	15	26.7%	53.3%	73.3%	144%	135%
	芝1200m		芝1400〜1500m		1	0	3	10	10.0%	10.0%	40.0%	62%	84%
	芝1400〜1500m		芝1400〜1500m		0	0	2	4	0.0%	0.0%	50.0%	0%	82%
	芝1600m		芝1400〜1500m		1	0	1	5	20.0%	20.0%	40.0%	90%	76%
消し	芝1200m		芝1600m		0	1	1	6	0.0%	16.7%	33.3%	0%	53%
消し	芝1400〜1500m		芝1600m		3	1	1	16	18.8%	25.0%	31.3%	60%	50%
	芝1600m		芝1600m		1	2	1	9	11.1%	33.3%	44.4%	36%	90%

激変ローテ●芝1200m【重賞】4番人気以下

評価	前々走 距離	前々走 着順	前走 距離	前走 着順	1着	2着	3着	総数	勝率	連対率	複勝率	単回率	複回率
	―		芝1000m		2	0	0	7	28.6%	28.6%	28.6%	382%	98%
	ダ1150〜1200m		芝1000m		0	1	0	3	0.0%	33.3%	33.3%	0%	173%
	芝1000m		芝1000m		0	0	0	6	0.0%	0.0%	0.0%	0%	0%
	芝1200m		芝1000m		4	0	0	28	14.3%	14.3%	14.3%	173%	52%
	芝1400〜1500m		芝1000m		0	0	0	4	0.0%	0.0%	0.0%	0%	0%
	芝1600m		芝1000m		0	0	0	3	0.0%	0.0%	0.0%	0%	0%
	―		芝1200m		1	2	2	32	3.1%	9.4%	15.6%	51%	61%
買い	ダ1000m		芝1200m		1	0	2	7	14.3%	14.3%	42.9%	211%	145%
買い	ダ1150〜1200m		芝1200m		0	3	0	13	0.0%	23.1%	23.1%	0%	108%
買い	ダ1300〜1400m		芝1200m		1	2	0	12	8.3%	25.0%	25.0%	98%	105%
	芝1000m		芝1200m		1	1	1	22	4.5%	9.1%	13.6%	140%	61%
	芝1200m		芝1200m		8	9	7	263	3.0%	6.5%	9.1%	58%	48%
	芝1400〜1500m		芝1200m		0	2	3	52	0.0%	3.8%	9.6%	4%	39%
	芝1600m		芝1200m		0	1	2	41	0.0%	2.4%	7.3%	0%	112%
	芝1700〜1800m		芝1200m		1	0	0	3	33.3%	33.3%	33.3%	270%	63%
	―		芝1400〜1500m		0	0	0	3	0.0%	0.0%	0.0%	0%	0%
	ダ1150〜1200m		芝1400〜1500m		0	0	0	5	0.0%	0.0%	0.0%	0%	0%
	ダ1300〜1400m		芝1400〜1500m		0	0	0	3	0.0%	0.0%	0.0%	0%	0%
	芝1200m		芝1400〜1500m		4	2	1	47	8.5%	12.8%	14.9%	401%	88%
買い	芝1400〜1500m		芝1400〜1500m		2	0	2	12	16.7%	16.7%	33.3%	1090%	351%
特買い	芝1600m		芝1400〜1500m		3	1	1	21	14.3%	19.0%	23.8%	217%	102%

芝1200m

評価	前々走 距離	前々走 着順	前走 距離	前走 着順	1着	2着	3着	総数	勝率	連対率	複勝率	単回率	複回率
	芝1200m		芝1600m		0	3	0	22	0.0%	13.6%	13.6%	0%	65%
	芝1400～1500m		芝1600m		0	1	1	20	0.0%	5.0%	10.0%	0%	48%
	芝1600m		芝1600m		1	0	1	22	4.5%	4.5%	9.1%	39%	21%
	芝1700～1800m		芝1600m		0	0	1	4	0.0%	0.0%	25.0%	0%	127%
	芝1400～1500m		芝1700～1800m		0	1	0	4	0.0%	25.0%	25.0%	0%	250%
	芝1600m		芝1700～1800m		1	0	1	3	33.3%	33.3%	66.7%	416%	153%
	—		ダ1000m		0	1	0	13	0.0%	7.7%	7.7%	0%	36%
	ダ1000m		ダ1000m		0	0	0	3	0.0%	0.0%	0.0%	0%	0%
	芝1200m		ダ1000m		0	0	0	4	0.0%	0.0%	0.0%	0%	0%
	—		ダ1150～1200m		0	0	0	3	0.0%	0.0%	0.0%	0%	0%
	ダ1150～1200m		ダ1150～1200m		0	0	0	7	0.0%	0.0%	0.0%	0%	0%
	ダ1300～1400m		ダ1150～1200m		0	1	0	6	0.0%	16.7%	16.7%	0%	198%
	芝1200m		ダ1150～1200m		0	1	1	12	0.0%	8.3%	16.7%	0%	69%
	ダ1150～1200m		ダ1300～1400m		0	0	1	7	0.0%	0.0%	14.3%	0%	74%
	ダ1300～1400m		ダ1300～1400m		0	2	0	8	0.0%	25.0%	25.0%	0%	95%
	芝1200m		ダ1300～1400m		0	0	1	5	0.0%	0.0%	20.0%	0%	202%
	芝1600m		ダ1300～1400m		0	0	1	8	0.0%	0.0%	12.5%	0%	117%
	ダ1300～1400m		ダ1600m		0	0	1	7	0.0%	0.0%	14.3%	0%	174%
	芝1400～1500m		ダ1600m		0	0	0	3	0.0%	0.0%	0.0%	0%	0%

【ローテリストの注意点・補足】

● リストの「買い」「特買い」「消し」の評価は、原則的にそのローテーションにおける1～3着の総数と複勝回収率を重要視してつけている。

● 回収率が高くても件数（ローテーションの総数）そのものが少ないものには「買い」等の評価はつけてはいない。とくに単勝などでは、分母（総数）が小さいと、万馬券クラスの馬が1頭混じるだけで数値が高くなってしまうからだ。ただし、第1章P21～22で説明したように、総数が少なくても双馬の判断でつけられた評価もある。

● 「特買い」の評価は1～3着の総数が10を超えるもの、「買い」は1～3着数が5～9程度が基準。「特買い」は安定して穴をあけるタイプであり、「買い」はそれに比べ、若干落ちると考えていい。

● また、「買い」「特買い」評価は4番人気以下、「消し」評価は3番人気内の人気馬についているが、これは徹底して穴を狙っていく双馬の姿勢からである。よって3番人気以内の馬で「買い」「特買い」はついていないが、回収率が高いローテ馬については、ヒモなどにするなりして、自分の馬券に活用していただきたい。

● ほとんど出走例のないローテやまったく数値の出ないローテについてはあらかじめ除外してある。例えばダート1200mの重賞など、現時点でガーネットSひとつしかない（年末にカペラS新設）ものなども、データ不足のため除外対象。またダート1600m（東京）など、特定の競馬場にしか存在しない距離は、当然、その競馬場だけのデータとなっている。

● ローテ、血統リストとも、現時点での完全版ではあるが、開催が進むにつれやはり変化していく。更新分のデータについては双馬のホームページで確認をしていただきたい。

芝1400m

【未勝利】

∧同距離馬、延長馬が有利な馬場∨
・芝1400×→芝1600×のローテーションが優秀。
・芝1200×→芝1200×、芝1200×→芝1600×などのローテーションも良い。
・芝1200×→芝1200×のローテーションでは、前走3角4番手以下で競馬をしていた馬の期待値が高く、先行していた馬の期待値は下がる。

∧短縮馬が有利な馬場∨
・芝1200×→1600×、芝1400×→芝1600×、芝1600×→芝1400×、前走芝1600m以下を使い、前走で芝1600mを出走のローテーションが期待値高い。

∧ダ→芝が有利な馬場∨
・ダ1200×→ダ1200×とダート1200mを続けて使っているローテーションが優秀。血統評価も高ければ期待値はさらに上がる。

【500万下】

∧同距離馬、延長馬が有利な馬場∨
・芝1200×→芝1400×や芝1200×→芝1400×のように、前々走芝1200mを使い、前走芝1400mで負けているローテーションの期待値が特に高い。

∧短縮馬が有利な馬場∨
・芝1600×→芝1800×のローテーションの期待値が特に高い。

【1000万下〜OP】

∧同距離馬、延長馬が有利な馬場∨

芝1400mローテ・各競馬場の傾向

	短縮	延長	同距離
京都内回り		◎	○
京都外回り			○
阪神	○	◎	
札幌		○	
新潟	○	○	◎
東京	◎		○

芝1400m【未勝利】馬場別データ

	評価	前々走 距離	前々走 着順	前走 距離	前走 着順
同距離馬、延長馬が有利な馬場	買い	芝1200m	×	芝1200m	×
	買い	芝1600m	×	芝1400〜1500m	×
	買い	芝1200m	×	芝1600m*	×
	特買い	芝1400〜1500m	×	芝1600m*	×
	買い	芝1600m	×	芝1600m*	×
短縮馬が有利な馬場	買い	芝1200m	×	芝1600m	×
	特買い	芝1400〜1500m	×	芝1600m	×
	買い	芝1600m	×	芝1600m	×
	買い	—	—	芝1700〜1800m	×
ダ→芝が有利な馬場	買い	ダ1150〜1200m	×	ダ1150〜1200m	×

芝1400m【500万下】馬場別データ

	評価	前々走 距離	前々走 着順	前走 距離	前走 着順
同距離馬、延長馬が有利な馬場	買い	芝1200m	○	芝1200m	×
	買い	芝1200m	×	芝1200m	○
	買い	芝1200m	◎	芝1400〜1500m	×
	特買い	芝1200m	×	芝1400〜1500m	×
短縮馬が有利な馬場	買い	芝1600m	×	芝1700〜1800m	×

芝1400m

・芝1200◎→芝1200◎、芝1200×→芝1200○→芝1200mで勝ち上がってきた馬の期待値が高い。ただし、前走逃げて勝った馬の期待値は低いので注意したい。
・芝1600×→芝1200×、芝1600×→芝1400×、芝1400×→芝1600×と近2走以内に芝1600mを経験している馬の期待値が高い。前走で芝1600mを使っているローテーションの場合は、芝1400×→芝1600×のローテーションに注目。

△短縮馬が有利な馬場▽
・芝1600×→芝1800×、芝2000×→芝1800×と前走で芝1800mを使っているローテーションの成績が良い。前走で芝1600mだったローテーションの場合は、芝1400m以下で先行した実績がある馬、もしくは過去に芝1400m以下で先行していた馬の期待値が高い。

【重賞】

△同距離馬、延長馬が有利な馬場▽
・芝1400×→芝1600×、芝1600×→芝1600×のローテーションが狙える。特に前走で先行していた馬、過去に芝1400m以下で先行していた馬の期待値が高い。

△短縮馬が有利な馬場▽
・芝1400×→芝1600×、芝1600×→芝1600×の評価が高い。特に過去に差して好走していた馬の期待値が高い。

芝1400m【1000万下～OP】馬場別データ

評価		前々走		前走	
		距離	着順	距離	着順
同距離馬、延長馬が有利な馬場	買い	芝1200m	○	芝1200m	◎
	買い	芝1200m	×	芝1200m	◎
	買い	芝1600m	×	芝1200m	×
	買い	芝1400～1500m	◎	芝1400～1500m	×
	買い	芝1400～1500m	×	芝1400～1500m	○
	買い	芝1600m	×	芝1400～1500m	×
	買い	芝1400～1500m	×	芝1600m＊	×
短縮馬が有利な馬場	買い	芝1400～1500m	×	芝1600m	×
	特買い	芝1600m	×	芝1700～1800m	×
	買い	芝2000m	×	芝1700～1800m	×

芝1400m【重賞】馬場別データ

評価		前々走		前走	
		距離	着順	距離	着順
同距離馬、延長馬が有利な馬場	買い	芝1400～1500m		芝1600m＊	
	特買い	芝1600m		芝1600m＊	
短縮馬が有利な馬場	買い	芝1400～1500m		芝1600m	
	特買い	芝1600m		芝1600m	

芝1400m

激変ローテ●芝1400m【未勝利】3番人気以内

評価	前々走 距離	着順	前走 距離	着順	1着	2着	3着	総数	勝率	連対率	複勝率	単回率	複回率
	—	—	芝1200m	○	7	6	9	45	15.6%	28.9%	48.9%	42%	70%
消し	—	—	芝1200m	×	2	4	3	20	10.0%	30.0%	45.0%	26%	65%
	芝1200m	○	芝1200m	○	7	4	4	25	28.0%	44.0%	60.0%	97%	86%
	芝1200m	○	芝1200m	×	4	1	3	17	23.5%	29.4%	47.1%	97%	76%
	芝1200m	×	芝1200m	○	2	1	2	11	18.2%	27.3%	45.5%	52%	72%
	芝1200m	×	芝1200m	×	2	1	0	7	28.6%	42.9%	42.9%	168%	87%
	—	—	芝1400〜1500m	○	11	6	7	46	23.9%	41.3%	54.3%	63%	66%
	—	—	芝1400〜1500m	×	4	4	9	27	14.8%	29.6%	63.0%	35%	102%
消し	芝1200m	×	芝1400〜1500m	○	1	4	0	11	9.1%	45.5%	45.5%	54%	67%
	芝1200m	○	芝1400〜1500m	○	2	1	3	9	22.2%	33.3%	66.7%	92%	97%
	芝1200m	○	芝1400〜1500m	×	0	0	1	6	0.0%	0.0%	16.7%	0%	31%
	芝1400〜1500m	○	芝1400〜1500m	○	5	2	0	16	31.3%	43.8%	50.0%	93%	60%
	芝1400〜1500m	○	芝1400〜1500m	×	4	0	1	10	40.0%	40.0%	50.0%	158%	68%
	芝1400〜1500m	×	芝1400〜1500m	○	0	2	1	8	0.0%	25.0%	37.5%	0%	62%
	芝1400〜1500m	×	芝1400〜1500m	×	0	1	0	6	0.0%	16.7%	16.7%	0%	28%
	芝1600m	○	芝1400〜1500m	○	5	2	1	13	38.5%	53.8%	61.5%	96%	79%
	芝1600m	×	芝1400〜1500m	○	1	0	1	9	11.1%	11.1%	22.2%	34%	28%
	芝1700〜1800m	○	芝1400〜1500m	○	2	4	1	8	25.0%	75.0%	87.5%	78%	108%
	—	—	芝1600m	○	7	5	1	25	28.0%	40.0%	52.0%	125%	76%
	—	—	芝1600m	×	9	4	3	24	37.5%	54.2%	66.7%	115%	90%
	芝1200m	○	芝1600m	○	3	0	1	5	60.0%	60.0%	80.0%	196%	108%
	芝1400〜1500m	○	芝1600m	○	4	5	1	14	28.6%	64.3%	71.4%	63%	86%
	芝1600m	○	芝1600m	○	2	7	0	12	16.7%	75.0%	75.0%	76%	95%
	芝1600m	○	芝1600m	×	2	3	3	12	16.7%	41.7%	66.7%	61%	96%
	芝1600m	×	芝1600m	○	3	4	0	11	27.3%	63.6%	63.6%	123%	110%
	芝1600m	×	芝1600m	×	1	1	0	7	14.3%	28.6%	28.6%	37%	35%
	芝1700〜1800m	○	芝1600m	○	2	1	1	9	22.2%	33.3%	44.4%	46%	60%
消し	—	—	芝1700〜1800m	×	0	1	4	12	0.0%	8.3%	41.7%	0%	68%
	芝1700〜1800m	○	芝1700〜1800m	○	4	2	0	6	66.7%	100.0%	100.0%	161%	133%
	芝1700〜1800m	○	芝1700〜1800m	×	0	1	2	7	0.0%	14.3%	42.9%	0%	77%
	—	—	ダ1000m	×	2	1	1	5	40.0%	60.0%	80.0%	122%	120%

激変ローテ●芝1400m【未勝利】4番人気以下

評価	前々走 距離	着順	前走 距離	着順	1着	2着	3着	総数	勝率	連対率	複勝率	単回率	複回率
	—	—	芝1000m	×	0	0	1	15	0.0%	0.0%	6.7%	0%	18%
	—	—	芝1000m	××	0	0	0	6	0.0%	0.0%	0.0%	0%	0%
	芝1200m	×	芝1000m	×	1	0	1	6	16.7%	16.7%	33.3%	520%	185%
	—	—	芝1200m	×	4	6	7	164	2.4%	6.1%	10.4%	46%	57%
	—	—	芝1200m	××	0	1	1	76	0.0%	1.3%	2.6%	0%	46%
	—	—	芝1200m	○	1	1	2	25	4.0%	8.0%	16.0%	30%	48%
	ダ1000m	××	芝1200m	×	0	0	0	6	0.0%	0.0%	0.0%	0%	0%
	ダ1150〜1200m	××	芝1200m	×	1	0	2	19	5.3%	5.3%	15.8%	76%	121%
	ダ1150〜1200m	×	芝1200m	×	2	1	1	16	12.5%	18.8%	25.0%	165%	78%
	ダ1150〜1200m	×	芝1200m	××	0	0	0	5	0.0%	0.0%	0.0%	0%	0%
	ダ1300〜1400m	×	芝1200m	×	0	0	1	16	0.0%	0.0%	6.3%	0%	51%
	ダ1300〜1400m	×	芝1200m	○	0	2	0	11	0.0%	18.2%	18.2%	0%	189%
	ダ1800m	×	芝1200m	×	0	0	1	6	0.0%	16.7%	33.3%	0%	191%
	芝1000m	×	芝1200m	×	0	1	0	11	0.0%	9.1%	9.1%	0%	41%
	芝1000m	○	芝1200m	×	0	0	1	5	0.0%	0.0%	20.0%	0%	178%
買い	芝1200m	×	芝1200m	×	3	5	6	93	3.2%	8.6%	15.1%	186%	99%
	芝1200m	○	芝1200m	×	1	2	4	35	2.9%	8.6%	20.0%	48%	85%
	芝1200m	××	芝1200m	×	1	0	1	24	4.2%	4.2%	8.3%	50%	35%
	芝1200m	×	芝1200m	○	1	1	2	19	5.3%	10.5%	21.1%	30%	43%
	芝1200m	×	芝1200m	××	1	0	1	16	6.3%	6.3%	12.5%	238%	71%
	芝1200m	××	芝1200m	××	0	0	0	7	0.0%	0.0%	0.0%	0%	0%
	芝1400〜1500m	×	芝1200m	×	0	2	2	23	0.0%	8.7%	17.4%	0%	57%
	芝1400〜1500m	××	芝1200m	×	0	0	1	19	0.0%	0.0%	5.3%	0%	8%
	芝1600m	×	芝1200m	×	0	0	0	13	0.0%	0.0%	0.0%	0%	0%
	芝1600m	×	芝1200m	○	0	0	0	5	0.0%	0.0%	0.0%	0%	0%
	芝1700〜1800m	××	芝1200m	×	0	0	0	11	0.0%	0.0%	0.0%	0%	0%
	芝1700〜1800m	×	芝1200m	×	1	0	0	10	10.0%	10.0%	10.0%	146%	26%

芝1400m

評価	前々走 距離	前々走 着順	前走 距離	前走 着順	1着	2着	3着	総数	勝率	連対率	複勝率	単回率	複回率
	―	―	芝1400〜1500m	×	2	5	5	116	1.7%	6.0%	10.3%	98%	64%
	―	―	芝1400〜1500m	××	0	0	0	26	0.0%	0.0%	0.0%	0%	0%
	―	―	芝1400〜1500m	○	0	1	1	12	0.0%	8.3%	16.7%	0%	62%
	ダ1150〜1200m	××	芝1400〜1500m	×	0	0	0	11	0.0%	0.0%	0.0%	0%	0%
	ダ1150〜1200m	××	芝1400〜1500m	××	0	0	0	7	0.0%	0.0%	0.0%	0%	0%
	芝1200m		芝1400〜1500m	×	2	1	1	37	5.4%	8.1%	10.8%	98%	34%
	芝1200m		芝1400〜1500m	○	1	0	1	11	9.1%	9.1%	18.2%	66%	37%
	芝1200m	○	芝1400〜1500m	×	0	1	1	9	0.0%	11.1%	22.2%	0%	75%
	芝1200m	××	芝1400〜1500m	×	0	0	1	7	0.0%	0.0%	14.3%	0%	112%
	芝1200m	××	芝1400〜1500m	××	0	0	0	6	0.0%	0.0%	0.0%	0%	0%
	芝1200m		芝1400〜1500m	××	0	0	0	5	0.0%	0.0%	0.0%	0%	0%
	芝1400〜1500m		芝1400〜1500m	×	0	2	0	16	0.0%	12.5%	12.5%	0%	41%
	芝1400〜1500m	○	芝1400〜1500m	×	0	1	0	9	0.0%	11.1%	11.1%	0%	68%
	芝1400〜1500m		芝1400〜1500m	○	2	1	0	7	28.6%	42.9%	42.9%	474%	142%
	芝1400〜1500m	×	芝1400〜1500m	××	0	0	0	6	0.0%	0.0%	0.0%	0%	0%
買い	芝1600m	×	芝1400〜1500m	×	2	1	4	18	11.1%	16.7%	38.9%	137%	220%
	芝1700〜1800m	××	芝1400〜1500m	×	0	2	1	8	0.0%	25.0%	37.5%	0%	95%
	芝1700〜1800m	×	芝1400〜1500m	×	1	1	0	7	14.3%	28.6%	28.6%	94%	141%
	―	―	芝1600m	×	3	5	6	81	3.7%	9.9%	17.3%	84%	77%
	―	―	芝1600m	××	0	0	0	37	0.0%	0.0%	0.0%	0%	0%
	―	―	芝1600m	○	1	0	0	5	20.0%	20.0%	20.0%	286%	50%
	ダ1150〜1200m	××	芝1600m	×	2	0	0	5	40.0%	40.0%	40.0%	886%	170%
	ダ1300〜1400m	××	芝1600m	×	0	0	0	5	0.0%	0.0%	0.0%	0%	0%
買い	芝1200m	×	芝1600m	×	0	3	2	30	0.0%	10.0%	16.7%	0%	126%
	芝1200m	○	芝1600m	×	0	0	1	8	0.0%	0.0%	12.5%	0%	31%
	芝1200m	×	芝1600m	××	0	0	1	5	0.0%	0.0%	20.0%	0%	190%
	芝1200m	××	芝1600m	×	0	0	0	5	0.0%	0.0%	0.0%	0%	0%
特買い	芝1400〜1500m	×	芝1600m	×	0	6	2	23	0.0%	26.1%	34.8%	0%	221%
	芝1400〜1500m	○	芝1600m	×	0	1	2	8	0.0%	12.5%	37.5%	0%	70%
	芝1400〜1500m	×	芝1600m	××	0	0	0	6	0.0%	0.0%	0.0%	0%	0%
買い	芝1600m	×	芝1600m	×	0	2	4	32	0.0%	6.3%	18.8%	0%	132%
	芝1600m	○	芝1600m	×	1	0	0	10	10.0%	10.0%	10.0%	66%	26%
	芝1600m	×	芝1600m	××	0	0	1	8	0.0%	0.0%	12.5%	0%	77%
	芝1600m	××	芝1600m	×	0	0	0	7	0.0%	0.0%	0.0%	0%	0%
	芝1700〜1800m	×	芝1600m	×	0	1	1	19	0.0%	5.3%	10.5%	0%	41%
	芝1700〜1800m	××	芝1600m	×	0	0	0	5	0.0%	0.0%	0.0%	0%	0%
	芝2000m	×	芝1600m	×	0	0	2	5	0.0%	0.0%	40.0%	0%	616%
	―	―	芝1700〜1800m	××	1	0	0	33	3.0%	3.0%	3.0%	46%	12%
買い	―	―	芝1700〜1800m	×	2	0	5	32	6.3%	6.3%	21.9%	524%	217%
	芝1200m		芝1700〜1800m	×	0	1	1	9	0.0%	11.1%	22.2%	0%	297%
	芝1200m	×	芝1700〜1800m	××	0	0	0	6	0.0%	0.0%	0.0%	0%	0%
	芝1400〜1500m	×	芝1700〜1800m	×	0	1	2	8	0.0%	12.5%	37.5%	0%	145%
	芝1600m	×	芝1700〜1800m	×	0	2	0	12	0.0%	16.7%	16.7%	0%	47%
	芝1600m	×	芝1700〜1800m	××	0	2	0	7	0.0%	28.6%	28.6%	0%	164%
	芝1700〜1800m	×	芝1700〜1800m	×	0	2	1	20	0.0%	10.0%	15.0%	0%	63%
	芝1700〜1800m	××	芝1700〜1800m	×	0	0	0	5	0.0%	0.0%	0.0%	0%	0%
	―	―	芝2000m	××	0	0	0	5	0.0%	0.0%	0.0%	0%	0%
	芝1200m	×	芝2000m	××	0	0	0	5	0.0%	0.0%	0.0%	0%	0%
	芝2000m	×	芝2000m	×	0	0	0	5	0.0%	0.0%	0.0%	0%	0%
	―	―	ダ1000m	××	0	0	0	11	0.0%	0.0%	0.0%	0%	0%
	―	―	ダ1000m	×	0	0	0	8	0.0%	0.0%	0.0%	0%	0%
	ダ1150〜1200m	××	ダ1000m	×	0	0	0	5	0.0%	0.0%	0.0%	0%	0%
	芝1200m	×	ダ1000m	×	0	0	0	7	0.0%	0.0%	0.0%	0%	0%
	―	―	ダ1150〜1200m	×	0	0	0	57	0.0%	0.0%	0.0%	0%	0%
	―	―	ダ1150〜1200m	××	2	1	1	16	12.5%	18.8%	25.0%	160%	96%
	―	―	ダ1150〜1200m	○	0	0	0	25	0.0%	0.0%	0.0%	0%	0%
買い	ダ1150〜1200m	×	ダ1150〜1200m	×	2	1	2	17	11.8%	17.6%	29.4%	1136%	255%
	ダ1150〜1200m		ダ1150〜1200m	×	0	0	1	10	0.0%	0.0%	10.0%	0%	71%
	ダ1150〜1200m	××	ダ1150〜1200m	×	0	0	0	7	0.0%	0.0%	0.0%	0%	0%
	ダ1300〜1400m	××	ダ1150〜1200m	×	0	0	0	6	0.0%	0.0%	0.0%	0%	0%
	ダ1800m	××	ダ1150〜1200m	×	1	0	0	6	16.7%	16.7%	16.7%	153%	48%
	芝1200m	×	ダ1150〜1200m	×	0	0	0	22	0.0%	0.0%	0.0%	0%	0%
	芝1200m	××	ダ1150〜1200m	×	0	0	0	6	0.0%	0.0%	0.0%	0%	0%
	芝1400〜1500m	×	ダ1150〜1200m	××	0	0	0	5	0.0%	0.0%	0.0%	0%	0%
	芝1600m	×	ダ1150〜1200m	××	2	0	0	6	33.3%	33.3%	33.3%	993%	143%

芝1400m

評価	前々走 距離	前々走 着順	前走 距離	前走 着順	1着	2着	3着	総数	勝率	連対率	複勝率	単回率	複回率
	—	—	ダ1300〜1400m	××	1	0	0	46	2.2%	2.2%	2.2%	18%	5%
	—	—	ダ1300〜1400m	—	1	0	1	9	11.1%	11.1%	22.2%	76%	68%
	ダ1150〜1200m	××	ダ1300〜1400m	××	0	0	0	16	0.0%	0.0%	0.0%	0%	0%
	ダ1150〜1200m	×	ダ1300〜1400m	×	0	1	2	9	0.0%	11.1%	33.3%	0%	67%
	ダ1150〜1200m	×	ダ1300〜1400m	××	0	0	0	7	0.0%	0.0%	0.0%	0%	0%
	ダ1150〜1200m	××	ダ1300〜1400m	×	0	0	0	7	0.0%	0.0%	0.0%	0%	0%
	ダ1300〜1400m	××	ダ1300〜1400m	××	0	0	0	14	0.0%	0.0%	0.0%	0%	0%
	ダ1300〜1400m	×	ダ1300〜1400m	×	0	0	0	7	0.0%	0.0%	0.0%	0%	0%
	芝1200m	××	ダ1300〜1400m	××	0	0	0	9	0.0%	0.0%	0.0%	0%	0%
	芝1200m	×	ダ1300〜1400m	××	0	0	0	7	0.0%	0.0%	0.0%	0%	0%
	芝1400〜1500m	×	ダ1300〜1400m	××	0	0	0	5	0.0%	0.0%	0.0%	0%	0%
	—	—	ダ1700m	×	0	0	0	5	0.0%	0.0%	0.0%	0%	0%
	ダ1150〜1200m	××	ダ1700m	××	0	0	0	7	0.0%	0.0%	0.0%	0%	0%
	—	—	ダ1800m	×	0	0	0	10	0.0%	0.0%	0.0%	0%	0%
	ダ1150〜1200m	××	ダ1800m	××	0	0	1	5	0.0%	0.0%	20.0%	0%	148%
	ダ1300〜1400m	××	ダ1800m	××	1	0	0	9	11.1%	11.1%	11.1%	98%	36%

激変ローテ●芝1400m【500万下】3番人気以内

評価	前々走 距離	前々走 着順	前走 距離	前走 着順	1着	2着	3着	総数	勝率	連対率	複勝率	単回率	複回率
	—	—	芝1200m	◎	3	1	2	12	25.0%	33.3%	50.0%	75%	80%
	芝1200m	○	芝1200m	×	2	4	1	13	15.4%	46.2%	53.8%	77%	92%
	芝1200m	○	芝1200m	××	3	2	2	13	23.1%	38.5%	53.8%	103%	102%
消し	芝1200m	○	芝1200m	◎	1	2	2	12	8.3%	25.0%	41.7%	25%	65%
消し	芝1200m	○	芝1200m	×	1	2	2	12	8.3%	25.0%	41.7%	14%	59%
	芝1200m	○	芝1200m	×	1	2	2	9	11.1%	33.3%	55.6%	26%	82%
	芝1200m	◎	芝1200m	×	1	2	1	7	14.3%	42.9%	57.1%	82%	97%
	芝1200m	◎	芝1200m	○	0	1	1	5	0.0%	20.0%	40.0%	0%	54%
	芝1400〜1500m	○	芝1200m	×	1	2	1	6	16.7%	50.0%	66.7%	56%	118%
	芝1400〜1500m	×	芝1200m	×	0	0	0	5	0.0%	0.0%	0.0%	0%	0%
	芝1600m	○	芝1200m	×	1	0	2	7	14.3%	14.3%	42.9%	37%	64%
	—	—	芝1400〜1500m	◎	4	3	0	10	40.0%	70.0%	70.0%	108%	89%
	芝1200m	×	芝1400〜1500m	×	3	5	2	16	18.8%	50.0%	62.5%	70%	97%
	芝1200m	○	芝1400〜1500m	×	2	3	1	8	25.0%	62.5%	75.0%	172%	128%
	芝1200m	○	芝1400〜1500m	××	2	0	2	7	28.6%	28.6%	57.1%	87%	91%
	芝1200m	○	芝1400〜1500m	×	2	0	1	7	28.6%	28.6%	42.9%	142%	75%
	芝1200m	○	芝1400〜1500m	○	3	2	0	5	60.0%	100.0%	100.0%	158%	142%
	芝1400〜1500m	○	芝1400〜1500m	×	3	3	1	15	20.0%	40.0%	46.7%	71%	65%
	芝1400〜1500m	○	芝1400〜1500m	×	3	2	2	13	23.1%	38.5%	53.8%	68%	73%
	芝1400〜1500m	○	芝1400〜1500m	×	3	1	0	8	37.5%	50.0%	50.0%	186%	111%
	芝1400〜1500m	◎	芝1400〜1500m	×	1	2	0	6	16.7%	50.0%	50.0%	23%	60%
	芝1400〜1500m	×	芝1400〜1500m	×	2	0	0	5	40.0%	40.0%	40.0%	218%	74%
	芝1600m	×	芝1400〜1500m	×	2	1	2	10	20.0%	30.0%	50.0%	118%	88%
	芝1600m	×	芝1400〜1500m	○	0	2	1	8	0.0%	25.0%	37.5%	0%	70%
	芝1600m	×	芝1400〜1500m	×	1	0	1	6	16.7%	16.7%	33.3%	126%	43%
	—	—	芝1600m	◎	2	1	1	5	40.0%	60.0%	80.0%	148%	118%
	芝1200m	○	芝1600m	×	2	0	1	5	40.0%	40.0%	60.0%	166%	102%
	芝1200m	×	芝1600m	×	1	0	1	5	20.0%	20.0%	40.0%	78%	76%
	芝1400〜1500m	×	芝1600m	×	1	4	0	9	11.1%	55.6%	55.6%	84%	87%
	芝1400〜1500m	×	芝1600m	○	3	0	1	6	50.0%	50.0%	66.7%	158%	88%
	芝1400〜1500m	◎	芝1600m	×	2	2	1	5	40.0%	80.0%	100.0%	82%	112%
	芝1400〜1500m	○	芝1600m	×	2	2	0	5	40.0%	80.0%	80.0%	166%	122%
	芝1600m	×	芝1600m	×	1	3	3	13	7.7%	30.8%	53.8%	34%	86%
	芝1600m	×	芝1600m	×	2	1	2	9	22.2%	33.3%	55.6%	96%	96%
	芝1600m	◎	芝1600m	×	0	3	1	7	0.0%	42.9%	57.1%	0%	87%
	芝1600m	○	芝1600m	×	1	2	2	7	14.3%	42.9%	71.4%	72%	112%
	芝1600m	○	芝1600m	◎	1	2	1	6	16.7%	50.0%	66.7%	30%	116%
	芝1700〜1800m	×	芝1600m	×	2	0	0	6	33.3%	33.3%	50.0%	153%	85%
	芝1700〜1800m	×	芝1600m	○	2	0	1	5	40.0%	40.0%	60.0%	162%	102%
	芝1600m	×	芝1700〜1800m	×	0	1	1	8	12.5%	12.5%	25.0%	0%	53%
	芝1700〜1800m	×	芝1700〜1800m	×	2	1	0	7	28.6%	42.9%	42.9%	142%	84%
	芝1700〜1800m	○	芝1700〜1800m	○	2	2	0	5	40.0%	80.0%	80.0%	76%	100%
	—	—	ダ1150〜1200m	○	0	1	0	5	0.0%	20.0%	20.0%	0%	48%

芝1400m

激変ローテ●芝1400m【500万下】4番人気以下

評価	前々走 距離	着順	前走 距離	着順	1着	2着	3着	総数	勝率	連対率	複勝率	単回率	複回率
	芝1200m	×	芝1000m	×	0	0	0	8	0.0%	0.0%	0.0%	0%	0%
	ダ1000m	×	芝1200m	×	0	0	0	11	0.0%	0.0%	0.0%	0%	0%
	ダ1000m	××	芝1200m	×	1	0	0	5	20.0%	20.0%	20.0%	960%	196%
	ダ1150〜1200m	×	芝1200m	×	1	1	0	17	5.9%	11.8%	11.8%	281%	87%
	ダ1150〜1200m	××	芝1200m	×	0	1	0	16	0.0%	6.3%	6.3%	0%	22%
	ダ1300〜1400m	×	芝1200m	×	0	1	0	13	0.0%	7.7%	7.7%	0%	32%
	ダ1300〜1400m	××	芝1200m	×	0	1	0	11	0.0%	9.1%	9.1%	0%	54%
	ダ1300〜1400m	◯	芝1200m	×	0	0	0	5	0.0%	0.0%	0.0%	0%	0%
	ダ1700m	××	芝1200m	×	0	0	0	7	0.0%	0.0%	0.0%	0%	0%
	芝1000m		芝1200m	×	0	0	0	7	0.0%	0.0%	0.0%	0%	0%
	芝1200m	×	芝1200m	×	1	0	0	7	14.3%	14.3%	14.3%	231%	57%
	芝1200m	×	芝1200m	×	5	5	9	182	2.7%	5.5%	10.4%	77%	53%
買い	芝1200m	◯	芝1200m	×	3	2	4	38	7.9%	13.2%	23.7%	197%	120%
	芝1200m	◎	芝1200m	×	0	2	3	33	0.0%	6.1%	15.2%	0%	75%
	芝1200m		芝1200m	◎	0	1	0	29	0.0%	3.4%	3.4%	0%	21%
買い	芝1200m	×	芝1200m	◯	0	3	2	20	0.0%	15.0%	25.0%	0%	102%
	芝1200m	×	芝1200m	◎	1	1	1	19	5.3%	10.5%	15.8%	68%	52%
	芝1200m	×	芝1200m	××	0	0	0	14	0.0%	0.0%	0.0%	0%	0%
	芝1200m	◯	芝1200m	◯	0	0	0	11	0.0%	0.0%	0.0%	0%	0%
	芝1200m	××	芝1200m	×	0	0	0	9	0.0%	0.0%	0.0%	0%	0%
	芝1200m	◎	芝1200m	◯	0	0	0	8	0.0%	0.0%	0.0%	0%	0%
	芝1200m		芝1200m	××	0	0	2	5	0.0%	0.0%	40.0%	0%	280%
	芝1400〜1500m		芝1200m	×	1	2	2	37	2.7%	8.1%	13.5%	60%	61%
	芝1600m	×	芝1200m	×	0	2	2	41	0.0%	4.9%	9.8%	0%	28%
	芝1700〜1800m	×	芝1200m	×	0	0	0	13	0.0%	0.0%	0.0%	0%	0%
	芝1700〜1800m	××	芝1200m	×	0	0	0	7	0.0%	0.0%	0.0%	0%	0%
	ダ1150〜1200m	×	芝1400〜1500m	×	0	0	0	8	0.0%	0.0%	0.0%	0%	0%
	ダ1150〜1200m	××	芝1400〜1500m	×	0	0	0	6	0.0%	0.0%	0.0%	0%	0%
	ダ1300〜1400m	◎	芝1400〜1500m	×	0	0	0	7	0.0%	0.0%	0.0%	0%	0%
	ダ1300〜1400m	×	芝1400〜1500m	×	0	0	0	7	0.0%	0.0%	0.0%	0%	0%
	ダ1300〜1400m	××	芝1400〜1500m	×	1	1	0	5	20.0%	40.0%	40.0%	174%	168%
特買い	芝1200m	×	芝1400〜1500m	×	1	5	5	59	1.7%	10.2%	18.6%	26%	97%
買い	芝1200m	◎	芝1400〜1500m	×	3	0	3	26	11.5%	11.5%	23.1%	540%	131%
	芝1200m	×	芝1400〜1500m	◎	1	0	1	8	12.5%	12.5%	25.0%	141%	88%
	芝1200m	×	芝1400〜1500m	◯	1	2	0	8	12.5%	37.5%	37.5%	257%	123%
	芝1200m	◯	芝1400〜1500m	×	0	0	1	7	0.0%	0.0%	14.3%	0%	107%
	芝1200m	×	芝1400〜1500m	××	0	0	0	7	0.0%	0.0%	0.0%	0%	0%
	芝1200m	◯	芝1400〜1500m	◎	0	0	0	6	0.0%	0.0%	0.0%	0%	0%
	芝1200m	◎	芝1400〜1500m	××	0	0	0	5	0.0%	0.0%	0.0%	0%	0%
	芝1400〜1500m	×	芝1400〜1500m	×	1	2	2	34	2.9%	8.8%	14.7%	450%	131%
	芝1400〜1500m	◎	芝1400〜1500m	×	2	0	1	13	15.4%	15.4%	23.1%	426%	133%
	芝1400〜1500m	◯	芝1400〜1500m	◎	0	0	2	7	0.0%	0.0%	28.6%	0%	137%
	芝1400〜1500m	◯	芝1400〜1500m	×	0	0	0	6	0.0%	0.0%	0.0%	0%	0%
	芝1400〜1500m	×	芝1400〜1500m	×	0	0	1	6	0.0%	0.0%	16.7%	0%	53%
	芝1600m	×	芝1400〜1500m	×	0	1	0	36	0.0%	2.8%	2.8%	0%	17%
	芝1600m	◯	芝1400〜1500m	×	0	0	0	7	0.0%	0.0%	0.0%	0%	0%
	芝1600m		芝1400〜1500m	×	0	0	0	5	0.0%	0.0%	0.0%	0%	0%
	芝1700〜1800m	×	芝1400〜1500m	×	0	0	0	25	0.0%	0.0%	0.0%	0%	0%
	芝1700〜1800m	×	芝1400〜1500m	◯	2	0	0	8	25.0%	25.0%	25.0%	172%	52%
	ダ1300〜1400m	◎	芝1600m	×	1	0	0	6	16.7%	16.7%	16.7%	370%	93%
	ダ1600m	××	芝1600m	×	0	0	0	7	0.0%	0.0%	0.0%	0%	0%
	ダ1700m	××	芝1600m	×	1	0	2	6	16.7%	16.7%	50.0%	126%	421%
	芝1200m	×	芝1600m	×	1	0	2	27	3.7%	3.7%	11.1%	27%	87%
	芝1200m	×	芝1600m	××	0	0	0	7	0.0%	0.0%	0.0%	0%	0%
	芝1200m	◎	芝1600m	×	0	0	1	6	0.0%	0.0%	16.7%	0%	150%
	芝1400〜1500m	×	芝1600m	×	0	1	4	33	0.0%	3.0%	15.2%	0%	70%
	芝1400〜1500m	◎	芝1600m	×	1	1	0	10	10.0%	20.0%	20.0%	92%	61%
	芝1400〜1500m	◯	芝1600m	×	0	1	2	8	0.0%	12.5%	37.5%	0%	120%
	芝1400〜1500m		芝1600m	××	0	0	1	5	0.0%	0.0%	20.0%	0%	114%
	芝1600m	×	芝1600m	×	1	0	1	35	2.9%	2.9%	5.7%	22%	18%
	芝1600m	◎	芝1600m	×	1	0	3	9	11.1%	11.1%	44.4%	84%	153%
	芝1600m	◯	芝1600m	×	2	1	0	5	40.0%	60.0%	60.0%	450%	232%
	芝1600m	××	芝1600m	×	0	1	0	5	0.0%	20.0%	20.0%	0%	50%

芝1400m

評価	前々走 距離	着順	前走 距離	着順	1着	2着	3着	総数	勝率	連対率	複勝率	単回率	複回率
	芝1700～1800m	×	芝1600m	×	2	1	0	16	12.5%	18.8%	18.8%	181%	60%
	芝2000m	×	芝1600m	×	1	0	2	6	16.7%	16.7%	50.0%	656%	645%
	芝1200m	×	芝1700～1800m	×	1	1	2	19	5.3%	10.5%	21.1%	83%	157%
	芝1200m	×	芝1700～1800m	××	0	0	0	5	0.0%	0.0%	0.0%	0%	0%
	芝1400～1500m	×	芝1700～1800m	○	0	1	0	16	0.0%	6.3%	6.3%	0%	33%
	芝1400～1500m	◎	芝1700～1800m	×	2	0	0	6	33.3%	33.3%	33.3%	663%	178%
買い	芝1600m	×	芝1700～1800m	×	0	2	3	24	0.0%	8.3%	20.8%	0%	118%
	芝1600m	××	芝1700～1800m	×	0	0	0	6	0.0%	0.0%	0.0%	0%	0%
	芝1600m	○	芝1700～1800m	×	0	0	0	5	0.0%	0.0%	0.0%	0%	0%
	芝1700～1800m	×	芝1700～1800m	×	2	2	0	41	4.9%	9.8%	9.8%	65%	44%
	芝1700～1800m	×	芝1700～1800m	××	0	1	1	8	0.0%	12.5%	25.0%	0%	168%
	芝1700～1800m	×	芝1700～1800m	○	0	0	1	5	0.0%	0.0%	20.0%	0%	68%
	芝1700～1800m	○	芝1700～1800m	×	0	2	0	5	0.0%	40.0%	40.0%	0%	128%
	芝2000m	×	芝1700～1800m	×	0	0	1	11	0.0%	0.0%	9.1%	0%	114%
	芝1600m	×	芝2000m	×	0	1	0	7	0.0%	14.3%	14.3%	0%	40%
	芝1700～1800m	×	芝2000m	×	0	1	1	12	0.0%	8.3%	16.7%	0%	68%
	芝2000m	×	芝2000m	×	1	1	1	7	14.3%	28.6%	42.9%	127%	154%
	ダ1150～1200m	×	ダ1150～1200m	×	1	1	1	23	4.3%	8.7%	13.0%	117%	126%
	ダ1150～1200m	○	ダ1150～1200m	×	0	0	0	6	0.0%	0.0%	0.0%	0%	0%
	ダ1150～1200m	○	ダ1150～1200m	◎	0	0	0	5	0.0%	0.0%	0.0%	0%	0%
	ダ1150～1200m	×	ダ1150～1200m	○	0	0	0	5	0.0%	0.0%	0.0%	0%	0%
	ダ1150～1200m	×	ダ1150～1200m	××	0	2	0	5	0.0%	40.0%	40.0%	0%	412%
	ダ1300～1400m	××	ダ1150～1200m	××	0	0	0	7	0.0%	0.0%	0.0%	0%	0%
	芝1200m	×	ダ1150～1200m	×	1	0	1	10	10.0%	10.0%	20.0%	140%	85%
	芝1200m	×	ダ1150～1200m	××	0	0	1	9	0.0%	0.0%	11.1%	0%	993%
	芝1600m	×	ダ1150～1200m	×	0	1	0	6	0.0%	16.7%	16.7%	0%	81%
	ダ1150～1200m	◎	ダ1300～1400m	×	0	1	1	6	0.0%	16.7%	33.3%	0%	370%
	ダ1150～1200m	×	ダ1300～1400m	××	0	0	0	6	0.0%	0.0%	0.0%	0%	0%
	ダ1150～1200m	◎	ダ1300～1400m	×	0	0	0	5	0.0%	0.0%	0.0%	0%	0%
	ダ1150～1200m	×	ダ1300～1400m	○	0	0	1	5	0.0%	0.0%	20.0%	0%	88%
	ダ1300～1400m	×	ダ1300～1400m	×	1	0	1	13	7.7%	7.7%	15.4%	727%	179%
	ダ1300～1400m	○	ダ1300～1400m	◎	0	0	0	9	0.0%	0.0%	0.0%	0%	0%
	ダ1300～1400m	◎	ダ1300～1400m	××	0	0	0	7	0.0%	0.0%	0.0%	0%	0%
	ダ1300～1400m	××	ダ1300～1400m	×	0	0	0	7	0.0%	0.0%	0.0%	0%	0%
	ダ1300～1400m	×	ダ1300～1400m	×	0	0	1	5	0.0%	0.0%	20.0%	0%	88%
	ダ1300～1400m	○	ダ1300～1400m	○	0	0	0	5	0.0%	0.0%	0.0%	0%	0%
	芝1200m	×	ダ1300～1400m	×	1	1	0	8	12.5%	25.0%	25.0%	160%	88%
	芝1200m	×	ダ1300～1400m	××	0	0	0	5	0.0%	0.0%	0.0%	0%	0%
	芝1400～1500m	×	ダ1300～1400m	×	0	0	1	7	0.0%	0.0%	14.3%	0%	58%
	芝1600m	×	ダ1300～1400m	××	0	0	0	5	0.0%	0.0%	0.0%	0%	0%
	ダ1700m	×	ダ1700m	×	1	1	1	7	14.3%	28.6%	42.9%	217%	224%
	ダ1700m	××	ダ1700m	×	0	0	0	6	0.0%	0.0%	0.0%	0%	0%

激変ローテ●芝1400m【1000万下～OP】3番人気以内

評価	前々走 距離	着順	前走 距離	着順	1着	2着	3着	総数	勝率	連対率	複勝率	単回率	複回率
	芝1200m	◎	芝1200m	○	6	4	1	17	35.3%	58.8%	64.7%	122%	99%
	芝1200m	○	芝1200m	◎	4	1	0	13	30.8%	38.5%	38.5%	155%	76%
	芝1200m	○	芝1200m	×	2	4	0	13	15.4%	46.2%	46.2%	83%	84%
	芝1200m	×	芝1200m	○	3	3	0	12	25.0%	50.0%	50.0%	87%	72%
	芝1200m	◎	芝1200m	×	2	3	1	9	22.2%	55.6%	66.7%	93%	111%
	芝1200m	×	芝1200m	◎	1	3	0	9	11.1%	44.4%	44.4%	34%	82%
	芝1200m	×	芝1200m	×	1	2	1	9	11.1%	33.3%	44.4%	76%	80%
	芝1400～1500m	○	芝1200m	×	1	1	1	9	11.1%	22.2%	33.3%	62%	81%
	芝1400～1500m	×	芝1200m	○	1	2	1	9	11.1%	33.3%	44.4%	45%	73%
	芝1400～1500m	○	芝1200m	×	2	1	1	7	28.6%	42.9%	57.1%	328%	110%
	芝1400～1500m	×	芝1200m	◎	2	2	0	6	33.3%	66.7%	66.7%	210%	133%
	芝1600m	×	芝1200m	×	0	3	2	9	0.0%	33.3%	55.6%	0%	116%
消し	芝1600m	×	芝1200m	○	0	0	0	5	0.0%	0.0%	0.0%	0%	0%
消し	芝1200m	◎	芝1400～1500m	×	2	2	1	12	16.7%	33.3%	41.7%	74%	62%
消し	芝1200m	×	芝1400～1500m	○	2	2	0	11	18.2%	36.4%	36.4%	46%	53%
	芝1200m	×	芝1400～1500m	×	2	3	0	10	20.0%	50.0%	50.0%	66%	87%
	芝1200m	○	芝1400～1500m	◎	2	0	2	5	40.0%	40.0%	80.0%	130%	150%

芝1400m

評価	前々走 距離	着順	前走 距離	着順	1着	2着	3着	総数	勝率	連対率	複勝率	単回率	複回率
	芝1400〜1500m	◯	芝1400〜1500m	◯	5	2	2	12	41.7%	58.3%	75.0%	79%	94%
消し	芝1400〜1500m	×	芝1400〜1500m	×	0	1	3	12	0.0%	8.3%	33.3%	0%	56%
消し	芝1400〜1500m	×	芝1400〜1500m	◯	3	1	0	11	27.3%	36.4%	36.4%	132%	64%
	芝1400〜1500m	◯	芝1400〜1500m	×	2	2	3	10	20.0%	40.0%	70.0%	77%	105%
消し	芝1400〜1500m	◎	芝1400〜1500m	◯	2	1	0	8	25.0%	37.5%	37.5%	100%	48%
	芝1400〜1500m	◯	芝1400〜1500m	◎	3	0	0	7	42.9%	42.9%	42.9%	170%	61%
	芝1400〜1500m	◎	芝1400〜1500m	×	1	0	0	6	16.7%	16.7%	16.7%	46%	25%
	芝1600m	×	芝1400〜1500m	◯	4	2	1	13	30.8%	46.2%	53.8%	103%	80%
	芝1600m	◯	芝1400〜1500m	◯	3	1	1	11	27.3%	36.4%	45.5%	65%	64%
	芝1600m	◯	芝1400〜1500m	×	3	2	0	10	30.0%	50.0%	50.0%	97%	84%
	芝1600m	×	芝1400〜1500m	◎	2	1	1	7	28.6%	42.9%	57.1%	52%	91%
	芝1600m	◎	芝1400〜1500m	◯	1	2	1	6	16.7%	50.0%	66.7%	31%	88%
	芝1600m	◯	芝1400〜1500m	◎	3	1	0	5	60.0%	80.0%	80.0%	112%	94%
消し	芝1700〜1800m	×	芝1400〜1500m	◯	0	1	1	5	0.0%	20.0%	40.0%	0%	66%
	芝1200m	×	芝1600m	◯	1	3	2	7	14.3%	57.1%	85.7%	74%	138%
消し	芝1400〜1500m	◯	芝1600m	×	2	1	0	13	15.4%	23.1%	23.1%	86%	42%
	芝1400〜1500m	◯	芝1600m	◯	4	1	3	12	33.3%	41.7%	66.7%	120%	97%
	芝1400〜1500m	◯	芝1600m	◎	2	3	1	11	18.2%	45.5%	54.5%	48%	74%
消し	芝1400〜1500m	◯	芝1600m	◯	0	2	0	8	0.0%	25.0%	25.0%	0%	38%
	芝1400〜1500m	×	芝1600m	×	1	0	1	6	16.7%	16.7%	33.3%	55%	43%
	芝1600m	◯	芝1600m	×	5	5	2	24	20.8%	41.7%	50.0%	99%	83%
	芝1600m	×	芝1600m	×	7	1	1	19	36.8%	42.1%	47.4%	158%	83%
	芝1600m	◯	芝1600m	◯	3	3	1	14	21.4%	42.9%	50.0%	91%	88%
	芝1600m	×	芝1600m	◎	2	1	2	12	16.7%	33.3%	58.3%	102%	90%
消し	芝1600m	◯	芝1600m	×	1	1	1	12	8.3%	16.7%	25.0%	29%	40%
	芝1600m	◎	芝1600m	◯	1	2	1	9	11.1%	33.3%	44.4%	32%	71%
	芝1600m	◯	芝1600m	◎	0	2	0	5	0.0%	40.0%	40.0%	0%	54%
	芝1700〜1800m	×	芝1600m	×	2	2	0	7	28.6%	57.1%	57.1%	157%	95%

激変ローテ●芝1400m【1000万下〜OP】4番人気以下

評価	前々走 距離	着順	前走 距離	着順	1着	2着	3着	総数	勝率	連対率	複勝率	単回率	複回率
	芝1200m	×	芝1000m	×	0	0	0	8	0.0%	0.0%	0.0%	0%	0%
	ダ1000m	◎	芝1200m	×	0	0	1	7	0.0%	0.0%	14.3%	0%	0%
	ダ1150〜1200m	×	芝1200m	×	2	0	1	19	10.5%	10.5%	15.8%	175%	91%
	ダ1150〜1200m	××	芝1200m	×	0	0	0	11	0.0%	0.0%	0.0%	0%	0%
	芝1000m	◯	芝1200m	×	0	0	1	6	0.0%	0.0%	16.7%	0%	68%
	芝1000m	×	芝1200m	×	0	0	1	5	0.0%	0.0%	20.0%	0%	100%
	芝1200m	×	芝1200m	×	3	9	10	238	1.3%	5.0%	9.2%	26%	86%
	芝1200m	◎	芝1200m	×	2	5	3	72	2.8%	9.7%	13.9%	97%	72%
買い	芝1200m	×	芝1200m	◎	1	5	2	40	2.5%	15.0%	20.0%	38%	189%
買い	芝1200m	◯	芝1200m	◯	3	2	5	37	8.1%	13.5%	27.0%	148%	103%
	芝1200m	◯	芝1200m	×	1	5	1	37	2.7%	16.2%	18.9%	101%	81%
	芝1200m	×	芝1200m	◯	0	1	3	34	0.0%	2.9%	11.8%	0%	46%
	芝1200m	××	芝1200m	××	0	0	0	11	0.0%	0.0%	14.3%	0%	597%
	芝1400〜1500m	×	芝1200m	×	1	1	5	73	1.4%	2.7%	9.6%	23%	57%
	芝1400〜1500m	◯	芝1200m	◎	0	3	1	12	0.0%	25.0%	33.3%	0%	225%
	芝1400〜1500m	◯	芝1200m	◯	0	0	2	12	0.0%	0.0%	16.7%	0%	72%
	芝1400〜1500m	××	芝1200m	×	0	0	1	12	0.0%	0.0%	8.3%	0%	39%
	芝1400〜1500m	◯	芝1200m	◯	0	2	1	8	0.0%	25.0%	37.5%	0%	141%
	芝1400〜1500m	◯	芝1200m	×	0	1	0	7	0.0%	14.3%	14.3%	0%	50%
	芝1400〜1500m	◯	芝1200m	×	0	1	0	7	0.0%	14.3%	14.3%	0%	42%
買い	芝1600m	×	芝1200m	×	3	2	3	59	5.1%	8.5%	13.6%	213%	92%
	芝1600m	×	芝1200m	◯	1	1	1	9	11.1%	22.2%	33.3%	71%	111%
	芝1600m	××	芝1200m	×	0	0	0	9	0.0%	0.0%	0.0%	0%	0%
	芝1600m	×	芝1200m	◎	0	0	0	8	0.0%	0.0%	0.0%	0%	0%
	芝1700〜1800m	×	芝1200m	×	1	2	0	11	9.1%	27.3%	27.3%	308%	168%
	ダ1150〜1200m	×	芝1400〜1500m	×	0	0	0	8	0.0%	0.0%	0.0%	0%	0%
	ダ1300〜1400m	××	芝1400〜1500m	×	0	0	1	6	0.0%	0.0%	16.7%	0%	70%
	ダ1300〜1400m	◎	芝1400〜1500m	×	0	0	1	5	0.0%	0.0%	20.0%	0%	62%
	ダ1600m	××	芝1400〜1500m	×	1	0	0	6	16.7%	16.7%	16.7%	198%	56%
	芝1200m	×	芝1400〜1500m	×	2	4	10	100	2.0%	6.0%	16.0%	36%	66%

芝1400m

評価	前々走 距離	前々走 着順	前走 距離	前走 着順	1着	2着	3着	総数	勝率	連対率	複勝率	単回率	複回率
	芝1200m	◎	芝1400～1500m	×	0	1	0	19	0.0%	5.3%	5.3%	0%	16%
	芝1200m	○	芝1400～1500m	○	0	2	2	14	0.0%	14.3%	28.6%	0%	130%
	芝1200m	○	芝1400～1500m	×	0	1	2	13	0.0%	7.7%	23.1%	0%	93%
	芝1200m	×	芝1400～1500m	◎	0	0	1	12	0.0%	0.0%	8.3%	0%	16%
	芝1200m	×	芝1400～1500m	○	0	0	1	7	0.0%	0.0%	14.3%	0%	32%
	芝1200m	×	芝1400～1500m	××	0	0	0	6	0.0%	0.0%	0.0%	0%	0%
	芝1400～1500m	×	芝1400～1500m	×	4	3	4	87	4.6%	8.0%	12.6%	210%	84%
買い	芝1400～1500m	◎	芝1400～1500m	×	2	2	4	25	8.0%	16.0%	32.0%	145%	146%
	芝1400～1500m	○	芝1400～1500m	×	0	0	0	16	0.0%	0.0%	0.0%	0%	0%
買い	芝1400～1500m	×	芝1400～1500m	○	2	0	3	14	14.3%	14.3%	35.7%	167%	130%
	芝1400～1500m	×	芝1400～1500m	◎	1	0	1	13	7.7%	7.7%	15.4%	160%	43%
	芝1400～1500m	×	芝1400～1500m	×	0	2	1	11	0.0%	18.2%	27.3%	0%	81%
買い	芝1600m	×	芝1400～1500m	×	1	4	6	66	1.5%	7.6%	16.7%	41%	96%
	芝1600m	×	芝1400～1500m	×	0	0	0	13	0.0%	0.0%	0.0%	0%	0%
	芝1600m	◎	芝1400～1500m	×	0	0	1	7	0.0%	0.0%	14.3%	0%	41%
	芝1600m	○	芝1400～1500m	×	0	0	0	7	0.0%	0.0%	0.0%	0%	0%
	芝1600m	×	芝1400～1500m	○	1	0	0	6	16.7%	16.7%	16.7%	305%	61%
	芝1700～1800m	×	芝1400～1500m	×	1	1	1	17	5.9%	11.8%	17.6%	48%	69%
	芝1700～1800m	×	芝1400～1500m	◎	0	0	0	5	0.0%	0.0%	0.0%	0%	0%
	芝2000m	×	芝1400～1500m	×	0	1	1	9	0.0%	11.1%	22.2%	0%	88%
	ダ1150～1200m	×	芝1600m	×	0	0	0	5	0.0%	0.0%	0.0%	0%	0%
	ダ1300～1400m	×	芝1600m	×	0	1	0	6	0.0%	16.7%	16.7%	0%	125%
	芝1200m	×	芝1600m	×	1	1	3	51	2.0%	3.9%	9.8%	29%	45%
	芝1200m	○	芝1600m	×	2	0	2	14	14.3%	14.3%	28.6%	145%	132%
	芝1200m	×	芝1600m	×	0	0	0	10	0.0%	0.0%	0.0%	0%	0%
買い	芝1400～1500m	×	芝1600m	×	5	3	3	68	7.4%	11.8%	16.2%	155%	88%
	芝1400～1500m	◎	芝1600m	×	1	0	1	15	6.7%	6.7%	13.3%	38%	56%
	芝1400～1500m	○	芝1600m	×	1	0	0	10	10.0%	10.0%	10.0%	92%	28%
	芝1400～1500m	×	芝1600m	◎	0	2	0	5	0.0%	40.0%	40.0%	0%	130%
	芝1600m	×	芝1600m	×	3	6	8	128	2.3%	7.0%	13.3%	46%	68%
	芝1600m	○	芝1600m	×	1	1	2	17	5.9%	11.8%	23.5%	224%	97%
	芝1600m	×	芝1600m	××	1	0	1	12	8.3%	8.3%	16.7%	152%	83%
	芝1600m	×	芝1600m	○	1	2	1	11	9.1%	27.3%	36.4%	48%	120%
	芝1600m	◎	芝1600m	×	1	0	1	7	14.3%	14.3%	28.6%	120%	175%
	芝1600m	○	芝1600m	○	0	0	0	6	0.0%	0.0%	0.0%	0%	0%
	芝1600m	×	芝1600m	◎	2	1	0	6	33.3%	50.0%	50.0%	475%	165%
	芝1600m	××	芝1600m	×	0	1	0	5	0.0%	20.0%	20.0%	0%	290%
	芝1700～1800m	×	芝1600m	×	2	2	1	29	6.9%	13.8%	17.2%	164%	65%
	芝1200m	×	芝1700～1800m	×	1	0	1	7	14.3%	14.3%	28.6%	438%	137%
	芝1400～1500m	×	芝1700～1800m	×	4	1	1	18	22.2%	27.8%	33.3%	178%	83%
	芝1400～1500m	◎	芝1700～1800m	×	0	0	0	5	0.0%	0.0%	0.0%	0%	0%
特買い	芝1600m	×	芝1700～1800m	×	1	3	4	35	2.9%	11.4%	22.9%	117%	124%
	芝1600m	○	芝1700～1800m	×	0	0	2	7	0.0%	0.0%	28.6%	0%	71%
	芝1600m	×	芝1700～1800m	××	0	0	1	6	0.0%	0.0%	16.7%	0%	81%
	芝1600m	◎	芝1700～1800m	×	0	0	2	5	0.0%	0.0%	40.0%	0%	164%
	芝1700～1800m	×	芝1700～1800m	×	1	1	1	22	4.5%	9.1%	13.6%	33%	48%
	芝1700～1800m	◎	芝1700～1800m	×	0	0	1	6	0.0%	0.0%	16.7%	0%	81%
買い	芝2000m	×	芝1700～1800m	×	0	2	3	12	0.0%	16.7%	41.7%	0%	215%
	芝1600m	×	芝2000m	×	0	0	0	10	0.0%	0.0%	0.0%	0%	0%
	芝1700～1800m	×	芝2000m	×	0	0	0	9	0.0%	0.0%	0.0%	0%	0%
	芝1700～1800m	×	芝2000m	×	0	1	1	7	0.0%	14.3%	28.6%	0%	118%
	ダ1150～1200m	×	ダ1150～1200m	◎	0	1	0	9	0.0%	11.1%	11.1%	0%	71%
	ダ1150～1200m	×	ダ1150～1200m	×	0	0	0	9	0.0%	0.0%	0.0%	0%	0%
	ダ1150～1200m	◎	ダ1150～1200m	×	0	0	1	5	0.0%	0.0%	20.0%	0%	226%
	ダ1300～1400m	×	ダ1150～1200m	×	0	1	0	16	0.0%	6.3%	6.3%	0%	63%
	芝1200m	×	ダ1150～1200m	×	0	1	0	14	0.0%	7.1%	7.1%	0%	35%
	芝1200m	×	ダ1150～1200m	××	0	0	1	6	0.0%	0.0%	16.7%	0%	101%
	芝1200m	×	ダ1150～1200m	○	0	1	0	5	0.0%	20.0%	20.0%	0%	80%
	芝1600m	×	ダ1150～1200m	×	1	0	0	5	20.0%	20.0%	20.0%	124%	48%
	ダ1150～1200m	×	ダ1300～1400m	×	0	0	1	9	0.0%	0.0%	11.1%	0%	53%
	ダ1150～1200m	×	ダ1300～1400m	××	0	0	0	6	0.0%	0.0%	0.0%	0%	0%
	ダ1150～1200m	◎	ダ1300～1400m	×	0	1	0	5	0.0%	20.0%	20.0%	0%	88%
	ダ1300～1400m	×	ダ1300～1400m	◎	1	0	2	12	8.3%	8.3%	25.0%	281%	188%
	ダ1300～1400m	×	ダ1300～1400m	×	1	0	1	9	0.0%	0.0%	11.1%	0%	72%
	ダ1300～1400m	×	ダ1300～1400m	××	0	0	0	5	0.0%	0.0%	0.0%	0%	0%

芝1400m

評価	前々走 距離	前々走 着順	前走 距離	前走 着順	1着	2着	3着	総数	勝率	連対率	複勝率	単回率	複回率
	芝1200m	×	ダ1300〜1400m	×	0	0	1	6	0.0%	0.0%	16.7%	0%	156%
	芝1200m	×	ダ1300〜1400m	××	0	0	0	5	0.0%	0.0%	0.0%	0%	0%
	芝1400〜1500m	×	ダ1300〜1400m	××	0	1	0	7	0.0%	14.3%	14.3%	0%	35%

激変ローテ●芝1400m【重賞】3番人気以内

評価	前々走 距離	前々走 着順	前走 距離	前走 着順	1着	2着	3着	総数	勝率	連対率	複勝率	単回率	複回率
	芝1200m		芝1200m		3	1	1	13	23.1%	30.8%	38.5%	116%	73%
	芝1600m		芝1200m		1	0	1	5	20.0%	20.0%	40.0%	34%	78%
	—		芝1400〜1500m		2	0	0	4	50.0%	50.0%	50.0%	155%	75%
	芝1200m		芝1400〜1500m		2	3	1	8	25.0%	62.5%	75.0%	63%	117%
	芝1400〜1500m		芝1400〜1500m		0	1	1	3	0.0%	33.3%	66.7%	0%	106%
	芝1600m		芝1400〜1500m		1	0	1	3	33.3%	33.3%	66.7%	90%	96%
	芝1200m		芝1600m		2	2	0	4	50.0%	100.0%	100.0%	155%	142%
消し	芝1400〜1500m		芝1600m		4	1	1	16	25.0%	31.3%	37.5%	64%	54%
	芝1600m		芝1600m		2	0	6	18	11.1%	11.1%	44.4%	60%	78%
	芝1700〜1800m		芝1600m		0	1	0	4	0.0%	25.0%	25.0%	0%	57%

激変ローテ●芝1400m【重賞】4番人気以下

評価	前々走 距離	前々走 着順	前走 距離	前走 着順	1着	2着	3着	総数	勝率	連対率	複勝率	単回率	複回率
	—		芝1200m		0	0	0	5	0.0%	0.0%	0.0%	0%	0%
	ダ1300〜1400m		芝1200m		1	0	0	3	33.3%	33.3%	33.3%	1313%	346%
	芝1000m		芝1200m		0	0	1	6	0.0%	0.0%	16.7%	0%	83%
	芝1200m		芝1200m		4	2	2	64	6.3%	9.4%	12.5%	201%	76%
	芝1400〜1500m		芝1200m		0	0	1	16	0.0%	0.0%	6.3%	0%	20%
	芝1600m		芝1200m		0	1	0	13	0.0%	7.7%	7.7%	0%	40%
	—		芝1400〜1500m		0	0	0	7	0.0%	0.0%	0.0%	0%	0%
	芝1000m		芝1400〜1500m		0	0	1	3	0.0%	0.0%	33.3%	33.3%	56%
	芝1200m		芝1400〜1500m		1	1	0	30	3.3%	6.7%	6.7%	27%	24%
	芝1400〜1500m		芝1400〜1500m		0	1	2	15	0.0%	6.7%	20.0%	0%	60%
	芝1600m		芝1400〜1500m		0	1	1	20	0.0%	5.0%	10.0%	0%	41%
	芝1700〜1800m		芝1400〜1500m		0	0	1	4	0.0%	0.0%	25.0%	0%	80%
	芝1200m		芝1600m		0	0	1	17	0.0%	0.0%	5.9%	0%	26%
買い	芝1400〜1500m		芝1600m		1	3	2	25	4.0%	16.0%	24.0%	31%	102%
特買い	芝1600m		芝1600m		3	6	3	44	6.8%	20.5%	27.3%	99%	122%
	芝1700〜1800m		芝1600m		1	1	0	10	10.0%	20.0%	20.0%	138%	113%
	芝1600m		芝1700〜1800m		1	0	0	9	11.1%	11.1%	11.1%	50%	23%
	ダ1150〜1200m		ダ1150〜1200m		0	0	0	6	0.0%	0.0%	0.0%	0%	0%
	ダ1300〜1400m		ダ1150〜1200m		0	0	0	3	0.0%	0.0%	0.0%	0%	0%
	—		ダ1300〜1400m		0	0	1	3	0.0%	0.0%	33.3%	0%	200%
	ダ1300〜1400m		ダ1300〜1400m		0	0	0	5	0.0%	0.0%	0.0%	0%	0%
	芝1400〜1500m		ダ1300〜1400m		0	0	0	4	0.0%	0.0%	0.0%	0%	0%

●馬場別データ内の＊表示について

　馬場別データで＊のついているローテについて、アレッと思われた方もいるかもしれない。
「同距離馬、延長馬が有利な馬場」にあてはまるローテなら、前走距離は今回の距離よりも短いはず……しかし、前走が今回より長い距離の短縮馬がまったく走らないというわけではない。この馬場状態でも、前走と今回距離の差が200m以内の短縮馬で、前走先行していた馬、あるいは過去に今回距離以下の距離で先行して好走した実績のある馬は期待値が高くなる。ということで、馬場の「クセ」自体は「同距離、延長に有利」であっても短縮ローテが該当する。
　なぜ、「同距離馬、延長馬が有利な馬場」のときのみ、前走短縮ローテが該当するのかというと、競馬は常に短縮馬のほうが好走確率が高いからなのだ。

芝1600m

芝1600mローテ・各競馬場の傾向

	短縮	延長	同距離
京都内回り			○
京都外回り	◎	◎	○
阪神	×	◎	×
新潟		×	
東京	○		◎
中山	◎	○	○

【未勝利】
▽同距離馬、延長馬が有利な馬場▽
・前走で1400m以下を使っていたローテーションの成績は全体的に悪い。芝1200×↓芝1600×や芝1800×↓芝1600×と前走で芝1600mを使い、2走前は芝1600m以外を使っていたローテーションの期待値が高い。
・芝1400×↓芝1800×、芝1800×↓芝1800○×など、2走前は芝1800×と前走で芝1800mを使い、2走前は芝1800m以下で先行していた馬、過去に1600m以下で先行しての好走実績がある馬に注目。

▽短縮馬が有利な馬場▽
・芝1400×↓芝1800×、芝1800×↓芝1800×など前走で芝1800mに出走しているローテーションが優秀。特に前走で差し脚質だった馬の期待値が高い。

芝1600m【未勝利】馬場別データ

	評価	前々走		前走	
		距離	着順	距離	着順
同距離馬、延長馬が有利な馬場	買い	芝1600m	×	芝1600m	○
	買い	芝1200m	×	芝1600m	×
	買い	芝1700〜1800m	×	芝1600m	×
	買い	—	—	芝1700〜1800m*	×
	買い	芝1600m	○	芝1700〜1800m*	×
	買い	芝1700〜1800m	×	芝1700〜1800m*	×
	買い	芝1400〜1500m	×	芝1700〜1800m*	×
	特買い	芝1700〜1800m	×	芝1700〜1800m*	×
短縮馬が有利な馬場	買い	—	—	芝1700〜1800m	×
	買い	芝1600m	×	芝1700〜1800m	×
	買い	芝1700〜1800m	×	芝1700〜1800m	×
	買い	芝1400〜1500m	×	芝1700〜1800m	×
	特買い	芝1700〜1800m	×	芝1700〜1800m	×

【500万下】
▽同距離馬、延長馬が有利な馬場▽
・芝1600×↓芝1600×と続けて1600mを使っている馬の期待値高い。芝1400×↓芝1800×、芝1800◎↓芝1800×、芝1800↓芝1800○↓芝1800×のように前走で1800mに出走しているロ テに出走している馬も今回と違う距離に出走し、前走は芝1800mに出走しているローテーションの期待値が高い。

▽短縮馬が有利な馬場▽
・芝1400×↓芝1800×、芝1800×↓芝1800×など前走で芝1800mに出走しているローテーションで差し脚質だった馬の期待値が高い。

芝1600m【500万下】馬場別データ

	評価	前々走		前走	
		距離	着順	距離	着順
同距離馬、延長馬が有利な馬場	買い	芝1600m	×	芝1200m	○
	買い	—	—	芝1600m	◎
	買い	芝1200m	×	芝1600m	×
	特買い	芝1600m	×	芝1600m	×
	特買い	芝1700〜1800m	◎	芝1700〜1800m*	×
	特買い	芝1700〜1800m	○	芝1700〜1800m*	×
	特買い	芝1400〜1500m	×	芝1700〜1800m*	×
	買い	芝2000m	×	芝1700〜1800m*	×
短縮馬が有利な馬場	特買い	芝1700〜1800m	◎	芝1700〜1800m	×
	特買い	芝1700〜1800m	○	芝1700〜1800m	×
	特買い	芝1400〜1500m	×	芝1700〜1800m	×
	買い	芝2000m	×	芝1700〜1800m	×

芝1600m

芝1600m【1000万下〜OP】馬場別データ

評価	前々走		前走	
	距離	着順	距離	着順
同距離馬、延長馬が有利な馬場				
買い	芝1400〜1500m	◎	芝1400〜1500m	×
買い	芝1600m	×	芝1400〜1500m	◎
買い	芝1600m	◎	芝1400〜1500m	×
買い	芝1700〜1800m	○	芝1600m	×
短縮馬が有利な馬場				
買い	芝1700〜1800m	×	芝1700〜1800m	◎
買い	芝1600m	×	芝1700〜1800m	○
特買い	芝1600m	◎	芝1700〜1800m	×
買い	芝1600m	×	芝2000m	×
買い	芝1700〜1800m	×	芝2000m	×

芝1600m以下で先行して好走実績のある馬が特に期待値高い。

【重賞】

▽同距離馬、延長馬が有利な馬場▽

・芝1400×→芝1800×→芝1600◎→芝1800×や、芝1800×→芝1800○→芝1800×など前走で芝1800mに出走しているローテーションが優秀。特に過去に芝1600mに出走しているローテーションとして好走した経験のある馬の期待値が高い。

【1000万下〜OP】

▽同距離馬、延長馬が有利な馬場▽

・芝1600×→芝1400○×、芝1600×→芝1400×、芝1400×と前走で芝1400mに出走していたローテーションが優秀。特に芝1400mに出走していた馬は、前走で先行していたローテーションでの期待値が高い。

▽短縮馬が有利な馬場▽

・芝1600×→芝180

・芝1800↓→芝1400、芝2200以上→芝1600と、2走前は前走よりも400m以上長い距離に出走していたローテーションも期待値高い。

▽短縮馬が有利な馬場▽

・芝2200以上→芝1800、芝2000m↑芝2000と芝2000mを続けて使われていた馬が狙える。特に、過去芝2000mを続けて使われていた経験がある馬の期待値が高い。

芝1600m【重賞】馬場別データ

評価	前々走		前走	
	距離	着順	距離	着順
同距離馬、延長馬が有利な馬場				
買い	—		芝1600m	
買い	芝1700〜1800m		芝1400〜1500m	
特買い	芝1600m		芝1600m	
特買い	芝2200m〜		芝1600m	
短縮馬が有利な馬場				
買い	芝2200m〜		芝1700〜1800m	
買い	芝2000m		芝2000m	

ローテーションの成績も良い。特に前走で先行していた馬、過去に芝1600m以上で先行して好走実績のある馬が特に期待値高い。

0×や芝1600×→芝2000×のように前走1800m以上を使っていたローテーションが優秀。特に過去に差して好走した経験のある馬の期待値が高い。

・芝1600×→芝1600とマイルを続けて使っている馬の期待値高い。ただし、前走で逃げ、追い込みの極端な競馬をしている馬の期待値は低く、3〜9番手の競馬をしている馬の期待値が高い。

芝1600m

激変ローテ●芝1600m【未勝利】3番人気以内

評価	前々走 距離	着順	前走 距離	着順	1着	2着	3着	総数	勝率	連対率	複勝率	単回率	複回率
	—	—	芝1200m	○	7	2	4	26	26.9%	34.6%	50.0%	111%	76%
消し	—	—	芝1200m	×	2	1	4	24	8.3%	12.5%	29.2%	32%	51%
消し	芝1200m	○	芝1200m	○	3	1	1	11	27.3%	36.4%	45.5%	88%	63%
	芝1200m	×	芝1200m	×	0	1	0	5	0.0%	20.0%	20.0%	0%	32%
	—	—	芝1400〜1500m	○	19	13	7	62	30.6%	51.6%	62.9%	87%	82%
消し	—	—	芝1400〜1500m	×	5	3	1	23	21.7%	34.8%	39.1%	98%	65%
	芝1200m	○	芝1400〜1500m	×	2	1	0	5	40.0%	60.0%	60.0%	382%	112%
	芝1400〜1500m	×	芝1400〜1500m	○	2	5	2	11	18.2%	63.6%	81.8%	151%	136%
	芝1400〜1500m	○	芝1400〜1500m	○	2	2	0	5	40.0%	80.0%	80.0%	162%	138%
	芝1600m	×	芝1400〜1500m	○	2	0	1	8	25.0%	25.0%	37.5%	47%	46%
	芝1600m	○	芝1400〜1500m	○	2	1	1	5	40.0%	60.0%	60.0%	132%	100%
	芝1600m	○	芝1400〜1500m	×	2	1	0	5	40.0%	60.0%	60.0%	150%	88%
	芝1700〜1800m	×	芝1400〜1500m	○	2	1	1	5	40.0%	60.0%	80.0%	124%	106%
	—	—	芝1600m	○	24	16	12	87	27.6%	46.0%	59.8%	89%	82%
消し	—	—	芝1600m	×	6	6	2	34	17.6%	35.3%	41.2%	65%	62%
	芝1200m	○	芝1600m	○	2	1	1	8	25.0%	37.5%	50.0%	66%	65%
	芝1200m	×	芝1600m	○	3	0	2	8	37.5%	37.5%	62.5%	196%	75%
	芝1200m	○	芝1600m	×	2	0	1	6	33.3%	33.3%	50.0%	120%	65%
	芝1400〜1500m	○	芝1600m	○	6	1	5	17	35.3%	41.2%	70.6%	102%	93%
消し	芝1400〜1500m	×	芝1600m	○	2	1	2	12	16.7%	25.0%	41.7%	46%	54%
	芝1400〜1500m	×	芝1600m	×	1	1	1	6	16.7%	33.3%	50.0%	40%	73%
	芝1600m	○	芝1600m	○	7	8	8	37	18.9%	40.5%	62.2%	51%	80%
	芝1600m	×	芝1600m	○	5	7	4	21	23.8%	57.1%	76.2%	100%	116%
	芝1600m	○	芝1600m	×	1	5	1	16	6.3%	37.5%	43.8%	25%	75%
	芝1600m	×	芝1600m	×	1	2	1	9	11.1%	33.3%	44.4%	44%	67%
消し	芝1700〜1800m	×	芝1600m	○	4	0	5	20	20.0%	20.0%	45.0%	64%	64%
	芝1700〜1800m	○	芝1600m	○	9	3	2	19	47.4%	63.2%	73.7%	106%	91%
消し	芝1700〜1800m	○	芝1600m	×	1	2	1	10	10.0%	30.0%	40.0%	29%	69%
	芝2000m	○	芝1600m	○	1	2	1	5	20.0%	60.0%	80.0%	32%	96%
消し	—	—	芝1700〜1800m	○	7	5	6	38	18.4%	31.6%	47.4%	35%	62%
	—	—	芝1700〜1800m	×	7	3	1	22	31.8%	45.5%	50.0%	120%	72%
	芝1400〜1500m	○	芝1700〜1800m	○	2	0	0	5	40.0%	40.0%	40.0%	90%	54%
	芝1600m	○	芝1700〜1800m	○	7	3	0	18	38.9%	55.6%	55.6%	81%	66%
	芝1600m	○	芝1700〜1800m	×	1	4	3	10	10.0%	50.0%	80.0%	48%	127%
	芝1600m	×	芝1700〜1800m	×	2	0	2	9	22.2%	22.2%	44.4%	82%	70%
	芝1700〜1800m	○	芝1700〜1800m	○	5	6	3	17	29.4%	64.7%	82.4%	82%	101%
	芝1700〜1800m	×	芝1700〜1800m	○	5	2	2	15	33.3%	46.7%	60.0%	107%	86%
	芝1700〜1800m	○	芝1700〜1800m	×	3	2	3	10	30.0%	50.0%	80.0%	94%	121%
	芝1700〜1800m	×	芝1700〜1800m	×	1	0	0	8	12.5%	12.5%	12.5%	26%	16%
	芝2000m	○	芝1700〜1800m	○	0	3	1	6	0.0%	50.0%	66.7%	0%	100%
	芝2000m	○	芝1700〜1800m	×	1	2	0	5	20.0%	60.0%	60.0%	62%	76%
	—	—	芝2000m	○	3	2	1	12	25.0%	41.7%	50.0%	64%	66%
	—	—	芝2000m	×	1	0	1	7	14.3%	14.3%	28.6%	38%	40%
	芝1600m	×	芝2000m	○	2	1	0	5	40.0%	60.0%	60.0%	142%	92%
	芝1700〜1800m	○	芝2000m	○	1	1	1	7	14.3%	28.6%	42.9%	30%	58%
	—	—	ダ1300〜1400m	○	0	2	0	5	0.0%	40.0%	40.0%	0%	70%
	ダ1300〜1400m	○	ダ1300〜1400m	○	2	0	1	5	40.0%	40.0%	60.0%	202%	112%

激変ローテ●芝1600m【未勝利】4番人気以下

評価	前々走 距離	着順	前走 距離	着順	1着	2着	3着	総数	勝率	連対率	複勝率	単回率	複回率
	—	—	芝1000m	×	0	0	0	8	0.0%	0.0%	0.0%	0%	0%
	—	—	芝1200m	××	2	8	5	163	1.2%	6.1%	9.2%	55%	43%
	—	—	芝1200m	×	1	2	1	61	1.6%	4.9%	6.6%	32%	93%
	—	—	芝1200m	○	1	1	4	26	3.8%	7.7%	23.1%	141%	94%
	ダ1000m	××	芝1200m	×	0	1	0	7	0.0%	14.3%	14.3%	0%	155%
	ダ1150〜1200m	××	芝1200m	×	0	0	2	23	0.0%	0.0%	8.7%	0%	56%
	ダ1150〜1200m	×	芝1200m	×	0	0	0	7	0.0%	0.0%	0.0%	0%	0%
	ダ1150〜1200m	××	芝1200m	××	0	0	0	5	0.0%	0.0%	0.0%	0%	0%
	ダ1300〜1400m	××	芝1200m	×	0	0	0	21	0.0%	0.0%	0.0%	0%	0%
	ダ1300〜1400m	×	芝1200m	×	1	0	0	6	16.7%	16.7%	16.7%	550%	96%
	芝1000m	×	芝1200m	×	1	0	2	11	9.1%	9.1%	27.3%	172%	189%

芝1600m

評価	前々走 距離	着順	前走 距離	着順	1着	2着	3着	総数	勝率	連対率	複勝率	単回率	複回率
	芝1200m	×	芝1200m	×	0	4	4	72	0.0%	5.6%	11.1%	0%	79%
	芝1200m	○	芝1200m	×	0	1	3	23	0.0%	4.3%	17.4%	0%	115%
	芝1200m	×	芝1200m	○	0	1	1	16	0.0%	6.3%	12.5%	0%	33%
	芝1200m	××	芝1200m	×	1	0	0	16	6.3%	6.3%	6.3%	64%	15%
	芝1200m	○	芝1200m	○	1	0	1	9	11.1%	11.1%	22.2%	112%	66%
	芝1200m	×	芝1200m	××	0	1	1	8	0.0%	12.5%	25.0%	0%	337%
	芝1400〜1500m	×	芝1200m	×	0	1	0	34	0.0%	2.9%	2.9%	0%	73%
	芝1600m	×	芝1200m	×	0	0	1	22	0.0%	0.0%	4.5%	0%	18%
	芝1600m	××	芝1200m	×	0	0	0	5	0.0%	0.0%	0.0%	0%	0%
	芝1700〜1800m	×	芝1200m	×	1	0	0	9	11.1%	11.1%	11.1%	282%	53%
	芝1700〜1800m	××	芝1200m	×	0	0	0	6	0.0%	0.0%	0.0%	0%	0%
	—	—	芝1400〜1500m	×	5	8	6	158	3.2%	8.2%	12.0%	59%	75%
	—	—	芝1400〜1500m	××	0	0	1	64	0.0%	0.0%	1.6%	0%	15%
	—	—	芝1400〜1500m	○	1	1	3	30	3.3%	6.7%	16.7%	23%	32%
	ダ1150〜1200m	××	芝1400〜1500m	×	0	1	0	9	0.0%	11.1%	11.1%	0%	292%
	ダ1150〜1200m	×	芝1400〜1500m	×	1	0	0	5	20.0%	20.0%	20.0%	2350%	542%
	ダ1300〜1400m	××	芝1400〜1500m	×	0	0	0	5	0.0%	0.0%	0.0%	0%	0%
	芝1200m	×	芝1400〜1500m	×	0	1	1	42	0.0%	2.4%	4.8%	0%	20%
	芝1200m	×	芝1400〜1500m	○	1	1	0	12	8.3%	16.7%	16.7%	85%	35%
	芝1200m	○	芝1400〜1500m	×	0	1	0	7	0.0%	14.3%	14.3%	0%	30%
	芝1200m	×	芝1400〜1500m	××	0	0	0	7	0.0%	0.0%	0.0%	0%	0%
	芝1200m	××	芝1400〜1500m	×	0	0	0	5	0.0%	0.0%	0.0%	0%	0%
	芝1400〜1500m	×	芝1400〜1500m	×	0	1	1	32	0.0%	3.1%	6.3%	0%	66%
	芝1400〜1500m	○	芝1400〜1500m	×	1	0	0	11	9.1%	9.1%	9.1%	390%	102%
	芝1400〜1500m	×	芝1400〜1500m	○	0	1	1	9	0.0%	11.1%	22.2%	0%	74%
	芝1400〜1500m	××	芝1400〜1500m	×	0	0	0	9	0.0%	0.0%	0.0%	0%	0%
	芝1600m	×	芝1400〜1500m	×	0	0	4	30	0.0%	0.0%	13.3%	0%	80%
	芝1600m	×	芝1400〜1500m	○	0	3	1	9	0.0%	33.3%	44.4%	0%	193%
	芝1700〜1800m	×	芝1400〜1500m	○	0	1	1	6	0.0%	16.7%	33.3%	0%	118%
	芝1700〜1800m	×	芝1400〜1500m	×	0	1	1	6	0.0%	16.7%	33.3%	0%	125%
	芝1700〜1800m	××	芝1400〜1500m	××	0	0	0	5	0.0%	0.0%	0.0%	0%	0%
	—	—	芝1600m	×	5	9	9	253	2.0%	5.5%	9.1%	46%	60%
	—	—	芝1600m	××	0	1	0	65	0.0%	1.5%	1.5%	0%	6%
	—	—	芝1600m	○	5	2	2	39	12.8%	17.9%	23.1%	155%	60%
	ダ1150〜1200m	××	芝1600m	×	0	1	1	12	0.0%	8.3%	16.7%	0%	55%
	ダ1150〜1200m	×	芝1600m	×	0	0	0	8	0.0%	0.0%	0.0%	0%	0%
	ダ1150〜1200m	×	芝1600m	○	0	2	0	5	0.0%	40.0%	40.0%	0%	132%
	ダ1300〜1400m	×	芝1600m	×	1	1	1	6	16.7%	33.3%	50.0%	563%	296%
	ダ1300〜1400m	××	芝1600m	×	0	0	0	6	0.0%	0.0%	0.0%	0%	0%
	ダ1800m	××	芝1600m	×	0	0	1	9	0.0%	0.0%	11.1%	0%	194%
買い	芝1200m	×	芝1600m	×	0	4	2	40	0.0%	10.0%	15.0%	0%	137%
	芝1200m	×	芝1600m	○	0	0	0	11	0.0%	0.0%	0.0%	0%	0%
	芝1200m	○	芝1600m	×	0	0	1	10	0.0%	10.0%	10.0%	0%	29%
	芝1200m	××	芝1600m	×	0	2	0	10	0.0%	20.0%	20.0%	0%	376%
	芝1200m	×	芝1600m	××	0	0	0	7	0.0%	0.0%	0.0%	0%	0%
	芝1400〜1500m	×	芝1600m	×	1	2	2	44	2.3%	6.8%	11.4%	296%	72%
	芝1400〜1500m	○	芝1600m	×	1	1	2	12	8.3%	16.7%	33.3%	160%	164%
	芝1400〜1500m	×	芝1600m	○	0	2	0	6	0.0%	33.3%	33.3%	0%	151%
	芝1400〜1500m	×	芝1600m	××	0	0	0	6	0.0%	0.0%	0.0%	0%	0%
	芝1400〜1500m	××	芝1600m	×	1	1	0	5	20.0%	40.0%	40.0%	730%	238%
	芝1600m	×	芝1600m	×	0	2	10	68	0.0%	2.9%	17.6%	0%	68%
	芝1600m	×	芝1600m	×	1	4	5	33	3.0%	15.2%	18.2%	29%	84%
買い	芝1600m	×	芝1600m	○	0	2	5	16	0.0%	12.5%	43.8%	0%	119%
	芝1600m	××	芝1600m	×	0	0	1	12	0.0%	0.0%	8.3%	0%	29%
	芝1600m	×	芝1600m	○	0	2	0	10	20.0%	20.0%	20.0%	303%	66%
買い	芝1700〜1800m	×	芝1600m	×	1	1	4	29	3.4%	6.9%	20.7%	245%	110%
	芝1700〜1800m	××	芝1600m	×	0	1	0	12	0.0%	8.3%	8.3%	0%	24%
	芝1700〜1800m	×	芝1600m	○	1	0	0	7	14.3%	14.3%	14.3%	182%	37%
	芝1700〜1800m	○	芝1600m	×	0	2	1	5	0.0%	40.0%	60.0%	0%	126%
	芝1700〜1800m	○	芝1600m	○	0	0	1	5	0.0%	0.0%	20.0%	0%	48%
	芝2000m	×	芝1600m	×	0	2	0	8	0.0%	25.0%	25.0%	0%	160%
	芝2000m	××	芝1600m	×	0	0	1	5	0.0%	0.0%	20.0%	0%	156%
買い	—	—	芝1700〜1800m	×	3	5	8	110	2.7%	7.3%	14.5%	24%	119%
	—	—	芝1700〜1800m	××	1	1	2	55	1.8%	3.6%	7.3%	47%	76%
	—	—	芝1700〜1800m	○	2	1	1	16	12.5%	18.8%	25.0%	92%	50%

芝1600m

評価	前々走 距離	前々走 着順	前走 距離	前走 着順	1着	2着	3着	総数	勝率	連対率	複勝率	単回率	複回率
	ダ1150〜1200m	××	芝1700〜1800m	×	0	0	0	6	0.0%	0.0%	0.0%	0%	0%
	ダ1150〜1200m	××	芝1700〜1800m	××	0	0	1	5	0.0%	0.0%	20.0%	0%	146%
	ダ1800m	××	芝1700〜1800m	×	0	0	0	9	0.0%	0.0%	0.0%	0%	0%
	ダ1800m	××	芝1700〜1800m	××	0	0	0	7	0.0%	0.0%	0.0%	0%	0%
	芝1200m	×	芝1700〜1800m	×	0	0	3	28	0.0%	0.0%	10.7%	0%	42%
	芝1200m	×	芝1700〜1800m	××	1	0	0	9	11.1%	11.1%	11.1%	184%	57%
	芝1200m	××	芝1700〜1800m	×	0	1	0	6	0.0%	16.7%	16.7%	0%	66%
	芝1200m	××	芝1700〜1800m	××	0	0	0	5	0.0%	0.0%	0.0%	0%	0%
買い	芝1400〜1500m	○	芝1700〜1800m	×	2	1	3	30	6.7%	10.0%	20.0%	85%	90%
	芝1400〜1500m	×	芝1700〜1800m	××	0	0	2	10	0.0%	0.0%	20.0%	0%	207%
	芝1600m	×	芝1700〜1800m	×	2	1	0	34	5.9%	8.8%	8.8%	52%	35%
買い	芝1600m	○	芝1700〜1800m	×	2	1	3	12	16.7%	25.0%	50.0%	157%	157%
	芝1600m	×	芝1700〜1800m	××	0	0	0	11	0.0%	0.0%	0.0%	0%	0%
特買い	芝1700〜1800m	×	芝1700〜1800m	×	2	3	8	60	3.3%	8.3%	21.7%	42%	106%
買い	芝1700〜1800m	○	芝1700〜1800m	×	1	2	2	19	5.3%	15.8%	26.3%	85%	102%
	芝1700〜1800m	×	芝1700〜1800m	××	0	0	1	14	0.0%	0.0%	7.1%	0%	50%
	芝1700〜1800m	×	芝1700〜1800m	○	0	2	0	11	0.0%	18.2%	18.2%	0%	52%
	芝1700〜1800m	××	芝1700〜1800m	×	0	0	0	10	0.0%	0.0%	0.0%	0%	0%
	芝2000m	×	芝1700〜1800m	×	1	1	1	15	6.7%	13.3%	20.0%	144%	74%
	芝2000m	××	芝1700〜1800m	×	0	0	0	8	0.0%	0.0%	0.0%	0%	0%
	—	—	芝2000m	×	1	2	0	25	4.0%	12.0%	12.0%	53%	80%
	—	—	芝2000m	××	0	0	0	18	0.0%	0.0%	0.0%	0%	0%
	芝1600m	×	芝2000m	×	1	1	0	19	5.3%	10.5%	10.5%	55%	37%
	芝1600m	○	芝2000m	×	0	0	1	5	0.0%	0.0%	20.0%	0%	72%
	芝1700〜1800m	×	芝2000m	×	0	2	0	26	0.0%	7.7%	7.7%	0%	32%
	芝1700〜1800m	××	芝2000m	×	0	0	0	12	0.0%	0.0%	0.0%	0%	0%
	芝1700〜1800m	○	芝2000m	×	1	0	1	5	20.0%	20.0%	40.0%	226%	88%
	芝2000m	×	芝2000m	×	0	1	0	14	0.0%	7.1%	7.1%	0%	19%
	芝2000m	××	芝2000m	×	0	0	0	9	0.0%	0.0%	0.0%	0%	0%
	芝2000m	○	芝2000m	×	1	0	1	7	14.3%	14.3%	28.6%	141%	84%
	—	—	ダ1150〜1200m	××	1	1	1	84	1.2%	2.4%	3.6%	20%	21%
	—	—	ダ1150〜1200m	×	1	2	2	28	3.6%	10.7%	17.9%	48%	88%
	—	—	ダ1150〜1200m	○	1	1	2	6	16.7%	33.3%	66.7%	400%	268%
	ダ1000m	××	ダ1150〜1200m	×	0	0	0	7	0.0%	0.0%	0.0%	0%	0%
	ダ1150〜1200m	×	ダ1150〜1200m	×	0	0	0	14	0.0%	0.0%	0.0%	0%	0%
	ダ1150〜1200m	××	ダ1150〜1200m	××	0	0	0	14	0.0%	0.0%	0.0%	0%	0%
	ダ1150〜1200m	×	ダ1150〜1200m	××	1	1	0	12	8.3%	16.7%	16.7%	80%	63%
	ダ1150〜1200m	××	ダ1150〜1200m	×	0	0	0	8	0.0%	0.0%	0.0%	0%	0%
	ダ1300〜1400m	×	ダ1150〜1200m	×	2	0	1	9	22.2%	22.2%	33.3%	581%	213%
	ダ1300〜1400m	××	ダ1150〜1200m	×	0	0	0	6	0.0%	0.0%	0.0%	0%	0%
	ダ1800m	××	ダ1150〜1200m	×	0	0	0	5	0.0%	0.0%	0.0%	0%	0%
	芝1200m	×	ダ1150〜1200m	×	0	1	1	12	0.0%	8.3%	16.7%	0%	165%
	芝1200m	××	ダ1150〜1200m	×	0	1	0	8	0.0%	12.5%	12.5%	0%	78%
	芝1200m	○	ダ1150〜1200m	×	0	0	1	7	0.0%	14.3%	14.3%	0%	117%
	—	—	ダ1300〜1400m	××	0	2	1	63	0.0%	3.2%	4.8%	0%	28%
	—	—	ダ1300〜1400m	×	0	0	0	18	0.0%	0.0%	0.0%	0%	0%
	—	—	ダ1300〜1400m	○	0	0	2	5	0.0%	0.0%	40.0%	0%	122%
	ダ1150〜1200m	×	ダ1300〜1400m	×	0	0	0	9	0.0%	0.0%	0.0%	0%	0%
	ダ1150〜1200m	××	ダ1300〜1400m	××	0	0	0	9	0.0%	0.0%	0.0%	0%	0%
	ダ1300〜1400m	××	ダ1300〜1400m	×	0	0	0	16	0.0%	0.0%	0.0%	0%	0%
	ダ1300〜1400m	×	ダ1300〜1400m	×	0	0	2	10	0.0%	0.0%	20.0%	0%	82%
	ダ1300〜1400m	××	ダ1300〜1400m	×	1	0	0	5	20.0%	20.0%	20.0%	388%	130%
	ダ1800m	××	ダ1300〜1400m	×	0	0	1	6	0.0%	0.0%	16.7%	0%	50%
	ダ1800m	××	ダ1300〜1400m	××	0	0	0	6	0.0%	0.0%	0.0%	0%	0%
	芝1200m	×	ダ1300〜1400m	×	0	0	0	7	0.0%	0.0%	0.0%	0%	0%
	芝1400〜1500m	×	ダ1300〜1400m	×	0	0	0	9	0.0%	0.0%	0.0%	0%	0%
	芝1400〜1500m	××	ダ1300〜1400m	×	0	0	0	6	0.0%	0.0%	0.0%	0%	0%
	芝1600m	×	ダ1300〜1400m	×	0	0	1	13	0.0%	0.0%	7.7%	0%	145%
	芝1600m	××	ダ1300〜1400m	×	0	0	0	5	0.0%	0.0%	0.0%	0%	0%
	芝1700〜1800m	×	ダ1300〜1400m	×	0	0	0	5	0.0%	0.0%	0.0%	0%	0%
	—	—	ダ1600m	×	0	0	0	15	0.0%	0.0%	0.0%	0%	0%
	—	—	ダ1600m	×	0	0	0	6	0.0%	0.0%	0.0%	0%	0%
	ダ1300〜1400m	××	ダ1600m	××	0	0	1	5	0.0%	0.0%	20.0%	0%	490%
	—	—	ダ1700m	××	0	0	0	12	0.0%	0.0%	0.0%	0%	0%

芝1600m

評価	前々走 距離	着順	前走 距離	着順	1着	2着	3着	総数	勝率	連対率	複勝率	単回率	複回率
	ダ1150〜1200m	××	ダ1700m	××	0	0	0	5	0.0%	0.0%	0.0%	0%	0%
	—	—	ダ1800m	××	0	1	1	34	0.0%	2.9%	5.9%	0%	23%
	ダ1150〜1200m	×	ダ1800m	××	0	0	0	6	0.0%	0.0%	0.0%	0%	0%
	ダ1150〜1200m	××	ダ1800m	××	0	0	0	6	0.0%	0.0%	0.0%	0%	0%
	ダ1300〜1400m	××	ダ1800m	××	0	0	0	7	0.0%	0.0%	0.0%	0%	0%
	ダ1300〜1400m	×	ダ1800m	××	0	0	0	5	0.0%	0.0%	0.0%	0%	0%
	ダ1800m	×	ダ1800m	×	1	0	1	7	14.3%	14.3%	28.6%	790%	380%
	ダ1800m	××	ダ1800m	××	0	0	0	6	0.0%	0.0%	0.0%	0%	0%
	ダ1800m	××	ダ1800m	×	0	0	0	5	0.0%	0.0%	0.0%	0%	0%
	芝1600m	×	ダ1800m	××	0	0	1	8	0.0%	0.0%	12.5%	0%	143%
	芝1700〜1800m	×	ダ1800m	××	0	0	1	9	0.0%	0.0%	11.1%	0%	80%

激変ローテ●芝1600m【500万下】3番人気以内

評価	前々走 距離	着順	前走 距離	着順	1着	2着	3着	総数	勝率	連対率	複勝率	単回率	複回率
	—	—	芝1200m	◎	1	0	2	6	16.7%	16.7%	50.0%	58%	63%
	—	—	芝1400〜1500m	×	1	3	0	9	11.1%	44.4%	44.4%	28%	57%
	芝1400〜1500m	○	芝1400〜1500m	×	0	2	0	6	0.0%	33.3%	33.3%	0%	70%
	芝1400〜1500m	◎	芝1400〜1500m	×	0	0	0	5	0.0%	0.0%	0.0%	0%	0%
	芝1400〜1500m	×	芝1400〜1500m	○	0	2	2	5	0.0%	40.0%	80.0%	0%	118%
	芝1600m	×	芝1400〜1500m	×	1	3	2	10	10.0%	40.0%	60.0%	43%	84%
	芝1600m	○	芝1400〜1500m	×	3	1	1	9	33.3%	44.4%	55.6%	68%	63%
	芝1600m	○	芝1400〜1500m	×	4	1	1	8	50.0%	62.5%	75.0%	147%	101%
	芝1600m	×	芝1400〜1500m	×	2	1	0	5	40.0%	60.0%	60.0%	154%	126%
	—	—	芝1600m	◎	8	9	2	30	26.7%	56.7%	63.3%	61%	90%
	芝1400〜1500m	○	芝1600m	◎	3	0	1	6	50.0%	50.0%	66.7%	166%	106%
	芝1400〜1500m	○	芝1600m	○	1	0	0	5	20.0%	20.0%	20.0%	32%	24%
	芝1400〜1500m	×	芝1600m	○	0	0	0	5	0.0%	0.0%	0.0%	0%	0%
	芝1600m	○	芝1600m	○	3	5	5	21	14.3%	38.1%	61.9%	37%	84%
	芝1600m	○	芝1600m	×	5	2	6	20	25.0%	35.0%	65.0%	128%	125%
	芝1600m	×	芝1600m	○	3	4	4	16	18.8%	43.8%	68.8%	66%	111%
	芝1600m	×	芝1600m	×	3	3	0	13	23.1%	46.2%	46.2%	57%	61%
	芝1600m	×	芝1600m	×	3	2	2	10	30.0%	50.0%	70.0%	122%	95%
	芝1600m	×	芝1600m	◎	1	1	3	8	12.5%	25.0%	62.5%	97%	93%
	芝1600m	×	芝1600m	×	4	1	1	7	57.1%	71.4%	85.7%	265%	144%
消し	芝1700〜1800m	×	芝1600m	×	3	0	3	16	18.8%	18.8%	37.5%	33%	56%
	芝1700〜1800m	×	芝1600m	×	1	3	2	11	9.1%	36.4%	54.5%	27%	108%
	芝1700〜1800m	○	芝1600m	◎	2	1	0	8	25.0%	37.5%	37.5%	138%	67%
	芝1700〜1800m	○	芝1600m	×	1	1	0	8	12.5%	25.0%	25.0%	27%	38%
	芝1700〜1800m	×	芝1600m	×	1	0	2	5	20.0%	20.0%	60.0%	112%	112%
	芝2000m	×	芝1600m	×	1	0	0	5	20.0%	20.0%	20.0%	0%	22%
	芝1600m	○	芝1700〜1800m	×	1	0	2	9	11.1%	11.1%	33.3%	40%	51%
	芝1600m	◎	芝1700〜1800m	×	1	0	2	8	12.5%	12.5%	37.5%	60%	56%
	芝1600m	×	芝1700〜1800m	○	0	1	0	7	0.0%	14.3%	14.3%	0%	24%
	芝1600m	○	芝1700〜1800m	×	2	2	0	5	40.0%	80.0%	80.0%	122%	108%
	芝1600m	×	芝1700〜1800m	×	1	1	1	5	20.0%	40.0%	60.0%	140%	164%
	芝1700〜1800m	○	芝1700〜1800m	×	5	3	4	22	22.7%	36.4%	54.5%	126%	112%
	芝1700〜1800m	×	芝1700〜1800m	×	2	2	5	13	15.4%	30.8%	69.2%	33%	106%
	芝1700〜1800m	○	芝1700〜1800m	×	4	2	0	11	36.4%	54.5%	54.5%	154%	78%
	芝1700〜1800m	○	芝1700〜1800m	×	5	1	1	9	55.6%	66.7%	77.8%	302%	143%
	芝1700〜1800m	◎	芝1700〜1800m	×	2	1	1	8	25.0%	37.5%	50.0%	103%	82%
	芝2000m	○	芝1700〜1800m	○	4	0	2	9	44.4%	44.4%	66.7%	97%	90%
	芝2000m	×	芝1700〜1800m	×	1	1	0	6	16.7%	33.3%	33.3%	81%	63%
	芝1600m	◎	芝2000m	×	0	2	0	5	0.0%	40.0%	40.0%	0%	76%
	芝1700〜1800m	○	芝2000m	×	0	0	3	6	0.0%	0.0%	50.0%	0%	83%
	芝2000m	×	芝2000m	×	1	2	0	6	16.7%	50.0%	50.0%	41%	78%

激変ローテ●芝1600m【500万下】4番人気以下

評価	前々走 距離	着順	前走 距離	着順	1着	2着	3着	総数	勝率	連対率	複勝率	単回率	複回率
	—	—	芝1200m	◎	0	1	0	13	0.0%	7.7%	7.7%	0%	26%
	ダ1150〜1200m	×	芝1200m	×	0	0	0	11	0.0%	0.0%	0.0%	0%	0%
	ダ1150〜1200m	◎	芝1200m	×	0	0	0	8	0.0%	0.0%	0.0%	0%	0%

芝1600m

評価	前々走 距離	前々走 着順	前走 距離	前走 着順	1着	2着	3着	総数	勝率	連対率	複勝率	単回率	複回率
	ダ1150～1200m	××	芝1200m	×	0	0	0	5	0.0%	0.0%	0.0%	0%	0%
	ダ1300～1400m	××	芝1200m	×	1	0	1	9	11.1%	11.1%	22.2%	568%	177%
	ダ1300～1400m	×	芝1200m	×	0	0	1	6	0.0%	0.0%	16.7%	0%	108%
	ダ1800m	××	芝1200m	×	1	0	0	6	16.7%	16.7%	16.7%	505%	166%
	芝1200m	×	芝1200m	×	1	2	2	96	1.0%	3.1%	5.2%	12%	46%
	芝1200m	◎	芝1200m	×	0	1	0	24	0.0%	4.2%	4.2%	0%	11%
	芝1200m	○	芝1200m	×	1	2	1	19	5.3%	15.8%	21.1%	78%	76%
	芝1200m	○	芝1200m	◎	0	1	0	14	0.0%	7.1%	7.1%	0%	17%
	芝1200m	×	芝1200m	○	0	2	1	12	0.0%	16.7%	25.0%	0%	133%
	芝1200m	×	芝1200m	◎	1	0	0	10	10.0%	10.0%	10.0%	310%	59%
	芝1200m	×	芝1200m	××	1	0	0	6	16.7%	16.7%	16.7%	155%	55%
	芝1200m	××	芝1200m	×	0	0	0	6	0.0%	0.0%	0.0%	0%	0%
	芝1400～1500m	×	芝1200m	×	0	1	1	29	0.0%	3.4%	6.9%	0%	77%
	芝1400～1500m	◎	芝1200m	×	0	0	2	7	0.0%	0.0%	28.6%	0%	124%
	芝1400～1500m	○	芝1200m	×	0	1	0	5	0.0%	20.0%	20.0%	0%	46%
	芝1600m	×	芝1200m	×	0	0	0	20	0.0%	0.0%	0.0%	0%	0%
買い	芝1600m	○	芝1200m	○	1	2	3	9	11.1%	33.3%	66.7%	121%	200%
	芝1600m	××	芝1200m	×	0	0	0	8	0.0%	0.0%	0.0%	0%	0%
	芝1700～1800m	×	芝1200m	×	1	0	0	11	9.1%	9.1%	9.1%	440%	101%
	―	―	芝1400～1500m	◎	0	1	0	10	0.0%	10.0%	10.0%	0%	69%
	ダ1150～1200m	××	芝1400～1500m	×	0	0	0	5	0.0%	0.0%	0.0%	0%	0%
	芝1200m	×	芝1400～1500m	×	0	1	1	43	0.0%	2.3%	4.7%	0%	44%
	芝1200m	◎	芝1400～1500m	×	1	0	0	9	11.1%	11.1%	11.1%	146%	35%
	芝1200m	×	芝1400～1500m	○	0	1	0	6	0.0%	16.7%	16.7%	0%	41%
	芝1400～1500m	×	芝1400～1500m	×	1	0	1	27	3.7%	3.7%	7.4%	159%	64%
	芝1400～1500m	◎	芝1400～1500m	×	1	0	2	21	4.8%	4.8%	14.3%	436%	100%
	芝1400～1500m	○	芝1400～1500m	×	0	0	2	16	0.0%	0.0%	12.5%	0%	38%
	芝1400～1500m	×	芝1400～1500m	◎	1	1	1	12	8.3%	16.7%	25.0%	109%	69%
	芝1400～1500m	×	芝1400～1500m	○	1	2	1	9	11.1%	33.3%	44.4%	211%	88%
	芝1600m	×	芝1400～1500m	×	2	2	0	42	4.8%	9.5%	9.5%	42%	27%
	芝1600m	×	芝1400～1500m	◎	0	0	1	10	0.0%	0.0%	10.0%	0%	37%
	芝1600m	○	芝1400～1500m	×	0	0	0	8	0.0%	0.0%	0.0%	0%	0%
	芝1600m	◎	芝1400～1500m	×	0	0	0	7	0.0%	0.0%	0.0%	0%	0%
	芝1600m	○	芝1400～1500m	×	0	0	0	6	0.0%	0.0%	0.0%	0%	0%
	芝1700～1800m	×	芝1400～1500m	×	1	1	1	17	5.9%	11.8%	17.6%	154%	101%
	芝1700～1800m	××	芝1400～1500m	×	0	0	0	5	0.0%	0.0%	0.0%	0%	0%
買い	―	―	芝1600m	◎	2	1	2	19	10.5%	15.8%	26.3%	161%	98%
	ダ1150～1200m	×	芝1600m	×	0	0	0	7	0.0%	0.0%	0.0%	0%	0%
	ダ1150～1200m	××	芝1600m	×	0	0	2	5	0.0%	0.0%	40.0%	0%	334%
	ダ1300～1400m	◎	芝1600m	×	0	0	0	6	0.0%	0.0%	0.0%	0%	0%
	ダ1700m	××	芝1600m	×	0	0	1	7	0.0%	0.0%	14.3%	0%	54%
	ダ1700m	×	芝1600m	×	0	0	0	5	0.0%	0.0%	0.0%	0%	0%
	ダ1800m	××	芝1600m	×	0	0	0	6	0.0%	0.0%	0.0%	0%	0%
買い	芝1200m	×	芝1600m	×	3	2	2	35	8.6%	14.3%	20.0%	608%	155%
	芝1200m	◎	芝1600m	×	0	2	0	8	0.0%	25.0%	25.0%	0%	212%
	芝1200m	○	芝1600m	○	0	1	1	8	0.0%	12.5%	25.0%	0%	100%
	芝1200m	○	芝1600m	×	0	0	1	6	0.0%	0.0%	16.7%	0%	51%
	芝1200m	×	芝1600m	◎	0	0	0	5	0.0%	0.0%	0.0%	0%	0%
	芝1400～1500m	×	芝1600m	×	2	3	2	51	3.9%	9.8%	13.7%	63%	53%
	芝1400～1500m	◎	芝1600m	×	0	0	0	16	0.0%	0.0%	0.0%	0%	0%
	芝1400～1500m	○	芝1600m	×	0	0	0	9	0.0%	0.0%	0.0%	0%	0%
	芝1400～1500m	○	芝1600m	◎	1	0	0	8	12.5%	12.5%	12.5%	207%	43%
特買い	芝1600m	×	芝1600m	×	3	8	8	73	4.1%	15.1%	26.0%	199%	145%
	芝1600m	◎	芝1600m	×	1	1	1	32	3.1%	6.3%	9.4%	92%	52%
	芝1600m	○	芝1600m	×	2	0	2	19	10.5%	10.5%	21.1%	78%	68%
	芝1600m	○	芝1600m	◎	0	2	2	17	0.0%	11.8%	23.5%	0%	66%
	芝1600m	×	芝1600m	○	1	0	2	10	10.0%	10.0%	30.0%	87%	84%
	芝1600m	◎	芝1600m	××	0	0	0	7	0.0%	0.0%	0.0%	0%	0%
	芝1600m	×	芝1600m	◎	0	0	1	6	0.0%	16.7%	16.7%	0%	38%
	芝1600m	×	芝1600m	××	0	0	0	5	0.0%	0.0%	0.0%	0%	0%
	芝1700～1800m	×	芝1600m	×	2	2	2	47	4.3%	8.5%	12.8%	114%	56%
	芝1700～1800m	○	芝1600m	○	1	1	0	14	7.1%	14.3%	14.3%	86%	49%
	芝1700～1800m	○	芝1600m	×	1	1	0	7	14.3%	28.6%	28.6%	102%	88%
	芝1700～1800m	◎	芝1600m	◎	0	1	0	7	0.0%	14.3%	14.3%	0%	40%
	芝1700～1800m	○	芝1600m	×	0	0	0	5	0.0%	0.0%	0.0%	0%	0%

芝1600m

評価	前々走 距離	前々走 着順	前走 距離	前走 着順	1着	2着	3着	総数	勝率	連対率	複勝率	単回率	複回率
	芝1700〜1800m	×	芝1600m	◎	0	1	0	5	0.0%	20.0%	20.0%	0%	52%
	芝2000m	×	芝1600m	×	0	2	0	18	0.0%	11.1%	11.1%	0%	53%
	芝2000m	××	芝1600m	×	1	0	1	9	11.1%	11.1%	22.2%	108%	124%
	―	―	芝1700〜1800m	◎	0	2	0	5	0.0%	40.0%	40.0%	0%	222%
	ダ1150〜1200m	×	芝1700〜1800m	×	0	0	0	6	0.0%	0.0%	0.0%	0%	0%
	ダ1300〜1400m	◎	芝1700〜1800m	×	0	0	0	5	0.0%	0.0%	0.0%	0%	0%
	ダ1700	××	芝1700〜1800m	×	0	0	1	7	0.0%	0.0%	14.3%	0%	41%
	ダ1800m	×	芝1700〜1800m	×	0	0	0	6	0.0%	0.0%	0.0%	0%	0%
	芝1200m	×	芝1700〜1800m	×	1	0	0	21	4.8%	4.8%	4.8%	77%	29%
特買い	芝1400〜1500m	×	芝1700〜1800m	×	3	2	3	27	11.1%	18.5%	29.6%	271%	214%
	芝1400〜1500m	×	芝1700〜1800m	○	0	0	2	6	0.0%	0.0%	33.3%	0%	66%
	芝1600m	×	芝1700〜1800m	×	1	0	2	45	2.2%	2.2%	6.7%	14%	23%
	芝1600m	○	芝1700〜1800m	×	0	2	0	12	0.0%	16.7%	16.7%	0%	41%
	芝1600m	◎	芝1700〜1800m	×	0	2	1	11	0.0%	18.2%	27.3%	0%	170%
	芝1600m	×	芝1700〜1800m	◎	0	1	0	8	0.0%	12.5%	12.5%	0%	26%
	芝1600m	×	芝1700〜1800m	○	0	0	0	5	0.0%	0.0%	0.0%	0%	0%
	芝1700〜1800m	×	芝1700〜1800m	×	0	2	4	84	0.0%	2.4%	7.1%	0%	29%
買い	芝1700〜1800m	◎	芝1700〜1800m	×	1	3	2	16	6.3%	25.0%	37.5%	50%	151%
特買い	芝1700〜1800m	○	芝1700〜1800m	×	2	1	3	14	14.3%	21.4%	42.9%	290%	267%
	芝1700〜1800m	×	芝1700〜1800m	××	0	0	0	11	0.0%	0.0%	0.0%	0%	0%
	芝1700〜1800m	×	芝1700〜1800m	◎	0	0	2	9	0.0%	0.0%	22.2%	0%	105%
	芝1700〜1800m	×	芝1700〜1800m	○	0	1	0	9	0.0%	11.1%	11.1%	0%	27%
	芝1700〜1800m	○	芝1700〜1800m	○	0	1	2	8	0.0%	12.5%	37.5%	0%	138%
	芝1700〜1800m	××	芝1700〜1800m	×	0	1	0	7	0.0%	14.3%	14.3%	0%	27%
買い	芝2000m	×	芝1700〜1800m	×	0	4	3	35	0.0%	11.4%	20.0%	0%	96%
	芝2000m	×	芝1700〜1800m	○	2	0	0	7	28.6%	28.6%	28.6%	225%	72%
	芝2200m〜	×	芝1700〜1800m	×	0	0	0	6	0.0%	0.0%	0.0%	0%	0%
	芝1600m	×	芝2000m	×	0	2	1	16	0.0%	12.5%	18.8%	0%	157%
	芝1600m	◎	芝2000m	×	0	0	1	8	0.0%	0.0%	12.5%	0%	66%
	芝1600m	×	芝2000m	××	0	0	0	5	0.0%	0.0%	0.0%	0%	0%
	芝1700〜1800m	×	芝2000m	×	0	1	1	37	0.0%	2.7%	5.4%	0%	26%
	芝1700〜1800m	○	芝2000m	×	0	2	0	7	0.0%	28.6%	28.6%	0%	81%
	芝1700〜1800m	×	芝2000m	◎	0	0	3	7	0.0%	0.0%	42.9%	0%	128%
	芝1700〜1800m	×	芝2000m	××	0	1	1	7	0.0%	14.3%	28.6%	0%	382%
	芝2000m	×	芝2000m	×	0	1	0	27	0.0%	3.7%	3.7%	0%	27%
	芝2000m	○	芝2000m	×	0	0	1	7	0.0%	0.0%	14.3%	0%	28%
	芝2000m	×	芝2000m	○	0	0	1	6	0.0%	0.0%	16.7%	0%	43%
	芝2000m	×	芝2000m	◎	1	2	0	5	20.0%	60.0%	60.0%	270%	184%
	芝2200m〜	×	芝2000m	×	0	0	2	6	0.0%	0.0%	33.3%	0%	136%
	芝1700〜1800m	×	芝2200m〜	×	0	0	1	10	0.0%	0.0%	10.0%	0%	35%
	芝2000m	×	芝2200m〜	×	0	1	0	11	0.0%	9.1%	9.1%	0%	85%
	―	―	ダ1150〜1200m	◎	0	0	1	6	0.0%	0.0%	16.7%	0%	68%
	ダ1000m	×	ダ1150〜1200m	×	0	0	2	7	0.0%	0.0%	28.6%	0%	158%
	ダ1150〜1200m	○	ダ1150〜1200m	×	1	1	2	13	7.7%	15.4%	30.8%	97%	98%
	ダ1150〜1200m	×	ダ1150〜1200m	×	1	0	0	11	9.1%	9.1%	9.1%	526%	122%
	ダ1150〜1200m	××	ダ1150〜1200m	×	0	0	0	8	0.0%	0.0%	0.0%	0%	0%
	ダ1150〜1200m	◎	ダ1150〜1200m	×	1	0	0	7	14.3%	14.3%	14.3%	637%	145%
	ダ1150〜1200m	×	ダ1150〜1200m	◎	1	0	0	6	16.7%	16.7%	16.7%	648%	128%
	ダ1150〜1200m	××	ダ1150〜1200m	××	0	0	0	6	0.0%	0.0%	0.0%	0%	0%
	ダ1150〜1200m	◎	ダ1150〜1200m	×	0	0	1	5	0.0%	0.0%	20.0%	0%	128%
	ダ1150〜1200m	×	ダ1150〜1200m	××	0	0	0	5	0.0%	0.0%	0.0%	0%	0%
	ダ1300〜1400m	×	ダ1150〜1200m	×	0	0	1	8	0.0%	0.0%	12.5%	0%	71%
	芝1200m	×	ダ1150〜1200m	○	0	0	0	5	0.0%	0.0%	0.0%	0%	0%
	芝1200m	×	ダ1150〜1200m	××	0	0	0	5	0.0%	0.0%	0.0%	0%	0%
	―	―	ダ1300〜1400m	◎	0	0	0	9	0.0%	0.0%	0.0%	0%	0%
	ダ1150〜1200m	×	ダ1300〜1400m	×	0	1	1	7	0.0%	14.3%	28.6%	0%	314%
	ダ1300〜1400m	×	ダ1300〜1400m	×	0	0	0	5	0.0%	0.0%	0.0%	0%	0%
	ダ1300〜1400m	×	ダ1300〜1400m	×	0	0	1	14	0.0%	0.0%	7.1%	0%	180%
	ダ1300〜1400m	○	ダ1300〜1400m	×	0	0	0	11	0.0%	0.0%	0.0%	0%	0%
	ダ1300〜1400m	◎	ダ1300〜1400m	×	0	0	1	9	0.0%	0.0%	11.1%	0%	66%
	ダ1300〜1400m	×	ダ1300〜1400m	◎	0	0	0	5	0.0%	0.0%	0.0%	0%	0%
	ダ1600m	×	ダ1300〜1400m	×	0	0	0	6	0.0%	0.0%	0.0%	0%	0%
	ダ1700m	××	ダ1300〜1400m	×	0	0	0	5	0.0%	0.0%	0.0%	0%	0%
	芝1200m	×	ダ1300〜1400m	××	0	1	0	7	0.0%	14.3%	14.3%	0%	42%
	ダ1300〜1400m	◎	ダ1600m	×	0	0	0	5	0.0%	0.0%	0.0%	0%	0%

芝1600m

評価	前々走 距離	前々走 着順	前走 距離	前走 着順	1着	2着	3着	総数	勝率	連対率	複勝率	単回率	複回率
	ダ1600m	×	ダ1700m	××	0	0	1	5	0.0%	0.0%	20.0%	0%	106%
	ダ1300〜1400m	◎	ダ1700m	×	0	0	0	5	0.0%	0.0%	0.0%	0%	0%
	ダ1700m	×	ダ1700m	×	0	2	0	7	0.0%	28.6%	28.6%	0%	317%
	ダ1700m	○	ダ1700m	◎	0	0	0	6	0.0%	0.0%	0.0%	0%	0%
	ダ1700m	×	ダ1700m	××	0	0	0	6	0.0%	0.0%	0.0%	0%	0%
	ダ1700m	××	ダ1700m	××	0	0	0	5	0.0%	0.0%	0.0%	0%	0%
	芝1600m	×	ダ1700m	××	0	0	0	7	0.0%	0.0%	0.0%	0%	0%
	ダ1700m	○	ダ1800m	×	0	0	0	6	0.0%	0.0%	0.0%	0%	0%
	ダ1700m	×	ダ1800m	××	1	0	0	5	20.0%	20.0%	20.0%	450%	106%
	ダ1800m	○	ダ1800m	◎	0	0	0	7	0.0%	0.0%	0.0%	0%	0%
	ダ1800m	××	ダ1800m	××	0	0	0	7	0.0%	0.0%	0.0%	0%	0%
	ダ1800m	○	ダ1800m	×	0	0	1	5	0.0%	0.0%	20.0%	0%	284%
	芝1600m	×	ダ1800m	××	0	0	1	6	0.0%	0.0%	16.7%	0%	116%

激変ローテ●芝1600m【1000万下〜OP】3番人気以内

評価	前々走 距離	前々走 着順	前走 距離	前走 着順	1着	2着	3着	総数	勝率	連対率	複勝率	単回率	複回率
	芝1200m	◎	芝1200m	×	1	1	2	5	20.0%	40.0%	80.0%	38%	140%
	芝1400〜1500m	○	芝1400〜1500m	◎	0	3	3	8	0.0%	37.5%	75.0%	0%	117%
	芝1400〜1500m	○	芝1400〜1500m	○	4	0	2	8	50.0%	50.0%	75.0%	230%	120%
	芝1400〜1500m	○	芝1400〜1500m	×	0	1	3	7	0.0%	14.3%	57.1%	0%	94%
	芝1400〜1500m	×	芝1400〜1500m	◎	2	1	0	5	40.0%	60.0%	60.0%	162%	94%
	芝1400〜1500m	×	芝1400〜1500m	×	0	1	0	5	0.0%	20.0%	20.0%	0%	44%
	芝1400〜1500m	×	芝1400〜1500m	×	3	2	4	17	17.6%	29.4%	52.9%	95%	84%
消し	芝1600m	○	芝1400〜1500m	×	2	2	0	12	16.7%	33.3%	33.3%	70%	59%
	芝1600m	○	芝1400〜1500m	○	2	3	2	8	25.0%	62.5%	87.5%	60%	123%
	芝1600m	×	芝1400〜1500m	○	1	1	1	7	14.3%	28.6%	42.9%	77%	68%
	芝1600m	◎	芝1400〜1500m	◎	1	2	1	5	20.0%	60.0%	80.0%	62%	122%
	芝1400〜1500m	×	芝1600m	○	6	3	2	16	37.5%	56.3%	68.8%	120%	101%
	芝1400〜1500m	○	芝1600m	×	2	2	3	15	13.3%	26.7%	46.7%	62%	73%
	芝1400〜1500m	◎	芝1600m	○	2	3	0	9	22.2%	55.6%	55.6%	46%	66%
	芝1400〜1500m	◎	芝1600m	×	3	1	2	8	37.5%	50.0%	75.0%	190%	136%
	芝1400〜1500m	◎	芝1600m	××	1	1	3	8	12.5%	25.0%	62.5%	61%	100%
	芝1400〜1500m	×	芝1600m	○	1	1	1	7	14.3%	28.6%	42.9%	21%	67%
	芝1400〜1500m	×	芝1600m	◎	1	1	1	6	16.7%	33.3%	50.0%	26%	65%
	芝1400〜1500m	×	芝1600m	◎	2	0	2	5	40.0%	40.0%	80.0%	86%	106%
	芝1400〜1500m	×	芝1600m	×	9	10	5	49	18.4%	38.8%	49.0%	73%	78%
消し	芝1600m	○	芝1600m	×	8	3	3	35	22.9%	31.4%	40.0%	70%	61%
消し	芝1600m	×	芝1600m	○	5	5	5	34	14.7%	29.4%	44.1%	55%	69%
消し	芝1600m	○	芝1600m	○	5	3	5	31	16.1%	25.8%	41.9%	66%	63%
	芝1600m	◎	芝1600m	○	7	6	4	27	25.9%	48.1%	63.0%	73%	90%
	芝1600m	○	芝1600m	◎	5	10	4	27	18.5%	55.6%	59.3%	50%	87%
	芝1600m	◎	芝1600m	×	5	4	2	24	20.8%	37.5%	45.8%	83%	77%
消し	芝1600m	×	芝1600m	◎	2	2	1	17	11.8%	23.5%	29.4%	62%	54%
	芝1600m	×	芝1600m	◎	2	3	0	11	18.2%	45.5%	45.5%	62%	60%
消し	芝1700〜1800m	×	芝1600m	○	5	4	0	20	25.0%	45.0%	45.0%	76%	58%
	芝1700〜1800m	○	芝1600m	○	3	2	1	12	25.0%	41.7%	50.0%	67%	65%
	芝1700〜1800m	○	芝1600m	×	3	1	3	10	30.0%	40.0%	70.0%	80%	117%
	芝1700〜1800m	×	芝1600m	◎	3	2	0	10	30.0%	50.0%	50.0%	93%	72%
	芝1700〜1800m	×	芝1600m	×	3	0	2	9	33.3%	33.3%	55.6%	107%	100%
消し	芝1700〜1800m	◎	芝1600m	○	1	1	0	7	14.3%	28.6%	28.6%	1%	35%
	芝1700〜1800m	×	芝1600m	×	3	1	1	7	42.9%	57.1%	71.4%	212%	110%
	芝2000m	×	芝1600m	×	2	2	1	8	25.0%	50.0%	62.5%	106%	101%
	芝2000m	×	芝1600m	○	1	2	0	7	14.3%	42.9%	42.9%	70%	61%
	芝2000m	○	芝1600m	○	2	3	0	5	40.0%	100.0%	100.0%	104%	108%
消し	芝1600m	×	芝1700〜1800m	×	2	2	3	19	10.5%	21.1%	36.8%	40%	68%
	芝1600m	○	芝1700〜1800m	○	2	1	3	8	25.0%	37.5%	75.0%	82%	101%
	芝1600m	○	芝1700〜1800m	×	2	3	1	8	25.0%	62.5%	75.0%	100%	108%
	芝1600m	◎	芝1700〜1800m	○	2	1	1	6	33.3%	50.0%	66.7%	76%	90%
	芝1600m	×	芝1700〜1800m	×	0	2	0	6	0.0%	33.3%	33.3%	0%	66%
消し	芝1600m	○	芝1700〜1800m	◎	0	0	1	6	0.0%	0.0%	16.7%	0%	33%
	芝1600m	×	芝1700〜1800m	○	3	0	0	6	50.0%	50.0%	50.0%	216%	81%
	芝1600m	×	芝1700〜1800m	×	1	1	1	5	20.0%	40.0%	60.0%	28%	86%
	芝1700〜1800m	○	芝1700〜1800m	×	6	4	5	18	33.3%	55.6%	83.3%	172%	135%

芝1600m

評価	前々走 距離	前々走 着順	前走 距離	前走 着順	1着	2着	3着	総数	勝率	連対率	複勝率	単回率	複回率
消し	芝1700〜1800m	○	芝1700〜1800m	○	2	2	1	15	13.3%	26.7%	33.3%	44%	64%
	芝1700〜1800m	×	芝1700〜1800m	×	1	3	2	14	7.1%	28.6%	42.9%	22%	89%
	芝1700〜1800m	○	芝1700〜1800m	◎	3	1	4	12	25.0%	33.3%	66.7%	79%	85%
	芝1700〜1800m	◎	芝1700〜1800m	○	1	2	3	10	10.0%	30.0%	60.0%	15%	90%
	芝1700〜1800m	○	芝1700〜1800m	○	3	2	2	10	30.0%	50.0%	70.0%	88%	99%
	芝1700〜1800m	◎	芝1700〜1800m	×	4	1	0	8	50.0%	62.5%	75.0%	220%	126%
	芝1700〜1800m	×	芝1700〜1800m	◎	2	1	1	7	28.6%	42.9%	57.1%	84%	80%
	芝2000m	×	芝1700〜1800m	○	2	0	0	7	28.6%	28.6%	28.6%	75%	40%
	芝1600m		芝2000m	×	2	0	1	5	40.0%	40.0%	60.0%	198%	100%
	芝1700〜1800m	○	芝2000m		1	1	0	5	20.0%	40.0%	40.0%	44%	68%
	芝1700〜1800m	×	芝2000m	×	0	2	0	5	0.0%	40.0%	40.0%	0%	78%

激変ローテ●芝1600m【1000万下〜OP】4番人気以下

評価	前々走 距離	前々走 着順	前走 距離	前走 着順	1着	2着	3着	総数	勝率	連対率	複勝率	単回率	複回率
	ダ1150〜1200m	×	芝1200m	×	0	0	0	8	0.0%	0.0%	0.0%	0%	0%
	ダ1300〜1400m		芝1200m		0	0	0	7	0.0%	0.0%	0.0%	0%	0%
	芝1200m	×	芝1200m	×	2	0	3	83	2.4%	2.4%	6.0%	27%	84%
	芝1200m	◎	芝1200m	×	2	2	0	23	8.7%	17.4%	17.4%	119%	56%
	芝1200m	○	芝1200m	×	0	1	2	19	0.0%	5.3%	15.8%	0%	69%
	芝1200m	×	芝1200m	◎	0	0	0	14	0.0%	0.0%	0.0%	0%	0%
	芝1200m	○	芝1200m	○	1	1	0	9	11.1%	22.2%	22.2%	133%	105%
	芝1200m	○	芝1200m	○	0	0	1	6	0.0%	0.0%	16.7%	0%	35%
	芝1200m	××	芝1200m	×	0	0	1	5	0.0%	0.0%	20.0%	0%	344%
	芝1400〜1500m	×	芝1200m	×	1	1	3	38	2.6%	5.3%	13.2%	147%	71%
	芝1400〜1500m	○	芝1200m	×	0	0	0	9	0.0%	0.0%	0.0%	0%	0%
	芝1400〜1500m	×	芝1200m	○	0	0	0	7	0.0%	0.0%	0.0%	0%	0%
	芝1400〜1500m	×	芝1200m	◎	0	0	0	6	0.0%	0.0%	0.0%	0%	0%
	芝1400〜1500m	×	芝1200m	○	0	0	1	5	0.0%	0.0%	20.0%	0%	46%
	芝1600m	×	芝1200m	×	1	0	3	37	2.7%	2.7%	10.8%	303%	115%
	芝1600m		芝1200m	×	0	0	0	6	0.0%	0.0%	0.0%	0%	78%
	芝1600m	××	芝1200m	×	0	0	1	5	0.0%	0.0%	20.0%	0%	344%
	芝1700〜1800m	○	芝1200m	×	0	1	1	5	0.0%	20.0%	40.0%	0%	258%
	ダ1300〜1400m	××	芝1400〜1500m	○	0	1	0	5	0.0%	20.0%	20.0%	0%	68%
	芝1200m	×	芝1400〜1500m	×	1	2	1	64	1.6%	4.7%	6.3%	64%	33%
	芝1200m	○	芝1400〜1500m	×	1	0	0	12	8.3%	8.3%	8.3%	190%	38%
	芝1200m	○	芝1400〜1500m	×	0	0	1	10	0.0%	0.0%	10.0%	0%	89%
	芝1200m	×	芝1400〜1500m	○	0	1	2	8	0.0%	12.5%	37.5%	0%	120%
	芝1200m	×	芝1400〜1500m	◎	0	0	1	6	0.0%	0.0%	16.7%	0%	186%
	芝1400〜1500m	×	芝1400〜1500m	×	2	1	2	70	2.9%	4.3%	7.1%	66%	29%
買い	芝1400〜1500m	◎	芝1400〜1500m	×	1	3	3	23	4.3%	17.4%	30.4%	56%	134%
	芝1400〜1500m	○	芝1400〜1500m	×	1	2	1	18	5.6%	16.7%	22.2%	35%	76%
	芝1400〜1500m	×	芝1400〜1500m	◎	1	2	1	14	7.1%	21.4%	28.6%	55%	176%
	芝1400〜1500m	○	芝1400〜1500m	○	2	0	1	11	18.2%	18.2%	27.3%	178%	71%
	芝1400〜1500m	×	芝1400〜1500m	○	0	1	0	7	0.0%	14.3%	14.3%	0%	20%
買い	芝1600m	×	芝1400〜1500m	×	5	8	7	117	4.3%	11.1%	17.1%	68%	91%
	芝1600m	○	芝1400〜1500m	×	1	1	2	15	6.7%	13.3%	26.7%	686%	135%
買い	芝1600m	×	芝1400〜1500m	◎	1	2	3	12	8.3%	25.0%	50.0%	91%	175%
	芝1600m	○	芝1400〜1500m	×	0	1	0	9	0.0%	11.1%	11.1%	0%	35%
	芝1600m	×	芝1400〜1500m	○	1	0	1	9	11.1%	11.1%	22.2%	173%	82%
	芝1600m	×	芝1400〜1500m	◎	0	1	0	5	0.0%	20.0%	20.0%	0%	142%
	芝1600m	××	芝1400〜1500m	×	0	0	0	5	0.0%	0.0%	0.0%	0%	0%
	芝1700〜1800m	×	芝1400〜1500m	×	1	1	0	22	4.5%	9.1%	9.1%	40%	21%
	芝1700〜1800m	×	芝1400〜1500m	○	0	0	1	7	0.0%	0.0%	14.3%	0%	40%
	芝2000m	×	芝1400〜1500m	○	1	1	0	9	11.1%	22.2%	22.2%	86%	482%
	ダ1150〜1200m	×	芝1600m	×	0	1	0	6	0.0%	16.7%	16.7%	0%	131%
	ダ1300〜1400m	×	芝1600m	×	0	0	1	13	0.0%	0.0%	7.7%	0%	30%
	ダ1300〜1400m	××	芝1600m	×	0	0	1	6	0.0%	0.0%	16.7%	0%	86%
	ダ1800m	××	芝1600m	×	0	1	0	7	0.0%	14.3%	14.3%	0%	74%
	芝1200m	×	芝1600m	×	0	0	1	36	0.0%	0.0%	2.8%	0%	37%
	芝1200m	◎	芝1600m	×	0	0	1	9	0.0%	0.0%	11.1%	0%	34%
	芝1200m	○	芝1600m	○	0	0	0	7	0.0%	0.0%	0.0%	0%	0%
	芝1200m	×	芝1600m	◎	0	1	0	5	0.0%	20.0%	20.0%	0%	58%
	芝1400〜1500m	×	芝1600m	×	5	4	8	105	4.8%	8.6%	16.2%	58%	82%

芝1600m

評価	前々走 距離	着順	前走 距離	着順	1着	2着	3着	総数	勝率	連対率	複勝率	単回率	複回率
	芝1400~1500m	◎	芝1600m	×	1	2	3	29	3.4%	10.3%	20.7%	88%	85%
	芝1400~1500m	○	芝1600m	×	1	0	2	18	5.6%	5.6%	16.7%	36%	61%
	芝1400~1500m	×	芝1600m	○	0	0	0	11	0.0%	0.0%	0.0%	0%	0%
	芝1400~1500m	○	芝1600m	◎	0	0	0	7	0.0%	0.0%	0.0%	0%	0%
	芝1400~1500m	×	芝1600m	○	1	0	1	7	14.3%	14.3%	28.6%	217%	182%
	芝1400~1500m	×	芝1600m	◎	1	0	0	5	20.0%	20.0%	20.0%	158%	42%
	芝1600m	×	芝1600m	×	4	16	10	229	1.7%	8.7%	13.1%	20%	77%
	芝1600m	○	芝1600m	×	3	4	2	56	5.4%	12.5%	16.1%	75%	65%
	芝1600m	◎	芝1600m	×	1	3	5	42	2.4%	9.5%	31%	43%	73%
	芝1600m	×	芝1600m	○	3	4	2	33	9.1%	21.2%	27.3%	116%	71%
	芝1600m	×	芝1600m	◎	1	3	2	26	3.8%	15.4%	23.1%	28%	80%
	芝1600m	○	芝1600m	○	2	2	1	18	11.1%	22.2%	27.8%	197%	93%
	芝1600m	○	芝1600m	◎	1	0	3	11	9.1%	9.1%	36.4%	50%	80%
	芝1600m	◎	芝1600m	○	0	0	1	11	0.0%	0.0%	9.1%	0%	98%
	芝1600m	××	芝1600m	×	0	0	0	5	0.0%	0.0%	0.0%	0%	0%
	芝1700~1800m	×	芝1600m	×	5	4	4	126	4.0%	7.1%	10.3%	83%	38%
	芝1700~1800m	◎	芝1600m	×	0	1	2	24	0.0%	4.2%	12.5%	0%	29%
	芝1700~1800m	×	芝1600m	◎	2	1	0	15	13.3%	20.0%	20.0%	128%	93%
	芝1700~1800m	×	芝1600m	○	1	1	1	14	7.1%	14.3%	21.4%	82%	45%
買い	芝1700~1800m	○	芝1600m	×	2	1	2	13	15.4%	23.1%	38.5%	137%	135%
	芝1700~1800m	○	芝1600m	×	0	1	1	9	0.0%	11.1%	22.2%	0%	61%
	芝1700~1800m	××	芝1600m	×	0	0	0	7	0.0%	0.0%	0.0%	0%	0%
	芝2000m	×	芝1600m	×	1	1	3	43	2.3%	4.7%	11.6%	15%	105%
	芝2000m	○	芝1600m	×	1	0	0	7	14.3%	14.3%	14.3%	140%	42%
	芝2000m	××	芝1600m	×	0	0	0	6	0.0%	0.0%	0.0%	0%	0%
	芝2200m~	×	芝1600m	×	0	0	1	8	0.0%	0.0%	12.5%	0%	20%
	芝1200m	×	芝1700~1800m	×	0	0	0	5	0.0%	0.0%	0.0%	0%	0%
	芝1400~1500m	×	芝1700~1800m	×	1	1	1	23	4.3%	8.7%	13.0%	148%	68%
特買い	芝1600m	×	芝1700~1800m	×	4	8	10	124	3.2%	9.7%	17.7%	38%	124%
買い	芝1600m	◎	芝1700~1800m	×	1	3	2	17	5.9%	23.5%	35.3%	43%	111%
	芝1600m	○	芝1700~1800m	×	0	3	1	16	0.0%	18.8%	25.0%	0%	65%
	芝1600m	×	芝1700~1800m	○	1	0	0	13	7.7%	7.7%	7.7%	50%	14%
買い	芝1600m	×	芝1700~1800m	◎	2	0	3	12	16.7%	16.7%	41.7%	307%	165%
	芝1600m	×	芝1700~1800m	××	0	1	0	9	0.0%	11.1%	11.1%	0%	31%
	芝1600m	○	芝1700~1800m	○	1	1	1	8	12.5%	25.0%	37.5%	75%	178%
	芝1700~1800m	×	芝1700~1800m	×	5	3	1	93	5.4%	8.6%	9.7%	47%	56%
	芝1700~1800m	◎	芝1700~1800m	×	0	0	5	33	0.0%	0.0%	15.2%	0%	64%
	芝1700~1800m	○	芝1700~1800m	×	1	0	1	22	4.5%	4.5%	9.1%	93%	33%
	芝1700~1800m	×	芝1700~1800m	○	1	1	2	21	4.8%	9.5%	19.0%	34%	52%
買い	芝1700~1800m	◎	芝1700~1800m	◎	3	2	1	17	17.6%	29.4%	35.3%	126%	202%
	芝1700~1800m	×	芝1700~1800m	○	0	2	0	11	0.0%	18.2%	18.2%	0%	55%
	芝1700~1800m	××	芝1700~1800m	×	0	0	0	9	0.0%	0.0%	0.0%	0%	0%
	芝1700~1800m	×	芝1700~1800m	××	0	0	0	7	0.0%	0.0%	0.0%	0%	0%
	芝2000m	×	芝1700~1800m	×	0	4	2	47	0.0%	8.5%	12.8%	0%	81%
	芝2000m	○	芝1700~1800m	×	0	1	1	7	0.0%	14.3%	28.6%	0%	98%
	芝2000m	◎	芝1700~1800m	×	1	0	1	6	16.7%	16.7%	33.3%	246%	115%
	芝2000m	×	芝1700~1800m	××	0	0	0	5	0.0%	0.0%	0.0%	0%	0%
	芝2200m~	×	芝1700~1800m	×	1	0	0	10	10.0%	10.0%	10.0%	867%	213%
	芝2200m~	××	芝1700~1800m	×	0	0	0	5	0.0%	0.0%	0.0%	0%	0%
	芝1400~1500m	×	芝2000m	×	1	0	0	8	12.5%	12.5%	12.5%	453%	118%
買い	芝1600m	×	芝2000m	×	0	2	4	37	0.0%	5.4%	16.2%	0%	126%
	芝1600m	◎	芝2000m	×	0	0	0	8	0.0%	0.0%	0.0%	0%	0%
	芝1600m	×	芝2000m	××	1	1	0	5	20.0%	40.0%	40.0%	108%	224%
買い	芝1700~1800m	×	芝2000m	×	3	2	2	46	6.5%	10.9%	15.2%	139%	93%
	芝1700~1800m	○	芝2000m	×	0	3	1	16	0.0%	18.8%	25.0%	0%	91%
	芝1700~1800m	×	芝2000m	××	1	0	2	9	11.1%	11.1%	33.3%	90%	295%
	芝1700~1800m	◎	芝2000m	×	2	0	2	8	25.0%	25.0%	50.0%	446%	181%
	芝1700~1800m	××	芝2000m	×	0	0	1	7	0.0%	0.0%	14.3%	0%	41%
	芝1700~1800m	×	芝2000m	◎	1	0	0	6	16.7%	16.7%	16.7%	80%	28%
	芝1700~1800m	×	芝2000m	○	0	0	1	6	0.0%	0.0%	16.7%	0%	88%
	芝2000m	×	芝2000m	×	1	1	1	39	2.6%	5.1%	7.7%	17%	92%
	芝2000m	○	芝2000m	×	0	0	1	7	0.0%	0.0%	14.3%	0%	37%
	芝2000m	×	芝2000m	××	0	0	0	7	0.0%	0.0%	0.0%	0%	0%
	芝2000m	×	芝2000m	○	0	0	2	5	0.0%	0.0%	40.0%	0%	158%
	芝2000m	××	芝2000m	×	0	0	0	5	0.0%	0.0%	0.0%	0%	0%

芝1600m

評価	前々走 距離	着順	前走 距離	着順	1着	2着	3着	総数	勝率	連対率	複勝率	単回率	複回率
	芝2200m〜	×	芝2000m	×	0	2	0	12	0.0%	16.7%	16.7%	0%	61%
	芝1600m	×	芝2200m	×	1	0	1	9	11.1%	11.1%	22.2%	173%	87%
	芝1700〜1800m	×	芝2200m	×	1	0	1	9	11.1%	11.1%	22.2%	108%	66%
	芝2000m	×	芝2200m	×	0	0	1	13	0.0%	0.0%	7.7%	0%	59%
	芝2200m〜	×	芝2200m	×	0	0	0	6	0.0%	0.0%	0.0%	0%	0%
	ダ1150〜1200m	×	ダ1150〜1200m	×	0	1	0	18	0.0%	5.6%	5.6%	0%	37%
	ダ1150〜1200m	◎	ダ1150〜1200m	×	0	0	0	7	0.0%	0.0%	0.0%	0%	0%
	ダ1300〜1400m	×	ダ1150〜1200m	×	0	0	0	5	0.0%	0.0%	0.0%	0%	0%
	芝1200m	×	ダ1150〜1200m	×	0	0	0	6	0.0%	0.0%	0.0%	0%	0%
	芝1400〜1500m	×	ダ1150〜1200m	×	0	0	3	7	0.0%	0.0%	42.9%	0%	384%
	芝1600m	×	ダ1150〜1200m	×	0	0	0	8	0.0%	0.0%	0.0%	0%	0%
	ダ1300〜1400m	×	ダ1300〜1400m	×	0	0	0	12	0.0%	0.0%	0.0%	0%	0%
	ダ1300〜1400m	○	ダ1300〜1400m	◎	0	0	1	5	0.0%	0.0%	20.0%	0%	78%
	ダ1800m	×	ダ1300〜1400m	×	0	0	0	5	0.0%	0.0%	0.0%	0%	0%
	芝1200m	×	ダ1300〜1400m	×	0	1	0	11	0.0%	9.1%	9.1%	0%	47%
	芝1400〜1500m	×	ダ1300〜1400m	×	1	0	0	7	14.3%	14.3%	14.3%	312%	82%
	芝1600m	×	ダ1300〜1400m	×	0	0	0	5	0.0%	0.0%	0.0%	0%	0%
	ダ1800m	×	ダ1600m	×	0	1	0	5	0.0%	20.0%	20.0%	0%	86%
	芝1600m	×	ダ1600m	×	0	0	0	5	0.0%	0.0%	0.0%	0%	0%
	ダ1700m	×	ダ1700m	◎	0	0	0	5	0.0%	0.0%	0.0%	0%	0%
	ダ1800m	×	ダ1800m	×	0	0	0	7	0.0%	0.0%	0.0%	0%	0%
	ダ1800m	××	ダ1800m	×	0	0	0	6	0.0%	0.0%	0.0%	0%	0%
	芝1600m	×	ダ1800m	××	0	0	0	5	0.0%	0.0%	0.0%	0%	0%
	芝1700〜1800m	×	ダ1800m	××	0	0	0	5	0.0%	0.0%	0.0%	0%	0%

激変ローテ●芝1600m【重賞】3番人気以内

評価	前々走 距離	着順	前走 距離	着順	1着	2着	3着	総数	勝率	連対率	複勝率	単回率	複回率
	ダ1150〜1200m		芝1200m		0	1	0	3	0.0%	33.3%	33.3%	0%	63%
	芝1200m		芝1200m		3	2	0	8	37.5%	62.5%	62.5%	225%	123%
	芝1600m		芝1200m		0	0	2	5	0.0%	0.0%	40.0%	0%	70%
	—		芝1400〜1500m		2	0	2	5	40.0%	40.0%	80.0%	100%	112%
消し	芝1200m		芝1400〜1500m		3	1	0	12	25.0%	33.3%	33.3%	85%	45%
	芝1400〜1500m		芝1400〜1500m		1	4	5	18	5.6%	27.8%	55.6%	8%	82%
消し	芝1600m		芝1400〜1500m		4	1	1	18	22.2%	27.8%	33.3%	77%	55%
	芝1700〜1800m		芝1400〜1500m		0	1	1	3	0.0%	33.3%	66.7%	0%	130%
	—		芝1600m		1	2	0	6	16.7%	50.0%	50.0%	63%	81%
消し	芝1200m		芝1600m		1	1	0	8	12.5%	25.0%	25.0%	28%	31%
消し	芝1400〜1500m		芝1600m		4	0	6	30	13.3%	13.3%	33.3%	39%	48%
	芝1600m		芝1600m		15	7	7	67	22.4%	32.8%	43.3%	98%	70%
	芝1700〜1800m		芝1600m		7	4	6	27	25.9%	40.7%	63.0%	60%	84%
	芝2000m		芝1600m		1	3	1	15	6.7%	26.7%	33.3%	42%	71%
消し	芝2200m〜		芝1600m		1	0	1	6	16.7%	16.7%	33.3%	111%	63%
	—		芝1700〜1800m		0	1	1	5	0.0%	20.0%	40.0%	0%	72%
	芝1400〜1500m		芝1700〜1800m		0	1	0	3	0.0%	33.3%	33.3%	0%	60%
	芝1600m		芝1700〜1800m		8	1	1	21	38.1%	42.9%	47.6%	191%	71%
	芝1700〜1800m		芝1700〜1800m		4	1	0	8	50.0%	62.5%	62.5%	253%	132%
	芝2000m		芝1700〜1800m		2	4	3	9	22.2%	66.7%	100.0%	154%	176%
	芝1600m		芝2000m		2	2	1	7	28.6%	57.1%	71.4%	112%	122%
	芝1700〜1800m		芝2000m		4	1	1	11	36.4%	45.5%	45.5%	201%	89%
	芝2000m		芝2000m		1	0	5	9	11.1%	11.1%	66.7%	28%	106%
	芝2200m〜		芝2000m		3	0	0	7	42.9%	42.9%	42.9%	182%	88%
	芝1700〜1800m		芝2200m〜		1	0	1	3	33.3%	33.3%	66.7%	66%	130%
	芝2000m		芝2200m〜		1	1	0	4	25.0%	50.0%	50.0%	112%	90%
	芝2200m〜		芝2200m〜		0	1	1	3	0.0%	33.3%	66.7%	0%	140%

激変ローテ●芝1600m【重賞】4番人気以下

評価	前々走 距離	着順	前走 距離	着順	1着	2着	3着	総数	勝率	連対率	複勝率	単回率	複回率
	—		芝1000m		0	0	0	3	0.0%	0.0%	0.0%	0%	0%
	—		芝1200m		0	1	0	12	0.0%	8.3%	8.3%	0%	92%
	ダ1150〜1200m		芝1200m		0	1	0	13	0.0%	7.7%	7.7%	0%	48%
	ダ1300〜1400m		芝1200m		0	0	1	9	0.0%	0.0%	11.1%	0%	83%

芝1600m

評価	前々走 距離	着順	前走 距離	着順	1着	2着	3着	総数	勝率	連対率	複勝率	単回率	複回率
	ダ1600m		芝1200m		0	0	0	3	0.0%	0.0%	0.0%	0%	0%
	芝1000m		芝1200m		0	0	0	4	0.0%	0.0%	0.0%	0%	0%
	芝1200m		芝1200m		1	0	1	64	1.6%	1.6%	3.1%	12%	8%
	芝1400〜1500m		芝1200m		0	0	0	20	0.0%	0.0%	0.0%	0%	0%
	芝1600m		芝1200m		1	1	2	23	4.3%	8.7%	17.4%	53%	72%
	芝1700〜1800m		芝1200m		0	0	0	5	0.0%	0.0%	0.0%	0%	0%
	—		芝1400〜1500m		0	0	0	9	0.0%	0.0%	0.0%	0%	0%
	ダ1150〜1200m		芝1400〜1500m		0	0	1	4	0.0%	0.0%	25.0%	0%	62%
	ダ1300〜1400m		芝1400〜1500m		0	0	1	6	0.0%	0.0%	16.7%	0%	296%
	芝1200m		芝1400〜1500m		3	2	4	77	3.9%	6.5%	11.7%	61%	94%
	芝1400〜1500m		芝1400〜1500m		1	1	1	54	1.9%	3.7%	5.6%	20%	27%
	芝1600m		芝1400〜1500m		5	5	4	106	4.7%	9.4%	13.2%	96%	70%
買い	芝1700〜1800m		芝1400〜1500m		1	1	1	18	5.6%	11.1%	16.7%	241%	101%
	芝2000m		芝1400〜1500m		0	0	0	7	0.0%	0.0%	0.0%	0%	0%
買い	—		芝1600m		0	4	1	13	0.0%	30.8%	38.5%	0%	213%
	ダ1300〜1400m		芝1600m		0	0	2	10	0.0%	0.0%	20.0%	0%	74%
	ダ1600m		芝1600m		0	0	0	4	0.0%	0.0%	0.0%	0%	0%
	ダ1800m		芝1600m		0	0	0	6	0.0%	0.0%	0.0%	0%	0%
	芝1200m		芝1600m		1	3	1	50	2.0%	8.0%	10.0%	103%	45%
	芝1400〜1500m		芝1600m		1	9	7	94	1.1%	10.6%	18.1%	10%	86%
特買い	芝1600m		芝1600m		7	15	14	199	3.5%	11.1%	18.1%	103%	116%
	芝1700〜1800m		芝1600m		3	4	4	80	3.8%	8.8%	13.8%	85%	86%
	芝2000m		芝1600m		0	3	3	30	0.0%	10.0%	20.0%	0%	79%
特買い	芝2200m〜		芝1600m		1	2	3	16	6.3%	18.8%	37.5%	42%	136%
	—		芝1700〜1800m		0	0	2	8	0.0%	0.0%	25.0%	0%	133%
	ダ1300〜1400m		芝1700〜1800m		0	0	0	3	0.0%	0.0%	0.0%	0%	0%
	ダ1800m		芝1700〜1800m		1	0	0	3	33.3%	33.3%	33.3%	1703%	483%
	芝1200m		芝1700〜1800m		0	0	0	6	0.0%	0.0%	0.0%	0%	0%
	芝1400〜1500m		芝1700〜1800m		0	0	1	15	0.0%	0.0%	6.7%	0%	22%
	芝1600m		芝1700〜1800m		4	4	1	58	6.9%	13.8%	15.5%	183%	83%
	芝1700〜1800m		芝1700〜1800m		1	1	2	59	1.7%	3.4%	6.8%	25%	59%
	芝2000m		芝1700〜1800m		0	1	1	26	0.0%	3.8%	7.7%	0%	29%
買い	芝2200m〜		芝1700〜1800m		0	3	0	10	0.0%	30.0%	30.0%	0%	118%
	ダ1300〜1400m		芝2000m		0	0	0	3	0.0%	0.0%	0.0%	0%	0%
	芝1200m		芝2000m		0	0	0	3	0.0%	0.0%	0.0%	0%	0%
	芝1600m		芝2000m		1	0	3	30	3.3%	3.3%	13.3%	86%	60%
	芝1700〜1800m		芝2000m		1	5	2	47	2.1%	12.8%	17.0%	54%	70%
買い	芝2000m		芝2000m		1	1	1	25	4.0%	8.0%	12.0%	273%	139%
	芝2200m〜		芝2000m		1	0	0	10	10.0%	10.0%	10.0%	113%	36%
	芝1700〜1800m		芝2200m〜		0	1	1	14	0.0%	7.1%	14.3%	0%	40%
	芝2000m		芝2200m〜		0	0	1	12	0.0%	0.0%	8.3%	0%	40%
	芝2200m〜		芝2200m〜		0	0	0	5	0.0%	0.0%	0.0%	0%	0%
	—		ダ1150〜1200m		0	0	0	7	0.0%	0.0%	0.0%	0%	0%
	ダ1150〜1200m		ダ1150〜1200m		0	0	0	7	0.0%	0.0%	0.0%	0%	0%
	ダ1300〜1400m		ダ1150〜1200m		0	0	1	9	0.0%	0.0%	11.1%	0%	132%
	芝1200m		ダ1150〜1200m		0	0	0	5	0.0%	0.0%	0.0%	0%	0%
	芝1400〜1500m		ダ1150〜1200m		0	0	0	3	0.0%	0.0%	0.0%	0%	0%
	芝1600m		ダ1150〜1200m		0	0	0	4	0.0%	0.0%	0.0%	0%	0%
	—		ダ1300〜1400m		0	0	0	7	0.0%	0.0%	0.0%	0%	0%
	ダ1150〜1200m		ダ1300〜1400m		0	0	0	8	0.0%	0.0%	0.0%	0%	0%
	ダ1300〜1400m		ダ1300〜1400m		0	2	0	17	0.0%	11.8%	11.8%	0%	167%
	ダ1800m		ダ1300〜1400m		0	0	0	9	0.0%	0.0%	0.0%	0%	0%
	芝1200m		ダ1300〜1400m		1	0	0	5	20.0%	20.0%	20.0%	294%	94%
	芝1600m		ダ1300〜1400m		1	0	0	9	11.1%	11.1%	11.1%	126%	35%
	ダ1150〜1200m		ダ1600m		0	0	0	3	0.0%	0.0%	0.0%	0%	0%
	—		ダ1800m		0	0	1	4	0.0%	0.0%	25.0%	0%	70%
	ダ1800m		ダ1800m		0	0	0	11	0.0%	0.0%	0.0%	0%	0%
	芝1600m		ダ1800m		0	0	0	4	0.0%	0.0%	0.0%	0%	0%

芝1800m

【未勝利】

▲同距離馬、延長馬が有利な馬場▼

・2走前に今回よりも400m以上短い距離を使い、前走で一気の距離延長に対応できなかった馬の同距離2戦目が狙い目。芝1200×→芝1800×、芝1400×→芝1800×の期待値が高い。

・芝1800×→ダ1800×と、2走前に芝1800を使い、前走でダートを使って惨敗した馬の期待値高い。

・前走1600m以下を使っていた馬は不振。

芝1800mローテ・各競馬場の傾向

	短縮	延長	同距離
京都	◯	◯	◯
阪神		◯	
札幌	×	◯	◯
小倉		◯	
新潟		◎	
中京	◯		
東京			◎
中山	◯		◯
函館	◯	◯	◯
福島	◎		◯

芝1800m【未勝利】馬場別データ

	評価	前々走 距離	前々走 着順	前走 距離	前走 着順
同距離馬、延長馬が有利な馬場	買い	芝2000m	×	芝1700〜1800m	◯
	買い	芝1200m		芝1700〜1800m	×
	買い	芝1400〜1500m	×	芝1700〜1800m	×
	買い	芝1700〜1800m	×	ダ1800m	××
	買い	—	—	芝2000m＊	×
	買い	芝2000m	◯	芝2000m＊	×
	買い	芝2000m	×	芝2000m＊	◯
	買い	芝2200m〜	×	芝2000m＊	×
短縮馬が有利な馬場	買い	—	—	芝2000m	×
	買い	芝2000m	×	芝2000m	×
	買い	芝2200m〜	×	芝2000m	◯
	買い	芝2000m	×	芝2200m〜	×
ダ→芝が有利な馬場	買い	芝1700〜1800m	×	ダ1800m	××

▲短縮馬が有利な馬場▼

・芝2000×→芝2200×や芝2200×→芝2000×と2走続けて2000m以上を使っていたローテーションが狙える。特に差し馬の期待値が高い。

▲ダ→芝が有利な馬場▼

・芝1800×→ダ1800××の成績以外でも、血統評価の高い前走ダ1800m組テーションには注目。

【500万下】

▲同距離馬、延長馬が有利な馬場▼

・芝1600×→芝1800×、芝1400×→芝1800×、芝1600×→芝1800×と、2走前は前走よりも長い距離を走っていたローテーションの期待値高い。

・芝1800×→ダ1700××や芝1800×→ダ1700××と、前々走で芝1800mを使い前走はダートを走っていたローテーションも期待値高い。

・芝1200×→芝1800×、ダ1800×→芝1800×と2走前に今回と大幅に違う条件を使い、前走で芝1800mを使った馬が芝1800m2戦目の今回で激走するパターンも狙える。

▲短縮馬が有利な馬場▼

・芝2200×→芝2000×、芝2200×

芝1800m

芝1800m【500万下】馬場別データ

	評価	前々走 距離	着順	前走 距離	着順
同距離馬、延長馬が有利な馬場	買い	芝1700〜1800m	×	ダ1700m	×
	買い	芝1700〜1800m	×	ダ1700m	××
	買い	芝1600m	×	芝1400〜1500m	×
	特買い	芝1700〜1800m	×	芝1600m	×
	買い	芝2000m	○	芝1700〜1800m	×
	買い	芝1200m	×	芝1700〜1800m	×
	買い	ダ1800m	×	芝1700〜1800m	×
	買い	芝2000m	◎	芝2000m＊	×
短縮馬が有利な馬場	特買い	芝2000m	×	芝2000m	×
	特買い	芝2000m	×	芝2000m	○
	買い	芝2200m〜	×	芝2000m	×
	買い	芝2200m〜	×	芝2200m〜	×
ダ→芝が有利な馬場	買い	芝1700〜1800m	×	ダ1700m	×
	買い	芝1700〜1800m	×	ダ1700m	××
	買い	ダ1700m	×	ダ1800m	×
	買い	ダ1800m	×	ダ1800m	×

芝1800m【1000万下〜OP】馬場別データ

	評価	前々走 距離	着順	前走 距離	着順
同距離馬、延長馬が有利な馬場	特買い	芝1700〜1800m	◎	芝1700〜1800m	×
	特買い	芝1700〜1800m	○	芝1700〜1800m	×
	買い	芝1600m	×	芝1700〜1800m	◎
	買い	芝2000m	×	芝1700〜1800m	○
	買い	芝2000m	○	芝2000m＊	×
	買い	芝1600m	×	芝2000m＊	×
短縮馬が有利な馬場	買い	芝2000m	○	芝2000m	×
	買い	芝2000m	×	芝2000m	×
	買い	芝1600m	×	芝2000m	×

↓芝2200×と2走続けて今回よりも長い距離を使っていたローテーションが優秀。特に差して好走実績ある馬は期待値が高い。

△ダ→芝が有利な馬場▽

・ダ1800×→ダ1800×のように、近2走ともにダート1700〜1800mを使っていたローテーションが優秀。血統評価も高ければさらに期待値は上がる。

【1000万下〜OP】

△同距離馬、延長馬が有利な馬場▽

・芝1800◎→芝1800×、芝1800×→芝1800○→芝1800×など前走芝1800mを使っているローテーションの成績が良い。その他では、芝1600×→芝2000×で、前走先行していた馬、過去に先行して好走した経験のある馬の期待値が狙える。

△短縮馬が有利な馬場▽

・芝2000○→芝2000×、芝2000×→芝2000○、芝1600×→芝2000○と前走芝2000mを使っているローテーションが狙える。特に差し脚質で好走している馬の期待値は高い。

【重賞】

△同距離馬、延長馬が有利な馬場▽

・芝1600→芝1600や芝2000→芝1600など、前走で芝1600mを使っていたローテーションの成績が良い。

・芝2000×→芝2000×のローテーションでは、前走で先行していた馬、過去に先行しての好走実績を残す馬が特に期待値高い。

△短縮馬が有利な馬場▽

芝1800m

	評価	前々走		前走	
		距離	着順	距離	着順
同距離馬、延長馬が有利な馬場	特買い	芝1600m		芝1600m	
	特買い	芝2000m		芝1600m	
	買い	芝1400〜1500m		芝1700〜芝1800m	
	特買い	芝1600m		芝1700〜芝1800m	
	特買い	芝2000m		芝2000m＊	
短縮馬が有利な馬場	特買い	芝2000m		芝2000m	
	買い	芝1700〜芝1800m		芝2200m〜	
	特買い	芝2000m		芝2200m〜	
	特買い	芝2200m〜		芝2200m〜	

・芝1800→芝2200、芝2000→芝2200、芝2200→芝2200など前走で芝2200m以上のローテーションが期待値高い。

芝1800m

激変ローテ●芝1800m【未勝利】3番人気以内

評価	前々走 距離	着順	前走 距離	着順	1着	2着	3着	総数	勝率	連対率	複勝率	単回率	複回率
	―	―	芝1200m	○	1	3	2	12	8.3%	33.3%	50.0%	43%	79%
	―	―	芝1200m	×	2	0	0	7	28.6%	28.6%	28.6%	58%	31%
	芝1200m	○	芝1200m	○	2	1	2	9	22.2%	33.3%	55.6%	72%	74%
	芝1200m	×	芝1200m	○	2	0	1	9	22.2%	22.2%	33.3%	67%	50%
	―	―	芝1400〜1500m	○	4	4	1	17	23.5%	47.1%	52.9%	77%	75%
	―	―	芝1400〜1500m	×	6	1	0	13	46.2%	53.8%	53.8%	160%	80%
	芝1400〜1500m	○	芝1400〜1500m	○	1	1	2	6	16.7%	33.3%	66.7%	68%	93%
	芝1600m	○	芝1400〜1500m	○	1	0	1	6	16.7%	16.7%	33.3%	43%	40%
	―	―	芝1600m	○	11	13	6	52	21.2%	46.2%	57.7%	58%	74%
	―	―	芝1600m	×	8	8	3	41	19.5%	39.0%	46.3%	92%	75%
	芝1400〜1500m	×	芝1600m	○	2	3	0	7	28.6%	71.4%	71.4%	78%	101%
	芝1400〜1500m	○	芝1600m	×	1	1	0	6	16.7%	33.3%	33.3%	118%	70%
	芝1600m	○	芝1600m	○	10	8	4	30	33.3%	60.0%	73.3%	85%	100%
	芝1600m	×	芝1600m	○	4	6	1	19	21.1%	52.6%	57.9%	76%	92%
	芝1600m	×	芝1600m	×	3	1	2	12	25.0%	33.3%	50.0%	83%	77%
消し	芝1600m	×	芝1600m	×	2	0	1	10	20.0%	20.0%	30.0%	142%	59%
	芝1700〜1800m	×	芝1600m	×	2	2	3	12	16.7%	33.3%	58.3%	40%	96%
	芝1700〜1800m	×	芝1600m	×	5	1	1	11	45.5%	54.5%	63.6%	105%	78%
	芝1700〜1800m	×	芝1600m	×	4	4	0	11	36.4%	72.7%	72.7%	140%	118%
	芝1700〜1800m	×	芝1600m	×	4	0	1	9	44.4%	44.4%	55.6%	95%	72%
	芝2000m	○	芝1600m	○	0	0	3	6	0.0%	0.0%	50.0%	0%	73%
	芝2000m	×	芝1600m	×	2	0	0	6	33.3%	33.3%	33.3%	166%	55%
	芝2000m	×	芝1600m	×	1	2	1	5	20.0%	60.0%	80.0%	72%	134%
	―	―	芝1700〜1800m	○	18	22	16	107	16.8%	37.4%	52.3%	41%	67%
	―	―	芝1700〜1800m	×	12	8	7	61	19.7%	32.8%	44.3%	74%	71%
	ダ1300〜1400m	×	芝1700〜1800m	○	3	1	1	6	50.0%	66.7%	83.3%	201%	126%
	ダ1800m	×	芝1700〜1800m	×	1	1	0	5	20.0%	40.0%	40.0%	90%	58%
消し	芝1200m	×	芝1700〜1800m	○	2	1	0	10	20.0%	30.0%	30.0%	36%	43%
	芝1400〜1500m	○	芝1700〜1800m	○	3	3	0	10	30.0%	60.0%	60.0%	85%	91%
	芝1400〜1500m	×	芝1700〜1800m	○	0	1	1	8	0.0%	12.5%	25.0%	0%	53%
	芝1400〜1500m	×	芝1700〜1800m	×	0	0	2	5	0.0%	0.0%	40.0%	0%	56%
	芝1600m	○	芝1700〜1800m	○	8	5	1	25	32.0%	52.0%	56.0%	90%	72%
	芝1600m	×	芝1700〜1800m	○	5	5	4	24	20.8%	41.7%	66.7%	58%	97%
	芝1600m	×	芝1700〜1800m	×	2	0	2	20	10.0%	10.0%	40.0%	37%	74%
	芝1600m	×	芝1700〜1800m	×	6	0	2	12	50.0%	50.0%	66.7%	211%	105%
	芝1700〜1800m	○	芝1700〜1800m	○	21	9	10	61	34.4%	49.2%	65.6%	103%	85%
	芝1700〜1800m	×	芝1700〜1800m	○	11	7	10	44	25.0%	40.9%	63.6%	79%	92%
	芝1700〜1800m	×	芝1700〜1800m	×	6	11	6	37	16.2%	45.9%	62.2%	55%	103%
	芝1700〜1800m	×	芝1700〜1800m	×	6	6	4	26	23.1%	46.2%	61.5%	108%	106%
	芝2000m	○	芝1700〜1800m	○	11	5	3	34	32.4%	47.1%	55.9%	112%	84%
	芝2000m	○	芝1700〜1800m	○	11	4	1	25	44.0%	60.0%	64.0%	148%	92%
	芝2000m	×	芝1700〜1800m	○	4	2	0	14	28.6%	42.9%	42.9%	140%	90%
	芝2000m	×	芝1700〜1800m	×	2	0	2	6	33.3%	33.3%	66.7%	111%	120%
	芝2200m〜	×	芝1700〜1800m	○	0	2	3	8	0.0%	25.0%	62.5%	0%	97%
	芝2200m〜	×	芝1700〜1800m	×	0	1	0	5	0.0%	20.0%	20.0%	0%	40%
消し	―	―	芝2000m	○	4	3	2	20	20.0%	35.0%	45.0%	43%	59%
	―	―	芝2000m	×	4	1	3	15	26.7%	33.3%	53.3%	73%	79%
	芝1600m	×	芝2000m	×	5	1	2	10	50.0%	60.0%	80.0%	180%	119%
	芝1600m	×	芝2000m	×	1	1	2	7	14.3%	28.6%	57.1%	84%	112%
	芝1700〜1800m	○	芝2000m	○	5	9	6	29	17.2%	48.3%	69.0%	90%	95%
	芝1700〜1800m	×	芝2000m	○	5	5	5	28	17.9%	35.7%	53.6%	84%	97%
	芝1700〜1800m	×	芝2000m	×	8	5	3	28	28.6%	46.4%	57.1%	92%	79%
消し	芝1700〜1800m	×	芝2000m	×	0	4	1	13	0.0%	30.8%	38.5%	0%	62%
	芝2000m	○	芝2000m	○	8	4	5	25	32.0%	48.0%	72.0%	62%	85%
消し	芝2000m	○	芝2000m	×	2	4	3	25	8.0%	24.0%	36.0%	17%	52%
	芝2000m	×	芝2000m	×	3	0	10	25	12.0%	36.0%	52.0%	47%	76%
	芝2000m	×	芝2000m	×	4	3	2	21	19.0%	33.3%	42.9%	119%	70%
	芝2200m〜	○	芝2000m	○	1	3	1	6	16.7%	66.7%	83.3%	41%	98%
	芝2000m	×	芝2200m〜	○	0	2	0	5	0.0%	40.0%	40.0%	0%	54%
	芝2000m	×	芝2200m〜	×	1	1	1	5	20.0%	40.0%	60.0%	50%	106%
	芝2200m〜	×	芝2200m〜	×	1	1	2	5	20.0%	40.0%	80.0%	56%	132%

激変ローテ●芝1800m【未勝利】4番人気以下

評価	前々走 距離	前々走 着順	前走 距離	前走 着順	1着	2着	3着	総数	勝率	連対率	複勝率	単回率	複回率
	—	—	芝1000m	×	0	0	0	8	0.0%	0.0%	0.0%	0%	0%
	—	—	芝1000m	××	0	0	1	5	0.0%	0.0%	20.0%	0%	1132%
	—	—	芝1200m	×	3	4	1	132	2.3%	5.3%	6.1%	45%	35%
	—	—	芝1200m	××	0	0	1	74	0.0%	0.0%	1.4%	0%	28%
	—	—	芝1200m	○	0	1	2	12	0.0%	8.3%	25.0%	0%	58%
	ダ1150～1200m	××	芝1200m	×	0	1	0	24	0.0%	4.2%	4.2%	0%	16%
	ダ1150～1200m	×	芝1200m	×	0	2	0	17	0.0%	11.8%	11.8%	0%	80%
	ダ1150～1200m	××	芝1200m	××	0	0	0	9	0.0%	0.0%	0.0%	0%	0%
	ダ1300～1400m	××	芝1200m	×	0	1	1	16	0.0%	6.3%	12.5%	0%	149%
	ダ1300～1400m	××	芝1200m	××	0	0	0	8	0.0%	0.0%	0.0%	0%	0%
	ダ1600m	××	芝1200m	×	2	0	0	5	40.0%	40.0%	40.0%	3034%	608%
	ダ1700m	××	芝1200m	×	0	0	0	7	0.0%	0.0%	0.0%	0%	0%
	ダ1800m	××	芝1200m	×	0	1	1	10	0.0%	10.0%	20.0%	0%	326%
	芝1000m	×	芝1200m	×	0	0	0	5	0.0%	0.0%	0.0%	0%	0%
	芝1200m	×	芝1200m	×	0	0	7	100	0.0%	0.0%	7.0%	0%	35%
	芝1200m	×	芝1200m	××	0	0	1	16	0.0%	0.0%	6.3%	0%	311%
	芝1200m	××	芝1200m	×	0	0	2	15	0.0%	0.0%	13.3%	0%	50%
	芝1200m	○	芝1200m	×	1	1	1	11	9.1%	18.2%	27.3%	79%	90%
	芝1200m	××	芝1200m	××	0	0	0	11	0.0%	0.0%	0.0%	0%	0%
	芝1200m	×	芝1200m	○	0	1	1	5	0.0%	20.0%	40.0%	0%	126%
	芝1400～1500m	×	芝1200m	×	1	2	2	34	2.9%	8.8%	14.7%	20%	162%
	芝1600m	×	芝1200m	×	0	0	2	19	0.0%	0.0%	10.5%	0%	48%
	芝1600m	××	芝1200m	×	0	0	0	11	0.0%	0.0%	0.0%	0%	0%
	芝1700～1800m	××	芝1200m	×	0	0	0	10	0.0%	0.0%	0.0%	0%	0%
	芝1700～1800m	×	芝1200m	×	0	0	1	9	0.0%	0.0%	11.1%	0%	26%
	芝1700～1800m	××	芝1200m	××	0	0	0	5	0.0%	0.0%	0.0%	0%	0%
	—	—	芝1400～1500m	×	3	4	9	121	2.5%	5.8%	13.2%	37%	70%
	—	—	芝1400～1500m	××	2	0	0	54	3.7%	3.7%	3.7%	86%	25%
	—	—	芝1400～1500m	○	1	0	0	8	12.5%	12.5%	12.5%	378%	67%
	ダ1150～1200m	××	芝1400～1500m	×	0	0	1	8	0.0%	0.0%	12.5%	0%	35%
	ダ1150～1200m	×	芝1400～1500m	×	0	1	0	6	0.0%	16.7%	16.7%	0%	45%
	ダ1300～1400m	××	芝1400～1500m	×	0	0	0	8	0.0%	0.0%	0.0%	0%	0%
	ダ1300～1400m	××	芝1400～1500m	××	0	0	0	5	0.0%	0.0%	0.0%	0%	0%
	ダ1800m	××	芝1400～1500m	×	0	0	0	6	0.0%	0.0%	0.0%	0%	0%
	芝1200m	×	芝1400～1500m	×	0	0	1	24	0.0%	0.0%	4.2%	0%	110%
	芝1200m	×	芝1400～1500m	×	0	0	0	7	0.0%	0.0%	0.0%	0%	0%
	芝1400～1500m	×	芝1400～1500m	×	0	0	2	16	0.0%	0.0%	12.5%	0%	39%
	芝1400～1500m	○	芝1400～1500m	×	1	1	0	6	16.7%	33.3%	33.3%	270%	115%
	芝1400～1500m	×	芝1400～1500m	××	1	0	0	6	16.7%	16.7%	16.7%	1995%	290%
	芝1600m	×	芝1400～1500m	×	1	1	0	12	8.3%	16.7%	16.7%	235%	117%
	芝1600m	○	芝1400～1500m	×	2	0	2	9	22.2%	22.2%	44.4%	346%	132%
	芝1600m	×	芝1400～1500m	××	0	0	0	5	0.0%	0.0%	0.0%	0%	0%
	芝1600m	××	芝1400～1500m	×	0	0	1	5	0.0%	20.0%	20.0%	0%	90%
	芝1700～1800m	×	芝1400～1500m	×	0	2	0	16	0.0%	12.5%	12.5%	0%	36%
	芝1700～1800m	××	芝1400～1500m	×	0	0	0	5	0.0%	0.0%	0.0%	0%	0%
	—	—	芝1600m	×	4	8	11	213	1.9%	5.6%	10.8%	31%	85%
	—	—	芝1600m	××	0	0	1	78	0.0%	0.0%	1.3%	0%	6%
	—	—	芝1600m	○	1	1	4	29	3.4%	6.9%	20.7%	20%	65%
	ダ1150～1200m	××	芝1600m	×	0	0	0	8	0.0%	0.0%	0.0%	0%	0%
	ダ1150～1200m	××	芝1600m	××	0	0	0	6	0.0%	0.0%	0.0%	0%	0%
	ダ1150～1200m	×	芝1600m	×	0	1	0	5	0.0%	20.0%	20.0%	0%	30%
	ダ1300～1400m	××	芝1600m	×	0	0	0	15	0.0%	0.0%	0.0%	0%	0%
	ダ1300～1400m	××	芝1600m	××	0	0	0	5	0.0%	0.0%	0.0%	0%	0%
	ダ1300～1400m	×	芝1600m	×	0	1	1	6	0.0%	33.3%	33.3%	0%	100%
	ダ1700m	××	芝1600m	×	0	0	2	5	0.0%	0.0%	40.0%	0%	688%
	ダ1800m	××	芝1600m	×	0	1	0	16	0.0%	6.3%	6.3%	0%	16%
	芝1200m	×	芝1600m	×	1	2	0	25	4.0%	12.0%	12.0%	29%	48%
	芝1200m	×	芝1600m	××	0	0	0	8	0.0%	0.0%	0.0%	0%	0%
	芝1200m	××	芝1600m	×	0	0	0	6	0.0%	0.0%	0.0%	0%	0%
	芝1400～1500m	×	芝1600m	×	2	1	1	28	7.1%	10.7%	14.3%	162%	75%
	芝1400～1500m	××	芝1600m	×	1	0	0	11	9.1%	9.1%	9.1%	130%	33%
	芝1400～1500m	○	芝1600m	×	1	1	1	8	12.5%	25.0%	37.5%	175%	107%

芝1800m

評価	前々走 距離	前々走 着順	前走 距離	前走 着順	1着	2着	3着	総数	勝率	連対率	複勝率	単回率	複回率
	芝1400～1500m	××	芝1600m	××	0	0	0	7	0.0%	0.0%	0.0%	0%	0%
	芝1600m	×	芝1600m	×	4	5	4	75	5.3%	12.0%	17.3%	171%	80%
	芝1600m	○	芝1600m	×	1	1	2	15	6.7%	13.3%	26.7%	79%	163%
	芝1600m	××	芝1600m	×	0	1	0	15	0.0%	6.7%	6.7%	0%	54%
	芝1600m	×	芝1600m	××	0	0	1	12	0.0%	0.0%	8.3%	0%	113%
	芝1600m	×	芝1600m	○	1	0	2	11	9.1%	9.1%	27.3%	120%	88%
	芝1600m	○	芝1600m	○	1	0	1	5	20.0%	20.0%	40.0%	122%	140%
	芝1700～1800m	×	芝1600m	×	1	2	3	44	2.3%	6.8%	13.6%	22%	50%
	芝1700～1800m	○	芝1600m	×	1	1	2	14	7.1%	14.3%	28.6%	117%	121%
	芝1700～1800m	××	芝1600m	×	2	0	0	9	22.2%	22.2%	22.2%	575%	94%
	芝1700～1800m	×	芝1600m	××	0	0	0	7	0.0%	0.0%	0.0%	0%	0%
	芝1700～1800m	×	芝1600m	○	0	0	0	5	0.0%	0.0%	0.0%	0%	0%
	芝2000m	×	芝1600m	×	1	1	1	17	5.9%	11.8%	17.6%	105%	84%
	芝2000m	×	芝1600m	○	0	0	0	5	0.0%	0.0%	0.0%	0%	0%
	—	—	芝1700～1800m	×	8	8	14	267	3.0%	6.0%	11.2%	46%	50%
	—	—	芝1700～1800m	××	2	2	3	112	1.8%	3.6%	6.3%	223%	87%
	—	—	芝1700～1800m	○	0	1	3	38	0.0%	2.6%	10.5%	0%	26%
	ダ1000m	×	芝1700～1800m	×	1	0	1	7	14.3%	14.3%	28.6%	1530%	177%
	ダ1150～1200m	××	芝1700～1800m	×	1	0	1	15	6.7%	6.7%	13.3%	124%	85%
	ダ1150～1200m	×	芝1700～1800m	×	0	1	2	10	0.0%	10.0%	30.0%	0%	124%
	ダ1150～1200m	××	芝1700～1800m	××	0	0	0	6	0.0%	0.0%	0.0%	0%	0%
	ダ1300～1400m	××	芝1700～1800m	×	1	1	2	28	3.6%	7.1%	14.3%	43%	90%
	ダ1300～1400m	×	芝1700～1800m	×	0	0	0	9	0.0%	0.0%	0.0%	0%	0%
	ダ1300～1400m	×	芝1700～1800m	××	2	0	0	7	0.0%	28.6%	28.6%	0%	110%
	ダ1600m	×	芝1700～1800m	×	0	0	0	6	0.0%	0.0%	0.0%	0%	0%
	ダ1700m	××	芝1700～1800m	×	0	1	1	15	0.0%	6.7%	13.3%	0%	73%
	ダ1700m	×	芝1700～1800m	×	1	1	0	9	11.1%	22.2%	22.2%	950%	291%
	ダ1800m	×	芝1700～1800m	×	1	4	2	39	2.6%	12.8%	17.9%	57%	69%
	ダ1800m	××	芝1700～1800m	×	0	1	0	9	0.0%	11.1%	11.1%	0%	123%
	ダ1800m	×	芝1700～1800m	○	1	1	1	6	16.7%	33.3%	50.0%	641%	200%
買い	芝1200m	×	芝1700～1800m	×	2	2	3	47	4.3%	8.5%	14.9%	44%	159%
	芝1200m	×	芝1700～1800m	×	0	1	0	16	0.0%	6.3%	6.3%	0%	27%
	芝1200m	×	芝1700～1800m	○	0	1	0	10	0.0%	10.0%	10.0%	0%	19%
	芝1200m	××	芝1700～1800m	×	1	0	0	10	10.0%	10.0%	10.0%	189%	39%
買い	芝1400～1500m	×	芝1700～1800m	×	2	1	4	34	5.9%	8.8%	20.6%	61%	107%
	芝1400～1500m	××	芝1700～1800m	×	0	1	0	15	0.0%	6.7%	6.7%	0%	9%
	芝1400～1500m	×	芝1700～1800m	××	0	0	0	7	0.0%	0.0%	0.0%	0%	0%
	芝1400～1500m	×	芝1700～1800m	○	1	0	0	6	16.7%	16.7%	16.7%	205%	43%
	芝1400～1500m	××	芝1700～1800m	○	0	0	1	6	0.0%	0.0%	16.7%	0%	200%
	芝1600m	×	芝1700～1800m	×	6	7	7	97	6.2%	13.4%	20.6%	103%	87%
	芝1600m	×	芝1700～1800m	○	1	1	1	22	4.5%	9.1%	13.6%	35%	34%
	芝1600m	○	芝1700～1800m	×	1	1	4	19	5.3%	10.5%	31.6%	65%	80%
	芝1600m	××	芝1700～1800m	×	0	0	0	17	0.0%	0.0%	0.0%	0%	0%
	芝1600m	×	芝1700～1800m	××	0	0	0	16	0.0%	0.0%	0.0%	0%	0%
	芝1600m	××	芝1700～1800m	×	0	0	2	8	0.0%	0.0%	25.0%	0%	176%
	芝1600m	×	芝1700～1800m	○	0	1	1	5	0.0%	20.0%	40.0%	0%	80%
	芝1700～1800m	×	芝1700～1800m	×	6	10	11	174	3.4%	9.2%	15.5%	85%	83%
	芝1700～1800m	○	芝1700～1800m	×	3	4	3	48	6.3%	14.6%	20.8%	74%	58%
	芝1700～1800m	×	芝1700～1800m	××	0	1	1	46	0.0%	2.2%	4.3%	0%	36%
	芝1700～1800m	××	芝1700～1800m	×	1	3	0	44	2.3%	9.1%	9.1%	30%	32%
	芝1700～1800m	×	芝1700～1800m	○	1	4	4	35	2.9%	14.3%	25.7%	38%	74%
	芝1700～1800m	××	芝1700～1800m	××	0	0	0	13	0.0%	0.0%	0.0%	0%	0%
	芝1700～1800m	○	芝1700～1800m	○	1	0	2	11	9.1%	9.1%	27.3%	76%	49%
	芝1700～1800m	○	芝1700～1800m	××	1	0	0	8	12.5%	12.5%	12.5%	392%	86%
	芝1700～1800m	××	芝1700～1800m	○	0	1	0	7	0.0%	14.3%	14.3%	0%	54%
	芝2000m	×	芝1700～1800m	×	1	2	0	65	1.5%	4.6%	4.6%	12%	30%
	芝2000m	××	芝1700～1800m	×	0	2	0	20	0.0%	10.0%	10.0%	0%	31%
買い	芝2000m	×	芝1700～1800m	○	3	4	1	15	20.0%	46.7%	53.3%	139%	169%
	芝2000m	×	芝1700～1800m	××	0	0	0	14	0.0%	0.0%	0.0%	0%	0%
	芝2000m	××	芝1700～1800m	××	0	1	1	13	0.0%	7.7%	15.4%	0%	245%
	芝2000m	○	芝1700～1800m	×	0	0	1	7	0.0%	0.0%	14.3%	0%	45%
買い	—	—	芝2000m	×	2	4	6	89	2.2%	6.7%	13.5%	45%	93%
	—	—	芝2000m	××	1	0	0	34	2.9%	2.9%	2.9%	332%	82%
	—	—	芝2000m	○	1	2	2	12	8.3%	25.0%	41.7%	91%	161%

芝1800m

評価	前々走 距離	前々走 着順	前走 距離	前走 着順	1着	2着	3着	総数	勝率	連対率	複勝率	単回率	複回率
	ダ1150〜1200m	××	芝2000m	××	0	0	0	11	0.0%	0.0%	0.0%	0%	0%
	ダ1300〜1400m	××	芝2000m	×	0	1	0	15	0.0%	6.7%	6.7%	0%	32%
	ダ1300〜1400m	××	芝2000m	××	0	0	0	8	0.0%	0.0%	0.0%	0%	0%
	ダ1300〜1400m	×	芝2000m	×	1	0	1	6	16.7%	16.7%	33.3%	573%	166%
	ダ1600m		芝2000m	×	0	0	0	6	0.0%	0.0%	0.0%	0%	0%
	ダ1700m		芝2000m	×	1	2	0	6	16.7%	50.0%	50.0%	380%	216%
	ダ1700m		芝2000m	×	0	0	0	6	0.0%	0.0%	0.0%	0%	0%
	ダ1800m		芝2000m	×	0	2	0	20	0.0%	10.0%	10.0%	0%	38%
	ダ1800m		芝2000m	××	0	0	0	14	0.0%	0.0%	0.0%	0%	0%
	芝1200m	×	芝2000m	×	1	0	1	11	9.1%	9.1%	18.2%	399%	80%
	芝1200m	×	芝2000m	××	0	0	0	7	0.0%	0.0%	0.0%	0%	0%
	芝1200m	××	芝2000m	×	0	0	1	5	0.0%	0.0%	20.0%	0%	56%
	芝1400〜1500m		芝2000m	××	0	0	1	9	0.0%	0.0%	11.1%	0%	53%
	芝1400〜1500m	×	芝2000m	×	0	1	0	5	0.0%	20.0%	20.0%	0%	136%
	芝1400〜1500m	××	芝2000m	×	0	0	0	5	0.0%	0.0%	0.0%	0%	0%
	芝1600m	×	芝2000m	×	2	0	2	40	5.0%	5.0%	10.0%	143%	60%
	芝1600m	×	芝2000m	×	0	1	1	10	0.0%	10.0%	20.0%	0%	44%
	芝1600m	×	芝2000m	××	0	0	1	9	0.0%	0.0%	11.1%	0%	188%
	芝1600m	××	芝2000m	××	0	0	0	8	0.0%	0.0%	0.0%	0%	0%
	芝1700〜1800m		芝2000m	×	6	2	7	85	7.1%	9.4%	17.6%	85%	66%
	芝1700〜1800m	×	芝2000m	××	1	1	1	27	3.7%	7.4%	11.1%	93%	58%
	芝1700〜1800m	○	芝2000m	×	3	1	2	26	11.5%	15.4%	23.1%	93%	64%
	芝1700〜1800m	×	芝2000m	○	1	1	1	15	6.7%	13.3%	20.0%	45%	46%
	芝1700〜1800m	××	芝2000m	×	0	1	1	15	0.0%	6.7%	13.3%	0%	116%
	芝1700〜1800m	××	芝2000m	××	0	0	0	12	0.0%	0.0%	0.0%	0%	0%
	芝1700〜1800m	○	芝2000m	××	0	0	0	7	0.0%	0.0%	0.0%	0%	0%
	芝2000m	×	芝2000m	×	6	3	5	93	6.5%	9.7%	15.1%	106%	60%
	芝2000m	×	芝2000m	××	1	1	1	30	3.3%	6.7%	10.0%	53%	129%
	芝2000m	××	芝2000m	×	0	1	1	30	0.0%	3.3%	6.7%	0%	20%
買い	芝2000m	○	芝2000m	×	4	0	5	20	20.0%	20.0%	45.0%	238%	109%
買い	芝2000m	×	芝2000m	○	0	4	4	20	0.0%	20.0%	40.0%	0%	125%
	芝2000m		芝2000m	××	0	0	0	15	0.0%	0.0%	0.0%	0%	0%
	芝2000m	○	芝2000m	○	0	0	1	6	0.0%	0.0%	16.7%	0%	36%
買い	芝2200m〜	×	芝2000m	×	1	3	1	18	5.6%	22.2%	27.8%	95%	95%
	芝2200m〜	×	芝2000m	××	0	1	0	7	0.0%	14.3%	14.3%	0%	125%
	芝2200m〜	××	芝2000m	×	0	0	1	6	0.0%	0.0%	16.7%	0%	43%
	ダ1300〜1400m	××	芝2200m〜	×	0	0	0	5	0.0%	0.0%	0.0%	0%	0%
	ダ1800m	××	芝2200m〜	×	0	1	0	5	0.0%	20.0%	20.0%	0%	178%
	芝1700〜1800m	×	芝2200m〜	×	0	1	1	14	0.0%	7.1%	14.3%	0%	35%
	芝1700〜1800m	×	芝2200m〜	××	0	1	0	10	0.0%	10.0%	10.0%	0%	177%
買い	芝2000m	×	芝2200m〜	×	2	1	2	19	10.5%	15.8%	26.3%	135%	136%
	芝2000m	×	芝2200m〜	××	1	0	0	12	8.3%	8.3%	8.3%	351%	84%
	芝2200m〜	×	芝2200m〜	×	0	1	1	9	0.0%	11.1%	22.2%	0%	57%
	—	—	ダ1000m	×	0	1	0	14	0.0%	7.1%	7.1%	0%	45%
	—	—	ダ1000m	×	0	0	1	7	0.0%	0.0%	14.3%	0%	28%
	ダ1000m	××	ダ1000m	××	0	1	0	6	0.0%	16.7%	16.7%	0%	180%
	芝1200m	××	ダ1000m	×	0	0	0	7	0.0%	0.0%	0.0%	0%	0%
	芝1200m	×	ダ1000m	×	0	0	1	5	0.0%	0.0%	20.0%	0%	56%
	芝1400〜1500m	×	ダ1000m	×	1	0	0	5	20.0%	20.0%	20.0%	294%	92%
	—	—	ダ1150〜1200m	×	1	1	0	65	1.5%	3.1%	3.1%	7%	27%
	—	—	ダ1150〜1200m	×	0	0	2	19	0.0%	0.0%	10.5%	0%	134%
	ダ1150〜1200m	××	ダ1150〜1200m	××	0	0	0	25	0.0%	0.0%	0.0%	0%	0%
	ダ1150〜1200m	×	ダ1150〜1200m	×	2	1	0	10	20.0%	30.0%	30.0%	457%	136%
	ダ1150〜1200m	××	ダ1150〜1200m	×	0	1	1	9	0.0%	11.1%	22.2%	0%	177%
	ダ1150〜1200m	×	ダ1150〜1200m	××	0	0	0	7	0.0%	0.0%	0.0%	0%	0%
	ダ1300〜1400m	××	ダ1150〜1200m	×	0	1	0	17	0.0%	5.9%	5.9%	0%	140%
	ダ1300〜1400m	×	ダ1150〜1200m	×	0	0	0	9	0.0%	0.0%	0.0%	0%	0%
	ダ1300〜1400m	×	ダ1150〜1200m	××	0	0	0	6	0.0%	0.0%	0.0%	0%	0%
	ダ1300〜1400m	××	ダ1150〜1200m	××	0	1	0	6	0.0%	16.7%	16.7%	0%	78%
	芝1200m	×	ダ1150〜1200m	×	0	0	0	12	0.0%	0.0%	0.0%	0%	0%
	芝1200m	××	ダ1150〜1200m	××	0	0	0	8	0.0%	0.0%	0.0%	0%	0%
	芝1200m	×	ダ1150〜1200m	×	0	0	0	5	0.0%	0.0%	0.0%	0%	0%
	芝1400〜1500m	×	ダ1150〜1200m	×	1	0	0	8	12.5%	12.5%	12.5%	163%	28%
	芝1400〜1500m	×	ダ1150〜1200m	××	0	0	0	7	0.0%	0.0%	0.0%	0%	0%
	芝1400〜1500m	××	ダ1150〜1200m	××	0	0	0	5	0.0%	0.0%	0.0%	0%	0%

芝1800m

評価	前々走 距離	前々走 着順	前走 距離	前走 着順	1着	2着	3着	総数	勝率	連対率	複勝率	単回率	複回率
	芝1600m	×	ダ1150～1200m	××	0	0	0	6	0.0%	0.0%	0.0%	0%	0%
	−	−	ダ1300～1400m	××	0	0	1	53	0.0%	0.0%	1.9%	0%	32%
	−	−	ダ1300～1400m	×	1	1	0	8	12.5%	25.0%	25.0%	360%	83%
	ダ1150～1200m	×	ダ1300～1400m	××	1	1	1	7	14.3%	28.6%	42.9%	395%	395%
	ダ1150～1200m	××	ダ1300～1400m	××	0	0	0	7	0.0%	0.0%	0.0%	0%	0%
	ダ1150～1200m	××	ダ1300～1400m	×	0	0	0	5	0.0%	0.0%	0.0%	0%	0%
	ダ1300～1400m	××	ダ1300～1400m	××	0	0	0	16	0.0%	0.0%	0.0%	0%	0%
	ダ1300～1400m	×	ダ1300～1400m	××	0	0	1	15	0.0%	6.7%	6.7%	0%	103%
	ダ1300～1400m	×	ダ1300～1400m	×	0	2	1	10	0.0%	20.0%	30.0%	0%	122%
	ダ1300～1400m	×	ダ1300～1400m	○	0	2	0	6	0.0%	33.3%	33.3%	0%	310%
	ダ1700m	××	ダ1300～1400m	××	0	0	0	7	0.0%	0.0%	0.0%	0%	0%
	ダ1800m	××	ダ1300～1400m	××	0	1	0	8	0.0%	12.5%	12.5%	0%	77%
	芝1200m	×	ダ1300～1400m	××	0	1	2	11	0.0%	9.1%	27.3%	0%	473%
	芝1200m	××	ダ1300～1400m	××	0	0	0	6	0.0%	0.0%	0.0%	0%	0%
	芝1200m	×	ダ1300～1400m	×	0	1	0	5	0.0%	20.0%	20.0%	0%	52%
	芝1400～1500m	××	ダ1300～1400m	××	0	0	1	9	0.0%	0.0%	11.1%	0%	44%
	芝1400～1500m	×	ダ1300～1400m	××	0	0	0	7	0.0%	0.0%	0.0%	0%	0%
	芝1600m	×	ダ1300～1400m	××	1	1	0	12	8.3%	16.7%	16.7%	48%	52%
	芝1700～1800m	×	ダ1300～1400m	××	0	0	1	6	0.0%	0.0%	16.7%	0%	60%
	−	−	ダ1600m	××	1	0	0	16	6.3%	6.3%	6.3%	83%	17%
	ダ1150～1200m	××	ダ1600m	××	0	0	0	7	0.0%	0.0%	0.0%	0%	0%
	ダ1300～1400m	××	ダ1600m	××	0	0	0	8	0.0%	0.0%	0.0%	0%	0%
	ダ1800m	××	ダ1600m	××	0	1	1	10	0.0%	10.0%	20.0%	0%	120%
	ダ1800m	××	ダ1600m	×	0	0	1	5	0.0%	0.0%	20.0%	0%	50%
	芝1700～1800m	××	ダ1600m	××	0	0	0	6	0.0%	0.0%	0.0%	0%	0%
	芝2000m	×	ダ1600m	××	1	0	0	6	16.7%	16.7%	16.7%	233%	43%
	−	−	ダ1700m	××	0	0	0	23	0.0%	0.0%	0.0%	0%	0%
	ダ1150～1200m	××	ダ1700m	××	0	0	0	6	0.0%	0.0%	0.0%	0%	0%
	ダ1150～1200m	×	ダ1700m	××	1	0	0	5	20.0%	20.0%	20.0%	858%	306%
	ダ1300～1400m	××	ダ1700m	××	0	0	0	15	0.0%	0.0%	0.0%	0%	0%
	ダ1700m	×	ダ1700m	×	0	1	0	13	0.0%	7.7%	7.7%	0%	20%
	ダ1700m	××	ダ1700m	××	0	0	0	13	0.0%	0.0%	0.0%	0%	0%
	ダ1700m	××	ダ1700m	×	0	0	0	8	0.0%	0.0%	0.0%	0%	0%
	ダ1700m	×	ダ1700m	××	0	0	0	5	0.0%	0.0%	0.0%	0%	0%
	ダ1800m	××	ダ1700m	××	1	0	0	11	9.1%	9.1%	9.1%	159%	36%
	ダ1800m	×	ダ1700m	××	0	1	0	8	0.0%	12.5%	12.5%	0%	42%
	ダ1800m	×	ダ1700m	×	0	0	0	5	0.0%	0.0%	0.0%	0%	0%
	芝1400～1500m	×	ダ1700m	××	0	0	0	6	0.0%	0.0%	0.0%	0%	0%
	芝1600m	×	ダ1700m	××	0	1	0	9	0.0%	11.1%	11.1%	0%	23%
	芝1700～1800m	××	ダ1700m	××	0	1	1	10	0.0%	10.0%	20.0%	0%	80%
	芝2000m	××	ダ1700m	××	1	0	1	13	7.7%	7.7%	15.4%	403%	220%
	芝2000m	×	ダ1700m	××	0	0	0	10	0.0%	0.0%	0.0%	0%	0%
	−	−	ダ1800m	××	0	0	1	55	0.0%	0.0%	1.8%	0%	47%
	−	−	ダ1800m	×	0	0	2	13	0.0%	0.0%	15.4%	0%	75%
	ダ1150～1200m	××	ダ1800m	××	1	0	0	15	6.7%	6.7%	6.7%	116%	37%
	ダ1150～1200m	××	ダ1800m	×	0	0	1	11	0.0%	0.0%	9.1%	0%	19%
	ダ1150～1200m	×	ダ1800m	××	2	0	0	7	28.6%	28.6%	28.6%	895%	152%
	ダ1300～1400m	××	ダ1800m	××	0	0	0	16	0.0%	0.0%	0.0%	0%	0%
	ダ1300～1400m	×	ダ1800m	×	0	2	0	6	0.0%	33.3%	33.3%	0%	186%
	ダ1700m	××	ダ1800m	××	0	0	1	14	0.0%	0.0%	7.1%	0%	99%
	ダ1700m	××	ダ1800m	×	0	0	0	6	0.0%	0.0%	0.0%	0%	0%
	ダ1800m	××	ダ1800m	××	0	0	2	30	0.0%	0.0%	6.7%	0%	147%
	ダ1800m	×	ダ1800m	××	1	1	2	22	4.5%	9.1%	18.2%	70%	220%
	ダ1800m	×	ダ1800m	×	0	1	0	10	0.0%	10.0%	10.0%	0%	50%
	ダ1800m	×	ダ1800m	××	0	1	0	8	0.0%	12.5%	12.5%	0%	62%
	ダ1800m	×	ダ1800m	×	0	0	0	6	0.0%	0.0%	0.0%	0%	0%
	芝1200m	×	ダ1800m	××	0	0	0	5	0.0%	0.0%	0.0%	0%	0%
	芝1200m	××	ダ1800m	××	1	0	0	5	20.0%	20.0%	20.0%	1072%	230%
	芝1400～1500m	×	ダ1800m	××	0	0	0	6	0.0%	0.0%	0.0%	0%	0%
	芝1600m	×	ダ1800m	××	0	0	1	15	0.0%	0.0%	6.7%	0%	206%
	芝1600m	××	ダ1800m	××	0	0	0	10	0.0%	0.0%	0.0%	0%	0%
買い	芝1700～1800m	×	ダ1800m	××	1	3	1	26	3.8%	15.4%	19.2%	86%	104%
	芝1700～1800m	××	ダ1800m	××	0	0	0	12	0.0%	0.0%	0.0%	0%	0%
	芝1700～1800m	×	ダ1800m	×	2	2	0	7	28.6%	57.1%	57.1%	248%	212%

芝1800m

評価	前々走		前走		1着	2着	3着	総数	勝率	連対率	複勝率	単回率	複回率
	距離	着順	距離	着順									
	芝2000m	×	ダ1800m	××	0	0	2	16	0.0%	0.0%	12.5%	0%	77%
	芝2000m	××	ダ1800m	××	0	0	0	12	0.0%	0.0%	0.0%	0%	0%
	芝2000m	○	ダ1800m	×	0	1	0	9	0.0%	11.1%	11.1%	0%	31%
	芝2200m〜	×	ダ1800m	××	0	0	1	6	0.0%	0.0%	16.7%	0%	38%

激変ローテ●芝1800m【500万下】3番人気以内

評価	前々走		前走		1着	2着	3着	総数	勝率	連対率	複勝率	単回率	複回率
	距離	着順	距離	着順									
	芝1700〜1800m	×	芝1400〜1500m	×	2	0	0	6	33.3%	33.3%	33.3%	135%	56%
	芝1700〜1800m	○	芝1400〜1500m	○	0	0	1	5	0.0%	0.0%	20.0%	0%	24%
	―	―	芝1600m	◎	1	2	2	8	12.5%	37.5%	62.5%	30%	83%
	芝1400〜1500m	×	芝1600m	×	0	1	0	9	0.0%	11.1%	11.1%	0%	18%
	芝1600m	×	芝1600m	×	3	3	2	20	15.0%	30.0%	40.0%	87%	62%
	芝1600m	×	芝1600m	○	5	3	3	14	35.7%	57.1%	78.6%	120%	109%
	芝1600m	○	芝1600m	×	2	1	2	11	18.2%	27.3%	45.5%	41%	64%
	芝1600m	○	芝1600m	○	1	4	0	10	10.0%	50.0%	50.0%	20%	72%
	芝1600m	○	芝1600m	◎	2	1	2	9	22.2%	33.3%	55.6%	74%	86%
	芝1600m	◎	芝1600m	×	1	0	3	8	12.5%	12.5%	50.0%	73%	70%
	芝1600m	◎	芝1600m	○	1	1	0	5	20.0%	40.0%	40.0%	44%	50%
	芝1700〜1800m	×	芝1600m	×	7	2	3	20	35.0%	45.0%	60.0%	143%	107%
	芝1700〜1800m	○	芝1600m	×	5	3	2	17	29.4%	47.1%	58.8%	111%	97%
	芝1700〜1800m	○	芝1600m	○	1	2	1	13	7.7%	23.1%	30.8%	13%	42%
	芝1700〜1800m	○	芝1600m	◎	4	2	2	10	40.0%	60.0%	80.0%	140%	103%
消し	芝1700〜1800m	×	芝1600m	○	2	1	0	10	20.0%	30.0%	30.0%	77%	54%
	芝2000m	○	芝1600m	×	3	2	2	8	37.5%	62.5%	87.5%	180%	172%
	芝2000m	×	芝1600m	×	1	1	1	6	16.7%	33.3%	50.0%	65%	90%
	―	―	芝1700〜1800m	◎	1	1	2	15	13.3%	33.3%	40.0%	30%	46%
消し	芝1400〜1500m	×	芝1700〜1800m	○	0	2	0	10	0.0%	20.0%	20.0%	0%	22%
	芝1400〜1500m	○	芝1700〜1800m	×	1	1	1	7	14.3%	28.6%	42.9%	71%	70%
	芝1600m	×	芝1700〜1800m	○	2	7	6	26	7.7%	34.6%	57.7%	47%	90%
	芝1600m	×	芝1700〜1800m	○	3	3	3	23	13.0%	26.1%	39.1%	67%	80%
	芝1600m	×	芝1700〜1800m	◎	8	3	5	19	42.1%	57.9%	84.2%	114%	107%
	芝1600m	○	芝1700〜1800m	×	2	1	2	10	20.0%	30.0%	50.0%	82%	67%
	芝1600m	○	芝1700〜1800m	○	3	3	0	10	30.0%	60.0%	60.0%	91%	84%
	芝1600m	◎	芝1700〜1800m	○	1	1	2	9	11.1%	22.2%	44.4%	50%	53%
	芝1600m	◎	芝1700〜1800m	○	3	1	0	8	37.5%	50.0%	50.0%	156%	73%
	芝1600m	◎	芝1700〜1800m	◎	6	1	0	8	75.0%	87.5%	87.5%	326%	136%
	芝1700〜1800m	×	芝1700〜1800m	×	19	16	10	79	24.1%	41.8%	54.4%	104%	92%
	芝1700〜1800m	×	芝1700〜1800m	○	23	10	10	65	35.4%	50.8%	66.2%	112%	92%
	芝1700〜1800m	○	芝1700〜1800m	×	9	13	11	64	14.1%	34.4%	51.6%	60%	80%
	芝1700〜1800m	○	芝1700〜1800m	×	14	10	6	61	23.0%	39.3%	49.2%	97%	83%
	芝1700〜1800m	○	芝1700〜1800m	○	8	7	2	29	27.6%	51.7%	58.6%	77%	80%
	芝1700〜1800m	○	芝1700〜1800m	◎	11	4	3	27	40.7%	55.6%	66.7%	127%	96%
	芝1700〜1800m	◎	芝1700〜1800m	×	6	4	2	23	26.1%	43.5%	52.2%	108%	91%
	芝1700〜1800m	◎	芝1700〜1800m	◎	1	0	0	9	11.1%	11.1%	11.1%	40%	11%
	芝2000m	×	芝1700〜1800m	○	10	7	6	46	21.7%	37.0%	50.0%	65%	71%
消し	芝2000m	×	芝1700〜1800m	×	5	2	2	25	20.0%	28.0%	36.0%	84%	65%
	芝2000m	○	芝1700〜1800m	○	5	5	4	24	20.8%	41.7%	58.3%	54%	79%
	芝2000m	○	芝1700〜1800m	×	2	6	2	19	10.5%	42.1%	52.6%	52%	82%
	芝2000m	○	芝1700〜1800m	○	1	1	2	9	11.1%	22.2%	77.8%	23%	106%
	芝2000m	◎	芝1700〜1800m	○	0	3	3	9	0.0%	33.3%	66.7%	0%	107%
	芝2000m	◎	芝1700〜1800m	×	0	4	0	9	0.0%	44.4%	44.4%	0%	75%
消し	芝2200m〜	×	芝1700〜1800m	○	2	0	2	11	18.2%	18.2%	36.4%	70%	50%
	芝2200m〜	○	芝1700〜1800m	○	2	2	2	6	33.3%	66.7%	100.0%	63%	125%
	芝2200m〜	×	芝1700〜1800m	×	0	0	3	6	0.0%	0.0%	50.0%	0%	63%
	―	―	芝2000m	◎	0	2	2	7	0.0%	28.6%	57.1%	0%	107%
	芝1600m	×	芝2000m	×	2	1	2	9	22.2%	33.3%	55.6%	72%	92%
	芝1700〜1800m	×	芝2000m	×	4	6	4	34	11.8%	29.4%	41.2%	67%	77%
	芝1700〜1800m	×	芝2000m	○	5	5	8	32	15.6%	31.3%	56.3%	73%	99%
	芝1700〜1800m	×	芝2000m	×	5	7	1	29	17.9%	42.9%	46.4%	78%	73%
消し	芝1700〜1800m	○	芝2000m	×	4	2	3	26	15.4%	23.1%	34.6%	40%	47%
	芝1700〜1800m	○	芝2000m	◎	2	1	3	13	15.4%	23.1%	46.2%	62%	87%
	芝1700〜1800m	◎	芝2000m	○	2	4	1	12	16.7%	50.0%	58.3%	27%	90%
	芝1700〜1800m	◎	芝2000m	◎	4	3	1	11	36.4%	63.6%	72.7%	100%	99%

評価	前々走 距離	前々走 着順	前走 距離	前走 着順	1着	2着	3着	総数	勝率	連対率	複勝率	単回率	複回率
	芝1700～1800m	×	芝2000m	○	0	3	1	6	0.0%	50.0%	66.7%	0%	123%
	芝2000m	×	芝2000m	×	7	9	4	32	21.9%	50.0%	62.5%	117%	93%
	芝2000m	×	芝2000m	×	9	6	3	31	29.0%	48.4%	58.1%	162%	100%
消し	芝2000m	○	芝2000m	○	4	7	1	29	13.8%	37.9%	41.4%	32%	51%
	芝2000m	○	芝2000m	×	6	2	4	23	26.1%	34.8%	52.2%	103%	70%
	芝2000m	◎	芝2000m	×	5	2	1	16	31.3%	43.8%	50.0%	91%	72%
	芝2000m	◎	芝2000m	○	4	1	1	11	36.4%	45.5%	54.5%	123%	80%
	芝2000m	◎	芝2000m	◎	1	2	1	7	14.3%	42.9%	57.1%	18%	111%
	芝2200m～	×	芝2000m	×	3	5	0	10	30.0%	80.0%	80.0%	183%	156%
	芝2200m～	×	芝2000m	○	2	2	2	8	25.0%	50.0%	75.0%	47%	100%
	芝2200m～	○	芝2000m	×	2	1	1	7	28.6%	42.9%	57.1%	77%	77%
	芝1700～1800m	×	芝2200m～	×	2	0	1	7	28.6%	28.6%	42.9%	147%	78%
	芝1700～1800m	×	芝2200m～	○	1	1	0	5	20.0%	40.0%	40.0%	42%	50%
	芝1700～1800m	○	芝2200m～	×	1	2	1	5	20.0%	60.0%	80.0%	52%	128%
	芝2000m	×	芝2200m～	×	2	0	0	7	28.6%	28.6%	28.6%	91%	42%
	芝2200m～	×	芝2200m～	×	1	2	0	7	14.3%	42.9%	42.9%	65%	77%
	芝2200m～	○	芝2200m～	×	0	3	0	7	0.0%	42.9%	42.9%	0%	85%
	芝1700～1800m	×	ダ1700m	×	0	1	2	6	0.0%	16.7%	50.0%	0%	96%

激変ローテ●芝1800m【500万下】4番人気以下

評価	前々走 距離	前々走 着順	前走 距離	前走 着順	1着	2着	3着	総数	勝率	連対率	複勝率	単回率	複回率
	ダ1150～1200m	××	芝1200m	×	0	0	2	11	0.0%	0.0%	18.2%	0%	112%
	ダ1300～1400m	×	芝1200m	×	0	1	0	8	0.0%	12.5%	12.5%	0%	73%
	ダ1300～1400m	××	芝1200m	×	1	0	0	6	16.7%	16.7%	16.7%	1686%	468%
	ダ1700m	×	芝1200m	×	0	0	0	6	0.0%	0.0%	0.0%	0%	0%
	芝1000m	×	芝1200m	×	1	0	0	5	20.0%	20.0%	20.0%	518%	122%
	芝1200m	×	芝1200m	×	0	2	8	99	0.0%	2.0%	10.1%	0%	80%
	芝1200m	×	芝1200m	××	0	0	0	12	0.0%	0.0%	0.0%	0%	0%
	芝1200m	◎	芝1200m	×	0	1	0	10	0.0%	10.0%	10.0%	0%	84%
	芝1200m	××	芝1200m	×	0	0	0	8	0.0%	0.0%	0.0%	0%	0%
	芝1200m	○	芝1200m	×	0	0	0	7	0.0%	0.0%	0.0%	0%	0%
	芝1200m	×	芝1200m	◎	0	0	1	5	0.0%	0.0%	20.0%	0%	58%
	芝1400～1500m	×	芝1200m	×	0	0	1	31	0.0%	0.0%	3.2%	0%	13%
	芝1600m	×	芝1200m	×	3	0	0	11	27.3%	27.3%	27.3%	298%	83%
	芝1700～1800m	×	芝1200m	×	1	1	1	20	5.0%	10.0%	15.0%	82%	43%
	芝1700～1800m	××	芝1200m	×	0	0	1	7	0.0%	14.3%	14.3%	0%	68%
	ダ1300～1400m	×	芝1400～1500m	×	0	0	0	8	0.0%	0.0%	0.0%	0%	0%
	ダ1300～1400m	××	芝1400～1500m	×	0	0	0	7	0.0%	0.0%	0.0%	0%	0%
	芝1200m	×	芝1400～1500m	×	1	2	0	20	5.0%	15.0%	15.0%	109%	65%
	芝1200m	◎	芝1400～1500m	×	0	1	1	6	0.0%	16.7%	33.3%	0%	91%
	芝1200m	×	芝1400～1500m	○	1	0	1	5	20.0%	20.0%	40.0%	230%	168%
	芝1400～1500m	×	芝1400～1500m	×	1	1	2	30	3.3%	6.7%	13.3%	59%	87%
	芝1400～1500m	○	芝1400～1500m	×	0	0	1	10	0.0%	0.0%	10.0%	0%	31%
	芝1400～1500m	◎	芝1400～1500m	×	0	0	0	6	0.0%	0.0%	0.0%	0%	0%
	芝1400～1500m	×	芝1400～1500m	××	0	0	1	5	0.0%	20.0%	20.0%	0%	168%
買い	芝1600m	×	芝1400～1500m	×	2	3	0	25	8.0%	20.0%	20.0%	440%	130%
	芝1600m	◎	芝1400～1500m	×	0	2	2	7	0.0%	28.6%	57.1%	0%	131%
	芝1700～1800m	×	芝1400～1500m	×	0	1	1	35	0.0%	2.9%	5.7%	0%	37%
	芝1700～1800m	××	芝1400～1500m	×	0	0	1	8	0.0%	0.0%	12.5%	0%	48%
	芝2000m	×	芝1400～1500m	×	0	0	2	13	0.0%	0.0%	15.4%	0%	46%
	―	―	芝1600m	◎	0	0	0	5	0.0%	0.0%	0.0%	0%	0%
	ダ1150～1200m	××	芝1600m	×	0	0	0	6	0.0%	0.0%	0.0%	0%	0%
	ダ1150～1200m	×	芝1600m	×	0	0	0	5	0.0%	0.0%	0.0%	0%	0%
	ダ1300～1400m	◎	芝1600m	×	0	0	0	5	0.0%	0.0%	0.0%	0%	0%
	ダ1300～1400m	×	芝1600m	×	0	0	0	6	0.0%	0.0%	0.0%	0%	0%
	ダ1600m	×	芝1600m	×	0	0	0	5	0.0%	0.0%	0.0%	0%	0%
	ダ1700m	××	芝1600m	×	0	0	0	5	0.0%	0.0%	0.0%	0%	0%
	ダ1700m	×	芝1600m	×	0	0	1	6	0.0%	0.0%	16.7%	0%	28%
	ダ1800m	××	芝1600m	×	0	1	2	12	0.0%	8.3%	25.0%	0%	77%
	芝1200m	×	芝1600m	×	0	0	1	21	0.0%	0.0%	4.8%	0%	15%
	芝1400～1500m	×	芝1600m	×	1	0	2	29	3.4%	3.4%	10.3%	46%	50%
	芝1400～1500m	○	芝1600m	×	2	1	1	8	25.0%	37.5%	50.0%	526%	178%
	芝1600m	×	芝1600m	×	5	3	2	65	7.7%	12.3%	15.4%	91%	48%

芝1800m

評価	前々走		前走		1着	2着	3着	総数	勝率	連対率	複勝率	単回率	複回率
	距離	着順	距離	着順									
	芝1600m	◎	芝1600m	×	0	3	3	23	0.0%	13.0%	26.1%	0%	81%
	芝1600m	○	芝1600m	×	2	3	2	19	10.5%	26.3%	36.8%	205%	92%
	芝1600m	×	芝1600m	×	3	0	0	9	33.3%	33.3%	33.3%	330%	88%
	芝1600m	○	芝1600m	◎	1	0	0	6	16.7%	16.7%	16.7%	133%	43%
	芝1600m	×	芝1600m	××	1	0	0	5	20.0%	20.0%	20.0%	192%	46%
	芝1600m	××	芝1600m		0	0	0	5					
特買い	芝1700～1800m	×	芝1600m	×	3	7	5	83	3.6%	12.0%	18.1%	89%	112%
	芝1700～1800m	◎	芝1600m	×	1	1	1	18	5.6%	11.1%	16.7%	63%	46%
	芝1700～1800m	○	芝1600m	×	1	1	0	13	7.7%	15.4%	15.4%	55%	46%
	芝1700～1800m	×	芝1600m	○	0	0	0	9	0.0%	0.0%	0.0%	0%	0%
	芝1700～1800m	×	芝1600m	◎	0	1	0	7	0.0%	14.3%	14.3%	0%	37%
	芝1700～1800m	××	芝1600m	×	0	0	1	7	0.0%	0.0%	14.3%	0%	41%
	芝1700～1800m	○	芝1600m	◎	1	1	0	5	20.0%	40.0%	40.0%	208%	130%
	芝2000m	×	芝1600m	×	0	0	0	30	0.0%	0.0%	0.0%	0%	0%
	芝2000m	××	芝1600m	×	1	1	0	6	16.7%	33.3%	33.3%	318%	148%
	芝2000m	◎	芝1600m	○	0	0	0	5	0.0%	0.0%	0.0%	0%	0%
	芝2000m	×	芝1600m	◎	0	0	1	5	0.0%	0.0%	20.0%	0%	66%
	芝2200m～	×	芝1600m	×	0	1	3	7	0.0%	14.3%	57.1%	0%	200%
	―	―	芝1700～1800m	◎	0	0	0	10	0.0%	0.0%	0.0%	0%	0%
	ダ1000m	×	芝1700～1800m	×	0	0	1	5	0.0%	0.0%	20.0%	0%	278%
	ダ1150～1200m	××	芝1700～1800m	×	2	0	0	11	18.2%	18.2%	18.2%	324%	68%
	ダ1150～1200m	×	芝1700～1800m	×	0	0	0	8	0.0%	0.0%	0.0%	0%	0%
	ダ1300～1400m	◎	芝1700～1800m	×	0	0	0	13	0.0%	0.0%	0.0%	0%	0%
	ダ1300～1400m	×	芝1700～1800m	×	1	0	0	13	7.7%	7.7%	7.7%	95%	21%
	ダ1300～1400m	××	芝1700～1800m	×	1	0	1	7	14.3%	14.3%	28.6%	710%	175%
	ダ1300～1400m	××	芝1700～1800m	××	0	0	0	6	0.0%	0.0%	0.0%	0%	0%
	ダ1600m	×	芝1700～1800m	×	0	0	0	8	0.0%	0.0%	0.0%	0%	0%
	ダ1600m	××	芝1700～1800m	×	0	0	0	7	0.0%	0.0%	0.0%	0%	0%
	ダ1600m	○	芝1700～1800m	×	0	1	1	6	0.0%	16.7%	33.3%	0%	78%
	ダ1700m	×	芝1700～1800m	×	1	2	1	27	3.7%	11.1%	14.8%	71%	128%
	ダ1700m	××	芝1700～1800m	×	0	1	3	25	0.0%	4.0%	16.0%	0%	112%
	ダ1700m	×	芝1700～1800m	○	1	1	1	6	16.7%	33.3%	50.0%	421%	170%
	ダ1700m	××	芝1700～1800m	××	0	0	0	6	0.0%	0.0%	0.0%	0%	0%
	ダ1800m	××	芝1700～1800m	×	1	1	1	23	4.3%	8.7%	13.0%	31%	151%
買い	ダ1800m	×	芝1700～1800m	×	3	1	2	19	15.8%	21.1%	31.6%	239%	226%
	ダ1800m	×	芝1700～1800m	○	2	0	1	6	33.3%	33.3%	50.0%	571%	171%
	ダ1800m	◎	芝1700～1800m	×	0	0	1	5	0.0%	0.0%	20.0%	0%	114%
	ダ1800m	××	芝1700～1800m	××	0	0	0	5	0.0%	0.0%	0.0%	0%	0%
買い	芝1200m	×	芝1700～1800m	×	1	3	2	45	2.2%	8.9%	13.3%	50%	97%
	芝1200m	×	芝1700～1800m	×	1	2	0	9	11.1%	33.3%	33.3%	64%	75%
	芝1200m	×	芝1700～1800m	◎	0	2	0	7	0.0%	28.6%	28.6%	0%	114%
	芝1200m	×	芝1700～1800m	××	0	0	0	5	0.0%	0.0%	0.0%	0%	0%
	芝1400～1500m	×	芝1700～1800m	×	2	3	0	49	4.1%	10.2%	16.3%	75%	72%
	芝1400～1500m	×	芝1700～1800m	○	0	2	2	13	0.0%	15.4%	30.8%	0%	132%
	芝1400～1500m	×	芝1700～1800m	◎	0	1	1	6	0.0%	16.7%	33.3%	0%	213%
	芝1600m	×	芝1700～1800m	×	2	7	5	142	1.4%	6.3%	9.9%	83%	80%
	芝1600m	○	芝1700～1800m	×	2	1	2	26	7.7%	11.5%	19.2%	85%	47%
	芝1600m	×	芝1700～1800m	○	3	0	1	21	14.3%	14.3%	19.0%	98%	40%
	芝1600m	◎	芝1700～1800m	×	0	1	2	14	0.0%	7.1%	21.4%	0%	66%
	芝1600m	×	芝1700～1800m	××	1	0	1	14	7.1%	7.1%	14.3%	330%	129%
	芝1600m	×	芝1700～1800m	○	0	1	3	11	0.0%	9.1%	36.4%	0%	60%
	芝1600m	××	芝1700～1800m	×	1	0	0	11	9.1%	9.1%	9.1%	77%	28%
	芝1600m	○	芝1700～1800m	◎	0	1	0	7	0.0%	14.3%	14.3%	0%	38%
	芝1700～1800m	×	芝1700～1800m	×	16	18	31	419	3.8%	8.1%	15.5%	91%	77%
	芝1700～1800m	○	芝1700～1800m	×	5	7	7	104	4.8%	11.5%	18.3%	49%	77%
	芝1700～1800m	×	芝1700～1800m	○	8	1	4	78	10.3%	11.5%	16.7%	129%	51%
	芝1700～1800m	◎	芝1700～1800m	×	2	3	5	59	3.4%	8.5%	16.9%	110%	74%
	芝1700～1800m	×	芝1700～1800m	××	0	2	4	50	0.0%	4.0%	12.0%	0%	124%
	芝1700～1800m	××	芝1700～1800m	×	0	0	4	44	0.0%	0.0%	9.1%	0%	63%
	芝1700～1800m	×	芝1700～1800m	◎	2	1	2	36	5.6%	8.3%	13.9%	56%	68%
	芝1700～1800m	○	芝1700～1800m	○	1	2	3	30	3.3%	10.0%	20.0%	22%	71%
	芝1700～1800m	◎	芝1700～1800m	○	2	1	2	29	6.9%	10.3%	17.2%	69%	64%
	芝1700～1800m	××	芝1700～1800m	××	0	0	0	13	0.0%	0.0%	0.0%	0%	0%
	芝1700～1800m	××	芝1700～1800m	××	0	2	0	11	0.0%	18.2%	18.2%	0%	96%
	芝1700～1800m	◎	芝1700～1800m	○	1	0	0	6	16.7%	16.7%	16.7%	213%	55%

芝1800m

評価	前々走 距離	前々走 着順	前走 距離	前走 着順	1着	2着	3着	総数	勝率	連対率	複勝率	単回率	複回率
	芝2000m	×	芝1700～1800m	×	9	11	14	192	4.7%	10.4%	17.7%	88%	69%
	芝2000m	×	芝1700～1800m	○	1	0	5	34	2.9%	2.9%	17.6%	42%	49%
	芝2000m	××	芝1700～1800m	×	0	0	2	29	0.0%	0.0%	6.9%	0%	35%
買い	芝2000m	○	芝1700～1800m	×	3	1	3	23	13.0%	17.4%	30.4%	314%	136%
	芝2000m	×	芝1700～1800m	◎	2	2	0	20	10.0%	20.0%	20.0%	572%	137%
	芝2000m	×	芝1700～1800m	××	0	0	1	20	0.0%	0.0%	5.0%	0%	12%
	芝2000m	◎	芝1700～1800m	×	0	1	1	16	0.0%	6.3%	12.5%	0%	30%
	芝2000m	○	芝1700～1800m	◎	0	1	0	10	0.0%	10.0%	10.0%	0%	18%
	芝2000m	◎	芝1700～1800m	○	1	0	0	8	12.5%	12.5%	12.5%	155%	33%
	芝2000m	◎	芝1700～1800m	◎	0	0	0	5	0.0%	0.0%	0.0%	0%	0%
	芝2000m	◎	芝1700～1800m	××	0	1	1	5	0.0%	20.0%	40.0%	0%	106%
	芝2200m～	×	芝1700～1800m	×	1	3	3	55	1.8%	7.3%	12.7%	40%	59%
	芝2200m～	××	芝1700～1800m	×	1	1	0	8	12.5%	25.0%	25.0%	87%	77%
	芝2200m～	○	芝1700～1800m	○	0	0	1	7	0.0%	0.0%	14.3%	0%	25%
	芝2200m～	×	芝1700～1800m	◎	1	0	0	5	20.0%	20.0%	20.0%	570%	78%
	―	―	芝2000m	◎	0	0	0	5	0.0%	0.0%	0.0%	0%	0%
	ダ1300～1400m	◎	芝2000m	×	0	0	0	6	0.0%	0.0%	0.0%	0%	0%
	ダ1700m	×	芝2000m	×	0	0	2	16	0.0%	0.0%	12.5%	0%	46%
	ダ1700m	×	芝2000m	○	0	1	2	14	0.0%	7.1%	21.4%	0%	187%
	ダ1700m	○	芝2000m	×	0	0	0	5	0.0%	0.0%	0.0%	0%	0%
	ダ1800m	××	芝2000m	×	0	1	2	16	0.0%	6.3%	18.8%	0%	123%
	ダ1800m	×	芝2000m	×	1	0	0	7	14.3%	14.3%	14.3%	225%	64%
	ダ1800m	××	芝2000m	××	0	0	0	5	0.0%	0.0%	0.0%	0%	0%
	芝1200m	×	芝2000m	×	0	0	0	8	0.0%	0.0%	0.0%	0%	0%
	芝1400～1500m	×	芝2000m	×	0	0	0	11	0.0%	0.0%	0.0%	0%	0%
	芝1600m	×	芝2000m	×	2	0	3	41	4.9%	4.9%	12.2%	60%	36%
	芝1600m	×	芝2000m	××	0	0	0	5	0.0%	0.0%	0.0%	0%	0%
	芝1700～1800m	×	芝2000m	×	5	9	20	207	2.4%	6.8%	16.4%	42%	83%
	芝1700～1800m	○	芝2000m	×	4	1	6	42	9.5%	11.9%	26.2%	84%	75%
	芝1700～1800m	×	芝2000m	××	1	0	2	30	3.3%	3.3%	10.0%	25%	60%
	芝1700～1800m	◎	芝2000m	×	1	0	3	26	3.8%	3.8%	15.4%	32%	74%
	芝1700～1800m	×	芝2000m	○	2	2	0	22	9.1%	18.2%	18.2%	128%	56%
	芝1700～1800m	○	芝2000m	◎	0	0	1	13	0.0%	0.0%	7.7%	0%	25%
	芝1700～1800m	××	芝2000m	×	0	0	1	9	0.0%	0.0%	11.1%	0%	58%
	芝1700～1800m	○	芝2000m	××	0	0	2	9	0.0%	0.0%	22.2%	0%	84%
	芝1700～1800m	××	芝2000m	××	0	0	0	9	0.0%	0.0%	0.0%	0%	0%
	芝1700～1800m	○	芝2000m	◎	1	0	0	6	16.7%	16.7%	16.7%	111%	41%
	芝2000m	×	芝2000m	×	5	4	10	184	2.7%	4.9%	10.3%	86%	43%
	芝2000m	○	芝2000m	×	0	3	4	36	0.0%	8.3%	19.4%	0%	59%
	芝2000m	×	芝2000m	××	1	1	0	31	3.2%	6.5%	6.5%	24%	14%
特買い	芝2000m	×	芝2000m	○	2	4	5	24	8.3%	25.0%	45.8%	87%	142%
	芝2000m	××	芝2000m	×	0	2	0	21	0.0%	9.5%	9.5%	0%	33%
買い	芝2000m	◎	芝2000m	×	3	1	2	18	16.7%	22.2%	33.3%	307%	160%
	芝2000m	○	芝2000m	◎	1	3	0	18	5.6%	22.2%	22.2%	86%	80%
	芝2000m	××	芝2000m	××	0	0	0	12	0.0%	0.0%	0.0%	0%	0%
	芝2000m	○	芝2000m	○	1	0	0	11	9.1%	9.1%	9.1%	70%	21%
	芝2000m	◎	芝2000m	××	0	0	0	10	0.0%	0.0%	0.0%	0%	0%
	芝2000m	×	芝2000m	◎	0	1	0	7	0.0%	14.3%	14.3%	0%	40%
	芝2000m	◎	芝2000m	○	1	2	0	6	16.7%	50.0%	50.0%	208%	155%
特買い	芝2200m～	×	芝2000m	×	2	2	7	62	3.2%	6.5%	17.7%	43%	99%
	芝2200m～	××	芝2000m	×	2	0	0	14	14.3%	14.3%	14.3%	167%	50%
	芝2200m～	×	芝2000m	××	2	0	0	12	16.7%	16.7%	16.7%	330%	76%
	芝2200m～	○	芝2000m	×	1	1	1	10	10.0%	20.0%	30.0%	82%	72%
	芝2200m～	○	芝2000m	×	0	1	0	5	0.0%	20.0%	20.0%	0%	88%
	ダ1800m	×	芝2200m～	×	0	0	0	7	0.0%	0.0%	0.0%	0%	0%
	ダ1800m	××	芝2200m～	×	1	1	0	7	14.3%	28.6%	28.6%	194%	95%
	芝1600m	×	芝2200m～	×	0	0	0	7	0.0%	0.0%	0.0%	0%	0%
	芝1700～1800m	×	芝2200m～	×	0	3	2	42	0.0%	7.1%	11.9%	0%	54%
	芝1700～1800m	×	芝2200m～	××	0	0	1	10	0.0%	0.0%	10.0%	0%	0%
	芝1700～1800m	○	芝2200m～	○	1	0	1	6	16.7%	33.3%	33.3%	246%	106%
	芝2000m	×	芝2200m～	×	1	3	0	44	2.3%	9.1%	9.1%	23%	55%
	芝2000m	×	芝2200m～	××	0	0	0	16	0.0%	0.0%	0.0%	0%	0%
	芝2000m	◎	芝2200m～	×	0	1	2	12	0.0%	8.3%	25.0%	0%	83%
買い	芝2200m～	×	芝2200m～	×	1	1	6	43	2.3%	4.7%	18.6%	37%	95%

芝1800m

評価	前々走 距離	前々走 着順	前走 距離	前走 着順	1着	2着	3着	総数	勝率	連対率	複勝率	単回率	複回率
	芝2200m〜	×	芝2200m〜	××	0	0	0	6	0.0%	0.0%	0.0%	0%	0%
	芝2200m〜		芝2200m〜	×	0	1	0	5	0.0%	20.0%	20.0%	0%	88%
	芝1200m	×	ダ1000m	×	0	0	0	6	0.0%	0.0%	0.0%	0%	0%
	ダ1150〜1200m	×	ダ1150〜1200m	×	0	0	0	10	0.0%	0.0%	0.0%	0%	0%
	ダ1150〜1200m	×	ダ1150〜1200m	××	0	0	1	6	0.0%	0.0%	16.7%	0%	323%
	ダ1300〜1400m	×	ダ1150〜1200m		0	1	1	7	0.0%	14.3%	28.6%	0%	462%
	ダ1300〜1400m	×	ダ1150〜1200m	××	0	0	0	5	0.0%	0.0%	0.0%	0%	0%
	ダ1700m		ダ1150〜1200m	×	0	0	0	5	0.0%	0.0%	0.0%	0%	0%
	芝1200m		ダ1150〜1200m	××	0	0	0	7	0.0%	0.0%	0.0%	0%	0%
	芝1200m	×	ダ1150〜1200m		0	0	0	6	0.0%	0.0%	0.0%	0%	0%
	芝1600m	×	ダ1150〜1200m	×	0	1	0	5	0.0%	20.0%	20.0%	0%	218%
	—	—	ダ1300〜1400m	◎	0	0	0	6	0.0%	0.0%	0.0%	0%	0%
	ダ1300〜1400m	○	ダ1300〜1400m	◎	1	0	0	19	5.3%	5.3%	5.3%	32%	10%
	ダ1300〜1400m	×	ダ1300〜1400m	×	0	1	0	12	0.0%	8.3%	8.3%	0%	19%
	ダ1300〜1400m	◎	ダ1300〜1400m	×	0	0	0	10	0.0%	0.0%	0.0%	0%	0%
	ダ1300〜1400m	◎	ダ1300〜1400m	××	0	0	0	10	0.0%	0.0%	0.0%	0%	0%
	ダ1300〜1400m	×	ダ1300〜1400m	○	0	0	1	9	0.0%	0.0%	11.1%	0%	134%
	ダ1300〜1400m	×	ダ1300〜1400m	◎	1	0	0	8	12.5%	12.5%	12.5%	606%	110%
	ダ1300〜1400m	×	ダ1300〜1400m	××	0	1	0	7	0.0%	14.3%	14.3%	0%	98%
	ダ1300〜1400m	×	ダ1300〜1400m	○	0	0	0	6	0.0%	0.0%	0.0%	0%	0%
	ダ1300〜1400m	××	ダ1300〜1400m	×	0	0	0	6	0.0%	0.0%	0.0%	0%	0%
	ダ1300〜1400m	○	ダ1300〜1400m	○	0	0	0	5	0.0%	0.0%	0.0%	0%	0%
	ダ1300〜1400m	○	ダ1300〜1400m	×	0	0	0	5	0.0%	0.0%	0.0%	0%	0%
	ダ1300〜1400m	××	ダ1300〜1400m	×	0	0	0	5	0.0%	0.0%	0.0%	0%	0%
	ダ1700m		ダ1300〜1400m	×	0	0	0	5	0.0%	0.0%	0.0%	0%	0%
	ダ1800m	×	ダ1300〜1400m	××	0	0	0	5	0.0%	0.0%	0.0%	0%	0%
	芝1200m	×	ダ1300〜1400m		0	0	0	6	0.0%	0.0%	0.0%	0%	0%
	芝1600m	×	ダ1300〜1400m	×	0	0	0	6	0.0%	0.0%	0.0%	0%	0%
	芝1600m	×	ダ1300〜1400m	××	0	0	0	5	0.0%	0.0%	0.0%	0%	0%
	芝1700〜1800m	×	ダ1300〜1400m	××	0	0	0	5	0.0%	0.0%	0.0%	0%	0%
	ダ1600m	×	ダ1600m		0	0	0	7	0.0%	0.0%	0.0%	0%	0%
	ダ1800m	×	ダ1600m	×	0	0	0	5	0.0%	0.0%	0.0%	0%	0%
	芝1700〜1800m	×	ダ1600m	××	0	0	0	5	0.0%	0.0%	0.0%	0%	0%
	ダ1000m	×	ダ1700m		0	0	0	6	0.0%	0.0%	0.0%	0%	0%
	ダ1150〜1200m	××	ダ1700m	××	0	0	0	5	0.0%	0.0%	0.0%	0%	0%
	ダ1300〜1400m	×	ダ1700m	×	0	0	0	9	0.0%	0.0%	0.0%	0%	0%
	ダ1300〜1400m	×	ダ1700m	××	0	0	1	6	0.0%	0.0%	16.7%	0%	770%
	ダ1300〜1400m	××	ダ1700m	××	0	0	0	5	0.0%	0.0%	0.0%	0%	0%
	ダ1700m	×	ダ1700m	×	1	0	4	39	2.6%	2.6%	12.8%	19%	80%
	ダ1700m	××	ダ1700m	××	0	0	2	22	0.0%	0.0%	9.1%	0%	36%
	ダ1700m	×	ダ1700m	××	0	0	1	21	0.0%	0.0%	4.8%	0%	201%
	ダ1700m	××	ダ1700m	×	0	0	1	12	0.0%	0.0%	8.3%	0%	50%
	ダ1700m	○	ダ1700m	◎	0	0	0	8	0.0%	0.0%	0.0%	0%	0%
	ダ1700m	◎	ダ1700m	×	0	0	0	7	0.0%	0.0%	0.0%	0%	0%
	ダ1700m	○	ダ1700m	×	0	0	0	5	0.0%	0.0%	0.0%	0%	0%
	ダ1800m	×	ダ1700m	×	1	1	2	16	6.3%	12.5%	25.0%	63%	115%
	ダ1800m	×	ダ1700m	××	0	0	1	7	0.0%	0.0%	14.3%	0%	70%
	ダ1800m	××	ダ1700m	×	0	0	0	7	0.0%	0.0%	0.0%	0%	0%
	ダ1800m	××	ダ1700m	××	0	0	0	6	0.0%	0.0%	0.0%	0%	0%
	芝1200m	×	ダ1700m	××	1	0	0	8	12.5%	12.5%	12.5%	332%	82%
	芝1600m	×	ダ1700m	×	0	0	1	6	0.0%	0.0%	16.7%	0%	41%
	芝1600m	×	ダ1700m	××	0	0	0	5	0.0%	0.0%	0.0%	0%	0%
買い	芝1700〜1800m	×	ダ1700m	×	0	1	5	21	0.0%	4.8%	28.6%	0%	101%
買い	芝1700〜1800m	×	ダ1700m	××	2	1	3	19	10.5%	15.8%	31.6%	171%	140%
	芝1700〜1800m	××	ダ1700m	××	0	0	1	5	0.0%	0.0%	20.0%	0%	62%
	芝2000m	×	ダ1700m	×	0	0	0	9	0.0%	0.0%	0.0%	0%	0%
	芝2000m	×	ダ1700m	××	0	0	0	5	0.0%	0.0%	0.0%	0%	0%
	—	—	ダ1800m	◎	0	0	0	5	0.0%	0.0%	0.0%	0%	0%
	ダ1150〜1200m	×	ダ1800m	×	0	1	0	5	0.0%	20.0%	20.0%	0%	214%
買い	ダ1700m	×	ダ1800m	×	0	4	1	16	0.0%	25.0%	31.3%	0%	250%
	ダ1700m	×	ダ1800m	××	0	1	1	16	0.0%	6.3%	12.5%	0%	187%
	ダ1700m	◎	ダ1800m	×	0	0	0	7	0.0%	0.0%	0.0%	0%	0%
	ダ1700m	××	ダ1800m	×	1	0	1	7	14.3%	14.3%	28.6%	724%	1047%
	ダ1700m	○	ダ1800m	××	0	0	0	6	0.0%	0.0%	0.0%	0%	0%
	ダ1700m	××	ダ1800m	××	0	0	0	6	0.0%	0.0%	0.0%	0%	0%

芝1800m

評価	前々走 距離	前々走 着順	前走 距離	前走 着順	1着	2着	3着	総数	勝率	連対率	複勝率	単回率	複回率
	ダ1700m	○	ダ1800m	×	1	0	0	5	20.0%	20.0%	20.0%	182%	50%
買い	ダ1800m	×	ダ1800m	×	3	4	0	32	9.4%	21.9%	21.9%	381%	130%
	ダ1800m	○	ダ1800m	◎	0	0	1	18	0.0%	0.0%	5.6%	0%	13%
	ダ1800m	××	ダ1800m	××	0	2	0	13	0.0%	15.4%	15.4%	0%	176%
	ダ1800m	×	ダ1800m	××	0	0	0	11	0.0%	0.0%	0.0%	0%	0%
	ダ1800m	××	ダ1800m	×	0	0	0	11	0.0%	0.0%	0.0%	0%	0%
	ダ1800m	○	ダ1800m	×	0	0	0	8	0.0%	0.0%	0.0%	0%	0%
	ダ1800m	◎	ダ1800m	××	0	0	0	7	0.0%	0.0%	0.0%	0%	0%
	ダ1800m	○	ダ1800m	×	0	0	1	6	0.0%	0.0%	16.7%	0%	48%
	ダ1800m	×	ダ1800m	◎	0	0	0	6	0.0%	0.0%	0.0%	0%	0%
	芝1600m	×	ダ1800m	××	1	0	0	6	16.7%	16.7%	16.7%	336%	91%
	芝1700〜1800m	×	ダ1800m	××	1	0	1	15	6.7%	6.7%	13.3%	128%	63%
	芝1700〜1800m	×	ダ1800m	×	0	0	2	9	0.0%	0.0%	22.2%	0%	65%
	芝2000m	×	ダ1800m	××	1	0	1	14	7.1%	7.1%	14.3%	156%	56%
	芝2000m	×	ダ1800m	×	0	1	2	11	0.0%	9.1%	27.3%	0%	169%
	芝2200m〜	×	ダ1800m	××	0	0	0	7	0.0%	0.0%	0.0%	0%	0%

激変ローテ●芝1800m【1000万下〜OP】3番人気以内

評価	前々走 距離	前々走 着順	前走 距離	前走 着順	1着	2着	3着	総数	勝率	連対率	複勝率	単回率	複回率
	芝1400〜1500m	×	芝1600m	×	1	0	1	5	20.0%	20.0%	40.0%	70%	66%
	芝1600m	○	芝1600m	×	5	6	4	23	21.7%	47.8%	65.2%	108%	117%
	芝1600m	×	芝1600m	○	4	4	2	15	26.7%	53.3%	66.7%	116%	94%
	芝1600m	◎	芝1600m	×	2	3	2	10	20.0%	50.0%	70.0%	52%	100%
	芝1600m	○	芝1600m	×	3	2	1	8	37.5%	62.5%	75.0%	110%	95%
	芝1600m	×	芝1600m	×	2	1	1	7	28.6%	42.9%	57.1%	170%	102%
消し	芝1700〜1800m	×	芝1600m	×	2	0	3	16	12.5%	12.5%	31.3%	76%	44%
	芝1700〜1800m	×	芝1600m	○	4	3	2	12	33.3%	58.3%	75.0%	158%	144%
消し	芝1700〜1800m	○	芝1600m	×	1	1	1	11	9.1%	18.2%	27.3%	21%	35%
	芝1700〜1800m	○	芝1600m	×	0	2	1	6	0.0%	33.3%	50.0%	0%	80%
	芝1700〜1800m	○	芝1600m	◎	2	0	0	5	40.0%	40.0%	40.0%	112%	58%
	芝1700〜1800m	◎	芝1600m	×	3	0	0	5	60.0%	60.0%	60.0%	286%	108%
	芝2000m	×	芝1600m	×	0	1	1	7	0.0%	14.3%	28.6%	0%	47%
	芝1600m	×	芝1700〜1800m	×	3	2	4	16	18.8%	31.3%	56.3%	75%	91%
	芝1600m	×	芝1700〜1800m	×	4	2	0	15	26.7%	40.0%	40.0%	102%	70%
消し	芝1600m	×	芝1700〜1800m	◎	0	0	3	11	0.0%	0.0%	27.3%	0%	36%
	芝1600m	○	芝1700〜1800m	◎	3	3	1	8	37.5%	75.0%	87.5%	142%	140%
	芝1600m	◎	芝1700〜1800m	○	2	3	1	7	28.6%	71.4%	85.7%	71%	108%
	芝1600m	◎	芝1700〜1800m	×	1	0	0	6	16.7%	16.7%	16.7%	50%	26%
	芝1600m	◎	芝1700〜1800m	○	0	2	0	5	0.0%	40.0%	40.0%	0%	56%
	芝1700〜1800m	×	芝1700〜1800m	×	12	4	2	32	37.5%	50.0%	56.3%	133%	80%
	芝1700〜1800m	×	芝1700〜1800m	×	3	7	5	28	10.7%	35.7%	53.6%	27%	72%
	芝1700〜1800m	×	芝1700〜1800m	×	6	6	4	24	25.0%	50.0%	66.7%	115%	122%
	芝1700〜1800m	○	芝1700〜1800m	×	6	3	5	20	30.0%	45.0%	70.0%	96%	91%
	芝1700〜1800m	○	芝1700〜1800m	×	4	3	4	18	22.2%	38.9%	61.1%	55%	85%
	芝1700〜1800m	○	芝1700〜1800m	○	4	2	3	17	23.5%	35.3%	52.9%	97%	105%
	芝1700〜1800m	○	芝1700〜1800m	×	4	3	2	16	25.0%	43.8%	56.3%	160%	96%
	芝1700〜1800m	○	芝1700〜1800m	×	5	2	3	16	31.3%	43.8%	62.5%	138%	109%
	芝1700〜1800m	◎	芝1700〜1800m	○	5	1	1	9	55.6%	66.7%	77.8%	198%	127%
	芝2000m	×	芝1700〜1800m	×	3	6	3	25	12.0%	36.0%	48.0%	36%	74%
	芝2000m	×	芝1700〜1800m	×	3	4	3	18	16.7%	38.9%	55.6%	65%	83%
	芝2000m	×	芝1700〜1800m	×	3	0	3	13	23.1%	23.1%	46.2%	63%	67%
	芝2000m	○	芝1700〜1800m	◎	2	3	2	11	18.2%	45.5%	63.6%	102%	113%
	芝2000m	○	芝1700〜1800m	○	3	3	0	10	30.0%	60.0%	60.0%	97%	84%
	芝2000m	○	芝1700〜1800m	×	0	1	0	9	0.0%	11.1%	11.1%	0%	20%
	芝2000m	○	芝1700〜1800m	×	2	3	1	8	25.0%	62.5%	75.0%	78%	107%
	芝2000m	◎	芝1700〜1800m	×	1	2	0	6	16.7%	50.0%	50.0%	43%	63%
	芝1600m	×	芝2000m	×	1	0	2	8	12.5%	12.5%	37.5%	32%	41%
	芝1600m	×	芝2000m	×	1	0	2	5	20.0%	20.0%	60.0%	46%	94%
	芝1700〜1800m	×	芝2000m	×	6	1	3	27	22.2%	25.9%	37.0%	127%	74%
	芝1700〜1800m	×	芝2000m	×	2	3	5	20	10.0%	25.0%	50.0%	39%	79%
	芝1700〜1800m	○	芝2000m	×	4	3	2	16	25.0%	43.8%	56.3%	130%	83%
	芝1700〜1800m	○	芝2000m	×	2	4	1	13	15.4%	46.2%	53.8%	53%	79%
	芝1700〜1800m	◎	芝2000m	×	4	2	1	10	40.0%	60.0%	70.0%	181%	122%

芝1800m

評価	前々走 距離	着順	前走 距離	着順	1着	2着	3着	総数	勝率	連対率	複勝率	単回率	複回率
	芝1700～1800m	×	芝2000m	◎	2	1	2	10	20.0%	30.0%	50.0%	60%	69%
	芝1700～1800m	◎	芝2000m	○	1	2	1	8	12.5%	37.5%	50.0%	45%	70%
	芝1700～1800m	○	芝2000m	○	1	1	3	6	16.7%	33.3%	83.3%	65%	118%
	芝1700～1800m	○	芝2000m	×	2	2	0	6	33.3%	66.7%	66.7%	75%	86%
	芝2000m	×	芝2000m	×	5	5	3	28	17.9%	35.7%	46.4%	90%	78%
	芝2000m	×	芝2000m	○	3	1	4	17	17.6%	23.5%	47.1%	56%	74%
	芝2000m	×	芝2000m	◎	4	3	3	16	25.0%	43.8%	62.5%	99%	103%
消し	芝2000m	◎	芝2000m	○	1	1	1	15	6.7%	13.3%	20.0%	11%	32%
消し	芝2000m	◎	芝2000m	◎	3	1	1	14	21.4%	28.6%	35.7%	70%	44%
	芝2000m	◎	芝2000m	×	3	2	2	12	25.0%	41.7%	58.3%	109%	104%
	芝2000m	○	芝2000m	○	3	3	0	12	25.0%	50.0%	50.0%	116%	94%
	芝2000m	○	芝2000m	◎	1	2	2	8	12.5%	37.5%	62.5%	38%	106%
	芝2000m	○	芝2000m	×	1	0	2	5	20.0%	20.0%	60.0%	44%	72%
	芝2200m～		芝2000m	○	2	0	0	5	40.0%	40.0%	40.0%	84%	50%
	芝1700～1800m	◎	芝2200m～	×	1	0	0	7	14.3%	14.3%	14.3%	71%	31%
	芝1700～1800m	○	芝2200m～	×	1	0	2	5	20.0%	20.0%	60.0%	76%	118%
	芝2000m	×	芝2200m～	×	2	0	1	7	28.6%	28.6%	42.9%	70%	55%
	芝2000m	○	芝2200m～	×	1	1	0	6	16.7%	33.3%	33.3%	138%	88%
	芝2200m～	○	芝2200m～	×	1	2	1	6	16.7%	50.0%	66.7%	46%	76%
	芝2200m～	◎	芝2200m～	×	1	1	0	5	20.0%	40.0%	40.0%	44%	52%

激変ローテ●芝1800m【1000万下～OP】4番人気以下

評価	前々走 距離	着順	前走 距離	着順	1着	2着	3着	総数	勝率	連対率	複勝率	単回率	複回率
	芝1200m	×	芝1200m	×	0	0	1	25	0.0%	0.0%	4.0%	0%	22%
	芝1400～1500m	×	芝1200m		0	0	0	8	0.0%	0.0%	0.0%	0%	0%
	芝1600m	×	芝1200m		1	0	0	5	20.0%	20.0%	20.0%	4848%	1024%
	芝1200m	×	芝1400～1500m	×	0	0	0	12	0.0%	0.0%	0.0%	0%	0%
	芝1400～1500m	×	芝1400～1500m	×	1	1	2	16	6.3%	12.5%	25.0%	311%	235%
	芝1400～1500m	◎	芝1400～1500m	×	2	0	0	11	18.2%	18.2%	18.2%	333%	81%
	芝1400～1500m	○	芝1400～1500m	×	0	1	0	5	0.0%	20.0%	20.0%	0%	90%
	芝1600m	×	芝1400～1500m	×	1	1	2	25	4.0%	8.0%	16.0%	27%	94%
	芝1600m	◎	芝1400～1500m	×	0	0	0	5	0.0%	0.0%	0.0%	0%	0%
	芝1700～1800m	×	芝1400～1500m	×	0	1	1	19	0.0%	5.3%	10.5%	0%	76%
	芝2000m	×	芝1400～1500m	×	0	0	2	7	0.0%	0.0%	28.6%	0%	168%
	ダ1800m	××	芝1600m	×	0	0	0	5	0.0%	0.0%	0.0%	0%	0%
	芝1200m		芝1600m	×	0	0	1	7	0.0%	0.0%	14.3%	0%	40%
	芝1400～1500m	×	芝1600m	×	0	1	1	24	0.0%	4.2%	8.3%	0%	26%
	芝1400～1500m	◎	芝1600m	×	1	0	0	6	16.7%	16.7%	16.7%	343%	108%
	芝1400～1500m	×	芝1600m	◎	2	1	0	5	40.0%	60.0%	60.0%	458%	160%
	芝1600m	×	芝1600m	×	4	4	4	112	3.6%	7.1%	10.7%	51%	42%
	芝1600m	○	芝1600m	×	1	0	2	20	5.0%	5.0%	15.0%	285%	84%
	芝1600m	◎	芝1600m		0	0	0	14	0.0%	0.0%	0.0%	0%	0%
	芝1600m		芝1600m	○	0	2	1	11	0.0%	18.2%	27.3%	0%	73%
	芝1600m	×	芝1600m	××	0	0	0	6	0.0%	0.0%	0.0%	0%	0%
	芝1600m	○	芝1600m	×	0	2	0	5	0.0%	40.0%	40.0%	0%	140%
	芝1700～1800m	×	芝1600m	×	2	6	6	97	2.1%	8.2%	14.4%	177%	87%
	芝1700～1800m	◎	芝1600m	×	0	1	0	24	0.0%	4.2%	4.2%	0%	12%
	芝1700～1800m	○	芝1600m	×	2	0	1	14	14.3%	14.3%	21.4%	273%	85%
	芝1700～1800m	○	芝1600m	○	1	0	1	10	10.0%	10.0%	20.0%	154%	45%
	芝1700～1800m	○	芝1600m	◎	0	0	0	9	0.0%	0.0%	0.0%	0%	0%
	芝1700～1800m	××	芝1600m	×	0	0	0	7	0.0%	0.0%	0.0%	0%	0%
	芝2000m	×	芝1600m	×	1	5	3	59	1.7%	10.2%	15.3%	12%	51%
	芝2000m	○	芝1600m	×	1	0	0	5	20.0%	20.0%	20.0%	180%	70%
	芝2200m～		芝1600m		0	0	1	9	0.0%	0.0%	11.1%	0%	33%
	ダ1300～1400m	××	芝1700～1800m	×	1	1	0	7	14.3%	28.6%	28.6%	290%	87%
	ダ1600m		芝1700～1800m		0	0	0	6	0.0%	0.0%	0.0%	0%	0%
	ダ1700m	◎	芝1700～1800m		0	0	0	6	0.0%	0.0%	0.0%	0%	0%
	ダ1800m	×	芝1700～1800m	×	0	0	0	8	0.0%	0.0%	0.0%	0%	0%
	ダ1800m	××	芝1700～1800m	×	0	0	0	7	0.0%	0.0%	0.0%	0%	0%
	芝1200m	×	芝1700～1800m	×	0	0	1	10	0.0%	0.0%	10.0%	0%	28%
	芝1200m		芝1700～1800m	○	0	1	0	5	0.0%	20.0%	20.0%	0%	32%
	芝1400～1500m	×	芝1700～1800m	×	1	0	1	21	4.8%	4.8%	9.5%	82%	39%

芝1800m

評価	前々走 距離	前々走 着順	前走 距離	前走 着順	1着	2着	3着	総数	勝率	連対率	複勝率	単回率	複回率
	芝1400〜1500m	×	芝1700〜1800m	◎	2	1	1	6	33.3%	50.0%	66.7%	510%	230%
	芝1400〜1500m	×	芝1700〜1800m	○	0	0	0	5	0.0%	0.0%	0.0%	0%	0%
	芝1600m	×	芝1700〜1800m	×	1	4	5	82	1.2%	6.1%	12.2%	26%	67%
買い	芝1600m	×	芝1700〜1800m	◎	0	2	4	24	0.0%	8.3%	25.0%	0%	121%
	芝1600m	○	芝1700〜1800m	×	1	0	2	11	9.1%	9.1%	27.3%	202%	100%
	芝1600m	×	芝1700〜1800m	××	0	0	0	9	0.0%	0.0%	0.0%	0%	0%
	芝1600m	◎	芝1700〜1800m	×	0	1	0	7	0.0%	14.3%	14.3%	0%	50%
	芝1600m	×	芝1700〜1800m	○	0	1	1	7	0.0%	14.3%	28.6%	0%	77%
	芝1600m	×	芝1700〜1800m	◎	0	0	0	5	0.0%	0.0%	0.0%	0%	0%
	芝1700〜1800m	×	芝1700〜1800m	×	7	12	19	178	3.9%	10.7%	21.3%	85%	86%
特買い	芝1700〜1800m	◎	芝1700〜1800m	×	8	8	3	78	10.3%	20.5%	24.4%	209%	118%
	芝1700〜1800m	×	芝1700〜1800m	◎	1	1	2	51	2.0%	3.9%	7.8%	18%	28%
特買い	芝1700〜1800m	×	芝1700〜1800m	×	2	5	4	38	5.3%	18.4%	28.9%	0%	131%
	芝1700〜1800m	×	芝1700〜1800m	×	2	3	2	30	6.7%	16.7%	23.3%	43%	70%
	芝1700〜1800m	○	芝1700〜1800m	◎	1	3	1	19	5.3%	21.1%	26.3%	66%	83%
	芝1700〜1800m	××	芝1700〜1800m	×	0	0	2	18	0.0%	0.0%	11.1%	0%	45%
	芝1700〜1800m	◎	芝1700〜1800m	○	1	0	1	15	6.7%	6.7%	13.3%	120%	38%
	芝1700〜1800m	×	芝1700〜1800m	××	0	2	0	14	0.0%	14.3%	14.3%	0%	92%
	芝1700〜1800m	×	芝1700〜1800m	○	1	0	0	13	7.7%	7.7%	7.7%	55%	19%
	芝1700〜1800m	○	芝1700〜1800m	××	1	1	1	9	11.1%	22.2%	33.3%	237%	293%
	芝2000m	×	芝1700〜1800m	×	2	8	6	140	1.4%	7.1%	11.4%	42%	122%
	芝2000m	×	芝1700〜1800m	×	2	1	2	25	8.0%	12.0%	20.0%	80%	76%
	芝2000m	◎	芝1700〜1800m	×	0	1	2	19	0.0%	5.3%	15.8%	0%	150%
	芝2000m	××	芝1700〜1800m	×	0	0	0	19	0.0%	0.0%	0.0%	0%	0%
買い	芝2000m	×	芝1700〜1800m	○	1	3	2	16	6.3%	25.0%	37.5%	97%	102%
	芝2000m	○	芝1700〜1800m	×	0	3	0	15	0.0%	20.0%	20.0%	0%	66%
	芝2000m	×	芝1700〜1800m	◎	0	1	1	13	0.0%	7.7%	15.4%	0%	43%
	芝2000m	×	芝1700〜1800m	××	0	0	0	8	0.0%	0.0%	0.0%	0%	0%
	芝2200m〜	×	芝1700〜1800m	×	0	0	2	25	0.0%	0.0%	8.0%	0%	40%
	芝2200m〜	××	芝1700〜1800m	×	0	0	1	8	0.0%	0.0%	12.5%	0%	56%
	芝2200m〜	×	芝1700〜1800m	○	1	0	0	6	16.7%	16.7%	16.7%	136%	43%
	芝1400〜1500m	×	芝2000m	×	0	0	0	13	0.0%	0.0%	0.0%	0%	0%
買い	芝1600m	×	芝2000m	×	4	1	2	42	9.5%	11.9%	16.7%	260%	86%
	芝1600m	◎	芝2000m	×	1	0	3	8	12.5%	12.5%	50.0%	105%	182%
	芝1600m	×	芝2000m	○	2	1	0	8	25.0%	37.5%	37.5%	347%	186%
	芝1600m	×	芝2000m	××	0	0	0	5	0.0%	0.0%	0.0%	0%	0%
	芝1700〜1800m	×	芝2000m	×	4	8	6	138	2.9%	8.7%	13.0%	69%	80%
	芝1700〜1800m	◎	芝2000m	×	1	5	2	34	2.9%	17.6%	23.5%	20%	85%
	芝1700〜1800m	○	芝2000m	×	1	2	4	24	4.2%	12.5%	29.2%	56%	86%
	芝1700〜1800m	×	芝2000m	○	0	1	2	18	0.0%	5.6%	16.7%	0%	63%
	芝1700〜1800m	×	芝2000m	××	0	1	1	18	0.0%	5.6%	11.1%	0%	83%
	芝1700〜1800m	×	芝2000m	◎	0	1	3	13	0.0%	7.7%	30.8%	0%	111%
	芝1700〜1800m	××	芝2000m	×	0	0	2	11	0.0%	0.0%	18.2%	0%	153%
	芝1700〜1800m	○	芝2000m	◎	2	1	1	10	20.0%	30.0%	40.0%	379%	154%
	芝1700〜1800m	○	芝2000m	××	0	0	0	5	0.0%	0.0%	0.0%	0%	0%
	芝2000m	×	芝2000m	×	4	9	4	128	3.1%	10.2%	13.3%	113%	66%
	芝2000m	×	芝2000m	×	2	0	2	32	6.3%	6.3%	12.5%	158%	55%
買い	芝2000m	○	芝2000m	×	1	1	5	22	4.5%	9.1%	31.8%	65%	107%
	芝2000m	×	芝2000m	◎	1	2	2	21	4.8%	14.3%	23.8%	30%	80%
買い	芝2000m	×	芝2000m	○	0	3	2	17	0.0%	17.6%	29.4%	0%	132%
	芝2000m	×	芝2000m	××	1	1	1	13	7.7%	15.4%	23.1%	852%	505%
	芝2000m	××	芝2000m	×	0	0	1	12	0.0%	0.0%	8.3%	0%	24%
	芝2000m	○	芝2000m	○	0	0	1	9	0.0%	0.0%	11.1%	0%	40%
	芝2000m	×	芝2000m	××	0	0	0	5	0.0%	0.0%	0.0%	0%	0%
	芝2200m〜	×	芝2000m	×	2	0	3	50	4.0%	4.0%	10.0%	58%	44%
	芝2200m〜	××	芝2000m	×	0	0	0	17	0.0%	0.0%	0.0%	0%	0%
	芝2200m〜	×	芝2000m	◎	2	0	1	10	20.0%	20.0%	30.0%	663%	223%
	芝2200m〜	×	芝2000m	××	1	0	0	9	11.1%	11.1%	11.1%	217%	26%
	芝2200m〜	×	芝2000m	○	0	0	0	8	0.0%	0.0%	0.0%	0%	0%
	芝2200m〜	○	芝2000m	×	1	0	1	6	16.7%	16.7%	33.3%	281%	115%
	芝1600m	×	芝2200m〜	×	0	0	2	6	0.0%	0.0%	0.0%	0%	0%
	芝1700〜1800m	×	芝2200m〜	×	1	2	2	26	3.8%	11.5%	19.2%	49%	61%
	芝1700〜1800m	×	芝2200m〜	××	0	2	0	12	0.0%	16.7%	16.7%	0%	80%
	芝1700〜1800m	×	芝2200m〜	○	0	0	0	5	0.0%	0.0%	0.0%	0%	0%
	芝1700〜1800m	○	芝2200m〜	×	0	0	0	5	0.0%	0.0%	0.0%	0%	0%

芝1800m

評価	前々走 距離	前々走 着順	前走 距離	前走 着順	1着	2着	3着	総数	勝率	連対率	複勝率	単回率	複回率
	芝2000m	×	芝2200m~	×	1	1	1	49	2.0%	4.1%	6.1%	40%	23%
	芝2000m	×	芝2200m~	××	0	0	0	17	0.0%	0.0%	0.0%	0%	0%
	芝2000m	◎	芝2200m~	×	0	1	1	10	0.0%	10.0%	20.0%	0%	46%
	芝2000m	○	芝2200m~	×	1	0	1	10	10.0%	10.0%	20.0%	269%	82%
	芝2000m	◎	芝2200m~	××	0	0	0	5	0.0%	0.0%	0.0%	0%	0%
	芝2000m	×	芝2200m~	◎	0	0	0	3	0.0%	0.0%	0.0%	0%	0%
	芝2200m~	×	芝2200m~	×	0	2	1	34	0.0%	5.9%	8.8%	0%	24%
	芝2200m~	◎	芝2200m~	×	0	1	0	9	0.0%	11.1%	11.1%	0%	41%
	芝2200m~	×	芝2200m~	××	0	0	0	6	0.0%	0.0%	0.0%	0%	0%
	芝2200m~	○	芝2200m~	×	0	0	1	5	0.0%	0.0%	20.0%	0%	44%
	芝2200m~	××	芝2200m~	×	0	0	0	5	0.0%	0.0%	0.0%	0%	0%
	ダ1300~1400m	×	ダ1300~1400m	×	0	0	0	5	0.0%	0.0%	0.0%	0%	0%
	芝1200m	×	ダ1300~1400m	××	0	0	0	5	0.0%	0.0%	0.0%	0%	0%
	芝1600m	×	ダ1300~1400m	××	0	0	0	5	0.0%	0.0%	0.0%	0%	0%
	ダ1700m	×	ダ1700m	◎	0	0	0	9	0.0%	0.0%	0.0%	0%	0%
	ダ1700m	○	ダ1700m	◎	0	1	0	8	0.0%	12.5%	12.5%	0%	31%
	ダ1700m	×	ダ1700m	◎	0	0	0	6	0.0%	0.0%	0.0%	0%	0%
	ダ1700m	◎	ダ1700m	◎	1	0	2	5	20.0%	20.0%	60.0%	188%	302%
	ダ1700m	×	ダ1800m	◎	0	0	1	5	0.0%	0.0%	20.0%	0%	84%
	ダ1800m	×	ダ1800m	×	0	0	0	14	0.0%	0.0%	0.0%	0%	0%
	ダ1800m	×	ダ1800m	××	0	1	0	8	0.0%	12.5%	12.5%	0%	57%
	ダ1800m	×	ダ1800m	◎	0	0	1	7	0.0%	0.0%	14.3%	0%	47%
	ダ1800m	○	ダ1800m	◎	1	0	0	6	16.7%	16.7%	16.7%	130%	43%
	ダ1800m	××	ダ1800m	×	0	0	0	5	0.0%	0.0%	0.0%	0%	0%
	ダ1700~1800m	××	ダ1800m	×	0	0	0	6	0.0%	0.0%	0.0%	0%	0%

激変ローテ●芝1800m【重賞】3番人気以内

評価	前々走 距離	前々走 着順	前走 距離	前走 着順	1着	2着	3着	総数	勝率	連対率	複勝率	単回率	複回率
消し	芝1600m		芝1400~1500m		0	1	0	6	0.0%	16.7%	16.7%	0%	58%
	芝1700~1800m		芝1400~1500m		1	0	1	3	33.3%	33.3%	66.7%	96%	90%
消し	―		芝1600m		1	0	0	5	20.0%	20.0%	20.0%	50%	26%
	芝1400~1500m		芝1600m		3	1	1	10	30.0%	40.0%	50.0%	110%	70%
消し	芝1600m		芝1600m		3	10	2	44	6.8%	29.5%	34.1%	9%	56%
	芝1700~1800m		芝1600m		6	5	2	18	33.3%	61.1%	72.2%	105%	95%
	芝2000m		芝1600m		1	1	2	9	11.1%	22.2%	44.4%	45%	70%
	芝2200m~		芝1600m		0	3	1	7	0.0%	42.9%	57.1%	0%	118%
消し	―		芝1700~1800m		1	1	0	7	14.3%	28.6%	28.6%	30%	38%
	芝1400~1500m		芝1700~1800m		0	0	2	3	0.0%	0.0%	66.7%	0%	106%
	芝1600m		芝1700~1800m		6	3	3	20	30.0%	45.0%	60.0%	107%	88%
消し	芝1700~1800m		芝1700~1800m		3	3	0	16	18.8%	37.5%	37.5%	75%	55%
	芝2000m		芝1700~1800m		5	0	2	13	38.5%	38.5%	53.8%	114%	73%
	芝2200m~		芝1700~1800m		0	1	5	10	0.0%	10.0%	60.0%	0%	125%
	芝1600m		芝2000m		3	3	2	12	25.0%	50.0%	66.7%	104%	120%
	芝1700~1800m		芝2000m		7	6	2	22	31.8%	59.1%	68.2%	146%	120%
消し	芝2000m		芝2000m		4	1	4	23	17.4%	21.7%	39.1%	86%	64%
	芝2200m~		芝2000m		2	2	0	5	40.0%	80.0%	80.0%	168%	150%
	芝1600m		芝2200m~		1	0	3	5	20.0%	20.0%	80.0%	128%	144%
	芝1700~1800m		芝2200m~		1	1	1	5	20.0%	40.0%	60.0%	92%	92%
消し	芝2000m		芝2200m~		0	2	0	7	0.0%	28.6%	28.6%	0%	45%
消し	芝2200m~		芝2200m~		2	1	1	9	22.2%	33.3%	44.4%	46%	57%

激変ローテ●芝1800m【重賞】4番人気以下

評価	前々走 距離	前々走 着順	前走 距離	前走 着順	1着	2着	3着	総数	勝率	連対率	複勝率	単回率	複回率
	芝1200m		芝1200m		0	0	1	16	0.0%	0.0%	6.3%	0%	16%
	芝1400~1500m		芝1200m		0	0	0	4	0.0%	0.0%	0.0%	0%	0%
	芝1600m		芝1200m		0	0	0	6	0.0%	0.0%	0.0%	0%	0%
	―		芝1400~1500m		0	1	0	3	0.0%	33.3%	33.3%	0%	83%
	芝1200m		芝1400~1500m		1	1	0	11	9.1%	18.2%	18.2%	66%	66%
	芝1400~1500m		芝1400~1500m		0	0	0	3	0.0%	0.0%	0.0%	0%	0%
	芝1600m		芝1400~1500m		0	0	2	16	0.0%	0.0%	12.5%	0%	89%
	―		芝1600m		1	0	0	8	12.5%	12.5%	12.5%	377%	67%

芝1800m

評価	前々走 距離	着順	前走 距離	着順	1着	2着	3着	総数	勝率	連対率	複勝率	単回率	複回率
	ダ1150〜1200m		芝1600m		0	0	0	5	0.0%	0.0%	0.0%	0%	0%
	ダ1300〜1400m		芝1600m		1	0	0	7	14.3%	14.3%	14.3%	295%	61%
	ダ1600m		芝1600m		0	0	0	5	0.0%	0.0%	0.0%	0%	0%
	ダ1800m		芝1600m		0	0	1	6	0.0%	0.0%	16.7%	0%	51%
	芝1200m		芝1600m		0	0	0	8	0.0%	0.0%	0.0%	0%	0%
	芝1400〜1500m		芝1600m		2	1	1	24	8.3%	12.5%	16.7%	203%	75%
特買い	芝1600m		芝1600m		1	3	13	100	1.0%	4.0%	17.0%	18%	93%
	芝1700〜1800m		芝1600m		4	2	4	64	6.3%	9.4%	15.6%	184%	77%
特買い	芝2000m		芝2000m		3	4	4	48	6.3%	14.6%	22.9%	55%	115%
	芝2200m〜		芝1600m		0	0	0	7	0.0%	0.0%	0.0%	0%	0%
	—		芝1700〜1800m		0	1	0	17	0.0%	5.9%	5.9%	0%	21%
	ダ1600m		芝1700〜1800m		0	0	0	3	0.0%	0.0%	0.0%	0%	0%
	ダ1800m		芝1700〜1800m		1	0	0	7	14.3%	14.3%	14.3%	104%	38%
	芝1200m		芝1700〜1800m		0	1	1	7	0.0%	14.3%	28.6%	0%	191%
買い	芝1400〜1500m		芝1700〜1800m		2	1	0	14	14.3%	21.4%	21.4%	440%	91%
特買い	芝1600m		芝1700〜1800m		3	3	3	46	6.5%	13.0%	19.6%	104%	119%
	芝1700〜1800m		芝1700〜1800m		4	4	3	76	5.3%	10.5%	14.5%	64%	68%
	芝2000m		芝1700〜1800m		1	3	0	54	1.9%	7.4%	7.4%	31%	26%
	芝2200m〜		芝1700〜1800m		0	0	3	14	0.0%	0.0%	21.4%	0%	80%
	ダ1700m		芝2000m		0	0	0	5	0.0%	0.0%	0.0%	0%	0%
	ダ1800m		芝2000m		0	0	0	4	0.0%	0.0%	0.0%	0%	0%
	芝1400〜1500m		芝2000m		0	0	0	3	0.0%	0.0%	0.0%	0%	0%
	芝1600m		芝2000m		1	0	3	35	2.9%	2.9%	11.4%	126%	59%
	芝1700〜1800m		芝2000m		1	1	5	60	1.7%	3.3%	11.7%	38%	48%
特買い	芝2000m		芝2000m		4	5	4	86	4.7%	10.5%	15.1%	71%	120%
	芝2200m〜		芝2000m		1	1	0	27	3.7%	7.4%	7.4%	62%	42%
	芝1600m		芝2200m〜		1	1	0	11	9.1%	18.2%	18.2%	320%	114%
買い	芝1700〜1800m		芝2200m〜		1	1	2	16	6.3%	12.5%	25.0%	55%	113%
特買い	芝2000m		芝2200m〜		2	3	3	36	5.6%	13.9%	22.2%	551%	126%
特買い	芝2200m〜		芝2200m〜		3	2	1	30	10.0%	16.7%	20.0%	201%	143%
	—		ダ1000m		0	0	0	3	0.0%	0.0%	0.0%	0%	0%
	ダ1150〜1200m		ダ1300〜1400m		0	0	0	4	0.0%	0.0%	0.0%	0%	0%
	ダ1300〜1400m		ダ1300〜1400m		0	0	0	3	0.0%	0.0%	0.0%	0%	0%
	芝1600m		ダ1300〜1400m		1	0	0	3	33.3%	33.3%	33.3%	513%	100%
	芝1700〜1800m		ダ1300〜1400m		0	0	0	3	0.0%	0.0%	0.0%	0%	0%
	ダ1300〜1400m		ダ1600m		0	0	0	5	0.0%	0.0%	0.0%	0%	0%
	ダ1600m		ダ1600m		0	1	0	6	0.0%	16.7%	16.7%	0%	78%
	ダ1800m		ダ1600m		1	0	0	4	25.0%	25.0%	25.0%	530%	152%
	ダ1600m		ダ1800m		0	0	0	7	0.0%	0.0%	0.0%	0%	0%
	ダ1800m		ダ1800m		0	0	1	25	0.0%	0.0%	4.0%	0%	48%
	芝1600m		ダ1800m		0	0	0	4	0.0%	0.0%	0.0%	0%	0%
	芝2000m		ダ1800m		1	0	0	4	25.0%	25.0%	25.0%	750%	210%
	ダ1800m		ダ2100m〜		0	0	0	3	0.0%	0.0%	0.0%	0%	0%

芝2000m

芝2000mローテ・各競馬場の傾向

	短縮	延長	同距離
京都	◎	〇	〇
阪神	〇		
札幌	◎		
小倉	〇	〇	◎
新潟内回り	〇		
新潟外回り	〇		
中京	◎	〇	
東京	〇		
中山			〇
函館	×		
福島	〇	〇	〇

芝2000m【未勝利】馬場別データ

	評価	前々走		前走	
		距離	着順	距離	着順
同距離馬、延長馬が有利な馬場	買い	芝1600m	×	芝1600m	×
	買い	芝2000m	〇	芝1700~1800m	×
	買い	芝1200m	×	芝1700~1800m	×
	買い	―	―	芝2000m	×
	特買い	芝1700~1800m	×	芝2000m	〇
	買い	ダ1800m	×	芝2000m	×
	買い	芝2000m	××	芝2000m	×
短縮馬が有利な馬場	買い	芝1700~1800m	×	芝2200m~＊	×
	特買い	芝2000m	×	芝2200m~＊	×
	買い	芝2000m	×	芝2200m~＊	××
	買い	芝1700~1800m	×	芝2200m~	×
	特買い	芝2000m	×	芝2200m~	×
	買い	芝2000m	×	芝2200m~	××
ダ→芝が有利な馬場	買い	ダ1800m	×	ダ1800m	×
	買い	ダ1800m	×	ダ1800m	××

【未勝利】

△同距離馬、延長馬が有利な馬場▽
・芝1800×→芝2000×、ダ1800×→芝200
0×と前走で芝2000mに出走しているローテーションの期待値高い。
・芝1600×→芝160
0×、芝1200×→芝1
800×など、近2走とも
に芝1800m以下に出走しているローテーションも期待値高い。

△短縮馬が有利な馬場▽
・芝2000×→芝2200×、芝2000×→芝220
0××、芝1800×→芝2200×と前々走芝1800
~2000mに出走し、前走は芝2200m以上に出走しているローテーションの期待値高い。

△ダ→芝が有利な馬場▽
・ダ1800×→ダ1800×、ダ1800×→ダ180
0××と、近2走ともにダート180
0mに出走しているローテーションに注目。特に血統評価が高い馬は期待値高い。

【500万下】

△同距離馬、延長馬が有利な馬場▽
・芝1400×→芝1800×、芝1600×→芝1800×、芝180
0×→芝1800×と前走芝1800
mを使っていたローテーションが優秀。
・芝1800×→芝1800×では、前走で3角5番手以内と先行していた馬か、10番手以下と後方から競馬していた馬の期待値が高い。

△短縮馬が有利な馬場▽
・芝2000×→芝2200××、芝2000×→芝2200××と前走芝2

芝2000m

芝2000m【500万下】馬場別データ

	評価	前々走 距離	前々走 着順	前走 距離	前走 着順
同距離馬、延長馬が有利な馬場	買い	—	—	芝1700〜1800m	◎
	買い	芝1700〜1800m	◎	芝1700〜1800m	×
	買い	芝1700〜1800m	○	芝1700〜1800m	◎
	買い	芝1700〜1800m	○	芝1700〜1800m	○
	買い	芝1700〜1800m	×	芝1700〜1800m	◎
	買い	芝2000m		芝1700〜1800m	◎
	買い	芝1400〜1500m	×	芝1700〜1800m	○
	買い	芝1600m		芝1700〜1800m	×
	買い	芝1700〜1800m	×	芝1700〜1800m	×
	買い	芝2000m	○	芝2000m	
	買い	芝2000m		芝2000m	○
	買い	芝1600m		芝2000m	
	買い	芝1700〜1800m		芝2000m	××
	特買い	芝2200m〜		芝2200m〜 *	××
	買い	芝2000m		芝2200m〜 *	××
短縮馬が有利な馬場	買い	芝2000m		芝2200m〜	○
	買い	芝2000m	×	芝2200m〜	○
	特買い	芝2200m〜	×	芝2200m〜	×
	買い	芝2000m		芝2200m〜	××
ダ→芝が有利な馬場	買い	ダ1700m	×	ダ1700m	×
	買い	ダ1700m		ダ1800m	×
	買い	ダ1800m	×	ダ1800m	×

【500万下】
▲ダ→芝が有利な馬場▼
・ダ1700×↓ダ1800×、ダ1800×↓ダ1800×のように近2走ダート中距離を使っているローテーションが優秀。血統評価が高いとさらに期待値が上がる。

▲芝が有利な馬場▼
200m以上を使っていたローテーションが優秀。過去に差して好走した実績のある馬が特に期待値高い。

芝2000m【1000万下〜OP】馬場別データ

	評価	前々走 距離	前々走 着順	前走 距離	前走 着順
同距離馬、延長馬が有利な馬場	買い	芝2000m	○	芝1600m	×
	買い	芝1600m	×	芝1600m	×
	買い	芝1700〜1800m	◎	芝1700〜1800m	×
	買い	芝2000m	○	芝1700〜1800m	×
	買い	芝2000m	×	芝1700〜1800m	◎
	買い	芝1700〜1800m		芝2000m	◎
	特買い	芝1700〜1800m	×	芝2000m	◎
	買い	芝2200m〜		芝2000m	○
	買い	芝1700〜1800m	×	芝2000m	×
	買い	芝2000m		芝2000m	×
	買い	芝2200m〜	◎	芝2200m〜 *	×
	買い	芝2200m〜	○	芝2200m〜 *	×
	買い	芝1600m		芝2200m〜 *	×
	特買い	芝1700〜1800m		芝2200m〜 *	×
短縮馬が有利な馬場	買い	芝2200m〜	◎	芝2200m〜	×
	買い	芝2200m〜	○	芝2200m〜	×
	買い	芝2000m		芝2200m〜	◎
	買い	芝1600m		芝2200m〜	×
	特買い	芝1700〜1800m	×	芝2200m〜	×
	特買い	芝2000m		芝2200m〜	×

【1000万下〜OP】
▲同距離馬、延長馬が有利な馬場▼
・芝1800×↓芝2000m◎のように前走で勝っているローテーションが好成績。
・芝1800×↓芝2000m◎、芝2200×↓芝2000×や、芝2000×↓芝22…

▲短縮馬が有利な馬場▼

芝2000m

00×のように、前々走は芝2000m以下で凡走、前走は芝2200以上で凡走といったローテーションの期待値が高い。

【重賞】
▲同距離馬、延長馬が有利な馬場▼
・芝2000→芝1600、芝1800、芝2000→芝1800、芝1600→芝2000の成績が良い。
・芝2000→芝1800では、前走で3コーナー7番手以下の差し脚質だった馬の期待値が高い。

▲短縮馬が有利な馬場▼
・芝2000→芝2200以上、芝2200→芝2000以上のローテーションが優秀。特に芝2000→芝2200以上のローテーションは期待値が高い。

芝2000m【重賞】馬場別データ

	評価	前々走		前走	
		距離	着順	距離	着順
同距離馬、延長馬が有利な馬場	買い	芝1600m		芝1600m	
	特買い	芝2000m		芝1600m	
	特買い	芝1700～1800m		芝1700～1800m	
	特買い	芝2000m		芝1700～1800m	
	特買い	芝1600m		芝2000m	
	特買い	芝2000m		芝2200m～ *	
	買い	芝2200m～		芝2200m～ *	
短縮馬が有利な馬場	特買い	芝2000m		芝2200m～	
	買い	芝2200m～		芝2200m～	

芝2000m

激変ローテ●芝2000m【未勝利】3番人気以内

評価	前々走 距離	着順	前走 距離	着順	1着	2着	3着	総数	勝率	連対率	複勝率	単回率	複回率
消し	－	－	芝1600m	○	6	3	3	25	24.0%	36.0%	48.0%	71%	61%
	－	－	芝1600m	×	0	5	2	13	0.0%	38.5%	53.8%	0%	91%
	芝1600m	○	芝1600m	×	0	0	1	5	0.0%	0.0%	20.0%	0%	38%
	芝1700～1800m	○	芝1600m	×	1	2	0	8	12.5%	37.5%	37.5%	56%	52%
	芝1700～1800m	×	芝1600m	×	1	4	0	5	20.0%	100.0%	100.0%	118%	160%
	－	－	芝1700～1800m	○	16	11	12	60	26.7%	45.0%	65.0%	57%	86%
	－	－	芝1700～1800m	×	7	8	7	39	17.9%	38.5%	56.4%	78%	97%
	ダ1800m	○	芝1700～1800m		2	0	2	6	33.3%	33.3%	66.7%	163%	123%
	ダ1800m	×	芝1700～1800m		0	1	0	5	0.0%	20.0%	20.0%	0%	30%
	芝1400～1500m	○	芝1700～1800m		3	0	0	5	60.0%	60.0%	60.0%	414%	140%
	芝1400～1500m	×	芝1700～1800m		2	0	1	5	40.0%	40.0%	60.0%	124%	106%
	芝1600m	○	芝1700～1800m		4	2	2	13	30.8%	46.2%	61.5%	165%	103%
消し	芝1600m	×	芝1700～1800m		3	1	0	11	27.3%	36.4%	36.4%	178%	59%
	芝1600m	○	芝1700～1800m	○	2	3	1	8	25.0%	62.5%	75.0%	46%	100%
	芝1600m	○	芝1700～1800m	×	2	0	2	7	28.6%	28.6%	57.1%	88%	94%
	芝1700～1800m	○	芝1700～1800m		9	6	6	35	25.7%	42.9%	60.0%	68%	81%
	芝1700～1800m	○	芝1700～1800m	×	10	4	6	26	38.5%	53.8%	76.9%	138%	116%
	芝1700～1800m	×	芝1700～1800m		5	5	5	26	19.2%	57.7%	75.0%	75%	81%
	芝1700～1800m	×	芝1700～1800m	×	1	2	3	15	6.7%	26.7%	46.7%	16%	76%
	芝2000m	○	芝1700～1800m		6	3	4	24	25.0%	37.5%	54.2%	109%	84%
	芝2000m	○	芝1700～1800m	×	3	6	3	23	13.0%	39.1%	52.2%	43%	73%
	芝2000m	×	芝1700～1800m		3	5	4	20	15.0%	40.0%	60.0%	47%	112%
	芝2000m	×	芝1700～1800m	×	1	4	3	13	7.7%	38.5%	61.5%	16%	89%
	芝2200m～	×	芝1700～1800m		2	1	1	6	33.3%	50.0%	66.7%	113%	105%
	－	－	芝2000m	○	13	13	7	64	20.3%	40.6%	51.6%	64%	73%
	－	－	芝2000m	×	4	5	2	25	16.0%	36.0%	44.0%	61%	76%
	ダ1800m	×	芝2000m		3	2	0	8	37.5%	62.5%	62.5%	146%	88%
	芝1600m	○	芝2000m		3	5	0	12	25.0%	66.7%	66.7%	107%	90%
	芝1600m	×	芝2000m	×	1	1	0	9	11.1%	22.2%	22.2%	36%	31%
	芝1600m	×	芝2000m		3	3	0	6	50.0%	100.0%	100.0%	148%	136%
	芝1700～1800m	○	芝2000m		11	7	6	47	23.4%	38.3%	51.1%	69%	63%
消し	芝1700～1800m	×	芝2000m	○	8	8	6	45	17.8%	35.6%	48.9%	69%	69%
消し	芝1700～1800m	×	芝2000m	×	2	6	5	31	6.5%	25.8%	41.9%	18%	64%
	芝1700～1800m	○	芝2000m	×	3	3	0	17	17.6%	35.3%	52.9%	76%	95%
	芝2000m	○	芝2000m		21	18	14	82	25.6%	47.6%	64.6%	68%	83%
	芝2000m	○	芝2000m	×	19	14	11	71	26.8%	46.5%	62.0%	99%	84%
消し	芝2000m	×	芝2000m	○	9	8	9	54	16.7%	31.5%	48.1%	59%	67%
	芝2000m	×	芝2000m	×	8	7	4	41	19.5%	36.6%	46.3%	117%	83%
	芝2200m～	×	芝2000m		4	2	4	18	22.2%	33.3%	55.6%	63%	73%
	芝2200m～	×	芝2000m		4	2	1	12	33.3%	50.0%	58.3%	118%	89%
消し	芝2200m～	○	芝2000m	○	1	3	1	11	9.1%	36.4%	45.5%	19%	66%
	芝2200m～	○	芝2000m	×	1	0	1	7	14.3%	14.3%	28.6%	88%	54%
	－	－	芝2200m～	○	1	0	2	5	20.0%	20.0%	60.0%	30%	80%
	芝1700～1800m	○	芝2200m～		1	0	0	7	14.3%	14.3%	14.3%	15%	14%
	芝1700～1800m	○	芝2200m～	×	0	1	2	7	0.0%	14.3%	42.9%	0%	57%
	芝1700～1800m	×	芝2200m～		0	1	2	5	0.0%	20.0%	60.0%	0%	74%
	芝2000m	○	芝2200m～		6	2	5	18	33.3%	44.4%	72.2%	100%	113%
	芝2000m	×	芝2200m～		1	2	5	16	6.3%	18.8%	50.0%	28%	75%
	芝2000m	×	芝2200m～	×	3	5	0	11	27.3%	72.7%	72.7%	147%	129%
	芝2000m	×	芝2200m～		3	3	1	10	30.0%	60.0%	70.0%	79%	89%
	芝2200m～	○	芝2200m～		7	1	3	17	41.2%	47.1%	64.7%	126%	92%
	芝2200m～	○	芝2200m～	×	2	0	1	8	25.0%	25.0%	37.5%	57%	81%
	芝2200m～	×	芝2200m～		2	0	0	8	25.0%	25.0%	25.0%	126%	80%
	芝2200m～	×	芝2200m～	×	0	1	0	6	0.0%	16.7%	16.7%	0%	43%
	芝2000m	×	ダ1800m		1	1	0	5	20.0%	40.0%	40.0%	58%	56%

激変ローテ●芝2000m【未勝利】4番人気以下

評価	前々走 距離	着順	前走 距離	着順	1着	2着	3着	総数	勝率	連対率	複勝率	単回率	複回率
	－	－	芝1200m	×	0	1	2	42	0.0%	2.4%	7.1%	0%	76%
	－	－	芝1200m	××	0	1	0	23	0.0%	4.3%	4.3%	0%	26%
	ダ1150～1200m	××	芝1200m	×	0	0	0	6	0.0%	0.0%	0.0%	0%	0%

芝2000m

評価	前々走 距離	前々走 着順	前走 距離	前走 着順	1着	2着	3着	総数	勝率	連対率	複勝率	単回率	複回率
	ダ1150〜1200m	××	芝1200m	××	0	0	0	6	0.0%	0.0%	0.0%	0%	0%
	ダ1150〜1200m		芝1200m	×	0	2	0	5	0.0%	40.0%	40.0%	0%	270%
	ダ1300〜1400m	××	芝1200m	×	0	0	0	18	0.0%	0.0%	0.0%	0%	0%
	ダ1300〜1400m	×	芝1200m		0	0	0	5	0.0%	0.0%	0.0%	0%	0%
	ダ1800m	××	芝1200m	×	0	0	0	6	0.0%	0.0%	0.0%	0%	0%
	芝1200m		芝1200m		0	1	0	33	0.0%	3.0%	3.0%	0%	6%
	芝1200m	×	芝1200m	××	0	0	0	9	0.0%	0.0%	0.0%	0%	0%
	芝1200m	××	芝1200m	×	0	0	0	7	0.0%	0.0%	0.0%	0%	0%
	芝1400〜1500m	×	芝1200m		0	1	1	7	0.0%	14.3%	28.6%	0%	1327%
	芝1400〜1500m		芝1200m	××	0	0	0	5	0.0%	0.0%	0.0%	0%	0%
	芝1600m	××	芝1200m	×	0	0	0	7	0.0%	0.0%	0.0%	0%	0%
	芝1600m		芝1200m	×	0	0	1	5	0.0%	0.0%	20.0%	0%	856%
	芝1700〜1800m	×	芝1200m		0	0	0	11	0.0%	0.0%	0.0%	0%	0%
	―	―	芝1400〜1500m	×	1	0	2	36	2.8%	2.8%	8.3%	30%	45%
	―	―	芝1400〜1500m	××	0	0	0	20	0.0%	0.0%	0.0%	0%	0%
	ダ1800m	××	芝1400〜1500m	×	1	0	1	7	14.3%	14.3%	28.6%	291%	72%
	芝1200m	×	芝1400〜1500m		1	1	0	11	9.1%	18.2%	18.2%	93%	119%
	芝1400〜1500m	×	芝1400〜1500m	×	0	0	1	6	0.0%	0.0%	16.7%	0%	41%
	芝1600m	×	芝1400〜1500m	×	0	1	0	16	0.0%	6.3%	6.3%	0%	145%
	芝1600m	××	芝1400〜1500m		0	0	0	5	0.0%	0.0%	0.0%	0%	0%
	芝2000m	×	芝1400〜1500m	×	0	0	0	5	0.0%	0.0%	0.0%	0%	0%
	―	―	芝1600m	×	0	6	6	138	0.0%	4.3%	8.7%	0%	49%
	―	―	芝1600m	××	0	1	2	45	0.0%	2.2%	6.7%	0%	141%
	―	―	芝1600m	○	0	0	1	10	0.0%	0.0%	10.0%	0%	90%
	ダ1150〜1200m	××	芝1600m	×	0	0	0	10	0.0%	0.0%	0.0%	0%	0%
	ダ1150〜1200m	×	芝1600m	××	0	0	0	7	0.0%	0.0%	0.0%	0%	0%
	ダ1300〜1400m	××	芝1600m	×	0	1	0	9	0.0%	11.1%	11.1%	0%	36%
	ダ1800m	×	芝1600m	×	0	0	0	6	0.0%	0.0%	0.0%	0%	0%
	ダ1800m	××	芝1600m	××	0	0	0	5	0.0%	0.0%	0.0%	0%	0%
	芝1200m	×	芝1600m	×	0	0	0	25	0.0%	0.0%	0.0%	0%	0%
	芝1400〜1500m	×	芝1600m	×	0	1	1	17	0.0%	5.9%	11.8%	0%	109%
	芝1400〜1500m	××	芝1600m	×	0	0	1	6	0.0%	0.0%	16.7%	0%	160%
	芝1400〜1500m	○	芝1600m	×	0	0	1	5	0.0%	0.0%	20.0%	0%	52%
買い	芝1600m	×	芝1600m	×	2	1	4	44	4.5%	6.8%	15.9%	67%	110%
	芝1600m	○	芝1600m	×	0	0	0	5	0.0%	0.0%	0.0%	0%	0%
	芝1600m	×	芝1600m	××	0	0	0	5	0.0%	0.0%	0.0%	0%	0%
	芝1600m	××	芝1600m	×	0	0	0	5	0.0%	0.0%	0.0%	0%	0%
	芝1700〜1800m	×	芝1600m	×	1	1	2	35	2.9%	5.7%	11.4%	280%	187%
	芝1700〜1800m	○	芝1600m	×	2	1	0	13	15.4%	23.1%	23.1%	109%	50%
	芝1700〜1800m	×	芝1600m	××	0	0	0	10	0.0%	0.0%	0.0%	0%	0%
	芝1700〜1800m	××	芝1600m	×	0	0	1	10	0.0%	0.0%	10.0%	0%	153%
	芝2000m	×	芝1600m	×	2	0	0	18	11.1%	11.1%	11.1%	116%	28%
	芝2000m	×	芝1600m	××	0	0	0	5	0.0%	0.0%	0.0%	0%	0%
	―	―	芝1700〜1800m	×	4	6	2	189	2.1%	5.3%	6.3%	27%	31%
	―	―	芝1700〜1800m	××	0	2	0	64	0.0%	3.1%	3.1%	0%	29%
	―	―	芝1700〜1800m	○	4	0	1	27	14.8%	14.8%	18.5%	150%	59%
	ダ1150〜1200m	××	芝1700〜1800m	×	0	0	0	14	0.0%	0.0%	0.0%	0%	0%
	ダ1150〜1200m	××	芝1700〜1800m	××	0	0	0	12	0.0%	0.0%	0.0%	0%	0%
	ダ1300〜1400m	××	芝1700〜1800m	×	0	1	0	16	0.0%	6.3%	6.3%	0%	66%
	ダ1300〜1400m	×	芝1700〜1800m		1	0	0	7	14.3%	14.3%	14.3%	577%	130%
	ダ1600m	××	芝1700〜1800m	×	1	0	1	14	7.1%	7.1%	14.3%	54%	85%
	ダ1700m	××	芝1700〜1800m	×	0	1	1	15	0.0%	6.7%	13.3%	0%	45%
	ダ1700m	×	芝1700〜1800m	×	0	0	0	7	0.0%	0.0%	0.0%	0%	0%
	ダ1700m	××	芝1700〜1800m	××	0	0	0	6	0.0%	0.0%	0.0%	0%	0%
	ダ1800m	××	芝1700〜1800m	×	0	1	1	39	0.0%	2.6%	5.1%	0%	16%
	ダ1800m	×	芝1700〜1800m	×	0	0	1	14	0.0%	7.1%	7.1%	0%	66%
	ダ1800m	××	芝1700〜1800m	××	0	0	1	6	0.0%	0.0%	16.7%	0%	515%
買い	芝1200m	×	芝1700〜1800m	×	2	1	2	28	7.1%	10.7%	17.9%	226%	116%
	芝1200m	××	芝1700〜1800m	×	0	0	1	14	0.0%	0.0%	7.1%	0%	45%
	芝1200m	×	芝1700〜1800m	○	1	2	0	7	14.3%	42.9%	42.9%	181%	132%
	芝1200m	×	芝1700〜1800m	××	0	0	0	5	0.0%	0.0%	0.0%	0%	0%
	芝1400〜1500m	×	芝1700〜1800m	×	1	1	0	26	3.8%	7.7%	7.7%	43%	16%
	芝1400〜1500m	××	芝1700〜1800m	×	0	0	0	6	0.0%	0.0%	0.0%	0%	0%
	芝1600m	×	芝1700〜1800m	×	0	3	1	51	0.0%	5.9%	7.8%	0%	55%
	芝1600m	×	芝1700〜1800m	××	0	0	1	16	0.0%	0.0%	6.3%	0%	35%

芝2000m

評価	前々走 距離	前々走 着順	前走 距離	前走 着順	1着	2着	3着	総数	勝率	連対率	複勝率	単回率	複回率
	芝1600m		芝1700～1800m	××	0	0	0	15	0.0%	0.0%	0.0%	0%	0%
	芝1600m	×	芝1700～1800m	○	0	1	1	11	0.0%	9.1%	18.2%	0%	52%
	芝1600m	○	芝1700～1800m	×	0	1	2	8	0.0%	12.5%	37.5%	0%	98%
	芝1600m	××	芝1700～1800m	××	0	0	0	8	0.0%	0.0%	0.0%	0%	0%
	芝1600m	○	芝1700～1800m	○	0	0	1	5	0.0%	0.0%	20.0%	0%	76%
	芝1700～1800m	×	芝1700～1800m	×	4	9	10	133	3.0%	9.8%	17.3%	43%	83%
	芝1700～1800m	○	芝1700～1800m	×	1	6	2	42	2.4%	16.7%	21.4%	43%	71%
	芝1700～1800m	×	芝1700～1800m	××	0	0	0	35	0.0%	0.0%	0.0%	0%	0%
	芝1700～1800m	××	芝1700～1800m	×	0	0	0	25	0.0%	0.0%	0.0%	0%	0%
	芝1700～1800m	×	芝1700～1800m	○	0	2	2	22	0.0%	9.1%	18.2%	0%	90%
	芝1700～1800m	××	芝1700～1800m	○	0	0	1	20	0.0%	0.0%	5.0%	0%	24%
	芝1700～1800m	○	芝1700～1800m	○	1	3	2	13	7.7%	30.8%	46.2%	136%	115%
	芝2000m	×	芝1700～1800m	×	3	4	10	115	2.6%	6.1%	14.8%	63%	79%
	芝2000m	××	芝1700～1800m	×	0	0	2	32	0.0%	0.0%	6.3%	0%	20%
買い	芝2000m	○	芝1700～1800m	×	3	1	4	22	13.6%	18.2%	36.4%	131%	90%
	芝2000m	×	芝1700～1800m	××	1	0	0	20	5.0%	5.0%	5.0%	189%	52%
	芝2000m	×	芝1700～1800m	○	2	0	2	13	15.4%	15.4%	30.8%	140%	78%
	芝2000m	××	芝1700～1800m	×	0	0	0	8	0.0%	0.0%	0.0%	0%	0%
	芝2000m	○	芝1700～1800m	○	0	1	1	6	0.0%	16.7%	33.3%	0%	71%
	芝2200m～	×	芝1700～1800m	×	2	0	0	14	14.3%	14.3%	14.3%	220%	45%
	芝2200m～	××	芝1700～1800m	×	0	1	1	12	0.0%	8.3%	16.7%	0%	56%
買い	―	―	芝2000m	×	5	10	13	191	2.6%	7.9%	14.7%	50%	102%
	―	―	芝2000m	××	1	1	2	66	1.5%	3.0%	6.1%	29%	70%
	―	―	芝2000m	○	0	0	1	18	0.0%	0.0%	5.6%	0%	29%
	ダ1150～1200m	××	芝2000m	×	0	0	0	13	0.0%	0.0%	0.0%	0%	0%
	ダ1150～1200m	×	芝2000m	×	0	0	0	11	0.0%	0.0%	0.0%	0%	0%
	ダ1300～1400m	××	芝2000m	×	0	0	0	12	0.0%	0.0%	0.0%	0%	0%
	ダ1300～1400m	×	芝2000m	×	0	1	0	9	0.0%	11.1%	11.1%	0%	63%
	ダ1600m	××	芝2000m	×	0	1	1	9	0.0%	11.1%	22.2%	0%	53%
	ダ1600m	×	芝2000m	×	0	0	0	5	0.0%	0.0%	0.0%	0%	0%
	ダ1700m	××	芝2000m	×	0	0	1	26	0.0%	0.0%	3.8%	0%	11%
	ダ1700m	×	芝2000m	×	2	0	1	14	14.3%	14.3%	21.4%	566%	332%
	ダ1700m	×	芝2000m	××	0	0	0	10	0.0%	0.0%	0.0%	0%	0%
	ダ1800m	××	芝2000m	×	0	2	5	51	0.0%	3.9%	13.7%	0%	96%
買い	ダ1800m	×	芝2000m	×	2	3	2	19	10.5%	26.3%	36.8%	398%	194%
	ダ1800m	××	芝2000m	××	1	0	0	18	5.6%	5.6%	5.6%	127%	31%
	芝1200m	×	芝2000m	×	1	1	2	21	4.8%	9.5%	19.0%	42%	104%
	芝1200m	×	芝2000m	××	0	0	0	9	0.0%	0.0%	0.0%	0%	0%
	芝1200m	××	芝2000m	×	0	0	0	9	0.0%	0.0%	0.0%	0%	0%
	芝1400～1500m	×	芝2000m	×	0	0	1	16	0.0%	0.0%	6.3%	0%	48%
	芝1400～1500m	××	芝2000m	×	0	0	0	6	0.0%	0.0%	0.0%	0%	0%
	芝1600m	×	芝2000m	×	4	2	3	64	6.3%	9.4%	14.1%	175%	85%
	芝1600m	××	芝2000m	×	0	0	2	14	0.0%	0.0%	14.3%	0%	175%
	芝1600m	×	芝2000m	××	0	0	1	13	0.0%	0.0%	7.7%	0%	40%
	芝1600m	○	芝2000m	×	1	0	1	12	8.3%	8.3%	16.7%	68%	40%
	芝1600m	××	芝2000m	××	0	0	0	7	0.0%	0.0%	0.0%	0%	0%
特買い	芝1700～1800m	×	芝2000m	×	7	11	15	188	3.7%	9.6%	17.6%	51%	95%
	芝1700～1800m	××	芝2000m	×	0	0	5	38	0.0%	0.0%	13.2%	0%	83%
	芝1700～1800m	○	芝2000m	×	1	1	3	34	2.9%	5.9%	14.7%	22%	39%
買い	芝1700～1800m	×	芝2000m	○	4	5	2	30	13.3%	30.0%	36.7%	160%	108%
	芝1700～1800m	×	芝2000m	××	1	0	0	30	3.3%	3.3%	3.3%	26%	8%
	芝1700～1800m	××	芝2000m	××	0	0	0	18	0.0%	0.0%	0.0%	0%	0%
	芝1700～1800m	○	芝2000m	○	0	0	0	7	0.0%	0.0%	0.0%	0%	0%
	芝1700～1800m	○	芝2000m	××	0	0	0	6	0.0%	0.0%	0.0%	0%	0%
	芝2000m	×	芝2000m	×	15	14	12	281	5.3%	10.3%	14.6%	86%	70%
	芝2000m	×	芝2000m	××	0	2	1	64	0.0%	3.1%	4.7%	0%	80%
	芝2000m	×	芝2000m	○	4	6	5	51	7.8%	19.6%	29.4%	69%	82%
買い	芝2000m	××	芝2000m	×	0	2	5	51	0.0%	3.9%	13.7%	0%	168%
	芝2000m	○	芝2000m	×	3	3	2	46	6.5%	13.0%	17.4%	111%	43%
	芝2000m	××	芝2000m	××	0	0	0	23	0.0%	0.0%	0.0%	0%	0%
	芝2000m	○	芝2000m	○	1	2	1	15	6.7%	20.0%	26.7%	39%	68%
	芝2000m	○	芝2000m	××	0	1	1	9	0.0%	11.1%	22.2%	0%	187%
	芝2200m～	×	芝2000m	×	2	5	4	48	4.2%	14.6%	22.9%	80%	83%
	芝2200m～	××	芝2000m	×	0	1	2	25	0.0%	4.0%	12.0%	0%	69%
	芝2200m～	×	芝2000m	××	0	0	1	19	0.0%	0.0%	5.3%	0%	15%

芝2000m

評価	前々走 距離	前々走 着順	前走 距離	前走 着順	1着	2着	3着	総数	勝率	連対率	複勝率	単回率	複回率
	芝2200m〜	×	芝2000m	○	0	1	2	10	0.0%	10.0%	30.0%	0%	78%
	芝2200m〜	○	芝2000m	×	1	0	0	8	12.5%	12.5%	12.5%	102%	30%
	芝2200m〜	××	芝2000m	××	0	0	0	6	0.0%	0.0%	0.0%	0%	0%
	—	—	芝2200m〜	×	1	0	0	5	20.0%	20.0%	20.0%	132%	60%
	ダ1300〜1400m	×	芝2200m〜	×	0	0	0	5	0.0%	0.0%	0.0%	0%	0%
	ダ1800m	×	芝2200m〜	×	2	0	0	13	15.4%	15.4%	15.4%	430%	70%
	ダ1800m	××	芝2200m〜	××	0	0	0	12	0.0%	0.0%	0.0%	0%	0%
	ダ1800m	××	芝2200m〜	×	0	0	0	11	0.0%	0.0%	0.0%	0%	0%
	芝1600m	×	芝2200m〜	×	2	0	0	8	25.0%	25.0%	25.0%	1458%	267%
	芝1600m	××	芝2200m〜	××	0	0	0	5	0.0%	0.0%	0.0%	0%	0%
買い	芝1700〜1800m	×	芝2200m〜	×	2	2	5	42	4.8%	9.5%	21.4%	58%	90%
	芝1700〜1800m	×	芝2200m〜	××	0	0	2	15	0.0%	0.0%	13.3%	0%	123%
	芝1700〜1800m	××	芝2200m〜	×	0	0	0	9	0.0%	0.0%	0.0%	0%	0%
	芝1700〜1800m	○	芝2200m〜	×	0	0	1	5	0.0%	0.0%	20.0%	0%	30%
	芝1700〜1800m	×	芝2200m〜	○	1	0	0	5	20.0%	20.0%	20.0%	186%	60%
特買い	芝2000m	×	芝2200m〜	×	2	4	6	58	3.4%	10.3%	20.7%	42%	135%
買い	芝2000m	×	芝2200m〜	××	1	3	2	19	5.3%	21.1%	31.6%	98%	270%
	芝2000m	×	芝2200m〜	○	1	0	1	11	9.1%	9.1%	18.2%	72%	44%
	芝2000m	○	芝2200m〜	×	1	0	2	10	10.0%	10.0%	30.0%	96%	101%
	芝2000m	××	芝2200m〜	×	0	0	0	9	0.0%	0.0%	0.0%	0%	0%
	芝2200m〜	×	芝2200m〜	×	0	2	3	46	0.0%	4.3%	10.9%	0%	50%
	芝2200m〜	×	芝2200m〜	××	0	0	1	20	0.0%	0.0%	5.0%	0%	57%
	芝2200m〜	○	芝2200m〜	×	1	0	0	13	7.7%	7.7%	7.7%	332%	82%
	芝2200m〜	××	芝2200m〜	×	0	0	0	13	0.0%	0.0%	0.0%	0%	0%
	芝2200m〜	○	芝2200m〜	○	0	0	1	6	0.0%	0.0%	16.7%	0%	26%
	芝2200m〜	××	芝2200m〜	×	0	1	0	5	0.0%	20.0%	20.0%	0%	118%
	—	—	ダ1000m	××	0	0	0	6	0.0%	0.0%	0.0%	0%	0%
	—	—	ダ1150〜1200m	××	0	0	1	26	0.0%	0.0%	3.8%	0%	211%
	—	—	ダ1150〜1200m	×	0	0	1	8	0.0%	0.0%	12.5%	0%	353%
	ダ1150〜1200m	××	ダ1150〜1200m	××	0	0	0	12	0.0%	0.0%	0.0%	0%	0%
	ダ1150〜1200m	×	ダ1150〜1200m	×	0	0	0	5	0.0%	0.0%	0.0%	0%	0%
	ダ1300〜1400m	××	ダ1150〜1200m	××	0	0	0	7	0.0%	0.0%	0.0%	0%	0%
	ダ1300〜1400m	×	ダ1150〜1200m	×	0	0	0	6	0.0%	0.0%	0.0%	0%	0%
	ダ1700m	×	ダ1150〜1200m	×	0	0	0	5	0.0%	0.0%	0.0%	0%	0%
	芝1200m	×	ダ1150〜1200m	×	0	1	0	9	0.0%	11.1%	11.1%	0%	512%
	芝1200m	××	ダ1150〜1200m	××	0	0	0	6	0.0%	0.0%	0.0%	0%	0%
	芝1200m	×	ダ1150〜1200m	×	0	0	1	5	0.0%	0.0%	20.0%	0%	164%
	—	—	ダ1300〜1400m	××	0	0	0	26	0.0%	0.0%	0.0%	0%	0%
	—	—	ダ1300〜1400m	×	1	0	0	7	14.3%	14.3%	14.3%	871%	88%
	ダ1300〜1400m	××	ダ1300〜1400m	××	1	0	0	16	6.3%	6.3%	6.3%	187%	42%
	ダ1300〜1400m	×	ダ1300〜1400m	×	1	0	0	9	11.1%	11.1%	11.1%	126%	26%
	ダ1300〜1400m	×	ダ1300〜1400m	××	0	0	1	9	0.0%	0.0%	11.1%	0%	51%
	ダ1700m	××	ダ1300〜1400m	×	0	0	0	5	0.0%	0.0%	0.0%	0%	0%
	ダ1800m	×	ダ1300〜1400m	×	0	0	0	14	0.0%	0.0%	0.0%	0%	0%
	ダ1800m	××	ダ1300〜1400m	××	0	0	0	8	0.0%	0.0%	0.0%	0%	0%
	芝1200m	×	ダ1300〜1400m	×	0	0	0	8	0.0%	0.0%	0.0%	0%	0%
	芝1200m	××	ダ1300〜1400m	××	0	0	0	6	0.0%	0.0%	0.0%	0%	0%
	芝1600m	×	ダ1300〜1400m	×	0	1	0	5	0.0%	20.0%	20.0%	0%	106%
	芝1600m	××	ダ1300〜1400m	××	0	0	0	5	0.0%	0.0%	0.0%	0%	0%
	芝1700〜1800m	×	ダ1300〜1400m	×	0	0	1	5	0.0%	0.0%	20.0%	0%	326%
	芝2000m	×	ダ1300〜1400m	×	0	0	0	6	0.0%	0.0%	0.0%	0%	0%
	芝2000m	××	ダ1300〜1400m	××	0	0	0	5	0.0%	0.0%	0.0%	0%	0%
	—	—	ダ1600m	××	0	0	0	13	0.0%	0.0%	0.0%	0%	0%
	—	—	ダ1600m	×	0	0	0	8	0.0%	0.0%	0.0%	0%	0%
	ダ1300〜1400m	××	ダ1600m	××	0	0	0	11	0.0%	0.0%	0.0%	0%	0%
	ダ1600m	××	ダ1600m	××	0	0	1	9	0.0%	0.0%	11.1%	0%	108%
	ダ1800m	××	ダ1600m	××	0	0	0	10	0.0%	0.0%	0.0%	0%	0%
	ダ1800m	×	ダ1600m	×	0	0	0	7	0.0%	0.0%	0.0%	0%	0%
	ダ1800m	×	ダ1600m	×	0	1	0	5	0.0%	20.0%	20.0%	0%	70%
	芝1600m	×	ダ1600m	×	0	0	0	7	0.0%	0.0%	0.0%	0%	0%
	芝1700〜1800m	×	ダ1600m	×	0	0	0	5	0.0%	0.0%	0.0%	0%	0%
	—	—	ダ1700m	××	0	0	0	24	0.0%	0.0%	0.0%	0%	0%
	ダ1150〜1200m	××	ダ1700m	××	0	0	0	12	0.0%	0.0%	0.0%	0%	0%
	ダ1300〜1400m	×	ダ1700m	×	0	0	0	7	0.0%	0.0%	0.0%	0%	0%
	ダ1300〜1400m	××	ダ1700m	××	0	0	0	7	0.0%	0.0%	0.0%	0%	0%

芝2000m

評価	前々走 距離	前々走 着順	前走 距離	前走 着順	1着	2着	3着	総数	勝率	連対率	複勝率	単回率	複回率
	ダ1300~1400m	×	ダ1700m	××	0	0	0	5	0.0%	0.0%	0.0%	0%	0%
	ダ1700m	××	ダ1700m	××	1	0	0	20	5.0%	5.0%	5.0%	75%	29%
	ダ1700m	×	ダ1700m	×	2	0	0	16	12.5%	12.5%	12.5%	973%	201%
	ダ1700m	×	ダ1700m	××	1	1	0	9	11.1%	22.2%	22.2%	232%	71%
	ダ1700m	××	ダ1700m	×	0	0	1	8	0.0%	0.0%	12.5%	0%	188%
	ダ1700m	○	ダ1700m	×	0	0	0	5	0.0%	0.0%	0.0%	0%	0%
	ダ1800m	××	ダ1700m	××	1	0	0	17	5.9%	5.9%	5.9%	172%	41%
	ダ1800m	×	ダ1700m	×	0	0	1	9	0.0%	0.0%	11.1%	0%	101%
	ダ1800m	×	ダ1700m	××	0	0	1	6	0.0%	0.0%	16.7%	0%	106%
	芝1200m	×	ダ1700m	××	0	1	0	5	0.0%	20.0%	20.0%	0%	70%
	芝1600m	×	ダ1700m	××	0	0	0	8	0.0%	0.0%	0.0%	0%	0%
	芝1700~1800m	×	ダ1700m	×	0	0	1	21	0.0%	0.0%	4.8%	0%	16%
	芝1700~1800m	×	ダ1700m	×	1	0	1	7	14.3%	14.3%	28.6%	138%	87%
	芝1700~1800m	××	ダ1700m	××	0	0	0	5	0.0%	0.0%	0.0%	0%	0%
	芝2000m	×	ダ1700m	×	0	0	2	15	0.0%	0.0%	13.3%	0%	79%
	芝2000m	××	ダ1700m	××	0	0	0	15	0.0%	0.0%	0.0%	0%	0%
	—	—	ダ1800m	××	0	1	0	54	0.0%	1.9%	1.9%	0%	9%
	—	—	ダ1800m	×	1	1	0	17	5.9%	11.8%	11.8%	119%	33%
	ダ1150~1200m	××	ダ1800m	××	0	0	0	17	0.0%	0.0%	0.0%	0%	0%
	ダ1150~1200m	×	ダ1800m	×	0	0	0	7	0.0%	0.0%	0.0%	0%	0%
	ダ1300~1400m	××	ダ1800m	××	0	0	0	12	0.0%	0.0%	0.0%	0%	0%
	ダ1300~1400m	×	ダ1800m	×	0	0	0	8	0.0%	0.0%	0.0%	0%	0%
	ダ1300~1400m	×	ダ1800m	×	1	0	0	6	16.7%	16.7%	16.7%	466%	133%
	ダ1300~1400m	××	ダ1800m	×	0	0	0	6	0.0%	0.0%	0.0%	0%	0%
	ダ1600m	×	ダ1800m	×	0	1	0	7	0.0%	14.3%	14.3%	0%	40%
	ダ1600m	××	ダ1800m	××	0	0	0	6	0.0%	0.0%	0.0%	0%	0%
	ダ1700m	××	ダ1800m	×	1	0	0	13	7.7%	7.7%	7.7%	91%	37%
	ダ1700m	×	ダ1800m	×	0	4	0	10	0.0%	40.0%	40.0%	0%	418%
	ダ1800m	××	ダ1800m	××	1	0	3	39	2.6%	2.6%	10.3%	58%	112%
買い	ダ1800m	×	ダ1800m	××	1	2	3	24	4.2%	12.5%	25.0%	97%	187%
買い	ダ1800m	×	ダ1800m	×	2	3	1	22	9.1%	22.7%	27.3%	91%	176%
	ダ1800m	××	ダ1800m	×	0	1	1	10	0.0%	10.0%	20.0%	0%	75%
	ダ1800m	○	ダ1800m	×	0	0	1	6	0.0%	0.0%	16.7%	0%	40%
	芝1200m	×	ダ1800m	×	0	0	0	9	0.0%	0.0%	0.0%	0%	0%
	芝1600m	×	ダ1800m	×	0	0	0	11	0.0%	0.0%	0.0%	0%	0%
	芝1600m	××	ダ1800m	××	0	0	0	8	0.0%	0.0%	0.0%	0%	0%
	芝1700~1800m	×	ダ1800m	×	0	1	0	15	0.0%	6.7%	6.7%	0%	31%
	芝1700~1800m	×	ダ1800m	×	0	0	0	12	0.0%	0.0%	0.0%	0%	0%
	芝2000m	×	ダ1800m	×	2	0	0	29	6.9%	6.9%	13.8%	208%	143%
	芝2000m	××	ダ1800m	××	0	2	0	17	0.0%	11.8%	11.8%	0%	181%
	芝2000m	×	ダ1800m	×	1	1	0	6	16.7%	33.3%	33.3%	333%	123%
	芝2200m~	××	ダ1800m	××	0	0	0	5	0.0%	0.0%	0.0%	0%	0%

激変ローテ●芝2000m【500万下】3番人気以内

評価	前々走 距離	前々走 着順	前走 距離	前走 着順	1着	2着	3着	総数	勝率	連対率	複勝率	単回率	複回率
	芝1700~1800m	○	芝1600m	×	1	3	0	5	20.0%	80.0%	80.0%	82%	126%
	—	—	芝1700~1800m	◎	4	2	1	17	23.5%	35.3%	41.2%	78%	60%
	ダ1700m	×	芝1700~1800m	○	0	0	1	6	0.0%	0.0%	16.7%	0%	31%
	ダ1700m	×	芝1700~1800m	×	2	1	0	5	40.0%	60.0%	60.0%	302%	116%
	芝1600m	×	芝1700~1800m	×	1	0	2	12	8.3%	8.3%	25.0%	26%	33%
	芝1600m	×	芝1700~1800m	◎	2	1	0	8	25.0%	37.5%	37.5%	50%	50%
	芝1600m	×	芝1700~1800m	○	3	2	2	8	37.5%	62.5%	87.5%	117%	120%
	芝1600m	×	芝1700~1800m	×	0	2	0	7	0.0%	28.6%	28.6%	0%	41%
	芝1600m	×	芝1700~1800m	×	2	1	1	5	40.0%	60.0%	80.0%	90%	140%
	芝1700~1800m	×	芝1700~1800m	×	7	6	4	30	23.3%	43.3%	56.7%	120%	110%
	芝1700~1800m	×	芝1700~1800m	○	5	6	3	23	21.7%	47.8%	60.9%	61%	81%
	芝1700~1800m	◎	芝1700~1800m	×	6	3	4	23	26.1%	39.1%	56.5%	86%	86%
	芝1700~1800m	×	芝1700~1800m	×	3	2	2	17	17.6%	41.2%	64.7%	48%	105%
消し	芝1700~1800m	×	芝1700~1800m	◎	3	2	2	17	17.6%	29.4%	41.2%	58%	61%
消し	芝1700~1800m	×	芝1700~1800m	◎	2	1	1	11	18.2%	27.3%	36.4%	71%	55%
	芝1700~1800m	×	芝1700~1800m	◎	2	3	2	9	22.2%	55.6%	77.8%	63%	108%
	芝1700~1800m	×	芝1700~1800m	◎	2	4	0	8	25.0%	75.0%	75.0%	123%	116%
	芝2000m	×	芝1700~1800m	×	9	7	8	38	23.7%	42.1%	63.2%	87%	109%

芝2000m

評価	前々走 距離	着順	前走 距離	着順	1着	2着	3着	総数	勝率	連対率	複勝率	単回率	複回率
	芝2000m	×	芝1700〜1800m	○	8	8	2	28	28.6%	57.1%	64.3%	135%	100%
消し	芝2000m	○	芝1700〜1800m	×	4	3	2	26	15.4%	26.9%	34.6%	70%	60%
消し	芝2000m	○	芝1700〜1800m	○	7	2	1	25	28.0%	36.0%	40.0%	81%	56%
	芝2000m	◎	芝1700〜1800m	×	2	3	1	10	20.0%	50.0%	60.0%	106%	126%
	芝2000m	◎	芝1700〜1800m	○	2	1	0	7	28.6%	42.9%	42.9%	57%	52%
	芝2000m	○	芝1700〜1800m	◎	0	2	2	6	0.0%	33.3%	66.7%	0%	103%
	芝2000m	×	芝1700〜1800m	×	0	0	0	5	0.0%	0.0%	0.0%	0%	84%
	芝2200m〜	×	芝1700〜1800m	○	2	3	1	10	20.0%	50.0%	60.0%	76%	82%
	芝2200m〜	○	芝1700〜1800m	×	4	1	0	8	50.0%	62.5%	62.5%	223%	116%
	—	—	芝2000m	◎	6	5	6	23	26.1%	47.8%	73.9%	66%	108%
消し	芝1600m	×	芝2000m	○	1	0	1	10	10.0%	10.0%	20.0%	30%	39%
	芝1600m	×	芝2000m	×	1	2	0	8	12.5%	37.5%	37.5%	36%	58%
	芝1700〜1800m	○	芝2000m	○	12	12	4	46	26.1%	52.2%	60.9%	102%	97%
	芝1700〜1800m	×	芝2000m	○	6	5	7	36	16.7%	30.6%	50.0%	75%	91%
	芝1700〜1800m	○	芝2000m	×	6	3	4	22	27.3%	40.9%	59.1%	72%	79%
	芝1700〜1800m	×	芝2000m	×	3	4	2	17	17.6%	41.2%	52.9%	93%	84%
消し	芝1700〜1800m	×	芝2000m	◎	1	4	0	14	7.1%	35.7%	35.7%	10%	48%
	芝1700〜1800m	◎	芝2000m	○	3	2	2	13	23.1%	38.5%	53.8%	50%	62%
	芝1700〜1800m	◎	芝2000m	×	0	3	1	10	0.0%	30.0%	40.0%	0%	68%
	芝1700〜1800m	○	芝2000m	◎	1	1	2	8	12.5%	25.0%	50.0%	58%	83%
	芝2000m	×	芝2000m	○	18	14	12	76	23.7%	42.1%	57.9%	96%	88%
消し	芝2000m	×	芝2000m	×	13	8	3	66	19.7%	31.8%	36.4%	68%	60%
消し	芝2000m	○	芝2000m	○	15	8	7	61	24.6%	37.7%	49.2%	76%	67%
	芝2000m	○	芝2000m	×	11	9	9	59	18.6%	33.9%	47.5%	77%	75%
消し	芝2000m	×	芝2000m	◎	6	2	3	26	23.1%	30.8%	42.3%	83%	65%
	芝2000m	◎	芝2000m	○	7	4	3	25	28.0%	44.0%	56.0%	74%	73%
	芝2000m	◎	芝2000m	×	2	6	3	22	9.1%	36.4%	50.0%	38%	89%
	芝2000m	×	芝2000m	◎	2	3	3	13	15.4%	38.5%	61.5%	55%	114%
	芝2200m〜	×	芝2000m	○	5	3	3	22	22.7%	36.4%	50.0%	78%	71%
	芝2200m〜	○	芝2000m	◎	3	5	2	18	16.7%	44.4%	55.6%	53%	73%
	芝2200m〜	○	芝2000m	×	3	3	6	17	17.6%	35.3%	70.6%	63%	117%
	芝2200m〜	○	芝2000m	×	1	1	1	12	8.3%	16.7%	25.0%	54%	38%
	芝2200m〜	○	芝2000m	×	0	1	2	8	0.0%	12.5%	37.5%	0%	42%
	芝2200m〜	×	芝2000m	◎	3	0	1	5	60.0%	60.0%	80.0%	216%	134%
	芝1700〜1800m	◎	芝2200m〜	○	2	1	1	7	28.6%	42.9%	57.1%	67%	75%
	芝1700〜1800m	○	芝2200m〜	○	3	1	1	6	50.0%	66.7%	83.3%	133%	95%
	芝1700〜1800m	○	芝2200m〜	×	2	0	0	5	40.0%	40.0%	40.0%	140%	54%
	芝1700〜1800m	×	芝2200m〜	×	0	2	1	5	0.0%	40.0%	60.0%	0%	102%
	芝2000m	○	芝2200m〜	×	5	4	2	21	23.8%	42.9%	52.4%	98%	91%
	芝2000m	×	芝2200m〜	×	2	4	1	17	11.8%	35.3%	41.2%	46%	68%
	芝2000m	×	芝2200m〜	○	4	5	3	15	26.7%	60.0%	80.0%	57%	112%
	芝2000m	◎	芝2200m〜	○	2	2	2	12	16.7%	33.3%	50.0%	35%	66%
	芝2000m	◎	芝2200m〜	×	3	1	1	7	42.9%	57.1%	71.4%	114%	111%
	芝2000m	○	芝2200m〜	◎	1	0	2	7	14.3%	14.3%	42.9%	24%	37%
	芝2200m〜	×	芝2200m〜	○	9	4	2	26	34.6%	50.0%	57.7%	165%	99%
	芝2200m〜	○	芝2200m〜	×	2	4	5	17	11.8%	35.3%	64.7%	25%	86%
	芝2200m〜	○	芝2200m〜	○	5	1	1	16	31.3%	37.5%	43.8%	137%	80%
	芝2200m〜	×	芝2200m〜	×	6	4	0	16	37.5%	62.5%	62.5%	145%	102%
	芝2200m〜	○	芝2200m〜	◎	0	1	3	6	0.0%	16.7%	66.7%	0%	106%
	芝2200m〜	○	芝2200m〜	◎	4	1	0	6	66.7%	83.3%	83.3%	211%	113%

激変ローテ●芝2000m【500万下】4番人気以下

評価	前々走 距離	着順	前走 距離	着順	1着	2着	3着	総数	勝率	連対率	複勝率	単回率	複回率
	ダ1700m	××	芝1200m	×	0	0	0	7	0.0%	0.0%	0.0%	0%	0%
	芝1200m	×	芝1200m	×	0	2	0	24	0.0%	8.3%	8.3%	0%	115%
	芝1700〜1800m	××	芝1200m	×	0	0	0	6	0.0%	0.0%	0.0%	0%	0%
	ダ1300〜1400m	×	芝1400〜1500m	×	0	0	1	6	0.0%	0.0%	16.7%	0%	86%
	芝1400〜1500m	×	芝1400〜1500m	×	1	0	0	5	20.0%	20.0%	20.0%	786%	104%
	芝1600m	×	芝1400〜1500m	×	0	0	0	5	0.0%	0.0%	0.0%	0%	0%
	芝1700〜1800m	×	芝1400〜1500m	×	0	0	0	9	0.0%	0.0%	0.0%	0%	0%
	—	—	芝1600m	◎	2	0	0	9	22.2%	22.2%	22.2%	374%	94%
	ダ1800m	××	芝1600m	×	1	0	0	5	20.0%	20.0%	20.0%	284%	54%
	芝1200m	×	芝1600m	×	0	0	2	8	0.0%	0.0%	25.0%	0%	166%

芝2000m

評価	前々走 距離	前々走 着順	前走 距離	前走 着順	1着	2着	3着	総数	勝率	連対率	複勝率	単回率	複回率
	芝1400～1500m	×	芝1600m	×	1	2	0	14	7.1%	21.4%	21.4%	111%	73%
	芝1600m	×	芝1600m	×	1	1	2	21	4.8%	9.5%	19.0%	219%	243%
	芝1600m	◎	芝1600m	×	0	1	0	18	0.0%	5.6%	5.6%	0%	11%
	芝1600m	○	芝1600m	×	0	2	0	6	0.0%	33.3%	33.3%	0%	156%
	芝1600m	×	芝1600m	××	1	0	0	5	20.0%	20.0%	20.0%	1056%	430%
	芝1700～1800m	×	芝1600m	×	0	0	3	37	0.0%	0.0%	8.1%	0%	42%
	芝1700～1800m	◎	芝1600m	×	0	0	1	11	0.0%	0.0%	9.1%	0%	39%
	芝1700～1800m	○	芝1600m	×	1	0	0	7	14.3%	14.3%	14.3%	492%	97%
	芝2000m	×	芝1600m	×	1	2	1	24	4.2%	12.5%	16.7%	40%	124%
	芝2200m～	×	芝1600m	×	0	1	1	6	0.0%	16.7%	33.3%	0%	105%
買い	―	―	芝1700～1800m	◎	2	1	2	15	13.3%	20.0%	33.3%	213%	140%
	ダ1150～1200m	××	芝1700～1800m	×	0	0	0	5	0.0%	0.0%	0.0%	0%	0%
	ダ1300～1400m	◎	芝1700～1800m	×	1	0	0	9	11.1%	11.1%	11.1%	326%	60%
	ダ1300～1400m	××	芝1700～1800m	×	0	0	0	7	0.0%	0.0%	0.0%	0%	0%
	ダ1300～1400m	×	芝1700～1800m	×	0	0	0	5	0.0%	0.0%	0.0%	0%	0%
	ダ1700m	×	芝1700～1800m	×	0	0	0	5	0.0%	0.0%	0.0%	0%	0%
	ダ1700m	××	芝1700～1800m	×	0	0	1	18	0.0%	0.0%	5.6%	0%	27%
	ダ1700m	×	芝1700～1800m	×	0	0	0	15	0.0%	0.0%	0.0%	0%	0%
	ダ1800m	××	芝1700～1800m	×	0	0	0	26	0.0%	0.0%	0.0%	0%	0%
	ダ1800m	×	芝1700～1800m	×	1	0	2	18	5.6%	5.6%	16.7%	125%	111%
	芝1200m	×	芝1700～1800m	×	1	0	1	15	6.7%	6.7%	13.3%	90%	100%
	芝1200m	×	芝1700～1800m	××	0	0	0	5	0.0%	0.0%	0.0%	0%	0%
買い	芝1400～1500m	×	芝1700～1800m	×	2	1	2	15	13.3%	20.0%	33.3%	188%	92%
	芝1400～1500m	×	芝1700～1800m	××	1	0	0	6	16.7%	16.7%	16.7%	1470%	546%
買い	芝1600m	×	芝1700～1800m	×	1	4	5	56	1.8%	8.9%	17.9%	20%	97%
	芝1600m	×	芝1700～1800m	○	0	0	0	8	0.0%	0.0%	0.0%	0%	0%
	芝1600m	×	芝1700～1800m	×	0	0	0	7	0.0%	0.0%	0.0%	0%	0%
	芝1600m	◎	芝1700～1800m	×	0	0	2	7	0.0%	0.0%	28.6%	0%	92%
	芝1600m	×	芝1700～1800m	◎	1	1	0	7	14.3%	28.6%	28.6%	147%	75%
	芝1600m	○	芝1700～1800m	◎	0	0	0	6	0.0%	0.0%	0.0%	0%	0%
買い	芝1700～1800m	×	芝1700～1800m	×	10	15	14	226	4.4%	11.1%	17.3%	107%	101%
	芝1700～1800m	○	芝1700～1800m	×	2	1	3	53	3.8%	5.7%	11.3%	45%	37%
買い	芝1700～1800m	◎	芝1700～1800m	×	1	4	3	38	2.6%	13.2%	21.1%	38%	109%
買い	芝1700～1800m	×	芝1700～1800m	○	3	2	5	34	8.8%	14.7%	29.4%	179%	90%
	芝1700～1800m	×	芝1700～1800m	○	2	1	2	28	7.1%	10.7%	17.9%	141%	80%
買い	芝1700～1800m	○	芝1700～1800m	◎	2	2	3	25	8.0%	16.0%	28.0%	66%	108%
	芝1700～1800m	××	芝1700～1800m	×	2	1	0	22	9.1%	13.6%	13.6%	124%	75%
	芝1700～1800m	×	芝1700～1800m	××	1	1	0	21	4.8%	9.5%	9.5%	36%	30%
買い	芝1700～1800m	◎	芝1700～1800m	◎	2	2	2	10	20.0%	40.0%	60.0%	171%	170%
	芝1700～1800m	××	芝1700～1800m	××	0	0	0	6	0.0%	0.0%	0.0%	0%	0%
	芝1700～1800m	◎	芝1700～1800m	××	0	0	0	5	0.0%	0.0%	0.0%	0%	0%
	芝2000m	×	芝1700～1800m	×	6	9	7	197	3.0%	7.6%	11.2%	33%	92%
	芝2000m	×	芝1700～1800m	×	3	4	3	48	6.3%	14.6%	20.8%	54%	63%
	芝2000m	◎	芝1700～1800m	×	2	3	1	38	5.3%	13.2%	15.8%	68%	47%
	芝2000m	×	芝1700～1800m	◎	0	0	0	27	0.0%	0.0%	0.0%	0%	0%
	芝2000m	×	芝1700～1800m	××	0	0	0	17	0.0%	0.0%	0.0%	0%	0%
買い	芝2000m	×	芝1700～1800m	○	1	4	3	16	6.3%	31.3%	50.0%	97%	186%
	芝2000m	×	芝1700～1800m	◎	2	0	0	14	14.3%	14.3%	14.3%	110%	38%
	芝2000m	○	芝1700～1800m	×	1	0	1	8	12.5%	12.5%	25.0%	88%	41%
	芝2000m	○	芝1700～1800m	×	0	1	1	6	0.0%	16.7%	33.3%	0%	88%
	芝2000m	××	芝1700～1800m	××	0	0	1	6	0.0%	0.0%	16.7%	0%	221%
	芝2200m～	×	芝1700～1800m	×	3	3	1	41	7.3%	14.6%	17.1%	194%	64%
	芝2200m～	×	芝1700～1800m	×	1	0	0	14	7.1%	7.1%	7.1%	55%	20%
	―	―	芝2000m	◎	0	2	1	12	0.0%	16.7%	25.0%	0%	86%
	ダ1300～1400m	◎	芝2000m	×	0	0	0	6	0.0%	0.0%	0.0%	0%	0%
	ダ1300～1400m	××	芝2000m	×	1	0	0	6	16.7%	16.7%	16.7%	656%	155%
	ダ1300～1400m	×	芝2000m	×	0	0	0	5	0.0%	0.0%	0.0%	0%	0%
	ダ1700m	××	芝2000m	×	1	2	1	22	4.5%	13.6%	18.2%	124%	165%
	ダ1700m	×	芝2000m	×	0	1	3	21	0.0%	4.8%	19.0%	0%	142%
	ダ1700m	××	芝2000m	××	0	0	0	7	0.0%	0.0%	0.0%	0%	0%
	ダ1700m	○	芝2000m	×	0	2	0	6	0.0%	33.3%	33.3%	0%	168%
	ダ1700m	×	芝2000m	○	0	0	0	5	0.0%	0.0%	0.0%	0%	0%
	ダ1800m	××	芝2000m	×	0	0	0	32	0.0%	0.0%	0.0%	0%	0%
	ダ1800m	×	芝2000m	×	0	0	1	17	0.0%	0.0%	5.9%	0%	27%
	ダ1800m	××	芝2000m	××	0	0	0	8	0.0%	0.0%	0.0%	0%	0%

芝2000m

評価	前々走 距離	着順	前走 距離	着順	1着	2着	3着	総数	勝率	連対率	複勝率	単回率	複回率
	ダ1800m	◎	芝2000m	×	0	1	1	6	0.0%	16.7%	33.3%	0%	96%
	ダ1800m	×	芝2000m	○	0	0	0	6	0.0%	0.0%	0.0%	0%	0%
	芝1200m	×	芝2000m	×	0	0	1	17	0.0%	0.0%	5.9%	0%	107%
	芝1400〜1500m	×	芝2000m	×	0	0	0	10	0.0%	0.0%	0.0%	0%	0%
買い	芝1600m	×	芝2000m	×	1	3	4	40	2.5%	10.0%	20.0%	122%	110%
	芝1600m	◎	芝2000m	×	0	1	1	8	0.0%	12.5%	25.0%	0%	80%
	芝1600m	×	芝2000m	◎	0	0	1	5	0.0%	0.0%	20.0%	0%	70%
	芝1700〜1800m	×	芝2000m	×	9	9	14	193	4.7%	9.3%	16.6%	57%	84%
	芝1700〜1800m	×	芝2000m	○	4	2	4	36	11.1%	16.7%	27.8%	133%	81%
	芝1700〜1800m	○	芝2000m	×	0	0	2	33	0.0%	0.0%	6.1%	0%	16%
買い	芝1700〜1800m	×	芝2000m	××	2	2	1	29	6.9%	13.8%	17.2%	186%	210%
	芝1700〜1800m	◎	芝2000m	×	2	1	2	26	7.7%	11.5%	19.2%	151%	81%
	芝1700〜1800m	××	芝2000m	×	0	0	1	21	0.0%	0.0%	4.8%	0%	16%
	芝1700〜1800m	×	芝2000m	◎	0	1	3	14	0.0%	7.1%	28.6%	0%	192%
	芝1700〜1800m	○	芝2000m	◎	0	3	1	9	0.0%	33.3%	44.4%	0%	177%
	芝1700〜1800m	◎	芝2000m	○	0	0	1	8	0.0%	0.0%	12.5%	0%	67%
	芝1700〜1800m	◎	芝2000m	××	0	0	0	5	0.0%	0.0%	0.0%	0%	0%
	芝2000m	×	芝2000m	×	13	24	23	335	3.9%	11.0%	17.9%	69%	78%
	芝2000m	○	芝2000m	×	2	7	10	82	2.4%	11.0%	23.2%	19%	57%
	芝2000m	×	芝2000m	××	1	0	4	46	2.2%	2.2%	10.9%	94%	125%
	芝2000m	×	芝2000m	◎	2	1	3	45	4.4%	6.7%	13.3%	135%	67%
買い	芝2000m	×	芝2000m	◎	2	4	2	43	4.7%	14.0%	18.6%	59%	129%
	芝2000m	××	芝2000m	×	0	1	3	41	0.0%	2.4%	9.8%	0%	44%
	芝2000m	×	芝2000m	○	0	4	5	37	0.0%	10.8%	24.3%	0%	64%
買い	芝2000m	○	芝2000m	○	2	3	2	26	7.7%	19.2%	26.9%	100%	106%
	芝2000m	◎	芝2000m	○	0	2	1	21	0.0%	9.5%	14.3%	0%	32%
	芝2000m	◎	芝2000m	××	1	0	0	11	9.1%	9.1%	9.1%	42%	20%
	芝2000m	××	芝2000m	××	0	0	0	11	0.0%	0.0%	0.0%	0%	0%
	芝2200m〜	×	芝2000m	×	2	6	8	134	1.5%	6.0%	11.9%	10%	43%
	芝2200m〜	×	芝2000m	○	1	1	4	27	3.7%	7.4%	22.2%	21%	61%
	芝2200m〜	××	芝2000m	×	1	0	1	24	4.2%	4.2%	8.3%	38%	34%
	芝2200m〜	×	芝2000m	××	0	2	0	16	0.0%	12.5%	12.5%	0%	40%
	芝2200m〜	×	芝2000m	◎	1	1	1	10	10.0%	20.0%	30.0%	549%	250%
	芝2200m〜	××	芝2000m	××	0	0	0	10	0.0%	0.0%	0.0%	0%	0%
	芝2200m〜	◎	芝2000m	×	1	0	0	7	14.3%	14.3%	14.3%	111%	27%
	芝2200m〜	○	芝2000m	◎	1	0	0	7	14.3%	14.3%	14.3%	748%	297%
	芝2200m〜	○	芝2000m	×	2	0	1	7	28.6%	28.6%	42.9%	215%	100%
	ダ1700m	×	芝2200m〜	×	0	0	1	6	0.0%	0.0%	16.7%	0%	260%
	ダ1700m	××	芝2200m〜	×	0	0	1	6	0.0%	0.0%	16.7%	0%	33%
	ダ1700m	××	芝2200m〜	××	0	0	0	6	0.0%	0.0%	0.0%	0%	0%
	ダ1800m	×	芝2200m〜	×	0	1	1	9	0.0%	11.1%	22.2%	0%	134%
	ダ1800m	××	芝2200m〜	×	0	1	1	9	0.0%	11.1%	22.2%	0%	176%
	ダ2100m〜	××	芝2200m〜	×	0	1	0	7	0.0%	14.3%	14.3%	0%	50%
	芝1600m	×	芝2200m〜	×	0	1	0	9	0.0%	11.1%	11.1%	0%	32%
	芝1700〜1800m	×	芝2200m〜	×	2	4	1	59	3.4%	10.2%	11.9%	158%	68%
	芝1700〜1800m	×	芝2200m〜	××	0	1	0	19	0.0%	5.3%	5.3%	0%	25%
	芝1700〜1800m	○	芝2200m〜	×	1	1	0	8	12.5%	25.0%	25.0%	165%	96%
	芝1700〜1800m	◎	芝2200m〜	×	0	1	0	6	0.0%	16.7%	16.7%	0%	58%
	芝2000m	×	芝2200m〜	×	3	5	5	124	2.4%	6.5%	10.5%	28%	41%
買い	芝2000m	×	芝2200m〜	××	1	3	1	32	3.1%	12.5%	15.6%	39%	190%
	芝2000m	◎	芝2200m〜	×	1	3	0	23	4.3%	17.4%	17.4%	91%	89%
	芝2000m	×	芝2200m〜	○	1	0	1	19	5.3%	5.3%	10.5%	31%	13%
買い	芝2000m	×	芝2200m〜	◎	1	3	2	13	7.7%	30.8%	46.2%	83%	122%
	芝2000m	×	芝2200m〜	◎	0	1	1	12	0.0%	8.3%	16.7%	0%	72%
	芝2000m	××	芝2200m〜	×	0	0	0	7	0.0%	0.0%	0.0%	0%	0%
	芝2000m	○	芝2200m〜	××	1	0	1	6	16.7%	16.7%	33.3%	413%	326%
特買い	芝2200m〜	×	芝2200m〜	×	3	10	15	138	2.2%	9.4%	20.3%	47%	133%
	芝2200m〜	○	芝2200m〜	×	1	3	3	31	3.2%	12.9%	22.6%	46%	83%
	芝2200m〜	×	芝2200m〜	××	1	0	1	23	4.3%	4.3%	8.7%	68%	41%
	芝2200m〜	××	芝2200m〜	×	0	1	0	18	5.6%	5.6%	5.6%	114%	0%
買い	芝2200m〜	×	芝2200m〜	○	2	0	5	14	14.3%	14.3%	50.0%	136%	123%
	芝2200m〜	◎	芝2200m〜	×	1	0	0	9	11.1%	11.1%	11.1%	138%	27%
	芝2200m〜	×	芝2200m〜	◎	0	0	0	7	0.0%	0.0%	0.0%	0%	0%
	芝2200m〜	×	芝2200m〜	◎	1	0	0	5	20.0%	20.0%	40.0%	146%	110%

芝2000m

評価	前々走 距離	前々走 着順	前走 距離	前走 着順	1着	2着	3着	総数	勝率	連対率	複勝率	単回率	複回率
	芝1200m	×	ダ1150～1200m	×	0	0	0	5	0.0%	0.0%	0.0%	0%	0%
	ダ1300～1400m	○	ダ1300～1400m	◎	1	0	1	9	11.1%	11.1%	22.2%	426%	181%
	ダ1300～1400m	○	ダ1300～1400m	××	0	1	0	8	0.0%	12.5%	12.5%	0%	131%
	ダ1300～1400m	×	ダ1300～1400m	○	0	0	0	6	0.0%	0.0%	0.0%	0%	0%
	ダ1300～1400m	×	ダ1300～1400m	×	0	0	1	6	0.0%	0.0%	16.7%	0%	216%
	ダ1300～1400m	◎	ダ1300～1400m	×	0	0	0	5	0.0%	0.0%	0.0%	0%	0%
	ダ1300～1400m	○	ダ1300～1400m	×	0	0	0	5	0.0%	0.0%	0.0%	0%	0%
	ダ1300～1400m	××	ダ1300～1400m	××	0	0	0	5	0.0%	0.0%	0.0%	0%	0%
	ダ1800m	×	ダ1300～1400m	×	0	0	0	5	0.0%	0.0%	0.0%	0%	0%
	ダ1700m	××	ダ1600m	××	0	0	0	5	0.0%	0.0%	0.0%	0%	0%
	ダ1800m	×	ダ1600m	××	0	0	0	5	0.0%	0.0%	0.0%	0%	0%
	ダ1800m	××	ダ1600m	×	0	0	1	5	0.0%	0.0%	20.0%	0%	150%
	ダ1300～1400m	◎	ダ1700m	××	0	0	0	5	0.0%	0.0%	0.0%	0%	0%
	ダ1300～1400m	×	ダ1700m	××	0	0	0	5	0.0%	0.0%	0.0%	0%	0%
買い	ダ1700m	×	ダ1700m	×	2	1	2	30	6.7%	10.0%	16.7%	121%	92%
	ダ1700m	×	ダ1700m	××	0	0	2	16	0.0%	0.0%	12.5%	0%	142%
	ダ1700m	××	ダ1700m	××	0	1	0	14	0.0%	7.1%	7.1%	0%	129%
	ダ1700m	××	ダ1700m	×	0	1	0	12	0.0%	8.3%	8.3%	0%	104%
	ダ1700m	○	ダ1700m	◎	0	0	0	9	0.0%	0.0%	0.0%	0%	0%
	ダ1700m	○	ダ1700m	×	0	1	0	7	0.0%	14.3%	14.3%	0%	50%
	ダ1800m	×	ダ1700m	×	0	0	1	8	0.0%	0.0%	12.5%	0%	47%
	ダ1800m	××	ダ1700m	××	0	0	0	8	0.0%	0.0%	0.0%	0%	0%
	ダ1800m	××	ダ1700m	×	0	0	1	7	0.0%	0.0%	14.3%	0%	562%
	ダ1800m	◎	ダ1700m	×	0	0	0	6	0.0%	0.0%	0.0%	0%	0%
	ダ1800m	×	ダ1700m	◎	0	0	1	6	0.0%	0.0%	16.7%	0%	45%
	ダ1800m	×	ダ1700m	××	0	1	0	6	0.0%	16.7%	16.7%	0%	91%
	芝1700～1800m	×	ダ1700m	×	1	1	0	16	6.3%	12.5%	12.5%	177%	65%
	芝1700～1800m	×	ダ1700m	××	0	1	1	14	0.0%	7.1%	14.3%	0%	105%
	芝1700～1800m	××	ダ1700m	××	0	0	0	6	0.0%	0.0%	0.0%	0%	0%
	芝2000m	×	ダ1700m	××	1	2	0	18	5.6%	16.7%	16.7%	39%	48%
	芝2000m	×	ダ1700m	×	0	1	1	16	0.0%	6.3%	12.5%	0%	48%
	ダ1300～1400m	×	ダ1800m	××	0	0	1	6	0.0%	16.7%	16.7%	0%	73%
買い	ダ1700m	×	ダ1800m	×	3	1	2	16	18.8%	25.0%	37.5%	758%	316%
	ダ1700m	××	ダ1800m	××	0	0	0	16	0.0%	0.0%	0.0%	0%	0%
	ダ1700m	×	ダ1800m	××	0	0	1	9	0.0%	0.0%	11.1%	0%	306%
	ダ1700m	○	ダ1800m	×	0	0	1	5	0.0%	0.0%	20.0%	0%	44%
	ダ1700m	××	ダ1800m	×	0	0	1	5	0.0%	0.0%	20.0%	0%	160%
買い	ダ1800m	×	ダ1800m	×	3	2	3	26	11.5%	19.2%	30.8%	293%	235%
	ダ1800m	○	ダ1800m	◎	1	1	2	17	5.9%	11.8%	23.5%	134%	153%
	ダ1800m	××	ダ1800m	××	0	0	0	17	0.0%	0.0%	0.0%	0%	0%
	ダ1800m	×	ダ1800m	××	0	0	0	15	0.0%	0.0%	0.0%	0%	0%
	ダ1800m	××	ダ1800m	×	0	1	0	12	0.0%	8.3%	8.3%	0%	60%
	ダ1800m	×	ダ1800m	◎	0	0	1	10	0.0%	0.0%	10.0%	0%	73%
	ダ1800m	○	ダ1800m	×	0	1	0	9	0.0%	11.1%	11.1%	0%	130%
	芝1600m	×	ダ1800m	××	0	0	0	8	0.0%	0.0%	0.0%	0%	0%
	芝1700～1800m	×	ダ1800m	××	2	0	1	15	13.3%	13.3%	20.0%	240%	74%
	芝1700～1800m	××	ダ1800m	××	0	0	0	7	0.0%	0.0%	0.0%	0%	0%
	芝1700～1800m	×	ダ1800m	×	0	0	0	6	0.0%	0.0%	0.0%	0%	0%
	芝2000m	×	ダ1800m	××	2	0	0	19	10.5%	10.5%	10.5%	221%	55%
	芝2000m	×	ダ1800m	×	0	1	0	9	0.0%	11.1%	11.1%	0%	130%
	芝2000m	××	ダ1800m	××	0	0	0	8	0.0%	0.0%	0.0%	0%	0%
	芝2200m～	×	ダ1800m	××	0	1	0	11	0.0%	9.1%	9.1%	0%	21%
	芝2200m～	×	ダ1800m	×	1	0	0	5	20.0%	20.0%	20.0%	150%	52%

激変ローテ●芝2000m【1000万下～OP】3番人気以内

評価	前々走 距離	前々走 着順	前走 距離	前走 着順	1着	2着	3着	総数	勝率	連対率	複勝率	単回率	複回率
	芝1600m	○	芝1600m	×	0	1	0	5	0.0%	20.0%	20.0%	0%	26%
消し	芝1600m	×	芝1600m	○	0	0	0	4	0.0%	0.0%	0.0%	0%	0%
	芝1700～1800m	○	芝1600m	○	2	2	0	5	40.0%	80.0%	80.0%	78%	98%
	芝1600m	×	芝1700～1800m	○	4	1	1	9	44.4%	55.6%	66.7%	232%	114%
	芝1600m	○	芝1700～1800m	×	0	3	0	7	0.0%	42.9%	42.9%	0%	61%
	芝1600m	○	芝1700～1800m	◎	2	0	1	5	40.0%	40.0%	60.0%	148%	108%
	芝1700～1800m	×	芝1700～1800m	×	3	1	2	15	20.0%	26.7%	40.0%	53%	72%

芝2000m

評価	前々走 距離	着順	前走 距離	着順	1着	2着	3着	総数	勝率	連対率	複勝率	単回率	複回率
	芝1700〜1800m		芝1700〜1800m	○	4	3	3	13	30.8%	53.8%	76.9%	77%	100%
	芝1700〜1800m		芝1700〜1800m	◎	4	0	4	12	33.3%	33.3%	66.7%	143%	113%
	芝1700〜1800m	◎	芝1700〜1800m	×	1	3	1	11	9.1%	36.4%	45.5%	38%	67%
	芝1700〜1800m		芝1700〜1800m	◎	3	1	0	9	33.3%	44.4%	44.4%	157%	80%
	芝1700〜1800m		芝1700〜1800m	×	2	1	2	9	22.2%	33.3%	55.6%	78%	98%
消し	芝1700〜1800m	×	芝1700〜1800m		0	1	2	9	0.0%	11.1%	33.3%	0%	48%
	芝1700〜1800m	◎	芝1700〜1800m	○	1	2	1	7	14.3%	42.9%	57.1%	58%	71%
	芝2000m		芝1700〜1800m	○	2	5	1	22	9.1%	31.8%	36.4%	63%	72%
消し	芝2000m	×	芝1700〜1800m	○	2	3	2	19	10.5%	26.3%	36.8%	49%	56%
	芝2000m		芝1700〜1800m	◎	5	3	3	19	26.3%	42.1%	57.9%	108%	93%
	芝2000m		芝1700〜1800m	×	1	5	1	12	8.3%	50.0%	58.3%	29%	107%
消し	芝2000m		芝1700〜1800m	○	1	1	1	10	10.0%	20.0%	30.0%	18%	39%
	芝2000m	◎	芝1700〜1800m	○	2	3	0	9	22.2%	55.6%	55.6%	67%	83%
	芝2000m		芝1700〜1800m	◎	4	1	2	9	44.4%	55.6%	77.8%	102%	112%
	芝2000m		芝1700〜1800m	×	1	2	1	9	11.1%	33.3%	44.4%	18%	73%
	芝2200m〜	×	芝1700〜1800m	○	2	0	2	7	28.6%	28.6%	57.1%	82%	88%
	芝1600m		芝2000m		1	1	1	6	16.7%	33.3%	50.0%	53%	73%
消し	芝1700〜1800m	×	芝2000m	○	5	2	1	18	27.8%	38.9%	44.4%	78%	65%
	芝1700〜1800m		芝2000m	×	6	4	0	16	37.5%	62.5%	62.5%	135%	95%
	芝1700〜1800m	○	芝2000m		2	3	5	15	13.3%	33.3%	66.7%	36%	86%
	芝1700〜1800m		芝2000m	◎	5	2	2	15	33.3%	46.7%	60.0%	108%	98%
	芝1700〜1800m		芝2000m	×	3	2	4	15	20.0%	33.3%	60.0%	86%	95%
	芝1700〜1800m	◎	芝2000m		2	2	1	10	20.0%	40.0%	50.0%	66%	53%
	芝1700〜1800m		芝2000m	○	2	1	1	9	22.2%	33.3%	44.4%	63%	55%
	芝1700〜1800m	○	芝2000m	◎	1	0	2	8	12.5%	12.5%	37.5%	21%	63%
	芝1700〜1800m		芝2000m	×	1	0	2	6	16.7%	16.7%	50.0%	60%	66%
消し	芝2000m	○	芝2000m	×	1	3	4	22	4.5%	18.2%	36.4%	14%	59%
	芝2000m	×	芝2000m		2	5	5	22	9.1%	31.8%	54.5%	48%	94%
	芝2000m	◎	芝2000m	×	4	1	3	21	19.0%	23.8%	38.1%	39%	50%
	芝2000m	×	芝2000m	○	7	1	2	20	35.0%	40.0%	50.0%	148%	89%
	芝2000m		芝2000m	○	8	4	0	16	50.0%	75.0%	75.0%	106%	95%
	芝2000m		芝2000m	×	5	1	5	16	31.3%	37.5%	68.8%	107%	107%
	芝2000m	○	芝2000m		3	1	2	15	20.0%	40.0%	46.7%	81%	71%
	芝2000m		芝2000m	◎	2	3	3	14	14.3%	35.7%	57.1%	26%	75%
	芝2000m		芝2000m	○	3	4	3	13	23.1%	53.8%	76.9%	80%	113%
消し	芝2200m〜	×	芝2000m	×	0	4	2	18	0.0%	22.2%	33.3%	0%	58%
	芝2200m〜		芝2000m	○	5	3	3	16	31.3%	50.0%	68.8%	107%	103%
	芝2200m〜	○	芝2000m		1	3	2	9	11.1%	44.4%	66.7%	30%	92%
	芝2200m〜		芝2000m	◎	2	1	1	8	25.0%	37.5%	50.0%	63%	66%
	芝2200m〜		芝2000m	×	1	3	0	7	14.3%	57.1%	57.1%	48%	80%
	芝1600m		芝2200m〜	○	1	0	1	6	16.7%	16.7%	33.3%	41%	41%
	芝1700〜1800m	○	芝2200m〜		1	2	0	5	20.0%	60.0%	60.0%	58%	80%
消し	芝2000m		芝2200m〜	×	1	2	1	14	7.1%	21.4%	28.6%	35%	47%
消し	芝2000m	×	芝2200m〜	×	0	0	4	11	0.0%	0.0%	36.4%	0%	50%
	芝2000m	○	芝2200m〜	○	3	1	3	10	30.0%	40.0%	70.0%	100%	86%
	芝2000m	×	芝2200m〜	○	4	1	1	10	40.0%	50.0%	60.0%	139%	89%
	芝2000m	◎	芝2200m〜	×	2	2	0	9	22.2%	44.4%	44.4%	86%	67%
消し	芝2200m〜	◎	芝2200m〜	○	0	1	0	6	0.0%	16.7%	16.7%	0%	20%
消し	芝2200m〜	◎	芝2200m〜	◎	0	0	1	5	0.0%	0.0%	20.0%	0%	28%
消し	芝2200m〜		芝2200m〜	×	0	0	1	5	0.0%	0.0%	20.0%	0%	30%
	芝2200m〜	×	芝2200m〜	×	4	3	1	20	20.0%	35.0%	40.0%	80%	82%
	芝2200m〜		芝2200m〜	○	3	3	2	16	18.8%	37.5%	50.0%	90%	89%
	芝2200m〜	○	芝2200m〜		1	3	4	16	6.3%	25.0%	50.0%	13%	85%
	芝2200m〜	◎	芝2200m〜	×	2	0	2	8	25.0%	50.0%	50.0%	82%	72%
	芝2200m〜		芝2200m〜	◎	2	0	0	8	25.0%	25.0%	25.0%	0%	32%
	芝2200m〜		芝2200m〜	○	3	0	0	7	42.9%	42.9%	85.7%	100%	124%
	芝2200m〜	○	芝2200m〜	×	1	3	0	5	20.0%	80.0%	80.0%	78%	128%
	芝2200m〜	×	芝2200m〜	◎	2	0	0	5	40.0%	40.0%	60.0%	170%	88%

激変ローテ●芝2000m【1000万下〜OP】4番人気以下

評価	前々走 距離	着順	前走 距離	着順	1着	2着	3着	総数	勝率	連対率	複勝率	単回率	複回率
	芝1400〜1500m		芝1400〜1500m	×	0	0	1	7	0.0%	0.0%	14.3%	0%	74%
	芝1600m	×	芝1400〜1500m	×	0	1	0	7	0.0%	14.3%	14.3%	0%	52%

芝2000m

評価	前々走 距離	前々走 着順	前走 距離	前走 着順	1着	2着	3着	総数	勝率	連対率	複勝率	単回率	複回率
	芝1700~1800m	×	芝1400~1500m	×	0	0	0	6	0.0%	0.0%	0.0%	0%	0%
	芝2000m	×	芝1400~1500m	×	0	0	0	5	0.0%	0.0%	0.0%	0%	0%
	芝1400~1500m	×	芝1600m	×	1	1	0	5	20.0%	40.0%	40.0%	250%	206%
買い	芝1600m	×	芝1600m	×	2	2	2	34	5.9%	11.8%	17.6%	186%	120%
	芝1600m	◎	芝1600m	×	0	1	1	7	0.0%	14.3%	14.3%	0%	57%
	芝1600m	○	芝1600m	×	1	1	0	5	20.0%	40.0%	40.0%	194%	100%
	芝1700~1800m	×	芝1600m	×	0	2	1	45	0.0%	4.4%	6.7%	0%	23%
	芝1700~1800m	◎	芝1600m	×	1	0	3	10	10.0%	10.0%	40.0%	85%	128%
	芝1700~1800m	○	芝1600m	×	0	0	0	5	0.0%	0.0%	0.0%	0%	0%
	芝2000m	×	芝1600m	×	2	0	2	29	6.9%	6.9%	13.8%	58%	81%
買い	芝2000m	○	芝1600m	×	0	1	2	4	0.0%	25.0%	75.0%	0%	400%
	芝2200m~	×	芝1600m	×	0	0	1	12	0.0%	0.0%	8.3%	0%	13%
	ダ1800m	×	芝1700~1800m	×	0	0	0	5	0.0%	0.0%	0.0%	0%	0%
	芝1400~1500m	×	芝1700~1800m	×	0	1	1	9	0.0%	11.1%	22.2%	0%	58%
	芝1600m	×	芝1700~1800m	×	3	3	2	56	5.4%	10.7%	14.3%	65%	55%
	芝1600m	◎	芝1700~1800m	×	0	1	1	7	0.0%	14.3%	28.6%	0%	104%
	芝1600m	○	芝1700~1800m	×	3	9	4	121	2.5%	9.9%	13.2%	22%	82%
買い	芝1700~1800m	◎	芝1700~1800m	×	4	0	3	37	10.8%	10.8%	18.9%	247%	96%
	芝1700~1800m	○	芝1700~1800m	◎	1	2	0	16	6.3%	18.8%	18.8%	157%	76%
	芝1700~1800m	○	芝1700~1800m	×	0	3	0	16	0.0%	18.8%	18.8%	0%	46%
	芝1700~1800m	×	芝1700~1800m	◎	1	0	1	16	6.3%	6.3%	12.5%	34%	12%
	芝1700~1800m	×	芝1700~1800m	○	2	2	0	16	12.5%	25.0%	25.0%	136%	72%
	芝1700~1800m	×	芝1700~1800m	××	0	1	1	12	0.0%	8.3%	16.7%	0%	119%
	芝1700~1800m	××	芝1700~1800m	×	0	0	1	9	0.0%	0.0%	11.1%	0%	197%
	芝1700~1800m	×◎	芝1700~1800m	×	0	1	0	8	0.0%	12.5%	12.5%	0%	31%
	芝1700~1800m	×○	芝1700~1800m	◎	0	2	1	7	0.0%	28.6%	42.9%	0%	281%
	芝1700~1800m	×	芝1700~1800m	○	1	0	1	7	14.3%	14.3%	28.6%	110%	95%
	芝2000m	×	芝1700~1800m	×	6	7	6	131	4.6%	9.9%	14.5%	122%	81%
買い	芝2000m	○	芝1700~1800m	×	1	3	2	25	4.0%	16.0%	24.0%	28%	92%
	芝2000m	◎	芝1700~1800m	×	1	1	2	22	4.5%	9.1%	18.2%	45%	68%
買い	芝2000m	×	芝1700~1800m	◎	4	1	2	20	20.0%	25.0%	35.0%	272%	127%
	芝2000m	×	芝1700~1800m	○	1	1	2	19	5.3%	10.5%	21.1%	48%	62%
	芝2000m	×	芝1700~1800m	××	0	0	0	13	0.0%	0.0%	0.0%	0%	0%
	芝2000m	××	芝1700~1800m	×	0	1	0	11	0.0%	9.1%	9.1%	0%	39%
	芝2000m	○	芝1700~1800m	○	0	0	0	6	0.0%	0.0%	0.0%	0%	0%
	芝2000m	◎	芝1700~1800m	○	2	1	0	5	40.0%	60.0%	60.0%	422%	158%
	芝2200m~	×	芝1700~1800m	×	2	3	3	41	4.9%	12.2%	19.5%	61%	72%
	芝2200m~	××	芝1700~1800m	×	1	0	1	12	8.3%	8.3%	16.7%	63%	127%
	芝2200m~	×	芝1700~1800m	××	1	0	0	7	14.3%	14.3%	14.3%	324%	44%
	芝1400~1500m	×	芝2000m	×	0	0	0	6	0.0%	0.0%	0.0%	0%	0%
	芝1600m	×	芝2000m	×	1	1	2	32	3.1%	6.3%	12.5%	219%	84%
	芝1600m	◎	芝2000m	×	0	0	0	6	0.0%	0.0%	0.0%	0%	0%
買い	芝1700~1800m	×	芝2000m	×	6	7	8	119	5.0%	10.9%	17.6%	93%	93%
特買い	芝1700~1800m	×	芝2000m	◎	5	3	3	31	16.1%	25.8%	35.5%	244%	158%
	芝1700~1800m	×	芝2000m	○	0	2	3	23	0.0%	8.7%	21.7%	0%	62%
	芝1700~1800m	○	芝2000m	×	0	1	2	16	0.0%	6.3%	18.8%	0%	56%
買い	芝1700~1800m	○	芝2000m	◎	1	3	1	16	6.3%	25.0%	31.3%	62%	95%
	芝1700~1800m	◎	芝2000m	×	1	2	0	15	6.7%	20.0%	20.0%	100%	86%
	芝1700~1800m	×	芝2000m	××	0	0	0	14	0.0%	0.0%	0.0%	0%	0%
	芝1700~1800m	◎	芝2000m	○	1	0	0	7	14.3%	14.3%	14.3%	185%	45%
	芝1700~1800m	××	芝2000m	×	0	1	0	7	0.0%	14.3%	14.3%	0%	90%
	芝1700~1800m	○	芝2000m	◎	0	0	0	5	0.0%	0.0%	0.0%	0%	0%
	芝1700~1800m	○	芝2000m	○	2	1	0	5	40.0%	60.0%	60.0%	620%	202%
買い	芝2000m	×	芝2000m	×	8	6	10	126	6.3%	11.1%	19.0%	152%	88%
	芝2000m	○	芝2000m	×	2	4	1	40	5.0%	15.0%	17.5%	78%	70%
	芝2000m	◎	芝2000m	×	4	1	3	37	10.8%	13.5%	21.6%	104%	56%
	芝2000m	×	芝2000m	○	0	0	3	26	0.0%	0.0%	11.5%	0%	36%
	芝2000m	×	芝2000m	◎	0	1	3	25	0.0%	4.0%	16.0%	0%	63%
	芝2000m	○	芝2000m	◎	1	2	0	23	4.3%	13.0%	13.0%	30%	40%
	芝2000m	×	芝2000m	××	1	0	0	19	5.3%	5.3%	5.3%	241%	61%
	芝2000m	××	芝2000m	×	0	0	1	15	0.0%	0.0%	6.7%	0%	29%
	芝2000m	◎	芝2000m	○	1	1	0	10	10.0%	20.0%	20.0%	64%	40%
	芝2000m	○	芝2000m	○	0	0	1	10	0.0%	0.0%	10.0%	0%	21%
	芝2000m	◎	芝2000m	◎	1	1	1	8	12.5%	25.0%	37.5%	122%	88%
	芝2000m	◎	芝2000m	××	0	0	0	7	0.0%	0.0%	0.0%	0%	0%

芝2000m

評価	前々走 距離	前々走 着順	前走 距離	前走 着順	1着	2着	3着	総数	勝率	連対率	複勝率	単回率	複回率
	芝2000m	××	芝2000m	××	0	0	0	5	0.0%	0.0%	0.0%	0%	0%
	芝2000m~	×	芝2000m	×	2	6	5	73	2.7%	11.0%	17.8%	40%	72%
	芝2200m~	××	芝2000m	×	1	0	0	14	7.1%	7.1%	7.1%	182%	58%
買い	芝2200m~	×	芝2000m	◎	2	2	1	11	18.2%	36.4%	45.5%	264%	150%
	芝2200m~	×	芝2000m	○	2	1	1	11	18.2%	27.3%	36.4%	137%	77%
	芝2200m~	◎	芝2000m	◎	0	1	1	9	0.0%	11.1%	22.2%	0%	116%
	芝2200m~	◎	芝2000m	○	1	0	1	9	11.1%	11.1%	22.2%	108%	47%
	芝2200m~	×	芝2000m	××	1	0	1	9	11.1%	11.1%	22.2%	385%	141%
	芝2200m~	○	芝2000m	×	1	0	2	8	12.5%	12.5%	37.5%	115%	108%
	芝2200m~	××	芝2000m	××	0	0	1	6	0.0%	0.0%	16.7%	0%	0%
買い	芝1600m	×	芝2200m~	×	2	1	0	10	20.0%	30.0%	30.0%	217%	416%
特買い	芝1700~1800m	×	芝2200m~	×	3	4	2	38	7.9%	18.4%	23.7%	204%	153%
	芝1700~1800m	○	芝2200m~	×	0	0	1	9	0.0%	0.0%	11.1%	0%	27%
	芝1700~1800m	×	芝2200m~	××	0	0	1	9	0.0%	0.0%	11.1%	0%	37%
	芝1700~1800m	◎	芝2200m~	×	1	1	0	7	14.3%	28.6%	28.6%	92%	47%
	芝1700~1800m	×	芝2200m~	○	1	0	1	7	14.3%	14.3%	28.6%	168%	90%
特買い	芝2000m	×	芝2200m~	×	2	3	14	89	2.2%	5.6%	21.3%	166%	134%
	芝2000m	×	芝2200m~	××	0	3	1	20	0.0%	15.0%	20.0%	0%	219%
	芝2000m	○	芝2200m~	×	1	1	0	19	5.3%	10.5%	10.5%	104%	41%
買い	芝2000m	×	芝2200m~	◎	2	1	3	13	15.4%	23.1%	46.2%	244%	173%
	芝2000m	×	芝2200m~	○	2	1	1	11	18.2%	27.3%	36.4%	103%	70%
	芝2000m	××	芝2200m~	×	0	0	0	11	0.0%	0.0%	0.0%	0%	0%
	芝2000m	×	芝2200m~	○	0	2	1	9	0.0%	22.2%	33.3%	0%	92%
	芝2000m	××	芝2200m~	××	0	1	0	7	0.0%	14.3%	14.3%	0%	60%
	芝2000m	◎	芝2200m~	×	0	0	1	6	0.0%	0.0%	16.7%	0%	78%
	芝2000m	◎	芝2200m~	○	0	1	2	5	0.0%	20.0%	60.0%	0%	202%
	芝2200m~	◎	芝2200m~	×	1	5	5	102	1.0%	5.9%	10.8%	16%	59%
買い	芝2200m~	◎	芝2200m~	×	2	0	3	27	7.4%	7.4%	18.5%	108%	108%
	芝2200m~	×	芝2200m~	××	1	0	0	23	4.3%	4.3%	4.3%	26%	10%
	芝2200m~	××	芝2200m~	×	0	0	1	14	0.0%	0.0%	7.1%	0%	28%
買い	芝2200m~	○	芝2200m~	×	2	1	3	13	15.4%	23.1%	46.2%	256%	189%
	芝2200m~	××	芝2200m~	××	0	0	0	11	0.0%	0.0%	0.0%	0%	0%
	芝2200m~	○	芝2200m~	◎	2	0	1	8	25.0%	25.0%	37.5%	207%	122%
	芝2200m~	×	芝2200m~	○	1	0	1	8	12.5%	12.5%	25.0%	140%	53%
	芝2200m~	○	芝2200m~	○	2	0	0	5	40.0%	40.0%	40.0%	490%	104%
	ダ1700m	◎	ダ1700m	◎	0	0	0	7	0.0%	0.0%	0.0%	0%	0%
	ダ1700m	◎	ダ1700m	×	0	0	1	6	0.0%	0.0%	16.7%	0%	55%
	ダ1800m	×	ダ1800m	×	1	0	0	6	16.7%	16.7%	16.7%	1461%	313%
	ダ1800m	○	ダ1800m	◎	1	0	0	12	8.3%	8.3%	8.3%	247%	22%
	ダ1800m	×	ダ1800m	×	1	0	0	9	11.1%	11.1%	11.1%	355%	81%
	ダ1800m	×	ダ1800m	××	0	1	0	9	0.0%	11.1%	11.1%	0%	247%
	ダ1800m	××	ダ1800m	××	0	0	0	8	0.0%	0.0%	0.0%	0%	0%
	ダ1800m	×	ダ1800m	×	0	0	0	6	0.0%	0.0%	0.0%	0%	0%
	ダ1800m	◎	ダ1800m	◎	0	0	1	5	0.0%	0.0%	20.0%	0%	0%
	ダ1800m	◎	ダ1800m	×	0	1	1	5	0.0%	20.0%	40.0%	0%	322%
	芝1700~1800m	◎	ダ1800m	×	0	0	0	6	0.0%	0.0%	0.0%	0%	0%
	芝2200m~	×	ダ1800m	××	0	0	2	5	0.0%	0.0%	40.0%	0%	212%

激変ローテ●芝2000m【重賞】3番人気以内

評価	前々走 距離	前々走 着順	前走 距離	前走 着順	1着	2着	3着	総数	勝率	連対率	複勝率	単回率	複回率
	芝1600m		芝1600m		1	6	4	17	5.9%	41.2%	64.7%	7%	114%
	芝1700~1800m		芝1600m		2	4	1	15	13.3%	40.0%	46.7%	28%	73%
消し	芝2000m		芝1600m		1	2	0	7	14.3%	42.9%	42.9%	62%	61%
消し	芝1600m		芝1700~1800m		4	2	0	19	21.1%	31.6%	31.6%	57%	43%
	芝1700~1800m		芝1700~1800m		5	4	8	28	17.9%	32.1%	60.7%	85%	105%
	芝2000m		芝1700~1800m		6	4	5	34	17.6%	29.4%	44.1%	86%	82%
消し	芝2200m~		芝1700~1800m		2	0	2	12	16.7%	16.7%	33.3%	65%	64%
消し	—		芝2000m		0	1	1	5	0.0%	20.0%	40.0%	0%	60%
	芝1600m		芝2000m		3	5	2	17	17.6%	47.1%	58.8%	75%	91%
消し	芝1700~1800m		芝2000m		6	2	2	30	20.0%	26.7%	33.3%	77%	53%
	芝2000m		芝2000m		13	10	6	52	25.0%	44.2%	55.8%	88%	82%
	芝2200m~		芝2000m		7	3	2	20	35.0%	50.0%	60.0%	129%	93%
	芝1600m		芝2200m~		5	0	3	15	33.3%	33.3%	53.3%	87%	70%

芝2000m

評価	前々走 距離	着順	前走 距離	着順	1着	2着	3着	総数	勝率	連対率	複勝率	単回率	複回率
消し	芝1700〜1800m		芝2200m〜		1	0	1	6	16.7%	16.7%	33.3%	60%	55%
	芝2000m		芝2200m〜		9	5	2	34	26.5%	41.2%	47.1%	94%	70%
	芝2200m〜		芝2200m〜		14	4	6	41	34.1%	43.9%	58.5%	129%	88%

激変ローテ●芝2000m【重賞】4番人気以下

評価	前々走 距離	着順	前走 距離	着順	1着	2着	3着	総数	勝率	連対率	複勝率	単回率	複回率
	芝1400〜1500m		芝1400〜1500m		0	0	0	5	0.0%	0.0%	0.0%	0%	0%
	芝1600m		芝1400〜1500m		0	0	0	7	0.0%	0.0%	0.0%	0%	0%
	―		芝1600m		0	1	0	5	0.0%	20.0%	20.0%	0%	60%
	ダ1300〜1400m		芝1600m		0	0	0	3	0.0%	0.0%	0.0%	0%	0%
	芝1400〜1500m		芝1600m		1	0	0	22	4.5%	4.5%	4.5%	38%	10%
買い	芝1600m		芝1600m		2	3	6	53	3.8%	9.4%	20.8%	27%	118%
	芝1700〜1800m		芝1600m		2	2	4	41	4.9%	9.8%	19.5%	55%	68%
特買い	芝2000m		芝1600m		0	1	5	30	0.0%	3.3%	20.0%	0%	91%
	芝2200m〜		芝1700〜1800m		0	0	0	4	0.0%	0.0%	0.0%	0%	0%
	―		芝1700〜1800m		0	0	0	3	0.0%	0.0%	0.0%	0%	0%
	ダ1300〜1400m		芝1700〜1800m		0	1	0	4	0.0%	25.0%	25.0%	0%	165%
	ダ1600m		芝1700〜1800m		0	0	0	5	0.0%	0.0%	0.0%	0%	0%
	ダ1700m		芝1700〜1800m		0	0	0	4	0.0%	0.0%	0.0%	0%	0%
	ダ1800m		芝1700〜1800m		2	0	0	7	28.6%	28.6%	28.6%	588%	122%
	ダ2100m〜		芝1700〜1800m		0	1	0	4	0.0%	25.0%	25.0%	0%	447%
	芝1200m		芝1700〜1800m		0	0	0	7	0.0%	0.0%	0.0%	0%	0%
	芝1400〜1500m		芝1700〜1800m		0	0	0	5	0.0%	0.0%	0.0%	0%	0%
	芝1600m		芝1700〜1800m		5	4	3	86	5.8%	10.5%	14.0%	62%	80%
特買い	芝1700〜1800m		芝1700〜1800m		7	7	7	107	6.5%	13.1%	19.6%	96%	111%
特買い	芝2000m		芝1700〜1800m		4	7	11	139	2.9%	7.9%	15.8%	163%	124%
	芝2200m〜		芝1700〜1800m		2	5	4	61	3.3%	11.5%	18.0%	34%	71%
	ダ1600m		芝2000m		0	0	0	3	0.0%	0.0%	0.0%	0%	0%
	ダ1700m		芝2000m		0	0	0	3	0.0%	0.0%	0.0%	0%	0%
	ダ1800m		芝2000m		0	0	0	11	0.0%	0.0%	0.0%	0%	0%
	芝1400〜1500m		芝2000m		0	0	0	7	0.0%	0.0%	0.0%	0%	0%
特買い	芝1600m		芝2000m		4	3	4	50	8.0%	14.0%	22.0%	425%	158%
	芝1700〜1800m		芝2000m		1	5	5	134	0.7%	4.5%	8.2%	5%	46%
	芝2000m		芝2000m		5	7	8	149	3.4%	8.1%	13.4%	78%	54%
	芝2200m〜		芝2000m		2	3	5	74	2.7%	6.8%	13.5%	16%	77%
	芝1400〜1500m		芝2200m〜		0	0	0	5	0.0%	0.0%	0.0%	0%	0%
	芝1600m		芝2200m〜		0	1	0	9	0.0%	11.1%	11.1%	0%	41%
	芝1700〜1800m		芝2200m〜		1	0	1	20	5.0%	5.0%	10.0%	34%	48%
特買い	芝2000m		芝2200m〜		3	8	3	68	4.4%	16.2%	20.6%	49%	90%
買い	芝2200m〜		芝2200m〜		1	5	7	92	1.1%	6.5%	14.1%	6%	90%
	ダ1300〜1400m		ダ1300〜1400m		0	0	0	3	0.0%	0.0%	0.0%	0%	0%
	ダ1300〜1400m		ダ1600m		0	1	0	5	0.0%	20.0%	20.0%	0%	106%
	ダ1700m		ダ1600m		0	0	0	3	0.0%	0.0%	0.0%	0%	0%
	芝1700m		ダ1600m		0	0	0	3	0.0%	0.0%	0.0%	0%	0%
	ダ1700m		ダ1700m		0	0	0	10	0.0%	0.0%	0.0%	0%	0%
	芝2000m		ダ1700m		0	0	1	7	0.0%	0.0%	14.3%	0%	102%
	―		ダ1800m		0	0	1	4	0.0%	0.0%	25.0%	0%	100%
	ダ1600m		ダ1800m		0	0	0	3	0.0%	0.0%	0.0%	0%	0%
	ダ1800m		ダ1800m		0	1	1	14	0.0%	7.1%	14.3%	0%	112%
	ダ2000m		ダ1800m		0	1	0	3	0.0%	33.3%	33.3%	0%	726%
	芝1700〜1800m		ダ1800m		0	0	0	6	0.0%	0.0%	0.0%	0%	0%
	芝2000m		ダ1800m		0	0	0	6	0.0%	0.0%	0.0%	0%	0%
	芝2200m〜		ダ2100m〜		0	1	1	3	0.0%	33.3%	66.7%	0%	263%

芝2200m以上

【注釈】

芝2200m以上に関しては▽短縮馬が有利な馬場▽に て、前走が今回よりも短い距離のローテーション（★）を 取り上げている。

これは、同日、同じ競馬場の他の距離のレースで ▽短縮馬が走っている際に狙っていただきたい。 また▽短縮馬が有利な馬場▽で取り上げられたロ ーテーションの馬が走っている際に、他の距離でも ▽短縮馬が有利な馬場▽で狙い目のローテーション の馬が走りやすい「傾向」にある。

【未勝利】

▽同距離馬、延長馬が有利な馬場▽

・芝2200×↓芝2000×、芝2000×↓芝 2200×の期待値が高い。

▽短縮馬が有利な馬場▽

・芝1800×↓芝2000×、芝2000×↓芝 2000×のローテーション、特に近2走ともに上 がり3ハロン順位が優秀な決め手上位の馬の期待値 が高い。

・芝2200m以上↓芝2000×、芝2000× ↓芝2200m以上×と近2走で芝2000mと芝2 200m以上を経験している馬の期待値が高い。

【500万下】

▽同距離馬、延長馬が有利な馬場▽

・芝2000×↓芝2000×、芝2000×↓芝180 0×、芝2000×↓芝2000×のローテーションが優 秀。

・芝2000×↓芝2000×は、前走で3角5番手以内 で先行馬に注目。

芝2200m～【未勝利】馬場別データ

	評価	前々走		前走	
		距離	着順	距離	着順
同距離馬、延長 馬が有利な馬場	特買い	芝2200m～	×	芝2000m	×
	買い	芝2000m	×	芝2200m～	×
短縮馬が 有利な馬場	特買い	芝1700～1800m	×	芝2000m★	×
	買い	芝2200m～	×	芝2000m★	×
	買い	芝2000m	×	芝2200m～	×

芝2200m～【500万下】馬場別データ

	評価	前々走		前走	
		距離	着順	距離	着順
同距離馬、 延長馬が 有利な馬場	特買い	芝2000m	×	芝1700～1800m	◎
	買い	芝1700～1800m	○	芝2000m	◎
	買い	芝2000m	×	芝2000m	◎
	特買い	芝2200m～	×	芝2000m	◎
	買い	芝2000m	○	芝2200m～	◎
	買い	芝2000m	×	芝2200m～	◎
	買い	芝2200m～	×	芝2200m～	×
短縮馬が 有利な馬場	特買い	芝2000m	×	芝1700～1800m★	◎
	買い	芝1700～1800m	○	芝2000m★	◎
	買い	芝2000m	×	芝2000m★	×
	特買い	芝2200m～	×	芝2000m★	×
	買い	芝2000m	○	芝2200m～	◎
	買い	芝2000m	×	芝2200m～	×
	買い	芝2200m～	×	芝2200m～	×

芝2200m以上

△短縮馬が期待値高い。
・芝2000×→芝1800×、芝2000×→芝2000×、芝2200×→芝2000×、芝2200×→芝2200×のローテーションが優秀。
・先のローテーションでは前走芝2000mの場合は、3コーナー10番手以下の追い込む競馬をしていた馬の期待値が高い。特に近2走ともに後方から差している馬には注目。
・前走芝2200m以上のローテーションでは、前走で3角5番手以下の競馬をしていた馬の期待値が高い。

【1000万下～OP】

△同距離馬、延長馬が有利な馬場▽
・芝2200×→芝2000×、芝2000×→芝2000◎が優秀。
・前走で芝2000m以上を勝ち上がっているローテーションの期待値が高い。
・芝2200×→芝2000×のローテーションでは、先行しての好走実績馬が期待値高い。

△短縮馬が有利な馬場▽
・芝2200×→芝2000×、芝2200×→芝2000××のローテーションが

優秀。
・芝2200×→芝2000×のローテーションでは、特に差して好走した実績馬の期待値高い。
・芝2200×→芝2000××では、前走で3角5番手以下の脚質の馬が期待値高い。

【重賞】

△同距離馬、延長馬が有利な馬場▽

芝2200m～【1000万下～OP】馬場別データ

	評価	前々走		前走	
		距離	着順	距離	着順
同距離馬、延長馬が有利な馬場	買い	芝1700～1800m	×	芝1700～1800m	×
	買い	芝2000m	×	芝2000m	◎
	特買い	芝2200m～	×	芝2000m	
	買い	芝2200m～	◎	芝2200m～	○
	買い	芝2200m～	○	芝2200m～	×
	買い	芝2200m～	×	芝2200m～	◎
	買い	芝2000m	×	芝2200m～	◎
	買い	芝2000m	◎	芝2200m～	
	買い	芝2200m～	×	芝2200m～	××
短縮馬が有利な馬場	買い	芝1700～1800m	×	芝1700～1800m★	×
	買い	芝2000m	×	芝2000m★	◎
	特買い	芝2200m～	×	芝2000m★	×
	買い	芝2200m～	◎	芝2200m～	○
	買い	芝2200m～	◎	芝2200m～	×
	買い	芝2200m～	○	芝2200m～	◎
	買い	芝2200m～	×	芝2200m～	◎
	買い	芝2000m	×	芝2200m～	○
	買い	芝2200m～	×	芝2200m～	××

芝2200m～【重賞】馬場別データ

	評価	前々走		前走	
		距離	着順	距離	着順
同距離馬、延長馬が有利な馬場	買い	芝1600m		芝1600m	
	買い	芝1700～1800m		芝1600m	
	特買い	芝2000m		芝2200m～	
短縮馬が有利な馬場	買い	芝1600m		芝1600m★	
	買い	芝1700～1800m		芝1600m★	
	特買い	芝2000m		芝2200m～	

芝2200m以上

- 芝2000×芝2200×のローテーションが期待値高い。特に前走で3角7番手以内の競馬をしていた馬の期待値が高い。

∧短縮馬が有利な馬場∨

- 芝1600→芝1600、芝1800→芝1600と近2走ともにマイル前後のローテーション。特に近2走とも上がり3ハロンが上位の馬の期待値が高い。

芝2200m以上

激変ローテ●芝2200m〜【未勝利】3番人気以内

評価	前々走 距離	前々走 着順	前走 距離	前走 着順	1着	2着	3着	総数	勝率	連対率	複勝率	単回率	複回率
	—	—	芝1600m	○	0	2	0	5	0.0%	40.0%	40.0%	0%	72%
	—	—	芝1700〜1800m	×	2	0	0	9	22.2%	22.2%	22.2%	40%	24%
	—	—	芝1700〜1800m	○	2	0	2	7	28.6%	28.6%	57.1%	87%	100%
	芝2000m	○	芝1700〜1800m	○	2	3	1	8	25.0%	62.5%	75.0%	111%	103%
	芝2000m	○	芝1700〜1800m	×	1	0	1	5	20.0%	20.0%	40.0%	64%	58%
	芝2000m	×	芝1700〜1800m	×	1	1	0	5	20.0%	40.0%	40.0%	110%	54%
	—	—	芝2000m	○	5	4	4	19	26.3%	47.4%	68.4%	81%	94%
	—	—	芝2000m	×	4	0	1	13	30.8%	30.8%	38.5%	119%	70%
	芝1700〜1800m	×	芝2000m	×	1	5	0	14	7.1%	42.9%	42.9%	42%	91%
	芝1700〜1800m	○	芝2000m	○	7	1	1	11	63.6%	72.7%	81.8%	193%	118%
	芝1700〜1800m	○	芝2000m	×	1	1	2	5	20.0%	40.0%	80.0%	36%	120%
	芝1700〜1800m	×	芝2000m	×	3	1	1	5	60.0%	80.0%	100.0%	204%	142%
消し	芝2000m	○	芝2000m	○	3	3	1	17	17.6%	35.3%	41.2%	41%	56%
	芝2000m	×	芝2000m	○	5	1	5	15	33.3%	40.0%	73.3%	108%	104%
	芝2000m	○	芝2000m	×	4	1	3	13	30.8%	38.5%	61.5%	135%	99%
	芝2000m	×	芝2000m	×	3	2	3	12	25.0%	41.7%	66.7%	150%	130%
	芝2200m〜	○	芝2000m	×	3	2	2	9	33.3%	55.6%	77.8%	121%	115%
	芝2200m〜	○	芝2000m	○	2	1	1	9	22.2%	33.3%	44.4%	88%	67%
	芝2200m〜	×	芝2000m	○	2	3	0	6	33.3%	83.3%	83.3%	148%	150%
	芝1700〜1800m	○	芝2200m〜	○	0	1	2	6	0%	16.7%	50.0%	0%	66%
	芝2000m	×	芝2200m〜	○	5	5	6	28	17.9%	35.7%	57.1%	60%	83%
	芝2000m	○	芝2200m〜	○	2	4	3	12	16.7%	50.0%	75.0%	30%	86%
	芝2000m	×	芝2200m〜	×	1	2	1	5	20.0%	60.0%	80.0%	48%	152%
	芝2200m〜	○	芝2200m〜	○	4	6	3	26	15.4%	38.5%	50.0%	34%	62%
	芝2200m〜	×	芝2200m〜	○	5	5	4	21	23.8%	47.6%	66.7%	64%	88%
	芝2200m〜	○	芝2200m〜	×	2	1	3	13	15.4%	23.1%	46.2%	106%	78%
	芝2200m〜	×	芝2200m〜	×	0	1	1	5	0%	20.0%	40.0%	0%	58%

激変ローテ●芝2200m〜【未勝利】4番人気以下

評価	前々走 距離	前々走 着順	前走 距離	前走 着順	1着	2着	3着	総数	勝率	連対率	複勝率	単回率	複回率
	—	—	芝1600m	×	0	1	2	22	0.0%	4.5%	13.6%	0%	72%
	—	—	芝1600m	××	0	0	0	11	0.0%	0.0%	0.0%	0%	0%
	芝1600m	×	芝1600m	×	0	0	0	7	0.0%	0.0%	0.0%	0%	0%
	芝1700〜1800m	×	芝1600m	×	1	0	0	9	11.1%	11.1%	11.1%	104%	22%
	—	—	芝1700〜1800m	○	0	3	3	45	0.0%	6.7%	13.3%	0%	82%
	—	—	芝1700〜1800m	××	0	1	0	15	0.0%	6.7%	6.7%	0%	30%
	ダ1150〜1200m	××	芝1700〜1800m	×	0	0	0	6	0.0%	0.0%	0.0%	0%	0%
	ダ1700m	××	芝1700〜1800m	×	0	0	0	6	0.0%	0.0%	0.0%	0%	0%
	ダ1800m	××	芝1700〜1800m	×	0	0	0	12	0.0%	0.0%	0.0%	0%	0%
	ダ1800m	×	芝1700〜1800m	×	0	1	1	6	0.0%	16.7%	33.3%	0%	43%
	芝1400〜1500m	×	芝1700〜1800m	×	1	0	0	5	20.0%	20.0%	20.0%	226%	56%
	芝1600m	×	芝1700〜1800m	×	0	1	2	11	0.0%	9.1%	27.3%	0%	113%
	芝1600m	××	芝1700〜1800m	×	0	0	0	6	0.0%	0.0%	0.0%	0%	0%
	芝1600m	○	芝1700〜1800m	×	1	0	0	5	20.0%	20.0%	20.0%	386%	64%
	芝1700〜1800m	×	芝1700〜1800m	×	0	1	0	30	0.0%	3.3%	3.3%	0%	10%
	芝1700〜1800m	×	芝1700〜1800m	××	0	0	0	6	0.0%	0.0%	0.0%	0%	0%
	芝1700〜1800m	○	芝1700〜1800m	×	2	0	0	5	40.0%	40.0%	40.0%	382%	126%
	芝2000m	×	芝1700〜1800m	×	0	0	1	23	0.0%	0.0%	4.3%	0%	12%
	芝2000m	××	芝1700〜1800m	×	0	0	0	8	0.0%	0.0%	0.0%	0%	0%
	芝2000m	○	芝1700〜1800m	×	0	1	1	7	0.0%	14.3%	28.6%	0%	150%
	—	—	芝2000m	×	1	1	3	55	1.8%	3.6%	9.1%	56%	92%
	—	—	芝2000m	××	0	1	0	14	0.0%	7.1%	7.1%	0%	30%
	ダ1300〜1400m	××	芝2000m	××	0	0	0	5	0.0%	0.0%	0.0%	0%	0%
	ダ1700m	××	芝2000m	×	0	0	1	11	0.0%	0.0%	9.1%	0%	97%
	ダ1800m	××	芝2000m	×	0	0	2	18	0.0%	0.0%	11.1%	0%	23%
	ダ1800m	×	芝2000m	×	2	0	1	12	16.7%	16.7%	25.0%	235%	90%
	芝1200m	×	芝2000m	×	0	0	0	6	0.0%	0.0%	0.0%	0%	0%
	芝1400〜1500m	×	芝2000m	×	0	0	1	6	0.0%	0.0%	16.7%	0%	85%
	芝1600m	×	芝2000m	×	0	2	0	21	0.0%	9.5%	9.5%	0%	42%
特買い	芝1700〜1800m	○	芝2000m	×	1	2	9	50	2.0%	6.0%	24.0%	60%	118%
	芝1700〜1800m	××	芝2000m	×	0	0	1	7	0.0%	0.0%	14.3%	0%	60%

芝2200m以上

評価	前々走 距離	着順	前走 距離	着順	1着	2着	3着	総数	勝率	連対率	複勝率	単回率	複回率
買い	芝2000m	×	芝2000m	×	6	8	4	91	6.6%	15.4%	19.8%	109%	119%
	芝2000m	○	芝2000m	×	2	1	1	20	10.0%	15.0%	20.0%	61%	45%
	芝2000m	××	芝2000m	×	0	0	1	19	0.0%	0.0%	5.3%	0%	33%
	芝2000m	×	芝2000m	××	0	0	1	16	0.0%	0.0%	6.3%	0%	0%
	芝2000m	×	芝2000m	○	0	0	1	10	0.0%	0.0%	10.0%	0%	27%
特買い	芝2200m〜	×	芝2000m	×	1	2	6	34	2.9%	8.8%	26.5%	32%	104%
	芝2200m〜	○	芝2000m	×	0	2	2	12	0.0%	16.7%	33.3%	0%	89%
	芝2200m〜	××	芝2000m	×	0	0	0	10	0.0%	0.0%	0.0%	0%	0%
	芝2200m〜	×	芝2000m	××	0	1	0	7	0.0%	14.3%	14.3%	0%	91%
	芝2200m〜	×	芝2000m	○	1	0	0	6	16.7%	16.7%	16.7%	258%	46%
	—	—	芝2200m〜	×	0	0	1	10	0.0%	0.0%	10.0%	0%	22%
	ダ1300〜1400m	××	芝2200m〜	×	0	0	0	5	0.0%	0.0%	0.0%	0%	0%
	ダ1600m	××	芝2200m〜	×	0	0	1	6	0.0%	0.0%	16.7%	0%	210%
	ダ1700m	×	芝2200m〜	×	0	0	0	5	0.0%	0.0%	0.0%	0%	0%
	ダ1800m	××	芝2200m〜	×	0	1	2	18	0.0%	5.6%	16.7%	0%	77%
	ダ1800m	×	芝2200m〜	×	2	0	1	8	25.0%	25.0%	37.5%	582%	103%
	芝1600m	×	芝2200m〜	×	0	1	0	6	0.0%	16.7%	16.7%	0%	68%
	芝1600m	××	芝2200m〜	×	0	0	0	5	0.0%	0.0%	0.0%	0%	0%
	芝1700〜1800m	×	芝2200m〜	×	0	1	1	24	0.0%	4.2%	8.3%	0%	36%
買い	芝2000m	×	芝2200m〜	×	2	8	4	67	3.0%	14.9%	20.9%	52%	96%
	芝2000m	×	芝2200m〜	○	1	3	1	16	6.3%	25.0%	31.3%	69%	65%
	芝2000m	×	芝2200m〜	××	0	0	0	8	0.0%	0.0%	0.0%	0%	0%
	芝2000m	××	芝2200m〜	×	1	0	0	6	16.7%	16.7%	16.7%	130%	45%
	芝2000m	○	芝2200m〜	×	0	0	0	5	0.0%	0.0%	0.0%	0%	0%
	芝2200m〜	×	芝2200m〜	×	5	0	5	63	7.9%	7.9%	15.9%	140%	56%
	芝2200m〜	×	芝2200m〜	××	0	0	1	24	0.0%	0.0%	4.2%	0%	72%
	芝2200m〜	××	芝2200m〜	×	0	0	1	19	0.0%	0.0%	5.3%	0%	15%
	芝2200m〜	○	芝2200m〜	×	1	1	1	16	6.3%	12.5%	18.8%	49%	49%
	芝2200m〜	×	芝2200m〜	○	1	1	2	12	8.3%	16.7%	33.3%	170%	92%
	芝2200m〜	××	芝2200m〜	××	1	0	0	5	20.0%	20.0%	20.0%	860%	66%
	—	—	ダ1150〜1200m	××	0	0	0	5	0.0%	0.0%	0.0%	0%	0%
	—	—	ダ1300〜1400m	××	1	0	0	7	14.3%	14.3%	14.3%	1928%	525%
	—	—	ダ1600m	××	0	1	0	7	0.0%	14.3%	14.3%	0%	48%
	ダ1800m	××	ダ1600m	××	0	0	0	6	0.0%	0.0%	0.0%	0%	0%
	—	—	ダ1700m	×	0	0	0	8	0.0%	0.0%	0.0%	0%	0%
	ダ1700m	××	ダ1700m	×	0	1	0	8	0.0%	12.5%	12.5%	0%	41%
	ダ1700m	××	ダ1700m	××	0	0	0	8	0.0%	0.0%	0.0%	0%	0%
	ダ1800m	××	ダ1700m	××	0	0	0	5	0.0%	0.0%	0.0%	0%	0%
	—	—	ダ1800m	×	0	0	2	18	0.0%	0.0%	11.1%	0%	50%
	—	—	ダ1800m	××	0	0	0	6	0.0%	0.0%	0.0%	0%	0%
	ダ1300〜1400m	××	ダ1800m	××	0	0	0	5	0.0%	0.0%	0.0%	0%	0%
	ダ1700m	××	ダ1800m	××	0	0	1	7	0.0%	0.0%	14.3%	0%	735%
	ダ1700m	×	ダ1800m	×	0	0	0	6	0.0%	0.0%	0.0%	0%	0%
	ダ1800m	××	ダ1800m	×	1	0	0	25	4.0%	4.0%	4.0%	107%	28%
	ダ1800m	×	ダ1800m	××	0	0	1	8	0.0%	0.0%	12.5%	0%	237%
	ダ1800m	×	ダ1800m	○	0	0	1	5	0.0%	0.0%	20.0%	0%	70%
	ダ1800m	××	ダ1800m	××	0	0	0	5	0.0%	0.0%	0.0%	0%	0%
	芝1600m	×	ダ1800m	××	0	0	0	8	0.0%	0.0%	0.0%	0%	0%
	芝1700〜1800m	××	ダ1800m	××	0	0	1	19	0.0%	0.0%	5.3%	0%	—
	芝1700〜1800m	×	ダ1800m	×	0	0	0	7	0.0%	0.0%	0.0%	0%	0%
	芝1700〜1800m	×	ダ1800m	××	0	0	0	5	0.0%	0.0%	0.0%	0%	0%
	芝2000m	×	ダ1800m	×	0	1	1	15	0.0%	6.7%	13.3%	0%	152%
	芝2000m	×	ダ1800m	××	0	0	0	5	0.0%	0.0%	0.0%	0%	0%
	芝2000m	××	ダ1800m	×	0	0	1	6	0.0%	0.0%	16.7%	0%	70%
	芝2200m〜	×	ダ1800m	××	0	0	0	7	0.0%	0.0%	0.0%	0%	0%

激変ローテ●芝2200m〜【500万下】3番人気以内

評価	前々走 距離	着順	前走 距離	着順	1着	2着	3着	総数	勝率	連対率	複勝率	単回率	複回率
	芝1700〜1800m	×	芝1700〜1800m	○	2	0	1	5	40.0%	40.0%	60.0%	154%	80%
	芝1700〜1800m	×	芝1700〜1800m	×	4	0	0	5	80.0%	80.0%	80.0%	370%	144%
	芝2000m	×	芝1700〜1800m	×	1	2	0	8	12.5%	37.5%	37.5%	36%	50%
	芝2000m	○	芝1700〜1800m	×	3	0	0	7	42.9%	42.9%	42.9%	141%	55%

芝2200m以上

評価	前々走 距離	前々走 着順	前走 距離	前走 着順	1着	2着	3着	総数	勝率	連対率	複勝率	単回率	複回率
	芝2000m	×	芝1700～1800m	○	2	0	0	5	40.0%	40.0%	40.0%	120%	58%
	芝2200m～	○	芝1700～1800m	×	2	1	0	7	28.6%	42.9%	42.9%	125%	70%
	芝1700～1800m	×	芝2000m	○	2	1	1	9	22.2%	33.3%	44.4%	135%	105%
	芝1700～1800m	○	芝2000m	×	1	1	1	6	16.7%	33.3%	50.0%	48%	98%
	芝1700～1800m	◎	芝2000m	○	1	0	0	5	20.0%	20.0%	20.0%	98%	24%
消し	芝1700～1800m	◎	芝2000m	×	1	0	0	5	20.0%	20.0%	20.0%	60%	34%
	芝1700～1800m	○	芝2000m	◎	2	0	0	5	40.0%	40.0%	40.0%	138%	56%
	芝2000m	×	芝2000m	×	8	5	3	29	27.6%	44.8%	55.2%	92%	91%
	芝2000m	○	芝2000m	×	5	4	3	22	22.7%	40.9%	54.5%	72%	90%
	芝2000m	○	芝2000m	○	2	2	3	13	15.4%	30.8%	53.8%	40%	77%
	芝2000m	○	芝2000m	◎	5	1	1	12	41.7%	50.0%	58.3%	158%	95%
	芝2000m	◎	芝2000m	○	3	0	3	10	30.0%	30.0%	60.0%	89%	73%
	芝2000m	○	芝2000m	×	3	1	0	10	30.0%	40.0%	40.0%	116%	63%
	芝2000m	○	芝2000m	○	2	2	0	7	28.6%	57.1%	57.1%	70%	85%
	芝2200m～	×	芝2000m	×	3	4	3	20	15.0%	35.0%	50.0%	75%	85%
	芝2200m～	○	芝2000m	×	6	5	2	19	31.6%	57.9%	68.4%	110%	92%
	芝2200m～	○	芝2000m	○	4	5	1	13	30.8%	69.2%	76.9%	109%	116%
	芝2200m～	×	芝2000m	○	0	2	2	9	0.0%	22.2%	44.4%	0%	67%
	芝2200m～	◎	芝2000m	×	1	1	2	8	12.5%	25.0%	50.0%	26%	72%
	芝2200m～	○	芝2000m	◎	0	2	2	7	0.0%	28.6%	57.1%	0%	90%
消し	芝1700～1800m	×	芝2200m～	○	1	1	3	11	9.1%	18.2%	45.5%	23%	63%
	芝1700～1800m	○	芝2200m～	×	2	1	0	7	28.6%	42.9%	42.9%	105%	60%
	芝2000m	×	芝2200m～	○	7	9	5	43	16.3%	37.2%	48.8%	72%	74%
	芝2000m	○	芝2200m～	×	8	2	3	27	29.6%	37.0%	48.1%	110%	79%
	芝2000m	○	芝2200m～	○	4	4	3	14	28.6%	57.1%	78.6%	100%	100%
	芝2000m	◎	芝2200m～	×	3	2	1	12	25.0%	41.7%	50.0%	140%	77%
	芝2000m	○	芝2200m～	◎	3	0	0	8	37.5%	37.5%	37.5%	91%	46%
	芝2000m	◎	芝2200m～	○	2	2	0	7	28.6%	57.1%	57.1%	138%	81%
消し	芝2200m～	×	芝2200m～	○	11	7	8	67	16.4%	26.9%	38.8%	67%	63%
消し	芝2200m～	○	芝2200m～	×	14	7	7	61	23.0%	34.4%	45.9%	71%	62%
	芝2200m～	○	芝2200m～	○	13	15	7	55	23.6%	50.9%	63.6%	83%	94%
	芝2200m～	◎	芝2200m～	×	9	10	6	45	20.0%	42.2%	55.6%	109%	102%
	芝2200m～	○	芝2200m～	◎	6	1	6	20	30.0%	35.0%	65.0%	107%	94%
	芝2200m～	○	芝2200m～	◎	3	1	5	17	17.6%	23.5%	52.9%	41%	83%
	芝2200m～	◎	芝2200m～	×	2	2	3	16	12.5%	25.0%	43.8%	30%	63%

激変ローテ●芝2200m～【500万下】4番人気以下

評価	前々走 距離	前々走 着順	前走 距離	前走 着順	1着	2着	3着	総数	勝率	連対率	複勝率	単回率	複回率
	芝1700～1800m	×	芝1600m	×	0	0	0	6	0.0%	0.0%	0.0%	0%	0%
	芝2000m	×	芝1600m	×	0	2	1	6	0.0%	33.3%	50.0%	0%	290%
	芝2000m	○	芝1600m	×	0	0	1	5	0.0%	0.0%	20.0%	0%	86%
	ダ1700m	××	芝1700～1800m	×	0	0	0	12	0.0%	0.0%	0.0%	0%	0%
	ダ1800m	××	芝1700～1800m	×	1	0	0	8	12.5%	12.5%	12.5%	167%	47%
	ダ1800m	×	芝1700～1800m	×	0	1	0	5	0.0%	20.0%	20.0%	0%	200%
	芝1600m	×	芝1700～1800m	×	0	0	1	14	0.0%	0.0%	7.1%	0%	34%
	芝1700～1800m	×	芝1700～1800m	×	2	1	4	61	3.3%	4.9%	11.5%	67%	47%
	芝1700～1800m	○	芝1700～1800m	×	0	1	0	9	0.0%	11.1%	11.1%	0%	30%
	芝1700～1800m	◎	芝1700～1800m	×	0	1	1	8	0.0%	12.5%	25.0%	0%	242%
	芝1700～1800m	○	芝1700～1800m	○	0	2	0	7	0.0%	28.6%	28.6%	0%	110%
	芝1700～1800m	××	芝1700～1800m	×	0	0	0	7	0.0%	0.0%	0.0%	0%	0%
	芝1700～1800m	××	芝1700～1800m	××	0	0	1	6	0.0%	0.0%	16.7%	0%	105%
特買い	芝2000m	×	芝1700～1800m	×	3	6	2	54	5.6%	16.7%	20.4%	59%	125%
	芝2000m	○	芝1700～1800m	×	1	0	1	11	9.1%	9.1%	18.2%	178%	94%
	芝2000m	◎	芝1700～1800m	×	0	0	0	10	0.0%	0.0%	0.0%	0%	0%
	芝2000m	××	芝1700～1800m	×	0	0	0	10	0.0%	0.0%	0.0%	0%	0%
	芝2000m	○	芝1700～1800m	○	2	1	0	7	28.6%	42.9%	42.9%	610%	201%
	芝2200m～	×	芝1700～1800m	×	1	1	2	37	2.7%	5.4%	10.8%	58%	64%
	芝2200m～	××	芝1700～1800m	×	0	1	1	5	0.0%	20.0%	40.0%	0%	186%
	ダ1300～1400m	×	芝2000m	×	0	0	0	5	0.0%	0.0%	0.0%	0%	0%
	ダ1600m	××	芝2000m	×	1	1	0	5	20.0%	40.0%	40.0%	470%	570%
	ダ1700m	××	芝2000m	×	0	1	1	6	0.0%	16.7%	33.3%	0%	690%
	ダ1700m	×	芝2000m	×	0	0	0	6	0.0%	0.0%	0.0%	0%	0%
	ダ1800m	××	芝2000m	×	1	0	1	13	7.7%	7.7%	15.4%	263%	161%

芝2200m以上

評価	前々走 距離	前々走 着順	前走 距離	前走 着順	1着	2着	3着	総数	勝率	連対率	複勝率	単回率	複回率
	ダ1800m	×	芝2000m	×	0	1	0	10	0.0%	10.0%	10.0%	0%	26%
	ダ1800m	◎	芝2000m	×	0	0	0	5	0.0%	0.0%	0.0%	0%	0%
	芝1600m	○	芝2000m	×	1	1	1	15	6.7%	13.3%	20.0%	72%	70%
	芝1700〜1800m	×	芝2000m	×	2	1	4	69	2.9%	4.3%	10.1%	24%	55%
	芝1700〜1800m	×	芝2000m	◎	1	0	2	12	8.3%	8.3%	25.0%	229%	107%
	芝1700〜1800m	×	芝2000m	×	0	0	0	9	0.0%	0.0%	0.0%	0%	0%
買い	芝1700〜1800m	○	芝2000m	◎	2	3	0	9	22.2%	55.6%	55.6%	196%	147%
	芝1700〜1800m	××	芝2000m	×	0	1	0	8	0.0%	12.5%	12.5%	0%	156%
	芝1700〜1800m	×	芝2000m	×	1	0	0	7	14.3%	14.3%	14.3%	128%	51%
	芝1700〜1800m	×	芝2000m	○	0	0	1	7	0.0%	0.0%	14.3%	0%	32%
	芝1700〜1800m	×	芝2000m	××	0	0	0	7	0.0%	0.0%	0.0%	0%	0%
買い	芝2000m	×	芝2000m	×	6	11	12	168	3.6%	10.1%	17.3%	107%	97%
	芝2000m	○	芝2000m	×	2	2	3	35	5.7%	11.4%	20.0%	101%	65%
	芝2000m	◎	芝2000m	×	1	0	5	28	3.6%	3.6%	21.4%	171%	85%
	芝2000m	××	芝2000m	×	0	1	0	21	0.0%	4.8%	4.8%	0%	21%
	芝2000m	×	芝2000m	○	0	0	2	20	0.0%	0.0%	10.0%	0%	29%
買い	芝2000m	×	芝2000m	◎	3	1	1	16	18.8%	25.0%	31.3%	421%	216%
	芝2000m	×	芝2000m	××	0	0	0	15	0.0%	0.0%	0.0%	0%	0%
	芝2000m	○	芝2000m	◎	0	0	1	14	0.0%	0.0%	7.1%	0%	21%
特買い	芝2200m〜	×	芝2000m	×	6	10	10	108	5.6%	14.8%	24.1%	269%	155%
	芝2200m〜	×	芝2000m	××	0	2	1	17	0.0%	11.8%	17.6%	0%	185%
	芝2200m〜	××	芝2000m	×	1	0	0	13	7.7%	7.7%	7.7%	445%	71%
	芝2200m〜	×	芝2000m	○	0	0	1	11	0.0%	0.0%	9.1%	0%	19%
	芝2200m〜	◎	芝2000m	×	0	0	0	10	0.0%	0.0%	0.0%	0%	0%
	芝2200m〜	○	芝2000m	×	0	0	0	9	0.0%	0.0%	0.0%	0%	0%
	芝2200m〜	○	芝2000m	○	1	0	1	7	14.3%	14.3%	28.6%	165%	67%
	芝2200m〜	×	芝2000m	◎	0	0	1	5	0.0%	0.0%	20.0%	0%	44%
	芝2200m〜	×	芝2000m	◎	0	0	0	5	0.0%	0.0%	0.0%	0%	0%
	芝2200m〜	××	芝2000m	××	0	0	0	5	0.0%	0.0%	0.0%	0%	0%
	ダ1700m	×	芝2200m〜	×	2	1	1	17	11.8%	17.6%	23.5%	193%	68%
	ダ1700m	××	芝2200m〜	×	0	0	1	8	0.0%	0.0%	12.5%	0%	52%
	ダ1700m	×	芝2200m〜	××	0	0	0	8	0.0%	0.0%	0.0%	0%	0%
	ダ1800m	×	芝2200m〜	×	0	1	2	13	0.0%	7.7%	23.1%	0%	225%
	ダ1800m	××	芝2200m〜	×	1	1	2	11	9.1%	18.2%	36.4%	130%	334%
	ダ1800m	◎	芝2200m〜	×	0	2	0	7	0.0%	28.6%	28.6%	0%	67%
	ダ2100m〜	××	芝2200m〜	×	0	0	1	10	0.0%	0.0%	10.0%	0%	32%
	ダ2100m〜	×	芝2200m〜	×	0	2	0	7	0.0%	28.6%	28.6%	0%	241%
	芝1700〜1800m	×	芝2200m〜	×	0	1	4	59	0.0%	1.7%	8.5%	0%	47%
	芝1700〜1800m	×	芝2200m〜	○	1	0	2	10	10.0%	10.0%	30.0%	242%	167%
	芝1700〜1800m	×	芝2200m〜	××	0	0	0	6	0.0%	0.0%	0.0%	0%	0%
	芝1700〜1800m	××	芝2200m〜	×	0	0	1	6	0.0%	0.0%	16.7%	0%	160%
	芝2000m	×	芝2200m〜	×	4	6	8	129	3.1%	7.8%	14.0%	41%	58%
買い	芝2000m	×	芝2200m〜	○	1	5	5	36	2.8%	16.7%	30.6%	60%	92%
	芝2000m	○	芝2200m〜	×	1	2	1	24	4.2%	12.5%	16.7%	82%	72%
	芝2000m	×	芝2200m〜	××	0	1	1	22	0.0%	4.5%	9.1%	0%	54%
	芝2000m	◎	芝2200m〜	×	0	2	1	19	0.0%	10.5%	15.8%	0%	140%
	芝2000m	×	芝2200m〜	◎	2	2	3	13	15.4%	30.8%	0%	0%	126%
	芝2000m	××	芝2200m〜	×	2	0	1	13	15.4%	15.4%	23.1%	421%	219%
	芝2000m	×	芝2200m〜	◎	0	1	0	8	0.0%	12.5%	12.5%	0%	51%
買い	芝2200m〜	×	芝2200m〜	×	11	12	24	281	3.9%	8.2%	16.7%	112%	95%
	芝2200m〜	○	芝2200m〜	×	5	8	3	76	6.6%	17.1%	21.1%	59%	69%
	芝2200m〜	×	芝2200m〜	○	2	1	7	44	4.5%	6.8%	22.7%	47%	54%
	芝2200m〜	×	芝2200m〜	××	0	0	1	37	0.0%	0.0%	2.7%	0%	5%
	芝2200m〜	××	芝2200m〜	×	1	2	0	37	2.7%	8.1%	8.1%	25%	44%
	芝2200m〜	◎	芝2200m〜	×	2	3	0	28	7.1%	17.9%	17.9%	86%	63%
	芝2200m〜	×	芝2200m〜	◎	0	4	1	19	0.0%	21.1%	26.3%	0%	56%
	芝2200m〜	○	芝2200m〜	◎	0	1	1	13	0.0%	7.7%	15.4%	0%	35%
買い	芝2200m〜	○	芝2200m〜	×	1	1	3	12	8.3%	16.7%	41.7%	262%	146%
	芝2200m〜	××	芝2200m〜	××	0	0	1	9	0.0%	0.0%	11.1%	0%	76%
	ダ1700m	××	ダ1700m	×	0	0	0	9	0.0%	0.0%	0.0%	0%	0%
	ダ1700m	×	ダ1700m	×	1	0	1	8	12.5%	12.5%	25.0%	327%	131%
	ダ1800m	××	ダ1700m	××	0	0	1	7	0.0%	0.0%	14.3%	0%	544%
	ダ1800m	××	ダ1700m	×	0	0	0	6	0.0%	0.0%	0.0%	0%	0%
	ダ2100m〜	××	ダ1700m	×	0	1	1	8	0.0%	12.5%	25.0%	0%	83%
	芝1700〜1800m	×	ダ1700m	×	0	0	0	6	0.0%	0.0%	0.0%	0%	0%

150

芝2200m以上

評価	前々走 距離	着順	前走 距離	着順	1着	2着	3着	総数	勝率	連対率	複勝率	単回率	複回率
	芝2000m	××	ダ1700m	××	0	0	0	8	0.0%	0.0%	0.0%	0%	0%
	芝2000m	×	ダ1700m	×	0	1	1	7	0.0%	14.3%	28.6%	0%	265%
	芝2200m~	×	ダ1700m	××	0	0	1	6	0.0%	0.0%	16.7%	0%	35%
	芝2200m~	×	ダ1700m	×	1	0	0	5	20.0%	20.0%	20.0%	230%	58%
	ダ1700m	×	ダ1800m	×	1	0	0	10	10.0%	10.0%	10.0%	438%	102%
	ダ1700m	××	ダ1800m		0	0	0	7	0.0%	0.0%	0.0%	0%	0%
	ダ1700m	×	ダ1800m	××	1	0	0	5	20.0%	20.0%	20.0%	144%	46%
	ダ1800m	×	ダ1800m	×	1	0	1	18	5.6%	5.6%	11.1%	156%	114%
	ダ1800m	×	ダ1800m	××	0	1	1	12	0.0%	8.3%	16.7%	0%	70%
	ダ1800m	○	ダ1800m	◎	2	0	1	9	22.2%	22.2%	33.3%	174%	122%
	ダ1800m	×	ダ1800m	◎	0	1	0	6	0.0%	16.7%	16.7%	0%	56%
	ダ1800m	××	ダ1800m	××	0	0	0	5	0.0%	0.0%	0.0%	0%	0%
	ダ1800m	◎	ダ1800m		0	0	0	5	0.0%	0.0%	0.0%	0%	0%
	ダ1800m	××			0	0	0	5	0.0%	0.0%	0.0%	0%	0%
	芝1700~1800m	×	ダ1800m	××	0	0	0	9	0.0%	0.0%	0.0%	0%	0%
	芝1700~1800m	×	ダ1800m		0	1	0	5	0.0%	20.0%	20.0%	0%	48%
	芝2000m	×	ダ1800m	×	1	1	1	10	10.0%	20.0%	30.0%	94%	185%
	芝2000m	×	ダ1800m	××	0	2	0	9	0.0%	22.2%	22.2%	0%	70%
	芝2200m~	×	ダ1800m	××	1	0	0	12	8.3%	8.3%	8.3%	119%	35%
	芝2200m~	×			0	0	3	8	0.0%	0.0%	37.5%	0%	217%
	ダ1800m	×	ダ2100m~	××	0	0	1	5	0.0%	0.0%	20.0%	0%	62%
	ダ2100m	×	ダ2100m	×	0	0	0	7	0.0%	0.0%	0.0%	0%	0%
	ダ2100m	××	ダ2100m	××	1	1	0	6	16.7%	33.3%	33.3%	226%	146%
	ダ2100m	×	ダ2100m		0	0	0	5	0.0%	0.0%	0.0%	0%	0%
	芝2200m~	×	ダ2100m	××	0	0	1	13	0.0%	0.0%	7.7%	0%	19%
	芝2200m~	×	ダ2100m	×	0	1	0	7	0.0%	14.3%	14.3%	0%	91%

激変ローテ●芝2200m~【1000万下~OP】3番人気以内

評価	前々走 距離	着順	前走 距離	着順	1着	2着	3着	総数	勝率	連対率	複勝率	単回率	複回率
	芝2000m	×	芝1700~1800m	×	0	1	0	7	0.0%	14.3%	14.3%	0%	30%
	芝2000m	○	芝1700~1800m	×	2	3	1	6	33.3%	83.3%	100.0%	190%	186%
	芝2200m~	×	芝1700~1800m	×	0	1	1	7	0.0%	14.3%	28.6%	0%	42%
消し	芝1700~1800m	×	芝2000m		1	1	0	10	10.0%	20.0%	20.0%	43%	28%
消し	芝2000m		芝2000m	◎	0	1	6	16	0.0%	6.3%	43.8%	0%	62%
	芝2000m	×	芝2000m	○	3	4	2	16	18.8%	43.8%	56.3%	82%	84%
	芝2000m	◎	芝2000m		2	4	3	14	14.3%	42.9%	64.3%	45%	101%
	芝2000m	×	芝2000m		1	2	2	10	10.0%	30.0%	50.0%	17%	73%
	芝2000m	○	芝2000m	×	1	1	0	8	12.5%	25.0%	25.0%	51%	48%
	芝2000m	×	芝2000m	◎	1	2	2	8	12.5%	37.5%	62.5%	25%	108%
	芝2000m	×	芝2000m		2	1	2	8	25.0%	37.5%	62.5%	91%	112%
	芝2200m~	×	芝2000m	×	6	2	4	20	30.0%	40.0%	60.0%	116%	97%
	芝2200m~	○	芝2000m	×	6	2	4	15	40.0%	53.3%	80.0%	129%	104%
	芝2200m~	○	芝2000m		1	4	2	13	7.7%	38.5%	53.8%	45%	72%
	芝2200m~	×	芝2000m		2	2	2	13	15.4%	30.8%	46.2%	97%	73%
	芝2200m~	○	芝2000m		0	3	1	9	0.0%	33.3%	44.4%	0%	64%
	芝2200m~	○	芝2000m	◎	2	1	1	8	25.0%	37.5%	50.0%	58%	60%
	芝2200m~	○	芝2000m		3	2	0	7	42.9%	71.4%	71.4%	144%	128%
	芝2200m~	○	芝2000m		3	0	0	5	60.0%	60.0%	60.0%	282%	110%
	芝2200m~	○	芝2000m		1	1	0	5	20.0%	40.0%	40.0%	46%	44%
	芝1700~1800m	×	芝2200m~		1	1	2	9	11.1%	22.2%	44.4%	26%	71%
	芝1700~1800m	×	芝2200m~		1	2	0	5	20.0%	60.0%	60.0%	0%	112%
	芝2000m	×	芝2200m~		3	5	5	26	11.5%	30.8%	50.0%	32%	71%
	芝2000m	○	芝2200m~	×	4	3	1	16	25.0%	43.8%	50.0%	118%	88%
	芝2000m	×	芝2200m~		7	1	2	14	50.0%	57.1%	71.4%	194%	99%
消し	芝2000m	×	芝2200m~	×	1	2	3	14	7.1%	21.4%	42.9%	15%	69%
	芝2000m	◎	芝2200m~		1	1	3	11	9.1%	18.2%	45.5%	29%	81%
	芝2000m	○	芝2200m~	×	1	5	0	10	10.0%	60.0%	60.0%	44%	100%
	芝2000m	○	芝2200m~		3	0	0	8	37.5%	37.5%	37.5%	106%	46%
	芝2000m	○	芝2200m~		0	2	5	8	0.0%	25.0%	87.5%	0%	100%
	芝2000m	○	芝2200m~		2	1	0	6	33.3%	50.0%	50.0%	66%	55%
	芝2200m~	×	芝2200m~	×	12	13	10	59	20.3%	42.4%	59.3%	101%	99%
	芝2200m~	○	芝2200m~		11	11	10	53	20.8%	41.5%	60.4%	71%	78%
	芝2200m~		芝2200m~		3	11	10	49	6.1%	28.6%	49.0%	12%	68%

芝2200m以上

評価	前々走 距離	着順	前走 距離	着順	1着	2着	3着	総数	勝率	連対率	複勝率	単回率	複回率
	芝2200m〜	○	芝2200m〜	×	7	12	6	46	15.2%	41.3%	54.3%	55%	84%
	芝2200m〜	◎	芝2200m〜	×	11	4	6	38	28.9%	39.5%	55.3%	109%	86%
	芝2200m〜	○	芝2200m〜	◎	12	5	1	33	36.4%	51.5%	54.5%	116%	76%
	芝2200m〜	◎	芝2200m〜	○	7	8	3	25	28.0%	60.0%	72.0%	74%	98%
	芝2200m〜	×	芝2200m〜	○	4	5	0	19	21.1%	47.4%	47.4%	97%	81%
	芝2200m〜	○	芝2200m〜	◎	5	1	4	17	29.4%	35.3%	58.8%	95%	77%

激変ローテ●芝2200m〜【1000万下〜OP】4番人気以内

評価	前々走 距離	着順	前走 距離	着順	1着	2着	3着	総数	勝率	連対率	複勝率	単回率	複回率
	芝1600m	×	芝1600m	×	0	0	0	6	0.0%	0.0%	0.0%	0%	0%
	芝1700〜1800m	×	芝1600m	×	2	2	0	10	20.0%	40.0%	40.0%	635%	223%
	芝2000m	×	芝1600m	×	1	0	1	6	16.7%	16.7%	33.3%	136%	41%
	芝2200m〜	×	芝1600m	×	0	1	0	5	0.0%	20.0%	20.0%	0%	204%
	芝1600m	×	芝1700〜1800m	×	1	0	0	11	9.1%	9.1%	9.1%	183%	73%
買い	芝1700〜1800m	×	芝1700〜1800m	×	1	4	3	40	2.5%	12.5%	20.0%	94%	116%
	芝1700〜1800m	◎	芝1700〜1800m	×	0	1	0	9	0.0%	11.1%	11.1%	0%	21%
	芝1700〜1800m	○	芝1700〜1800m	×	1	0	0	6	16.7%	16.7%	16.7%	190%	53%
	芝1700〜1800m	×	芝1700〜1800m	◎	0	0	0	5	0.0%	0.0%	0.0%	0%	0%
	芝1700〜1800m	×	芝1700〜1800m	××	0	0	0	5	0.0%	0.0%	0.0%	0%	0%
	芝2000m	×	芝1700〜1800m	×	0	1	3	38	0.0%	2.6%	10.5%	0%	57%
	芝2000m	○	芝1700〜1800m	×	0	0	1	14	0.0%	0.0%	7.1%	0%	57%
	芝2000m	◎	芝1700〜1800m	×	0	1	1	9	0.0%	11.1%	22.2%	0%	66%
	芝2000m	××	芝1700〜1800m	×	0	0	0	6	0.0%	0.0%	0.0%	0%	0%
	芝2200m〜	×	芝1700〜1800m	×	2	1	2	22	9.1%	13.6%	22.7%	120%	58%
	芝2200m〜	◎	芝1700〜1800m	×	0	0	1	6	0.0%	0.0%	16.7%	0%	55%
	芝2200m〜	××	芝1700〜1800m	×	0	0	0	5	0.0%	0.0%	0.0%	0%	0%
	ダ1800m	×	芝2000m	×	0	1	1	6	0.0%	16.7%	33.3%	0%	171%
	芝1600m	×	芝2000m	×	0	0	0	15	0.0%	0.0%	0.0%	0%	0%
	芝1700〜1800m	×	芝2000m	×	1	2	5	61	1.6%	4.9%	13.1%	24%	79%
	芝1700〜1800m	×	芝2000m	○	2	0	1	9	22.2%	22.2%	33.3%	361%	95%
	芝1700〜1800m	×	芝2000m	×	0	0	1	8	0.0%	0.0%	12.5%	0%	28%
	芝1700〜1800m	×	芝2000m	◎	0	0	1	8	0.0%	0.0%	12.5%	0%	75%
	芝1700〜1800m	◎	芝2000m	×	1	0	0	6	16.7%	16.7%	16.7%	245%	31%
	芝1700〜1800m	×	芝2000m	××	0	0	1	6	0.0%	0.0%	16.7%	0%	88%
	芝2000m	×	芝2000m	×	2	5	4	69	2.9%	10.1%	15.9%	38%	46%
	芝2000m	○	芝2000m	◎	1	2	0	10	5.0%	5.0%	10.0%	31%	26%
買い	芝2000m	×	芝2000m	◎	3	1	1	17	17.6%	23.5%	29.4%	220%	122%
	芝2000m	◎	芝2000m	×	1	1	2	16	6.3%	12.5%	25.0%	45%	98%
	芝2000m	○	芝2000m	◎	1	1	0	12	8.3%	16.7%	16.7%	200%	59%
	芝2000m	×	芝2000m	××	0	0	1	12	0.0%	0.0%	8.3%	0%	65%
	芝2000m	××	芝2000m	×	0	0	1	12	0.0%	0.0%	8.3%	0%	64%
	芝2000m	×	芝2000m	○	1	0	1	9	11.1%	11.1%	22.2%	126%	67%
	芝2000m	◎	芝2000m	◎	1	2	1	8	12.5%	37.5%	50.0%	105%	133%
特買い	芝2200m〜	×	芝2000m	×	4	6	8	94	4.3%	10.6%	19.1%	94%	102%
	芝2200m〜	××	芝2000m	×	0	0	2	21	0.0%	0.0%	9.5%	0%	83%
	芝2200m〜	○	芝2000m	×	1	1	2	18	5.6%	11.1%	22.2%	40%	56%
	芝2200m〜	◎	芝2000m	×	1	0	0	13	7.7%	7.7%	7.7%	147%	20%
	芝2200m〜	×	芝2000m	○	0	1	0	13	0.0%	7.7%	7.7%	0%	16%
	芝2200m〜	×	芝2000m	××	0	0	1	13	0.0%	0.0%	7.7%	0%	50%
	芝2200m〜	×	芝2000m	◎	0	1	1	9	0.0%	11.1%	22.2%	0%	61%
	芝2200m〜	×	芝2000m	◎	1	0	1	5	20.0%	20.0%	40.0%	242%	134%
	ダ1700m	××	芝2200m〜	×	0	0	0	5	0.0%	0.0%	0.0%	0%	0%
	ダ1800m	×	芝2200m〜	×	1	0	1	15	6.7%	6.7%	13.3%	68%	38%
	ダ1800m	◎	芝2200m〜	×	0	0	0	8	0.0%	0.0%	0.0%	0%	0%
	ダ1800m	××	芝2200m〜	×	0	0	0	6	0.0%	0.0%	0.0%	0%	0%
	ダ2100m	×	芝2200m〜	×	1	0	0	9	11.1%	11.1%	11.1%	115%	26%
	芝1600m	×	芝2200m〜	×	1	0	1	6	16.7%	16.7%	33.3%	346%	391%
	芝1700〜1800m	×	芝2200m〜	×	1	1	0	49	2.0%	4.1%	4.1%	60%	16%
	芝1700〜1800m	○	芝2200m〜	×	0	0	0	8	0.0%	0.0%	0.0%	0%	0%
	芝1700〜1800m	◎	芝2200m〜	×	1	1	0	6	16.7%	33.3%	33.3%	188%	90%
	芝1700〜1800m	×	芝2200m〜	◎	0	0	1	5	0.0%	0.0%	20.0%	0%	46%
	芝2000m	×	芝2200m〜	×	2	6	10	102	2.0%	7.8%	17.6%	24%	67%
	芝2000m	×	芝2200m〜	××	1	0	0	24	4.2%	4.2%	4.2%	57%	14%

芝2200m以上

評価	前々走 距離	前々走 着順	前走 距離	前走 着順	1着	2着	3着	総数	勝率	連対率	複勝率	単回率	複回率
買い	芝2000m	×	芝2200m〜	◎	2	4	0	22	9.1%	27.3%	27.3%	119%	108%
買い	芝2000m	×	芝2200m〜	○	2	0	5	19	10.5%	10.5%	36.8%	223%	104%
	芝2000m	○	芝2200m〜	×	1	2	1	17	5.9%	17.6%	23.5%	121%	91%
	芝2000m	◎	芝2200m〜	×	0	1	2	14	0.0%	7.1%	21.4%	0%	62%
	芝2000m	××	芝2200m〜	×	1	0	1	10	10.0%	10.0%	20.0%	298%	103%
	芝2000m	◎	芝2200m〜	◎	0	0	0	5	0.0%	0.0%	0.0%	0%	0%
	芝2200m〜	×	芝2200m〜	×	12	13	17	256	4.7%	9.8%	16.4%	73%	60%
買い	芝2200m〜	◎	芝2200m〜	×	3	6	5	61	4.9%	14.8%	23.0%	151%	115%
	芝2200m〜	○	芝2200m〜	×	4	5	3	59	6.8%	15.3%	20.3%	82%	73%
買い	芝2200m〜	×	芝2200m〜	◎	4	3	6	52	7.7%	13.5%	25.0%	255%	126%
買い	芝2200m〜	×	芝2200m〜	××	2	3	3	47	4.3%	10.6%	17.0%	371%	211%
	芝2200m〜	×	芝2200m〜	○	2	1	5	44	4.5%	6.8%	18.2%	43%	44%
	芝2200m〜	××	芝2200m〜	×	2	1	2	34	5.9%	8.8%	14.7%	118%	63%
買い	芝2200m〜	○	芝2200m〜	◎	2	3	1	21	9.5%	23.8%	28.6%	115%	97%
	芝2200m〜	××	芝2200m〜	××	0	0	0	17	0.0%	0.0%	0.0%	0%	0%
買い	芝2200m〜	◎	芝2200m〜	◎	3	3	1	13	23.1%	46.2%	53.8%	206%	113%
	芝2200m〜	○	芝2200m〜	○	2	0	2	10	20.0%	20.0%	40.0%	161%	102%
	芝2200m〜	◎	芝2200m〜	○	0	0	1	9	0.0%	0.0%	11.1%	0%	28%
	芝2200m〜	◎	芝2200m〜	××	0	0	1	9	0.0%	0.0%	11.1%	0%	34%
	ダ1700m	◎	ダ1800m	×	0	1	1	5	0.0%	20.0%	40.0%	0%	128%
	ダ1800m	×	ダ1800m	×	0	0	0	11	0.0%	0.0%	0.0%	0%	0%
	ダ1800m	×	ダ1800m	××	0	0	0	7	0.0%	0.0%	0.0%	0%	0%
	ダ1800m	××	ダ1800m	×	0	0	0	6	0.0%	0.0%	0.0%	0%	83%
	ダ1800m	×	ダ1800m	◎	0	1	0	6	0.0%	16.7%	16.7%	0%	83%
	ダ1800m	××	ダ1800m	×	0	0	0	6	0.0%	0.0%	0.0%	0%	0%
	ダ1800m	○	ダ1800m	◎	0	0	0	5	0.0%	0.0%	0.0%	0%	0%
	芝2000m	×	ダ1800m	××	0	0	1	7	0.0%	0.0%	14.3%	0%	60%
	芝2200m〜	×	ダ1800m	×	0	1	0	8	0.0%	12.5%	12.5%	0%	45%
	ダ1800m	×	ダ2100m	◎	0	1	0	6	0.0%	16.7%	16.7%	0%	116%
	芝2200m〜	×	ダ2100m	××	0	0	0	7	0.0%	0.0%	0.0%	0%	0%
	芝2200m〜	×	ダ2100m	×	1	0	0	6	16.7%	16.7%	16.7%	100%	26%

激変ローテ●芝2200m〜【重賞】3番人気以内

評価	前々走 距離	前々走 着順	前走 距離	前走 着順	1着	2着	3着	総数	勝率	連対率	複勝率	単回率	複回率
	芝1600m		芝1600m		2	0	0	6	33.3%	33.3%	33.3%	268%	103%
	芝1700〜1800m		芝1600m		2	0	0	4	50.0%	50.0%	50.0%	120%	65%
	芝2000m		芝1600m		1	0	1	3	33.3%	33.3%	66.7%	86%	126%
	芝1700〜1800m		芝1700〜1800m		0	1	0	4	0.0%	25.0%	25.0%	0%	37%
	芝2000m		芝1700〜1800m		5	1	0	11	45.5%	54.5%	54.5%	265%	111%
	芝2200m〜		芝1700〜1800m		1	1	1	4	25.0%	50.0%	75.0%	142%	127%
	芝1600m		芝2000m		1	0	0	3	33.3%	33.3%	33.3%	203%	66%
	芝1700〜1800m		芝2000m		6	2	1	18	33.3%	44.4%	50.0%	95%	65%
消し	芝2000m		芝2000m		7	3	3	33	21.2%	30.3%	39.4%	54%	52%
	芝2200m〜		芝2000m		10	4	8	40	25.0%	35.0%	55.0%	101%	88%
	芝1700〜1800m		芝2200m〜		3	1	2	8	37.5%	50.0%	75.0%	88%	105%
	芝2000m		芝2200m〜		10	5	5	44	22.7%	34.1%	45.5%	96%	87%
	芝2200m〜		芝2200m〜		28	30	12	147	19.0%	39.5%	47.6%	60%	71%

激変ローテ●芝2200m〜【重賞】4番人気以下

評価	前々走 距離	前々走 着順	前走 距離	前走 着順	1着	2着	3着	総数	勝率	連対率	複勝率	単回率	複回率
	芝1400〜1500m		芝1600m		0	0	0	5	0.0%	0.0%	0.0%	0%	0%
買い	芝1600m		芝1600m		3	2	2	35	8.6%	14.3%	20.0%	204%	136%
買い	芝1700〜1800m		芝1600m		0	1	3	17	0.0%	5.9%	23.5%	0%	140%
	芝2000m		芝1600m		0	1	1	17	0.0%	5.9%	11.8%	0%	157%
	芝2200m〜		芝1600m		1	0	1	10	10.0%	10.0%	20.0%	97%	62%
	—		芝1700〜1800m		0	0	0	3	0.0%	0.0%	0.0%	0%	0%
	ダ1800m		芝1700〜1800m		0	0	0	4	0.0%	0.0%	0.0%	0%	0%
	ダ2100m〜		芝1700〜1800m		0	0	0	3	0.0%	0.0%	0.0%	0%	0%
	芝1600m		芝1700〜1800m		0	0	3	20	0.0%	0.0%	15.0%	0%	49%
	芝1700〜1800m		芝1700〜1800m		0	0	3	36	0.0%	0.0%	8.3%	11.1%	94%

芝2200m以上

評価	前々走		前走		1着	2着	3着	総数	勝率	連対率	複勝率	単回率	複回率
	距離	着順	距離	着順									
	芝2000m		芝1700～1800m		0	0	3	53	0.0%	0.0%	5.7%	0%	25%
	芝2200m～		芝1700～1800m		1	0	2	40	2.5%	2.5%	7.5%	24%	17%
	—		芝2000m		0	0	1	5	0.0%	0.0%	20.0%	0%	120%
	ダ1800m		芝2000m		0	0	0	4	0.0%	0.0%	0.0%	0%	0%
	ダ2100m～		芝2000m		0	0	0	3	0.0%	0.0%	0.0%	0%	0%
	芝1400～1500m		芝2000m		0	0	0	3	0.0%	0.0%	0.0%	0%	0%
	芝1600m		芝2000m		1	0	0	16	6.3%	6.3%	6.3%	416%	35%
	芝1700～1800m		芝2000m		1	5	5	79	1.3%	7.6%	13.9%	55%	62%
	芝2000m		芝2000m		1	5	8	127	0.8%	4.7%	11.0%	20%	51%
	芝2200m～		芝2000m		7	11	6	112	6.3%	16.1%	21.4%	150%	87%
	—		芝2200m～		0	0	0	4	0.0%	0.0%	0.0%	0%	0%
	ダ1700m		芝2200m～		0	0	0	3	0.0%	0.0%	0.0%	0%	0%
	ダ1800m		芝2200m～		1	0	1	11	9.1%	9.1%	18.2%	152%	60%
	ダ2100m～		芝2200m～		0	0	0	6	0.0%	0.0%	0.0%	0%	0%
	芝1600m		芝2200m～		1	0	1	5	20.0%	20.0%	40.0%	110%	214%
	芝1700～1800m		芝2200m～		1	0	2	46	2.2%	2.2%	6.5%	41%	32%
特買い	芝2000m		芝2200m～		5	15	11	154	3.2%	13.0%	20.1%	100%	108%
	芝2200m～		芝2200m～		10	20	25	404	2.5%	7.4%	13.6%	62%	70%
	ダ1700m		ダ1800m		0	0	0	3	0.0%	0.0%	0.0%	0%	0%
	ダ1800m		ダ1800m		0	0	0	22	0.0%	0.0%	0.0%	0%	0%
	芝1700～1800m		ダ1800m		0	0	0	3	0.0%	0.0%	0.0%	0%	0%
	芝2000m		ダ1800m		0	0	0	4	0.0%	0.0%	0.0%	0%	0%
	ダ2100m～		ダ2100m～		1	0	0	3	33.3%	33.3%	33.3%	2366%	643%
	芝2200m～		ダ2100m～		0	0	1	7	0.0%	0.0%	14.3%	0%	130%

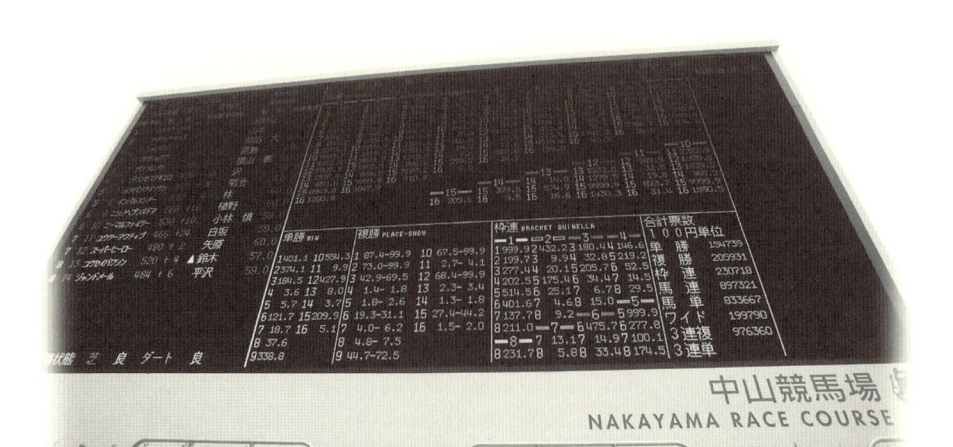

距離別「激変ローテリスト」──ダートコース編

ダート1000m

ダ1000mローテ・各競馬場の傾向

	短縮	同距離
札幌	×	○
小倉	◎	○
中京		○
函館	○	
福島		

ダート1000m【未勝利】馬場別データ

評価		前々走		前走	
		距離	着順	距離	着順
同距離馬、延長馬が有利な馬場	買い	芝1200m	×	ダ1000m	○
	買い	ダ1000m	×	ダ1000m	○
	買い	ダ1000m	×	ダ1000m	×
	買い	ダ1300〜1400m	×	ダ1000m	×
	買い	ダ1150〜1200m	×	ダ1150〜1200m＊	××
	買い	ダ1150〜1200m	×	芝1200m＊	×
	特買い	芝1200m	×	芝1200m＊	×
短縮馬が有利な馬場	買い	ダ1150〜1200m	×	ダ1150〜1200m	××
	買い	ダ1150〜1200m	×	芝1200m	×
	特買い	芝1200m	×	芝1200m	×
	買い	―	―	芝1700〜1800m	××

【未勝利】

▽同距離馬、延長馬が有利な馬場▽

・ダ1000×→ダ1000×、ダ1400×→ダ1000×→ダ1000×のローテーションが優秀。
・ダ1000×→ダ1000×のローテーションは、3コーナー4〜10番手の馬が特に期待値高い。

▽短縮馬が有利な馬場▽

・ダ1200×→ダ1200×や芝1200×→芝1200×と前走で芝1200mを使っていたローテーションの馬にも注目。
・ダ1200×→ダ1200×、ダ1200××とダート1200mを続けて使っていた馬の期待値高い。
・ダ1200×→芝1200、ダ1800×→芝1200、芝1200×→芝1200×など、前走で芝を使っていたローテーションも期待値が高い。「激変血統」の馬がより狙える。

【500万下】

▽同距離馬、延長馬が有利な馬場▽

・ダ1000×→ダ1200×→ダ1000×やダ1400×→ダ1000×のローテーションが期待値高いように、前走はダート1200m以上に出走して凡走した馬のダート1000m出走に注目。

▽短縮馬が有利な馬場▽

・ダ1000×→ダ1200×、ダ1000×→ダ1200のローテーションでは、近2走どちらかで先行している馬が狙える。

ダート1000m

ダート1000m【500万下】馬場別データ

	評価	前々走 距離	前々走 着順	前走 距離	前走 着順
同距離馬、延長馬が有利な馬場	買い	ダ1000m	○	ダ1000m	○
	特買い	ダ1150〜1200m	×	ダ1000m	×
	買い	ダ1300〜1400m	×	ダ1000m	×
	買い	芝1200m	×	ダ1150〜1200m＊	×
	特買い	ダ1000m	×	ダ1150〜1200m＊	×
	買い	ダ1000m	×	ダ1150〜1200m＊	××
	買い	ダ1150〜1200m	×	芝1200m＊	×
短縮馬が有利な馬場	買い	芝1200m	×	ダ1150〜1200m	×
	特買い	ダ1000m	×	ダ1150〜1200m	×
	買い	ダ1000m	×	ダ1150〜1200m	××
	買い	ダ1150〜1200m	×	芝1200m	×
	買い	ダ1150〜1200m	×	ダ1300〜1400m	×
	買い	ダ1150〜1200m	×	ダ1300〜1400m	××

・ダ1000×→ダ1200×、ダ1000×→ダ1200×××と、前々走ダート1000mで凡走、前走はダート1200mで凡走しているローテーションが期待値高い。
・ダ1200×→ダ1400×、ダ1200×→ダ1400×××と、前々走ダート1200m、前走ダート1400mで負けているローテーションの期待値も高い。

激変ローテ●ダート1000m【未勝利】3番人気以内

評価	前々走 距離	着順	前走 距離	着順	1着	2着	3着	総数	勝率	連対率	複勝率	単回率	複回率
	—	—	ダ1000m	○	12	10	9	47	25.5%	46.8%	66.0%	49%	78%
	—	—	ダ1000m	×	3	5	4	18	16.7%	44.4%	61.1%	64%	95%
	ダ1000m	○	ダ1000m	○	31	17	8	89	34.8%	53.9%	62.9%	91%	76%
	ダ1000m	×	ダ1000m	○	4	7	12	44	9.1%	25.0%	52.3%	34%	78%
消し	ダ1000m	○	ダ1000m	×	3	3	4	22	13.6%	27.3%	45.5%	37%	64%
	ダ1000m	×	ダ1000m	×	2	4	1	11	18.2%	54.5%	63.6%	90%	110%
	ダ1000m	××	ダ1000m	○	1	3	0	8	12.5%	50.0%	50.0%	21%	73%
	ダ1150〜1200m	○	ダ1000m	○	7	11	7	39	17.9%	46.2%	64.1%	44%	81%
	ダ1150〜1200m	×	ダ1000m	○	9	6	7	30	30.0%	50.0%	73.3%	84%	91%
	ダ1150〜1200m	××	ダ1000m	○	2	3	5	15	13.3%	33.3%	66.7%	21%	88%
	ダ1150〜1200m	○	ダ1000m	×	3	2	1	13	23.1%	38.5%	46.2%	96%	71%
	ダ1150〜1200m	×	ダ1000m	×	2	2	1	9	22.2%	44.4%	55.6%	64%	95%
	ダ1300〜1400m	○	ダ1000m	○	4	3	1	11	36.4%	63.6%	72.7%	103%	91%
	ダ1300〜1400m	×	ダ1000m	○	2	2	1	7	28.6%	57.1%	71.4%	44%	84%
	ダ1300〜1400m	○	ダ1000m	×	2	1	1	6	33.3%	50.0%	66.7%	178%	90%
	ダ1300〜1400m	××	ダ1000m	○	1	2	2	6	16.7%	50.0%	83.3%	133%	123%
	ダ1700m	××	ダ1000m	○	0	1	0	5	0.0%	20.0%	20.0%	0%	26%
	芝1200m	○	ダ1000m	○	7	7	3	26	26.9%	53.8%	65.4%	58%	80%
	芝1200m	×	ダ1000m	○	2	0	2	5	40.0%	40.0%	80.0%	68%	98%
	芝1200m	××	ダ1000m	○	3	0	0	5	60.0%	60.0%	60.0%	266%	92%
	—	—	ダ1150〜1200m	×	3	2	5	14	21.4%	35.7%	42.9%	74%	70%
	—	—	ダ1150〜1200m	○	2	2	1	8	25.0%	50.0%	62.5%	46%	71%
	ダ1000m	○	ダ1150〜1200m	○	4	3	1	10	40.0%	70.0%	80.0%	113%	94%
	ダ1000m	×	ダ1150〜1200m	○	4	2	1	9	44.4%	66.7%	77.8%	134%	117%
	ダ1000m	×	ダ1150〜1200m	×	1	0	0	8	12.5%	12.5%	12.5%	70%	25%
	ダ1000m	○	ダ1150〜1200m	×	2	2	1	7	28.6%	57.1%	71.4%	84%	107%
消し	ダ1150〜1200m	×	ダ1150〜1200m	×	3	3	6	30	10.0%	20.0%	40.0%	35%	58%
	ダ1150〜1200m	×	ダ1150〜1200m	○	6	8	2	27	22.2%	51.9%	59.3%	47%	70%
	ダ1150〜1200m	○	ダ1150〜1200m	×	5	4	7	23	21.7%	39.1%	69.6%	79%	103%
	ダ1150〜1200m	○	ダ1150〜1200m	○	4	5	3	18	22.2%	50.0%	66.7%	51%	83%
	ダ1150〜1200m	××	ダ1150〜1200m	×	2	1	0	7	28.6%	42.9%	42.9%	134%	67%
	ダ1300〜1400m	○	ダ1150〜1200m	○	6	2	2	11	54.5%	72.7%	90.9%	114%	114%
	ダ1300〜1400m	×	ダ1150〜1200m	○	3	1	2	8	37.5%	50.0%	75.0%	67%	116%
	ダ1300〜1400m	×	ダ1150〜1200m	×	0	2	1	5	0.0%	40.0%	60.0%	0%	90%
	芝1200m	○	ダ1150〜1200m	○	3	1	2	7	42.9%	57.1%	85.7%	127%	110%
	芝1200m	×	ダ1150〜1200m	○	2	1	2	6	33.3%	50.0%	83.3%	205%	141%
	—	—	ダ1300〜1400m	○	5	1	0	6	83.3%	100.0%	100.0%	213%	121%
	—	—	ダ1300〜1400m	×	1	1	0	6	16.7%	33.3%	33.3%	28%	46%
	ダ1150〜1200m	○	ダ1300〜1400m	×	1	1	1	7	14.3%	28.6%	42.9%	20%	52%
	ダ1150〜1200m	×	ダ1300〜1400m	×	1	1	0	6	16.7%	33.3%	33.3%	198%	65%
	ダ1300〜1400m	×	ダ1300〜1400m	×	3	4	0	10	30.0%	70.0%	70.0%	67%	79%
	ダ1300〜1400m	○	ダ1300〜1400m	×	0	4	1	9	0.0%	44.4%	55.6%	0%	92%
	ダ1300〜1400m	×	ダ1300〜1400m	○	2	1	2	6	33.3%	50.0%	83.3%	81%	108%
	—	—	芝1200m	○	2	1	1	7	28.6%	57.1%	71.4%	65%	100%
消し	—	—	芝1200m	×	11	2	9	30	36.7%	43.3%	46.7%	119%	66%
消し	—	—	芝1200m	○	4	1	1	13	30.8%	38.5%	46.2%	105%	65%
	ダ1150〜1200m	○	芝1200m	×	3	0	1	5	60.0%	60.0%	80.0%	204%	122%
	ダ1150〜1200m	×	芝1200m	○	0	1	2	5	0.0%	20.0%	60.0%	0%	88%
	芝1200m	×	芝1200m	×	6	5	3	19	31.6%	57.9%	73.7%	133%	122%
	芝1200m	○	芝1200m	×	6	3	1	19	31.6%	47.4%	52.6%	146%	74%
	芝1200m	○	芝1200m	○	5	3	0	11	45.5%	72.7%	72.7%	109%	91%
	—	—	芝1400〜1500m	×	2	0	0	5	40.0%	40.0%	40.0%	180%	112%

激変ローテ●ダート1000m【未勝利】4番人気以下

評価	前々走 距離	着順	前走 距離	着順	1着	2着	3着	総数	勝率	連対率	複勝率	単回率	複回率
	—	—	ダ1000m	××	0	1	3	75	0.0%	1.3%	5.3%	0%	55%
	—	—	ダ1000m	×	0	4	3	50	0.0%	8.0%	14.0%	0%	63%
	—	—	ダ1000m	○	0	1	3	16	0.0%	6.3%	25.0%	0%	65%
買い	ダ1000m	○	ダ1000m	×	5	8	14	108	4.6%	12.0%	25.0%	50%	96%
	ダ1000m	○	ダ1000m	○	1	1	3	35	2.9%	5.7%	14.3%	23%	40%
	ダ1000m	××	ダ1000m	×	0	1	3	34	0.0%	2.9%	11.8%	0%	36%

ダート1000m

評価	前々走 距離	前々走 着順	前走 距離	前走 着順	1着	2着	3着	総数	勝率	連対率	複勝率	単回率	複回率
買い	ダ1000m	×	ダ1000m	○	6	4	3	33	18.2%	30.3%	39.4%	232%	94%
	ダ1000m	○	ダ1000m	○	1	4	5	23	4.3%	21.7%	43.5%	83%	97%
	ダ1000m	×	ダ1000m	××	0	2	2	23	0.0%	8.7%	17.4%	0%	116%
	ダ1000m		ダ1000m	××	0	0	0	22	0.0%	0.0%	0.0%	0%	0%
	ダ1150〜1200m	×	ダ1000m	×	1	1	5	44	2.3%	4.5%	15.9%	22%	50%
	ダ1150〜1200m	××	ダ1000m	×	0	0	3	39	0.0%	0.0%	7.7%	0%	28%
	ダ1150〜1200m	××	ダ1000m	××	0	0	0	29	0.0%	0.0%	0.0%	0%	0%
	ダ1150〜1200m	×	ダ1000m	○	0	3	3	13	0.0%	23.1%	46.2%	0%	89%
	ダ1150〜1200m	×	ダ1000m	××	0	1	0	11	0.0%	9.1%	9.1%	0%	16%
	ダ1300〜1400m	××	ダ1000m	×	0	1	3	39	0.0%	2.6%	10.3%	0%	34%
	ダ1300〜1400m	××	ダ1000m	××	0	0	0	20	0.0%	0.0%	0.0%	0%	0%
買い	ダ1300〜1400m	×	ダ1000m	×	0	2	3	18	0.0%	11.1%	27.8%	0%	122%
	ダ1300〜1400m	×	ダ1000m	○	1	1	1	5	20.0%	40.0%	60.0%	300%	150%
	ダ1700m	××	ダ1000m	×	1	1	2	25	4.0%	8.0%	16.0%	144%	69%
	ダ1700m	××	ダ1000m	××	0	0	1	9	0.0%	0.0%	11.1%	0%	43%
	ダ1800m		ダ1000m	×	0	1	1	8	0.0%	12.5%	25.0%	0%	77%
	芝1200m	×	ダ1000m	×	2	0	6	46	4.3%	4.3%	17.4%	40%	70%
	芝1200m	××	ダ1000m	××	0	0	0	22	0.0%	0.0%	0.0%	0%	0%
	芝1200m	×	ダ1000m	××	0	1	0	16	0.0%	6.3%	6.3%	0%	47%
	芝1200m	××	ダ1000m	×	0	0	1	13	0.0%	0.0%	7.7%	0%	16%
買い	芝1200m	×	ダ1000m	○	2	2	2	11	18.2%	36.4%	63.6%	161%	139%
	芝1400〜1500m	××	ダ1000m	××	0	0	1	5	0.0%	0.0%	20.0%	0%	244%
	芝1600m	××	ダ1000m	×	1	1	0	6	16.7%	33.3%	33.3%	193%	100%
	—	—	ダ1150〜1200m	××	0	3	1	93	0.0%	3.2%	4.3%	0%	14%
	—	—	ダ1150〜1200m	×	2	1	3	31	6.5%	9.7%	19.4%	100%	51%
	—	—	ダ1150〜1200m	○	2	1	0	8	25.0%	37.5%	37.5%	277%	87%
	ダ1000m	×	ダ1150〜1200m	×	1	2	1	25	4.0%	12.0%	16.0%	30%	49%
	ダ1000m		ダ1150〜1200m	×	1	2	1	20	5.0%	15.0%	20.0%	111%	114%
	ダ1000m	××	ダ1150〜1200m	××	0	0	1	14	0.0%	0.0%	7.1%	7.1%	38%
	ダ1000m		ダ1150〜1200m	○	0	0	1	5	0.0%	0.0%	20.0%	0%	42%
	ダ1150〜1200m	××	ダ1150〜1200m	××	3	2	1	73	4.1%	6.8%	8.2%	102%	55%
	ダ1150〜1200m	×	ダ1150〜1200m	×	0	7	6	63	0.0%	11.1%	20.6%	0%	67%
買い	ダ1150〜1200m	×	ダ1150〜1200m	××	2	2	4	38	5.3%	10.5%	21.1%	126%	102%
	ダ1150〜1200m	××	ダ1150〜1200m	×	1	2	1	25	4.0%	12.0%	16.0%	22%	73%
	ダ1150〜1200m	○	ダ1150〜1200m	×	1	2	0	17	5.9%	17.6%	17.6%	282%	54%
	ダ1150〜1200m	×	ダ1150〜1200m	○	0	3	1	8	0.0%	37.5%	50.0%	0%	177%
	ダ1300〜1400m	××	ダ1150〜1200m	××	0	2	1	44	0.0%	4.5%	6.8%	0%	30%
	ダ1300〜1400m	××	ダ1150〜1200m	×	1	2	0	26	3.8%	11.5%	11.5%	153%	45%
	ダ1300〜1400m	×	ダ1150〜1200m	×	0	1	1	16	0.0%	6.3%	12.5%	0%	38%
	ダ1300〜1400m	○	ダ1150〜1200m	×	0	0	1	6	0.0%	0.0%	16.7%	0%	88%
	ダ1300〜1400m	×	ダ1150〜1200m	××	0	0	0	6	0.0%	0.0%	0.0%	0%	0%
	ダ1600m	××	ダ1150〜1200m	××	0	0	0	5	0.0%	0.0%	0.0%	0%	0%
	ダ1700m	××	ダ1150〜1200m	×	0	1	2	6	0.0%	16.7%	50.0%	0%	235%
	ダ1700m		ダ1150〜1200m	××	0	0	0	5	0.0%	0.0%	0.0%	0%	0%
	ダ1800m	×	ダ1150〜1200m	×	1	1	0	15	6.7%	13.3%	13.3%	57%	27%
	ダ1800m	××	ダ1150〜1200m	××	0	0	0	6	0.0%	0.0%	0.0%	0%	0%
	芝1200m	××	ダ1150〜1200m	××	0	0	1	17	0.0%	0.0%	5.9%	0%	62%
	芝1200m	×	ダ1150〜1200m	×	0	0	1	15	0.0%	0.0%	6.7%	13.3%	42%
	芝1200m	××	ダ1150〜1200m	××	0	0	0	11	0.0%	0.0%	0.0%	0%	0%
	芝1200m		ダ1150〜1200m	×	1	1	0	11	9.1%	18.2%	18.2%	287%	72%
	—	—	ダ1300〜1400m	××	3	1	0	52	5.8%	7.7%	7.7%	130%	41%
	—	—	ダ1300〜1400m		0	0	0	12	0.0%	0.0%	0.0%	0%	0%
	ダ1000m	××	ダ1300〜1400m	×	0	0	0	9	0.0%	0.0%	0.0%	0%	0%
	ダ1000m		ダ1300〜1400m	×	0	1	1	5	0.0%	20.0%	40.0%	0%	106%
	ダ1150〜1200m	××	ダ1300〜1400m	×	1	1	1	41	2.4%	4.9%	7.3%	79%	31%
	ダ1150〜1200m	×	ダ1300〜1400m	××	1	2	0	24	4.2%	12.5%	12.5%	50%	66%
	ダ1150〜1200m	×	ダ1300〜1400m	×	0	0	1	15	0.0%	0.0%	6.7%	0%	15%
	ダ1150〜1200m	××	ダ1300〜1400m	×	1	0	1	9	11.1%	11.1%	22.2%	127%	60%
	ダ1150〜1200m	×	ダ1300〜1400m	○	0	2	0	5	0.0%	40.0%	40.0%	0%	74%
	ダ1300〜1400m	××	ダ1300〜1400m	××	0	0	0	25	0.0%	0.0%	0.0%	0%	0%
	ダ1300〜1400m	×	ダ1300〜1400m	×	0	1	0	15	0.0%	6.7%	6.7%	0%	36%
	ダ1300〜1400m	×	ダ1300〜1400m	××	1	0	2	12	8.3%	8.3%	25.0%	64%	70%
	ダ1300〜1400m	××	ダ1300〜1400m	×	1	0	0	10	10.0%	10.0%	10.0%	136%	47%
	ダ1300〜1400m	○	ダ1300〜1400m	×	0	0	1	5	0.0%	0.0%	20.0%	0%	40%
	ダ1800m	××	ダ1300〜1400m	××	0	0	1	8	0.0%	0.0%	12.5%	0%	165%

ダート1000m

評価	前々走 距離	着順	前走 距離	着順	1着	2着	3着	総数	勝率	連対率	複勝率	単回率	複回率
	ダ1800m	××	ダ1300〜1400m	×	0	1	0	5	0.0%	20.0%	20.0%	0%	72%
	芝1200m	×	ダ1300〜1400m	××	0	0	0	14	0.0%	0.0%	0.0%	0%	0%
	芝1200m	××	ダ1300〜1400m	××	1	0	1	8	12.5%	12.5%	25.0%	1155%	493%
	芝1400〜1500m	××	ダ1300〜1400m	××	0	0	1	7	0.0%	0.0%	0.0%	0%	0%
	芝1400〜1500m	×	ダ1300〜1400m	××	0	0	0	5	0.0%	0.0%	0.0%	0%	0%
	芝1600m		ダ1300〜1400m	××	0	0	0	6	0.0%	0.0%	0.0%	0%	0%
	—	—	ダ1600m	××	0	0	0	5	0.0%	0.0%	0.0%	0%	0%
	ダ1300〜1400m	×	ダ1600m	××	1	1	0	6	16.7%	33.3%	33.3%	330%	916%
	—	—	ダ1700m	××	0	1	0	14	0.0%	7.1%	7.1%	0%	25%
	ダ1000m	×	ダ1700m	××	0	2	2	20	0.0%	10.0%	20.0%	0%	91%
	ダ1000m	××	ダ1700m	××	0	0	0	6	0.0%	0.0%	0.0%	0%	0%
	ダ1150〜1200m	×	ダ1700m	××	0	0	0	13	0.0%	0.0%	0.0%	0%	0%
	ダ1150〜1200m	××	ダ1700m	××	0	0	0	10	0.0%	0.0%	0.0%	0%	0%
	ダ1300〜1400m	×	ダ1700m	××	0	0	1	9	0.0%	0.0%	11.1%	0%	247%
	ダ1300〜1400m	××	ダ1700m	××	0	0	0	5	0.0%	0.0%	0.0%	0%	0%
	ダ1700m		ダ1700m	××	0	0	3	11	0.0%	0.0%	27.3%	0%	162%
	ダ1700m	×	ダ1700m	××	0	0	1	7	0.0%	0.0%	14.3%	0%	62%
	ダ1700m	×	ダ1700m	×	0	1	0	6	0.0%	16.7%	16.7%	0%	26%
	ダ1800m	××	ダ1700m	××	0	0	0	7	0.0%	0.0%	0.0%	0%	0%
	芝1200m	×	ダ1700m	××	0	0	0	8	0.0%	0.0%	0.0%	0%	0%
	—	—	ダ1800m	××	0	0	0	10	0.0%	0.0%	0.0%	0%	0%
	ダ1150〜1200m	××	ダ1800m	××	0	1	0	9	0.0%	11.1%	11.1%	0%	36%
	ダ1150〜1200m	×	ダ1800m	×	1	0	2	7	14.3%	14.3%	42.9%	197%	231%
	芝1200m		ダ1800m	××	0	0	1	5	0.0%	0.0%	20.0%	0%	192%
	芝1700〜1800m	××	ダ1800m	××	0	0	0	5	0.0%	0.0%	0.0%	0%	0%
	—	—	芝1000m	×	1	1	1	17	5.9%	11.8%	17.6%	107%	80%
	—	—	芝1000m	××	0	0	0	13	0.0%	0.0%	0.0%	0%	0%
	ダ1000m	×	芝1000m	×	0	0	1	5	0.0%	0.0%	20.0%	0%	72%
	ダ1150〜1200m	××	芝1000m	×	0	1	1	6	0.0%	16.7%	33.3%	0%	118%
	芝1000m	×	芝1000m	×	0	0	0	5	0.0%	0.0%	0.0%	0%	0%
	—	—	芝1200m	××	1	2	5	97	1.0%	3.1%	8.2%	63%	90%
	—	—	芝1200m	×	1	1	1	57	1.8%	3.5%	8.8%	11%	23%
	—	—	芝1200m	○	1	2	0	5	20.0%	60.0%	60.0%	182%	120%
	ダ1000m	×	芝1200m	×	3	0	0	18	16.7%	16.7%	16.7%	720%	197%
	ダ1000m	×	芝1200m	××	0	1	0	10	0.0%	10.0%	10.0%	0%	71%
	ダ1000m	××	芝1200m	×	0	0	0	10	0.0%	0.0%	0.0%	0%	0%
	ダ1000m	××	芝1200m	××	0	0	0	9	0.0%	0.0%	0.0%	0%	0%
買い	ダ1150〜1200m	×	芝1200m	×	0	2	3	17	0.0%	11.8%	29.4%	0%	151%
	ダ1150〜1200m	××	芝1200m	××	0	0	1	16	0.0%	0.0%	6.3%	0%	75%
	ダ1150〜1200m	××	芝1200m	×	0	0	1	13	0.0%	0.0%	7.7%	0%	76%
	ダ1150〜1200m	×	芝1200m	××	0	1	1	5	0.0%	20.0%	40.0%	0%	186%
	ダ1300〜1400m	××	芝1200m	×	0	0	2	9	0.0%	0.0%	22.2%	0%	141%
	ダ1300〜1400m	××	芝1200m	××	0	0	0	6	0.0%	0.0%	0.0%	0%	0%
	ダ1700m	××	芝1200m	×	0	0	0	5	0.0%	0.0%	0.0%	0%	0%
	芝1000m	×	芝1200m	×	0	0	0	9	0.0%	0.0%	0.0%	0%	0%
	芝1200m		芝1200m	××	0	0	0	7	0.0%	0.0%	0.0%	0%	0%
特買い	芝1200m	×	芝1200m	×	5	3	7	78	6.4%	10.3%	19.2%	258%	113%
	芝1200m		芝1200m	××	0	0	0	19	0.0%	0.0%	0.0%	0%	0%
	芝1200m	×	芝1200m	××	0	0	0	18	0.0%	0.0%	0.0%	0%	0%
	芝1200m	××	芝1200m	×	0	2	1	18	0.0%	11.1%	16.7%	0%	35%
	芝1200m	○	芝1200m	×	0	1	1	7	0.0%	14.3%	28.6%	0%	65%
	芝1200m	×	芝1200m	○	1	1	0	6	16.7%	33.3%	33.3%	86%	60%
	芝1400〜1500m	××	芝1200m	×	1	1	0	13	7.7%	15.4%	15.4%	149%	53%
	芝1400〜1500m	×	芝1200m	×	0	0	0	12	0.0%	0.0%	0.0%	0%	0%
	芝1400〜1500m	×	芝1200m	××	0	0	0	5	0.0%	0.0%	0.0%	0%	0%
	芝1700〜1800m	××	芝1200m	×	0	0	2	6	0.0%	0.0%	33.3%	0%	266%
	芝1700〜1800m	×	芝1200m	×	0	0	0	5	0.0%	0.0%	0.0%	0%	0%
	—	—	芝1400〜1500m	××	0	0	1	25	0.0%	0.0%	4.0%	0%	7%
	—	—	芝1400〜1500m	×	0	0	1	13	0.0%	0.0%	7.7%	0%	54%
	芝1200m	×	芝1400〜1500m	×	0	1	0	7	0.0%	14.3%	14.3%	0%	60%
	芝1400〜1500m	×	芝1400〜1500m	×	0	0	0	6	0.0%	0.0%	0.0%	0%	0%
	芝1400〜1500m	××	芝1400〜1500m	××	0	0	0	5	0.0%	0.0%	0.0%	0%	0%
	—	—	芝1600m	××	0	0	1	14	0.0%	0.0%	7.1%	0%	12%
	—	—	芝1600m	×	0	0	0	6	0.0%	0.0%	0.0%	0%	0%
買い	—	—	芝1700〜1800m	××	2	2	1	10	20.0%	40.0%	50.0%	385%	229%

ダート1000m

評価	前々走 距離	前々走 着順	前走 距離	前走 着順	1着	2着	3着	総数	勝率	連対率	複勝率	単回率	複回率
	―	―	芝1700～1800m	×	0	0	0	8	0.0%	0.0%	0.0%	0%	0%
	ダ1150～1200m	×	芝1700～1800m	××	0	1	0	5	0.0%	20.0%	20.0%	0%	70%

激変ローテ●ダート1000m【500万下】3番人気以内

評価	前々走 距離	前々走 着順	前走 距離	前走 着順	1着	2着	3着	総数	勝率	連対率	複勝率	単回率	複回率
	ダ1000m	◯	ダ1000m	◯	28	28	12	106	26.4%	52.8%	64.2%	83%	82%
	ダ1000m	×	ダ1000m	◯	10	18	10	77	13.0%	36.4%	49.4%	46%	72%
	ダ1000m	◯	ダ1000m	×	12	6	7	57	21.1%	31.6%	43.9%	74%	71%
	ダ1000m	×	ダ1000m	×	11	10	4	47	23.4%	44.7%	53.2%	130%	99%
消し	ダ1000m	◯	ダ1000m	◎	4	2	5	25	16.0%	24.0%	44.0%	48%	60%
	ダ1000m	◎	ダ1000m	◯	5	6	1	23	21.7%	47.8%	52.2%	63%	71%
	ダ1000m	◎	ダ1000m	×	3	1	4	15	20.0%	26.7%	53.3%	63%	84%
	ダ1000m	×	ダ1000m	◎	5	0	3	14	35.7%	35.7%	57.1%	127%	93%
	ダ1150～1200m	×	ダ1000m	◯	13	12	12	62	21.0%	40.3%	59.7%	73%	88%
	ダ1150～1200m	◯	ダ1000m	×	3	5	6	34	8.8%	23.5%	41.2%	50%	72%
	ダ1150～1200m	×	ダ1000m	◎	4	2	2	15	26.7%	40.0%	53.3%	67%	79%
	ダ1150～1200m	◯	ダ1000m	◯	5	4	2	14	35.7%	64.3%	78.6%	91%	106%
	ダ1150～1200m	××	ダ1000m	◯	0	2	1	9	0.0%	22.2%	33.3%	0%	48%
	ダ1150～1200m	×	ダ1000m	×	1	1	1	9	11.1%	22.2%	33.3%	50%	56%
	ダ1150～1200m	◯	ダ1000m	◎	0	2	1	6	0.0%	33.3%	50.0%	0%	81%
	ダ1150～1200m	◎	ダ1000m	×	2	1	0	6	33.3%	50.0%	50.0%	213%	88%
	ダ1300～1400m	◯	ダ1000m	◯	4	2	0	10	40.0%	60.0%	60.0%	129%	86%
	ダ1300～1400m	×	ダ1000m	×	2	1	1	6	33.3%	50.0%	66.7%	106%	126%
	ダ1300～1400m	××	ダ1000m	◯	0	1	3	5	0.0%	20.0%	80.0%	0%	118%
	ダ1300～1400m	××	ダ1000m	×	2	2	0	5	40.0%	80.0%	80.0%	374%	188%
	ダ1700m	××	ダ1000m	◯	5	2	0	8	62.5%	87.5%	87.5%	162%	118%
	ダ1700m	×	ダ1000m	◯	0	2	0	5	0.0%	40.0%	40.0%	0%	70%
	芝1000m	×	ダ1000m	◯	0	1	2	5	0.0%	20.0%	60.0%	0%	82%
	芝1200m	×	ダ1000m	◯	6	2	2	22	27.3%	36.4%	45.5%	100%	73%
	芝1200m	×	ダ1000m	×	4	1	1	11	36.4%	45.5%	54.5%	110%	94%
	芝1200m	××	ダ1000m	◯	3	0	1	7	42.9%	42.9%	57.1%	131%	74%
	芝1200m	×	ダ1000m	◎	1	0	2	5	20.0%	20.0%	60.0%	118%	122%
	ダ1000m	×	ダ1150～1200m	×	2	3	2	16	12.5%	31.3%	43.8%	56%	80%
	ダ1000m	◯	ダ1150～1200m	×	3	1	3	15	20.0%	26.7%	46.7%	73%	79%
	ダ1000m	◎	ダ1150～1200m	×	2	0	3	9	22.2%	22.2%	55.6%	100%	108%
	ダ1000m	◯	ダ1150～1200m	××	1	0	1	6	16.7%	16.7%	33.3%	103%	71%
	ダ1150～1200m	×	ダ1150～1200m	×	6	7	5	35	17.1%	37.1%	51.4%	86%	94%
	ダ1150～1200m	◯	ダ1150～1200m	×	10	5	4	29	34.5%	51.7%	65.5%	140%	104%
消し	ダ1150～1200m	×	ダ1150～1200m	◯	2	2	1	15	13.3%	26.7%	33.3%	48%	42%
	ダ1150～1200m	◯	ダ1150～1200m	◯	7	1	4	13	53.8%	61.5%	92.3%	142%	120%
	ダ1150～1200m	××	ダ1150～1200m	×	1	2	3	11	9.1%	27.3%	54.5%	27%	83%
	ダ1300～1400m	×	ダ1150～1200m	×	2	1	0	6	33.3%	50.0%	50.0%	163%	113%
	芝1200m	×	ダ1150～1200m	×	1	2	0	11	9.1%	27.3%	27.3%	68%	66%
	ダ1150～1200m	×	ダ1300～1400m	×	2	3	0	11	18.2%	45.5%	45.5%	88%	86%
	ダ1150～1200m	◎	ダ1300～1400m	×	2	0	0	7	28.6%	28.6%	28.6%	118%	48%
	ダ1150～1200m	◯	ダ1300～1400m	×	4	1	0	6	66.7%	83.3%	83.3%	356%	138%
	ダ1300～1400m	◯	ダ1300～1400m	×	4	0	1	6	66.7%	66.7%	83.3%	250%	145%
	ダ1000m	◎	芝1200m	×	1	1	0	6	16.7%	33.3%	33.3%	50%	106%
	ダ1000m	◎	芝1200m	××	1	1	0	5	20.0%	40.0%	40.0%	148%	76%
	ダ1150～1200m	×	芝1200m	×	2	0	0	6	33.3%	33.3%	33.3%	115%	51%
	ダ1300～1400m	×	芝1200m	×	1	0	1	6	16.7%	16.7%	33.3%	50%	50%
	芝1200m	×	芝1200m	◯	1	3	1	16	6.3%	25.0%	31.3%	10%	65%
	芝1200m	◯	芝1200m	×	2	0	2	13	15.4%	15.4%	30.8%	70%	58%

激変ローテ●ダート1000m【500万下】4番人気以下

評価	前々走 距離	前々走 着順	前走 距離	前走 着順	1着	2着	3着	総数	勝率	連対率	複勝率	単回率	複回率
	ダ1000m	×	ダ1000m	×	15	11	27	370	4.1%	7.0%	14.3%	107%	70%
	ダ1000m	◯	ダ1000m	×	3	12	7	93	3.2%	16.1%	23.7%	61%	85%
	ダ1000m	×	ダ1000m	◯	4	5	4	54	7.4%	16.7%	24.1%	101%	67%
	ダ1000m	◎	ダ1000m	×	1	0	2	44	2.3%	2.3%	6.8%	52%	20%
	ダ1000m	×	ダ1000m	××	1	0	2	42	2.4%	2.4%	7.1%	112%	62%

ダート1000m

評価	前々走 距離	前々走 着順	前走 距離	前走 着順	1着	2着	3着	総数	勝率	連対率	複勝率	単回率	複回率
	ダ1000m	××	ダ1000m	×	1	0	0	31	3.2%	3.2%	3.2%	15%	7%
	ダ1000m	○	ダ1000m	◎	2	0	4	28	7.1%	7.1%	21.4%	72%	56%
	ダ1000m	××	ダ1000m	××	0	0	0	21	0.0%	0.0%	0.0%	0%	0%
買い	ダ1000m	○	ダ1000m	◎	1	3	2	19	5.3%	21.1%	31.6%	64%	109%
	ダ1000m	×	ダ1000m	◎	1	0	1	15	6.7%	6.7%	13.3%	41%	46%
	ダ1000m	◎	ダ1000m	×	1	1	0	11	9.1%	18.2%	18.2%	200%	125%
特買い	ダ1150〜1200m	×	ダ1000m	×	8	8	12	156	5.1%	10.3%	17.9%	95%	104%
	ダ1150〜1200m	××	ダ1000m	×	0	2	4	62	0.0%	3.2%	9.7%	0%	64%
	ダ1150〜1200m	×	ダ1000m	○	4	3	2	28	14.3%	25.0%	32.1%	151%	84%
	ダ1150〜1200m	×	ダ1000m	××	0	0	1	23	0.0%	0.0%	4.3%	0%	93%
	ダ1150〜1200m	◎	ダ1000m	×	0	0	2	15	0.0%	0.0%	13.3%	0%	108%
	ダ1150〜1200m	×	ダ1000m	◎	0	2	1	15	0.0%	13.3%	20.0%	0%	61%
	ダ1150〜1200m	××	ダ1000m	××	0	0	0	10	0.0%	0.0%	0.0%	0%	0%
	ダ1150〜1200m	○	ダ1000m	◎	0	2	1	9	0.0%	22.2%	33.3%	0%	108%
	ダ1150〜1200m	○	ダ1000m	×	0	2	0	7	0.0%	28.6%	28.6%	0%	127%
買い	ダ1300〜1400m	×	ダ1000m	×	1	2	5	45	2.2%	6.7%	17.8%	23%	86%
	ダ1300〜1400m	××	ダ1000m	×	1	1	3	43	2.3%	4.7%	11.6%	24%	79%
	ダ1300〜1400m	×	ダ1000m	××	0	0	0	6	0.0%	0.0%	0.0%	0%	0%
	ダ1300〜1400m	○	ダ1000m	×	1	0	0	5	20.0%	20.0%	20.0%	418%	90%
	ダ1300〜1400m	×	ダ1000m	○	0	1	0	5	0.0%	20.0%	20.0%	0%	106%
	ダ1600m	×	ダ1000m	×	0	0	0	11	0.0%	0.0%	0.0%	0%	0%
	ダ1600m	×	ダ1000m	×	0	0	2	6	0.0%	0.0%	33.3%	0%	486%
	ダ1700m	×	ダ1000m	×	0	0	2	27	0.0%	0.0%	7.4%	0%	51%
	ダ1700m	×	ダ1000m	×	1	0	1	10	10.0%	10.0%	20.0%	111%	205%
	ダ1700m	××	ダ1000m	××	0	0	0	8	0.0%	0.0%	0.0%	0%	0%
	ダ1800m	××	ダ1000m	×	0	1	1	13	0.0%	7.7%	15.4%	0%	55%
	芝1000m	×	ダ1000m	×	0	0	1	16	0.0%	0.0%	6.3%	0%	23%
	芝1000m	×	ダ1000m	××	0	0	0	7	0.0%	0.0%	0.0%	0%	0%
	芝1000m	××	ダ1000m	×	0	1	0	6	0.0%	16.7%	16.7%	0%	128%
	芝1200m	×	ダ1000m	×	3	2	4	71	4.2%	7.0%	12.7%	90%	48%
	芝1200m	××	ダ1000m	×	0	1	1	20	0.0%	5.0%	10.0%	0%	48%
	芝1200m	×	ダ1000m	◎	1	0	0	15	6.7%	6.7%	6.7%	154%	43%
	芝1200m	×	ダ1000m	○	1	1	1	9	11.1%	22.2%	33.3%	122%	84%
	芝1200m	×	ダ1000m	××	0	0	0	7	0.0%	0.0%	0.0%	0%	0%
	芝1400〜1500m	×	ダ1000m	×	1	0	0	7	14.3%	14.3%	14.3%	184%	55%
	芝1600m	×	ダ1000m	×	0	2	0	6	0.0%	33.3%	33.3%	0%	100%
特買い	ダ1000m	×	ダ1150〜1200m	×	1	8	8	89	1.1%	10.1%	19.1%	16%	115%
買い	ダ1000m	×	ダ1150〜1200m	××	3	1	2	42	7.1%	9.5%	14.3%	374%	121%
	ダ1000m	○	ダ1150〜1200m	×	0	3	0	14	0.0%	21.4%	21.4%	0%	77%
	ダ1000m	◎	ダ1150〜1200m	×	0	1	0	13	0.0%	7.7%	7.7%	0%	22%
	ダ1000m	××	ダ1150〜1200m	×	1	0	1	13	7.7%	7.7%	15.4%	98%	241%
	ダ1000m	◎	ダ1150〜1200m	××	0	2	0	11	0.0%	18.2%	18.2%	0%	40%
	ダ1000m	××	ダ1150〜1200m	××	0	0	0	6	0.0%	0.0%	0.0%	0%	0%
	ダ1150〜1200m	×	ダ1150〜1200m	×	8	9	7	153	5.2%	11.1%	15.7%	71%	77%
	ダ1150〜1200m	×	ダ1150〜1200m	×	1	1	1	45	2.2%	4.4%	6.7%	34%	30%
	ダ1150〜1200m	××	ダ1150〜1200m	×	2	1	2	38	5.3%	7.9%	13.2%	106%	50%
	ダ1150〜1200m	○	ダ1150〜1200m	×	3	2	2	33	9.1%	15.2%	21.2%	82%	53%
	ダ1150〜1200m	××	ダ1150〜1200m	××	2	0	0	27	7.4%	7.4%	7.4%	316%	62%
	ダ1150〜1200m	◎	ダ1150〜1200m	×	3	0	0	18	16.7%	16.7%	16.7%	176%	53%
	ダ1150〜1200m	○	ダ1150〜1200m	◎	1	1	0	13	7.7%	15.4%	15.4%	246%	64%
	ダ1150〜1200m	○	ダ1150〜1200m	××	0	0	0	10	0.0%	0.0%	0.0%	0%	0%
	ダ1150〜1200m	×	ダ1150〜1200m	◎	1	2	0	10	10.0%	30.0%	30.0%	136%	121%
	ダ1150〜1200m	○	ダ1150〜1200m	×	0	0	3	6	0.0%	0.0%	50.0%	0%	108%
	ダ1150〜1200m	×	ダ1150〜1200m	×	0	0	0	6	0.0%	0.0%	0.0%	0%	0%
	ダ1300〜1400m	×	ダ1150〜1200m	×	2	1	2	31	6.5%	9.7%	16.1%	71%	72%
	ダ1300〜1400m	××	ダ1150〜1200m	×	0	2	2	25	0.0%	8.0%	16.0%	0%	91%
	ダ1300〜1400m	××	ダ1150〜1200m	××	1	0	2	18	5.6%	5.6%	16.7%	104%	143%
	ダ1300〜1400m	×	ダ1150〜1200m	×	0	0	0	13	0.0%	0.0%	0.0%	0%	0%
	ダ1700m	××	ダ1150〜1200m	×	0	0	2	16	0.0%	12.5%	12.5%	0%	164%
	ダ1700m	×	ダ1150〜1200m	×	1	1	0	9	11.1%	22.2%	22.2%	125%	77%
	ダ1700m	××	ダ1150〜1200m	××	0	0	0	6	0.0%	0.0%	0.0%	0%	0%
	ダ1800m	××	ダ1150〜1200m	×	0	1	0	5	0.0%	20.0%	20.0%	0%	46%
	芝1000m	×	ダ1150〜1200m	××	0	0	0	6	0.0%	0.0%	0.0%	0%	0%
	芝1000m	×	ダ1150〜1200m	×	0	0	1	5	0.0%	0.0%	20.0%	0%	228%

ダート1000m

評価	前々走 距離	着順	前走 距離	着順	1着	2着	3着	総数	勝率	連対率	複勝率	単回率	複回率
買い	芝1200m	×	ダ1150～1200m	×	2	1	4	32	6.3%	9.4%	21.9%	254%	95%
	芝1200m	×	ダ1150～1200m	××	0	0	1	19	0.0%	0.0%	5.3%	0%	35%
	芝1200m	××	ダ1150～1200m	××	0	0	0	8	0.0%	0.0%	0.0%	0%	0%
	芝1200m	××	ダ1150～1200m	×	2	0	0	6	33.3%	33.3%	33.3%	878%	186%
	芝1200m	×	ダ1150～1200m	◎	0	0	0	5	0.0%	0.0%	0.0%	0%	0%
	芝1400～1500m	×	ダ1150～1200m	×	0	1	0	7	0.0%	14.3%	14.3%	0%	192%
	芝1600m	×	ダ1150～1200m	×	0	0	0	6	0.0%	0.0%	0.0%	0%	0%
	ダ1000m	×	ダ1300～1400m	××	2	1	1	20	10.0%	15.0%	20.0%	911%	341%
	ダ1300～1400m	×	ダ1300～1400m	×	0	2	0	13	15.4%	15.4%	15.4%	0%	58%
買い	ダ1150～1200m	×	ダ1300～1400m	×	1	2	4	31	3.2%	9.7%	22.6%	59%	95%
買い	ダ1150～1200m	×	ダ1300～1400m	××	2	0	3	19	10.5%	10.5%	26.3%	353%	171%
	ダ1150～1200m	××	ダ1300～1400m	××	0	0	1	12	0.0%	0.0%	8.3%	0%	19%
	ダ1150～1200m	×	ダ1300～1400m	×	0	1	1	11	0.0%	9.1%	18.2%	0%	60%
	ダ1150～1200m	○	ダ1300～1400m	××	0	1	0	11	0.0%	9.1%	9.1%	0%	43%
	ダ1150～1200m	◎	ダ1300～1400m	×	0	0	0	5	0.0%	0.0%	0.0%	0%	0%
	ダ1150～1200m	×	ダ1300～1400m	○	1	2	0	5	20.0%	60.0%	60.0%	188%	446%
	ダ1300～1400m	×	ダ1300～1400m	×	2	0	2	29	6.9%	6.9%	13.8%	74%	57%
	ダ1300～1400m	×	ダ1300～1400m	××	0	0	0	14	0.0%	0.0%	0.0%	0%	0%
	ダ1300～1400m	◎	ダ1300～1400m	××	0	0	0	12	0.0%	0.0%	0.0%	0%	0%
	ダ1300～1400m	○	ダ1300～1400m	×	0	0	1	11	0.0%	0.0%	9.1%	0%	21%
	ダ1300～1400m	××	ダ1300～1400m	×	0	0	0	11	0.0%	0.0%	0.0%	0%	0%
	ダ1300～1400m	××	ダ1300～1400m	××	0	0	0	11	0.0%	0.0%	0.0%	0%	0%
	ダ1300～1400m	◎	ダ1300～1400m	×	1	0	0	10	10.0%	10.0%	10.0%	61%	27%
	ダ1300～1400m	○	ダ1300～1400m	◎	0	0	0	9	0.0%	0.0%	0.0%	0%	0%
	ダ1700m	××	ダ1300～1400m	××	0	0	0	8	0.0%	0.0%	0.0%	0%	0%
	ダ1700m	××	ダ1300～1400m	×	0	0	0	6	0.0%	0.0%	0.0%	0%	0%
	芝1200m	×	ダ1300～1400m	×	1	0	2	10	10.0%	10.0%	30.0%	1537%	216%
	芝1200m	×	ダ1300～1400m	××	0	0	1	10	0.0%	0.0%	10.0%	0%	131%
	ダ1150～1200m	×	ダ1600m	××	0	2	0	6	0.0%	33.3%	33.3%	0%	285%
	ダ1150～1200m	××	ダ1600m	××	0	1	0	5	0.0%	20.0%	20.0%	0%	58%
	ダ1000m	×	ダ1700m	××	1	1	0	12	8.3%	16.7%	16.7%	159%	34%
	ダ1000m	×	ダ1700m	×	1	1	1	9	11.1%	22.2%	33.3%	101%	166%
	ダ1000m	◎	ダ1700m	××	0	0	0	5	0.0%	0.0%	0.0%	0%	0%
	ダ1150～1200m	×	ダ1700m	××	0	1	0	12	0.0%	8.3%	8.3%	0%	55%
	ダ1150～1200m	××	ダ1700m	××	0	1	0	6	0.0%	16.7%	16.7%	0%	121%
	ダ1150～1200m	◎	ダ1700m	××	0	0	0	5	0.0%	0.0%	0.0%	0%	0%
	ダ1300～1400m	×	ダ1700m	×	0	1	1	13	0.0%	7.7%	15.4%	0%	44%
	ダ1300～1400m	◎	ダ1700m	××	0	2	0	12	0.0%	16.7%	16.7%	0%	60%
	ダ1300～1400m	××	ダ1700m	××	0	0	1	10	0.0%	0.0%	10.0%	0%	181%
	ダ1300～1400m	×	ダ1700m	××	0	0	1	5	0.0%	0.0%	20.0%	0%	214%
	ダ1600m	××	ダ1700m	××	0	0	0	5	0.0%	0.0%	0.0%	0%	0%
	ダ1700m	××	ダ1700m	××	0	0	1	21	0.0%	0.0%	4.8%	0%	9%
	ダ1700m	×	ダ1700m	××	0	1	2	14	0.0%	7.1%	21.4%	0%	152%
	ダ1700m	×	ダ1700m	×	0	0	0	13	0.0%	0.0%	0.0%	0%	0%
	ダ1700m	××	ダ1700m	×	0	0	0	6	0.0%	0.0%	0.0%	0%	0%
	ダ1800m	××	ダ1700m	××	0	0	1	8	0.0%	0.0%	12.5%	0%	72%
	芝1200m	×	ダ1700m	××	0	2	0	10	0.0%	20.0%	20.0%	0%	197%
	芝1200m	××	ダ1700m	××	0	0	0	5	0.0%	0.0%	0.0%	0%	0%
	芝1700～1800m	×	ダ1700m	××	0	0	0	6	0.0%	0.0%	0.0%	0%	0%
	ダ1150～1200m	×	ダ1800m	××	0	0	0	6	0.0%	0.0%	0.0%	0%	0%
	ダ1700m	××	ダ1800m	××	0	0	0	8	0.0%	0.0%	0.0%	0%	0%
	ダ1000m	×	芝1000m	×	0	0	2	5	0.0%	0.0%	40.0%	0%	112%
	ダ1150～1200m	×	芝1000m	×	1	1	0	7	14.3%	28.6%	28.6%	212%	194%
	芝1200m	×	芝1000m	×	0	0	0	7	0.0%	0.0%	0.0%	0%	0%
	ダ1000m	×	芝1200m	×	2	2	3	41	4.9%	9.8%	17.1%	106%	84%
	ダ1000m	×	芝1200m	××	0	0	1	11	0.0%	0.0%	9.1%	0%	150%
	ダ1000m	◎	芝1200m	×	1	1	0	6	16.7%	33.3%	33.3%	111%	73%
	ダ1000m	××	芝1200m	××	0	0	1	6	0.0%	0.0%	16.7%	0%	161%
	ダ1000m	◎	芝1200m	××	1	0	0	5	20.0%	20.0%	20.0%	696%	178%
買い	ダ1150～1200m	×	芝1200m	×	1	4	2	29	3.4%	17.2%	24.1%	30%	102%
	ダ1150～1200m	××	芝1200m	×	0	0	1	15	0.0%	0.0%	6.7%	0%	58%
	ダ1150～1200m	◎	芝1200m	×	0	1	0	7	0.0%	14.3%	14.3%	0%	51%
	ダ1150～1200m	×	芝1200m	××	0	0	3	7	0.0%	0.0%	42.9%	0%	241%
	ダ1150～1200m	○	芝1200m	×	0	0	1	6	0.0%	0.0%	16.7%	0%	38%
	ダ1150～1200m	××	芝1200m	××	0	1	1	6	0.0%	16.7%	33.3%	0%	665%

162

ダート1000m

評価	前々走 距離	前々走 着順	前走 距離	前走 着順	1着	2着	3着	総数	勝率	連対率	複勝率	単回率	複回率
	ダ1300〜1400m	××	芝1200m	×	0	0	0	7	0.0%	0.0%	0.0%	0%	0%
	ダ1700m	××	芝1200m	×	0	0	3	10	0.0%	0.0%	30.0%	0%	305%
	ダ1800m	××	芝1200m	×	0	1	0	7	0.0%	14.3%	14.3%	0%	88%
	芝1000m	×	芝1200m	×	0	1	0	12	0.0%	8.3%	8.3%	0%	38%
	芝1000m	◎	芝1200m	×	1	0	0	8	12.5%	12.5%	12.5%	98%	21%
	芝1200m	×	芝1200m	×	5	7	1	118	4.2%	10.2%	11.0%	47%	52%
	芝1200m	○	芝1200m	×	0	2	1	19	0.0%	10.5%	15.8%	0%	48%
	芝1200m	×	芝1200m	××	1	1	0	14	7.1%	14.3%	14.3%	75%	70%
	芝1200m	××	芝1200m	×	0	0	0	13	0.0%	0.0%	0.0%	0%	0%
	芝1200m	◎	芝1200m	×	0	0	2	9	0.0%	0.0%	22.2%	0%	66%
	芝1200m	××	芝1200m	××	0	1	0	6	0.0%	16.7%	16.7%	0%	111%
	芝1400〜1500m	×	芝1200m	×	0	0	1	12	0.0%	0.0%	8.3%	0%	44%
	芝1600m	×	芝1200m	×	0	0	1	11	0.0%	0.0%	9.1%	0%	81%
	芝1600m	××	芝1200m	×	0	0	0	6	0.0%	0.0%	0.0%	0%	0%
	芝1700〜1800m	×	芝1200m	×	0	0	0	5	0.0%	0.0%	0.0%	0%	0%
	芝1200m	×	芝1400〜1500m	×	0	1	0	5	0.0%	20.0%	20.0%	0%	74%
	芝1200m	×	芝1600m	×	0	0	0	10	0.0%	0.0%	0.0%	0%	0%
	芝1700〜1800m	×	芝1700〜1800m	×	0	0	1	7	0.0%	0.0%	14.3%	0%	131%

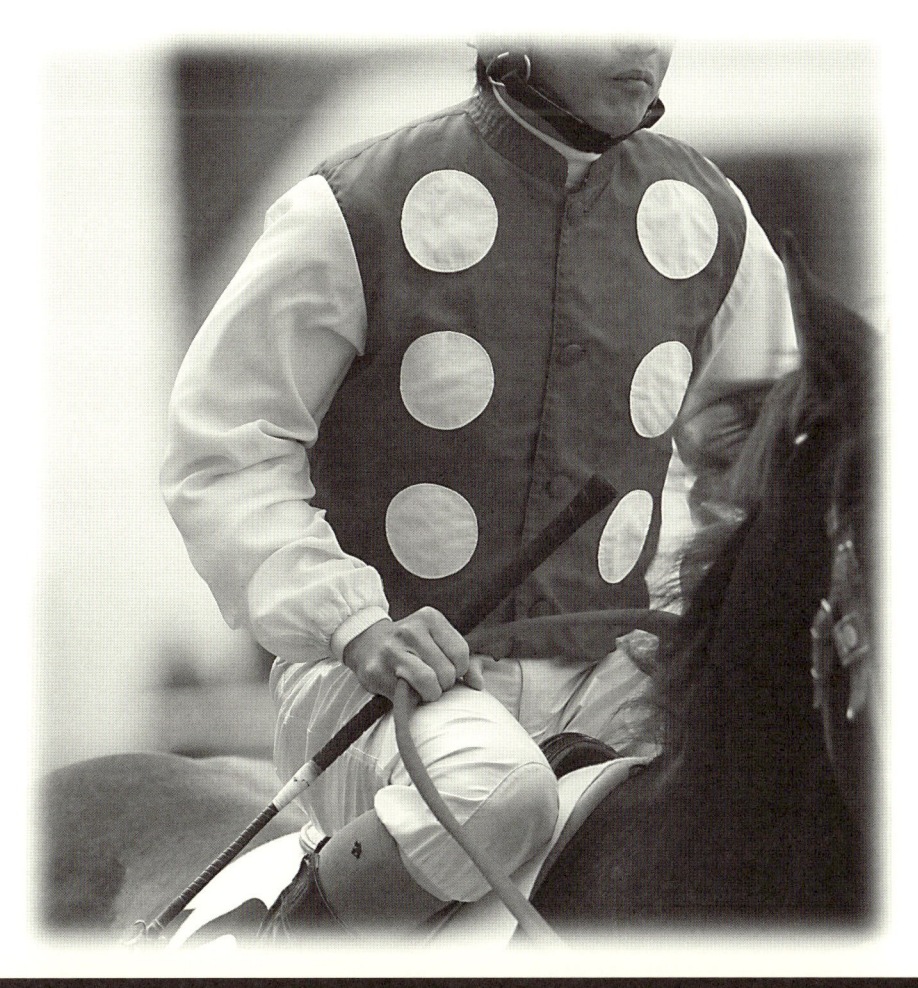

ダート1200m

【未勝利】

▽同距離馬、延長馬が有利な馬場▽

・ダ1600×ד→ダ1200×、ダ1700×ד→ダ1200×と、2走前がダ1600-1700mに出走しているローテーションの期待値高い。
・芝1200○→芝1600×→芝1200○、芝1200×、芝1200○×→芝1200○、芝芝1400×→芝1200×と近2走芝を使っているローテーションの期待値も高い。

▽短縮馬が有利な馬場▽

・芝1200×↓芝1400×、芝1200○×↓芝1400×、芝180 0×、芝180 0×、芝180 0×↓芝1800×と、近2走芝に出走しているローテーシ

ダート1200m【未勝利】馬場別データ

評価	前々走		前走	
	距離	着順	距離	着順
同距離馬、延長馬が有利な馬場	買い	ダ1300～1400m	○	ダ1150～1200m	×
	買い	ダ1150～1200m	○	ダ1150～1200m	××
	買い	ダ1300～1400m	×	ダ1150～1200m	○
	買い	ダ1300～1400m	××	ダ1150～1200m	○
	買い	ダ1600m	××	ダ1150～1200m	×
	買い	ダ1700m	××	ダ1150～1200m	×
	買い	―	―	芝1200m	×
	特買い	芝1200m	○	芝1200m	×
	買い	芝1600m	×	芝1200m	×
	買い	芝1600m	××	芝1200m	×
	買い	ダ1300～1400m	○	ダ1300～1400m*	×
	買い	ダ1150～1200m	××	ダ1300～1400m*	×
短縮馬が有利な馬場	特買い	芝1200m	×	芝1400～1500m	×
	特買い	芝1200m	×	芝1400～1500m*	××
	買い	ダ1300～1400m	○	ダ1300～1400m	×
	買い	ダ1150～1200m	××	ダ1300～1400m	×
	買い	芝1200m	×	芝1400～1500m	×
	買い	芝1200m	×	芝1400～1500m	××
	買い	―	―	芝1600m	××
	特買い	芝1700～1800m	×	芝1700～1800m	×

【500万下】

▽同距離馬、延長馬が有利な馬場▽

・ダ1700×ד→ダ1200×、ダ1200◎→ダ12

ョンが優秀。「激変血統」評価の高い馬は、さらに期待値が上がる。

ダート1200m【500万下】馬場別データ

評価	前々走		前走	
	距離	着順	距離	着順
同距離馬、延長馬が有利な馬場	買い	ダ1000m	○	ダ1000m	○
	買い	芝1200m	×	ダ1000m	○
	特買い	ダ1150～1200m	◎	ダ1150～1200m	×
	買い	ダ1300～1400m	×	ダ1150～1200m	◎
	買い	ダ1300～1400m	×	ダ1150～1200m	○
	買い	ダ1700m	×	ダ1150～1200m	×
	買い	芝1200m	×	ダ1150～1200m	××
	買い	ダ1700m	××	ダ1150～1200m	×
	特買い	ダ1150～1200m	×	芝1200m	×
	買い	ダ1150～1200m	×	ダ1300～1400m*	×
短縮馬が有利な馬場	買い	ダ1150～1200m	×	ダ1300～1400m	×
	特買い	芝1400～1500m	×	ダ1600m	×
	特買い	芝1400～1500m	×	ダ1600m	××
	買い	ダ1700m	×	ダ1700m	×
	買い	ダ1800m	×	ダ1800m	×

ダート1200m

【1000万下～OP】

▲同距離馬、延長馬が有利な馬場▼

・ダ1000×→ダ1200×、ダ1200×→ダ1200×のローテーションが優秀。ダ1400×→ダ1200×のローテーションでは、前走で3コーナー5～10番手の位置取りだった馬が期待値高い。

・ダ1200×↓芝1200×、ダ1200×↓芝1200×と前走芝1200mを使っているローテーションにも注目。

▲短縮馬が有利な馬場▼

・ダ1200×→ダ1700×→ダ1400×のローテーションが優秀。他では、ダ1700×→ダ1700×→ダ1800×ダ1800×と近2走ともにダート中距離を使っているローテーションも期待値が高い。

・ダ1200×↓芝1200×のローテーションが優秀。他では、ダ1200×↓00×のローテーションの期待値が高い。

▲短縮馬が有利な馬場▼

・前走で先行していた、ダ1400×→ダ1400×のローテーションの馬も期待値高い。

・ダ1200×→ダ1400×、ダ1400×→ダ1400×→ダ1600×の期待値高い。

ダ1200mロテ・各競馬場の傾向

	短縮	延長	同距離
京都	○		○
阪神	○		○
新潟	○	○	○
中山	○	○	○
福島	○		

ダート1200m【1000万下～OP】馬場別データ

	評価	前々走 距離	前々走 着順	前走 距離	前走 着順
同距離馬、延長馬が有利な馬場	買い	ダ1150～1200m	○	ダ1150～1200m	○
	買い	ダ1150～1200m	×	ダ1150～1200m	×
	買い	ダ1300～1400m	×	ダ1150～1200m	◎
	買い	ダ1150～1200m	×	ダ1150～1200m	○
	買い	ダ1000m		ダ1150～1200m	×
	買い	ダ1300～1400m	×	ダ1150～1200m	×
	買い	芝1200m	×	ダ1150～1200m	××
	特買い	ダ1150～1200m	◎	芝1200m	×
	買い	ダ1150～1200m	×	芝1200m	×
	買い	ダ1300～1400m	×	ダ1300～1400m	◎
	買い	ダ1150～1200m	×	ダ1300～1400m	×
	買い	ダ1300～1400m	×	ダ1300～1400m	×
短縮馬が有利な馬場	買い	ダ1300～1400m	×	ダ1300～1400m	◎
	買い	ダ1150～1200m	×	ダ1300～1400m	×
	買い	ダ1300～1400m	×	ダ1300～1400m	×
	買い	ダ1300～1400m	×	ダ1600m	×

ダート1200m

激変ローテ●ダート1200m【未勝利】3番人気以内

評価	前々走 距離	着順	前走 距離	着順	1着	2着	3着	総数	勝率	連対率	複勝率	単回率	複回率
	—	—	ダ1000m	○	2	2	4	13	15.4%	30.8%	61.5%	31%	76%
	—	—	ダ1000m	×	3	1	2	12	25.0%	33.3%	50.0%	116%	70%
	ダ1000m	○	ダ1000m	○	7	5	4	31	22.6%	38.7%	51.6%	65%	66%
	ダ1000m	○	ダ1000m	×	2	1	3	14	14.3%	21.4%	42.9%	52%	82%
	ダ1000m	×	ダ1000m	○	0	1	1	6	0.0%	16.7%	33.3%	0%	62%
	ダ1000m	×	ダ1000m	×	0	1	0	6	0.0%	16.7%	16.7%	0%	36%
	ダ1150〜1200m	○	ダ1000m	○	2	5	4	17	11.8%	41.2%	64.7%	65%	88%
	ダ1150〜1200m	○	ダ1000m	×	2	4	2	16	12.5%	37.5%	50.0%	42%	67%
	ダ1150〜1200m	×	ダ1000m	○	3	5	2	14	21.4%	57.1%	71.4%	61%	101%
	ダ1150〜1200m	×	ダ1000m	×	2	3	0	10	20.0%	50.0%	50.0%	68%	77%
	ダ1300〜1400m	×	ダ1000m	×	1	0	0	5	20.0%	20.0%	20.0%	62%	32%
	芝1200m	×	ダ1000m	○	3	1	1	7	42.9%	57.1%	71.4%	97%	84%
	芝1200m	×	ダ1000m	×	2	0	0	5	40.0%	40.0%	40.0%	202%	68%
	—	—	ダ1150〜1200m	○	45	27	24	158	28.5%	45.6%	60.8%	70%	77%
	—	—	ダ1150〜1200m	×	8	21	10	76	10.5%	38.2%	51.3%	36%	83%
	—	—	ダ1150〜1200m	××	3	4	0	15	20.0%	46.7%	46.7%	82%	84%
	ダ1000m	○	ダ1150〜1200m	○	6	1	3	18	33.3%	38.9%	55.6%	134%	73%
	ダ1000m	×	ダ1150〜1200m	○	3	3	5	18	16.7%	33.3%	61.1%	47%	74%
	ダ1000m	×	ダ1150〜1200m	×	6	3	0	17	35.3%	52.9%	82.4%	84%	104%
	ダ1000m	×	ダ1150〜1200m	××	4	1	1	10	40.0%	50.0%	60.0%	200%	107%
	ダ1150〜1200m	○	ダ1150〜1200m	○	68	42	27	199	34.2%	55.3%	68.8%	71%	81%
	ダ1150〜1200m	○	ダ1150〜1200m	×	32	30	27	137	23.4%	45.3%	65.0%	72%	91%
	ダ1150〜1200m	○	ダ1150〜1200m	××	21	23	15	95	22.1%	46.3%	62.1%	87%	88%
	ダ1150〜1200m	×	ダ1150〜1200m	○	7	8	8	43	16.3%	34.9%	53.5%	74%	100%
消し	ダ1150〜1200m	×	ダ1150〜1200m	×	3	4	2	21	14.3%	33.3%	42.9%	57%	60%
	ダ1150〜1200m	××	ダ1150〜1200m	○	4	3	1	11	36.4%	63.6%	72.7%	219%	133%
	ダ1300〜1400m	○	ダ1150〜1200m	○	15	17	10	54	27.8%	59.3%	77.8%	83%	99%
	ダ1300〜1400m	○	ダ1150〜1200m	×	15	6	3	35	42.9%	60.0%	74.3%	102%	87%
	ダ1300〜1400m	×	ダ1150〜1200m	×	2	10	6	23	8.7%	52.2%	78.3%	36%	118%
消し	ダ1300〜1400m	××	ダ1150〜1200m	○	2	8	1	23	8.7%	43.5%	47.8%	21%	66%
	ダ1300〜1400m	○	ダ1150〜1200m	×	4	2	3	13	30.8%	46.2%	69.2%	106%	86%
	ダ1300〜1400m	××	ダ1150〜1200m	○	1	1	0	9	11.1%	22.2%	22.2%	125%	40%
	ダ1600m	×	ダ1150〜1200m	○	2	1	1	5	40.0%	60.0%	80.0%	122%	98%
	ダ1700m	××	ダ1150〜1200m	○	5	1	2	11	45.5%	54.5%	72.7%	90%	86%
	ダ1700m	×	ダ1150〜1200m	×	0	1	1	8	0.0%	12.5%	25.0%	0%	28%
消し	ダ1800m	××	ダ1150〜1200m	○	2	3	3	18	11.1%	27.8%	44.4%	27%	58%
	芝1200m	×	ダ1150〜1200m	○	9	9	7	34	26.5%	52.9%	73.5%	90%	104%
	芝1200m	○	ダ1150〜1200m	○	5	4	1	20	25.0%	45.0%	50.0%	41%	55%
	芝1200m	×	ダ1150〜1200m	○	2	0	4	10	20.0%	20.0%	60.0%	64%	103%
	芝1200m	××	ダ1150〜1200m	○	2	2	1	9	22.2%	44.4%	55.6%	77%	77%
	芝1400〜1500m	×	ダ1150〜1200m	○	6	3	5	24	25.0%	37.5%	58.3%	44%	72%
	芝1400〜1500m	×	ダ1150〜1200m	×	1	1	1	6	16.7%	33.3%	50.0%	95%	63%
	芝1600m	×	ダ1150〜1200m	○	4	2	1	14	28.6%	42.9%	50.0%	87%	61%
	芝1600m	×	ダ1150〜1200m	×	0	2	0	6	0.0%	33.3%	33.3%	0%	51%
	芝1600m	××	ダ1150〜1200m	○	1	1	1	5	20.0%	40.0%	60.0%	52%	76%
	—	—	ダ1300〜1400m	○	13	7	5	42	31.0%	47.6%	59.5%	55%	74%
消し	—	—	ダ1300〜1400m	×	4	6	2	28	14.3%	35.7%	42.9%	53%	66%
消し	—	—	ダ1300〜1400m	××	0	1	5	16	0.0%	6.3%	37.5%	0%	68%
	ダ1150〜1200m	○	ダ1300〜1400m	○	11	7	3	26	42.3%	69.2%	80.8%	89%	103%
	ダ1150〜1200m	○	ダ1300〜1400m	×	5	10	5	26	19.2%	57.7%	76.9%	84%	116%
	ダ1150〜1200m	×	ダ1300〜1400m	○	4	3	3	23	17.4%	30.4%	43.5%	112%	78%
	ダ1150〜1200m	×	ダ1300〜1400m	×	4	4	3	16	25.0%	50.0%	68.8%	55%	86%
	ダ1300〜1400m	○	ダ1300〜1400m	○	18	9	4	42	42.9%	64.3%	73.8%	84%	88%
	ダ1300〜1400m	○	ダ1300〜1400m	×	10	5	5	29	34.5%	51.7%	75.9%	137%	108%
	ダ1300〜1400m	×	ダ1300〜1400m	○	4	4	1	18	22.2%	44.4%	50.0%	66%	63%
消し	ダ1300〜1400m	×	ダ1300〜1400m	×	2	3	1	14	14.3%	35.7%	42.9%	55%	64%
	芝1200m	×	ダ1300〜1400m	○	0	1	2	5	0.0%	20.0%	60.0%	0%	98%
	芝1400〜1500m	×	ダ1300〜1400m	○	2	1	1	5	40.0%	60.0%	80.0%	102%	94%
	芝1400〜1500m	×	ダ1300〜1400m	×	1	1	0	5	20.0%	40.0%	40.0%	48%	46%
	芝1600m	×	ダ1300〜1400m	○	1	2	1	6	16.7%	50.0%	66.7%	23%	76%
	芝1600m	×	ダ1300〜1400m	×	0	1	2	6	0.0%	16.7%	50.0%	0%	90%
	芝1700〜1800m	×	ダ1300〜1400m	○	2	0	0	5	40.0%	40.0%	40.0%	114%	56%
	—	—	ダ1600m	○	2	1	0	6	33.3%	50.0%	50.0%	88%	63%

ダート1200m

評価	前々走 距離	前々走 着順	前走 距離	前走 着順	1着	2着	3着	総数	勝率	連対率	複勝率	単回率	複回率
	—	—	ダ1600m	×	0	0	0	5	0.0%	0.0%	0.0%	0%	0%
	ダ1150〜1200m	×	ダ1700m	×	2	2	0	5	40.0%	80.0%	80.0%	204%	120%
	—	—	ダ1800m	××	0	1	1	5	0.0%	20.0%	40.0%	0%	60%
	—	—	芝1000m	×	0	2	0	5	0.0%	40.0%	40.0%	0%	62%
	—	—	芝1200m	×	9	8	8	42	21.4%	40.5%	59.5%	79%	97%
	—	—	芝1200m	○	13	5	3	32	40.6%	56.3%	65.6%	144%	96%
	ダ1150〜1200m	○	芝1200m	×	1	0	3	8	12.5%	12.5%	50.0%	126%	82%
	ダ1150〜1200m	○	芝1200m	○	2	1	2	6	33.3%	50.0%	83.3%	61%	96%
	ダ1150〜1200m	×	芝1200m	×	0	0	3	5	0.0%	0.0%	60.0%	0%	118%
	ダ1300〜1400m	×	芝1200m	×	1	1	1	5	20.0%	40.0%	60.0%	74%	82%
	芝1200m	○	芝1200m	×	7	5	4	29	24.1%	41.4%	55.2%	53%	71%
消し	芝1200m	○	芝1200m	×	4	3	3	27	14.8%	25.9%	37.0%	47%	58%
	芝1200m	×	芝1200m	×	2	4	3	20	10.0%	30.0%	45.0%	53%	73%
	芝1200m	×	芝1200m	○	4	3	3	14	28.6%	50.0%	71.4%	154%	121%
	芝1400〜1500m	×	芝1200m	×	1	1	1	5	20.0%	40.0%	60.0%	84%	96%
	芝1600m	×	芝1200m	×	0	2	2	8	0.0%	25.0%	50.0%	0%	98%
	—	—	芝1400〜1500m	×	7	2	3	25	28.0%	36.0%	48.0%	116%	78%
	—	—	芝1400〜1500m	○	4	1	1	11	36.4%	45.5%	54.5%	68%	70%
	芝1200m	×	芝1400〜1500m	×	1	0	2	7	14.3%	14.3%	42.9%	75%	95%
	芝1200m	○	芝1400〜1500m	×	1	2	0	6	16.7%	50.0%	50.0%	55%	80%
	芝1400〜1500m	×	芝1400〜1500m	×	4	1	0	9	44.4%	55.6%	55.6%	161%	88%
	芝1400〜1500m	×	芝1400〜1500m	○	0	0	0	5	0.0%	0.0%	0.0%	0%	0%
	芝1600m	×	芝1400〜1500m	×	0	1	1	8	0.0%	12.5%	25.0%	0%	42%
	芝1600m	×	芝1400〜1500m	○	2	2	0	5	40.0%	80.0%	80.0%	148%	122%
	—	—	芝1600m	×	6	3	0	16	37.5%	56.3%	56.3%	189%	86%
	—	—	芝1600m	○	2	2	1	9	22.2%	44.4%	55.6%	40%	75%
	芝1200m	×	芝1600m	×	0	1	0	5	0.0%	20.0%	40.0%	0%	60%
	芝1400〜1500m	×	芝1600m	×	1	4	0	7	14.3%	71.4%	71.4%	98%	125%
	芝1400〜1500m	×	芝1600m	○	4	0	0	6	66.7%	66.7%	66.7%	248%	96%
	—	—	芝1700〜1800m	×	2	0	1	6	33.3%	33.3%	50.0%	168%	98%

激変ローテ●ダート1200m【未勝利】4番人気以下

評価	前々走 距離	前々走 着順	前走 距離	前走 着順	1着	2着	3着	総数	勝率	連対率	複勝率	単回率	複回率
	—	—	ダ1000m	××	0	0	1	62	0.0%	0.0%	1.6%	0%	3%
	—	—	ダ1000m	×	2	2	1	30	6.7%	13.3%	16.7%	87%	58%
	—	—	ダ1000m	○	1	0	1	7	14.3%	14.3%	28.6%	150%	78%
	ダ1000m	×	ダ1000m	×	2	0	3	62	3.2%	3.2%	8.1%	39%	43%
	ダ1000m	○	ダ1000m	×	0	1	2	25	0.0%	4.0%	12.0%	0%	52%
	ダ1000m	××	ダ1000m	××	0	0	0	21	0.0%	0.0%	0.0%	0%	0%
	ダ1000m	×	ダ1000m	××	0	0	0	16	0.0%	0.0%	0.0%	0%	0%
	ダ1000m	×	ダ1000m	○	0	1	1	15	0.0%	6.7%	13.3%	0%	33%
	ダ1000m	××	ダ1000m	×	0	0	0	14	0.0%	0.0%	0.0%	0%	0%
	ダ1000m	○	ダ1000m	○	0	0	0	6	0.0%	0.0%	0.0%	0%	0%
	ダ1150〜1200m	×	ダ1000m	×	3	3	5	72	4.2%	8.3%	15.3%	50%	51%
	ダ1150〜1200m	××	ダ1000m	×	0	2	1	36	0.0%	5.6%	8.3%	0%	296%
	ダ1150〜1200m	×	ダ1000m	××	0	0	1	30	0.0%	0.0%	3.3%	0%	7%
	ダ1150〜1200m	○	ダ1000m	×	0	1	0	12	0.0%	8.3%	8.3%	0%	30%
	ダ1150〜1200m	×	ダ1000m	××	0	0	1	12	0.0%	0.0%	8.3%	0%	84%
	ダ1300〜1400m	×	ダ1000m	×	0	1	0	29	0.0%	3.4%	3.4%	0%	11%
	ダ1300〜1400m	××	ダ1000m	××	0	0	0	21	0.0%	0.0%	0.0%	0%	0%
	ダ1300〜1400m	×	ダ1000m	○	0	0	1	13	0.0%	0.0%	7.7%	0%	13%
	ダ1600m	××	ダ1000m	××	0	0	0	7	0.0%	0.0%	0.0%	0%	0%
	ダ1700m	××	ダ1000m	×	0	1	1	7	0.0%	14.3%	28.6%	0%	117%
	ダ1800m	××	ダ1000m	×	0	0	1	7	0.0%	0.0%	14.3%	0%	54%
	芝1000m	×	ダ1000m	×	0	0	0	6	0.0%	0.0%	0.0%	0%	0%
	芝1200m	×	ダ1000m	×	1	1	3	36	2.8%	5.6%	13.9%	61%	67%
	芝1200m	××	ダ1000m	××	0	1	1	22	0.0%	4.5%	9.1%	0%	133%
	芝1200m	×	ダ1000m	××	0	0	0	12	0.0%	0.0%	0.0%	0%	0%
	芝1200m	××	ダ1000m	×	0	0	0	8	0.0%	0.0%	0.0%	0%	0%
	芝1400〜1500m	××	ダ1000m	×	0	0	0	9	0.0%	0.0%	0.0%	0%	0%
	芝1400〜1500m	×	ダ1000m	×	0	1	1	7	0.0%	14.3%	28.6%	0%	115%
	芝1400〜1500m	××	ダ1000m	××	0	0	0	6	0.0%	0.0%	0.0%	0%	0%
	—	—	ダ1150〜1200m	××	6	6	12	455	1.3%	2.6%	5.3%	57%	55%

ダート1200m

評価	前々走 距離	前々走 着順	前走 距離	前走 着順	1着	2着	3着	総数	勝率	連対率	複勝率	単回率	複回率
	—	—	ダ1150〜1200m	×	10	12	17	276	3.6%	8.0%	14.1%	55%	81%
	—	—	ダ1150〜1200m	○	2	6	2	61	3.3%	13.1%	16.4%	28%	34%
	ダ1000m	×	ダ1150〜1200m	×	1	3	7	64	1.6%	6.3%	17.2%	34%	79%
	ダ1000m	×	ダ1150〜1200m	××	0	3	2	42	0.0%	7.1%	11.9%	0%	87%
	ダ1000m	××	ダ1150〜1200m	××	0	0	0	27	0.0%	0.0%	0.0%	0%	0%
	ダ1000m	××	ダ1150〜1200m	×	0	1	1	19	0.0%	5.3%	10.5%	0%	30%
	ダ1000m	×	ダ1150〜1200m	○	1	0	2	11	9.1%	9.1%	27.3%	186%	67%
	ダ1000m	○	ダ1150〜1200m	×	1	1	0	7	14.3%	28.6%	28.6%	191%	97%
	ダ1000m	○	ダ1150〜1200m	××	0	0	0	5	0.0%	0.0%	0.0%	0%	0%
	ダ1150〜1200m	×	ダ1150〜1200m	×	11	18	26	280	3.9%	10.4%	19.6%	57%	78%
	ダ1150〜1200m	××	ダ1150〜1200m	××	0	2	3	190	0.0%	1.1%	2.6%	0%	25%
	ダ1150〜1200m	×	ダ1150〜1200m	××	2	5	6	130	1.5%	5.4%	10.0%	19%	38%
	ダ1150〜1200m	×	ダ1150〜1200m	××	1	4	4	109	0.9%	4.6%	8.3%	17%	37%
	ダ1150〜1200m	○	ダ1150〜1200m	×	3	9	12	78	3.8%	15.4%	30.8%	41%	76%
	ダ1150〜1200m	×	ダ1150〜1200m	○	1	6	12	66	1.5%	10.6%	28.8%	12%	72%
	ダ1150〜1200m	○	ダ1150〜1200m	○	2	7	10	44	4.5%	20.5%	43.2%	37%	104%
買い	ダ1150〜1200m	○	ダ1150〜1200m	××	0	1	5	24	0.0%	4.2%	25.0%	0%	101%
	ダ1150〜1200m	××	ダ1150〜1200m	×	1	1	2	20	5.0%	10.0%	20.0%	58%	52%
	ダ1300〜1400m	×	ダ1150〜1200m	×	3	4	11	111	2.7%	6.3%	16.2%	62%	79%
	ダ1300〜1400m	××	ダ1150〜1200m	××	1	1	2	87	1.1%	2.3%	4.6%	6%	15%
	ダ1300〜1400m	××	ダ1150〜1200m	×	4	4	2	86	4.7%	9.3%	11.6%	77%	55%
	ダ1300〜1400m	×	ダ1150〜1200m	××	0	0	0	30	0.0%	0.0%	0.0%	0%	0%
買い	ダ1300〜1400m	○	ダ1150〜1200m	×	1	3	5	22	4.5%	18.2%	40.9%	54%	115%
買い	ダ1300〜1400m	×	ダ1150〜1200m	○	2	5	1	21	9.5%	33.3%	38.1%	92%	129%
買い	ダ1300〜1400m	××	ダ1150〜1200m	○	2	1	3	18	11.1%	16.7%	33.3%	120%	108%
	ダ1300〜1400m	○	ダ1150〜1200m	××	0	0	1	5	0.0%	0.0%	20.0%	0%	98%
買い	ダ1600m	××	ダ1150〜1200m	×	4	2	2	25	16.0%	24.0%	32.0%	360%	125%
	ダ1600m	○	ダ1150〜1200m	××	0	0	0	13	0.0%	0.0%	0.0%	0%	0%
	ダ1600m	×	ダ1150〜1200m	×	1	2	0	11	9.1%	27.3%	27.3%	81%	60%
買い	ダ1700m	××	ダ1150〜1200m	×	1	1	4	30	3.3%	6.7%	20.0%	58%	116%
	ダ1700m	××	ダ1150〜1200m	××	0	0	0	22	0.0%	0.0%	0.0%	0%	0%
	ダ1700m	××	ダ1150〜1200m	○	0	1	2	6	0.0%	16.7%	50.0%	0%	185%
	ダ1700m	×	ダ1150〜1200m	×	0	0	1	5	0.0%	0.0%	20.0%	0%	50%
	ダ1800m	××	ダ1150〜1200m	×	2	2	3	58	3.4%	6.9%	12.1%	21%	77%
	ダ1800m	××	ダ1150〜1200m	××	0	2	1	41	0.0%	4.9%	7.3%	0%	42%
	ダ1800m	×	ダ1150〜1200m	×	1	0	1	10	10.0%	10.0%	20.0%	62%	67%
	ダ1800m	××	ダ1150〜1200m	○	0	0	2	9	0.0%	0.0%	22.2%	0%	71%
	芝1000m	×	ダ1150〜1200m	××	0	1	1	12	0.0%	8.3%	16.7%	0%	57%
	芝1000m	×	ダ1150〜1200m	×	0	0	0	8	0.0%	0.0%	0.0%	0%	0%
	芝1200m	×	ダ1150〜1200m	×	2	2	4	72	2.8%	5.6%	11.1%	107%	91%
	芝1200m	××	ダ1150〜1200m	××	0	0	1	63	0.0%	0.0%	1.6%	0%	7%
	芝1200m	×	ダ1150〜1200m	××	0	1	3	62	0.0%	1.6%	6.5%	0%	30%
	芝1200m	××	ダ1150〜1200m	×	1	1	2	32	3.1%	6.3%	12.5%	51%	60%
	芝1200m	×	ダ1150〜1200m	○	0	2	2	27	0.0%	7.4%	14.8%	0%	28%
	芝1200m	○	ダ1150〜1200m	×	0	0	1	6	0.0%	0.0%	16.7%	0%	48%
	芝1200m	××	ダ1150〜1200m	○	0	0	2	5	0.0%	0.0%	40.0%	0%	114%
	芝1400〜1500m	×	ダ1150〜1200m	×	3	1	5	35	8.6%	11.4%	25.7%	114%	82%
	芝1400〜1500m	××	ダ1150〜1200m	××	0	0	0	35	0.0%	0.0%	0.0%	0%	0%
	芝1400〜1500m	××	ダ1150〜1200m	×	0	1	0	22	0.0%	4.5%	4.5%	0%	22%
	芝1400〜1500m	×	ダ1150〜1200m	××	0	2	1	17	0.0%	11.8%	17.6%	0%	248%
	芝1400〜1500m	×	ダ1150〜1200m	○	0	0	1	9	0.0%	0.0%	11.1%	0%	41%
	芝1600m	×	ダ1150〜1200m	×	2	1	4	37	5.4%	8.1%	18.9%	53%	84%
	芝1600m	××	ダ1150〜1200m	××	0	0	0	26	0.0%	0.0%	0.0%	0%	0%
	芝1600m	××	ダ1150〜1200m	×	0	1	1	18	0.0%	5.6%	11.1%	0%	32%
	芝1600m	×	ダ1150〜1200m	××	0	0	1	16	0.0%	0.0%	6.3%	0%	113%
	芝1600m	××	ダ1150〜1200m	○	0	0	1	7	0.0%	0.0%	14.3%	0%	34%
	芝1600m	×	ダ1150〜1200m	○	1	0	1	6	16.7%	16.7%	33.3%	108%	76%
	芝1700〜1800m	××	ダ1150〜1200m	×	1	0	1	16	6.3%	6.3%	12.5%	238%	40%
	芝1700〜1800m	×	ダ1150〜1200m	×	1	1	0	8	12.5%	25.0%	25.0%	271%	123%
	芝2000m	××	ダ1150〜1200m	××	0	0	0	8	0.0%	0.0%	0.0%	0%	0%
	芝2000m	××	ダ1150〜1200m	×	0	0	0	6	0.0%	0.0%	0.0%	0%	0%
	—	—	ダ1300〜1400m	××	3	3	6	201	1.5%	3.0%	6.0%	95%	48%
	—	—	ダ1300〜1400m	×	2	4	5	55	3.6%	10.9%	20.0%	44%	71%
	—	—	ダ1300〜1400m	○	1	0	2	7	14.3%	14.3%	42.9%	91%	94%
	ダ1000m		ダ1300〜1400m	××	0	0	0	13	0.0%	0.0%	0.0%	0%	0%

ダート1200m

評価	前々走 距離	前々走 着順	前走 距離	前走 着順	1着	2着	3着	総数	勝率	連対率	複勝率	単回率	複回率
	ダ1000m	×	ダ1300～1400m	×	1	0	1	11	9.1%	9.1%	18.2%	510%	184%
	ダ1000m	×	ダ1300～1400m	××	0	0	1	10	0.0%	0.0%	10.0%	0%	40%
	ダ1150～1200m	××	ダ1300～1400m	××	0	0	1	106	0.0%	0.0%	0.9%	0%	2%
	ダ1150～1200m	×	ダ1300～1400m	×	3	7	9	97	3.1%	10.3%	19.6%	60%	75%
	ダ1150～1200m	×	ダ1300～1400m	××	1	3	5	69	1.4%	5.8%	13.0%	70%	143%
買い	ダ1150～1200m	××	ダ1300～1400m	×	2	3	1	42	4.8%	11.9%	14.3%	86%	89%
	ダ1150～1200m	○	ダ1300～1400m	×	2	3	2	30	6.7%	16.7%	23.3%	90%	67%
	ダ1150～1200m	○	ダ1300～1400m	××	0	0	1	19	0.0%	0.0%	5.3%	0%	11%
	ダ1150～1200m	×	ダ1300～1400m	○	0	1	1	9	0.0%	11.1%	22.2%	0%	55%
	ダ1150～1200m	××	ダ1300～1400m	○	0	2	0	9	0.0%	22.2%	22.2%	0%	60%
	ダ1300～1400m	××	ダ1300～1400m	××	0	2	2	77	0.0%	2.6%	5.2%	0%	92%
	ダ1300～1400m	×	ダ1300～1400m	×	0	4	1	51	0.0%	7.8%	9.8%	0%	110%
	ダ1300～1400m	×	ダ1300～1400m	××	0	3	1	41	0.0%	7.3%	9.8%	0%	60%
	ダ1300～1400m	××	ダ1300～1400m	×	2	0	2	34	5.9%	5.9%	11.8%	110%	73%
買い	ダ1300～1400m	○	ダ1300～1400m	×	0	1	5	23	0.0%	4.3%	26.1%	0%	100%
	ダ1300～1400m	○	ダ1300～1400m	××	0	0	0	13	0.0%	0.0%	0.0%	0%	0%
	ダ1300～1400m	○	ダ1300～1400m	○	0	3	1	9	0.0%	33.3%	44.4%	0%	88%
	ダ1300～1400m	××	ダ1300～1400m	○	0	0	1	9	0.0%	0.0%	11.1%	0%	20%
	ダ1300～1400m	×	ダ1300～1400m	○	0	0	1	8	0.0%	0.0%	12.5%	0%	70%
	ダ1600m	×	ダ1300～1400m	×	0	0	2	13	0.0%	0.0%	15.4%	0%	79%
	ダ1700m	××	ダ1300～1400m	××	0	0	0	13	0.0%	0.0%	0.0%	0%	0%
	ダ1700m	××	ダ1300～1400m	×	0	0	0	11	0.0%	0.0%	0.0%	0%	0%
	ダ1800m	××	ダ1300～1400m	××	0	1	0	25	0.0%	4.0%	4.0%	0%	37%
	ダ1800m	××	ダ1300～1400m	×	2	0	1	21	9.5%	9.5%	14.3%	270%	78%
	ダ1800m	×	ダ1300～1400m	×	0	0	1	7	0.0%	0.0%	14.3%	0%	61%
	芝1000m	×	ダ1300～1400m	×	0	0	0	6	0.0%	0.0%	0.0%	0%	0%
	芝1200m	×	ダ1300～1400m	×	0	2	3	35	0.0%	5.7%	14.3%	0%	38%
	芝1200m	×	ダ1300～1400m	××	0	2	1	34	0.0%	5.9%	8.8%	0%	236%
	芝1200m	××	ダ1300～1400m	××	0	1	2	28	0.0%	3.6%	10.7%	0%	154%
	芝1200m	××	ダ1300～1400m	×	0	0	1	13	0.0%	0.0%	7.7%	0%	56%
	芝1200m	×	ダ1300～1400m	○	0	0	1	5	0.0%	0.0%	20.0%	0%	44%
	芝1400～1500m	×	ダ1300～1400m	×	0	0	0	20	0.0%	0.0%	0.0%	0%	0%
	芝1400～1500m	××	ダ1300～1400m	××	1	0	0	11	9.1%	9.1%	9.1%	1338%	154%
	芝1400～1500m	×	ダ1300～1400m	×	1	1	0	9	11.1%	22.2%	22.2%	196%	81%
	芝1600m	×	ダ1300～1400m	××	0	0	1	16	0.0%	0.0%	6.3%	0%	11%
	芝1600m	××	ダ1300～1400m	××	0	0	1	14	0.0%	0.0%	7.1%	0%	324%
	芝1600m	×	ダ1300～1400m	×	1	1	1	11	9.1%	18.2%	27.3%	56%	420%
	芝1600m	××	ダ1300～1400m	×	0	0	0	6	0.0%	0.0%	0.0%	0%	0%
	芝1600m	×	ダ1300～1400m	○	0	0	2	5	0.0%	0.0%	40.0%	0%	84%
	芝1700～1800m	××	ダ1300～1400m	××	0	0	0	10	0.0%	0.0%	0.0%	0%	0%
	芝1700～1800m	×	ダ1300～1400m	×	1	0	0	6	16.7%	16.7%	16.7%	875%	140%
	芝1700～1800m	×	ダ1300～1400m	××	0	0	0	6	0.0%	0.0%	0.0%	0%	0%
	芝1700～1800m	××	ダ1300～1400m	×	0	0	0	6	0.0%	0.0%	0.0%	0%	0%
	芝2000m	××	ダ1300～1400m	×	0	0	0	5	0.0%	0.0%	0.0%	0%	0%
	―	―	ダ1600m	××	2	0	1	38	5.3%	5.3%	7.9%	42%	23%
	ダ1150～1200m	××	ダ1600m	××	1	0	0	13	7.7%	7.7%	7.7%	56%	20%
	ダ1150～1200m	×	ダ1600m	××	0	0	1	12	0.0%	0.0%	8.3%	0%	221%
	ダ1150～1200m	×	ダ1600m	×	2	1	0	9	22.2%	33.3%	33.3%	301%	92%
	ダ1300～1400m	×	ダ1600m	××	0	0	1	13	0.0%	0.0%	7.7%	0%	73%
	ダ1300～1400m	××	ダ1600m	××	0	0	1	9	0.0%	0.0%	11.1%	0%	20%
	ダ1300～1400m	××	ダ1600m	×	0	1	1	6	0.0%	16.7%	33.3%	0%	315%
	ダ1600m	××	ダ1600m	××	0	0	0	5	0.0%	0.0%	0.0%	0%	0%
	ダ1700m	××	ダ1600m	××	0	0	1	6	0.0%	0.0%	16.7%	0%	45%
	ダ1800m	××	ダ1600m	××	0	0	0	5	0.0%	0.0%	0.0%	0%	0%
	芝1600m	×	ダ1600m	××	0	0	0	7	0.0%	0.0%	0.0%	0%	0%
	芝1700～1800m	×	ダ1600m	××	0	0	0	6	0.0%	0.0%	0.0%	0%	0%
	―	―	ダ1700m	××	0	1	1	25	0.0%	4.0%	8.0%	0%	112%
	ダ1000m	×	ダ1700m	××	0	1	1	11	0.0%	9.1%	18.2%	0%	177%
	ダ1000m	××	ダ1700m	××	0	0	1	9	0.0%	0.0%	11.1%	0%	64%
	ダ1000m	×	ダ1700m	×	0	1	0	5	0.0%	20.0%	20.0%	0%	40%
	ダ1150～1200m	××	ダ1700m	××	0	0	0	30	0.0%	0.0%	0.0%	0%	0%
	ダ1150～1200m	×	ダ1700m	××	0	2	1	15	0.0%	13.3%	20.0%	0%	97%
	ダ1150～1200m	×	ダ1700m	×	0	1	0	8	0.0%	12.5%	12.5%	0%	41%
	ダ1300～1400m	××	ダ1700m	××	0	1	0	17	0.0%	5.9%	5.9%	0%	25%
	ダ1300～1400m	×	ダ1700m	××	0	0	1	16	0.0%	0.0%	6.3%	0%	52%

ダート1200m

評価	前々走 距離	着順	前走 距離	着順	1着	2着	3着	総数	勝率	連対率	複勝率	単回率	複回率
	ダ1300〜1400m	×	ダ1700m	×	1	0	0	5	20.0%	20.0%	20.0%	452%	100%
	ダ1600m	××	ダ1700m	×	0	1	2	9	0.0%	11.1%	33.3%	0%	162%
	ダ1600m	×	ダ1700m	××	0	0	1	6	0.0%	0.0%	16.7%	0%	101%
	ダ1700m	×	ダ1700m	××	0	1	1	17	0.0%	5.9%	11.8%	0%	88%
	ダ1700m	×	ダ1700m	×	1	1	1	6	16.7%	33.3%	50.0%	1298%	208%
	ダ1700m	×	ダ1700m	×	0	0	0	5	0.0%	0.0%	0.0%	0%	0%
	ダ1800m	××	ダ1700m	××	0	0	0	12	0.0%	0.0%	0.0%	0%	0%
	ダ1800m	×	ダ1700m	××	0	0	1	5	0.0%	0.0%	20.0%	0%	98%
	芝1600m	×	ダ1700m	××	0	1	0	16	0.0%	6.3%	6.3%	0%	18%
	芝1200m	××	ダ1700m	××	0	0	0	8	0.0%	0.0%	0.0%	0%	0%
	芝1600m	×	ダ1700m	××	0	0	0	7	0.0%	0.0%	0.0%	0%	0%
	芝1600m	×	ダ1700m	×	1	0	1	5	20.0%	20.0%	40.0%	196%	98%
	芝1600m	××	ダ1700m	×	0	0	0	5	0.0%	0.0%	0.0%	0%	0%
	―	―	ダ1800m	××	1	2	3	64	1.6%	4.7%	9.4%	29%	39%
	―	―	ダ1800m	×	0	0	1	9	0.0%	0.0%	11.1%	0%	16%
	ダ1150〜1200m	××	ダ1800m	××	0	0	3	47	0.0%	0.0%	6.4%	0%	34%
	ダ1150〜1200m	×	ダ1800m	××	1	0	3	38	2.6%	2.6%	10.5%	43%	52%
	ダ1150〜1200m	×	ダ1800m	×	0	1	0	8	0.0%	12.5%	12.5%	0%	33%
	ダ1300〜1400m	××	ダ1800m	××	0	1	1	33	0.0%	3.0%	6.1%	0%	111%
	ダ1300〜1400m	×	ダ1800m	××	0	2	1	27	0.0%	7.4%	11.1%	0%	90%
	ダ1300〜1400m	×	ダ1800m	×	0	0	0	5	0.0%	0.0%	0.0%	0%	0%
	ダ1300〜1400m	××	ダ1800m	×	0	0	0	5	0.0%	0.0%	0.0%	0%	0%
	ダ1600m	×	ダ1800m	××	0	0	0	7	0.0%	0.0%	0.0%	0%	0%
	ダ1600m	×	ダ1800m	××	1	1	0	5	20.0%	40.0%	40.0%	308%	156%
	ダ1700m	××	ダ1800m	××	0	2	0	10	0.0%	20.0%	20.0%	0%	87%
	ダ1700m	×	ダ1800m	××	0	0	1	5	0.0%	0.0%	20.0%	0%	50%
	ダ1800m	××	ダ1800m	××	1	1	2	31	3.2%	6.5%	12.9%	69%	62%
	ダ1800m	×	ダ1800m	××	0	0	1	17	0.0%	0.0%	5.9%	0%	21%
	ダ1800m	×	ダ1800m	×	1	0	1	10	10.0%	10.0%	20.0%	252%	66%
	ダ1800m	×	ダ1800m	×	1	0	0	9	11.1%	11.1%	11.1%	106%	35%
	芝1200m	×	ダ1800m	××	0	0	1	13	0.0%	0.0%	7.7%	0%	96%
	芝1200m	×	ダ1800m	××	0	0	0	5	0.0%	0.0%	0.0%	0%	0%
	芝1400〜1500m	×	ダ1800m	××	0	1	0	6	0.0%	16.7%	16.7%	0%	140%
	芝1600m	×	ダ1800m	××	0	1	1	9	0.0%	11.1%	22.2%	0%	91%
	芝1600m	××	ダ1800m	××	0	0	1	7	0.0%	0.0%	14.3%	0%	72%
	芝1700〜1800m	×	ダ1800m	××	0	0	0	7	0.0%	0.0%	0.0%	0%	0%
	芝1700〜1800m	××	ダ1800m	××	0	0	0	6	0.0%	0.0%	0.0%	0%	0%
	芝2000m	××	ダ1800m	××	0	0	0	10	0.0%	0.0%	0.0%	0%	0%
	芝2000m	×	ダ1800m	××	0	0	2	8	0.0%	0.0%	25.0%	0%	68%
	―	―	芝1000m	×	1	1	2	20	5.0%	10.0%	20.0%	38%	104%
	―	―	芝1000m	××	0	0	0	20	0.0%	0.0%	0.0%	0%	0%
	ダ1150〜1200m	×	芝1000m	×	0	0	0	6	0.0%	0.0%	0.0%	0%	0%
	ダ1150〜1200m	××	芝1000m	×	0	0	1	6	0.0%	0.0%	16.7%	0%	171%
	ダ1300〜1400m	××	芝1000m	×	0	0	0	5	0.0%	0.0%	0.0%	0%	0%
	芝1000m	×	芝1000m	×	0	0	0	7	0.0%	0.0%	0.0%	0%	0%
	芝1200m	×	芝1000m	×	0	0	0	10	0.0%	0.0%	0.0%	0%	0%
	芝1200m	×	芝1000m	×	1	0	0	6	16.7%	16.7%	16.7%	290%	91%
	芝1400〜1500m	××	芝1000m	×	0	0	0	5	0.0%	0.0%	0.0%	0%	0%
	―	―	芝1200m	××	5	5	5	201	2.5%	5.0%	7.5%	84%	46%
買い	―	―	芝1200m	×	9	4	8	158	5.7%	8.2%	13.3%	178%	90%
	―	―	芝1200m	○	0	1	0	13	0.0%	7.7%	7.7%	0%	31%
	ダ1000m	××	芝1200m	×	0	0	0	13	0.0%	0.0%	0.0%	0%	0%
	ダ1000m	×	芝1200m	×	1	0	2	10	10.0%	10.0%	30.0%	117%	95%
	ダ1000m	××	芝1200m	××	0	0	0	10	0.0%	0.0%	0.0%	0%	0%
	ダ1150〜1200m	×	芝1200m	×	2	0	2	33	6.1%	6.1%	12.1%	188%	105%
	ダ1150〜1200m	××	芝1200m	×	0	0	2	30	0.0%	0.0%	6.7%	0%	37%
	ダ1150〜1200m	××	芝1200m	××	0	0	0	23	0.0%	0.0%	0.0%	0%	0%
	ダ1150〜1200m	×	芝1200m	××	0	0	0	10	0.0%	0.0%	0.0%	0%	0%
	ダ1300〜1400m	××	芝1200m	×	0	0	2	24	0.0%	0.0%	8.3%	0%	32%
	ダ1300〜1400m	××	芝1200m	××	0	1	0	18	0.0%	5.6%	5.6%	0%	238%
	ダ1300〜1400m	×	芝1200m	×	0	2	1	10	0.0%	20.0%	30.0%	0%	815%
	ダ1700m	×	芝1200m	×	0	0	0	8	0.0%	0.0%	0.0%	0%	0%
	ダ1800m	××	芝1200m	×	1	0	0	8	12.5%	12.5%	12.5%	585%	125%
	芝1000m	×	芝1200m	×	0	0	1	18	0.0%	0.0%	5.6%	0%	25%
	芝1200m	×	芝1200m	×	5	8	4	148	3.4%	8.8%	11.5%	69%	68%

ダート1200m

評価	前々走 距離	前々走 着順	前走 距離	前走 着順	1着	2着	3着	総数	勝率	連対率	複勝率	単回率	複回率
	芝1200m	×	芝1200m	××	0	1	2	43	0.0%	2.3%	7.0%	0%	41%
特買い	芝1200m	○	芝1200m	×	2	9	5	39	5.1%	28.2%	41.0%	88%	122%
	芝1200m	××	芝1200m	××	0	1	0	38	0.0%	2.6%	2.6%	0%	23%
	芝1200m		芝1200m	×	1	1	0	25	4.0%	8.0%	8.0%	63%	19%
	芝1200m	○	芝1200m	○	0	0	1	6	0.0%	0.0%	16.7%	0%	51%
	芝1400〜1500m		芝1200m	×	3	2	2	47	6.4%	10.6%	14.9%	148%	80%
	芝1400〜1500m	××	芝1200m	×	0	1	0	17	0.0%	5.9%	5.9%	0%	31%
	芝1400〜1500m		芝1200m	××	0	0	0	14	0.0%	0.0%	0.0%	0%	0%
	芝1400〜1500m	××	芝1200m	××	0	0	0	14	0.0%	0.0%	0.0%	0%	0%
買い	芝1600m		芝1200m	×	1	0	2	28	3.6%	3.6%	10.7%	92%	98%
買い	芝1600m	××	芝1200m	×	2	0	1	19	10.5%	10.5%	15.8%	434%	160%
	芝1600m		芝1200m	××	0	0	0	8	0.0%	0.0%	0.0%	0%	0%
	芝1700〜1800m	××	芝1200m	×	0	0	0	9	0.0%	0.0%	0.0%	0%	0%
	芝1700〜1800m		芝1200m	×	0	0	1	6	0.0%	0.0%	16.7%	0%	41%
	芝1700〜1800m	××	芝1200m	××	0	0	0	5	0.0%	0.0%	0.0%	0%	0%
	芝2000m	××	芝1200m	×	0	0	0	5	0.0%	0.0%	0.0%	0%	0%
	―	―	芝1400〜1500m	××	0	3	3	97	0.0%	3.1%	6.2%	0%	51%
	―	―	芝1400〜1500m	×	0	3	4	71	0.0%	4.2%	9.9%	0%	69%
	ダ1150〜1200m	××	芝1400〜1500m	×	0	2	1	10	0.0%	20.0%	30.0%	0%	146%
	ダ1150〜1200m	××	芝1400〜1500m	××	0	0	0	6	0.0%	0.0%	0.0%	0%	0%
	ダ1150〜1200m	×	芝1400〜1500m	×	1	0	0	5	20.0%	20.0%	20.0%	184%	46%
	ダ1300〜1400m		芝1400〜1500m	×	0	0	0	9	0.0%	0.0%	0.0%	0%	0%
	ダ1300〜1400m	××	芝1400〜1500m	×	0	0	0	8	0.0%	0.0%	0.0%	0%	0%
特買い	芝1200m	×	芝1400〜1500m	×	3	3	3	45	6.7%	13.3%	20.0%	221%	133%
特買い	芝1200m		芝1400〜1500m	××	0	3	2	22	0.0%	13.6%	22.7%	0%	199%
	芝1200m		芝1400〜1500m	×	0	0	1	11	0.0%	0.0%	9.1%	0%	523%
	芝1200m	○	芝1400〜1500m	×	0	0	2	8	0.0%	0.0%	25.0%	0%	96%
	芝1200m	××	芝1400〜1500m	×	1	1	0	6	16.7%	33.3%	33.3%	538%	205%
	芝1400〜1500m	×	芝1400〜1500m	×	0	1	2	24	0.0%	4.2%	12.5%	0%	59%
	芝1400〜1500m		芝1400〜1500m	×	0	0	0	8	0.0%	0.0%	0.0%	0%	0%
	芝1600m		芝1400〜1500m	×	1	0	0	19	5.3%	5.3%	5.3%	90%	18%
	芝1600m		芝1400〜1500m	××	0	0	0	7	0.0%	0.0%	0.0%	0%	0%
	芝1700〜1800m	×	芝1400〜1500m	×	0	0	1	5	0.0%	0.0%	20.0%	0%	70%
買い	―	―	芝1600m	××	4	3	3	85	4.7%	8.2%	11.8%	324%	158%
	―	―	芝1600m	×	1	3	4	58	1.7%	6.9%	13.8%	35%	83%
	ダ1150〜1200m	××	芝1600m	××	0	0	0	11	0.0%	0.0%	0.0%	0%	0%
	ダ1300〜1400m	××	芝1600m	×	0	0	0	12	0.0%	0.0%	0.0%	0%	0%
	ダ1300〜1400m	××	芝1600m	×	0	0	0	7	0.0%	0.0%	0.0%	0%	0%
	芝1200m	×	芝1600m	×	0	2	2	25	0.0%	8.0%	16.0%	0%	64%
	芝1200m		芝1600m	××	0	1	0	18	0.0%	5.6%	5.6%	0%	50%
	芝1200m	××	芝1600m	××	0	0	0	10	0.0%	0.0%	0.0%	0%	0%
	芝1200m	○	芝1600m	×	0	0	0	7	0.0%	0.0%	0.0%	0%	0%
	芝1400〜1500m	×	芝1600m	×	0	2	3	23	0.0%	8.7%	21.7%	0%	84%
	芝1400〜1500m	×	芝1600m	××	0	0	1	13	0.0%	0.0%	7.7%	0%	66%
	芝1400〜1500m	××	芝1600m	×	0	0	0	6	0.0%	0.0%	0.0%	0%	0%
	芝1400〜1500m	××	芝1600m	××	1	0	1	5	20.0%	20.0%	40.0%	670%	454%
	芝1600m	×	芝1600m	×	4	0	1	29	13.8%	13.8%	17.2%	140%	53%
	芝1600m		芝1600m	××	0	0	0	8	0.0%	0.0%	0.0%	0%	0%
	芝1600m	××	芝1600m	××	0	0	1	6	0.0%	0.0%	16.7%	0%	126%
	芝1700〜1800m		芝1600m	×	0	0	1	10	0.0%	0.0%	10.0%	0%	60%
	芝1700〜1800m	××	芝1600m	×	0	1	0	8	0.0%	12.5%	12.5%	0%	125%
	芝1700〜1800m	××	芝1600m	××	0	2	0	6	0.0%	33.3%	33.3%	0%	651%
	―	―	芝1700〜1800m	××	0	1	2	38	0.0%	2.6%	7.9%	0%	45%
	―	―	芝1700〜1800m	×	3	0	0	23	13.0%	13.0%	13.0%	234%	43%
	ダ1150〜1200m	××	芝1700〜1800m	×	0	0	0	6	0.0%	0.0%	0.0%	0%	0%
	ダ1300〜1400m	×	芝1700〜1800m	×	0	0	0	5	0.0%	0.0%	0.0%	0%	0%
	ダ1300〜1400m	××	芝1700〜1800m	×	0	0	0	5	0.0%	0.0%	0.0%	0%	0%
	芝1200m		芝1700〜1800m	×	0	0	0	15	0.0%	0.0%	0.0%	0%	0%
	芝1200m	×	芝1700〜1800m	××	1	0	1	13	7.7%	7.7%	15.4%	93%	63%
	芝1200m	××	芝1700〜1800m	×	0	0	0	8	0.0%	0.0%	0.0%	0%	0%
	芝1400〜1500m		芝1700〜1800m	××	0	0	0	6	0.0%	0.0%	0.0%	0%	0%
	芝1600m	×	芝1700〜1800m	×	1	1	1	11	9.1%	18.2%	27.3%	101%	90%
	芝1600m		芝1700〜1800m	××	0	1	1	9	0.0%	11.1%	22.2%	0%	155%
	芝1600m	××	芝1700〜1800m	××	0	0	0	8	0.0%	0.0%	0.0%	0%	0%
特買い	芝1700〜1800m	×	芝1700〜1800m	×	3	2	0	13	23.1%	38.5%	38.5%	1123%	266%

ダート1200m

評価	前々走 距離	着順	前走 距離	着順	1着	2着	3着	総数	勝率	連対率	複勝率	単回率	複回率
	芝1700～1800m	×	芝1700～1800m	××	0	0	1	10	0.0%	0.0%	10.0%	0%	82%
	芝1700～1800m	××	芝1700～1800m	××	1	2	0	8	12.5%	37.5%	37.5%	731%	473%
	—	—	芝2000m		0	0	0	7	0.0%	0.0%	0.0%	0%	0%
	ダ1300～1400m	××	芝2000m		0	0	0	5	0.0%	0.0%	0.0%	0%	0%
	ダ1600m	××	芝2000m		0	1	0	5	0.0%	20.0%	20.0%	0%	42%
	ダ1700m	×	芝2000m		0	0	0	5	0.0%	0.0%	0.0%	0%	0%
	芝1200m	×	芝2000m		0	0	0	5	0.0%	0.0%	0.0%	0%	0%
	芝1600m		芝2000m	×	1	0	0	7	14.3%	14.3%	14.3%	125%	51%
	芝1600m	×	芝2000m		0	1	0	5	0.0%	20.0%	20.0%	0%	162%
	芝1700～1800m	××	芝2000m		0	1	0	6	0.0%	16.7%	16.7%	0%	865%
	芝2000m		芝2000m	××	0	0	0	5	0.0%	0.0%	0.0%	0%	0%

激変ローテ●ダート1200m【500万下】3番人気以内

評価	前々走 距離	着順	前走 距離	着順	1着	2着	3着	総数	勝率	連対率	複勝率	単回率	複回率
	ダ1000m	○	ダ1000m		9	5	2	25	36.0%	56.0%	56.0%	159%	84%
	ダ1000m	×	ダ1000m		5	0	0	13	38.5%	38.5%	38.5%	182%	74%
	ダ1000m	○	ダ1000m	×	2	3	1	12	16.7%	41.7%	50.0%	79%	87%
消し	ダ1000m	○	ダ1000m	◎	1	2	0	11	9.1%	27.3%	27.3%	24%	39%
	ダ1000m	×	ダ1000m	○	1	3	1	11	9.1%	36.4%	45.5%	28%	81%
	ダ1000m		ダ1000m	○	0	1	1	5	0.0%	20.0%	20.0%	0%	66%
	ダ1000m	○	ダ1000m		0	0	1	5	0.0%	0.0%	20.0%	0%	36%
	ダ1150～1200m	×	ダ1000m		5	3	1	16	31.3%	50.0%	56.3%	120%	96%
	ダ1150～1200m		ダ1000m		0	1	1	10	0.0%	10.0%	20.0%	0%	32%
消し	ダ1150～1200m	○	ダ1000m		1	2	0	7	14.3%	42.9%	42.9%	27%	55%
	ダ1300～1400m	×	ダ1000m		2	1	1	6	33.3%	50.0%	66.7%	161%	116%
	ダ1300～1400m		ダ1000m		2	1	0	5	40.0%	60.0%	60.0%	126%	94%
	ダ1300～1400m		ダ1000m		1	0	0	5	20.0%	20.0%	20.0%	132%	34%
	芝1200m	×	ダ1000m		2	0	1	6	33.3%	33.3%	50.0%	196%	101%
	芝1200m		ダ1000m	◎	0	0	1	5	0.0%	0.0%	20.0%	0%	42%
	芝1200m	×	ダ1000m		0	0	1	5	0.0%	0.0%	20.0%	0%	42%
	—	—	ダ1150～1200m		4	2	3	23	17.4%	26.1%	39.1%	51%	57%
消し	ダ1000m	×	ダ1150～1200m		4	4	2	28	14.3%	28.6%	35.7%	46%	48%
消し	ダ1000m	○	ダ1150～1200m		4	2	2	25	8.0%	24.0%	32.0%	22%	44%
	ダ1000m	×	ダ1150～1200m	×	3	1	2	15	20.0%	26.7%	40.0%	71%	77%
	ダ1000m		ダ1150～1200m		2	3	1	9	22.2%	55.6%	66.7%	42%	84%
	ダ1000m	○	ダ1150～1200m	×	1	1	1	8	12.5%	25.0%	37.5%	27%	57%
	ダ1000m	○	ダ1150～1200m	○	2	2	0	7	28.6%	57.1%	57.1%	45%	64%
	ダ1000m	◎	ダ1150～1200m		2	1	0	5	40.0%	60.0%	60.0%	242%	102%
	ダ1150～1200m		ダ1150～1200m		31	21	14	103	30.1%	50.5%	64.1%	88%	88%
	ダ1150～1200m	○	ダ1150～1200m		19	21	21	101	18.8%	39.6%	60.4%	50%	88%
	ダ1150～1200m	×	ダ1150～1200m	×	16	11	11	75	21.3%	36.0%	50.7%	72%	76%
	ダ1150～1200m	×	ダ1150～1200m		9	13	10	66	13.6%	33.3%	48.5%	64%	82%
	ダ1150～1200m		ダ1150～1200m	◎	10	7	6	47	21.3%	36.2%	48.9%	72%	71%
	ダ1150～1200m		ダ1150～1200m	○	6	8	8	35	17.1%	40.0%	62.9%	36%	86%
消し	ダ1150～1200m	○	ダ1150～1200m	×	5	5	3	34	14.7%	29.4%	38.2%	54%	61%
	ダ1150～1200m	×	ダ1150～1200m		2	2	0	9	22.2%	44.4%	44.4%	65%	77%
	ダ1150～1200m	××	ダ1150～1200m		0	3	0	6	0.0%	50.0%	50.0%	0%	75%
	ダ1300～1400m		ダ1150～1200m		13	7	2	44	29.5%	45.5%	61.4%	102%	88%
	ダ1300～1400m		ダ1150～1200m		6	6	1	31	19.4%	38.7%	41.9%	83%	73%
	ダ1300～1400m	×	ダ1150～1200m		11	5	1	29	37.9%	55.2%	58.6%	77%	72%
消し	ダ1300～1400m		ダ1150～1200m	◎	2	1	1	13	15.4%	23.1%	30.8%	39%	49%
	ダ1300～1400m		ダ1150～1200m	×	2	3	2	12	16.7%	41.7%	58.3%	110%	100%
	ダ1300～1400m		ダ1150～1200m		4	4	0	11	36.4%	72.7%	72.7%	109%	92%
	ダ1300～1400m	××	ダ1150～1200m		2	2	1	9	22.2%	44.4%	55.6%	52%	81%
	ダ1300～1400m	×	ダ1150～1200m		0	1	0	7	0.0%	14.3%	14.3%	0%	27%
	ダ1300～1400m	◎	ダ1150～1200m		0	1	0	5	0.0%	20.0%	20.0%	0%	62%
	ダ1600m		ダ1150～1200m		1	0	0	6	16.7%	16.7%	33.3%	70%	60%
	ダ1700m		ダ1150～1200m	○	2	1	2	9	22.2%	33.3%	55.6%	98%	84%
	芝1200m		ダ1150～1200m		5	3	2	23	21.7%	34.8%	47.8%	58%	70%
	芝1200m		ダ1150～1200m		5	2	2	14	35.7%	50.0%	64.3%	165%	118%
	芝1200m	○	ダ1150～1200m		1	0	2	8	12.5%	12.5%	37.5%	16%	56%
	芝1200m		ダ1150～1200m	◎	1	1	1	5	20.0%	40.0%	60.0%	40%	88%
	芝1600m	×	ダ1150～1200m		2	1	0	5	40.0%	60.0%	60.0%	144%	80%

ダート1200m

評価	前々走 距離	着順	前走 距離	着順	1着	2着	3着	総数	勝率	連対率	複勝率	単回率	複回率
	—	—	ダ1300〜1400m	◎	1	1	1	6	16.7%	33.3%	50.0%	40%	78%
	ダ1150〜1200m	○	ダ1300〜1400m	○	8	0	7	23	34.8%	34.8%	65.2%	118%	96%
	ダ1150〜1200m	×	ダ1300〜1400m	○	1	5	4	20	5.0%	30.0%	50.0%	26%	86%
	ダ1150〜1200m	○	ダ1300〜1400m	×	4	4	4	19	21.1%	42.1%	63.2%	55%	101%
	ダ1150〜1200m	◎	ダ1300〜1400m	○	2	4	2	15	13.3%	40.0%	53.3%	20%	75%
	ダ1150〜1200m	×	ダ1300〜1400m	◎	4	3	1	12	33.3%	58.3%	66.7%	99%	93%
	ダ1150〜1200m	○	ダ1300〜1400m	◎	1	1	3	9	11.1%	22.2%	55.6%	28%	75%
	ダ1150〜1200m	◎	ダ1300〜1400m	×	2	1	1	8	25.0%	37.5%	50.0%	87%	70%
	ダ1300〜1400m	○	ダ1300〜1400m	○	4	6	3	23	17.4%	43.5%	56.5%	41%	67%
	ダ1300〜1400m	×	ダ1300〜1400m	○	9	4	2	20	45.0%	65.0%	75.0%	114%	109%
	ダ1300〜1400m	○	ダ1300〜1400m	×	4	4	3	18	22.2%	44.4%	61.1%	81%	94%
	ダ1300〜1400m	○	ダ1300〜1400m	◎	2	3	2	12	16.7%	41.7%	58.3%	49%	103%
	ダ1300〜1400m	×	ダ1300〜1400m	×	2	2	2	12	16.7%	33.3%	50.0%	124%	85%
	ダ1300〜1400m	◎	ダ1300〜1400m	◎	1	2	3	7	14.3%	42.9%	85.7%	70%	115%
	ダ1300〜1400m	◎	ダ1300〜1400m	×	2	1	1	5	40.0%	60.0%	80.0%	74%	90%
	ダ1700m	×	ダ1300〜1400m	×	0	1	0	5	0.0%	20.0%	20.0%	0%	36%
	ダ1150〜1200m	×	ダ1700m	×	4	1	0	5	80.0%	100.0%	100.0%	506%	224%
	ダ1150〜1200m	○	芝1200m	×	3	1	1	10	30.0%	40.0%	50.0%	100%	72%
	ダ1150〜1200m	×	芝1200m	×	2	0	1	5	40.0%	40.0%	60.0%	212%	100%
	芝1200m	○	芝1200m	×	3	0	1	12	25.0%	25.0%	33.3%	102%	55%
	芝1200m	×	芝1200m	×	2	0	1	11	18.2%	18.2%	27.3%	130%	66%
	芝1200m	○	芝1200m	○	1	2	0	9	11.1%	33.3%	33.3%	23%	52%
	芝1400〜1500m	×	芝1200m	×	1	1	1	6	16.7%	33.3%	50.0%	30%	75%

激変ローテ●ダート1200m【500万下】4番人気以下

評価	前々走 距離	着順	前走 距離	着順	1着	2着	3着	総数	勝率	連対率	複勝率	単回率	複回率
	—	—	ダ1000m	◎	0	0	0	7	0.0%	0.0%	0.0%	0%	0%
	ダ1000m	×	ダ1000m	×	2	9	8	194	1.0%	5.7%	9.8%	19%	112%
	ダ1000m	○	ダ1000m	×	2	3	2	56	3.6%	8.9%	12.5%	67%	51%
	ダ1000m	×	ダ1000m	○	2	1	4	34	5.9%	8.8%	20.6%	60%	53%
	ダ1000m	○	ダ1000m	◎	0	1	0	30	0.0%	3.3%	3.3%	0%	21%
	ダ1000m	××	ダ1000m	×	0	2	1	23	0.0%	8.7%	13.0%	0%	54%
	ダ1000m	×	ダ1000m	××	1	0	0	22	4.5%	4.5%	4.5%	152%	37%
	ダ1000m	◎	ダ1000m	×	0	0	2	21	0.0%	0.0%	9.5%	0%	55%
	ダ1000m	×	ダ1000m	◎	1	1	0	15	6.7%	13.3%	13.3%	105%	55%
買い	ダ1000m	○	ダ1000m	○	1	2	2	13	7.7%	23.1%	38.5%	62%	95%
	ダ1000m	××	ダ1000m	××	0	0	0	10	0.0%	0.0%	0.0%	0%	0%
	ダ1000m	◎	ダ1000m	××	0	0	0	7	0.0%	0.0%	0.0%	0%	0%
	ダ1000m	◎	ダ1000m	○	0	0	0	5	0.0%	0.0%	0.0%	0%	0%
	ダ1150〜1200m	×	ダ1000m	×	3	6	6	106	2.8%	8.5%	14.2%	67%	77%
	ダ1150〜1200m	××	ダ1000m	×	1	1	4	48	2.1%	4.2%	12.5%	107%	163%
	ダ1150〜1200m	×	ダ1000m	××	0	0	0	17	0.0%	0.0%	0.0%	0%	0%
	ダ1150〜1200m	×	ダ1000m	◎	0	1	1	12	0.0%	8.3%	16.7%	0%	121%
	ダ1150〜1200m	○	ダ1000m	×	0	0	0	12	0.0%	0.0%	0.0%	0%	0%
	ダ1150〜1200m	××	ダ1000m	××	0	0	0	10	0.0%	0.0%	0.0%	0%	0%
	ダ1150〜1200m	◎	ダ1000m	×	0	0	0	8	0.0%	0.0%	0.0%	0%	0%
	ダ1150〜1200m	×	ダ1000m	◎	0	1	0	8	0.0%	12.5%	12.5%	0%	22%
	ダ1150〜1200m	○	ダ1000m	◎	0	0	2	6	0.0%	0.0%	33.3%	0%	66%
	ダ1150〜1200m	××	ダ1000m	◎	0	0	0	6	0.0%	0.0%	0.0%	0%	0%
	ダ1300〜1400m	×	ダ1000m	×	1	0	2	35	2.9%	2.9%	8.6%	53%	34%
	ダ1300〜1400m	××	ダ1000m	×	0	0	0	18	0.0%	0.0%	0.0%	0%	0%
	ダ1300〜1400m	○	ダ1000m	×	0	1	2	6	0.0%	16.7%	50.0%	0%	308%
	ダ1300〜1400m	×	ダ1000m	○	0	0	1	5	0.0%	0.0%	20.0%	0%	40%
	ダ1600m	××	ダ1000m	×	0	0	0	8	0.0%	0.0%	0.0%	0%	0%
	ダ1700m	××	ダ1000m	×	0	0	3	28	0.0%	0.0%	10.7%	0%	111%
	ダ1700m	×	ダ1000m	×	0	0	0	9	0.0%	0.0%	0.0%	0%	0%
	ダ1700m	×	ダ1000m	××	0	0	0	6	0.0%	0.0%	0.0%	0%	0%
買い	芝1200m	×	ダ1000m	×	3	0	4	42	7.1%	7.1%	16.7%	118%	102%
	芝1200m	×	ダ1000m	○	0	1	0	10	0.0%	10.0%	10.0%	0%	34%
	芝1200m	××	ダ1000m	×	0	1	0	9	0.0%	11.1%	11.1%	0%	24%
	芝1200m	×	ダ1000m	××	0	0	0	6	0.0%	0.0%	0.0%	0%	0%
	芝1200m	○	ダ1000m	◎	0	0	0	5	0.0%	0.0%	0.0%	0%	0%
	芝1200m	××	ダ1000m	××	0	0	0	5	0.0%	0.0%	0.0%	0%	0%

ダート1200m

評価	前々走 距離	前々走 着順	前走 距離	前走 着順	1着	2着	3着	総数	勝率	連対率	複勝率	単回率	複回率
	芝1600m	×	ダ1000m	×	0	0	1	5	0.0%	0.0%	20.0%	0%	86%
	—	—	ダ1150〜1200m	◎	2	2	3	32	6.3%	12.5%	21.9%	82%	80%
	ダ1000m		ダ1150〜1200m	×	4	5	11	164	2.4%	5.5%	12.2%	48%	58%
	ダ1000m	×	ダ1150〜1200m	××	2	1	0	50	4.0%	6.0%	6.0%	99%	43%
	ダ1000m	○	ダ1150〜1200m	×	2	4	3	38	5.3%	15.8%	23.7%	71%	75%
	ダ1000m	×	ダ1150〜1200m	○	2	3	3	28	7.1%	17.9%	28.6%	135%	76%
	ダ1000m	××	ダ1150〜1200m	×	2	3	0	26	7.7%	19.2%	19.2%	153%	85%
	ダ1000m	◎	ダ1150〜1200m	×	1	0	0	23	4.3%	4.3%	4.3%	128%	24%
	ダ1000m	○	ダ1150〜1200m	××	0	0	0	17	0.0%	0.0%	0.0%	0%	0%
	ダ1000m	○	ダ1150〜1200m	◎	0	2	0	12	0.0%	16.7%	16.7%	0%	65%
	ダ1000m	×	ダ1150〜1200m	○	0	0	0	11	0.0%	0.0%	0.0%	0%	0%
	ダ1000m	○	ダ1150〜1200m	○	0	0	0	6	0.0%	0.0%	0.0%	0%	0%
	ダ1000m	××	ダ1150〜1200m	○	0	0	0	6	0.0%	0.0%	0.0%	0%	0%
	ダ1150〜1200m	×	ダ1150〜1200m	×	15	28	25	433	3.5%	9.9%	15.7%	74%	85%
	ダ1150〜1200m	○	ダ1150〜1200m	×	6	6	9	106	5.7%	11.3%	19.8%	65%	69%
	ダ1150〜1200m	×	ダ1150〜1200m	××	2	3	3	96	2.1%	5.2%	8.3%	183%	113%
	ダ1150〜1200m	×	ダ1150〜1200m	○	7	11	6	91	7.7%	19.8%	26.4%	134%	75%
特買い	ダ1150〜1200m	◎	ダ1150〜1200m	×	4	7	6	82	4.9%	13.4%	20.7%	147%	103%
	ダ1150〜1200m	××	ダ1150〜1200m	×	1	0	7	82	1.2%	1.2%	9.8%	17%	164%
	ダ1150〜1200m	○	ダ1150〜1200m	◎	5	5	3	70	7.1%	14.3%	18.6%	67%	69%
	ダ1150〜1200m	×	ダ1150〜1200m	◎	2	2	4	58	3.4%	6.9%	13.8%	32%	67%
	ダ1150〜1200m	××	ダ1150〜1200m	××	0	0	1	41	0.0%	0.0%	2.4%	0%	16%
	ダ1150〜1200m	◎	ダ1150〜1200m	◎	1	0	0	35	2.9%	2.9%	2.9%	88%	21%
	ダ1150〜1200m	○	ダ1150〜1200m	○	2	5	4	33	6.1%	21.2%	33.3%	57%	73%
	ダ1150〜1200m	○	ダ1150〜1200m	○	0	1	2	13	0.0%	7.7%	23.1%	0%	94%
	ダ1150〜1200m	××	ダ1150〜1200m	○	1	0	1	10	10.0%	10.0%	20.0%	113%	65%
	ダ1150〜1200m	○	ダ1150〜1200m	××	0	3	0	9	0.0%	33.3%	33.3%	0%	146%
	ダ1150〜1200m	××	ダ1150〜1200m	◎	0	1	0	8	0.0%	12.5%	12.5%	0%	31%
	ダ1300〜1400m	×	ダ1150〜1200m	×	5	3	10	132	3.8%	6.1%	13.6%	90%	61%
	ダ1300〜1400m	××	ダ1150〜1200m	×	3	2	4	56	5.4%	8.9%	16.1%	57%	59%
	ダ1300〜1400m	××	ダ1150〜1200m	××	0	1	3	37	0.0%	2.7%	10.8%	0%	107%
	ダ1300〜1400m	◎	ダ1150〜1200m	×	0	1	1	27	0.0%	3.7%	7.4%	0%	30%
買い	ダ1300〜1400m	×	ダ1150〜1200m	◎	0	2	5	27	0.0%	7.4%	25.9%	0%	155%
	ダ1300〜1400m	×	ダ1150〜1200m	××	1	0	2	23	4.3%	4.3%	13.0%	73%	320%
	ダ1300〜1400m	○	ダ1150〜1200m	×	2	0	2	21	9.5%	9.5%	19.0%	109%	57%
買い	ダ1300〜1400m	×	ダ1150〜1200m	○	0	5	4	21	0.0%	23.8%	42.9%	0%	130%
	ダ1300〜1400m	○	ダ1150〜1200m	◎	1	1	2	17	5.9%	11.8%	23.5%	148%	84%
	ダ1300〜1400m	××	ダ1150〜1200m	○	1	2	1	10	10.0%	30.0%	40.0%	173%	104%
	ダ1300〜1400m	◎	ダ1150〜1200m	××	0	0	0	9	0.0%	0.0%	0.0%	0%	0%
	ダ1300〜1400m	××	ダ1150〜1200m	◎	0	0	1	6	0.0%	0.0%	16.7%	0%	98%
	ダ1300〜1400m	○	ダ1150〜1200m	○	0	0	0	5	0.0%	0.0%	0.0%	0%	0%
	ダ1600m	×	ダ1150〜1200m	×	2	0	1	17	11.8%	11.8%	17.6%	234%	61%
	ダ1600m		ダ1150〜1200m	×	0	0	0	9	0.0%	0.0%	0.0%	0%	0%
	ダ1600m	××	ダ1150〜1200m	××	0	0	0	7	0.0%	0.0%	0.0%	0%	0%
	ダ1600m		ダ1150〜1200m	××	0	0	0	6	0.0%	0.0%	0.0%	0%	0%
買い	ダ1700m	××	ダ1150〜1200m	×	3	2	7	60	5.0%	8.3%	20.0%	178%	130%
買い	ダ1700m		ダ1150〜1200m	×	0	3	2	33	0.0%	9.1%	15.2%	0%	121%
	ダ1700m	××	ダ1150〜1200m	××	0	0	0	18	0.0%	0.0%	0.0%	0%	0%
	ダ1700m		ダ1150〜1200m	○	1	0	1	9	11.1%	11.1%	22.2%	351%	135%
	ダ1700m	×	ダ1150〜1200m	◎	1	0	0	7	14.3%	14.3%	14.3%	340%	37%
	ダ1800m	××	ダ1150〜1200m	×	1	1	2	30	3.3%	6.7%	13.3%	236%	70%
	ダ1800m		ダ1150〜1200m	×	0	0	1	8	0.0%	0.0%	12.5%	0%	272%
	ダ1800m	××	ダ1150〜1200m	××	0	0	0	7	0.0%	0.0%	0.0%	0%	0%
	ダ1800m		ダ1150〜1200m	◎	0	1	0	6	0.0%	16.7%	16.7%	0%	31%
	芝1000m		ダ1150〜1200m	×	1	0	1	13	7.7%	7.7%	15.4%	300%	95%
買い	芝1200m	×	ダ1150〜1200m	×	2	7	5	91	2.2%	9.9%	15.4%	97%	101%
買い	芝1200m		ダ1150〜1200m	××	4	0	1	27	14.8%	14.8%	18.5%	342%	120%
	芝1200m	××	ダ1150〜1200m	××	0	0	0	15	0.0%	0.0%	0.0%	0%	0%
	芝1200m	×	ダ1150〜1200m	○	0	1	3	14	0.0%	7.1%	28.6%	0%	75%
	芝1200m	×	ダ1150〜1200m	◎	1	0	0	13	7.7%	7.7%	7.7%	78%	23%
	芝1200m	××	ダ1150〜1200m	×	1	0	0	12	8.3%	8.3%	8.3%	117%	31%
	芝1200m	○	ダ1150〜1200m	×	0	0	2	10	0.0%	0.0%	20.0%	0%	92%
	芝1200m	○	ダ1150〜1200m	×	2	0	1	6	33.3%	33.3%	50.0%	708%	305%
	芝1400〜1500m	○	ダ1150〜1200m	×	0	1	0	14	0.0%	7.1%	7.1%	0%	30%
	芝1400〜1500m	××	ダ1150〜1200m	×	2	0	1	14	14.3%	14.3%	21.4%	195%	85%

ダート1200m

評価	前々走 距離	着順	前走 距離	着順	1着	2着	3着	総数	勝率	連対率	複勝率	単回率	複回率
	芝1400～1500m	×	ダ1150～1200m	◎	0	0	2	7	0.0%	0.0%	28.6%	0%	267%
	芝1400～1500m	×	ダ1150～1200m	○	0	0	0	6	0.0%	0.0%	0.0%	0%	0%
	芝1400～1500m	×	ダ1150～1200m	××	0	0	0	6	0.0%	0.0%	0.0%	0%	0%
	芝1600m	×	ダ1150～1200m	×	0	3	1	16	0.0%	18.8%	25.0%	0%	145%
	芝1600m	××	ダ1150～1200m	×	0	0	1	11	0.0%	0.0%	9.1%	0%	39%
	芝1600m	×	ダ1150～1200m	◎	1	1	0	6	16.7%	33.3%	33.3%	258%	91%
	芝1600m	××	ダ1150～1200m	××	1	0	0	6	16.7%	16.7%	16.7%	726%	158%
	―	―	ダ1300～1400m	◎	0	0	1	8	0.0%	0.0%	12.5%	0%	36%
	ダ1000m	×	ダ1300～1400m	×	2	2	0	27	7.4%	14.8%	14.8%	120%	77%
	ダ1000m	×	ダ1300～1400m	××	0	0	1	25	0.0%	0.0%	4.0%	0%	20%
	ダ1000m	◎	ダ1300～1400m	×	1	0	1	9	11.1%	11.1%	22.2%	173%	65%
	ダ1000m	◎	ダ1300～1400m	××	0	0	0	9	0.0%	0.0%	0.0%	0%	0%
	ダ1000m	××	ダ1300～1400m	××	0	0	0	7	0.0%	0.0%	0.0%	0%	0%
	ダ1000m	○	ダ1300～1400m	×	0	0	1	5	0.0%	0.0%	20.0%	0%	72%
特買い	ダ1150～1200m	×	ダ1300～1400m	×	8	7	9	114	7.0%	13.2%	21.1%	294%	160%
	ダ1150～1200m	×	ダ1300～1400m	××	0	2	0	47	0.0%	4.3%	4.3%	0%	20%
	ダ1150～1200m	◎	ダ1300～1400m	×	1	1	2	32	3.1%	6.3%	12.5%	93%	64%
	ダ1150～1200m	××	ダ1300～1400m	××	0	0	0	29	0.0%	0.0%	0.0%	0%	0%
	ダ1150～1200m	○	ダ1300～1400m	×	1	2	2	27	3.7%	11.1%	18.5%	48%	57%
	ダ1150～1200m	○	ダ1300～1400m	◎	0	2	0	21	0.0%	9.5%	9.5%	0%	22%
	ダ1150～1200m	××	ダ1300～1400m	×	0	0	1	21	0.0%	0.0%	4.8%	0%	16%
	ダ1150～1200m	◎	ダ1300～1400m	××	1	1	0	20	5.0%	10.0%	10.0%	182%	63%
	ダ1150～1200m	×	ダ1300～1400m	○	1	1	1	18	5.6%	11.1%	16.7%	72%	70%
	ダ1150～1200m	×	ダ1300～1400m	◎	1	0	0	13	7.7%	7.7%	7.7%	65%	16%
	ダ1150～1200m	○	ダ1300～1400m	××	0	0	2	11	0.0%	0.0%	18.2%	0%	105%
	ダ1300～1400m	×	ダ1300～1400m	×	4	4	3	75	5.3%	10.7%	14.7%	64%	77%
	ダ1300～1400m	○	ダ1300～1400m	×	0	2	5	39	0.0%	5.1%	17.9%	0%	72%
	ダ1300～1400m	×	ダ1300～1400m	××	1	1	3	39	2.6%	5.1%	12.8%	108%	76%
	ダ1300～1400m	○	ダ1300～1400m	◎	3	1	1	35	8.6%	11.4%	14.3%	96%	62%
	ダ1300～1400m	××	ダ1300～1400m	××	0	1	0	27	0.0%	3.7%	3.7%	0%	25%
	ダ1300～1400m	◎	ダ1300～1400m	×	1	3	0	24	4.2%	16.7%	16.7%	339%	173%
	ダ1300～1400m	◎	ダ1300～1400m	××	0	0	1	24	0.0%	0.0%	4.2%	0%	35%
	ダ1300～1400m	××	ダ1300～1400m	×	0	0	2	23	0.0%	0.0%	8.7%	0%	90%
	ダ1300～1400m	◎	ダ1300～1400m	○	0	0	0	16	0.0%	0.0%	0.0%	0%	0%
	ダ1300～1400m	×	ダ1300～1400m	◎	1	0	0	15	6.7%	6.7%	6.7%	124%	31%
	ダ1300～1400m	×	ダ1300～1400m	○	1	0	1	14	7.1%	7.1%	14.3%	174%	77%
	ダ1300～1400m	○	ダ1300～1400m	○	1	0	0	11	9.1%	9.1%	9.1%	132%	36%
	ダ1300～1400m	××	ダ1300～1400m	◎	0	0	0	6	0.0%	0.0%	0.0%	0%	0%
	ダ1600m	×	ダ1300～1400m	×	0	1	1	11	0.0%	9.1%	18.2%	0%	84%
	ダ1600m	××	ダ1300～1400m	×	0	0	0	6	0.0%	0.0%	0.0%	0%	0%
	ダ1600m	××	ダ1300～1400m	××	0	0	0	5	0.0%	0.0%	0.0%	0%	0%
	ダ1700m	××	ダ1300～1400m	×	0	1	1	20	0.0%	5.0%	10.0%	0%	65%
	ダ1700m	××	ダ1300～1400m	××	0	0	0	18	0.0%	0.0%	0.0%	0%	0%
	ダ1700m	×	ダ1300～1400m	×	2	1	0	16	12.5%	18.8%	18.8%	325%	103%
	ダ1700m	×	ダ1300～1400m	××	0	0	0	8	0.0%	0.0%	0.0%	0%	0%
	ダ1800m	××	ダ1300～1400m	×	2	0	1	15	13.3%	13.3%	20.0%	156%	82%
	ダ1800m	××	ダ1300～1400m	××	0	0	0	12	0.0%	0.0%	0.0%	0%	0%
	芝1200m	×	ダ1300～1400m	×	1	0	1	23	4.3%	4.3%	8.7%	26%	50%
	芝1200m	×	ダ1300～1400m	××	0	0	0	13	0.0%	0.0%	0.0%	0%	0%
	芝1200m	○	ダ1300～1400m	◎	0	1	1	5	0.0%	20.0%	40.0%	0%	244%
	芝1400～1500m	×	ダ1300～1400m	××	0	0	0	11	0.0%	0.0%	0.0%	0%	0%
	芝1400～1500m	×	ダ1300～1400m	×	2	1	0	10	20.0%	30.0%	30.0%	452%	146%
	芝1600m	×	ダ1300～1400m	×	0	0	2	8	0.0%	0.0%	25.0%	0%	273%
	ダ1000m	×	ダ1600m	××	0	1	0	6	0.0%	16.7%	16.7%	0%	971%
	ダ1150～1200m	×	ダ1600m	××	0	0	1	9	0.0%	0.0%	11.1%	0%	40%
	ダ1150～1200m	◎	ダ1600m	××	0	0	0	6	0.0%	0.0%	0.0%	0%	0%
	ダ1150～1200m	×	ダ1600m	×	0	0	0	6	0.0%	0.0%	0.0%	0%	0%
	ダ1150～1200m	××	ダ1600m	××	0	0	1	5	0.0%	0.0%	20.0%	0%	226%
	ダ1300～1400m	×	ダ1600m	×	0	0	1	9	0.0%	0.0%	11.1%	0%	45%
	ダ1300～1400m	◎	ダ1600m	×	0	0	0	7	0.0%	0.0%	0.0%	0%	0%
	ダ1300～1400m	○	ダ1600m	××	0	0	0	6	0.0%	0.0%	0.0%	0%	0%
	ダ1600m	××	ダ1600m	×	0	0	0	8	0.0%	0.0%	0.0%	0%	0%
	ダ1700m	××	ダ1600m	××	0	0	0	5	0.0%	0.0%	0.0%	0%	0%
買い	芝1400～1500m	×	ダ1600m	××	0	0	1	4	0.0%	0.0%	25.0%	0%	340%
買い	芝1400～1500m	×	ダ1600m	×	0	0	0	1	0.0%	0.0%	0.0%	0%	0%

ダート1200m

評価	前々走 距離	着順	前走 距離	着順	1着	2着	3着	総数	勝率	連対率	複勝率	単回率	複回率
	ダ1000m	×	ダ1700m	××	0	0	1	19	0.0%	0.0%	5.3%	0%	40%
	ダ1000m	×	ダ1700m	×	1	0	0	9	11.1%	11.1%	11.1%	946%	107%
	ダ1000m	××	ダ1700m	××	0	0	0	7	0.0%	0.0%	0.0%	0%	0%
	ダ1150〜1200m	×	ダ1700m	××	0	2	2	42	0.0%	4.8%	9.5%	0%	38%
	ダ1150〜1200m	×	ダ1700m	×	1	1	0	23	4.3%	8.7%	8.7%	205%	58%
	ダ1150〜1200m	××	ダ1700m	××	0	0	0	9	0.0%	0.0%	0.0%	0%	0%
	ダ1150〜1200m	◎	ダ1700m	××	0	0	1	6	0.0%	0.0%	16.7%	0%	43%
	ダ1300〜1400m	×	ダ1700m	××	1	1	0	24	4.2%	8.3%	8.3%	63%	58%
	ダ1300〜1400m	×	ダ1700m	×	0	1	0	23	0.0%	4.3%	4.3%	0%	23%
	ダ1300〜1400m	◎	ダ1700m	×	0	0	0	14	0.0%	0.0%	0.0%	0%	0%
	ダ1300〜1400m	××	ダ1700m	××	0	0	0	12	0.0%	0.0%	0.0%	0%	0%
	ダ1300〜1400m	○	ダ1700m	××	0	1	0	9	0.0%	11.1%	11.1%	0%	66%
	ダ1300〜1400m	◎	ダ1700m	×	0	0	0	5	0.0%	0.0%	0.0%	0%	0%
	ダ1300〜1400m	○	ダ1700m	×	0	0	1	5	0.0%	0.0%	20.0%	0%	60%
	ダ1300〜1400m	××	ダ1700m	×	1	0	0	5	20.0%	20.0%	20.0%	472%	156%
	ダ1600m	×	ダ1700m	×	2	0	1	8	25.0%	25.0%	37.5%	617%	218%
	ダ1600m	×	ダ1700m	××	0	1	0	8	0.0%	0.0%	12.5%	0%	138%
特買い	ダ1700m	×	ダ1700m	×	0	1	8	29	0.0%	3.4%	31.0%	0%	278%
	ダ1700m	×	ダ1700m	××	0	0	0	24	0.0%	0.0%	0.0%	0%	0%
	ダ1700m	××	ダ1700m	××	1	0	0	23	4.3%	4.3%	4.3%	122%	29%
	ダ1700m	××	ダ1700m	×	0	2	0	12	0.0%	16.7%	16.7%	0%	392%
	ダ1700m	○	ダ1700m	×	0	1	1	8	0.0%	12.5%	25.0%	0%	351%
	ダ1800m	×	ダ1700m	×	0	1	0	8	0.0%	12.5%	12.5%	0%	208%
	ダ1800m	×	ダ1700m	×	0	0	0	5	0.0%	0.0%	0.0%	0%	0%
	芝1200m	×	ダ1700m	××	0	1	0	8	0.0%	12.5%	12.5%	0%	226%
	ダ1150〜1200m	××	ダ1800m	××	0	1	0	11	0.0%	9.1%	9.1%	0%	610%
	ダ1150〜1200m	×	ダ1800m	××	1	1	0	7	14.3%	28.6%	28.6%	81%	211%
	ダ1150〜1200m	×	ダ1800m	×	0	0	0	6	0.0%	0.0%	0.0%	0%	0%
	ダ1150〜1200m	◎	ダ1800m	××	0	0	0	5	0.0%	0.0%	0.0%	0%	0%
	ダ1300〜1400m	××	ダ1800m	××	0	0	0	9	0.0%	0.0%	0.0%	0%	0%
	ダ1300〜1400m	×	ダ1800m	××	0	0	0	5	0.0%	0.0%	0.0%	0%	0%
	ダ1700m	×	ダ1800m	××	0	0	0	19	0.0%	0.0%	0.0%	0%	0%
	ダ1700m	×	ダ1800m	××	0	0	1	15	0.0%	0.0%	6.7%	0%	22%
	ダ1700m	×	ダ1800m	×	0	0	2	7	0.0%	0.0%	28.6%	0%	90%
	ダ1800m	××	ダ1800m	××	0	1	0	14	0.0%	7.1%	7.1%	0%	30%
	ダ1800m	×	ダ1800m	××	0	0	0	11	0.0%	0.0%	0.0%	0%	0%
	ダ1800m	××	ダ1800m	×	0	1	0	10	0.0%	10.0%	10.0%	0%	45%
買い	ダ1800m	×	ダ1800m	×	1	1	0	5	20.0%	40.0%	40.0%	336%	312%
	ダ1150〜1200m	×	芝1000m	×	0	1	0	6	0.0%	16.7%	16.7%	0%	205%
	芝1000m	×	芝1000m	×	0	1	0	13	0.0%	7.7%	7.7%	0%	97%
	芝1200m	×	芝1000m	×	0	1	0	14	0.0%	7.1%	7.1%	0%	51%
	—	—	芝1200m	◎	0	0	1	6	0.0%	0.0%	16.7%	0%	38%
	ダ1000m	×	芝1200m	×	1	3	1	31	3.2%	12.9%	16.1%	30%	81%
	ダ1000m	◎	芝1200m	×	0	0	0	12	0.0%	0.0%	0.0%	0%	0%
	ダ1000m	×	芝1200m	××	0	0	1	10	0.0%	0.0%	10.0%	0%	48%
	ダ1000m	×	芝1200m	×	0	0	0	9	0.0%	0.0%	0.0%	0%	0%
	ダ1000m	××	芝1200m	×	0	1	0	7	0.0%	14.3%	14.3%	0%	68%
特買い	ダ1150〜1200m	×	芝1200m	×	5	3	2	43	11.6%	18.6%	23.3%	166%	118%
	ダ1150〜1200m	◎	芝1200m	×	0	0	0	16	0.0%	0.0%	0.0%	0%	0%
	ダ1150〜1200m	××	芝1200m	×	1	0	0	16	6.3%	6.3%	6.3%	240%	70%
	ダ1150〜1200m	○	芝1200m	×	0	1	0	8	0.0%	12.5%	12.5%	0%	58%
	ダ1150〜1200m	×	芝1200m	××	0	0	0	7	0.0%	0.0%	0.0%	0%	0%
	ダ1150〜1200m	××	芝1200m	××	0	0	0	6	0.0%	0.0%	0.0%	0%	0%
	ダ1300〜1400m	×	芝1200m	×	0	1	2	19	0.0%	5.3%	15.8%	0%	256%
	ダ1300〜1400m	××	芝1200m	×	0	0	1	16	0.0%	0.0%	6.3%	0%	80%
	ダ1300〜1400m	×	芝1200m	×	0	1	1	7	0.0%	14.3%	28.6%	0%	140%
	ダ1300〜1400m	◎	芝1200m	×	0	0	0	6	0.0%	0.0%	0.0%	0%	0%
	ダ1700m	××	芝1200m	×	0	1	1	10	0.0%	10.0%	20.0%	0%	59%
	ダ1700m	×	芝1200m	×	1	0	1	6	16.7%	16.7%	33.3%	295%	340%
	ダ1800m	××	芝1200m	×	0	0	0	6	0.0%	0.0%	0.0%	0%	0%
	芝1000m	×	芝1200m	×	0	0	3	12	0.0%	0.0%	25.0%	0%	193%
	芝1200m	×	芝1200m	×	1	0	10	145	0.7%	0.7%	7.6%	95%	59%
	芝1200m	○	芝1200m	×	2	1	0	29	6.9%	10.3%	10.3%	81%	38%
	芝1200m	○	芝1200m	×	0	1	1	16	0.0%	6.3%	12.5%	0%	40%
	芝1200m	×	芝1200m	××	0	1	0	14	0.0%	7.1%	7.1%	0%	45%

ダート1200m

評価	前々走 距離	前々走 着順	前走 距離	前走 着順	1着	2着	3着	総数	勝率	連対率	複勝率	単回率	複回率
	芝1200m	××	芝1200m	×	0	0	0	11	0.0%	0.0%	0.0%	0%	0%
	芝1200m	◎	芝1200m	◎	0	0	0	6	0.0%	0.0%	0.0%	0%	0%
	芝1400〜1500m	×	芝1200m	×	1	3	0	40	2.5%	10.0%	10.0%	52%	45%
	芝1400〜1500m	×	芝1200m	××	0	1	0	5	0.0%	20.0%	20.0%	0%	334%
	芝1400〜1500m	××	芝1200m	×	0	0	0	5	0.0%	0.0%	0.0%	0%	0%
	芝1600m	×	芝1200m	×	2	2	0	24	8.3%	16.7%	16.7%	445%	81%
	芝1600m	××	芝1200m	×	0	0	0	7	0.0%	0.0%	0.0%	0%	0%
	芝1700〜1800m	×	芝1200m	×	0	1	0	12	0.0%	8.3%	8.3%	0%	61%
	ダ1150〜1200m	×	芝1400〜1500m	×	1	1	0	11	9.1%	18.2%	18.2%	612%	257%
	ダ1150〜1200m	◎	芝1400〜1500m	×	0	0	0	8	0.0%	0.0%	0.0%	0%	0%
	ダ1150〜1200m	×	芝1400〜1500m	××	0	0	1	8	0.0%	0.0%	12.5%	0%	150%
	ダ1150〜1200m	××	芝1400〜1500m	×	0	0	0	5	0.0%	0.0%	0.0%	0%	0%
	ダ1300〜1400m	◎	芝1400〜1500m	×	0	0	0	6	0.0%	0.0%	0.0%	0%	0%
	芝1200m	×	芝1400〜1500m	×	2	1	1	23	8.7%	13.0%	17.4%	98%	60%
	芝1200m	◎	芝1400〜1500m	×	0	0	0	8	0.0%	0.0%	0.0%	0%	0%
	芝1200m	×	芝1400〜1500m	××	0	0	1	8	0.0%	0.0%	12.5%	0%	70%
	芝1400〜1500m	×	芝1400〜1500m	×	0	0	0	15	0.0%	0.0%	0.0%	0%	0%
	芝1600m	×	芝1400〜1500m	×	0	0	0	6	0.0%	0.0%	0.0%	0%	0%
	ダ1150〜1200m	×	芝1600m	×	0	2	0	10	0.0%	20.0%	20.0%	0%	55%
	ダ1150〜1200m	◎	芝1600m	×	0	0	0	7	0.0%	0.0%	0.0%	0%	0%
	ダ1150〜1200m	◎	芝1600m	××	0	0	0	7	0.0%	0.0%	0.0%	0%	0%
	ダ1300〜1400m	×	芝1600m	×	0	1	0	7	0.0%	14.3%	14.3%	0%	31%
	芝1200m	×	芝1600m	×	1	0	1	25	4.0%	4.0%	8.0%	24%	42%
	芝1200m	×	芝1600m	××	0	0	1	7	0.0%	0.0%	14.3%	0%	561%
	芝1400〜1500m	×	芝1600m	×	1	1	0	15	6.7%	13.3%	13.3%	124%	46%
	芝1600m	×	芝1600m	×	1	0	0	6	16.7%	16.7%	16.7%	135%	38%
	ダ1150〜1200m	×	芝1700〜1800m	×	0	0	0	5	0.0%	0.0%	0.0%	0%	0%
	芝1400〜1500m	×	芝1700〜1800m	×	1	0	0	5	20.0%	20.0%	20.0%	206%	54%
	芝1700〜1800m	×	芝1700〜1800m	×	0	0	0	5	0.0%	0.0%	0.0%	0%	0%
	芝1700〜1800m	×	芝1700〜1800m	××	0	1	0	5	0.0%	20.0%	20.0%	0%	76%

激変ローテ●ダート1200m【1000万下〜OP】3番人気以内

評価	前々走 距離	前々走 着順	前走 距離	前走 着順	1着	2着	3着	総数	勝率	連対率	複勝率	単回率	複回率
	ダ1000m	◎	ダ1000m	◎	0	2	1	5	0.0%	40.0%	60.0%	0%	148%
	ダ1000m	◎	ダ1150〜1200m	◎	1	4	3	11	9.1%	45.5%	72.7%	58%	106%
	ダ1150〜1200m	◎	ダ1150〜1200m	◎	9	12	19	67	13.4%	31.3%	59.7%	48%	79%
	ダ1150〜1200m	×	ダ1150〜1200m	◎	14	11	11	63	22.2%	39.7%	57.1%	81%	90%
	ダ1150〜1200m	◎	ダ1150〜1200m	◎	10	8	5	48	20.8%	37.5%	47.9%	76%	74%
	ダ1150〜1200m	◎	ダ1150〜1200m	○	10	8	8	47	21.3%	38.3%	55.3%	109%	106%
	ダ1150〜1200m	×	ダ1150〜1200m	×	8	9	6	39	20.5%	43.6%	59.0%	77%	93%
	ダ1150〜1200m	◎	ダ1150〜1200m	×	4	4	9	37	10.8%	21.6%	45.9%	51%	80%
	ダ1150〜1200m	◎	ダ1150〜1200m	○	9	5	0	28	32.1%	50.0%	50.0%	83%	72%
	ダ1150〜1200m	×	ダ1150〜1200m	○	8	4	4	28	28.6%	42.9%	57.1%	180%	101%
消し	ダ1150〜1200m	◎	ダ1150〜1200m	◎	5	2	2	20	25.0%	35.0%	45.0%	86%	68%
	ダ1300〜1400m	×	ダ1150〜1200m	×	5	7	1	26	19.2%	46.2%	50.0%	88%	91%
	ダ1300〜1400m	◎	ダ1150〜1200m	×	5	3	3	21	23.8%	38.1%	52.4%	90%	86%
	ダ1300〜1400m	◎	ダ1150〜1200m	○	5	2	2	15	33.3%	46.7%	60.0%	134%	89%
消し	ダ1300〜1400m	◎	ダ1150〜1200m	◎	3	1	2	14	21.4%	28.6%	42.9%	57%	63%
	ダ1300〜1400m	○	ダ1150〜1200m	○	3	3	3	13	23.1%	46.2%	69.2%	100%	116%
消し	ダ1300〜1400m	×	ダ1150〜1200m	◎	3	1	0	12	25.0%	33.3%	33.3%	125%	54%
	ダ1300〜1400m	◎	ダ1150〜1200m	○	2	1	3	10	20.0%	30.0%	60.0%	62%	86%
	ダ1300〜1400m	○	ダ1150〜1200m	×	2	0	1	6	33.3%	33.3%	50.0%	155%	71%
	芝1200m	×	ダ1150〜1200m	×	2	3	2	12	16.7%	41.7%	58.3%	90%	100%
消し	芝1200m	×	ダ1150〜1200m	◎	0	0	1	5	0.0%	0.0%	20.0%	0%	28%
	ダ1150〜1200m	×	ダ1300〜1400m	×	9	2	2	21	42.9%	52.4%	61.9%	226%	122%
消し	ダ1150〜1200m	◎	ダ1300〜1400m	×	3	1	2	15	20.0%	26.7%	40.0%	65%	62%
	ダ1150〜1200m	○	ダ1300〜1400m	×	5	3	0	13	38.5%	61.5%	61.5%	179%	98%
消し	ダ1150〜1200m	×	ダ1300〜1400m	◎	0	2	1	9	0.0%	22.2%	33.3%	0%	63%
	ダ1150〜1200m	◎	ダ1300〜1400m	○	2	3	0	8	25.0%	62.5%	62.5%	83%	92%
	ダ1300〜1400m	×	ダ1300〜1400m	×	2	4	2	18	11.1%	33.3%	44.4%	41%	82%
	ダ1300〜1400m	◎	ダ1300〜1400m	×	2	2	3	13	15.4%	30.8%	53.8%	39%	80%
消し	ダ1300〜1400m	×	ダ1300〜1400m	◎	0	1	4	13	0.0%	7.7%	38.5%	0%	52%
消し	ダ1300〜1400m	◎	ダ1300〜1400m	×	1	1	1	10	10.0%	20.0%	30.0%	28%	42%
	ダ1300〜1400m	◎	ダ1300〜1400m	◎	1	1	0	6	16.7%	33.3%	33.3%	28%	40%

ダート1200m

評価	前々走		前走		1着	2着	3着	総数	勝率	連対率	複勝率	単回率	複回率
	距離	着順	距離	着順									
消し	ダ1300〜1400m	◎	ダ1300〜1400m	○	0	1	1	6	0.0%	16.7%	33.3%	0%	53%
	ダ1300〜1400m	◎	ダ1300〜1400m	×	3	1	1	5	60.0%	80.0%	100.0%	238%	162%
	ダ1300〜1400m	×	ダ1300〜1400m	×	1	0	0	5	20.0%	20.0%	20.0%	28%	20%
消し	芝1200m	○	芝1200m	×	1	0	1	11	9.1%	9.1%	18.2%	44%	27%
	芝1400〜1500m	×	芝1200m	×	2	1	0	5	40.0%	60.0%	60.0%	194%	140%

激変ローテ●ダート1200m【1000万下〜OP】4番人気以下

評価	前々走		前走		1着	2着	3着	総数	勝率	連対率	複勝率	単回率	複回率
	距離	着順	距離	着順									
	ダ1000m	○	ダ1000m	◎	0	1	3	33	0.0%	3.0%	12.1%	0%	110%
	ダ1000m	×	ダ1000m	◎	0	0	2	29	0.0%	0.0%	6.9%	0%	41%
	ダ1000m	◎	ダ1000m	○	0	0	0	11	0.0%	0.0%	0.0%	0%	0%
	ダ1000m	×	ダ1000m	×	0	0	2	6	0.0%	0.0%	33.3%	0%	306%
	ダ1150〜1200m	×	ダ1000m	◎	1	2	0	22	4.5%	13.6%	13.6%	73%	50%
	ダ1150〜1200m	◎	ダ1000m	○	1	2	0	9	11.1%	33.3%	33.3%	104%	147%
	ダ1150〜1200m	×	ダ1000m	×	0	0	0	7	0.0%	0.0%	0.0%	0%	0%
	ダ1150〜1200m	◎	ダ1000m	×	0	0	0	5	0.0%	0.0%	0.0%	0%	0%
	ダ1300〜1400m	×	ダ1000m	◎	0	1	0	7	0.0%	14.3%	14.3%	0%	42%
	芝1200m	×	ダ1000m	◎	0	0	1	6	0.0%	0.0%	16.7%	0%	41%
	ダ1000m	◎	ダ1150〜1200m	×	0	2	1	48	0.0%	4.2%	6.3%	0%	23%
	ダ1000m	○	ダ1150〜1200m	×	0	1	1	17	0.0%	5.9%	11.8%	0%	140%
買い	ダ1000m	×	ダ1150〜1200m	×	1	1	3	14	7.1%	14.3%	35.7%	164%	242%
	ダ1000m	○	ダ1150〜1200m	◎	0	0	0	10	0.0%	0.0%	0.0%	0%	0%
	ダ1000m	×	ダ1150〜1200m	◎	0	0	0	6	0.0%	0.0%	0.0%	0%	0%
	ダ1150〜1200m	×	ダ1150〜1200m	×	16	20	20	455	3.5%	7.9%	12.3%	96%	66%
	ダ1150〜1200m	◎	ダ1150〜1200m	◎	2	3	9	97	2.1%	5.2%	14.4%	32%	86%
買い	ダ1150〜1200m	○	ダ1150〜1200m	×	5	8	7	75	6.7%	17.3%	26.7%	109%	93%
	ダ1150〜1200m	××	ダ1150〜1200m	×	3	2	1	63	4.8%	7.9%	9.5%	190%	74%
買い	ダ1150〜1200m	×	ダ1150〜1200m	○	3	5	7	62	4.8%	12.9%	24.2%	54%	100%
	ダ1150〜1200m	×	ダ1150〜1200m	××	0	1	0	61	0.0%	1.6%	3.3%	0%	40%
	ダ1150〜1200m	◎	ダ1150〜1200m	×	3	4	5	53	5.7%	13.2%	22.6%	54%	88%
	ダ1150〜1200m	×	ダ1150〜1200m	◎	3	3	1	44	6.8%	13.6%	15.9%	64%	52%
	ダ1150〜1200m	××	ダ1150〜1200m	××	0	0	0	30	0.0%	0.0%	0.0%	0%	0%
	ダ1150〜1200m	○	ダ1150〜1200m	◎	1	0	1	22	4.5%	4.5%	9.1%	53%	37%
	ダ1150〜1200m	◎	ダ1150〜1200m	××	2	2	0	17	11.8%	23.5%	23.5%	201%	99%
買い	ダ1150〜1200m	○	ダ1150〜1200m	◎	1	2	4	15	6.7%	20.0%	46.7%	38%	125%
	ダ1150〜1200m	○	ダ1150〜1200m	××	1	0	1	14	7.1%	7.1%	14.3%	178%	71%
	ダ1300〜1400m	×	ダ1150〜1200m	×	8	9	17	195	4.1%	8.7%	17.4%	61%	109%
	ダ1300〜1400m	××	ダ1150〜1200m	×	1	1	2	55	1.8%	3.6%	7.3%	26%	50%
	ダ1300〜1400m	×	ダ1150〜1200m	××	0	1	1	30	0.0%	3.3%	6.7%	0%	42%
	ダ1300〜1400m	×	ダ1150〜1200m	○	3	3	1	28	7.1%	10.7%	21.4%	211%	92%
買い	ダ1300〜1400m	×	ダ1150〜1200m	◎	4	0	1	24	16.7%	16.7%	20.8%	278%	99%
	ダ1300〜1400m	◎	ダ1150〜1200m	×	0	1	1	16	0.0%	6.3%	12.5%	0%	57%
	ダ1300〜1400m	××	ダ1150〜1200m	××	0	1	1	16	0.0%	6.3%	12.5%	0%	58%
	ダ1300〜1400m	○	ダ1150〜1200m	×	0	2	0	12	0.0%	16.7%	16.7%	0%	45%
	ダ1300〜1400m	○	ダ1150〜1200m	◎	1	0	0	9	11.1%	11.1%	11.1%	132%	27%
	ダ1600m	×	ダ1150〜1200m	×	0	0	1	10	0.0%	0.0%	10.0%	0%	26%
	ダ1600m	××	ダ1150〜1200m	×	0	0	0	5	0.0%	0.0%	0.0%	0%	0%
	ダ1700m	×	ダ1150〜1200m	×	0	1	0	16	0.0%	6.3%	6.3%	0%	35%
	ダ1700m	××	ダ1150〜1200m	×	0	0	0	7	0.0%	0.0%	0.0%	0%	0%
	ダ1700m	×	ダ1150〜1200m	◎	0	1	0	5	0.0%	20.0%	20.0%	0%	112%
	ダ1800m	×	ダ1150〜1200m	×	0	0	1	13	0.0%	7.7%	7.7%	0%	71%
	ダ1800m	××	ダ1150〜1200m	×	0	1	0	8	0.0%	12.5%	12.5%	0%	73%
	芝1000m	×	ダ1150〜1200m	×	0	0	0	7	0.0%	0.0%	0.0%	0%	0%
	芝1200m	×	ダ1150〜1200m	×	0	2	4	63	0.0%	6.3%	12.7%	0%	101%
買い	芝1200m	×	ダ1150〜1200m	××	3	1	1	29	10.3%	13.8%	17.2%	538%	210%
	芝1200m	○	ダ1150〜1200m	×	0	1	2	11	0.0%	9.1%	27.3%	0%	83%
	芝1400〜1500m	×	ダ1150〜1200m	×	0	0	0	10	0.0%	0.0%	0.0%	0%	0%
	芝1600m	×	ダ1150〜1200m	×	0	0	1	15	0.0%	6.7%	6.7%	0%	14%
	芝1600m	×	ダ1150〜1200m	◎	0	0	2	8	25.0%	25.0%	25.0%	415%	146%
買い	ダ1150〜1200m	×	ダ1300〜1400m	×	4	7	6	140	2.9%	7.9%	12.1%	71%	105%
	ダ1150〜1200m	×	ダ1300〜1400m	××	1	1	0	51	2.0%	3.9%	3.9%	19%	14%
	ダ1150〜1200m	×	ダ1300〜1400m	○	3	0	3	41	7.3%	7.3%	14.6%	87%	86%
	ダ1150〜1200m	×	ダ1300〜1400m	◎	0	4	2	30	0.0%	13.3%	20.0%	0%	57%

ダート1200m

評価	前々走 距離	着順	前走 距離	着順	1着	2着	3着	総数	勝率	連対率	複勝率	単回率	複回率
	ダ1150～1200m	×	ダ1300～1400m	○	1	0	2	15	6.7%	6.7%	20.0%	60%	48%
	ダ1150～1200m	◎	ダ1300～1400m	××	0	0	0	14	0.0%	0.0%	0.0%	0%	0%
	ダ1150～1200m	××	ダ1300～1400m	×	0	0	1	13	0.0%	0.0%	7.7%	0%	24%
	ダ1150～1200m	○	ダ1300～1400m	◎	0	3	0	9	0.0%	33.3%	33.3%	0%	123%
	ダ1150～1200m	×	ダ1300～1400m	○	0	0	0	9	0.0%	0.0%	0.0%	0%	0%
	ダ1150～1200m	×	ダ1300～1400m	××	0	0	0	9	0.0%	0.0%	0.0%	0%	0%
	ダ1150～1200m	○	ダ1300～1400m	○	0	1	1	5	0.0%	20.0%	40.0%	0%	96%
買い	ダ1300～1400m	×	ダ1300～1400m	×	4	8	8	158	2.5%	7.6%	12.7%	47%	95%
	ダ1300～1400m	◎	ダ1300～1400m	×	0	2	0	32	0.0%	6.3%	6.3%	0%	22%
	ダ1300～1400m	×	ダ1300～1400m	××	2	1	0	27	7.4%	11.1%	11.1%	188%	198%
	ダ1300～1400m	××	ダ1300～1400m	×	0	0	1	27	0.0%	0.0%	3.7%	0%	17%
	ダ1300～1400m	○	ダ1300～1400m	×	3	0	1	20	15.0%	15.0%	20.0%	271%	92%
買い	ダ1300～1400m	×	ダ1300～1400m	◎	1	2	2	19	5.3%	15.8%	26.3%	115%	182%
	ダ1300～1400m	×	ダ1300～1400m	◎	1	0	1	13	7.7%	7.7%	15.4%	66%	82%
	ダ1300～1400m	○	ダ1300～1400m	○	0	0	1	13	0.0%	0.0%	7.7%	0%	41%
	ダ1300～1400m	×	ダ1300～1400m	×	0	0	0	12	0.0%	0.0%	0.0%	0%	0%
	ダ1300～1400m	××	ダ1300～1400m	××	1	0	0	9	11.1%	11.1%	11.1%	158%	47%
	ダ1600m	×	ダ1300～1400m	×	0	0	1	15	0.0%	0.0%	6.7%	0%	48%
	ダ1700m	×	ダ1300～1400m	×	0	0	1	8	0.0%	0.0%	12.5%	0%	37%
	ダ1700m	××	ダ1300～1400m	◎	0	2	0	8	0.0%	25.0%	25.0%	0%	256%
	ダ1700m	×	ダ1300～1400m	×	0	0	0	5	0.0%	0.0%	0.0%	0%	0%
	ダ1800m	×	ダ1300～1400m	×	0	0	0	9	0.0%	0.0%	0.0%	0%	0%
	ダ1800m	××	ダ1300～1400m	×	0	0	0	9	0.0%	0.0%	0.0%	0%	0%
	芝1200m	×	ダ1300～1400m	×	0	1	3	33	0.0%	3.0%	12.1%	0%	92%
	芝1200m	×	ダ1300～1400m	◎	0	0	1	8	0.0%	0.0%	12.5%	0%	35%
	芝1200m	×	ダ1300～1400m	××	0	0	1	8	0.0%	0.0%	12.5%	0%	166%
	芝1400～1500m	×	ダ1300～1400m	×	0	2	1	12	0.0%	16.7%	25.0%	0%	126%
買い	ダ1300～1400m	×	ダ1600m	×	2	0	0	9	22.2%	22.2%	22.2%	425%	114%
	ダ1300～1400m	×	ダ1600m	××	1	0	0	7	14.3%	14.3%	14.3%	282%	92%
	ダ1300～1400m	◎	ダ1600m	×	0	0	0	5	0.0%	0.0%	0.0%	0%	0%
	ダ1150～1200m	×	ダ1700m	×	0	1	1	6	0.0%	16.7%	33.3%	0%	221%
	ダ1300～1400m	×	ダ1700m	×	0	0	1	7	0.0%	0.0%	14.3%	0%	95%
	ダ1300～1400m	×	ダ1700m	××	0	0	0	5	0.0%	0.0%	0.0%	0%	0%
	ダ1700m	×	ダ1700m	×	0	0	0	8	0.0%	0.0%	0.0%	0%	0%
	ダ1700m	×	ダ1700m	××	0	0	0	5	0.0%	0.0%	0.0%	0%	0%
	ダ1150～1200m	×	ダ1800m	××	0	0	0	9	0.0%	0.0%	0.0%	0%	0%
	ダ1150～1200m	×	ダ1800m	×	0	1	0	7	0.0%	14.3%	14.3%	0%	32%
	ダ1300～1400m	×	ダ1800m	××	0	0	0	7	0.0%	0.0%	0.0%	0%	0%
	ダ1300～1400m	××	ダ1800m	××	0	0	0	6	0.0%	0.0%	0.0%	0%	0%
	ダ1800m	××	ダ1800m	××	0	0	1	11	0.0%	0.0%	9.1%	0%	79%
	ダ1800m	×	ダ1800m	×	0	0	0	7	0.0%	0.0%	0.0%	0%	0%
	ダ1800m	××	ダ1800m	×	0	0	0	5	0.0%	0.0%	0.0%	0%	0%
	ダ1150～1200m	×	芝1000m	×	0	0	1	6	0.0%	0.0%	16.7%	0%	73%
	芝1200m	×	芝1000m	×	0	0	0	8	0.0%	0.0%	0.0%	0%	0%
	ダ1000m	◎	芝1200m	×	0	0	0	21	0.0%	0.0%	0.0%	0%	0%
	ダ1000m	×	芝1200m	×	0	0	0	6	0.0%	0.0%	0.0%	0%	0%
買い	ダ1150～1200m	×	芝1200m	×	5	2	1	52	9.6%	13.5%	15.4%	293%	86%
特買い	ダ1150～1200m	◎	芝1200m	×	2	1	3	14	14.3%	21.4%	42.9%	356%	246%
	ダ1150～1200m	××	芝1200m	×	0	1	0	14	0.0%	7.1%	7.1%	0%	15%
	ダ1150～1200m	○	芝1200m	×	0	1	2	8	0.0%	12.5%	37.5%	0%	113%
	ダ1150～1200m	×	芝1200m	××	0	0	0	6	0.0%	0.0%	0.0%	0%	0%
	ダ1300～1400m	×	芝1200m	×	1	0	0	26	3.8%	3.8%	3.8%	55%	12%
	ダ1300～1400m	××	芝1200m	×	0	0	0	5	0.0%	0.0%	0.0%	0%	0%
	芝1000m	×	芝1200m	×	0	0	1	6	0.0%	0.0%	16.7%	0%	210%
	芝1200m	×	芝1200m	×	1	1	3	120	0.8%	1.7%	4.2%	17%	24%
	芝1200m	◎	芝1200m	×	0	0	0	13	0.0%	0.0%	0.0%	0%	0%
	芝1200m	○	芝1200m	×	2	0	0	11	18.2%	18.2%	18.2%	218%	54%
	芝1200m	×	芝1200m	○	2	0	0	10	20.0%	20.0%	20.0%	165%	53%
	芝1200m	×	芝1200m	◎	0	0	1	6	0.0%	0.0%	16.7%	0%	66%
	芝1200m	×	芝1200m	××	0	0	0	6	0.0%	0.0%	0.0%	0%	0%
	芝1200m	××	芝1200m	×	0	0	0	6	0.0%	0.0%	0.0%	0%	0%
	芝1200m	○	芝1200m	◎	1	0	0	5	20.0%	20.0%	20.0%	320%	80%
	芝1400～1500m	×	芝1200m	×	1	1	0	16	6.3%	12.5%	12.5%	103%	56%
	芝1600m	×	芝1200m	×	0	0	0	7	0.0%	0.0%	0.0%	0%	0%
	ダ1150～1200m	×	芝1400～1500m	×	1	2	0	13	7.7%	23.1%	23.1%	219%	136%

ダート1200m

評価	前々走		前走		1着	2着	3着	総数	勝率	連対率	複勝率	単回率	複回率
	距離	着順	距離	着順									
	ダ1150〜1200m	◎	芝1400〜1500m	×	0	1	1	6	0.0%	16.7%	33.3%	0%	116%
	芝1200m	×	芝1400〜1500m	×	2	0	2	21	9.5%	9.5%	19.0%	287%	104%
	芝1400〜1500m	×	芝1400〜1500m	×	1	0	1	7	14.3%	14.3%	28.6%	235%	135%
	芝1600m	×	芝1400〜1500m	×	0	0	2	6	0.0%	0.0%	33.3%	0%	310%
	ダ1150〜1200m	×	芝1600m	×	0	0	1	5	0.0%	0.0%	20.0%	0%	110%
	芝1200m	×	芝1600m	×	0	1	0	10	0.0%	10.0%	10.0%	0%	55%
	芝1400〜1500m	×	芝1600m	×	0	2	1	13	0.0%	15.4%	23.1%	0%	193%
	芝1700〜1800m	×	芝1600m	×	0	0	0	5	0.0%	0.0%	0.0%	0%	0%

ダート1400m

ダ1400mローテ・各競馬場の傾向

	短縮	延長	同距離
京都	◎	×	○
阪神	○	○	○
東京ダ1300	○	○	○
東京ダ1400	◎	○	○

【未勝利】

△同距離馬、延長馬が有利な馬場▽

・ダ1200◎→ダ1200×、ダ1200×→ダ1800×、ダ1200×→ダ1200×が優秀。

△短縮馬が有利な馬場▽

・ダ1200×→ダ1800××やダ1700××→ダ1400×などは、前走でダート1700m以上に出走しているローテーションが狙える。

・芝1400×→芝1400×のように近2走芝を使っている馬にも注目。

ダート1400m【未勝利】馬場別データ

	評価	前々走 距離	前々走 着順	前走 距離	前走 着順
同距離馬、延長馬が有利な馬場	買い	ダ1150〜1200m	×	ダ1150〜1200m	×
	買い	ダ1800m	××	ダ1150〜1200m	×
	買い	ダ1150〜1200m	×	ダ1300〜1400m	○
	買い	ダ1300〜1400m	×	ダ1300〜1400m	×
	買い	芝1400〜1500m	×	ダ1300〜1400m	×
	買い	芝1600m	×	ダ1300〜1400m	○
	買い	ダ1150〜1200m	××	ダ1300〜1400m	×
	買い	ダ1150〜1200m	××	ダ1300〜1400m	×
	買い	芝1400〜1500m	×	芝1400〜1500m	×
	買い	芝1400〜1500m	○	芝1600m＊	×
短縮馬が有利な馬場	買い	芝1400〜1500m	○	芝1600m	×
	買い	ダ1700m	—	ダ1700m	×
	買い	ダ1800m	—	ダ1800m	×
	特買い	ダ1150〜1200m	×	ダ1800m	××

【500万下】

△同距離馬、延長馬が有利な馬場▽

・ダ1400◎→ダ1200×、ダ1200×→ダ1400◎、ダ1700◎→ダ1400◎、ダ1200◎→ダ1400○のローテーションが優秀。

・前走が3コーナー3〜10番手の位置取りだった、ダ1200×→ダ1400◎のローテーションの馬が期待値高い。

△短縮馬が有利な馬場▽

・ダ1800×→ダ1800×と近2走ともにダート中距離で凡走しているローテーションの期待値高い。

ダート1400m【500万下】馬場別データ

	評価	前々走 距離	前々走 着順	前走 距離	前走 着順
同距離馬、延長馬が有利な馬場	買い	ダ1300〜1400m	◎	ダ1150〜1200m	×
	買い	ダ1150〜1200m	×	ダ1300〜1400m	◎
	買い	ダ1700m	◎	ダ1300〜1400m	◎
短縮馬が有利な馬場	買い	ダ1800m	×	ダ1800m	×

ダート1400m

【1000万下～OP】

▼同距離馬、延長馬が有利な馬場▼
・芝1200m→ダ1400m、ダ1400m×、ダ1400m×→ダ1400m×、ダ1700m→ダ1400m×、ダ1400m→ダ1400m×のローテーションの期待値高い。
・ダ1400m×のローテーションでは、前走で3コーナー5番手以内の位置取りの馬が期待値高い。

▼短縮馬が有利な馬場▼
・ダ1700m→ダ1800m×、ダ1700m→ダ1800m×→ダ1700m×、ダ1800m×→ダ1700m×のように近2走ともにダート中距離を使っているローテーションの成績が良い。

ダート1400m【1000万下～OP】馬場別データ

	評価	前々走		前走	
		距離	着順	距離	着順
同距離馬、延長馬が有利な馬場	買い	ダ1150～1200m	◎	ダ1300～1400m	×
	買い	ダ1300～1400m	◎	ダ1300～1400m	×
	買い	ダ1300～1400m	×	ダ1300～1400m	◎
	買い	芝1200m	×	ダ1300～1400m	×
	買い	ダ1300～1400m	×	ダ1300～1400m	×
	特買い	ダ1700m	×	ダ1300～1400m	×
短縮馬が有利な馬場	買い	ダ1800m	×	ダ1700m	××
	買い	ダ1800m	××	ダ1700m	×
	特買い	ダ1700m	×	ダ1800m	×

ダート1400m

激変ローテ●ダート1400m【未勝利】3番人気以内

評価	前々走 距離	前々走 着順	前走 距離	前走 着順	1着	2着	3着	総数	勝率	連対率	複勝率	単回率	複回率
			ダ1000m		1	2	0	5	20.0%	60.0%	60.0%	52%	96%
	ダ1000m	○	ダ1000m		1	4	2	9	11.1%	55.6%	77.8%	73%	110%
	—	—	ダ1150〜1200m		15	15	7	59	25.4%	50.8%	62.7%	59%	79%
消し	—	—	ダ1150〜1200m	×	9	3	5	35	25.7%	34.3%	48.6%	119%	68%
	ダ1000m	×	ダ1150〜1200m		2	1	0	6	33.3%	50.0%	50.0%	71%	55%
	ダ1150〜1200m	○	ダ1150〜1200m		15	16	13	67	22.4%	46.3%	65.7%	49%	80%
	ダ1150〜1200m	○	ダ1150〜1200m	×	7	6	3	32	21.9%	40.6%	50.0%	77%	75%
	ダ1150〜1200m	×	ダ1150〜1200m		8	5	7	30	26.7%	43.3%	66.7%	91%	102%
消し	ダ1150〜1200m	×	ダ1150〜1200m	×	1	4	0	12	8.3%	41.7%	41.7%	94%	68%
消し	ダ1300〜1400m	×	ダ1150〜1200m		2	2	0	14	14.3%	28.6%	28.6%	41%	36%
	ダ1300〜1400m	○	ダ1150〜1200m		1	4	2	10	10.0%	50.0%	70.0%	12%	90%
	ダ1300〜1400m	○	ダ1150〜1200m	×	1	1	0	9	11.1%	22.2%	22.2%	42%	31%
	ダ1300〜1400m	×	ダ1150〜1200m	×	3	1	0	8	37.5%	50.0%	50.0%	163%	91%
	芝1200m	×	ダ1150〜1200m		5	4	2	17	29.4%	52.9%	64.7%	115%	89%
	芝1200m	×	ダ1150〜1200m	×	0	1	1	8	0.0%	12.5%	25.0%	—	43%
	—	—	ダ1300〜1400m		28	20	11	92	30.4%	52.2%	64.1%	63%	75%
	—	—	ダ1300〜1400m	×	6	5	6	35	17.1%	31.4%	48.6%	68%	77%
	ダ1000m	×	ダ1300〜1400m		1	0	2	6	16.7%	16.7%	50.0%	90%	75%
	ダ1000m	×	ダ1300〜1400m	×	1	1	0	5	20.0%	40.0%	40.0%	34%	46%
	ダ1150〜1200m	○	ダ1300〜1400m		17	11	11	53	32.1%	52.8%	73.6%	79%	90%
	ダ1150〜1200m	○	ダ1300〜1400m	×	9	4	5	34	26.5%	38.2%	52.9%	69%	69%
	ダ1150〜1200m	×	ダ1300〜1400m		3	1	3	11	27.3%	36.4%	63.6%	104%	89%
	ダ1150〜1200m	×	ダ1300〜1400m	×	2	2	1	10	20.0%	40.0%	50.0%	97%	118%
	ダ1300〜1400m	○	ダ1300〜1400m		22	22	13	83	26.5%	53.0%	68.7%	63%	81%
	ダ1300〜1400m	×	ダ1300〜1400m		12	5	5	39	30.8%	43.6%	56.4%	72%	73%
消し	ダ1300〜1400m	○	ダ1300〜1400m	×	4	2	2	22	18.2%	27.3%	36.4%	77%	51%
	ダ1300〜1400m	×	ダ1300〜1400m	×	3	4	4	17	17.6%	41.2%	64.7%	102%	89%
消し	ダ1700m	×	ダ1300〜1400m		2	3	0	11	18.2%	45.5%	45.5%	44%	56%
	ダ1700m	○	ダ1300〜1400m		3	1	1	7	42.9%	57.1%	71.4%	155%	100%
	ダ1800m	○	ダ1300〜1400m		4	7	3	15	26.7%	73.3%	93.3%	102%	118%
	ダ1800m	○	ダ1300〜1400m	×	2	2	0	6	33.3%	66.7%	66.7%	185%	131%
	ダ1800m	×	ダ1300〜1400m		1	0	1	5	20.0%	20.0%	40.0%	34%	46%
	芝1200m	○	ダ1300〜1400m		1	4	3	14	7.1%	35.7%	57.1%	28%	87%
	芝1200m	×	ダ1300〜1400m	×	2	1	0	5	40.0%	60.0%	60.0%	188%	94%
	芝1400〜1500m	○	ダ1300〜1400m		2	3	2	9	22.2%	55.6%	77.8%	57%	101%
	芝1400〜1500m	×	ダ1300〜1400m		1	0	1	7	14.3%	14.3%	28.6%	82%	48%
	芝1600m	×	ダ1300〜1400m		4	2	1	13	30.8%	46.2%	53.8%	94%	77%
	芝1700〜1800m	○	ダ1300〜1400m		3	1	2	7	42.9%	57.1%	85.7%	205%	121%
	芝1700〜1800m	×	ダ1300〜1400m	×	0	1	4	5	0.0%	20.0%	100.0%	0%	178%
	芝2000m	×	ダ1300〜1400m	×	2	0	1	6	33.3%	33.3%	33.3%	75%	65%
	—	—	ダ1600m		2	0	0	6	33.3%	33.3%	33.3%	120%	55%
	ダ1150〜1200m	×	ダ1600m		1	2	0	5	20.0%	60.0%	60.0%	132%	98%
	ダ1300〜1400m	○	ダ1700m		1	1	1	5	20.0%	40.0%	60.0%	54%	70%
	ダ1300〜1400m	×	ダ1700m	×	0	0	4	5	0.0%	0.0%	80.0%	0%	114%
	ダ1700m	○	ダ1700m	×	1	2	2	6	16.7%	50.0%	83.3%	46%	105%
	ダ1700m	×	ダ1700m		3	1	0	5	60.0%	80.0%	80.0%	148%	108%
	—	—	ダ1800m		3	0	1	8	37.5%	37.5%	50.0%	197%	86%
	—	—	ダ1800m	×	0	1	0	5	0.0%	20.0%	20.0%	0%	40%
	ダ1150〜1200m	×	ダ1800m	×	0	1	1	5	0.0%	20.0%	40.0%	0%	76%
	ダ1300〜1400m	○	ダ1800m	×	0	1	1	8	0.0%	12.5%	25.0%	0%	32%
	ダ1300〜1400m	×	ダ1800m	×	1	0	0	5	20.0%	20.0%	20.0%	78%	36%
消し	ダ1800m	○	ダ1800m		2	3	0	11	18.2%	45.5%	45.5%	57%	60%
	ダ1800m	○	ダ1800m	×	0	4	0	8	0.0%	50.0%	50.0%	0%	85%
	ダ1800m	×	ダ1800m		2	2	0	7	28.6%	57.1%	57.1%	80%	75%
	ダ1800m	×	ダ1800m	×	1	3	1	7	14.3%	57.1%	71.4%	47%	120%
消し	—	—	芝1200m	×	2	2	2	18	11.1%	22.2%	33.3%	55%	52%
	—	—	芝1200m		2	2	0	8	25.0%	50.0%	50.0%	77%	76%
	芝1200m	○	芝1200m		2	1	3	10	20.0%	30.0%	60.0%	71%	96%
	芝1200m	○	芝1200m	×	1	2	0	7	14.3%	42.9%	42.9%	32%	55%
	芝1200m	×	芝1200m	×	1	2	1	7	14.3%	42.9%	57.1%	84%	112%
	芝1400〜1500m	×	芝1200m	×	1	0	1	7	14.3%	14.3%	28.6%	151%	67%
	—	—	芝1400〜1500m		3	0	0	11	27.3%	27.3%	54.5%	54%	70%
	—	—	芝1400〜1500m	×	5	2	1	8	62.5%	87.5%	100.0%	273%	153%

ダート1400m

評価	前々走 距離	着順	前走 距離	着順	1着	2着	3着	総数	勝率	連対率	複勝率	単回率	複回率
	芝1200m	×	芝1400〜1500m	×	2	2	1	7	28.6%	57.1%	71.4%	100%	108%
消し	—	—	芝1400m	×	6	2	1	20	30.0%	40.0%	45.0%	79%	68%
	—	—	芝1600m	○	3	1	2	12	25.0%	33.3%	50.0%	50%	65%
	芝1400〜1500m	×	芝1600m	×	0	0	0	5	0.0%	0.0%	0.0%	0%	0%
	芝1600m	×	芝1600m	×	1	2	1	6	16.7%	50.0%	66.7%	95%	111%
	芝1600m	×	芝1600m	×	2	1	0	5	40.0%	60.0%	60.0%	100%	88%
	—	—	芝1700〜1800m	×	1	1	1	6	16.7%	33.3%	50.0%	33%	81%
	芝1700〜1800m	○	芝1700〜1800m	×	2	0	0	6	33.3%	33.3%	33.3%	106%	55%

激変ローテ●ダート1400m【未勝利】4番人気以下

評価	前々走 距離	着順	前走 距離	着順	1着	2着	3着	総数	勝率	連対率	複勝率	単回率	複回率
	—	—	ダ1000m	×	0	1	0	25	0.0%	4.0%	4.0%	0%	135%
	—	—	ダ1000m	××	1	0	0	19	5.3%	5.3%	5.3%	35%	7%
	ダ1000m	×	ダ1000m	×	0	2	1	18	0.0%	11.1%	16.7%	0%	105%
	ダ1000m	×	ダ1000m	××	0	0	1	11	0.0%	0.0%	9.1%	0%	36%
	ダ1000m	××	ダ1000m	×	0	0	0	7	0.0%	0.0%	0.0%	0%	0%
	ダ1000m	○	ダ1000m	×	0	0	0	6	0.0%	0.0%	0.0%	0%	0%
	ダ1000m	×	ダ1000m	××	0	0	0	5	0.0%	0.0%	0.0%	0%	0%
	ダ1150〜1200m	×	ダ1000m	×	1	0	1	16	6.3%	6.3%	12.5%	58%	40%
	ダ1150〜1200m	××	ダ1000m	×	0	1	1	10	0.0%	10.0%	20.0%	0%	129%
	ダ1150〜1200m	×	ダ1000m	××	0	0	0	5	0.0%	0.0%	0.0%	0%	0%
	ダ1300〜1400m	××	ダ1000m	×	0	0	1	9	0.0%	0.0%	11.1%	0%	23%
	ダ1300〜1400m	×	ダ1000m	×	0	0	1	5	0.0%	0.0%	20.0%	0%	164%
	芝1200m	×	ダ1000m	×	0	0	0	12	0.0%	0.0%	0.0%	0%	0%
	芝1200m	×	ダ1000m	××	0	1	0	8	0.0%	12.5%	12.5%	0%	33%
	芝1200m	××	ダ1000m	×	0	0	0	8	0.0%	0.0%	0.0%	0%	0%
	芝1200m	××	ダ1000m	×	0	0	0	5	0.0%	0.0%	0.0%	0%	0%
	—	—	ダ1150〜1200m	××	1	2	2	207	0.5%	1.4%	2.4%	37%	34%
	—	—	ダ1150〜1200m	×	8	4	9	131	6.1%	9.2%	16.0%	99%	54%
	—	—	ダ1150〜1200m	○	2	2	1	19	10.5%	21.1%	26.3%	104%	86%
	ダ1000m	×	ダ1150〜1200m	×	0	1	6	34	0.0%	2.9%	20.6%	0%	68%
	ダ1000m	×	ダ1150〜1200m	×	0	0	1	16	0.0%	0.0%	6.3%	0%	36%
	ダ1000m	×	ダ1150〜1200m	×	0	0	0	12	0.0%	0.0%	0.0%	0%	0%
買い	ダ1150〜1200m	×	ダ1150〜1200m	×	5	8	16	160	3.1%	8.1%	18.1%	78%	116%
	ダ1150〜1200m	××	ダ1150〜1200m	××	0	0	0	87	0.0%	0.0%	0.0%	0%	0%
	ダ1150〜1200m	×	ダ1150〜1200m	××	0	3	2	72	0.0%	4.2%	6.9%	0%	131%
	ダ1150〜1200m	××	ダ1150〜1200m	×	0	0	2	65	0.0%	0.0%	3.1%	0%	76%
	ダ1150〜1200m	○	ダ1150〜1200m	×	2	3	4	47	4.3%	10.6%	19.1%	48%	75%
	ダ1150〜1200m	×	ダ1150〜1200m	○	1	1	1	33	3.0%	6.1%	9.1%	30%	21%
	ダ1150〜1200m	○	ダ1150〜1200m	×	1	1	3	18	5.6%	11.1%	27.8%	37%	67%
	ダ1150〜1200m	○	ダ1150〜1200m	××	0	0	1	14	0.0%	0.0%	7.1%	0%	32%
	ダ1150〜1200m	××	ダ1150〜1200m	○	0	2	2	8	0.0%	25.0%	50.0%	0%	153%
	ダ1300〜1400m	×	ダ1150〜1200m	×	1	2	4	43	2.3%	7.0%	16.3%	39%	71%
	ダ1300〜1400m	××	ダ1150〜1200m	××	0	0	0	38	0.0%	0.0%	0.0%	0%	0%
	ダ1300〜1400m	××	ダ1150〜1200m	×	0	1	4	36	0.0%	2.8%	13.9%	0%	52%
	ダ1300〜1400m	×	ダ1150〜1200m	×	0	1	0	10	0.0%	10.0%	10.0%	0%	34%
	ダ1300〜1400m	○	ダ1150〜1200m	×	0	2	1	8	0.0%	25.0%	37.5%	0%	77%
	ダ1600m	×	ダ1150〜1200m	×	0	0	0	5	0.0%	0.0%	0.0%	0%	0%
	ダ1700m	××	ダ1150〜1200m	×	0	0	0	11	0.0%	0.0%	0.0%	0%	0%
	ダ1700m	×	ダ1150〜1200m	×	0	0	0	6	0.0%	0.0%	0.0%	0%	0%
	ダ1700m	×	ダ1150〜1200m	×	0	0	0	5	0.0%	0.0%	0.0%	0%	0%
買い	ダ1800m	××	ダ1150〜1200m	×	1	1	5	30	3.3%	6.7%	23.3%	209%	91%
	ダ1800m	××	ダ1150〜1200m	×	0	0	0	18	0.0%	0.0%	0.0%	0%	0%
	芝1200m	×	ダ1150〜1200m	×	1	1	2	38	2.6%	5.3%	10.5%	109%	82%
	芝1200m	××	ダ1150〜1200m	×	1	1	0	31	3.2%	6.5%	6.5%	179%	50%
	芝1200m	×	ダ1150〜1200m	×	0	1	1	25	0.0%	4.0%	8.0%	0%	91%
	芝1200m	××	ダ1150〜1200m	×	0	0	1	12	0.0%	0.0%	8.3%	0%	62%
	芝1200m	×	ダ1150〜1200m	○	1	1	1	6	16.7%	33.3%	50.0%	735%	235%
	芝1400〜1500m	×	ダ1150〜1200m	×	1	0	0	21	4.8%	4.8%	9.5%	58%	25%
	芝1400〜1500m	××	ダ1150〜1200m	×	0	0	0	13	0.0%	0.0%	0.0%	100%	0%
	芝1400〜1500m	×	ダ1150〜1200m	×	1	0	1	11	9.1%	9.1%	18.2%	45%	70%
	芝1400〜1500m	×	ダ1150〜1200m	×	0	0	1	10	0.0%	0.0%	10.0%	0%	107%
	芝1600m	××	ダ1150〜1200m	××	0	0	3	20	0.0%	10.0%	15.0%	0%	79%

ダート1400m

評価	前々走 距離	着順	前走 距離	着順	1着	2着	3着	総数	勝率	連対率	複勝率	単回率	複回率
	芝1600m	×	ダ1150～1200m	×	1	1	0	19	5.3%	10.5%	10.5%	83%	24%
	芝1600m	××	ダ1150～1200m	×	0	0	1	17	0.0%	0.0%	5.9%	0%	12%
	芝1600m	×	ダ1150～1200m	××	0	0	1	13	0.0%	0.0%	7.7%	0%	117%
	芝1600m	×	ダ1150～1200m	○	0	0	2	5	0.0%	0.0%	40.0%	0%	90%
	芝1700～1800m	××	ダ1150～1200m	×	0	0	0	9	0.0%	0.0%	0.0%	0%	0%
	芝1700～1800m	××	ダ1150～1200m	××	0	0	0	9	0.0%	0.0%	0.0%	0%	0%
	芝1700～1800m	×	ダ1150～1200m	×	0	1	0	6	0.0%	16.7%	16.7%	0%	70%
	芝2000m	××	ダ1150～1200m	××	0	0	0	5	0.0%	0.0%	0.0%	0%	0%
	―	―	ダ1300～1400m	××	1	5	2	169	0.6%	3.6%	4.7%	10%	46%
	―	―	ダ1300～1400m	×	2	4	6	114	1.8%	5.3%	10.5%	21%	63%
	―	―	ダ1300～1400m	○	0	2	1	25	0.0%	8.0%	12.0%	0%	34%
	ダ1000m	×	ダ1300～1400m	××	2	0	0	15	13.3%	13.3%	13.3%	1622%	147%
	ダ1000m	×	ダ1300～1400m	×	1	0	2	12	8.3%	8.3%	25.0%	221%	147%
	ダ1000m	××	ダ1300～1400m	×	0	1	0	6	0.0%	16.7%	16.7%	0%	50%
	ダ1000m	××	ダ1300～1400m	××	0	0	0	6	0.0%	0.0%	0.0%	0%	0%
	ダ1000m	××	ダ1300～1400m	○	0	0	0	6	0.0%	0.0%	0.0%	0%	0%
	ダ1150～1200m	×	ダ1300～1400m	×	3	2	4	70	4.3%	7.1%	12.9%	60%	43%
	ダ1150～1200m	×	ダ1300～1400m	××	0	0	2	56	0.0%	0.0%	3.6%	0%	105%
	ダ1150～1200m	××	ダ1300～1400m	××	0	1	1	45	0.0%	2.2%	4.4%	0%	18%
買い	ダ1150～1200m	××	ダ1300～1400m	×	2	3	2	39	5.1%	12.8%	17.9%	108%	162%
買い	ダ1150～1200m	×	ダ1300～1400m	○	5	5	5	33	15.2%	30.3%	45.5%	380%	148%
	ダ1150～1200m	○	ダ1300～1400m	×	0	0	3	16	0.0%	0.0%	18.8%	0%	81%
買い	ダ1150～1200m	××	ダ1300～1400m	○	0	1	4	14	0.0%	7.1%	35.7%	0%	113%
	ダ1150～1200m	○	ダ1300～1400m	×	1	0	0	8	12.5%	12.5%	12.5%	212%	45%
	ダ1150～1200m	○	ダ1300～1400m	××	0	0	0	5	0.0%	0.0%	0.0%	0%	0%
	ダ1300～1400m	×	ダ1300～1400m	×	2	2	6	79	2.5%	5.1%	12.7%	38%	39%
	ダ1300～1400m	××	ダ1300～1400m	××	0	1	1	54	0.0%	1.9%	3.7%	0%	22%
	ダ1300～1400m	××	ダ1300～1400m	×	0	4	3	47	0.0%	8.5%	14.9%	0%	75%
	ダ1300～1400m	×	ダ1300～1400m	××	0	1	2	39	0.0%	2.6%	7.7%	0%	68%
	ダ1300～1400m	○	ダ1300～1400m	×	2	2	3	38	5.3%	10.5%	18.4%	57%	45%
買い	ダ1300～1400m	×	ダ1300～1400m	○	4	4	5	33	12.1%	24.2%	39.4%	106%	92%
	ダ1300～1400m	×	ダ1300～1400m	×	2	2	0	19	10.5%	21.1%	21.1%	42.1%	63%	87%
	ダ1300～1400m	○	ダ1300～1400m	××	1	1	0	11	9.1%	18.2%	18.2%	228%	51%
	ダ1300～1400m	××	ダ1300～1400m	○	0	0	0	9	0.0%	0.0%	0.0%	0%	0%
	ダ1600m	×	ダ1300～1400m	×	1	0	0	7	14.3%	14.3%	14.3%	182%	44%
	ダ1600m	××	ダ1300～1400m	×	0	2	0	5	0.0%	40.0%	40.0%	0%	244%
	ダ1600m	××	ダ1300～1400m	××	0	0	0	5	0.0%	0.0%	0.0%	0%	0%
	ダ1700m	××	ダ1300～1400m	×	0	0	1	14	0.0%	0.0%	7.1%	0%	35%
	ダ1700m	××	ダ1300～1400m	××	0	0	0	9	0.0%	0.0%	0.0%	0%	0%
	ダ1700m	×	ダ1300～1400m	×	0	0	2	8	0.0%	0.0%	25.0%	0%	253%
	ダ1700m	×	ダ1300～1400m	○	1	1	2	7	14.3%	28.6%	57.1%	135%	115%
	ダ1700m	××	ダ1300～1400m	○	0	0	1	7	0.0%	0.0%	14.3%	0%	74%
	ダ1700m	×	ダ1300～1400m	××	0	1	0	5	0.0%	20.0%	20.0%	0%	238%
	ダ1800m	××	ダ1300～1400m	×	0	4	2	34	0.0%	11.8%	17.6%	0%	71%
	ダ1800m	××	ダ1300～1400m	××	1	0	0	27	3.7%	3.7%	3.7%	58%	12%
	ダ1800m	×	ダ1300～1400m	×	0	1	3	26	0.0%	3.8%	15.4%	0%	58%
	ダ1800m	××	ダ1300～1400m	○	0	0	3	9	0.0%	0.0%	33.3%	0%	72%
	ダ1800m	×	ダ1300～1400m	××	0	0	0	5	0.0%	0.0%	0.0%	0%	0%
	ダ1800m	×	ダ1300～1400m	××	0	0	0	5	0.0%	0.0%	0.0%	0%	0%
	芝1200m	×	ダ1300～1400m	×	1	0	1	24	4.2%	4.2%	8.3%	23%	38%
	芝1200m	×	ダ1300～1400m	××	0	0	0	20	0.0%	0.0%	0.0%	0%	0%
	芝1200m	××	ダ1300～1400m	××	0	0	2	20	0.0%	0.0%	10.0%	0%	93%
	芝1200m	××	ダ1300～1400m	×	1	1	1	10	10.0%	20.0%	30.0%	685%	160%
	芝1200m	×	ダ1300～1400m	○	1	4	1	8	12.5%	62.5%	75.0%	305%	213%
買い	芝1400～1500m	×	ダ1300～1400m	×	2	3	2	26	7.7%	19.2%	26.9%	505%	134%
	芝1400～1500m	××	ダ1300～1400m	××	0	0	0	10	0.0%	0.0%	0.0%	0%	0%
	芝1400～1500m	××	ダ1300～1400m	×	0	0	0	9	0.0%	0.0%	0.0%	0%	0%
買い	芝1600m	×	ダ1300～1400m	×	0	2	4	19	0.0%	10.5%	31.6%	0%	115%
	芝1600m	××	ダ1300～1400m	×	0	2	1	11	0.0%	18.2%	27.3%	0%	169%
	芝1600m	×	ダ1300～1400m	××	0	0	0	11	0.0%	0.0%	0.0%	0%	0%
	芝1600m	××	ダ1300～1400m	××	0	0	1	10	0.0%	0.0%	10.0%	0%	0%
	芝1600m	×	ダ1300～1400m	○	2	0	0	9	22.2%	22.2%	33.3%	306%	76%
	芝1700～1800m	××	ダ1300～1400m	×	0	0	0	17	0.0%	0.0%	0.0%	0%	0%
	芝1700～1800m	××	ダ1300～1400m	××	0	0	0	15	0.0%	0.0%	0.0%	0%	0%
	芝1700～1800m	×	ダ1300～1400m	×	1	1	0	11	9.1%	18.2%	18.2%	96%	50%

ダート1400m

評価	前々走 距離	前々走 着順	前走 距離	前走 着順	1着	2着	3着	総数	勝率	連対率	複勝率	単回率	複回率
	芝1700〜1800m	×	ダ1300〜1400m	××	0	0	0	6	0.0%	0.0%	0.0%	0%	0%
	芝2000m	××	ダ1300〜1400m	××	0	0	0	7	0.0%	0.0%	0.0%	0%	0%
	芝2000m	××	ダ1300〜1400m	×	0	0	0	5	0.0%	0.0%	0.0%	0%	0%
	—	—	ダ1600m	××	0	1	0	14	0.0%	7.1%	7.1%	0%	37%
	—	—	ダ1600m	×	0	0	1	7	0.0%	0.0%	14.3%	0%	32%
	ダ1150〜1200m	×	ダ1600m	××	0	0	1	8	0.0%	0.0%	12.5%	0%	30%
	ダ1150〜1200m	××	ダ1600m	××	0	0	0	5	0.0%	0.0%	0.0%	0%	0%
	ダ1300〜1400m	×	ダ1600m	×	1	1	0	7	14.3%	28.6%	28.6%	277%	110%
	ダ1300〜1400m	××	ダ1600m	×	0	0	2	7	0.0%	0.0%	28.6%	0%	92%
	ダ1800m	××	ダ1600m	××	0	1	0	10	0.0%	10.0%	10.0%	0%	40%
	ダ1800m	×	ダ1600m	×	0	0	1	6	0.0%	0.0%	16.7%	0%	51%
	芝1600m	×	ダ1600m	××	0	0	0	6	0.0%	0.0%	0.0%	0%	0%
	—	—	ダ1700m	××	0	0	0	20	0.0%	0.0%	0.0%	0%	0%
	ダ1000m	×	ダ1700m	××	0	0	0	6	0.0%	0.0%	0.0%	0%	0%
	ダ1000m	××	ダ1700m	××	0	0	0	6	0.0%	0.0%	0.0%	0%	0%
	ダ1000m	×	ダ1700m	×	0	0	1	5	0.0%	0.0%	20.0%	0%	56%
	ダ1150〜1200m	××	ダ1700m	××	0	0	1	14	0.0%	0.0%	7.1%	0%	447%
	ダ1150〜1200m	×	ダ1700m	××	0	0	0	12	0.0%	0.0%	0.0%	0%	0%
	ダ1150〜1200m	×	ダ1700m	×	1	0	3	10	10.0%	10.0%	40.0%	163%	167%
	ダ1300〜1400m	×	ダ1700m	××	3	1	0	14	21.4%	28.6%	28.6%	237%	93%
	ダ1300〜1400m	××	ダ1700m	××	0	0	0	14	0.0%	0.0%	0.0%	0%	0%
	ダ1300〜1400m	×	ダ1700m	×	0	0	3	11	0.0%	0.0%	27.3%	0%	142%
	ダ1700m	××	ダ1700m	××	0	0	0	23	0.0%	0.0%	0.0%	0%	0%
	ダ1700m	×	ダ1700m	××	0	0	0	10	0.0%	0.0%	0.0%	0%	0%
買い	ダ1700m	×	ダ1700m	×	0	2	3	9	0.0%	22.2%	55.6%	0%	166%
	ダ1700m	×	ダ1700m	○	0	0	1	6	0.0%	0.0%	16.7%	0%	55%
	ダ1700m	○	ダ1700m	×	0	1	0	5	0.0%	20.0%	20.0%	0%	76%
	ダ1700m	×	ダ1700m	××	0	0	1	5	0.0%	0.0%	20.0%	0%	78%
	ダ1800m	××	ダ1700m	××	0	0	0	13	0.0%	0.0%	0.0%	0%	0%
	ダ1800m	×	ダ1700m	×	2	0	0	10	20.0%	20.0%	20.0%	255%	48%
	ダ1800m	××	ダ1700m	×	1	1	1	7	14.3%	28.6%	42.9%	132%	190%
	ダ1800m	×	ダ1700m	××	0	0	0	6	0.0%	0.0%	0.0%	0%	0%
	芝1200m	×	ダ1700m	×	0	0	0	5	0.0%	0.0%	0.0%	0%	0%
	芝1600m	××	ダ1700m	××	1	0	0	6	16.7%	16.7%	16.7%	303%	83%
	芝1700〜1800m	××	ダ1700m	××	0	0	1	9	0.0%	0.0%	11.1%	0%	524%
	—	—	ダ1800m	××	0	2	1	66	0.0%	3.0%	4.5%	0%	30%
買い	—	—	ダ1800m	×	1	1	3	12	8.3%	16.7%	41.7%	68%	120%
	—	—	ダ1800m	○	0	0	0	5	0.0%	0.0%	0.0%	0%	0%
特買い	ダ1150〜1200m	×	ダ1800m	××	2	1	2	30	6.7%	10.0%	16.7%	82%	94%
	ダ1150〜1200m	××	ダ1800m	××	0	0	1	25	0.0%	0.0%	4.0%	0%	28%
	ダ1150〜1200m	×	ダ1800m	×	2	1	0	14	14.3%	21.4%	21.4%	388%	130%
	ダ1150〜1200m	××	ダ1800m	×	0	0	0	6	0.0%	0.0%	0.0%	0%	0%
	ダ1300〜1400m	×	ダ1800m	××	0	1	1	26	0.0%	3.8%	7.7%	0%	41%
	ダ1300〜1400m	××	ダ1800m	××	0	0	0	17	0.0%	0.0%	0.0%	0%	0%
	ダ1300〜1400m	×	ダ1800m	×	1	1	0	8	12.5%	25.0%	25.0%	171%	276%
	ダ1300〜1400m	××	ダ1800m	×	0	0	1	6	0.0%	0.0%	16.7%	0%	245%
	ダ1700m	×	ダ1800m	×	1	0	2	12	8.3%	8.3%	25.0%	69%	121%
	ダ1700m	××	ダ1800m	××	1	0	0	12	8.3%	8.3%	8.3%	135%	34%
	ダ1700m	×	ダ1800m	××	1	1	0	7	14.3%	28.6%	28.6%	2684%	575%
	ダ1800m	××	ダ1800m	××	1	1	1	45	2.2%	4.4%	6.7%	22%	33%
	ダ1800m	×	ダ1800m	××	0	0	1	22	0.0%	0.0%	4.5%	0%	9%
	ダ1800m	×	ダ1800m	×	2	0	1	18	11.1%	11.1%	16.7%	112%	34%
	ダ1800m	××	ダ1800m	×	0	0	0	18	0.0%	0.0%	0.0%	0%	0%
	ダ1800m	○	ダ1800m	××	0	2	1	9	0.0%	22.2%	33.3%	0%	113%
	ダ1800m	○	ダ1800m	×	1	1	0	5	20.0%	40.0%	40.0%	172%	118%
	芝1200m	×	ダ1800m	×	0	0	1	12	0.0%	0.0%	8.3%	0%	45%
	芝1400〜1500m	×	ダ1800m	×	0	0	1	10	0.0%	0.0%	10.0%	0%	25%
	芝1600m	×	ダ1800m	×	0	0	0	8	0.0%	0.0%	0.0%	0%	0%
	芝1600m	××	ダ1800m	××	0	0	1	8	0.0%	0.0%	12.5%	0%	181%
	芝1600m	×	ダ1800m	××	0	0	1	5	0.0%	0.0%	20.0%	0%	52%
	芝1700〜1800m	××	ダ1800m	××	0	1	0	8	0.0%	12.5%	12.5%	0%	73%
	芝1700〜1800m	×	ダ1800m	×	1	0	2	7	14.3%	14.3%	42.9%	130%	138%
	芝1700〜1800m	×	ダ1800m	××	0	0	1	7	0.0%	0.0%	14.3%	0%	132%
	芝2000m	××	ダ1800m	××	0	0	0	11	0.0%	0.0%	0.0%	0%	0%

ダート1400m

評価	前々走 距離	前々走 着順	前走 距離	前走 着順	1着	2着	3着	総数	勝率	連対率	複勝率	単回率	複回率
	芝2000m	×	ダ1800m	××	0	0	1	7	0.0%	0.0%	14.3%	0%	180%
	芝2000m	×	ダ1800m	×	0	0	1	6	0.0%	0.0%	16.7%	0%	46%
	芝2000m	××	ダ1800m	×	0	0	0	5	0.0%	0.0%	0.0%	0%	0%
	—	—	芝1000m	××	0	0	0	10	0.0%	0.0%	0.0%	0%	0%
	—	—	芝1000m	×	0	0	0	6	0.0%	0.0%	0.0%	0%	0%
	—	—	芝1200m	××	0	0	1	77	0.0%	0.0%	1.3%	0%	19%
	—	—	芝1200m	×	3	1	3	72	4.2%	5.6%	9.7%	36%	40%
	ダ1000m	×	芝1200m	××	0	0	0	7	0.0%	0.0%	0.0%	0%	0%
	ダ1150〜1200m	×	芝1200m	×	0	1	2	21	0.0%	4.8%	14.3%	0%	80%
	ダ1150〜1200m	××	芝1200m	××	0	0	0	15	0.0%	0.0%	0.0%	0%	0%
	ダ1150〜1200m	×	芝1200m	×	0	0	0	12	0.0%	0.0%	0.0%	0%	0%
	ダ1150〜1200m	×	芝1200m	××	0	0	0	8	0.0%	0.0%	0.0%	0%	0%
	ダ1300〜1400m	××	芝1200m	×	0	1	1	10	0.0%	10.0%	20.0%	0%	86%
	ダ1300〜1400m	××	芝1200m	××	0	0	0	8	0.0%	0.0%	0.0%	0%	0%
	ダ1300〜1400m	×	芝1200m	×	0	0	0	6	0.0%	0.0%	0.0%	0%	0%
	ダ1800m	××	芝1200m	×	0	1	0	5	0.0%	20.0%	20.0%	0%	40%
	芝1000m	××	芝1200m	××	0	0	0	6	0.0%	0.0%	0.0%	0%	0%
	芝1000m	×	芝1200m	×	0	0	1	5	0.0%	0.0%	20.0%	0%	78%
	芝1200m	×	芝1200m	×	3	3	4	66	4.5%	9.1%	15.2%	50%	80%
	芝1200m	××	芝1200m	×	1	1	1	30	3.3%	6.7%	10.0%	118%	61%
	芝1200m	×	芝1200m	××	0	0	0	21	0.0%	0.0%	0.0%	0%	0%
	芝1200m	××	芝1200m	××	1	0	0	17	5.9%	5.9%	5.9%	106%	28%
	芝1200m	○	芝1200m	×	0	0	0	7	0.0%	0.0%	0.0%	0%	0%
	芝1400〜1500m	×	芝1200m	×	0	2	1	16	0.0%	12.5%	18.8%	0%	129%
	芝1400〜1500m	××	芝1200m	××	0	0	0	5	0.0%	0.0%	0.0%	0%	0%
	芝1600m	×	芝1200m	×	0	1	2	16	0.0%	6.3%	18.8%	0%	141%
	芝1600m	××	芝1200m	×	0	1	1	10	0.0%	10.0%	20.0%	0%	164%
	芝1700〜1800m	×	芝1200m	×	0	1	1	9	0.0%	11.1%	22.2%	0%	234%
	芝1700〜1800m	××	芝1200m	×	0	0	1	8	0.0%	0.0%	12.5%	0%	141%
	—	—	芝1400〜1500m	×	1	1	3	67	1.5%	3.0%	7.5%	17%	27%
	—	—	芝1400〜1500m	××	0	0	1	52	0.0%	0.0%	1.9%	0%	5%
	ダ1150〜1200m	××	芝1400〜1500m	×	0	0	0	10	0.0%	0.0%	0.0%	0%	0%
	ダ1150〜1200m	×	芝1400〜1500m	×	0	0	0	8	0.0%	0.0%	0.0%	0%	0%
	ダ1150〜1200m	××	芝1400〜1500m	××	0	0	0	7	0.0%	0.0%	0.0%	0%	0%
	ダ1300〜1400m	××	芝1400〜1500m	×	0	0	0	5	0.0%	0.0%	0.0%	0%	0%
	芝1200m	×	芝1400〜1500m	×	1	0	1	32	3.1%	3.1%	6.3%	29%	20%
	芝1200m	×	芝1400〜1500m	×	0	1	0	11	0.0%	9.1%	9.1%	0%	141%
	芝1200m	○	芝1400〜1500m	×	0	0	1	7	0.0%	0.0%	14.3%	0%	24%
	芝1200m	×	芝1400〜1500m	××	1	0	0	6	16.7%	16.7%	16.7%	141%	40%
買い	芝1400〜1500m	×	芝1400〜1500m	×	1	3	1	20	5.0%	20.0%	25.0%	158%	177%
	芝1400〜1500m	××	芝1400〜1500m	×	0	0	0	6	0.0%	0.0%	0.0%	0%	0%
	芝1600m	×	芝1400〜1500m	×	0	0	0	17	0.0%	0.0%	0.0%	0%	0%
	芝1600m	××	芝1400〜1500m	×	0	0	1	6	0.0%	0.0%	16.7%	0%	403%
	芝1700〜1800m	×	芝1400〜1500m	×	0	0	1	9	0.0%	0.0%	11.1%	0%	52%
	—	—	芝1600m	××	1	1	3	68	1.5%	2.9%	7.4%	38%	61%
	—	—	芝1600m	×	2	3	5	60	3.3%	8.3%	16.7%	46%	57%
	ダ1150〜1200m	××	芝1600m	××	0	0	0	10	0.0%	0.0%	0.0%	0%	0%
	ダ1150〜1200m	×	芝1600m	×	0	0	0	9	0.0%	0.0%	0.0%	0%	0%
	ダ1300〜1400m	××	芝1600m	×	0	0	0	6	0.0%	0.0%	0.0%	0%	0%
	ダ1300〜1400m	×	芝1600m	×	0	1	2	5	0.0%	20.0%	60.0%	0%	178%
	ダ1300〜1400m	×	芝1600m	××	0	0	0	5	0.0%	0.0%	0.0%	0%	0%
	ダ1800m	××	芝1600m	××	0	0	0	6	0.0%	0.0%	0.0%	0%	0%
	芝1200m	×	芝1600m	×	0	2	2	30	0.0%	6.7%	13.3%	0%	50%
	芝1200m	×	芝1600m	××	1	0	0	14	7.1%	7.1%	7.1%	81%	15%
	芝1200m	××	芝1600m	××	0	1	0	8	0.0%	12.5%	12.5%	0%	143%
	芝1400〜1500m	×	芝1600m	×	0	2	2	17	0.0%	11.8%	23.5%	0%	382%
買い	芝1400〜1500m	○	芝1600m	×	0	2	3	11	0.0%	18.2%	45.5%	0%	122%
	芝1400〜1500m	×	芝1600m	××	0	0	1	7	0.0%	0.0%	14.3%	0%	142%
	芝1600m	×	芝1600m	×	1	1	3	30	3.3%	6.7%	16.7%	63%	58%
	芝1600m	×	芝1600m	××	0	0	1	10	0.0%	0.0%	10.0%	0%	64%
	芝1600m	○	芝1600m	×	0	1	2	5	0.0%	20.0%	60.0%	0%	208%
	芝1700〜1800m	×	芝1600m	×	0	1	1	6	0.0%	16.7%	33.3%	0%	118%
	芝1700〜1800m	××	芝1600m	×	2	1	0	6	33.3%	50.0%	50.0%	541%	230%
	芝1700〜1800m	×	芝1600m	×	0	0	0	5	0.0%	0.0%	0.0%	0%	0%
	—	—	芝1700〜1800m	××	1	0	2	51	2.0%	2.0%	5.9%	51%	64%

ダート1400m

評価	前々走 距離	着順	前走 距離	着順	1着	2着	3着	総数	勝率	連対率	複勝率	単回率	複回率
	―	―	芝1700～1800m	×	1	0	1	29	3.4%	3.4%	6.9%	209%	57%
	ダ1150～1200m	××	芝1700～1800m	××	0	0	0	5	0.0%	0.0%	0.0%	0%	0%
	ダ1300～1400m	××	芝1700～1800m	×	0	0	0	11	0.0%	0.0%	0.0%	0%	0%
	ダ1800m	××	芝1700～1800m	×	0	0	0	7	0.0%	0.0%	0.0%	0%	0%
	芝1200m		×	1	1	2	16	6.3%	12.5%	25.0%	351%	186%
	芝1200m	×	芝1700～1800m	××	0	0	1	14	0.0%	0.0%	7.1%	0%	148%
	芝1200m	××	芝1700～1800m	××	0	0	0	6	0.0%	0.0%	0.0%	0%	0%
	芝1400～1500m	×	芝1700～1800m	×	1	0	0	5	20.0%	20.0%	20.0%	326%	102%
	芝1400～1500m	×	芝1700～1800m	××	0	1	0	5	0.0%	20.0%	20.0%	0%	152%
	芝1600m		芝1700～1800m	×	1	2	1	15	6.7%	20.0%	26.7%	90%	130%
	芝1600m	×	芝1700～1800m	××	0	1	0	11	0.0%	9.1%	9.1%	0%	40%
	芝1600m	××	芝1700～1800m	××	0	0	0	5	0.0%	0.0%	0.0%	0%	0%
	芝1700～1800m		芝1700～1800m	×	1	2	1	18	5.6%	16.7%	22.2%	62%	171%
	芝1700～1800m	×	芝1700～1800m	×	1	0	0	7	14.3%	14.3%	14.3%	142%	37%
	芝1700～1800m	××	芝1700～1800m	×	0	0	0	7	0.0%	0.0%	0.0%	0%	0%
	芝2000m		芝1700～1800m	×	0	0	1	7	0.0%	0.0%	14.3%	0%	41%
	芝2000m	×	芝1700～1800m	×	0	1	1	5	0.0%	20.0%	40.0%	0%	242%
	―	―	芝2000m	××	0	1	1	18	0.0%	5.6%	11.1%	0%	300%
	―	―	芝2000m	×	1	1	0	11	9.1%	18.2%	18.2%	451%	133%
	芝1200m	×	芝2000m	××	0	0	0	6	0.0%	0.0%	0.0%	0%	0%
	芝1700～1800m	×	芝2000m	×	0	1	1	11	0.0%	9.1%	18.2%	0%	94%
	芝1700～1800m	×	芝2000m	××	0	0	0	7	0.0%	0.0%	0.0%	0%	0%
	芝2000m	×	芝2000m	×	0	1	1	10	0.0%	10.0%	20.0%	0%	90%
	芝2000m		芝2000m	×	1	0	1	10	10.0%	10.0%	20.0%	1939%	270%
	芝2000m	××	芝2000m	×	0	1	0	5	0.0%	20.0%	20.0%	0%	168%

激変ローテ●ダート1400m【500万下】3番人気以内

評価	前々走 距離	着順	前走 距離	着順	1着	2着	3着	総数	勝率	連対率	複勝率	単回率	複回率
	―	―	ダ1150～1200m	◎	5	2	1	14	35.7%	50.0%	57.1%	94%	89%
	ダ1150～1200m	○	ダ1150～1200m	○	10	6	5	36	27.8%	44.4%	58.3%	64%	80%
	ダ1150～1200m	×	ダ1150～1200m	○	6	5	5	27	22.2%	40.7%	59.3%	93%	103%
	ダ1150～1200m	○	ダ1150～1200m	×	3	3	4	24	12.5%	25.0%	41.7%	72%	80%
	ダ1150～1200m	○	ダ1150～1200m	◎	3	4	2	20	15.0%	35.0%	45.0%	74%	69%
	ダ1150～1200m	×	ダ1150～1200m	○	0	5	1	16	0.0%	31.3%	37.5%	0%	63%
	ダ1150～1200m	◎	ダ1150～1200m	◎	3	2	1	10	30.0%	50.0%	60.0%	88%	97%
	ダ1150～1200m	×	ダ1150～1200m	◎	0	1	3	10	0.0%	10.0%	40.0%	0%	78%
	ダ1150～1200m	◎	ダ1150～1200m	×	2	0	1	8	25.0%	25.0%	37.5%	160%	72%
	ダ1300～1400m	○	ダ1150～1200m	○	2	5	1	12	16.7%	58.3%	66.7%	56%	97%
	ダ1300～1400m	×	ダ1150～1200m	○	2	2	1	11	18.2%	36.4%	45.5%	67%	80%
	ダ1300～1400m	○	ダ1150～1200m	×	3	1	1	8	37.5%	50.0%	62.5%	77%	73%
	ダ1300～1400m	×	ダ1150～1200m	×	2	1	1	8	25.0%	37.5%	50.0%	92%	72%
	ダ1300～1400m	◎	ダ1150～1200m	◎	2	2	0	5	40.0%	80.0%	80.0%	154%	144%
	ダ1700m	×	ダ1150～1200m	○	3	0	2	6	50.0%	50.0%	83.3%	150%	125%
	芝1200m	×	ダ1150～1200m	○	0	0	1	8	0.0%	0.0%	12.5%	0%	22%
	―	―	ダ1300～1400m	◎	7	2	1	21	33.3%	42.9%	47.6%	118%	70%
	ダ1150～1200m	×	ダ1300～1400m	○	7	3	3	26	26.9%	38.5%	50.0%	79%	75%
	ダ1150～1200m	○	ダ1300～1400m	×	2	5	3	19	10.5%	36.8%	52.6%	52%	98%
	ダ1150～1200m	○	ダ1300～1400m	○	4	7	2	16	25.0%	68.8%	81.3%	92%	113%
	ダ1150～1200m	○	ダ1300～1400m	○	7	3	0	14	50.0%	71.4%	71.4%	120%	94%
	ダ1150～1200m	×	ダ1300～1400m	×	3	1	2	9	33.3%	44.4%	66.7%	172%	118%
	ダ1150～1200m	○	ダ1300～1400m	◎	4	2	0	7	57.1%	85.7%	85.7%	148%	117%
	ダ1150～1200m	×	ダ1300～1400m	◎	2	1	0	5	40.0%	60.0%	60.0%	108%	84%
	ダ1300～1400m	○	ダ1300～1400m	○	12	9	8	50	24.0%	42.0%	58.0%	62%	81%
消し	ダ1300～1400m	×	ダ1300～1400m	○	3	9	2	33	9.1%	36.4%	42.4%	20%	63%
消し	ダ1300～1400m	◎	ダ1300～1400m	○	7	1	3	27	25.9%	29.6%	40.7%	91%	55%
	ダ1300～1400m	×	ダ1300～1400m	×	8	5	4	26	30.8%	50.0%	65.4%	123%	103%
	ダ1300～1400m	○	ダ1300～1400m	×	6	2	2	21	28.6%	38.1%	47.6%	133%	85%
	ダ1300～1400m	◎	ダ1300～1400m	×	2	4	3	19	10.5%	31.6%	47.4%	26%	62%
	ダ1300～1400m	○	ダ1300～1400m	◎	2	2	5	17	11.8%	23.5%	52.9%	56%	90%
	ダ1300～1400m	×	ダ1300～1400m	◎	1	1	0	10	10.0%	20.0%	20.0%	67%	31%
	ダ1600m	×	ダ1300～1400m	○	1	0	1	5	20.0%	20.0%	40.0%	48%	60%
	ダ1700m	×	ダ1300～1400m	○	2	1	3	9	22.2%	33.3%	66.7%	88%	130%
	ダ1700m	○	ダ1300～1400m	○	3	0	1	7	42.9%	42.9%	57.1%	84%	70%

ダート1400m

評価	前々走 距離	前々走 着順	前走 距離	前走 着順	1着	2着	3着	総数	勝率	連対率	複勝率	単回率	複回率
消し	ダ1800m	×	ダ1300〜1400m	◯	2	1	1	10	20.0%	30.0%	40.0%	74%	61%
	ダ1800m	×	ダ1300〜1400m	×	2	0	0	6	33.3%	33.3%	33.3%	210%	105%
	ダ1800m	◯	ダ1300〜1400m	◯	2	1	1	5	40.0%	60.0%	80.0%	78%	88%
	芝1200m	×	ダ1300〜1400m	◯	4	2	1	10	40.0%	60.0%	70.0%	125%	94%
	芝1200m	×	ダ1300〜1400m	◎	2	0	0	5	40.0%	40.0%	40.0%	240%	92%
	芝1400〜1500m	×	ダ1300〜1400m	◯	0	1	2	6	0.0%	16.7%	50.0%	0%	70%
	芝1600m	×	ダ1300〜1400m	◯	0	4	0	7	0.0%	57.1%	57.1%	0%	87%
	ダ1300〜1400m	×	ダ1700m	◯	4	2	2	9	44.4%	66.7%	88.9%	183%	142%
	ダ1300〜1400m	◯	ダ1700m	◯	3	0	1	5	60.0%	60.0%	80.0%	202%	116%
	ダ1300〜1400m	×	ダ1700m	×	1	0	2	5	20.0%	20.0%	60.0%	114%	108%
	ダ1700m	◯	ダ1700m	◯	4	1	2	10	40.0%	50.0%	70.0%	176%	108%
	ダ1700m	◯	ダ1700m	×	1	0	2	8	12.5%	12.5%	37.5%	51%	65%
	ダ1700m	×	ダ1700m	◯	1	2	2	6	16.7%	50.0%	83.3%	251%	163%
	ダ1700m	×	ダ1700m	×	1	2	0	5	20.0%	60.0%	60.0%	92%	94%
	ダ1300〜1400m	×	ダ1800m	×	1	1	0	5	20.0%	40.0%	40.0%	48%	68%
	ダ1700m	◯	ダ1800m	◯	1	0	0	5	20.0%	20.0%	20.0%	60%	28%
	ダ1700m	◯	ダ1800m	×	0	1	3	5	0.0%	20.0%	80.0%	0%	126%
	ダ1800m	◯	ダ1800m	◯	1	1	1	5	20.0%	40.0%	60.0%	56%	90%
	ダ1800m	×	ダ1800m	×	0	1	0	5	0.0%	20.0%	20.0%	0%	28%
	ダ1150〜1200m	×	芝1200m	◯	0	1	0	5	0.0%	20.0%	20.0%	0%	58%
	ダ1300〜1400m	×	芝1200m	×	1	1	1	5	20.0%	40.0%	60.0%	80%	100%
	芝1200m	◯	芝1200m	◯	2	1	1	6	33.3%	50.0%	66.7%	113%	121%
	芝1200m	◯	芝1200m	×	1	1	0	5	20.0%	40.0%	40.0%	130%	66%
	ダ1300〜1400m	◎	芝1600m	×	2	2	0	5	40.0%	80.0%	80.0%	160%	102%

激変ローテ●ダート1400m【500万下】4番人気以下

評価	前々走 距離	前々走 着順	前走 距離	前走 着順	1着	2着	3着	総数	勝率	連対率	複勝率	単回率	複回率
	—	—	ダ1000m	◎	0	0	0	8	0.0%	0.0%	0.0%	0%	0%
	ダ1000m	×	ダ1000m	◯	1	4	0	45	2.2%	11.1%	11.1%	44%	117%
	ダ1000m	◯	ダ1000m	◎	0	0	0	9	0.0%	0.0%	0.0%	0%	0%
	ダ1000m	×	ダ1000m	××	0	0	0	8	0.0%	0.0%	0.0%	0%	0%
	ダ1000m	◯	ダ1000m	×	1	0	0	7	14.3%	14.3%	14.3%	225%	60%
	ダ1000m	◎	ダ1000m	×	0	0	0	5	0.0%	0.0%	0.0%	0%	0%
	ダ1000m	×	ダ1000m	◎	0	0	0	5	0.0%	0.0%	0.0%	0%	0%
	ダ1150〜1200m	×	ダ1000m	×	0	0	2	14	0.0%	0.0%	14.3%	0%	66%
	ダ1150〜1200m	×	ダ1000m	◎	0	0	0	8	0.0%	0.0%	0.0%	0%	0%
	ダ1150〜1200m	×	ダ1000m	××	0	0	0	5	0.0%	0.0%	0.0%	0%	0%
	ダ1300〜1400m	×	ダ1000m	×	1	0	3	14	7.1%	7.1%	28.6%	76%	109%
	ダ1300〜1400m	××	ダ1000m	×	0	0	0	6	0.0%	0.0%	0.0%	0%	0%
	ダ1700m	××	ダ1000m	×	0	0	0	9	0.0%	0.0%	0.0%	0%	0%
	ダ1800m	××	ダ1000m	×	0	0	1	5	0.0%	0.0%	20.0%	0%	158%
	芝1200m	×	ダ1000m	×	0	0	1	10	0.0%	0.0%	10.0%	0%	30%
	—	—	ダ1150〜1200m	◎	2	0	2	26	7.7%	7.7%	15.4%	110%	50%
	ダ1000m	×	ダ1150〜1200m	◯	0	0	3	38	0.0%	0.0%	7.9%	0%	60%
	ダ1000m	×	ダ1150〜1200m	××	1	0	0	13	7.7%	7.7%	7.7%	100%	40%
	ダ1000m	×	ダ1150〜1200m	◯	1	0	1	11	9.1%	9.1%	18.2%	73%	65%
	ダ1000m	◎	ダ1150〜1200m	××	0	0	1	10	0.0%	0.0%	10.0%	0%	0%
	ダ1000m	◎	ダ1150〜1200m	×	0	1	2	6	0.0%	16.7%	50.0%	0%	215%
	ダ1000m	◎	ダ1150〜1200m	×	0	0	0	5	0.0%	0.0%	0.0%	0%	0%
	ダ1150〜1200m	×	ダ1150〜1200m	◯	4	10	8	173	2.3%	8.1%	12.7%	90%	93%
	ダ1150〜1200m	◯	ダ1150〜1200m	◎	3	4	2	48	6.3%	14.6%	18.8%	75%	73%
	ダ1150〜1200m	◯	ダ1150〜1200m	◯	1	4	1	46	2.2%	10.9%	13.0%	78%	43%
	ダ1150〜1200m	××	ダ1150〜1200m	◯	0	2	0	39	0.0%	5.1%	5.1%	0%	17%
	ダ1150〜1200m	◎	ダ1150〜1200m	◯	0	2	2	37	0.0%	5.4%	10.8%	0%	39%
	ダ1150〜1200m	◯	ダ1150〜1200m	◎	1	1	1	33	3.0%	6.1%	9.1%	32%	53%
	ダ1150〜1200m	×	ダ1150〜1200m	××	1	0	0	27	3.7%	3.7%	3.7%	31%	9%
	ダ1150〜1200m	×	ダ1150〜1200m	◎	1	2	2	20	5.0%	15.0%	25.0%	69%	92%
	ダ1150〜1200m	××	ダ1150〜1200m	×	0	0	0	17	0.0%	0.0%	0.0%	0%	0%
	ダ1150〜1200m	◎	ダ1150〜1200m	××	0	0	0	14	0.0%	0.0%	0.0%	0%	0%
	ダ1150〜1200m	◯	ダ1150〜1200m	×	0	1	1	14	0.0%	7.1%	14.3%	0%	31%
	ダ1150〜1200m	×	ダ1150〜1200m	×	0	0	0	8	0.0%	0.0%	0.0%	0%	0%
	ダ1150〜1200m	×	ダ1150〜1200m	××	0	0	2	6	0.0%	0.0%	33.3%	0%	70%

ダート1400m

評価	前々走 距離	前々走 着順	前走 距離	前走 着順	1着	2着	3着	総数	勝率	連対率	複勝率	単回率	複回率
	ダ1300〜1400m	×	ダ1150〜1200m	×	3	5	2	70	4.3%	11.4%	14.3%	126%	62%
	ダ1300〜1400m	××	ダ1150〜1200m	×	0	0	0	26	0.0%	0.0%	0.0%	0%	0%
買い	ダ1300〜1400m	◎	ダ1150〜1200m	○	1	1	3	24	4.2%	8.3%	20.8%	177%	143%
	ダ1300〜1400m	×	ダ1150〜1200m	○	0	0	3	18	0.0%	0.0%	16.7%	0%	82%
	ダ1300〜1400m	○	ダ1150〜1200m	×	4	0	0	14	28.6%	28.6%	28.6%	235%	70%
	ダ1300〜1400m	○	ダ1150〜1200m	◎	0	1	0	12	0.0%	8.3%	8.3%	0%	28%
	ダ1300〜1400m	×	ダ1150〜1200m	○	0	0	1	12	0.0%	0.0%	8.3%	0%	34%
	ダ1300〜1400m	××	ダ1150〜1200m	××	0	0	0	10	0.0%	0.0%	0.0%	0%	0%
	ダ1300〜1400m	◎	ダ1150〜1200m	××	0	1	0	8	0.0%	12.5%	12.5%	0%	70%
	ダ1300〜1400m	×	ダ1150〜1200m	××	0	0	0	7	0.0%	0.0%	0.0%	0%	0%
	ダ1300〜1400m	◎	ダ1150〜1200m	○	1	0	0	5	20.0%	20.0%	20.0%	152%	52%
	ダ1600m	×	ダ1150〜1200m	××	0	0	0	8	0.0%	0.0%	0.0%	0%	0%
	ダ1600m	××	ダ1150〜1200m	×	0	0	0	8	0.0%	0.0%	0.0%	0%	0%
	ダ1600m	×	ダ1150〜1200m	×	0	1	0	6	0.0%	16.7%	16.7%	0%	40%
	ダ1600m	××	ダ1150〜1200m	××	0	0	0	5	0.0%	0.0%	0.0%	0%	0%
	ダ1700m	××	ダ1150〜1200m	×	0	1	1	15	0.0%	6.7%	13.3%	0%	115%
	ダ1700m	×	ダ1150〜1200m	×	0	1	0	12	0.0%	8.3%	8.3%	0%	20%
	ダ1700m	××	ダ1150〜1200m	××	0	0	0	6	0.0%	0.0%	0.0%	0%	0%
	ダ1700m	×	ダ1150〜1200m	××	0	0	0	5	0.0%	0.0%	0.0%	0%	0%
	ダ1700m	××	ダ1150〜1200m	○	1	0	0	5	20.0%	20.0%	20.0%	268%	68%
	ダ1800m	×	ダ1150〜1200m	×	0	0	1	12	0.0%	0.0%	8.3%	0%	127%
	ダ1800m	××	ダ1150〜1200m	××	0	0	0	7	0.0%	0.0%	0.0%	0%	0%
	ダ1800m	×	ダ1150〜1200m	××	0	0	0	5	0.0%	0.0%	0.0%	0%	0%
	芝1200m	×	ダ1150〜1200m	×	1	2	1	37	2.7%	8.1%	10.8%	17%	49%
	芝1200m	×	ダ1150〜1200m	◎	0	0	4	10	0.0%	0.0%	40.0%	0%	272%
	芝1200m	×	ダ1150〜1200m	××	0	0	0	8	0.0%	0.0%	0.0%	0%	0%
	芝1200m	×	ダ1150〜1200m	○	0	0	1	6	0.0%	0.0%	16.7%	0%	46%
	芝1400〜1500m	×	ダ1150〜1200m	×	0	2	0	20	0.0%	10.0%	10.0%	0%	47%
	芝1400〜1500m	×	ダ1150〜1200m	○	0	1	1	6	0.0%	16.7%	33.3%	0%	88%
	芝1600m	×	ダ1150〜1200m	×	0	1	0	12	0.0%	8.3%	8.3%	0%	120%
	芝1600m	×	ダ1150〜1200m	○	0	2	0	6	0.0%	33.3%	33.3%	0%	111%
	—	—	ダ1300〜1400m	◎	2	0	1	20	10.0%	10.0%	15.0%	150%	68%
	ダ1000m	×	ダ1300〜1400m	×	0	1	1	24	0.0%	4.2%	8.3%	0%	57%
	ダ1000m	◎	ダ1300〜1400m	×	0	0	1	6	0.0%	0.0%	16.7%	0%	55%
	ダ1000m	×	ダ1300〜1400m	○	0	0	1	6	0.0%	0.0%	16.7%	0%	81%
	ダ1000m	◎	ダ1300〜1400m	××	0	0	0	5	0.0%	0.0%	0.0%	0%	0%
	ダ1000m	×	ダ1300〜1400m	◎	0	0	0	5	0.0%	0.0%	0.0%	0%	0%
	ダ1150〜1200m	×	ダ1300〜1400m	×	1	2	9	82	1.2%	3.7%	14.6%	45%	83%
	ダ1150〜1200m	×	ダ1300〜1400m	××	1	1	1	34	2.9%	5.9%	8.8%	94%	45%
買い	ダ1150〜1200m	×	ダ1300〜1400m	◎	0	4	2	27	0.0%	14.8%	22.2%	0%	104%
	ダ1150〜1200m	○	ダ1300〜1400m	○	0	2	4	26	0.0%	7.7%	23.1%	0%	66%
	ダ1150〜1200m	◎	ダ1300〜1400m	○	2	1	1	22	9.1%	13.6%	18.2%	114%	55%
	ダ1150〜1200m	○	ダ1300〜1400m	×	0	0	1	19	0.0%	5.3%	15.8%	0%	53%
	ダ1150〜1200m	◎	ダ1300〜1400m	◎	1	1	0	18	5.6%	11.1%	11.1%	56%	38%
	ダ1150〜1200m	××	ダ1300〜1400m	×	0	0	0	15	0.0%	0.0%	0.0%	0%	0%
	ダ1150〜1200m	◎	ダ1300〜1400m	××	0	0	1	13	0.0%	0.0%	7.7%	0%	18%
	ダ1150〜1200m	××	ダ1300〜1400m	××	0	0	0	10	0.0%	0.0%	0.0%	0%	0%
	ダ1150〜1200m	○	ダ1300〜1400m	○	1	1	0	6	16.7%	33.3%	33.3%	163%	103%
	ダ1150〜1200m	○	ダ1300〜1400m	××	1	0	0	5	20.0%	20.0%	20.0%	154%	46%
	ダ1300〜1400m	×	ダ1300〜1400m	×	10	7	10	127	7.9%	13.4%	21.3%	127%	79%
	ダ1300〜1400m	×	ダ1300〜1400m	◎	1	2	5	64	1.6%	4.7%	12.5%	15%	36%
	ダ1300〜1400m	○	ダ1300〜1400m	×	2	3	4	56	3.6%	8.9%	16.1%	109%	52%
	ダ1300〜1400m	○	ダ1300〜1400m	×	3	1	4	45	6.7%	8.9%	17.8%	103%	56%
	ダ1300〜1400m	×	ダ1300〜1400m	○	0	2	2	38	0.0%	5.3%	10.5%	0%	155%
	ダ1300〜1400m	○	ダ1300〜1400m	○	0	3	5	38	0.0%	7.9%	21.1%	0%	78%
	ダ1300〜1400m	××	ダ1300〜1400m	×	1	0	0	30	3.3%	3.3%	3.3%	75%	50%
	ダ1300〜1400m	◎	ダ1300〜1400m	○	0	1	1	27	0.0%	3.7%	7.4%	0%	17%
	ダ1300〜1400m	×	ダ1300〜1400m	××	0	0	2	27	0.0%	0.0%	7.4%	0%	84%
	ダ1300〜1400m	○	ダ1300〜1400m	○	1	1	1	25	4.0%	8.0%	12.0%	30%	32%
	ダ1300〜1400m	○	ダ1300〜1400m	◎	2	0	1	21	9.5%	9.5%	14.3%	84%	34%
	ダ1300〜1400m	××	ダ1300〜1400m	××	0	0	0	18	0.0%	0.0%	0.0%	0%	0%
	ダ1300〜1400m	××	ダ1300〜1400m	○	0	1	2	12	0.0%	8.3%	25.0%	0%	74%
	ダ1300〜1400m	××	ダ1300〜1400m	××	0	0	0	9	0.0%	0.0%	0.0%	0%	0%
	ダ1600m	×	ダ1300〜1400m	×	0	1	0	15	0.0%	6.7%	6.7%	0%	19%

ダート1400m

評価	前々走 距離	着順	前走 距離	着順	1着	2着	3着	総数	勝率	連対率	複勝率	単回率	複回率
	ダ1600m	○	ダ1300〜1400m	×	0	2	0	6	0.0%	33.3%	33.3%	0%	113%
	ダ1600m	×	ダ1300〜1400m	×	0	1	1	6	0.0%	16.7%	33.3%	0%	101%
	ダ1600m	×	ダ1300〜1400m	◎	0	1	1	5	0.0%	20.0%	40.0%	0%	266%
	ダ1700m	×	ダ1300〜1400m	×	3	1	1	43	7.0%	9.3%	11.6%	260%	66%
	ダ1700m	××	ダ1300〜1400m	×	0	2	4	29	0.0%	6.9%	20.7%	0%	76%
	ダ1700m	×	ダ1300〜1400m	◎	0	1	1	19	0.0%	5.3%	10.5%	0%	61%
買い	ダ1700m	×	ダ1300〜1400m	○	0	2	5	19	0.0%	10.5%	36.8%	0%	108%
	ダ1700m	××	ダ1300〜1400m	××	0	0	0	12	0.0%	0.0%	0.0%	0%	0%
	ダ1700m	××	ダ1300〜1400m	○	0	1	1	8	0.0%	12.5%	25.0%	0%	82%
	ダ1700m	×	ダ1300〜1400m	××	0	0	0	6	0.0%	0.0%	0.0%	0%	0%
	ダ1800m	××	ダ1300〜1400m	×	0	0	2	20	0.0%	0.0%	10.0%	0%	112%
	ダ1800m	×	ダ1300〜1400m	×	0	0	0	16	0.0%	0.0%	0.0%	0%	0%
	ダ1800m	×	ダ1300〜1400m	××	0	1	0	8	0.0%	12.5%	12.5%	0%	86%
	ダ1800m	○	ダ1300〜1400m	×	0	0	0	7	0.0%	0.0%	0.0%	0%	0%
	ダ1800m	×	ダ1300〜1400m	○	0	0	1	7	0.0%	0.0%	14.3%	0%	45%
	ダ1800m	×	ダ1300〜1400m	◎	1	0	0	5	20.0%	20.0%	20.0%	866%	132%
	ダ1800m	××	ダ1300〜1400m	××	0	0	0	5	0.0%	0.0%	0.0%	0%	0%
	芝1200m	×	ダ1300〜1400m	×	1	1	1	26	3.8%	7.7%	11.5%	63%	59%
	芝1200m	×	ダ1300〜1400m	◎	1	0	1	10	10.0%	10.0%	20.0%	90%	179%
	芝1200m	×	ダ1300〜1400m	××	0	1	1	7	0.0%	14.3%	28.6%	0%	371%
	芝1200m	××	ダ1300〜1400m	××	0	0	0	7	0.0%	0.0%	0.0%	0%	0%
	芝1200m	×	ダ1300〜1400m	○	0	0	2	6	0.0%	0.0%	33.3%	0%	208%
	芝1400〜1500m	×	ダ1300〜1400m	×	0	0	1	19	0.0%	0.0%	5.3%	0%	12%
	芝1600m	×	ダ1300〜1400m	×	0	2	2	10	0.0%	20.0%	40.0%	0%	139%
	芝1600m	××	ダ1300〜1400m	×	0	1	0	5	0.0%	20.0%	20.0%	0%	106%
	芝1700〜1800m	×	ダ1300〜1400m	◎	0	0	0	6	0.0%	0.0%	0.0%	0%	0%
	芝1700〜1800m	×	ダ1300〜1400m	×	0	1	0	5	0.0%	20.0%	20.0%	0%	158%
	ダ1150〜1200m	×	ダ1600m	×	0	0	1	9	0.0%	0.0%	11.1%	0%	94%
	ダ1150〜1200m	×	ダ1600m	○	0	0	0	7	0.0%	0.0%	0.0%	0%	0%
	ダ1300〜1400m	×	ダ1600m	×	1	2	1	9	11.1%	33.3%	44.4%	96%	312%
	ダ1300〜1400m	○	ダ1600m	×	0	0	1	8	0.0%	0.0%	12.5%	0%	38%
	ダ1300〜1400m	◎	ダ1600m	×	0	0	1	5	0.0%	0.0%	20.0%	0%	76%
	ダ1300〜1400m	○	ダ1600m	××	0	0	1	5	0.0%	0.0%	20.0%	0%	76%
	ダ1300〜1400m	××	ダ1600m	××	0	0	0	5	0.0%	0.0%	0.0%	0%	0%
	ダ1600m	×	ダ1600m	×	0	1	0	12	0.0%	8.3%	8.3%	0%	29%
	ダ1600m	×	ダ1600m	○	0	0	0	5	0.0%	0.0%	0.0%	0%	0%
	ダ1700m	×	ダ1600m	×	0	0	0	5	0.0%	0.0%	0.0%	0%	0%
	ダ1800m	×	ダ1600m	×	0	1	1	8	0.0%	12.5%	25.0%	0%	110%
	ダ1800m	××	ダ1600m	×	0	0	0	7	0.0%	0.0%	0.0%	0%	0%
	ダ1000m	×	ダ1700m	××	0	0	0	14	0.0%	0.0%	0.0%	0%	0%
	ダ1000m	×	ダ1700m	×	0	0	1	10	0.0%	0.0%	10.0%	0%	91%
	ダ1150〜1200m	×	ダ1700m	×	0	1	0	14	0.0%	7.1%	7.1%	0%	38%
	ダ1150〜1200m	×	ダ1700m	××	0	0	0	9	0.0%	0.0%	0.0%	0%	0%
	ダ1300〜1400m	×	ダ1700m	×	1	0	4	25	4.0%	4.0%	20.0%	90%	84%
	ダ1300〜1400m	×	ダ1700m	××	0	0	1	24	0.0%	0.0%	4.2%	0%	23%
	ダ1300〜1400m	◎	ダ1700m	××	0	0	0	18	0.0%	0.0%	0.0%	0%	0%
	ダ1300〜1400m	××	ダ1700m	××	0	0	0	13	0.0%	0.0%	0.0%	0%	0%
	ダ1300〜1400m	◎	ダ1700m	×	0	2	1	12	0.0%	16.7%	25.0%	0%	85%
	ダ1300〜1400m	○	ダ1700m	×	0	0	1	5	0.0%	0.0%	20.0%	0%	44%
	ダ1300〜1400m	××	ダ1700m	×	0	0	1	5	0.0%	0.0%	20.0%	0%	52%
	ダ1600m	×	ダ1700m	×	0	0	0	6	0.0%	0.0%	0.0%	0%	0%
	ダ1700m	×	ダ1700m	×	2	4	1	64	3.1%	9.4%	10.9%	77%	54%
	ダ1700m	×	ダ1700m	××	0	1	1	33	0.0%	3.0%	6.1%	0%	66%
	ダ1700m	××	ダ1700m	××	0	0	2	21	0.0%	0.0%	9.5%	0%	102%
	ダ1700m	××	ダ1700m	×	1	0	2	20	5.0%	5.0%	15.0%	610%	292%
	ダ1700m	○	ダ1700m	×	2	2	1	19	10.5%	21.1%	26.3%	187%	81%
	ダ1700m	◎	ダ1700m	×	0	1	1	11	0.0%	9.1%	18.2%	0%	161%
	ダ1700m	○	ダ1700m	○	0	1	1	7	0.0%	14.3%	28.6%	0%	112%
	ダ1700m	○	ダ1700m	××	0	1	0	7	0.0%	14.3%	14.3%	0%	30%
	ダ1700m	×	ダ1700m	○	0	0	0	7	0.0%	0.0%	0.0%	0%	0%
	ダ1700m	○	ダ1700m	◎	0	0	0	6	0.0%	0.0%	0.0%	0%	0%
	ダ1700m	◎	ダ1700m	◎	0	0	0	6	0.0%	0.0%	0.0%	0%	0%
	ダ1800m	×	ダ1700m	×	0	0	1	15	0.0%	0.0%	6.7%	0%	22%
	ダ1800m	×	ダ1700m	××	1	0	1	13	7.7%	7.7%	15.4%	129%	94%
	ダ1800m	××	ダ1700m	××	0	1	0	10	0.0%	10.0%	10.0%	0%	68%

ダート1400m

評価	前々走 距離	前々走 着順	前走 距離	前走 着順	1着	2着	3着	総数	勝率	連対率	複勝率	単回率	複回率
	ダ1800m	×	ダ1700m	×	0	1	0	9	0.0%	11.1%	11.1%	0%	108%
	芝1200m	×	ダ1700m	××	0	0	0	8	0.0%	0.0%	0.0%	0%	0%
	芝1400〜1500m	×	ダ1700m	×	0	0	0	5	0.0%	0.0%	0.0%	0%	0%
	芝1700〜1800m	×	ダ1700m	××	0	0	0	8	0.0%	0.0%	0.0%	0%	0%
	芝1700〜1800m	×	ダ1700m	×	0	2	1	5	0.0%	40.0%	60.0%	0%	286%
	ダ1150〜1200m	◎	ダ1800m	××	1	1	0	10	10.0%	20.0%	20.0%	269%	229%
	ダ1150〜1200m	○	ダ1800m	××	0	0	0	9	0.0%	0.0%	0.0%	0%	0%
	ダ1150〜1200m	×	ダ1800m	×	1	0	0	6	16.7%	16.7%	16.7%	163%	46%
	ダ1150〜1200m	××	ダ1800m	×	0	0	0	6	0.0%	0.0%	0.0%	0%	0%
	ダ1300〜1400m	×	ダ1800m	××	2	0	0	15	13.3%	13.3%	13.3%	157%	48%
	ダ1300〜1400m	◎	ダ1800m	××	0	0	0	13	0.0%	0.0%	0.0%	0%	0%
	ダ1300〜1400m	×	ダ1800m	×	0	1	1	11	0.0%	9.1%	18.2%	0%	104%
	ダ1300〜1400m	◎	ダ1800m	×	0	1	0	9	0.0%	11.1%	11.1%	0%	22%
	ダ1300〜1400m	××	ダ1800m	××	0	0	0	7	0.0%	0.0%	0.0%	0%	0%
	ダ1700m	×	ダ1800m	×	0	0	3	26	0.0%	0.0%	11.5%	0%	43%
	ダ1700m	××	ダ1800m	×	0	0	0	15	0.0%	0.0%	0.0%	0%	0%
	ダ1700m	×	ダ1800m	××	0	0	0	11	0.0%	0.0%	0.0%	0%	0%
	ダ1700m	××	ダ1800m	×	0	1	0	8	0.0%	12.5%	12.5%	0%	45%
	ダ1700m	◎	ダ1800m	××	0	0	0	6	0.0%	0.0%	0.0%	0%	0%
買い	ダ1800m	×	ダ1800m	×	0	1	4	18	0.0%	5.6%	27.8%	0%	350%
	ダ1800m	××	ダ1800m	×	0	0	0	13	0.0%	0.0%	0.0%	0%	0%
	ダ1800m	×	ダ1800m	××	0	0	2	11	0.0%	0.0%	18.2%	0%	70%
	ダ1800m	××	ダ1800m	×	0	1	0	10	0.0%	10.0%	10.0%	0%	80%
	ダ1800m	○	ダ1800m	×	0	0	0	8	0.0%	0.0%	0.0%	0%	0%
	ダ1800m	◎	ダ1800m	×	0	0	0	6	0.0%	0.0%	0.0%	0%	0%
	ダ1800m	○	ダ1800m	◎	0	2	1	5	0.0%	40.0%	60.0%	0%	508%
	芝1200m	×	ダ1800m	××	0	0	0	5	0.0%	0.0%	0.0%	0%	0%
	芝1600m	×	ダ1800m	××	0	1	0	5	0.0%	20.0%	20.0%	0%	94%
	芝1700〜1800m	×	ダ1800m	××	0	0	1	7	0.0%	0.0%	14.3%	0%	44%
	芝1700〜1800m	×	ダ1800m	×	0	0	2	5	0.0%	0.0%	40.0%	0%	176%
	ダ1000m	◎	ダ1200m	×	0	1	1	6	0.0%	16.7%	33.3%	0%	91%
	ダ1150〜1200m	×	ダ1200m	×	2	0	0	16	12.5%	12.5%	12.5%	493%	95%
	ダ1150〜1200m	××	ダ1200m	×	1	0	0	10	10.0%	10.0%	10.0%	809%	162%
	ダ1150〜1200m	◎	ダ1200m	×	1	0	1	7	14.3%	14.3%	28.6%	1507%	275%
	ダ1300〜1400m	×	ダ1200m	×	1	0	0	10	10.0%	10.0%	10.0%	95%	24%
	ダ1300〜1400m	◎	ダ1200m	×	0	0	0	8	0.0%	0.0%	0.0%	0%	0%
	ダ1300〜1400m	××	ダ1200m	×	0	0	0	6	0.0%	0.0%	0.0%	0%	0%
	ダ1700m	××	ダ1200m	×	0	1	0	10	0.0%	10.0%	10.0%	0%	43%
	芝1200m	×	ダ1200m	×	1	3	1	56	1.8%	7.1%	8.9%	230%	105%
	芝1200m	◎	ダ1200m	×	0	0	0	12	0.0%	0.0%	0.0%	0%	0%
	芝1200m	○	ダ1200m	×	2	0	0	11	18.2%	18.2%	18.2%	318%	76%
	芝1200m	×	ダ1200m	××	0	0	0	7	0.0%	0.0%	0.0%	0%	0%
	芝1400〜1500m	×	ダ1200m	×	0	0	2	18	0.0%	0.0%	11.1%	0%	35%
	芝1600m	××	ダ1200m	×	0	0	0	7	0.0%	0.0%	0.0%	0%	0%
	芝1600m	×	ダ1200m	×	0	2	1	5	0.0%	40.0%	60.0%	0%	342%
	ダ1150〜1200m	◎	芝1400〜1500m	×	0	1	0	11	0.0%	9.1%	9.1%	0%	31%
	ダ1150〜1200m	×	芝1400〜1500m	×	0	0	0	7	0.0%	0.0%	0.0%	0%	0%
	ダ1300〜1400m	◎	芝1400〜1500m	×	1	1	0	8	12.5%	25.0%	25.0%	83%	111%
	ダ1300〜1400m	×	芝1400〜1500m	×	0	0	0	6	0.0%	0.0%	0.0%	0%	0%
	芝1200m	×	芝1400〜1500m	×	0	1	0	14	0.0%	7.1%	7.1%	0%	75%
	芝1200m	◎	芝1400〜1500m	×	0	1	1	8	0.0%	12.5%	25.0%	0%	63%
	芝1400〜1500m	×	芝1400〜1500m	×	0	1	1	25	0.0%	4.0%	8.0%	0%	31%
	芝1600m	×	芝1400〜1500m	×	1	0	0	10	10.0%	10.0%	10.0%	76%	37%
	ダ1150〜1200m	◎	芝1600m	×	0	0	0	7	0.0%	0.0%	0.0%	0%	0%
	ダ1150〜1200m	×	芝1600m	×	1	1	1	5	20.0%	40.0%	60.0%	252%	212%
	ダ1300〜1400m	×	芝1600m	×	1	0	0	10	10.0%	10.0%	10.0%	152%	40%
	ダ1300〜1400m	◎	芝1600m	×	0	0	0	6	0.0%	0.0%	0.0%	0%	0%
	芝1200m	×	芝1600m	×	0	0	0	7	0.0%	0.0%	0.0%	0%	0%
	芝1200m	×	芝1600m	××	0	0	0	5	0.0%	0.0%	0.0%	0%	0%
	芝1400〜1500m	×	芝1600m	×	2	2	0	12	16.7%	33.3%	33.3%	295%	234%
	芝1600m	×	芝1600m	×	1	1	0	14	7.1%	14.3%	14.3%	142%	56%
	芝1700〜1800m	×	芝1600m	×	1	0	1	8	12.5%	12.5%	25.0%	480%	220%
	ダ1800m	×	芝1700〜1800m	×	1	0	0	7	14.3%	14.3%	14.3%	281%	71%
	芝1200m	×	芝1700〜1800m	×	0	0	1	7	0.0%	0.0%	14.3%	0%	124%
	芝1600m	×	芝1700〜1800m	×	0	2	1	8	0.0%	25.0%	37.5%	0%	305%

ダート1400m

評価	前々走 距離	着順	前走 距離	着順	1着	2着	3着	総数	勝率	連対率	複勝率	単回率	複回率
	芝1700～1800m	×	芝1700～1800m	×	0	0	0	12	0.0%	0.0%	0.0%	0%	0%
	芝1700～1800m	×	芝2000m	×	0	0	1	5	0.0%	0.0%	20.0%	0%	64%

激変ローテ●ダート1400m【1000万下～OP】3番人気以内

評価	前々走 距離	着順	前走 距離	着順	1着	2着	3着	総数	勝率	連対率	複勝率	単回率	複回率
	ダ1150～1200m	○	ダ1150～1200m	○	7	0	3	19	36.8%	36.8%	52.6%	121%	77%
	ダ1150～1200m	×	ダ1150～1200m	○	3	4	4	19	15.8%	36.8%	57.9%	52%	95%
	ダ1150～1200m	○	ダ1150～1200m	×	3	0	3	17	17.6%	17.6%	35.3%	86%	74%
消し	ダ1150～1200m	○	ダ1150～1200m	◎	1	3	0	12	8.3%	33.3%	33.3%	11%	45%
消し	ダ1150～1200m	◎	ダ1150～1200m	◎	1	2	1	11	9.1%	27.3%	36.4%	14%	55%
	ダ1150～1200m	◎	ダ1150～1200m	○	5	3	1	10	50.0%	80.0%	90.0%	192%	149%
	ダ1150～1200m	◎	ダ1150～1200m	○	3	2	0	9	33.3%	55.6%	55.6%	125%	88%
	ダ1150～1200m	◎	ダ1150～1200m	×	5	0	0	8	62.5%	62.5%	62.5%	248%	122%
	ダ1300～1400m	○	ダ1150～1200m	○	5	1	0	16	31.3%	37.5%	37.5%	209%	77%
	ダ1300～1400m	×	ダ1150～1200m	○	3	1	2	13	23.1%	30.8%	46.2%	15%	82%
	ダ1300～1400m	○	ダ1150～1200m	×	1	1	2	9	11.1%	22.2%	44.4%	52%	98%
	ダ1300～1400m	×	ダ1150～1200m	○	2	1	1	8	25.0%	37.5%	50.0%	116%	82%
消し	ダ1300～1400m	○	ダ1150～1200m	◎	0	1	0	7	0.0%	14.3%	14.3%	0%	18%
	ダ1300～1400m	◎	ダ1150～1200m	○	2	2	1	7	28.6%	57.1%	71.4%	101%	114%
消し	ダ1300～1400m	◎	ダ1150～1200m	◎	0	0	0	5	0.0%	0.0%	0.0%	0%	0%
	芝1400～1500m	○	ダ1150～1200m	○	3	1	0	6	50.0%	66.7%	66.7%	140%	100%
	ダ1150～1200m	×	ダ1300～1400m	○	2	2	4	22	9.1%	18.2%	36.4%	26%	49%
	ダ1150～1200m	○	ダ1300～1400m	○	3	3	2	17	17.6%	35.3%	47.1%	50%	67%
	ダ1150～1200m	×	ダ1300～1400m	×	3	3	2	17	17.6%	35.3%	47.1%	73%	76%
消し	ダ1150～1200m	○	ダ1300～1400m	◎	1	3	1	12	8.3%	33.3%	41.7%	24%	65%
	ダ1150～1200m	○	ダ1300～1400m	○	2	4	2	11	18.2%	54.5%	72.7%	87%	110%
消し	ダ1150～1200m	◎	ダ1300～1400m	○	0	3	0	9	0.0%	33.3%	33.3%	0%	43%
	ダ1150～1200m	◎	ダ1300～1400m	×	3	2	1	9	33.3%	55.6%	66.7%	102%	101%
消し	ダ1150～1200m	◎	ダ1300～1400m	◎	1	0	0	5	20.0%	20.0%	20.0%	28%	22%
	ダ1300～1400m	○	ダ1300～1400m	○	10	10	13	56	17.9%	35.7%	58.9%	50%	80%
	ダ1300～1400m	×	ダ1300～1400m	○	9	12	5	48	18.8%	43.8%	54.2%	76%	92%
	ダ1300～1400m	○	ダ1300～1400m	×	10	5	5	41	24.4%	36.6%	48.8%	112%	82%
	ダ1300～1400m	×	ダ1300～1400m	×	7	4	5	39	17.9%	28.2%	41.0%	98%	75%
	ダ1300～1400m	○	ダ1300～1400m	◎	5	6	7	29	17.2%	37.9%	62.1%	64%	107%
	ダ1300～1400m	◎	ダ1300～1400m	○	4	7	5	24	16.7%	45.8%	66.7%	50%	87%
	ダ1300～1400m	×	ダ1300～1400m	◎	2	7	3	21	9.5%	42.9%	57.1%	22%	90%
	ダ1300～1400m	◎	ダ1300～1400m	×	4	4	1	18	22.2%	44.4%	50.0%	126%	89%
	ダ1300～1400m	◎	ダ1300～1400m	◎	5	3	2	16	31.3%	50.0%	62.5%	96%	92%
	ダ1700m	×	ダ1300～1400m	○	4	2	1	9	44.4%	66.7%	77.8%	143%	122%
消し	ダ1700m	○	ダ1300～1400m	◎	0	1	1	6	0.0%	16.7%	33.3%	0%	56%
	ダ1800m	×	ダ1300～1400m	○	1	3	1	6	16.7%	66.7%	83.3%	93%	148%
消し	ダ1800m	×	ダ1300～1400m	◎	1	1	0	5	20.0%	40.0%	40.0%	80%	58%
	芝1600m	×	ダ1300～1400m	○	3	2	0	7	42.9%	71.4%	71.4%	134%	95%
	ダ1800m	×	ダ1800m	○	1	0	0	5	20.0%	20.0%	20.0%	122%	34%
	ダ1800m	○	ダ1800m	×	1	1	0	7	14.3%	28.6%	28.6%	61%	54%
	ダ1800m	○	ダ1800m	×	2	0	2	5	40.0%	40.0%	80.0%	180%	156%
	芝1200m	×	芝1200m	×	2	1	0	6	33.3%	50.0%	50.0%	200%	111%

激変ローテ●ダート1400m【1000万下～OP】4番人気以下

評価	前々走 距離	着順	前走 距離	着順	1着	2着	3着	総数	勝率	連対率	複勝率	単回率	複回率
	ダ1000m	○	ダ1000m	◎	0	0	0	10	0.0%	0.0%	0.0%	0%	0%
	ダ1000m	×	ダ1000m	◎	1	0	0	6	16.7%	16.7%	16.7%	741%	173%
	ダ1300～1400m	×	ダ1000m	○	0	0	0	6	0.0%	0.0%	0.0%	0%	0%
	ダ1000m	○	ダ1150～1200m	◎	0	3	0	25	0.0%	12.0%	12.0%	0%	167%
	ダ1000m	○	ダ1150～1200m	◎	1	0	0	7	14.3%	14.3%	14.3%	88%	34%
	ダ1000m	○	ダ1150～1200m	×	0	0	0	7	0.0%	0.0%	0.0%	0%	0%
	ダ1000m	×	ダ1150～1200m	×	0	0	1	6	0.0%	0.0%	16.7%	0%	71%
	ダ1150～1200m	×	ダ1150～1200m	×	1	12	7	247	0.4%	5.3%	8.1%	10%	52%
	ダ1150～1200m	◎	ダ1150～1200m	×	1	0	3	57	1.8%	1.8%	7.0%	42%	26%
	ダ1150～1200m	×	ダ1150～1200m	×	0	3	4	53	0.0%	5.7%	13.2%	0%	52%
	ダ1150～1200m	××	ダ1150～1200m	×	0	2	2	48	0.0%	4.2%	8.3%	0%	26%

ダート1400m

評価	前々走 距離	前々走 着順	前走 距離	前走 着順	1着	2着	3着	総数	勝率	連対率	複勝率	単回率	複回率
	ダ1150～1200m	×	ダ1150～1200m	◎	1	1	3	36	2.8%	5.6%	13.9%	54%	95%
	ダ1150～1200m	×	ダ1150～1200m	○	0	2	4	34	0.0%	5.9%	17.6%	0%	47%
	ダ1150～1200m	○	ダ1150～1200m	○	2	2	0	33	6.1%	12.1%	12.1%	105%	51%
	ダ1150～1200m	×	ダ1150～1200m	×	0	1	0	29	0.0%	3.4%	3.4%	0%	14%
	ダ1150～1200m	××	ダ1150～1200m	××	0	0	0	12	0.0%	0.0%	0.0%	0%	0%
	ダ1150～1200m	◎	ダ1150～1200m	◎	0	1	2	10	0.0%	10.0%	30.0%	0%	95%
	ダ1150～1200m	○	ダ1150～1200m	◎	0	0	0	9	0.0%	0.0%	0.0%	0%	0%
	ダ1150～1200m	◎	ダ1150～1200m	××	0	2	1	8	0.0%	25.0%	37.5%	0%	280%
	ダ1300～1400m	×	ダ1150～1200m	×	7	3	7	122	5.7%	8.2%	13.9%	107%	74%
	ダ1300～1400m	××	ダ1150～1200m	×	0	0	0	26	0.0%	0.0%	0.0%	0%	0%
	ダ1300～1400m	◎	ダ1150～1200m	×	0	1	0	23	0.0%	4.3%	4.3%	0%	15%
	ダ1300～1400m	×	ダ1150～1200m	×	2	0	2	19	10.5%	10.5%	21.1%	93%	90%
	ダ1300～1400m	×	ダ1150～1200m	××	0	0	1	14	0.0%	0.0%	7.1%	0%	19%
	ダ1300～1400m	×	ダ1150～1200m	◎	2	0	0	13	15.4%	15.4%	15.4%	336%	83%
	ダ1300～1400m	×	ダ1150～1200m	○	0	2	1	13	0.0%	15.4%	23.1%	0%	113%
	ダ1300～1400m	○	ダ1150～1200m	◎	1	1	0	10	10.0%	20.0%	20.0%	124%	58%
	ダ1600m		ダ1150～1200m	×	0	1	1	6	0.0%	16.7%	33.3%	0%	371%
	ダ1600m	××	ダ1150～1200m	×	0	0	0	5	0.0%	0.0%	0.0%	0%	0%
	ダ1700m	×	ダ1150～1200m	×	0	0	1	11	0.0%	0.0%	9.1%	0%	180%
	ダ1700m	××	ダ1150～1200m	×	0	0	0	9	0.0%	0.0%	0.0%	0%	0%
	ダ1800m		ダ1150～1200m	×	0	1	1	12	0.0%	8.3%	16.7%	0%	39%
	ダ1800m	××	ダ1150～1200m	×	1	0	1	9	11.1%	11.1%	22.2%	215%	72%
	芝1200m	×	ダ1150～1200m	×	0	4	2	41	0.0%	9.8%	14.6%	0%	93%
	芝1200m	×	ダ1150～1200m	××	0	0	0	6	0.0%	0.0%	0.0%	0%	0%
	芝1200m	×	ダ1150～1200m	◎	0	1	0	5	0.0%	20.0%	20.0%	0%	128%
	芝1200m	××	ダ1150～1200m	×	0	0	0	5	0.0%	0.0%	0.0%	0%	0%
	芝1400～1500m	×	ダ1150～1200m	×	1	0	1	9	11.1%	11.1%	22.2%	133%	78%
	芝1600m	×	ダ1150～1200m	×	1	0	0	9	11.1%	11.1%	11.1%	467%	105%
	ダ1150～1200m	×	ダ1300～1400m	×	7	6	15	179	3.9%	7.3%	15.6%	81%	80%
	ダ1150～1200m	×	ダ1300～1400m	××	0	1	0	37	0.0%	2.7%	2.7%	0%	69%
買い	ダ1150～1200m	◎	ダ1300～1400m	×	2	4	2	31	6.5%	19.4%	25.8%	103%	128%
	ダ1150～1200m	○	ダ1300～1400m	×	0	2	0	27	0.0%	7.4%	7.4%	0%	15%
	ダ1150～1200m	×	ダ1300～1400m	◎	0	0	3	20	0.0%	0.0%	15.0%	0%	103%
	ダ1150～1200m	×	ダ1300～1400m	○	2	2	1	19	10.5%	21.1%	26.3%	113%	78%
	ダ1150～1200m	×	ダ1300～1400m	○	1	2	1	17	5.9%	17.6%	23.5%	44%	81%
	ダ1150～1200m	××	ダ1300～1400m	×	1	0	0	16	6.3%	6.3%	6.3%	1655%	216%
	ダ1150～1200m	○	ダ1300～1400m	××	0	0	0	8	0.0%	0.0%	0.0%	0%	0%
	ダ1150～1200m	××	ダ1300～1400m	××	0	0	0	7	0.0%	0.0%	0.0%	0%	0%
	ダ1150～1200m	◎	ダ1300～1400m	◎	0	0	1	6	0.0%	0.0%	16.7%	0%	50%
	ダ1150～1200m	◎	ダ1300～1400m	××	0	0	1	6	0.0%	0.0%	16.7%	0%	153%
買い	ダ1300～1400m	×	ダ1300～1400m	×	11	11	19	254	4.3%	8.7%	16.1%	96%	95%
	ダ1300～1400m	×	ダ1300～1400m	×	2	2	4	57	3.5%	7.0%	14.0%	100%	69%
買い	ダ1300～1400m	◎	ダ1300～1400m	×	5	0	5	49	10.2%	10.2%	20.4%	192%	111%
	ダ1300～1400m	×	ダ1300～1400m	××	3	1	2	42	7.1%	9.5%	14.3%	158%	109%
	ダ1300～1400m	×	ダ1300～1400m	○	1	5	2	40	2.5%	15.0%	20.0%	40%	58%
	ダ1300～1400m	××	ダ1300～1400m	×	0	1	2	37	0.0%	2.7%	8.1%	0%	35%
	ダ1300～1400m	○	ダ1300～1400m	×	3	1	3	33	9.1%	12.1%	21.2%	91%	74%
買い	ダ1300～1400m	×	ダ1300～1400m	◎	1	3	1	28	3.6%	14.3%	17.9%	127%	104%
	ダ1300～1400m	××	ダ1300～1400m	××	0	0	1	27	0.0%	0.0%	3.7%	0%	100%
	ダ1300～1400m	◎	ダ1300～1400m	××	1	1	0	14	7.1%	14.3%	14.3%	64%	137%
	ダ1300～1400m	◎	ダ1300～1400m	◎	1	0	3	11	9.1%	9.1%	36.4%	527%	202%
	ダ1300～1400m	○	ダ1300～1400m	○	0	0	2	11	0.0%	0.0%	18.2%	0%	51%
	ダ1300～1400m	○	ダ1300～1400m	××	1	1	1	11	9.1%	18.2%	27.3%	218%	70%
	ダ1600m		ダ1300～1400m	×	1	0	0	17	5.9%	5.9%	5.9%	69%	21%
	ダ1600m	××	ダ1300～1400m	×	1	0	1	8	12.5%	12.5%	25.0%	107%	188%
	ダ1600m	×	ダ1300～1400m	◎	0	0	1	7	0.0%	0.0%	14.3%	0%	41%
	ダ1600m	×	ダ1300～1400m	××	0	0	1	7	0.0%	0.0%	14.3%	0%	382%
	ダ1600m	○	ダ1300～1400m	×	1	0	0	5	20.0%	20.0%	20.0%	148%	40%
特買い	ダ1700m	×	ダ1300～1400m	×	2	4	5	49	4.1%	12.2%	22.4%	278%	151%
	ダ1700m	××	ダ1300～1400m	×	0	1	2	22	0.0%	4.5%	13.6%	0%	140%
	ダ1700m	◎	ダ1300～1400m	×	0	2	2	12	0.0%	16.7%	33.3%	0%	189%
	ダ1700m	×	ダ1300～1400m	◎	0	1	1	10	0.0%	10.0%	20.0%	0%	115%
	ダ1700m	×	ダ1300～1400m	××	0	1	0	8	0.0%	12.5%	12.5%	0%	61%
	ダ1700m	○	ダ1300～1400m	×	0	1	0	7	0.0%	14.3%	14.3%	0%	35%
	ダ1700m	××	ダ1300～1400m	××	0	0	0	7	0.0%	0.0%	0.0%	0%	0%

ダート1400m

評価	前々走 距離	前々走 着順	前走 距離	前走 着順	1着	2着	3着	総数	勝率	連対率	複勝率	単回率	複回率
	ダ1800m	××	ダ1300〜1400m	×	0	1	1	26	0.0%	3.8%	7.7%	0%	53%
	ダ1800m	×	ダ1300〜1400m	×	0	0	2	25	0.0%	0.0%	8.0%	0%	47%
	ダ1800m	××	ダ1300〜1400m	××	1	0	0	9	11.1%	11.1%	11.1%	400%	101%
	ダ1800m	×	ダ1300〜1400m	○	0	0	1	7	0.0%	0.0%	14.3%	0%	30%
	ダ1800m	×	ダ1300〜1400m	◎	1	1	0	6	16.7%	33.3%	33.3%	615%	261%
買い	芝1200m	×	ダ1300〜1400m	×	0	3	2	18	0.0%	16.7%	27.8%	0%	140%
	芝1200m	×	ダ1300〜1400m	××	0	0	0	6	0.0%	0.0%	0.0%	0%	0%
	芝1200m	×	ダ1300〜1400m	◎	0	0	0	5	0.0%	0.0%	0.0%	0%	0%
	芝1400〜1500m	×	ダ1300〜1400m	×	1	0	0	14	7.1%	7.1%	7.1%	164%	36%
	芝1400〜1500m	×	ダ1300〜1400m	××	1	0	1	6	16.7%	16.7%	33.3%	216%	341%
	芝1600m	×	ダ1300〜1400m	×	0	1	1	17	0.0%	5.9%	11.8%	0%	46%
	芝1600m	×	ダ1300〜1400m	◎	0	1	1	8	0.0%	12.5%	25.0%	0%	101%
	芝1700〜1800m	×	ダ1300〜1400m	×	0	0	0	6	0.0%	0.0%	0.0%	0%	0%
	芝1700〜1800m	×	ダ1300〜1400m	◎	0	0	0	5	0.0%	0.0%	0.0%	0%	0%
	ダ1150〜1200m	×	ダ1600m	×	0	0	0	12	0.0%	0.0%	0.0%	0%	0%
	ダ1150〜1200m	×	ダ1600m	××	0	0	0	6	0.0%	0.0%	0.0%	0%	0%
	ダ1300〜1400m	×	ダ1600m	×	2	0	1	25	8.0%	8.0%	12.0%	176%	42%
	ダ1300〜1400m	○	ダ1600m	×	0	0	1	8	0.0%	0.0%	12.5%	0%	30%
	ダ1300〜1400m	◎	ダ1600m	×	0	0	1	6	0.0%	0.0%	16.7%	0%	28%
	ダ1300〜1400m	◎	ダ1600m	××	0	1	0	6	0.0%	16.7%	16.7%	0%	46%
	ダ1300〜1400m	×	ダ1600m	××	0	0	1	6	0.0%	0.0%	16.7%	0%	53%
	ダ1300〜1400m	××	ダ1600m	×	0	0	3	6	0.0%	0.0%	50.0%	0%	295%
	ダ1300〜1400m	×	ダ1600m	○	0	1	1	5	0.0%	20.0%	40.0%	0%	92%
	ダ1600m	×	ダ1600m	×	0	0	1	9	0.0%	0.0%	11.1%	0%	46%
	ダ1600m	×	ダ1600m	××	0	2	0	6	0.0%	33.3%	33.3%	0%	453%
	ダ1600m	○	ダ1600m	×	1	0	0	5	20.0%	20.0%	20.0%	284%	60%
	ダ1700m	×	ダ1600m	×	0	0	1	7	0.0%	0.0%	14.3%	0%	98%
	ダ1800m	×	ダ1600m	×	0	0	2	13	0.0%	0.0%	15.4%	0%	238%
	ダ1800m	××	ダ1600m	×	0	0	0	8	0.0%	0.0%	0.0%	0%	0%
	ダ1150〜1200m	×	ダ1700m	×	0	2	0	11	0.0%	18.2%	18.2%	0%	131%
	ダ1150〜1200m	×	ダ1700m	××	0	0	0	6	0.0%	0.0%	0.0%	0%	0%
	ダ1300〜1400m	×	ダ1700m	×	1	0	0	30	3.3%	3.3%	3.3%	53%	17%
	ダ1300〜1400m	×	ダ1700m	××	0	1	0	10	0.0%	10.0%	10.0%	0%	20%
	ダ1300〜1400m	◎	ダ1700m	×	0	0	0	6	0.0%	0.0%	0.0%	0%	0%
	ダ1700m	×	ダ1700m	×	0	1	3	29	0.0%	3.4%	13.8%	0%	93%
	ダ1700m	×	ダ1700m	×	1	1	0	14	7.1%	14.3%	14.3%	111%	69%
	ダ1700m	×	ダ1700m	◎	1	0	2	14	7.1%	7.1%	21.4%	130%	157%
	ダ1700m	××	ダ1700m	×	2	0	0	14	14.3%	14.3%	14.3%	199%	37%
	ダ1700m	○	ダ1700m	◎	0	1	1	13	0.0%	7.7%	15.4%	0%	129%
	ダ1700m	×	ダ1700m	××	0	0	1	13	0.0%	0.0%	7.7%	0%	11%
	ダ1700m	◎	ダ1700m	××	0	0	0	12	0.0%	0.0%	0.0%	0%	0%
	ダ1700m	××	ダ1700m	××	0	0	0	9	0.0%	0.0%	0.0%	0%	0%
	ダ1700m	○	ダ1700m	×	0	1	1	7	0.0%	14.3%	28.6%	0%	70%
	ダ1800m	×	ダ1700m	×	2	0	0	11	18.2%	18.2%	18.2%	160%	60%
	ダ1800m	×	ダ1700m	◎	0	1	0	8	0.0%	12.5%	12.5%	0%	27%
買い	ダ1800m	×	ダ1700m	××	0	0	1	7	0.0%	0.0%	14.3%	0%	194%
買い	ダ1800m	××	ダ1700m	×	0	1	0	5	0.0%	20.0%	20.0%	0%	116%
	ダ1150〜1200m	×	ダ1800m	××	0	1	0	8	0.0%	12.5%	12.5%	0%	51%
	ダ1150〜1200m	×	ダ1800m	×	0	0	1	7	0.0%	0.0%	14.3%	0%	78%
	ダ1300〜1400m	×	ダ1800m	×	0	2	1	37	0.0%	5.4%	8.1%	0%	46%
	ダ1300〜1400m	×	ダ1800m	××	0	0	0	13	0.0%	0.0%	0.0%	0%	0%
	ダ1300〜1400m	◎	ダ1800m	×	0	0	1	7	0.0%	0.0%	14.3%	0%	57%
	ダ1600m	×	ダ1800m	×	0	1	1	6	0.0%	16.7%	33.3%	0%	221%
	ダ1600m	××	ダ1800m	××	0	0	0	5	0.0%	0.0%	0.0%	0%	0%
特買い	ダ1700m	×	ダ1800m	×	1	3	3	19	5.3%	21.1%	36.8%	61%	367%
	ダ1700m	◎	ダ1800m	×	1	1	0	15	6.7%	13.3%	13.3%	236%	84%
	ダ1700m	×	ダ1800m	××	0	0	1	12	0.0%	0.0%	8.3%	0%	66%
	ダ1700m	○	ダ1800m	××	1	0	0	7	14.3%	14.3%	14.3%	522%	65%
	ダ1700m	××	ダ1800m	×	0	0	1	6	0.0%	0.0%	16.7%	0%	28%
	ダ1800m	×	ダ1800m	×	2	4	2	65	3.1%	9.2%	12.3%	67%	68%
	ダ1800m	×	ダ1800m	××	1	1	1	21	4.8%	9.5%	14.3%	106%	98%
	ダ1800m	××	ダ1800m	××	0	0	0	18	0.0%	0.0%	0.0%	0%	0%
	ダ1800m	××	ダ1800m	×	1	0	0	16	6.3%	6.3%	6.3%	52%	14%
	ダ1800m	◎	ダ1800m	×	1	0	1	12	8.3%	8.3%	16.7%	1521%	223%
	ダ1800m	◎	ダ1800m	××	0	0	0	10	0.0%	0.0%	0.0%	0%	0%

ダート1400m

評価	前々走		前走		1着	2着	3着	総数	勝率	連対率	複勝率	単回率	複回率
	距離	着順	距離	着順									
	ダ1800m	×	ダ1800m	◎	2	0	1	10	20.0%	20.0%	30.0%	195%	78%
	ダ1800m	○	ダ1800m	×	1	0	1	9	11.1%	11.1%	22.2%	111%	140%
	ダ1800m	○	ダ1800m	◎	0	1	0	6	0.0%	16.7%	16.7%	0%	166%
	ダ1000m	◎	芝1200m	×	0	0	0	7	0.0%	0.0%	0.0%	0%	0%
	ダ1150〜1200m	×	芝1200m	×	0	0	1	14	0.0%	0.0%	7.1%	0%	33%
	ダ1150〜1200m	××	芝1200m	×	0	0	0	5	0.0%	0.0%	0.0%	0%	0%
	ダ1300〜1400m	×	芝1200m	×	1	0	0	17	5.9%	5.9%	5.9%	112%	24%
	ダ1300〜1400m	××	芝1200m	×	0	0	1	8	0.0%	0.0%	12.5%	0%	130%
	芝1200m	×	芝1200m	×	0	0	2	49	0.0%	0.0%	4.1%	0%	13%
	芝1200m	○	芝1200m	×	0	1	0	7	0.0%	14.3%	14.3%	0%	50%
	芝1400〜1500m	×	芝1200m	×	0	1	0	24	0.0%	4.2%	4.2%	0%	41%
	芝1600m	×	芝1200m	×	0	1	0	8	0.0%	12.5%	12.5%	0%	41%
	芝1700〜1800m	×	芝1200m	×	0	0	1	5	0.0%	0.0%	20.0%	0%	62%
	ダ1150〜1200m	×	芝1400〜1500m	×	0	1	0	6	0.0%	16.7%	16.7%	0%	176%
	ダ1300〜1400m	×	芝1400〜1500m	×	0	0	0	6	0.0%	0.0%	0.0%	0%	0%
	芝1200m	×	芝1400〜1500m	×	1	2	1	17	5.9%	17.6%	23.5%	131%	178%
	芝1400〜1500m	×	芝1400〜1500m	×	0	0	0	11	0.0%	0.0%	0.0%	0%	0%
	芝1600m	×	芝1400〜1500m	×	1	0	0	12	8.3%	8.3%	8.3%	82%	29%
	芝1700〜1800m	×	芝1400〜1500m	×	1	1	0	6	16.7%	33.3%	33.3%	1261%	331%
	ダ1150〜1200m	×	芝1600m	×	0	1	0	9	0.0%	11.1%	11.1%	0%	30%
	ダ1300〜1400m	×	芝1600m	×	0	0	1	7	0.0%	0.0%	14.3%	0%	100%
	芝1200m	×	芝1600m	×	0	0	2	9	0.0%	0.0%	22.2%	0%	97%
	芝1400〜1500m	×	芝1600m	×	0	0	0	5	0.0%	0.0%	0.0%	0%	0%
	芝1600m	×	芝1600m	×	0	0	0	17	0.0%	0.0%	0.0%	0%	0%
	芝1700〜1800m	×	芝1600m	×	0	0	1	8	0.0%	0.0%	12.5%	0%	38%
	芝1700〜1800m	×	芝1700〜1800m	×	0	1	0	6	0.0%	16.7%	16.7%	0%	45%

ダート1600m

【未勝利】

∧同距離馬、延長馬が有利な馬場∨
・ダ1800×↓ダ1800×、ダ1800×↓ダ1800×の期待値高い。

∧短縮馬が有利な馬場∨
・ダ1800×↓ダ1800×、ダ1800×↓ダ1800○×の成績が良い。特に、前走で3コーナー6番手以下の位置取りの馬が期待値高い。

【1000万下～OP】

∧同距離馬、延長馬が有利な馬場∨
・ダ1800×↓ダ1800×の成績が良い。

∧短縮馬が有利な馬場∨
・ダ1800×↓ダ1800×で、前走3コーナー7番手以下の位置取りの馬が期待値高い。

ダ1600mローテ・東京競馬場の傾向

	短縮	延長	同距離
東京	○		

ダート1600m【未勝利】馬場別データ

	評価	前々走		前走	
		距離	着順	距離	着順
同距離馬、延長馬が有利な馬場	特買い	ダ1800m	×	ダ1800m＊	×
同距離馬、延長馬が有利な馬場	特買い	ダ1800m	×	ダ1800m＊	××
短縮馬が有利な馬場	特買い	ダ1800m	×	ダ1800m	×
短縮馬が有利な馬場	特買い	ダ1800m	×	ダ1800m	××

ダート1600m【1000万下～OP】馬場別データ

	評価	前々走		前走	
		距離	着順	距離	着順
同距離馬、延長馬が有利な馬場	特買い	ダ1800m	×	ダ1800m＊	×
短縮馬が有利な馬場	特買い	ダ1800m	×	ダ1800m	×

ダート1600m

激変ローテ●ダート1600m【未勝利】3番人気以内

評価	前々走 距離	前々走 着順	前走 距離	前走 着順	1着	2着	3着	総数	勝率	連対率	複勝率	単回率	複回率
	—	—	ダ1150～1200m	×	2	0	1	6	33.3%	33.3%	50.0%	165%	71%
	—	—	ダ1150～1200m	○	0	1	0	4	0.0%	25.0%	25.0%	0%	32%
	ダ1150～1200m	○	ダ1150～1200m	×	1	0	0	3	33.3%	33.3%	33.3%	123%	43%
	ダ1150～1200m	×	ダ1150～1200m	×	1	0	1	3	33.3%	33.3%	66.7%	206%	93%
	—	—	ダ1300～1400m	○	3	3	0	9	33.3%	66.7%	66.7%	132%	84%
	ダ1300～1400m	○	ダ1300～1400m	○	5	2	0	8	62.5%	87.5%	87.5%	177%	120%
	ダ1300～1400m	○	ダ1300～1400m	×	1	0	1	3	33.3%	33.3%	66.7%	90%	83%
	ダ1300～1400m	×	ダ1300～1400m	×	0	2	0	3	0.0%	66.7%	66.7%	0%	80%
	—	—	ダ1600m	○	3	2	4	17	17.6%	29.4%	52.9%	35%	72%
	—	—	ダ1600m	×	3	2	0	9	33.3%	55.6%	55.6%	116%	86%
	ダ1150～1200m	○	ダ1600m	○	2	1	1	4	50.0%	75.0%	100.0%	135%	135%
	ダ1300～1400m	○	ダ1600m	○	0	0	2	4	0.0%	0.0%	50.0%	0%	55%
	ダ1300～1400m	×	ダ1600m	○	0	0	2	4	0.0%	0.0%	50.0%	0%	65%
	ダ1600m	○	ダ1600m	○	5	1	1	10	50.0%	60.0%	70.0%	149%	81%
	ダ1800m	○	ダ1600m	○	3	3	4	14	21.4%	42.9%	71.4%	42%	86%
	ダ1800m	×	ダ1600m	○	2	2	0	10	20.0%	40.0%	40.0%	112%	70%
	ダ1800m	×	ダ1600m	×	1	0	0	3	33.3%	33.3%	33.3%	90%	46%
	芝1700～1800m	○	ダ1600m	○	1	0	1	3	33.3%	33.3%	33.3%	46%	33%
	ダ1700m	○	ダ1600m	○	0	0	0	3	0.0%	0.0%	0.0%	0%	30%
	—	—	ダ1800m	○	5	4	1	17	29.4%	52.9%	58.8%	82%	81%
	—	—	ダ1800m	×	1	0	0	4	25.0%	25.0%	50.0%	112%	77%
	ダ1150～1200m	×	ダ1800m	○	2	1	1	5	40.0%	60.0%	80.0%	168%	134%
	ダ1700m	○	ダ1800m	○	0	1	1	5	0.0%	20.0%	40.0%	0%	58%
	ダ1700m	×	ダ1800m	○	3	0	1	4	75.0%	75.0%	100.0%	627%	177%
消し	ダ1800m	○	ダ1800m	○	3	5	1	23	13.0%	34.8%	39.1%	27%	48%
	ダ1800m	○	ダ1800m	×	3	0	3	9	33.3%	33.3%	66.7%	211%	81%
	ダ1800m	×	ダ1800m	○	1	1	2	7	14.3%	28.6%	57.1%	102%	94%
	ダ1800m	×	ダ1800m	×	2	3	1	6	33.3%	83.3%	100.0%	160%	151%
	芝1600m	○	ダ1800m	○	1	2	2	6	16.7%	50.0%	83.3%	25%	110%
	芝1700～1800m	○	ダ1800m	○	1	2	1	5	20.0%	60.0%	100.0%	98%	132%
	芝2000m	○	ダ1800m	○	1	0	0	3	33.3%	33.3%	33.3%	50%	36%
	芝2000m	×	ダ1800m	○	1	0	0	3	33.3%	33.3%	33.3%	230%	60%
消し	—	—	芝1600m	×	2	2	1	13	15.4%	30.8%	38.5%	36%	60%
	—	—	芝1600m	○	2	0	0	5	40.0%	40.0%	40.0%	134%	66%
	芝1600m	○	芝1600m	×	0	3	1	5	0.0%	60.0%	80.0%	0%	140%
	—	—	芝1700～1800m	×	0	2	0	3	0.0%	66.7%	66.7%	0%	113%
	芝1600m	×	芝1700～1800m	×	0	0	1	5	0.0%	0.0%	20.0%	0%	42%
	—	—	芝2000m	×	0	0	1	4	0.0%	0.0%	25.0%	0%	42%

激変ローテ●ダート1600m【未勝利】4番人気以下

評価	前々走 距離	前々走 着順	前走 距離	前走 着順	1着	2着	3着	総数	勝率	連対率	複勝率	単回率	複回率
	—	—	ダ1150～1200m	××	0	1	0	33	0.0%	3.0%	3.0%	0%	23%
	—	—	ダ1150～1200m	×	0	1	0	18	0.0%	5.6%	5.6%	0%	13%
	ダ1000m	×	ダ1150～1200m	×	0	0	0	3	0.0%	0.0%	0.0%	0%	0%
	ダ1150～1200m	×	ダ1150～1200m	×	0	2	1	18	0.0%	11.1%	16.7%	0%	49%
	ダ1150～1200m	××	ダ1150～1200m	××	0	0	0	15	0.0%	0.0%	0.0%	0%	0%
	ダ1150～1200m	××	ダ1150～1200m	×	0	0	1	11	0.0%	0.0%	9.1%	0%	21%
	ダ1150～1200m	○	ダ1150～1200m	×	0	1	0	9	0.0%	11.1%	11.1%	0%	35%
	ダ1150～1200m	×	ダ1150～1200m	××	0	0	0	6	0.0%	0.0%	0.0%	0%	0%
	ダ1300～1400m	××	ダ1150～1200m	×	0	0	1	5	0.0%	0.0%	20.0%	0%	340%
	ダ1300～1400m	××	ダ1150～1200m	××	0	0	0	4	0.0%	0.0%	0.0%	0%	0%
	ダ1700m	××	ダ1150～1200m	×	0	0	0	3	0.0%	0.0%	0.0%	0%	0%
	ダ1800m	××	ダ1150～1200m	×	0	0	1	4	0.0%	0.0%	25.0%	0%	102%
	ダ1800m	×	ダ1150～1200m	×	1	1	0	3	33.3%	66.7%	66.7%	506%	136%
	ダ1800m	××	ダ1150～1200m	×	0	0	0	3	0.0%	0.0%	0.0%	0%	0%
	芝1200m	×	ダ1150～1200m	×	0	0	0	3	0.0%	0.0%	0.0%	0%	0%
	芝1200m	×	ダ1150～1200m	××	0	0	0	4	0.0%	0.0%	0.0%	0%	0%
	芝1200m	××	ダ1150～1200m	××	0	0	0	3	0.0%	0.0%	0.0%	0%	0%
	芝1400～1500m	×	ダ1150～1200m	×	0	0	0	3	0.0%	0.0%	0.0%	0%	0%
	芝1400～1500m	×	ダ1150～1200m	××	0	0	0	3	0.0%	0.0%	0.0%	0%	0%

ダート1600m

評価	前々走 距離	着順	前走 距離	着順	1着	2着	3着	総数	勝率	連対率	複勝率	単回率	複回率
	芝1400〜1500m	××	ダ1150〜1200m	×	1	0	0	4	25.0%	25.0%	25.0%	312%	62%
	芝1600m	×	ダ1150〜1200m	×	0	1	0	5	0.0%	20.0%	20.0%	0%	46%
	—	—	ダ1300〜1400m	××	0	2	0	56	0.0%	3.6%	3.6%	0%	15%
	—	—	ダ1300〜1400m	×	1	0	0	21	4.8%	4.8%	4.8%	73%	19%
	ダ1000m	×	ダ1300〜1400m	×	0	0	0	4	0.0%	0.0%	0.0%	0%	0%
	ダ1150〜1200m	×	ダ1300〜1400m	×	1	3	0	18	5.6%	22.2%	22.2%	65%	80%
	ダ1150〜1200m	××	ダ1300〜1400m	××	0	0	0	11	0.0%	0.0%	0.0%	0%	0%
	ダ1150〜1200m	×	ダ1300〜1400m	××	0	1	0	9	0.0%	11.1%	11.1%	0%	252%
	ダ1150〜1200m	××	ダ1300〜1400m	×	0	1	0	8	0.0%	12.5%	12.5%	0%	51%
	ダ1300〜1400m	×	ダ1300〜1400m	×	1	0	0	7	14.3%	14.3%	14.3%	260%	51%
	ダ1300〜1400m	×	ダ1300〜1400m	××	0	0	0	6	0.0%	0.0%	0.0%	0%	0%
	ダ1300〜1400m	××	ダ1300〜1400m	×	0	0	1	6	0.0%	0.0%	16.7%	0%	38%
	ダ1600m	××	ダ1300〜1400m	××	0	0	0	6	0.0%	0.0%	0.0%	0%	0%
	ダ1600m	×	ダ1300〜1400m	×	0	0	0	3	0.0%	0.0%	0.0%	0%	0%
	ダ1700m	×	ダ1300〜1400m	×	0	0	0	3	0.0%	0.0%	0.0%	0%	0%
	ダ1800m	×	ダ1300〜1400m	×	1	1	0	10	10.0%	20.0%	20.0%	187%	64%
	ダ1800m	××	ダ1300〜1400m	×	0	0	0	6	0.0%	0.0%	0.0%	0%	0%
	ダ1800m	◯	ダ1300〜1400m	×	1	1	0	3	33.3%	66.7%	66.7%	256%	290%
	芝1200m	××	ダ1300〜1400m	××	0	0	0	5	0.0%	0.0%	0.0%	0%	0%
	芝1200m	×	ダ1300〜1400m	×	0	0	0	3	0.0%	0.0%	0.0%	0%	0%
	芝1600m	×	ダ1300〜1400m	××	0	0	0	4	0.0%	0.0%	0.0%	0%	0%
	芝1700〜1800m	××	ダ1300〜1400m	×	0	2	0	6	0.0%	33.3%	33.3%	0%	68%
	芝1700〜1800m	××	ダ1300〜1400m	××	0	0	0	4	0.0%	0.0%	0.0%	0%	0%
	—	—	ダ1600m	××	0	0	0	27	0.0%	0.0%	0.0%	0%	0%
	—	—	ダ1600m	×	0	1	2	16	0.0%	6.3%	18.8%	0%	78%
	ダ1150〜1200m	×	ダ1600m	×	0	0	2	7	0.0%	0.0%	28.6%	0%	115%
	ダ1150〜1200m	×	ダ1600m	××	0	1	0	5	0.0%	20.0%	20.0%	0%	98%
	ダ1150〜1200m	××	ダ1600m	××	0	0	0	4	0.0%	0.0%	0.0%	0%	0%
	ダ1150〜1200m	××	ダ1600m	×	0	1	0	3	0.0%	33.3%	33.3%	0%	786%
	ダ1300〜1400m	××	ダ1600m	×	0	0	0	9	0.0%	0.0%	0.0%	0%	0%
	ダ1300〜1400m	×	ダ1600m	×	0	0	0	3	0.0%	0.0%	0.0%	0%	0%
	ダ1600m	××	ダ1600m	×	0	0	1	8	0.0%	0.0%	12.5%	0%	42%
	ダ1600m	◯	ダ1600m	×	0	1	0	4	0.0%	25.0%	25.0%	0%	52%
	ダ1600m	××	ダ1600m	××	0	0	0	6	0.0%	0.0%	0.0%	0%	0%
	ダ1600m	×	ダ1600m	×	0	0	0	3	0.0%	0.0%	0.0%	0%	0%
	ダ1700m	×	ダ1600m	×	0	0	0	6	0.0%	0.0%	0.0%	0%	0%
	ダ1700m	××	ダ1600m	××	0	0	0	3	0.0%	0.0%	0.0%	0%	0%
	ダ1800m	××	ダ1600m	×	0	2	0	11	0.0%	18.2%	18.2%	0%	64%
	ダ1800m	××	ダ1600m	××	0	1	0	10	0.0%	10.0%	10.0%	0%	39%
	ダ1800m	×	ダ1600m	××	0	0	0	6	0.0%	0.0%	0.0%	0%	0%
	ダ1800m	×	ダ1600m	×	0	1	0	5	0.0%	20.0%	20.0%	0%	550%
	ダ1800m	◯	ダ1600m	×	1	0	1	4	25.0%	25.0%	50.0%	380%	387%
	芝1600m	×	ダ1600m	××	0	0	0	3	0.0%	0.0%	0.0%	0%	0%
	芝1700〜1800m	××	ダ1600m	××	0	0	0	6	0.0%	0.0%	0.0%	0%	0%
	芝1700〜1800m	×	ダ1600m	×	0	0	0	3	0.0%	0.0%	0.0%	0%	0%
	—	—	ダ1700m	××	0	0	0	8	0.0%	0.0%	0.0%	0%	0%
	ダ1150〜1200m	××	ダ1700m	××	0	0	0	3	0.0%	0.0%	0.0%	0%	0%
	ダ1700m	×	ダ1700m	××	0	0	0	5	0.0%	0.0%	0.0%	0%	0%
	ダ1700m	◯	ダ1700m	×	1	0	0	4	25.0%	25.0%	25.0%	472%	80%
	ダ1800m	××	ダ1700m	×	0	0	1	11	0.0%	0.0%	9.1%	0%	21%
	ダ1800m	××	ダ1700m	××	0	0	0	6	0.0%	0.0%	0.0%	0%	0%
	ダ1800m	×	ダ1700m	×	0	1	0	3	0.0%	33.3%	33.3%	0%	100%
	芝1600m	×	ダ1700m	××	0	0	0	3	0.0%	0.0%	0.0%	0%	0%
	芝1700〜1800m	××	ダ1700m	××	0	0	0	3	0.0%	0.0%	0.0%	0%	0%
	—	—	ダ1800m	××	2	2	0	47	4.3%	8.5%	8.5%	185%	108%
	—	—	ダ1800m	×	0	1	0	18	0.0%	5.6%	5.6%	0%	33%
	ダ1150〜1200m	×	ダ1800m	××	0	0	0	9	0.0%	0.0%	0.0%	0%	0%
	ダ1150〜1200m	×	ダ1800m	×	1	0	1	8	12.5%	12.5%	25.0%	67%	58%
	ダ1150〜1200m	××	ダ1800m	×	0	0	1	8	0.0%	0.0%	12.5%	0%	458%
	ダ1150〜1200m	××	ダ1800m	××	0	1	0	3	0.0%	33.3%	33.3%	0%	80%
	ダ1300〜1400m	××	ダ1800m	××	1	0	0	7	14.3%	14.3%	14.3%	3557%	915%
	ダ1300〜1400m	××	ダ1800m	×	1	2	0	5	20.0%	60.0%	60.0%	468%	622%
	ダ1300〜1400m	×	ダ1800m	××	0	0	1	3	0.0%	0.0%	33.3%	0%	123%
	ダ1300〜1400m	×	ダ1800m	×	0	0	0	3	0.0%	0.0%	0.0%	0%	0%

ダート1600m

評価	前々走 距離	前々走 着順	前走 距離	前走 着順	1着	2着	3着	総数	勝率	連対率	複勝率	単回率	複回率
	ダ1600m	××	ダ1800m	××	0	0	1	9	0.0%	0.0%	11.1%	0%	22%
	ダ1600m	×	ダ1800m	××	0	0	1	4	0.0%	0.0%	25.0%	0%	177%
	ダ1700m		ダ1800m	×	0	0	0	5	0.0%	0.0%	0.0%	0%	0%
	ダ1700m	×	ダ1800m	××	1	0	0	5	20.0%	20.0%	20.0%	2062%	308%
	ダ1700m	××	ダ1800m	××	0	0	0	5	0.0%	0.0%	0.0%	0%	0%
	ダ1700m	××	ダ1800m	×	0	0	1	3	0.0%	0.0%	33.3%	0%	90%
	ダ1800m	×	ダ1800m	××	0	0	5	25	0.0%	0.0%	20.0%	0%	77%
	ダ1800m	××	ダ1800m	××	0	0	0	23	0.0%	0.0%	0.0%	0%	0%
特買い	ダ1800m		ダ1800m	×	2	1	2	22	9.1%	13.6%	22.7%	216%	144%
特買い	ダ1800m	×	ダ1800m	××	3	2	0	18	16.7%	27.8%	27.8%	1214%	233%
	ダ1800m	○	ダ1800m	×	2	0	2	15	13.3%	13.3%	26.7%	108%	71%
	芝1200m	×	ダ1800m	××	0	0	0	6	0.0%	0.0%	0.0%	0%	0%
	芝1400～1500m	××	ダ1800m	××	0	0	0	4	0.0%	0.0%	0.0%	0%	0%
	芝1600m		ダ1800m	××	0	0	0	6	0.0%	0.0%	0.0%	0%	0%
	芝1600m	×	ダ1800m	×	0	0	0	5	0.0%	0.0%	0.0%	0%	0%
	芝1600m	××	ダ1800m	××	0	0	0	5	0.0%	0.0%	0.0%	0%	0%
	芝1700～1800m		ダ1800m	×	0	1	1	10	0.0%	10.0%	20.0%	0%	115%
	芝1700～1800m	××	ダ1800m	××	0	1	0	9	0.0%	11.1%	11.1%	0%	113%
	芝1700～1800m	×	ダ1800m	××	0	0	0	6	0.0%	0.0%	0.0%	0%	0%
	芝2000m	××	ダ1800m	××	0	0	0	8	0.0%	0.0%	0.0%	0%	0%
	芝2000m		ダ1800m	××	0	0	0	3	0.0%	0.0%	0.0%	0%	0%
	―	―	芝1200m	××	0	0	0	11	0.0%	0.0%	0.0%	0%	0%
	―	―	芝1200m	×	1	0	2	8	12.5%	12.5%	37.5%	87%	132%
	芝1200m	×	芝1200m	×	0	0	0	3	0.0%	0.0%	0.0%	0%	0%
	芝1200m		芝1200m	××	0	0	0	3	0.0%	0.0%	0.0%	0%	0%
	―	―	芝1400～1500m	×	0	0	0	11	0.0%	0.0%	0.0%	0%	0%
	―	―	芝1400～1500m	××	0	0	0	9	0.0%	0.0%	0.0%	0%	0%
	ダ1150～1200m	×	芝1400～1500m	×	0	0	0	3	0.0%	0.0%	0.0%	0%	0%
	ダ1600m	×	芝1400～1500m	××	0	0	0	3	0.0%	0.0%	0.0%	0%	0%
	芝1600m	×	芝1400～1500m		0	0	0	4	0.0%	0.0%	0.0%	0%	0%
	―	―	芝1600m	×	0	2	2	25	0.0%	8.0%	16.0%	0%	100%
	―	―	芝1600m	××	0	0	1	23	0.0%	0.0%	4.3%	0%	78%
	芝1200m	×	芝1600m	×	0	0	0	5	0.0%	0.0%	0.0%	0%	0%
	芝1400～1500m	×	芝1600m		0	0	0	3	0.0%	0.0%	0.0%	0%	0%
	芝1600m	×	芝1600m	×	1	1	0	14	7.1%	14.3%	14.3%	85%	39%
	芝1600m	×	芝1600m		0	0	0	4	0.0%	0.0%	0.0%	0%	0%
	芝1600m	××	芝1600m	××	0	0	0	3	0.0%	0.0%	0.0%	0%	0%
	芝1700～1800m	×	芝1600m	×	0	0	0	4	0.0%	0.0%	0.0%	0%	0%
	芝1700～1800m	×	芝1600m		0	0	0	4	0.0%	0.0%	0.0%	0%	0%
	―	―	芝1700～1800m	××	0	0	1	25	0.0%	0.0%	4.0%	0%	43%
	―	―	芝1700～1800m	×	1	0	3	15	6.7%	6.7%	26.7%	50%	82%
	ダ1800m	×	芝1700～1800m	×	0	0	0	4	0.0%	0.0%	0.0%	0%	0%
	ダ1800m	××	芝1700～1800m	×	0	0	0	4	0.0%	0.0%	0.0%	0%	0%
	芝1200m	×	芝1700～1800m		0	0	0	3	0.0%	0.0%	0.0%	0%	0%
	芝1400～1500m	×	芝1700～1800m		1	1	1	4	25.0%	50.0%	75.0%	360%	275%
	芝1600m	×	芝1700～1800m	×	1	0	0	10	10.0%	10.0%	10.0%	444%	70%
	芝1600m	×	芝1700～1800m	××	0	0	0	3	0.0%	0.0%	0.0%	0%	0%
	芝1600m	××	芝1700～1800m	××	0	0	0	3	0.0%	0.0%	0.0%	0%	0%
	芝1700～1800m		芝1700～1800m	×	0	0	0	7	0.0%	0.0%	0.0%	0%	0%
	芝1700～1800m	××	芝1700～1800m	×	0	0	0	5	0.0%	0.0%	0.0%	0%	0%
	芝1700～1800m	××	芝1700～1800m	××	0	0	0	4	0.0%	0.0%	0.0%	0%	0%
	―	―	芝2000m	×	1	0	0	6	16.7%	16.7%	16.7%	460%	83%
	―	―	芝2000m	××	0	0	0	5	0.0%	0.0%	0.0%	0%	0%
	ダ1300～1400m	××	芝2000m	××	0	0	0	4	0.0%	0.0%	0.0%	0%	0%
	芝1600m	×	芝2000m	×	0	0	1	8	0.0%	0.0%	12.5%	0%	173%
	芝1600m	×	芝2000m	××	0	0	0	3	0.0%	0.0%	0.0%	0%	0%
	芝1700～1800m	×	芝2000m	×	1	1	0	5	20.0%	40.0%	40.0%	176%	118%
	芝1700～1800m	×	芝2000m	××	0	1	0	4	0.0%	25.0%	25.0%	0%	92%
	芝1700～1800m	○	芝2000m	×	0	1	1	3	0.0%	33.3%	66.7%	0%	336%
	芝2000m	×	芝2000m	××	1	0	0	4	25.0%	25.0%	25.0%	3680%	595%

ダート1600m

激変ローテ●ダート1600m【500万下】3番人気以内

評価	前々走 距離	着順	前走 距離	着順	1着	2着	3着	総数	勝率	連対率	複勝率	単回率	複回率
	ダ1300〜1400m	◯	ダ1300〜1400m	◯	1	1	1	4	25.0%	50.0%	75.0%	92%	110%
	ダ1300〜1400m	◯	ダ1300〜1400m	×	1	0	1	3	33.3%	33.3%	66.7%	126%	103%
	ダ1800m	×	ダ1300〜1400m	◯	0	0	1	3	0.0%	0.0%	33.3%	0%	63%
	ダ1600m	◯	ダ1600m	◯	1	2	1	9	11.1%	33.3%	44.4%	46%	57%
	ダ1600m	×	ダ1600m	◯	2	0	0	3	66.7%	66.7%	66.7%	216%	83%
	ダ1600m	×	ダ1600m	×	1	1	0	3	33.3%	66.7%	66.7%	50%	90%
	ダ1700m	◯	ダ1600m	◯	1	1	1	6	16.7%	33.3%	50.0%	105%	88%
	ダ1700m	×	ダ1600m	◯	1	2	1	5	20.0%	60.0%	80.0%	28%	112%
	ダ1800m	◯	ダ1600m	◯	1	3	1	8	12.5%	50.0%	62.5%	36%	87%
	ダ1800m	◯	ダ1600m	×	2	1	0	6	33.3%	50.0%	50.0%	168%	68%
	ダ1800m	×	ダ1600m	◯	2	1	2	5	40.0%	60.0%	100.0%	80%	124%
	ダ1700m	◯	ダ1700m	×	2	2	1	6	33.3%	66.7%	83.3%	113%	126%
	ダ1700m	◯	ダ1700m	◯	1	0	1	5	20.0%	20.0%	40.0%	58%	66%
	ダ1700m	×	ダ1700m	×	0	1	0	5	0.0%	20.0%	20.0%	0%	30%
	ダ1700m	◯	ダ1700m	◯	2	1	0	4	50.0%	75.0%	75.0%	142%	112%
	ダ1800m	◯	ダ1700m	◯	2	1	1	4	50.0%	75.0%	100.0%	182%	130%
	ダ1700m	◯	ダ1800m	◯	1	1	1	6	16.7%	33.3%	50.0%	35%	80%
	ダ1700m	◯	ダ1800m	◯	0	0	1	3	0.0%	0.0%	33.3%	0%	46%
	ダ1700m	×	ダ1800m	×	0	0	0	3	0.0%	0.0%	0.0%	0%	0%
	ダ1800m	◯	ダ1800m	◯	4	1	4	14	28.6%	35.7%	64.3%	71%	92%
	ダ1800m	×	ダ1800m	◯	4	4	0	12	33.3%	66.7%	66.7%	140%	111%
	ダ1800m	◯	ダ1800m	×	1	1	2	9	11.1%	22.2%	44.4%	61%	67%
	ダ1800m	×	ダ1800m	×	1	0	0	5	20.0%	20.0%	20.0%	108%	36%
	ダ1800m	◯	芝1700〜1800m	◯	2	0	0	3	66.7%	66.7%	66.7%	176%	93%
	芝1700〜1800m	◯	芝1700〜1800m	◯	1	1	1	4	25.0%	50.0%	75.0%	120%	195%
	芝2000m	×	芝1700〜1800m	◯	1	0	0	3	33.3%	33.3%	33.3%	146%	60%

激変ローテ●ダート1600m【500万下】4番人気以下

評価	前々走 距離	着順	前走 距離	着順	1着	2着	3着	総数	勝率	連対率	複勝率	単回率	複回率
	ダ1000m	×	ダ1150〜1200m	×	0	1	0	4	0.0%	25.0%	25.0%	0%	112%
	ダ1150〜1200m	×	ダ1150〜1200m	◯	1	1	1	24	4.2%	8.3%	12.5%	232%	93%
	ダ1150〜1200m	×	ダ1150〜1200m	××	0	1	0	8	0.0%	12.5%	12.5%	0%	56%
	ダ1150〜1200m	◯	ダ1150〜1200m	◎	1	1	1	7	14.3%	28.6%	42.9%	180%	138%
	ダ1150〜1200m	××	ダ1150〜1200m	×	0	0	0	6	0.0%	0.0%	0.0%	0%	0%
	ダ1150〜1200m	◯	ダ1150〜1200m	◯	0	0	0	5	0.0%	0.0%	0.0%	0%	0%
	ダ1150〜1200m	◎	ダ1150〜1200m	××	0	1	0	4	0.0%	25.0%	25.0%	0%	417%
	ダ1150〜1200m	××	ダ1150〜1200m	××	0	0	0	4	0.0%	0.0%	0.0%	0%	0%
	ダ1300〜1400m	×	ダ1150〜1200m	◯	0	1	0	6	0.0%	16.7%	16.7%	0%	128%
	ダ1300〜1400m	◯	ダ1150〜1200m	◎	1	0	0	5	20.0%	20.0%	20.0%	264%	72%
	ダ1300〜1400m	××	ダ1150〜1200m	×	0	0	0	5	0.0%	0.0%	0.0%	0%	0%
	ダ1300〜1400m	×	ダ1150〜1200m	××	0	0	0	3	0.0%	0.0%	0.0%	0%	0%
	ダ1700m	◯	ダ1150〜1200m	×	0	0	0	4	0.0%	0.0%	0.0%	0%	0%
	ダ1700m	××	ダ1150〜1200m	×	0	0	0	3	0.0%	0.0%	0.0%	0%	0%
	ダ1800m	××	ダ1150〜1200m	×	0	0	1	4	0.0%	0.0%	25.0%	0%	1190%
	芝1200m	◯	ダ1150〜1200m	×	0	0	0	7	0.0%	0.0%	0.0%	0%	0%
	芝1200m	×	ダ1150〜1200m	××	0	0	0	3	0.0%	0.0%	0.0%	0%	0%
	芝1600m	×	ダ1150〜1200m	×	0	1	1	3	0.0%	33.3%	66.7%	0%	183%
	芝1700〜1800m	×	ダ1150〜1200m	×	0	0	1	3	0.0%	0.0%	33.3%	0%	0%
	ダ1150〜1200m	×	ダ1300〜1400m	×	0	0	0	17	0.0%	0.0%	0.0%	0%	0%
	ダ1150〜1200m	◎	ダ1300〜1400m	×	1	0	0	11	9.1%	9.1%	9.1%	516%	70%
	ダ1150〜1200m	◯	ダ1300〜1400m	◎	1	0	1	5	20.0%	20.0%	40.0%	250%	152%
	ダ1150〜1200m	◯	ダ1300〜1400m	××	0	0	1	5	0.0%	0.0%	20.0%	0%	60%
	ダ1150〜1200m	××	ダ1300〜1400m	×	0	1	0	3	0.0%	33.3%	33.3%	0%	126%
	ダ1150〜1200m	◯	ダ1300〜1400m	×	0	0	0	3	0.0%	0.0%	0.0%	0%	0%
	ダ1300〜1400m	◯	ダ1300〜1400m	×	0	0	1	12	0.0%	0.0%	8.3%	0%	63%
	ダ1300〜1400m	×	ダ1300〜1400m	×	1	0	1	10	10.0%	10.0%	20.0%	134%	47%
	ダ1300〜1400m	××	ダ1300〜1400m	××	0	0	0	5	0.0%	0.0%	0.0%	0%	0%
	ダ1300〜1400m	◎	ダ1300〜1400m	×	0	0	0	4	0.0%	0.0%	0.0%	0%	0%
	ダ1300〜1400m	×	ダ1300〜1400m	◎	0	1	1	4	0.0%	25.0%	50.0%	0%	485%

ダート1600m

評価	前々走 距離	前々走 着順	前走 距離	前走 着順	1着	2着	3着	総数	勝率	連対率	複勝率	単回率	複回率
	ダ1300〜1400m	○	ダ1300〜1400m	○	0	0	0	3	0.0%	0.0%	0.0%	0%	0%
	ダ1600m	○	ダ1300〜1400m	×	0	0	0	4	0.0%	0.0%	0.0%	0%	0%
	ダ1600m	×	ダ1300〜1400m	×	0	0	0	4	0.0%	0.0%	0.0%	0%	0%
	ダ1700m	×	ダ1300〜1400m	×	0	0	0	3	0.0%	0.0%	0.0%	0%	0%
	ダ1700m	××	ダ1300〜1400m	××	0	0	0	3	0.0%	0.0%	0.0%	0%	0%
	ダ1800m	○	ダ1300〜1400m	◎	0	0	1	4	0.0%	0.0%	25.0%	0%	75%
	ダ1800m	××	ダ1300〜1400m	×	0	0	0	3	0.0%	0.0%	0.0%	0%	0%
	芝1400〜1500m	×	ダ1300〜1400m	◎	0	1	0	4	0.0%	25.0%	25.0%	0%	257%
	ダ1150〜1200m	×	ダ1600m	◎	0	0	1	6	0.0%	0.0%	16.7%	0%	58%
	ダ1150〜1200m	×	ダ1600m	×	0	0	0	5	0.0%	0.0%	0.0%	0%	0%
	ダ1300〜1400m	○	ダ1600m	◎	0	0	0	5	0.0%	0.0%	0.0%	0%	0%
	ダ1300〜1400m	×	ダ1600m	×	0	0	1	5	0.0%	0.0%	20.0%	0%	344%
	ダ1300〜1400m	◎	ダ1600m	×	0	1	0	4	0.0%	25.0%	25.0%	0%	177%
	ダ1600m	×	ダ1600m	×	0	2	0	19	0.0%	10.5%	10.5%	0%	65%
	ダ1600m	○	ダ1600m	◎	0	0	0	8	0.0%	0.0%	0.0%	0%	0%
	ダ1600m	×	ダ1600m	×	0	1	1	8	0.0%	12.5%	25.0%	0%	128%
	ダ1600m	○	ダ1600m	○	1	0	0	5	20.0%	20.0%	20.0%	232%	68%
	ダ1600m	×	ダ1600m	○	0	1	2	5	0.0%	20.0%	60.0%	0%	196%
	ダ1600m	×	ダ1600m	◎	0	0	0	4	0.0%	0.0%	0.0%	0%	0%
	ダ1600m	◎	ダ1600m	○	0	0	0	3	0.0%	0.0%	0.0%	0%	0%
	ダ1600m	×	ダ1600m	××	0	0	0	3	0.0%	0.0%	0.0%	0%	0%
	ダ1600m	××	ダ1600m	×	0	0	0	3	0.0%	0.0%	0.0%	0%	0%
	ダ1600m	××	ダ1600m	××	0	0	0	3	0.0%	0.0%	0.0%	0%	0%
	ダ1700m	×	ダ1600m	×	1	1	1	7	14.3%	28.6%	42.9%	1585%	391%
	ダ1700m	◎	ダ1600m	×	0	0	0	4	0.0%	0.0%	0.0%	0%	0%
	ダ1700m	××	ダ1600m	×	0	0	0	4	0.0%	0.0%	0.0%	0%	0%
	ダ1700m	◎	ダ1600m	××	0	0	1	3	0.0%	0.0%	33.3%	0%	123%
	ダ1700m	×	ダ1600m	○	0	0	0	3	0.0%	0.0%	0.0%	0%	0%
	ダ1700m	××	ダ1600m	××	0	0	0	3	0.0%	0.0%	0.0%	0%	0%
	ダ1800m	×	ダ1600m	×	0	3	1	21	0.0%	14.3%	19.0%	0%	72%
	ダ1800m	○	ダ1600m	◎	0	0	0	7	0.0%	0.0%	0.0%	0%	0%
	ダ1800m	××	ダ1600m	×	0	0	0	6	0.0%	0.0%	0.0%	0%	0%
	ダ1800m	××	ダ1600m	××	0	0	0	6	0.0%	0.0%	0.0%	0%	0%
	ダ1800m	○	ダ1600m	×	0	1	2	5	0.0%	20.0%	60.0%	0%	126%
	ダ1800m	×	ダ1600m	◎	0	0	0	5	0.0%	0.0%	0.0%	0%	0%
	ダ1800m	◎	ダ1600m	×	0	0	1	4	0.0%	0.0%	25.0%	0%	57%
	ダ1800m	○	ダ1600m	○	0	1	1	4	0.0%	25.0%	50.0%	0%	127%
	ダ1800m	◎	ダ1600m	××	0	0	0	3	0.0%	0.0%	0.0%	0%	0%
	芝1600m	×	ダ1600m	×	0	0	1	3	0.0%	0.0%	33.3%	0%	203%
	芝1700〜1800m	×	ダ1600m	◎	0	0	0	4	0.0%	0.0%	0.0%	0%	0%
	ダ1000m	×	ダ1700m	××	0	0	0	3	0.0%	0.0%	0.0%	0%	0%
	ダ1150〜1200m	×	ダ1700m	××	0	0	0	4	0.0%	0.0%	0.0%	0%	0%
	ダ1300〜1400m	×	ダ1700m	×	0	1	0	4	0.0%	25.0%	25.0%	0%	90%
	ダ1300〜1400m	×	ダ1700m	××	0	0	0	3	0.0%	0.0%	0.0%	0%	0%
	ダ1600m	×	ダ1700m	×	0	1	0	4	0.0%	25.0%	25.0%	0%	80%
	ダ1600m	×	ダ1700m	××	0	0	0	3	0.0%	0.0%	0.0%	0%	0%
	ダ1700m	×	ダ1700m	×	0	4	0	29	0.0%	13.8%	13.8%	0%	100%
	ダ1700m	××	ダ1700m	××	0	1	1	13	0.0%	7.7%	15.4%	0%	71%
	ダ1700m	○	ダ1700m	×	0	0	0	12	0.0%	0.0%	0.0%	0%	0%
	ダ1700m	×	ダ1700m	○	0	3	1	12	0.0%	25.0%	33.3%	0%	87%
	ダ1700m	××	ダ1700m	×	0	2	1	10	0.0%	20.0%	30.0%	0%	109%
	ダ1700m	○	ダ1700m	○	1	0	3	7	14.3%	14.3%	57.1%	92%	127%
	ダ1700m	×	ダ1700m	××	0	0	0	7	0.0%	0.0%	0.0%	0%	0%
	ダ1700m	×	ダ1700m	◎	0	0	0	6	0.0%	0.0%	0.0%	0%	0%
	ダ1700m	◎	ダ1700m	×	0	1	0	5	0.0%	20.0%	20.0%	0%	86%
	ダ1700m	○	ダ1700m	◎	0	0	0	4	0.0%	0.0%	0.0%	0%	0%
	ダ1800m	××	ダ1700m	××	0	1	1	9	0.0%	11.1%	22.2%	0%	76%
	ダ1800m	×	ダ1700m	×	0	0	0	5	0.0%	0.0%	0.0%	0%	0%
	ダ1800m	××	ダ1700m	×	1	0	0	5	20.0%	20.0%	20.0%	354%	76%
	ダ1800m	○	ダ1700m	◎	0	1	0	4	0.0%	25.0%	25.0%	0%	77%
	ダ1800m	×	ダ1700m	◎	0	0	0	4	0.0%	0.0%	0.0%	0%	0%
	ダ1800m	×	ダ1700m	××	0	0	1	4	0.0%	0.0%	25.0%	0%	127%
	ダ1800m	◎	ダ1700m	××	0	0	0	3	0.0%	0.0%	0.0%	0%	0%
	ダ1800m	○	ダ1700m	×	0	0	1	3	0.0%	0.0%	33.3%	0%	133%
	芝1600m	×	ダ1700m	××	1	0	0	4	25.0%	25.0%	25.0%	695%	140%

ダート1600m

評価	前々走 距離	前々走 着順	前走 距離	前走 着順	1着	2着	3着	総数	勝率	連対率	複勝率	単回率	複回率
	ダ1150～1200m	××	ダ1800m	××	0	0	0	6	0.0%	0.0%	0.0%	0%	0%
	ダ1150～1200m	×	ダ1800m	×	0	0	0	5	0.0%	0.0%	0.0%	0%	0%
	ダ1300～1400m	×	ダ1800m	××	0	0	0	5	0.0%	0.0%	0.0%	0%	0%
	ダ1300～1400m	××	ダ1800m	××	0	0	1	4	0.0%	0.0%	25.0%	0%	402%
	ダ1600m	×	ダ1800m	×	0	0	0	8	0.0%	0.0%	0.0%	0%	0%
	ダ1600m	×	ダ1800m	××	0	0	0	8	0.0%	0.0%	0.0%	0%	0%
	ダ1600m	◎	ダ1800m	×	0	0	0	4	0.0%	0.0%	0.0%	0%	0%
	ダ1700m	×	ダ1800m	×	1	0	0	25	4.0%	4.0%	4.0%	54%	9%
	ダ1700m	○	ダ1800m	×	0	0	1	6	0.0%	0.0%	16.7%	0%	108%
	ダ1700m	◎	ダ1800m	×	0	0	0	5	0.0%	0.0%	0.0%	0%	0%
	ダ1700m	○	ダ1800m	◎	0	0	1	5	0.0%	0.0%	20.0%	0%	40%
	ダ1700m	○	ダ1800m	○	0	1	0	5	0.0%	20.0%	20.0%	0%	68%
	ダ1700m	×	ダ1800m	××	0	0	0	5	0.0%	0.0%	0.0%	0%	0%
	ダ1700m	××	ダ1800m	×	0	0	0	5	0.0%	0.0%	0.0%	0%	0%
	ダ1700m	×	ダ1800m	◎	0	0	0	4	0.0%	0.0%	0.0%	0%	0%
	ダ1700m	××	ダ1800m	××	0	0	0	4	0.0%	0.0%	0.0%	0%	0%
	ダ1700m	○	ダ1800m	××	0	0	0	3	0.0%	0.0%	0.0%	0%	0%
	ダ1800m	×	ダ1800m	×	1	1	3	44	2.3%	4.5%	11.4%	54%	45%
	ダ1800m	○	ダ1800m	◎	0	0	2	19	0.0%	0.0%	10.5%	0%	49%
	ダ1800m	××	ダ1800m	×	1	0	1	19	5.3%	5.3%	10.5%	75%	37%
	ダ1800m	××	ダ1800m	××	0	1	0	18	0.0%	5.6%	5.6%	0%	27%
	ダ1800m	×	ダ1800m	◎	0	0	1	14	0.0%	0.0%	7.1%	0%	27%
	ダ1800m	○	ダ1800m	×	0	2	2	12	0.0%	16.7%	33.3%	0%	138%
	ダ1800m	◎	ダ1800m	○	3	2	1	11	27.3%	45.5%	54.5%	271%	132%
	ダ1800m	×	ダ1800m	××	0	1	0	11	0.0%	9.1%	9.1%	0%	25%
	ダ1800m	◎	ダ1800m	××	0	0	0	10	0.0%	0.0%	0.0%	0%	0%
	ダ1800m	◎	ダ1800m	×	0	0	0	7	0.0%	0.0%	0.0%	0%	0%
	ダ1800m	×	ダ1800m	○	0	1	1	6	0.0%	16.7%	33.3%	0%	80%
	ダ2100m～	××	ダ1800m	××	0	0	0	3	0.0%	0.0%	0.0%	0%	0%
	芝1600m	×	ダ1800m	◎	0	0	0	4	0.0%	0.0%	0.0%	0%	0%
	芝1600m	×	ダ1800m	×	0	0	0	3	0.0%	0.0%	0.0%	0%	0%
	芝1600m	×	ダ1800m	××	0	1	1	3	0.0%	33.3%	66.7%	0%	656%
	芝1700～1800m	×	ダ1800m	◎	0	1	0	4	0.0%	25.0%	25.0%	0%	52%
	芝1700～1800m	×	ダ1800m	×	0	1	0	4	0.0%	0.0%	25.0%	0%	85%
	芝1700～1800m	×	ダ1800m	××	0	0	0	4	0.0%	0.0%	0.0%	0%	0%
	芝1700～1800m	××	ダ1800m	××	0	0	0	3	0.0%	0.0%	0.0%	0%	0%
	芝2000m	×	ダ1800m	×	0	0	0	3	0.0%	0.0%	0.0%	0%	0%
	ダ1800m	×	ダ2100m～	××	0	0	1	5	0.0%	0.0%	20.0%	0%	60%
	ダ1150～1200m	◎	芝1200m	×	0	0	0	3	0.0%	0.0%	0.0%	0%	0%
	芝1200m	×	芝1200m	×	0	0	0	9	0.0%	0.0%	0.0%	0%	0%
	芝1400～1500m	×	芝1400～1500m	×	1	0	0	3	33.3%	33.3%	33.3%	270%	86%
	芝1300～1400m	×	芝1600m	×	1	0	0	5	20.0%	20.0%	20.0%	212%	56%
	芝1600m	×	芝1600m	×	0	0	0	8	0.0%	0.0%	0.0%	0%	0%
	芝1700～1800m	×	芝1600m	×	0	0	0	3	0.0%	0.0%	0.0%	0%	0%
	ダ1700m	××	芝1700～1800m	××	0	0	0	3	0.0%	0.0%	0.0%	0%	0%
	ダ1800m	◎	芝1700～1800m	○	0	1	0	4	0.0%	25.0%	25.0%	0%	87%
	芝1400～1500m	×	芝1700～1800m	×	0	0	1	6	0.0%	0.0%	16.7%	0%	131%
	芝1600m	×	芝1700～1800m	×	1	0	0	3	33.3%	33.3%	33.3%	446%	120%
	芝1700～1800m	×	芝1700～1800m	×	1	0	1	6	16.7%	16.7%	33.3%	268%	150%
	ダ1800m	◎	芝2000m	×	1	0	0	3	33.3%	33.3%	33.3%	230%	83%
	芝1600m	×	芝2000m	×	0	0	0	4	0.0%	0.0%	0.0%	0%	0%
	芝1700～1800m	×	芝2000m	×	0	0	0	5	0.0%	0.0%	0.0%	0%	0%
	芝2000m	×	芝2000m	×	1	1	0	5	20.0%	40.0%	40.0%	2020%	516%
	芝1700～1800m	×	芝2200m～	×	1	1	0	3	33.3%	66.7%	66.7%	436%	323%

激変ローテ●ダート1600m【1000万下～OP】3番人気以内

評価	前々走 距離	前々走 着順	前走 距離	前走 着順	1着	2着	3着	総数	勝率	連対率	複勝率	単回率	複回率
	ダ1300～1400m	○	ダ1300～1400m	◎	1	0	2	4	25.0%	25.0%	75.0%	132%	120%
	ダ1300～1400m	◎	ダ1300～1400m	○	0	1	0	3	0.0%	33.3%	33.3%	0%	53%
	ダ1300～1400m	◎	ダ1300～1400m	◎	2	0	0	3	66.7%	66.7%	66.7%	170%	90%
	ダ1300～1400m	×	ダ1300～1400m	◎	1	0	1	3	33.3%	33.3%	66.7%	156%	153%
	ダ1600m	○	ダ1600m	◎	2	0	0	4	50.0%	50.0%	50.0%	105%	72%
	ダ1600m	◎	ダ1600m	◎	2	1	1	4	50.0%	75.0%	100.0%	117%	160%

ダート1600m

評価	前々走 距離	前々走 着順	前走 距離	前走 着順	1着	2着	3着	総数	勝率	連対率	複勝率	単回率	複回率
	ダ1700m	×	ダ1600m	○	0	1	0	5	0.0%	20.0%	20.0%	0%	42%
	ダ1800m	×	ダ1600m	○	1	0	1	6	16.7%	16.7%	33.3%	101%	53%
	ダ1800m	×	ダ1600m	×	0	1	0	4	0.0%	25.0%	25.0%	0%	32%
	芝1400〜1500m	×	ダ1600m	◎	1	0	1	3	33.3%	33.3%	66.7%	153%	90%
	ダ1700m	○	ダ1700m	◎	2	0	0	3	66.7%	66.7%	66.7%	283%	120%
	ダ1700m	×	ダ1700m	◎	0	0	0	3	0.0%	0.0%	0.0%	0%	0%
	ダ1800m	○	ダ1700m	×	0	2	1	3	0.0%	66.7%	100.0%	0%	163%
	ダ1700m	◎	ダ1800m	◎	1	0	0	3	33.3%	33.3%	33.3%	50%	36%
	ダ1800m	○	ダ1800m	×	2	2	2	11	18.2%	36.4%	54.5%	85%	86%
	ダ1800m	×	ダ1800m	×	2	0	1	9	22.2%	22.2%	33.3%	101%	56%
	ダ1800m	×	ダ1800m	○	1	0	1	7	14.3%	14.3%	28.6%	100%	65%
	ダ1800m	◎	ダ1800m	○	3	0	1	6	50.0%	50.0%	66.7%	178%	106%
	ダ1800m	○	ダ1800m	○	2	2	0	6	33.3%	66.7%	66.7%	98%	100%
	ダ1800m	×	ダ1800m	◎	1	2	0	6	16.7%	50.0%	50.0%	51%	71%
	ダ1800m	◎	ダ1800m	×	1	1	2	4	25.0%	50.0%	100.0%	115%	167%
	ダ1800m	◎	ダ1800m	◎	0	0	1	3	0.0%	0.0%	33.3%	0%	90%

激変ローテ●ダート1600m【1000万下〜OP】4番人気以下

評価	前々走 距離	前々走 着順	前走 距離	前走 着順	1着	2着	3着	総数	勝率	連対率	複勝率	単回率	複回率
	ダ1150〜1200m	×	ダ1150〜1200m	×	0	2	2	20	0.0%	10.0%	20.0%	0%	98%
	ダ1150〜1200m	○	ダ1150〜1200m	◎	0	0	0	5	0%	0%	0%	0%	0%
	ダ1150〜1200m	×	ダ1150〜1200m	◎	0	0	0	4	0%	0%	0%	0%	0%
	ダ1300〜1400m	×	ダ1150〜1200m	×	0	0	1	10	0.0%	0.0%	10.0%	0%	42%
	ダ1150〜1200m	×	ダ1300〜1400m	×	0	0	2	17	0.0%	0.0%	11.8%	0%	41%
	ダ1150〜1200m	×	ダ1300〜1400m	○	0	0	1	9	0.0%	0.0%	11.1%	0%	28%
	ダ1150〜1200m	×	ダ1300〜1400m	××	0	0	0	6	0%	0%	0%	0%	0%
	ダ1300〜1400m	×	ダ1300〜1400m	○	1	0	1	17	5.9%	5.9%	11.8%	81%	37%
	ダ1300〜1400m	×	ダ1300〜1400m	××	1	0	0	7	14.3%	14.3%	14.3%	271%	88%
	ダ1300〜1400m	◎	ダ1300〜1400m	×	0	1	1	6	0.0%	16.7%	33.3%	0%	323%
	ダ1300〜1400m	○	ダ1300〜1400m	×	0	0	1	6	0.0%	0.0%	16.7%	0%	35%
	ダ1300〜1400m	○	ダ1300〜1400m	◎	0	1	1	5	0.0%	20.0%	40.0%	0%	130%
	ダ1300〜1400m	××	ダ1300〜1400m	○	0	0	2	3	0.0%	0.0%	66.7%	0%	203%
	ダ1600m	×	ダ1300〜1400m	×	0	0	0	7	0.0%	0.0%	0.0%	0%	0%
	ダ1600m	×	ダ1300〜1400m	××	0	1	0	4	0.0%	25.0%	25.0%	0%	117%
	ダ1600m	◎	ダ1300〜1400m	×	0	0	0	3	0.0%	0.0%	0.0%	0%	0%
	ダ1600m	○	ダ1300〜1400m	×	0	0	0	3	0.0%	0.0%	0.0%	0%	0%
	ダ1600m	××	ダ1300〜1400m	×	0	0	0	3	0.0%	0.0%	0.0%	0%	0%
	ダ1700m	×	ダ1300〜1400m	×	0	0	0	9	0.0%	0.0%	0.0%	0%	0%
	ダ1700m	◎	ダ1300〜1400m	×	0	0	0	3	0.0%	0.0%	0.0%	0%	0%
	ダ1700m	××	ダ1300〜1400m	××	0	0	0	3	0.0%	0.0%	0.0%	0%	0%
	ダ1800m	×	ダ1300〜1400m	×	0	0	1	13	0.0%	0.0%	7.7%	0%	27%
	ダ1800m	××	ダ1300〜1400m	×	0	0	0	6	0.0%	0.0%	0.0%	0%	0%
	ダ1800m	×	ダ1300〜1400m	××	0	0	0	4	0.0%	0.0%	0.0%	0%	0%
	芝1600m	×	ダ1300〜1400m	×	0	0	0	5	0.0%	0.0%	0.0%	0%	0%
	芝1600m	×	ダ1300〜1400m	◎	0	0	1	3	0.0%	0.0%	33.3%	0%	183%
	ダ1150〜1200m	×	ダ1600m	×	0	0	0	3	0.0%	0.0%	0.0%	0%	0%
	ダ1300〜1400m	×	ダ1600m	×	0	0	0	7	0.0%	0.0%	0.0%	0%	0%
	ダ1300〜1400m	×	ダ1600m	○	0	0	0	6	0.0%	0.0%	0.0%	0%	0%
	ダ1300〜1400m	◎	ダ1600m	×	0	0	0	3	0.0%	0.0%	0.0%	0%	0%
	ダ1300〜1400m	×	ダ1600m	××	0	0	0	3	0.0%	0.0%	0.0%	0%	0%
	ダ1300〜1400m	××	ダ1600m	×	0	0	0	3	0.0%	0.0%	0.0%	0%	0%
	ダ1600m	×	ダ1600m	×	0	0	0	11	0.0%	0.0%	0.0%	0%	0%
	ダ1600m	○	ダ1600m	×	0	0	2	6	0.0%	0.0%	33.3%	0%	215%
	ダ1600m	××	ダ1600m	×	0	0	0	5	0.0%	0.0%	0.0%	0%	0%
	ダ1600m	×	ダ1600m	××	0	0	0	4	0.0%	0.0%	0.0%	0%	0%
	ダ1600m	○	ダ1600m	◎	0	0	0	3	0.0%	0.0%	0.0%	0%	0%
	ダ1600m	○	ダ1600m	×	1	0	0	3	33.3%	33.3%	33.3%	456%	93%
	ダ1700m	◎	ダ1600m	×	1	0	0	9	11.1%	11.1%	11.1%	226%	73%
	ダ1700m	×	ダ1600m	×	0	1	0	8	0.0%	12.5%	12.5%	0%	81%
	ダ1800m	×	ダ1600m	×	1	3	0	19	5.3%	21.1%	21.1%	43%	103%
	ダ1800m	××	ダ1600m	×	0	0	0	9	0.0%	0.0%	0.0%	0%	0%
	ダ1800m	××	ダ1600m	××	0	0	0	8	0.0%	0.0%	0.0%	0%	0%
	ダ1800m	×	ダ1600m	◎	0	0	2	7	0.0%	0.0%	28.6%	0%	85%

ダート1600m

評価	前々走 距離	前々走 着順	前走 距離	前走 着順	1着	2着	3着	総数	勝率	連対率	複勝率	単回率	複回率
	ダ1800m	○	ダ1600m	◎	0	0	1	5	0.0%	0.0%	20.0%	0%	54%
	ダ1800m	×	ダ1600m	×	0	0	0	5	0.0%	0.0%	0.0%	0%	0%
	芝1700〜1800m	×	ダ1600m	×	0	2	0	3	0.0%	66.7%	66.7%	0%	246%
	ダ1300〜1400m	×	ダ1700m	◎	0	0	1	4	0.0%	0.0%	25.0%	0%	125%
	ダ1300〜1400m	×	ダ1700m	×	0	0	0	3	0.0%	0.0%	0.0%	0%	0%
	ダ1600m	×	ダ1700m	×	0	1	0	6	0.0%	16.7%	16.7%	0%	56%
	ダ1600m	×	ダ1700m	××	0	0	0	3	0.0%	0.0%	0.0%	0%	0%
	ダ1700m	×	ダ1700m	×	1	1	0	18	5.6%	11.1%	11.1%	111%	39%
	ダ1700m	○	ダ1700m	◎	0	0	0	14	0.0%	0.0%	0.0%	0%	0%
	ダ1700m	×	ダ1700m	○	0	0	0	7	0.0%	0.0%	0.0%	0%	0%
	ダ1700m	◎	ダ1700m	×	0	1	1	6	0.0%	16.7%	33.3%	0%	166%
	ダ1700m	×	ダ1700m	××	0	0	1	6	0.0%	0.0%	16.7%	0%	123%
	ダ1700m	○	ダ1700m	×	0	1	0	4	0.0%	25.0%	25.0%	0%	52%
	ダ1800m	××	ダ1700m	×	0	0	1	5	0.0%	0.0%	20.0%	0%	460%
	ダ1800m	○	ダ1700m	×	0	0	0	3	0.0%	0.0%	0.0%	0%	0%
	ダ1300〜1400m	×	ダ1800m	×	0	0	0	4	0.0%	0.0%	0.0%	0%	0%
	ダ1300〜1400m	○	ダ1800m	◎	0	0	0	3	0.0%	0.0%	0.0%	0%	0%
	ダ1300〜1400m	×	ダ1800m	××	0	0	1	3	0.0%	0.0%	33.3%	0%	66%
	ダ1600m	×	ダ1800m	××	0	0	0	5	0.0%	0.0%	0.0%	0%	0%
	ダ1600m	×	ダ1800m	×	0	0	0	4	0.0%	0.0%	0.0%	0%	0%
	ダ1700m	○	ダ1800m	×	1	1	1	16	6.3%	12.5%	18.8%	46%	76%
	ダ1700m	×	ダ1800m	×	0	0	1	12	0.0%	0.0%	8.3%	0%	45%
	ダ1700m	×	ダ1800m	××	0	0	1	7	0.0%	0.0%	14.3%	0%	172%
	ダ1700m	××	ダ1800m	×	1	1	1	5	20.0%	40.0%	60.0%	298%	288%
	ダ1700m	○	ダ1800m	◎	0	0	1	4	0.0%	0.0%	25.0%	0%	72%
	ダ1700m	×	ダ1800m	×	0	0	0	3	0.0%	0.0%	0.0%	0%	0%
	ダ1700m	××	ダ1800m	××	0	0	0	3	0.0%	0.0%	0.0%	0%	0%
特買い	ダ1800m	×	ダ1800m	×	3	8	2	61	4.9%	18.0%	21.3%	114%	99%
	ダ1800m	×	ダ1800m	×	0	2	2	18	0.0%	11.1%	22.2%	0%	78%
	ダ1800m	×	ダ1800m	××	1	0	0	18	5.6%	5.6%	5.6%	573%	105%
	ダ1800m	××	ダ1800m	×	0	0	0	16	0.0%	0.0%	0.0%	0%	0%
	ダ1800m	○	ダ1800m	×	1	2	1	14	7.1%	21.4%	28.6%	128%	72%
	ダ1800m	××	ダ1800m	××	0	0	0	14	0.0%	0.0%	0.0%	0%	0%
	ダ1800m	×	ダ1800m	◎	0	0	2	7	0.0%	0.0%	28.6%	0%	138%
	ダ1800m	○	ダ1800m	◎	0	0	0	5	0.0%	0.0%	0.0%	0%	0%
	ダ2100m〜	×	ダ1800m	×	0	0	0	4	0.0%	0.0%	0.0%	0%	0%
	芝1700〜1800m	×	ダ1800m	×	0	0	1	5	0.0%	0.0%	20.0%	0%	52%
	ダ1600m	×	ダ2100m〜	×	0	1	0	4	0.0%	25.0%	25.0%	0%	80%
	ダ1700m	×	ダ2100m〜	××	1	0	0	4	25.0%	25.0%	25.0%	222%	62%
	ダ1800m	×	ダ2100m〜	×	0	1	0	6	0.0%	16.7%	16.7%	0%	36%
	ダ1800m	×	ダ2100m〜	××	1	0	0	6	16.7%	16.7%	16.7%	346%	76%
	ダ1800m	◎	ダ2100m〜	×	0	0	0	3	0.0%	0.0%	0.0%	0%	0%
	ダ1800m	××	ダ2100m〜	×	0	0	0	3	0.0%	0.0%	0.0%	0%	0%
	ダ2100m〜	×	ダ2100m〜	×	0	0	0	3	0.0%	0.0%	0.0%	0%	0%
	ダ2100m〜	××	ダ2100m〜	××	0	0	0	3	0.0%	0.0%	0.0%	0%	0%
	ダ1150〜1200m	×	芝1400〜1500m	×	0	0	0	4	0.0%	0.0%	0.0%	0%	0%
	芝1600m	×	芝1400〜1500m	×	0	0	0	3	0.0%	0.0%	0.0%	0%	0%
	ダ1150〜1200m	×	芝1600m	×	1	0	0	4	25.0%	25.0%	25.0%	305%	77%
	ダ1800m	×	芝1600m	×	0	0	0	3	0.0%	0.0%	0.0%	0%	0%
	芝1600m	×	芝1600m	×	0	2	0	9	0.0%	22.2%	22.2%	0%	104%
	芝1600m	×	芝1700〜1800m	×	0	0	0	4	0.0%	0.0%	0.0%	0%	0%
	芝2200m〜	×	芝1700〜1800m	×	0	0	1	3	0.0%	0.0%	33.3%	0%	116%
	芝2000m	×	芝2000m	×	0	1	0	3	0.0%	33.3%	33.3%	0%	230%
	芝2200m〜	×	芝2000m	×	0	0	0	3	0.0%	0.0%	0.0%	0%	0%

ダート1700m

【未勝利】

△同距離馬、延長馬が有利な馬場▽
・ダ1700×→ダ1700××、ダ1700×→ダ1800×と同じ距離を使われているローテーションの期待値が高い。
・ダ1700×→ダ1700××は、前走で3角4〜10番手で競馬をしていた馬の期待値が高い。芝1800×→芝1800×、芝1800×→芝2000×と近2走芝中距離で負けているローテーションも優秀。

△短縮馬が有利な馬場▽
・ダ1800×→ダ1800×のローテーションが狙い目。
・芝1800×→芝1800×、芝2000×→芝1800×、芝2000×→芝2000×と近2走芝中距離の期待値も高い。

ダート1700m【未勝利】馬場別データ

	評価	前々走		前走	
		距離	着順	距離	着順
同距離馬、延長馬が有利な馬場	買い	芝1200m	×	ダ1000m	×
	買い	芝1200m	×	ダ1200m	×
	買い	ダ1300〜1400m	○	ダ1300〜1400m	×
	買い	ダ1300〜1400m	○	ダ1300〜1400m	××
	買い	ダ1300〜1400m	××	ダ1300〜1400m	×
	特買い	ダ1700m	○	ダ1700m	×
	買い	芝1700〜1800m	×	ダ1700m	×
	買い	ダ1000m	×	ダ1700m	×
	買い	ダ1150〜1200m	×	ダ1700m	×
	買い	ダ1300〜1400m	×	ダ1700m	×
	買い	ダ1700m	×	ダ1700m	×
	買い	ダ1700m	×	ダ1700m	××
	買い	芝1700〜1800m	××	ダ1700m	×
	買い	ダ1700m	××	ダ1700m	×
	買い	—	—	ダ1800m*	×
	特買い	ダ1800m	×	ダ1800m	×
	特買い	芝1700〜1800m	×	芝1700〜1800m*	×
	特買い	芝1700〜1800m	×	芝2000m*	×
	買い	芝2000m	×	芝2000m*	×
短縮馬が有利な馬場	買い	—	—	ダ1800m	×
	特買い	ダ1800m	×	ダ1800m	×
	特買い	芝1700〜1800m	×	芝1700〜1800m	×
	特買い	芝1700〜1800m	×	芝2000m	×
	買い	芝2000m	×	芝2000m	×

【500万下】

△同距離馬、延長馬が有利な馬場▽
・ダ1400×→ダ1400×のローテーションは、前走3コーナー7番手以内と中団より前で競馬をしていた馬の期待値が高い。
・ダ1200×→ダ1700×、ダ1400×→ダ1700×、ダ1400×→ダ1700×など、前々走ダ1400m以下に出走するパターンのローテーションは前走はダ1700mに出走するパターンのローテーションは期待値が高い。

ダ1700mローテ・各競馬場の傾向

	短縮	延長	同距離
札幌		○	
小倉		◎	○
中京	○		
函館		◎	○
福島	○		○

206

ダート1700m

ダート1700m【500万下】馬場別データ

	評価	前々走 距離	前々走 着順	前走 距離	前走 着順
同距離馬、延長馬が有利な馬場	特買い	ダ1300～1400m	×	ダ1300～1400m	×
	買い	芝1700～1800m	×	芝1600m	×
	買い	ダ1300～1400m	◎	ダ1700m	×
	買い	ダ1800m	◎	ダ1700m	××
	買い	ダ1800m	○	ダ1700m	◎
	買い	芝2000m	×	ダ1700m	×
	買い	ダ1400～1500m	×	ダ1700m	×
	買い	芝1600m	×	ダ1700m	×
	買い	ダ1000m	×	ダ1700m	×
	買い	ダ1150～1200m	×	ダ1700m	×
	買い	ダ1300～1400m	×	ダ1700m	××
	買い	ダ1600m	××	ダ1700m	×
	買い	ダ1800m	○	ダ1800m＊	◎
	買い	ダ1800m	○	ダ1800m＊	○
	買い	ダ1800m	○	ダ1800m＊	××
	買い	ダ1800m	×	ダ1800m＊	◎
	買い	ダ1800m	×	ダ1800m＊	○
	買い	ダ1300～1400m	×	ダ1800m＊	×
	特買い	ダ1700m	×	ダ1800m＊	×
	買い	ダ1800m	×	ダ1800m＊	×
	買い	ダ1800m	××	ダ1800m＊	×
	買い	芝1700～1800m	×	芝1700～1800m＊	×
	買い	ダ1800m	×	芝1700～1800m＊	×
	買い	ダ1700m	×	芝2000m	×
短縮馬が有利な馬場	買い	ダ1800m	○	ダ1800m	◎
	買い	ダ1800m	○	ダ1800m	○
	買い	ダ1800m	○	ダ1800m	××
	買い	ダ1800m	×	ダ1800m	◎
	買い	ダ1800m	×	ダ1800m	○
	買い	ダ1300～1400m	×	ダ1800m	×
	特買い	ダ1700m	×	ダ1800m	×
	買い	ダ1800m	×	ダ1800m	×
	買い	ダ1800m	××	ダ1800m	×
	買い	芝1700～1800m	×	芝1700～1800m	×
	買い	ダ1800m	×	芝1700～1800m	×
	買い	ダ1700m	×	芝2000m	×
	買い	ダ1700m	×	ダ2100m～	×

・芝1800×↓芝1800×のように前走芝中距離に出走しているローテーションも期待値高い。

∧短縮馬が有利な馬場∨
・ダ1800×↓ダ1800×、ダ1800×↓ダ180×が狙い目で、ダ1700×↓ダ1800×では、前走3コーナー5番手以下の位置取りだった馬の期待値が高い。
・芝1800×↓芝1800×のように近2走で芝中距離を使っているローテーションにも注目。

ダート1700m

【1000万下～OP】

∧同距離馬、延長馬が有利な馬場∨
・ダ1800×↓ダ1600×、ダ1700×↓ダ1800×の期待値が高い。

∧短縮馬が有利な馬場∨
・ダ1700×↓ダ1800×、ダ1800×↓ダ1800×、ダ1800×↓ダ1800××とダ1800×↓ダ180
0××↓ダ1800×××と近2走ともにダート中距離を使っているローテーションの期待値高い。

ダート1700m【1000万下～OP】馬場別データ

	評価	前々走		前走	
		距離	着順	距離	着順
同距離馬、延長馬が有利な馬場	買い	ダ1800m	×	ダ1600m	×
	買い	ダ1800m	×	ダ1700m	◎
	買い	ダ1800m	××	ダ1700m	××
	特買い	ダ1700m	×	ダ1800m＊	×
	買い	ダ1800m	×	ダ1800m＊	×
	買い	ダ1800m	×	ダ1800m＊	××
短縮馬が有利な馬場	特買い	ダ1700m	×	ダ1800m	×
	買い	ダ1800m	×	ダ1800m	×
	買い	ダ1800m	×	ダ1800m	××

208

ダート1700m

激変ローテ●ダート1700m【未勝利】3番人気以内

評価	前々走 距離	前々走 着順	前走 距離	前走 着順	1着	2着	3着	総数	勝率	連対率	複勝率	単回率	複回率
	—	—	ダ1150〜1200m	×	1	0	0	5	20.0%	20.0%	20.0%	106%	42%
	ダ1150〜1200m	◯	ダ1150〜1200m	×	3	2	1	13	23.1%	38.5%	46.2%	136%	93%
	ダ1150〜1200m	◯	ダ1150〜1200m	◯	1	0	0	6	16.7%	16.7%	16.7%	28%	20%
	ダ1150〜1200m	×	ダ1150〜1200m	◯	1	0	1	5	20.0%	20.0%	40.0%	88%	60%
消し	—	—	ダ1300〜1400m	×	3	5	0	21	14.3%	38.1%	38.1%	40%	56%
	—	—	ダ1300〜1400m	◯	2	6	2	15	13.3%	53.3%	66.7%	21%	86%
	ダ1150〜1200m	×	ダ1300〜1400m	◯	2	0	2	5	40.0%	40.0%	80.0%	94%	104%
消し	ダ1300〜1400m	◯	ダ1300〜1400m	×	2	7	1	21	9.5%	42.9%	47.6%	27%	59%
	ダ1300〜1400m	◯	ダ1300〜1400m	◯	2	6	4	20	10.0%	40.0%	60.0%	17%	77%
	ダ1300〜1400m	×	ダ1300〜1400m	◯	2	1	2	10	20.0%	30.0%	50.0%	104%	82%
	ダ1700m	◯	ダ1300〜1400m	×	0	1	1	6	0.0%	16.7%	33.3%	0%	45%
	—	—	ダ1600m	×	1	2	1	6	16.7%	50.0%	66.7%	98%	103%
	ダ1300〜1400m	×	ダ1600m	×	0	0	2	6	0.0%	0.0%	33.3%	0%	60%
	ダ1600m	◯	ダ1600m	×	1	4	3	14	7.1%	35.7%	57.1%	28%	94%
	ダ1600m	◯	ダ1600m	◯	3	3	1	13	23.1%	46.2%	53.8%	79%	70%
	ダ1600m	×	ダ1600m	◯	4	3	1	8	50.0%	87.5%	100.0%	106%	123%
	ダ1800m	◯	ダ1600m	◯	1	0	0	5	20.0%	20.0%	20.0%	34%	20%
	—	—	ダ1700m	◯	11	3	0	21	52.4%	66.7%	66.7%	114%	83%
消し	—	—	ダ1700m	×	1	1	0	10	10.0%	20.0%	20.0%	17%	26%
消し	ダ1000m	×	ダ1700m	◯	3	2	0	12	25.0%	41.7%	41.7%	71%	51%
	ダ1150〜1200m	×	ダ1700m	◯	4	2	0	9	44.4%	66.7%	66.7%	122%	86%
	ダ1150〜1200m	××	ダ1700m	◯	1	0	1	6	16.7%	16.7%	33.3%	98%	63%
	ダ1150〜1200m	◯	ダ1700m	×	0	3	0	5	0.0%	60.0%	60.0%	0%	80%
	ダ1300〜1400m	×	ダ1700m	◯	11	6	2	27	40.7%	63.0%	70.4%	117%	91%
	ダ1300〜1400m	◯	ダ1700m	◯	9	4	1	22	40.9%	59.1%	63.6%	83%	78%
	ダ1300〜1400m	◯	ダ1700m	×	3	3	0	13	23.1%	46.2%	46.2%	133%	107%
消し	ダ1300〜1400m	××	ダ1700m	◯	3	2	0	11	27.3%	45.5%	45.5%	63%	57%
	ダ1300〜1400m	×	ダ1700m	×	2	1	1	9	22.2%	33.3%	44.4%	120%	65%
	ダ1300〜1400m	××	ダ1700m	×	1	2	0	5	20.0%	60.0%	60.0%	116%	110%
	ダ1600m	◯	ダ1700m	◯	3	3	1	13	23.1%	46.2%	53.8%	107%	90%
	ダ1600m	◯	ダ1700m	×	2	4	3	13	15.4%	46.2%	69.2%	25%	80%
	ダ1600m	×	ダ1700m	◯	3	3	1	10	30.0%	60.0%	70.0%	49%	83%
	ダ1600m	×	ダ1700m	×	0	1	1	5	0.0%	20.0%	40.0%	0%	64%
	ダ1700m	◯	ダ1700m	◯	47	28	19	142	33.1%	52.8%	66.2%	88%	80%
	ダ1700m	◯	ダ1700m	×	16	18	14	81	19.8%	42.0%	59.3%	70%	85%
消し	ダ1700m	×	ダ1700m	×	8	6	3	41	19.5%	34.1%	41.5%	90%	62%
	ダ1700m	×	ダ1700m	◯	4	9	5	26	15.4%	50.0%	69.2%	107%	133%
	ダ1700m	××	ダ1700m	◯	3	6	3	22	13.6%	40.9%	54.5%	37%	71%
消し	ダ1700m	◯	ダ1700m	××	3	1	2	13	23.1%	30.8%	46.2%	76%	68%
消し	ダ1700m	××	ダ1700m	×	1	0	0	10	10.0%	10.0%	10.0%	52%	19%
	ダ1700m	×	ダ1700m	××	1	2	3	7	14.3%	42.9%	85.7%	152%	144%
	ダ1800m	◯	ダ1700m	◯	14	13	8	47	29.8%	57.4%	74.5%	80%	102%
	ダ1800m	◯	ダ1700m	×	16	6	4	38	42.1%	57.9%	68.4%	85%	78%
	ダ1800m	×	ダ1700m	◯	8	4	4	24	33.3%	50.0%	66.7%	150%	107%
	ダ1800m	×	ダ1700m	×	1	5	1	15	6.7%	40.0%	46.7%	13%	70%
消し	ダ1800m	××	ダ1700m	◯	2	3	1	14	14.3%	35.7%	42.9%	42%	60%
	ダ1800m	××	ダ1700m	×	2	0	2	7	28.6%	28.6%	57.1%	147%	110%
	ダ1800m	◯	ダ1700m	××	1	0	2	5	20.0%	20.0%	60.0%	138%	114%
	芝1200m	◯	ダ1700m	◯	2	4	2	9	22.2%	66.7%	88.9%	107%	138%
	芝1200m	××	ダ1700m	◯	0	0	2	5	0.0%	0.0%	40.0%	0%	56%
	芝1400〜1500m	×	ダ1700m	◯	2	3	0	7	28.6%	71.4%	71.4%	84%	84%
	芝1600m	◯	ダ1700m	◯	1	3	0	5	20.0%	80.0%	80.0%	142%	102%
	芝1700〜1800m	◯	ダ1700m	◯	6	8	2	23	26.1%	60.9%	69.6%	96%	87%
	芝1700〜1800m	××	ダ1700m	◯	1	2	1	7	14.3%	42.9%	57.1%	30%	71%
	芝1700〜1800m	◯	ダ1700m	×	1	1	1	6	16.7%	33.3%	50.0%	61%	53%
	芝2000m	◯	ダ1700m	◯	4	3	4	16	25.0%	43.8%	68.8%	78%	100%
	芝2000m	×	ダ1700m	×	0	1	1	5	0.0%	20.0%	40.0%	0%	60%
	芝2200m〜	×	ダ1700m	◯	2	0	1	5	40.0%	40.0%	60.0%	74%	76%
消し	—	—	ダ1800m	◯	3	1	2	14	21.4%	28.6%	42.9%	38%	53%
消し	—	—	ダ1800m	×	0	1	0	11	0.0%	9.1%	9.1%	0%	12%
	ダ1300〜1400m	◯	ダ1800m	×	3	1	3	12	25.0%	33.3%	58.3%	96%	104%
	ダ1300〜1400m	×	ダ1800m	◯	3	2	0	10	30.0%	50.0%	50.0%	134%	81%
	ダ1300〜1400m	×	ダ1800m	×	3	1	0	5	60.0%	80.0%	80.0%	180%	110%

ダート1700m

評価	前々走 距離	前々走 着順	前走 距離	前走 着順	1着	2着	3着	総数	勝率	連対率	複勝率	単回率	複回率
	ダ1700m	○	ダ1800m	○	2	2	4	13	15.4%	30.8%	61.5%	60%	80%
消し	ダ1700m	○	ダ1800m	×	2	3	0	11	18.2%	45.5%	45.5%	57%	59%
	ダ1700m	×	ダ1800m	○	2	3	4	10	20.0%	50.0%	90.0%	93%	130%
	ダ1700m	×	ダ1800m	×	1	1	3	10	10.0%	20.0%	50.0%	26%	66%
	ダ1700m	×	ダ1800m	××	1	0	3	5	20.0%	20.0%	20.0%	124%	42%
	ダ1800m	○	ダ1800m	○	24	16	7	62	38.7%	64.5%	75.8%	80%	90%
消し	ダ1800m	○	ダ1800m	×	4	3	10	43	9.3%	16.3%	39.5%	31%	53%
	ダ1800m	×	ダ1800m	○	7	3	5	24	29.2%	41.7%	62.5%	75%	82%
	ダ1800m	×	ダ1800m	×	4	3	3	19	21.1%	36.8%	52.6%	71%	87%
	ダ1800m	○	ダ1800m	××	1	2	2	9	11.1%	33.3%	55.6%	26%	73%
	ダ1800m	××	ダ1800m	○	1	0	2	7	14.3%	14.3%	42.9%	28%	62%
	ダ1800m	××	ダ1800m	×	0	1	2	6	0.0%	16.7%	50.0%	0%	123%
	芝1600m	○	ダ1800m	×	0	1	1	5	0.0%	20.0%	40.0%	0%	58%
	芝1700〜1800m	×	ダ1800m	○	2	1	0	5	40.0%	60.0%	60.0%	60%	90%
	芝2000m	×	ダ1800m	○	3	2	1	8	37.5%	62.5%	75.0%	111%	107%
	芝1150〜1200m	×	芝1200m	○	0	3	0	5	0.0%	60.0%	60.0%	0%	96%
	芝1200m	○	芝1200m	×	1	1	0	6	16.7%	33.3%	33.3%	55%	60%
	—	—	芝1400〜1500m	×	2	0	0	5	40.0%	40.0%	40.0%	340%	96%
	芝1600m	×	芝1600m	×	2	0	1	6	33.3%	33.3%	50.0%	188%	90%
	芝1600m	×	芝1600m	○	1	0	1	5	20.0%	20.0%	40.0%	0%	56%
	芝1700〜1800m	×	芝1600m	×	1	1	0	7	14.3%	28.6%	42.9%	28%	64%
	—	—	芝1700〜1800m	×	3	2	1	11	27.3%	45.5%	54.5%	147%	109%
	—	—	芝1700〜1800m	○	2	1	0	5	40.0%	60.0%	60.0%	58%	78%
	芝1400〜1500m	×	芝1700〜1800m	×	0	1	0	5	0.0%	20.0%	20.0%	0%	42%
	芝1700〜1800m	×	芝1700〜1800m	○	4	0	2	11	36.4%	36.4%	54.5%	166%	95%
	芝1700〜1800m	×	芝1700〜1800m	×	1	2	1	8	12.5%	37.5%	50.0%	63%	107%
	芝2000m	○	芝1700〜1800m	×	0	1	0	6	0.0%	16.7%	16.7%	0%	21%
	芝2000m	×	芝1700〜1800m	×	1	1	2	5	20.0%	40.0%	80.0%	126%	164%
	芝1700〜1800m	○	芝2000m	×	1	0	1	5	20.0%	20.0%	40.0%	84%	74%
	芝2000m	×	芝2000m	×	4	2	1	12	33.3%	50.0%	58.3%	202%	115%
	芝2000m	×	芝2000m	○	3	1	0	7	42.9%	57.1%	57.1%	150%	84%
	芝2200m〜	×	芝2000m	×	2	0	0	5	40.0%	40.0%	40.0%	226%	64%

激変ローテ●ダート1700m【未勝利】4番人気以下

評価	前々走 距離	前々走 着順	前走 距離	前走 着順	1着	2着	3着	総数	勝率	連対率	複勝率	単回率	複回率
	—	—	ダ1000m	××	0	0	0	47	0.0%	0.0%	0.0%	0%	0%
	—	—	ダ1000m	×	1	0	1	24	4.2%	4.2%	8.3%	142%	40%
	ダ1000m	×	ダ1000m	×	0	1	1	34	0.0%	2.9%	5.9%	0%	13%
	ダ1000m	××	ダ1000m	×	0	0	1	13	0.0%	0.0%	7.7%	0%	30%
	ダ1000m	○	ダ1000m	×	2	1	1	10	20.0%	30.0%	40.0%	1019%	215%
	ダ1000m	×	ダ1000m	××	0	0	1	10	0.0%	0.0%	10.0%	0%	143%
	ダ1000m	××	ダ1000m	××	0	0	0	9	0.0%	0.0%	0.0%	0%	0%
	ダ1150〜1200m	×	ダ1000m	×	0	3	0	27	0.0%	11.1%	11.1%	0%	66%
	ダ1150〜1200m	××	ダ1000m	××	0	0	0	13	0.0%	0.0%	0.0%	0%	0%
	ダ1150〜1200m	××	ダ1000m	×	0	0	0	7	0.0%	0.0%	0.0%	0%	0%
	ダ1150〜1200m	×	ダ1000m	××	0	0	0	5	0.0%	0.0%	0.0%	0%	0%
	ダ1300〜1400m	××	ダ1000m	×	0	0	1	14	0.0%	0.0%	7.1%	0%	28%
	ダ1300〜1400m	×	ダ1000m	×	0	0	0	12	0.0%	0.0%	0.0%	0%	0%
	ダ1300〜1400m	×	ダ1000m	××	0	0	0	6	0.0%	0.0%	0.0%	0%	0%
	ダ1300〜1400m	××	ダ1000m	××	0	0	0	6	0.0%	0.0%	0.0%	0%	0%
	ダ1150〜1200m	××	ダ1000m	×	1	1	1	13	7.7%	15.4%	23.1%	185%	91%
	ダ1700m	×	ダ1000m	×	0	0	2	7	0.0%	0.0%	28.6%	0%	262%
買い	芝1200m	×	ダ1000m	×	1	2	3	25	4.0%	12.0%	24.0%	33%	100%
	芝1200m	××	ダ1000m	×	1	0	0	13	7.7%	7.7%	7.7%	122%	20%
	—	—	ダ1150〜1200m	××	2	1	3	102	2.0%	2.9%	5.9%	39%	31%
	—	—	ダ1150〜1200m	×	3	2	3	49	6.1%	10.2%	16.3%	49%	58%
	ダ1000m	×	ダ1150〜1200m	×	1	0	0	9	11.1%	11.1%	11.1%	137%	31%
	ダ1000m	×	ダ1150〜1200m	××	1	0	0	5	20.0%	20.0%	20.0%	704%	124%
	ダ1150〜1200m	××	ダ1150〜1200m	×	0	1	0	43	0.0%	2.3%	2.3%	0%	7%
	ダ1150〜1200m	×	ダ1150〜1200m	×	1	1	2	42	2.4%	4.8%	9.5%	26%	31%
	ダ1150〜1200m	××	ダ1150〜1200m	×	0	2	1	30	0.0%	6.7%	10.0%	0%	63%
	ダ1150〜1200m	×	ダ1150〜1200m	××	1	0	0	20	5.0%	5.0%	5.0%	335%	28%
	ダ1150〜1200m	○	ダ1150〜1200m	×	0	1	1	9	0.0%	11.1%	22.2%	0%	66%

ダート1700m

評価	前々走 距離	前々走 着順	前走 距離	前走 着順	1着	2着	3着	総数	勝率	連対率	複勝率	単回率	複回率
	ダ1300～1400m	××	ダ1150～1200m	××	0	2	0	19	0.0%	10.5%	10.5%	0%	115%
	ダ1300～1400m	××	ダ1150～1200m	×	0	1	1	17	0.0%	5.9%	11.8%	0%	52%
	ダ1300～1400m	×	ダ1150～1200m	××	0	1	0	12	0.0%	8.3%	8.3%	0%	30%
	ダ1300～1400m	×	ダ1150～1200m	×	1	0	0	11	9.1%	9.1%	9.1%	250%	53%
	ダ1300～1400m	×	ダ1150～1200m	○	0	1	1	6	0.0%	16.7%	33.3%	0%	133%
	ダ1600m	××	ダ1150～1200m	××	0	0	0	5	0.0%	0.0%	0.0%	0%	0%
	ダ1700m	××	ダ1150～1200m	×	0	0	1	8	0.0%	0.0%	12.5%	0%	102%
	ダ1700m	××	ダ1150～1200m	××	0	0	0	5	0.0%	0.0%	0.0%	0%	0%
	ダ1800m	××	ダ1150～1200m	××	0	0	0	11	0.0%	0.0%	0.0%	0%	0%
	ダ1800m	×	ダ1150～1200m	××	0	0	0	5	0.0%	0.0%	0.0%	0%	0%
	芝1200m	××	ダ1150～1200m	××	0	1	0	14	0.0%	7.1%	7.1%	0%	172%
	芝1200m	×	ダ1150～1200m	×	0	1	3	10	0.0%	10.0%	40.0%	0%	195%
	芝1200m	××	ダ1150～1200m	×	0	0	0	10	0.0%	0.0%	0.0%	0%	0%
	芝1200m		ダ1150～1200m	××	0	0	0	8	0.0%	0.0%	0.0%	0%	0%
	芝1400～1500m	×	ダ1150～1200m	×	0	1	0	5	0.0%	20.0%	20.0%	0%	42%
	芝1400～1500m	×	ダ1150～1200m	××	0	0	0	5	0.0%	0.0%	0.0%	0%	0%
	芝1600m		ダ1150～1200m	×	0	0	0	6	0.0%	0.0%	0.0%	0%	0%
	芝1600m	××	ダ1150～1200m	××	0	0	0	5	0.0%	0.0%	0.0%	0%	0%
	―	―	ダ1300～1400m	××	0	2	2	84	0.0%	2.4%	4.8%	0%	59%
	―	―	ダ1300～1400m	×	3	1	1	41	7.3%	9.8%	12.2%	94%	37%
	ダ1000m		ダ1300～1400m	×	0	0	0	7	0.0%	0.0%	0.0%	0%	0%
	ダ1150～1200m	××	ダ1300～1400m	××	0	0	0	31	0.0%	0.0%	0.0%	0%	0%
	ダ1150～1200m	×	ダ1300～1400m	×	1	1	3	30	3.3%	6.7%	16.7%	55%	69%
	ダ1150～1200m	×	ダ1300～1400m	××	0	2	0	23	0.0%	8.7%	8.7%	0%	26%
	ダ1150～1200m	×	ダ1300～1400m	×	1	0	3	14	7.1%	7.1%	28.6%	157%	155%
	ダ1150～1200m	×	ダ1300～1400m	○	1	0	1	6	16.7%	16.7%	33.3%	108%	78%
	ダ1300～1400m	××	ダ1300～1400m	××	2	2	3	56	3.6%	7.1%	12.5%	61%	59%
	ダ1300～1400m	××	ダ1300～1400m	×	1	1	2	34	2.9%	5.9%	11.8%	48%	103%
買い	ダ1300～1400m	××	ダ1300～1400m	×	0	4	1	32	0.0%	12.5%	15.6%	0%	115%
	ダ1300～1400m	××	ダ1300～1400m	××	0	0	1	31	0.0%	0.0%	3.2%	0%	37%
買い	ダ1300～1400m	○	ダ1300～1400m	×	2	2	1	24	8.3%	16.7%	20.8%	77%	96%
買い	ダ1300～1400m	○	ダ1300～1400m	××	1	1	5	9	11.1%	22.2%	77.8%	227%	220%
	ダ1300～1400m	×	ダ1300～1400m	○	1	0	1	8	12.5%	12.5%	25.0%	148%	71%
	ダ1300～1400m	××	ダ1300～1400m	○	0	0	2	8	0.0%	0.0%	25.0%	0%	72%
	ダ1300～1400m	○	ダ1300～1400m	○	0	0	0	7	0.0%	0.0%	0.0%	0%	0%
	ダ1600m	×	ダ1300～1400m	×	1	0	1	11	9.1%	9.1%	18.2%	86%	58%
	ダ1600m	××	ダ1300～1400m	××	0	0	1	7	0.0%	0.0%	14.3%	0%	32%
	ダ1600m	×	ダ1300～1400m	××	2	0	0	5	40.0%	40.0%	40.0%	640%	104%
	ダ1700m	××	ダ1300～1400m	××	0	0	0	18	0.0%	0.0%	0.0%	0%	0%
	ダ1700m	××	ダ1300～1400m	×	0	2	1	13	0.0%	15.4%	23.1%	0%	210%
	ダ1700m	×	ダ1300～1400m	×	0	0	3	9	0.0%	0.0%	33.3%	0%	167%
	ダ1700m	×	ダ1300～1400m	○	0	0	1	6	0.0%	0.0%	16.7%	0%	218%
	ダ1800m	×	ダ1300～1400m	×	0	1	1	21	0.0%	4.8%	9.5%	0%	30%
	ダ1800m	××	ダ1300～1400m	×	1	1	0	21	4.8%	9.5%	9.5%	694%	103%
	ダ1800m	×	ダ1300～1400m	××	1	0	0	20	5.0%	5.0%	5.0%	47%	15%
	ダ1800m	××	ダ1300～1400m	××	1	0	0	8	12.5%	12.5%	12.5%	170%	38%
	ダ1800m	×	ダ1300～1400m	○	0	1	2	7	0.0%	14.3%	42.9%	0%	230%
	芝1200m	×	ダ1300～1400m	×	0	0	1	13	0.0%	0.0%	7.7%	0%	16%
	芝1200m	××	ダ1300～1400m	×	0	0	0	13	0.0%	0.0%	0.0%	0%	0%
	芝1200m		ダ1300～1400m	××	0	0	2	7	0.0%	0.0%	28.6%	0%	241%
	芝1400～1500m	××	ダ1300～1400m	××	0	0	0	10	0.0%	0.0%	0.0%	0%	0%
	芝1400～1500m	×	ダ1300～1400m	×	1	0	0	7	14.3%	14.3%	14.3%	201%	71%
	芝1400～1500m	×	ダ1300～1400m	××	0	0	0	6	0.0%	0.0%	0.0%	0%	0%
	芝1400～1500m	××	ダ1300～1400m	×	0	0	1	6	0.0%	0.0%	16.7%	0%	116%
	芝1600m	××	ダ1300～1400m	×	0	1	0	6	0.0%	16.7%	16.7%	0%	73%
	芝1600m	××	ダ1300～1400m	××	0	0	0	6	0.0%	0.0%	0.0%	0%	0%
	芝1600m	×	ダ1300～1400m	×	0	0	0	5	0.0%	0.0%	0.0%	0%	0%
	芝1600m	×	ダ1300～1400m	××	0	0	0	5	0.0%	0.0%	0.0%	0%	0%
	芝1700～1800m	××	ダ1300～1400m	×	0	0	1	9	0.0%	0.0%	11.1%	0%	83%
	芝1700～1800m	×	ダ1300～1400m	×	0	0	0	7	0.0%	0.0%	0.0%	0%	0%
	芝2000m		ダ1300～1400m	×	0	2	1	7	0.0%	28.6%	42.9%	0%	297%
	―	―	ダ1600m	××	0	0	1	26	0.0%	0.0%	3.8%	0%	21%
	―	―	ダ1600m	×	0	0	0	6	0.0%	0.0%	0.0%	0%	0%
	ダ1150～1200m	××	ダ1600m	××	0	0	0	7	0.0%	0.0%	0.0%	0%	0%
	ダ1150～1200m	×	ダ1600m	×	0	0	1	6	0.0%	0.0%	16.7%	0%	51%

ダート1700m

評価	前々走 距離	着順	前走 距離	着順	1着	2着	3着	総数	勝率	連対率	複勝率	単回率	複回率
	ダ1300〜1400m	○	ダ1600m	×	0	0	2	12	0.0%	0.0%	16.7%	0%	44%
	ダ1300〜1400m	○	ダ1600m	××	0	1	1	12	0.0%	8.3%	16.7%	0%	209%
	ダ1300〜1400m	×	ダ1600m	××	0	0	0	9	0.0%	0.0%	0.0%	0%	0%
	ダ1300〜1400m	××	ダ1600m	×	0	0	0	7	0.0%	0.0%	0.0%	0%	0%
	ダ1600m	×	ダ1600m	××	1	0	1	17	5.9%	5.9%	11.8%	128%	82%
	ダ1600m	×	ダ1600m	×	1	1	2	16	6.3%	12.5%	25.0%	135%	81%
	ダ1600m	××	ダ1600m	××	0	1	0	15	0.0%	6.7%	6.7%	0%	92%
	ダ1600m	××	ダ1600m	×	0	0	0	6	0.0%	0.0%	0.0%	0%	0%
	ダ1700m	×	ダ1600m	×	0	1	0	7	0.0%	14.3%	14.3%	0%	45%
	ダ1700m	×	ダ1600m	○	0	1	0	5	0.0%	20.0%	20.0%	0%	60%
	ダ1700m	××	ダ1600m	×	0	1	0	5	0.0%	20.0%	20.0%	0%	200%
	ダ1700m	××	ダ1600m	××	0	2	0	5	0.0%	40.0%	40.0%	0%	154%
	ダ1800m	××	ダ1600m	××	1	0	0	19	5.3%	5.3%	5.3%	144%	14%
	ダ1800m	××	ダ1600m	×	1	0	0	9	11.1%	11.1%	11.1%	107%	33%
	ダ1800m	×	ダ1600m	×	1	1	1	8	12.5%	25.0%	37.5%	261%	138%
	ダ1800m	×	ダ1600m	××	1	0	1	8	12.5%	12.5%	25.0%	178%	68%
	ダ1800m	○	ダ1600m	×	1	1	0	6	16.7%	33.3%	33.3%	180%	135%
	芝1700〜1800m	×	ダ1600m	×	1	3	0	9	11.1%	44.4%	44.4%	82%	122%
	—	—	ダ1700m	××	2	1	1	73	2.7%	4.1%	5.5%	126%	69%
	—	—	ダ1700m	×	1	0	2	23	4.3%	4.3%	13.0%	45%	40%
買い	ダ1000m	×	ダ1700m	○	1	3	3	25	4.0%	16.0%	28.0%	24%	119%
	ダ1000m	×	ダ1700m	××	0	1	2	16	0.0%	6.3%	18.8%	0%	81%
	ダ1000m	×	ダ1700m	×	1	0	0	12	8.3%	8.3%	8.3%	355%	31%
	ダ1000m	××	ダ1700m	○	0	0	1	10	0.0%	0.0%	10.0%	0%	30%
	ダ1000m	××	ダ1700m	××	0	0	0	10	0.0%	0.0%	0.0%	0%	0%
	ダ1150〜1200m	×	ダ1700m	××	0	0	0	29	0.0%	0.0%	0.0%	0%	0%
	ダ1150〜1200m	×	ダ1700m	×	1	2	0	28	3.6%	10.7%	10.7%	539%	178%
	ダ1150〜1200m	××	ダ1700m	×	0	0	1	27	0.0%	0.0%	3.7%	0%	7%
買い	ダ1150〜1200m	×	ダ1700m	○	0	3	4	26	0.0%	11.5%	26.9%	0%	159%
	ダ1150〜1200m	×	ダ1700m	○	1	0	1	7	14.3%	14.3%	28.6%	94%	71%
	ダ1300〜1400m	××	ダ1700m	××	1	0	0	50	2.0%	2.0%	2.0%	34%	9%
買い	ダ1300〜1400m	×	ダ1700m	○	2	2	4	45	4.4%	8.9%	17.8%	100%	147%
	ダ1300〜1400m	×	ダ1700m	××	1	0	1	36	2.8%	2.8%	5.6%	321%	100%
	ダ1300〜1400m	××	ダ1700m	×	0	0	0	29	0.0%	0.0%	0.0%	0%	0%
	ダ1300〜1400m	×	ダ1700m	○	0	5	1	15	0.0%	33.3%	40.0%	0%	88%
	ダ1300〜1400m	○	ダ1700m	×	1	0	0	8	12.5%	12.5%	12.5%	123%	33%
	ダ1300〜1400m	××	ダ1700m	○	0	2	0	8	0.0%	25.0%	25.0%	0%	81%
	ダ1300〜1400m	○	ダ1700m	××	0	0	0	6	0.0%	0.0%	0.0%	0%	0%
	ダ1600m	×	ダ1700m	×	2	1	1	23	8.7%	13.0%	17.4%	151%	53%
	ダ1600m	××	ダ1700m	×	2	1	1	22	9.1%	13.6%	18.2%	189%	104%
	ダ1600m	××	ダ1700m	○	0	1	2	20	0.0%	5.0%	15.0%	0%	120%
	ダ1600m	×	ダ1700m	××	0	1	2	16	0.0%	6.3%	18.8%	0%	60%
	ダ1600m	○	ダ1700m	×	0	1	2	9	0.0%	11.1%	33.3%	0%	114%
	ダ1600m	×	ダ1700m	○	1	1	1	9	11.1%	22.2%	33.3%	153%	78%
	ダ1600m	××	ダ1700m	××	2	0	1	6	33.3%	33.3%	50.0%	475%	128%
買い	ダ1700m	×	ダ1700m	×	6	9	18	160	3.8%	9.4%	20.6%	102%	91%
	ダ1700m	××	ダ1700m	××	0	1	4	116	0.0%	0.9%	4.3%	0%	56%
買い	ダ1700m	××	ダ1700m	×	3	5	8	104	2.9%	7.7%	15.4%	53%	98%
買い	ダ1700m	×	ダ1700m	××	2	5	9	102	2.0%	6.9%	15.7%	22%	125%
特買い	ダ1700m	○	ダ1700m	×	6	4	9	60	10.0%	16.7%	31.7%	171%	101%
特買い	ダ1700m	×	ダ1700m	○	5	5	7	50	10.0%	20.0%	34.0%	108%	90%
	ダ1700m	○	ダ1700m	××	0	2	0	33	0.0%	6.1%	15.2%	0%	44%
	ダ1700m	××	ダ1700m	○	0	2	5	28	0.0%	7.1%	25.0%	0%	54%
	ダ1700m	○	ダ1700m	○	2	3	2	14	14.3%	35.7%	50.0%	150%	95%
	ダ1800m	××	ダ1700m	××	0	3	1	76	0.0%	3.9%	5.3%	0%	46%
	ダ1800m	×	ダ1700m	×	2	1	13	69	2.9%	4.3%	23.2%	37%	76%
	ダ1800m	×	ダ1700m	××	2	2	6	50	0.0%	4.0%	16.0%	0%	61%
	ダ1800m	××	ダ1700m	×	1	4	2	37	2.7%	13.5%	18.9%	44%	67%
	ダ1800m	×	ダ1700m	○	1	9	1	19	5.3%	10.5%	21.1%	74%	47%
	ダ1800m	○	ダ1700m	×	1	1	2	15	6.7%	13.3%	26.7%	50%	60%
	ダ1800m	××	ダ1700m	○	0	0	0	9	0.0%	0.0%	0.0%	0%	0%
	ダ1800m	○	ダ1700m	××	0	1	0	5	0.0%	20.0%	20.0%	0%	46%
	ダ1800m	○	ダ1700m	○	0	0	1	5	0.0%	0.0%	20.0%	0%	60%
	ダ2100m〜	××	ダ1700m	××	0	0	0	5	0.0%	0.0%	0.0%	0%	0%
	芝1200m	×	ダ1700m	×	2	0	0	19	10.5%	10.5%	10.5%	266%	34%

ダート1700m

評価	前々走 距離	前々走 着順	前走 距離	前走 着順	1着	2着	3着	総数	勝率	連対率	複勝率	単回率	複回率
	芝1200m	×	ダ1700m	×	0	0	1	18	0.0%	0.0%	5.6%	0%	15%
	芝1200m	××	ダ1700m	××	1	0	0	14	7.1%	7.1%	7.1%	144%	30%
	芝1200m		ダ1700m	○	0	1	2	9	0.0%	11.1%	33.3%	0%	111%
	芝1400〜1500m		ダ1700m	×	0	1	0	5	0.0%	20.0%	20.0%	0%	114%
	芝1400〜1500m	×	ダ1700m	××	0	0	0	5	0.0%	0.0%	0.0%	0%	0%
	芝1600m		ダ1700m	×	0	2	1	9	0.0%	22.2%	33.3%	0%	145%
	芝1600m	××	ダ1700m	×	0	0	1	5	0.0%	0.0%	20.0%	0%	44%
	芝1700〜1800m	×	ダ1700m	××	0	0	1	26	0.0%	0.0%	3.8%	0%	25%
買い	芝1700〜1800m	×	ダ1700m		2	4	3	24	8.3%	25.0%	37.5%	143%	122%
	芝1700〜1800m	××	ダ1700m	××	0	1	0	24	0.0%	4.2%	4.2%	0%	40%
買い	芝1700〜1800m	××	ダ1700m	×	2	1	3	16	12.5%	18.8%	37.5%	204%	142%
	芝1700〜1800m	×	ダ1700m	○	1	1	1	8	12.5%	25.0%	37.5%	168%	92%
	芝2000m	×	ダ1700m	×	1	1	2	21	4.8%	9.5%	19.0%	71%	62%
	芝2000m	××	ダ1700m	××	0	0	1	18	0.0%	0.0%	5.6%	0%	87%
	芝2000m	×	ダ1700m	××	2	0	0	16	12.5%	12.5%	12.5%	179%	31%
	芝2000m		ダ1700m	×	1	1	1	15	6.7%	13.3%	20.0%	76%	117%
	芝2000m		ダ1700m	○	1	1	1	6	16.7%	33.3%	50.0%	443%	148%
	芝2200m〜	×	ダ1700m	××	0	0	0	10	0.0%	0.0%	0.0%	0%	0%
	芝2200m〜		ダ1700m	×	0	0	0	6	0.0%	0.0%	0.0%	0%	0%
	—	—	ダ1700m	××	1	1	4	79	1.3%	2.5%	7.6%	124%	71%
買い	—	—	ダ1800m	×	0	2	3	20	0.0%	10.0%	25.0%	0%	114%
	ダ1150〜1200m	×	ダ1800m	××	0	0	1	25	0.0%	0.0%	4.0%	0%	21%
	ダ1150〜1200m	×	ダ1800m	×	2	1	0	14	14.3%	21.4%	21.4%	1277%	260%
	ダ1150〜1200m	×	ダ1800m		1	1	2	8	12.5%	25.0%	50.0%	95%	163%
	ダ1150〜1200m		ダ1800m	×	0	0	1	8	0.0%	0.0%	12.5%	0%	77%
	ダ1150〜1200m		ダ1800m	○	1	0	2	6	16.7%	16.7%	50.0%	256%	176%
	ダ1300〜1400m	××	ダ1800m	××	0	1	0	22	0.0%	4.5%	4.5%	0%	95%
	ダ1300〜1400m	××	ダ1800m	×	1	1	1	21	4.8%	9.5%	14.3%	58%	148%
	ダ1300〜1400m	×	ダ1800m	×	0	0	4	20	0.0%	0.0%	20.0%	0%	127%
	ダ1300〜1400m	×	ダ1800m		0	1	3	18	0.0%	5.6%	22.2%	0%	100%
	ダ1600m		ダ1800m		0	0	0	13	0.0%	0.0%	0.0%	0%	0%
	ダ1600m	××	ダ1800m		0	0	1	12	0.0%	0.0%	8.3%	0%	62%
	ダ1600m	×	ダ1800m	×	0	1	2	9	0.0%	11.1%	33.3%	0%	88%
	ダ1700m		ダ1800m	×	2	2	3	43	4.7%	9.3%	16.3%	63%	58%
	ダ1700m	××	ダ1800m	××	0	0	0	23	0.0%	0.0%	0.0%	0%	0%
	ダ1700m	×	ダ1800m		0	1	3	18	0.0%	5.6%	22.2%	0%	80%
	ダ1700m	××	ダ1800m	×	0	0	0	13	0.0%	0.0%	0.0%	0%	0%
	ダ1700m	○	ダ1800m		1	0	0	12	8.3%	8.3%	8.3%	123%	35%
	ダ1700m	○	ダ1800m	××	1	2	0	8	12.5%	37.5%	37.5%	190%	191%
	ダ1800m	××	ダ1800m	××	1	3	2	69	1.4%	5.8%	8.7%	40%	63%
特買い	ダ1800m	×	ダ1800m	×	2	4	8	68	2.9%	8.8%	20.6%	112%	198%
	ダ1800m		ダ1800m	×	0	2	0	60	0.0%	3.3%	3.3%	0%	7%
	ダ1800m	××	ダ1800m	×	2	2	4	45	4.4%	8.9%	17.8%	102%	79%
	ダ1800m	○	ダ1800m	×	1	2	3	23	4.3%	13.0%	26.1%	30%	49%
	ダ1800m	×	ダ1800m	○	2	2	1	18	11.1%	22.2%	27.8%	181%	57%
	ダ1800m	○	ダ1800m	××	0	0	0	9	0.0%	0.0%	0.0%	0%	0%
	ダ1800m	○	ダ1800m		0	1	0	8	0.0%	12.5%	12.5%	0%	21%
	ダ1800m	○	ダ1800m	○	1	0	1	6	16.7%	16.7%	33.3%	118%	58%
	芝1200m	×	ダ1800m	××	0	0	0	11	0.0%	0.0%	0.0%	0%	0%
	芝1400〜1500m	×	ダ1800m	××	0	0	0	5	0.0%	0.0%	0.0%	0%	0%
	芝1600m		ダ1800m	×	0	0	0	7	0.0%	0.0%	0.0%	0%	0%
	芝1600m	××	ダ1800m	××	1	0	1	7	14.3%	14.3%	28.6%	114%	132%
	芝1700〜1800m	××	ダ1800m	××	0	0	1	11	0.0%	0.0%	9.1%	0%	32%
	芝1700〜1800m	××	ダ1800m	××	1	0	0	11	9.1%	9.1%	9.1%	349%	39%
	芝1700〜1800m		ダ1800m	×	0	1	1	8	0.0%	12.5%	25.0%	0%	62%
	芝1700〜1800m		ダ1800m		0	0	1	8	0.0%	0.0%	12.5%	0%	27%
	芝2000m		ダ1800m	×	1	1	1	14	7.1%	14.3%	21.4%	35%	72%
	芝2000m	××	ダ1800m	××	1	0	0	13	7.7%	7.7%	7.7%	366%	78%
	芝2000m	××	ダ1800m	×	1	0	1	8	12.5%	12.5%	25.0%	215%	117%
	芝2000m		ダ1800m		0	0	0	6	0.0%	0.0%	0.0%	0%	0%
	ダ1800m	××	ダ2100m〜	××	0	0	0	5	0.0%	0.0%	0.0%	0%	0%
	—	—	芝1200m	××	0	1	2	39	0.0%	2.6%	7.7%	0%	76%
	—	—	芝1200m	×	0	0	1	25	0.0%	0.0%	4.0%	0%	12%
	ダ1150〜1200m	××	芝1200m		0	0	0	11	0.0%	0.0%	0.0%	0%	0%
	ダ1150〜1200m	××	芝1200m	××	0	2	0	10	0.0%	20.0%	20.0%	0%	115%

ダート1700m

評価	前々走 距離	着順	前走 距離	着順	1着	2着	3着	総数	勝率	連対率	複勝率	単回率	複回率
	ダ1150～1200m	×	芝1200m	×	0	1	0	8	0.0%	12.5%	12.5%	0%	47%
	ダ1300～1400m	×	芝1200m	×	1	0	1	12	8.3%	8.3%	16.7%	60%	46%
	ダ1300～1400m	××	芝1200m	×	1	0	0	8	12.5%	12.5%	12.5%	532%	123%
	ダ1700m	××	芝1200m	×	0	1	1	12	0.0%	8.3%	16.7%	0%	90%
買い	芝1200m	×	芝1200m	×	2	3	4	58	3.4%	8.6%	15.5%	70%	183%
	芝1200m	××	芝1200m	×	1	0	0	13	7.7%	7.7%	7.7%	2687%	450%
	芝1200m	×	芝1200m	××	0	0	0	7	0.0%	0.0%	0.0%	0%	0%
	芝1200m	××	芝1200m	××	0	1	0	9	0.0%	11.1%	11.1%	0%	160%
	芝1200m	○	芝1200m	×	1	0	0	8	0.0%	12.5%	12.5%	0%	23%
	芝1400～1500m	×	芝1200m	×	1	1	0	12	8.3%	16.7%	16.7%	153%	152%
	芝1600m	×	芝1200m	×	0	0	0	7	0.0%	0.0%	0.0%	0%	0%
	芝1600m	××	芝1200m	×	0	0	0	7	0.0%	0.0%	0.0%	0%	0%
	芝1700～1800m	××	芝1200m	×	0	0	1	6	0.0%	0.0%	16.7%	0%	51%
	—	—	芝1400～1500m	××	0	0	0	14	0.0%	0.0%	0.0%	0%	0%
	—	—	芝1400～1500m	×	1	0	0	11	9.1%	9.1%	9.1%	1907%	283%
	芝1200m	×	芝1400～1500m	×	0	0	3	9	0.0%	0.0%	33.3%	0%	211%
	芝1600m	×	芝1400～1500m	×	1	0	0	9	11.1%	11.1%	11.1%	88%	23%
	—	—	芝1600m	××	0	1	0	30	0.0%	3.3%	3.3%	0%	29%
	—	—	芝1600m	×	0	1	1	18	0.0%	5.6%	11.1%	0%	55%
	ダ1150～1200m	××	芝1600m	×	0	1	0	7	0.0%	14.3%	14.3%	0%	48%
	ダ1300～1400m	×	芝1600m	×	1	0	0	5	20.0%	20.0%	20.0%	668%	72%
	ダ1800m	××	芝1600m	×	0	0	0	6	0.0%	0.0%	0.0%	0%	0%
	芝1400～1500m	×	芝1600m	×	0	0	0	10	0.0%	0.0%	0.0%	0%	0%
	芝1600m	×	芝1600m	×	0	0	0	14	0.0%	0.0%	0.0%	0%	0%
	芝1700～1800m	×	芝1600m	×	0	0	1	8	0.0%	0.0%	12.5%	0%	42%
	—	—	芝1700～1800m	××	0	1	0	48	0.0%	2.1%	2.1%	0%	8%
	—	—	芝1700～1800m	×	1	1	1	29	3.4%	6.9%	10.3%	55%	52%
	ダ1300～1400m	×	芝1700～1800m	×	1	1	0	6	16.7%	33.3%	33.3%	325%	105%
	ダ1300～1400m	×	芝1700～1800m	××	0	0	0	6	0.0%	0.0%	0.0%	0%	0%
	ダ1300～1400m	××	芝1700～1800m	××	0	0	0	6	0.0%	0.0%	0.0%	0%	75%
	ダ1700m	××	芝1700～1800m	××	0	0	1	11	0.0%	0.0%	9.1%	0%	75%
	ダ1700m	×	芝1700～1800m	×	1	2	0	9	11.1%	33.3%	33.3%	74%	101%
	ダ1700m	×	芝1700～1800m	××	0	0	0	7	0.0%	0.0%	0.0%	0%	0%
	ダ1700m	××	芝1700～1800m	×	0	0	1	5	0.0%	0.0%	20.0%	0%	122%
	ダ1800m	××	芝1700～1800m	××	1	0	0	13	7.7%	7.7%	7.7%	112%	33%
	ダ1800m	××	芝1700～1800m	×	0	1	1	10	0.0%	10.0%	20.0%	0%	191%
	ダ1800m	×	芝1700～1800m	×	1	1	0	9	11.1%	22.2%	22.2%	151%	93%
	芝1200m	×	芝1700～1800m	×	0	0	1	15	0.0%	0.0%	6.7%	0%	23%
	芝1200m	×	芝1700～1800m	××	0	0	1	9	0.0%	0.0%	11.1%	0%	86%
	芝1200m	××	芝1700～1800m	××	0	0	0	7	0.0%	0.0%	0.0%	0%	0%
	芝1400～1500m	×	芝1700～1800m	×	0	1	1	9	0.0%	11.1%	22.2%	0%	75%
	芝1600m	×	芝1700～1800m	×	0	2	1	16	0.0%	12.5%	18.8%	0%	53%
	芝1600m	×	芝1700～1800m	××	1	1	0	9	0.0%	11.1%	22.2%	0%	128%
	芝1600m	××	芝1700～1800m	×	0	0	0	8	0.0%	0.0%	0.0%	0%	0%
特買い	芝1700～1800m	×	芝1700～1800m	×	1	3	2	28	3.6%	14.3%	21.4%	29%	122%
	芝1700～1800m	××	芝1700～1800m	××	1	0	0	16	6.3%	6.3%	6.3%	684%	113%
	芝1700～1800m	××	芝1700～1800m	×	0	0	1	10	0.0%	0.0%	10.0%	0%	87%
	芝1700～1800m	×	芝1700～1800m	××	0	0	0	8	0.0%	0.0%	0.0%	0%	0%
	芝2000m	×	芝1700～1800m	×	1	1	1	26	3.8%	7.7%	11.5%	92%	33%
	芝2000m	×	芝1700～1800m	××	1	1	0	7	14.3%	28.6%	28.6%	160%	108%
	芝2000m	××	芝1700～1800m	×	0	1	1	6	0.0%	16.7%	33.3%	0%	296%
	芝2000m	××	芝1700～1800m	××	0	0	0	6	0.0%	0.0%	0.0%	0%	0%
	—	—	芝2000m	××	0	1	0	34	0.0%	2.9%	2.9%	0%	42%
	—	—	芝2000m	×	2	0	1	22	9.1%	9.1%	13.6%	394%	86%
	ダ1600m	××	芝2000m	××	0	1	0	8	0.0%	12.5%	12.5%	0%	83%
	ダ1700m	×	芝2000m	×	0	1	3	7	0.0%	14.3%	57.1%	0%	242%
	ダ1700m	××	芝2000m	×	0	0	0	7	0.0%	0.0%	0.0%	0%	0%
	ダ1700m	×	芝2000m	××	1	0	0	6	16.7%	16.7%	16.7%	1736%	220%
	ダ1700m	××	芝2000m	×	0	0	0	6	0.0%	0.0%	0.0%	0%	0%
	ダ1800m	×	芝2000m	××	0	1	1	9	0.0%	11.1%	22.2%	0%	116%
	ダ1800m	××	芝2000m	×	1	0	0	9	11.1%	11.1%	11.1%	376%	63%
	ダ1800m	×	芝2000m	×	1	1	1	8	12.5%	25.0%	37.5%	146%	295%
	ダ1800m	××	芝2000m	×	1	0	1	7	14.3%	14.3%	28.6%	598%	154%
	芝1200m	×	芝2000m	×	0	0	0	5	0.0%	0.0%	0.0%	0%	0%
	芝1200m	×	芝2000m	××	0	0	0	5	0.0%	0.0%	0.0%	0%	0%

ダート1700m

評価	前々走 距離	着順	前走 距離	着順	1着	2着	3着	総数	勝率	連対率	複勝率	単回率	複回率
	芝1600m	×	芝2000m	××	0	0	0	12	0.0%	0.0%	0.0%	0%	0%
	芝1600m	×	芝2000m	×	1	1	1	10	10.0%	20.0%	30.0%	96%	156%
特買い	芝1700〜1800m	×	芝2000m	×	2	4	1	25	8.0%	24.0%	28.0%	54%	108%
	芝1700〜1800m	×	芝2000m	××	0	0	0	18	0.0%	0.0%	0.0%	0%	0%
	芝1700〜1800m	××	芝2000m	××	0	0	0	5	0.0%	0.0%	0.0%	0%	0%
買い	芝2000m	×	芝2000m	×	1	1	5	33	3.0%	6.1%	21.2%	180%	97%
	芝2000m	×	芝2000m	××	2	2	0	17	11.8%	23.5%	23.5%	347%	267%
	芝2000m	×	芝2000m	×	0	1	0	12	0.0%	8.3%	8.3%	0%	38%
	芝2000m	×	芝2000m	××	0	0	0	8	0.0%	0.0%	0.0%	0%	0%
	芝2200m〜	××	芝2000m	×	0	0	1	9	0.0%	0.0%	11.1%	0%	41%
	芝2200m〜	×	芝2000m	×	0	0	0	5	0.0%	0.0%	0.0%	0%	0%
	ダ1800m	××	芝2200m〜	×	1	0	0	5	20.0%	20.0%	20.0%	120%	44%
	芝1700〜1800m	×	芝2200m〜	×	0	1	0	7	0.0%	14.3%	14.3%	0%	60%
	芝2000m	×	芝2200m〜	××	0	0	1	9	0.0%	0.0%	11.1%	0%	42%
	芝2000m	×	芝2200m〜	×	1	1	0	7	14.3%	28.6%	28.6%	668%	282%

激変ローテ●ダート1700m【500万下】3番人気以内

評価	前々走 距離	着順	前走 距離	着順	1着	2着	3着	総数	勝率	連対率	複勝率	単回率	複回率
	ダ1150〜1200m	×	ダ1150〜1200m	×	1	1	1	5	20.0%	40.0%	60.0%	90%	94%
	ダ1300〜1400m	○	ダ1150〜1200m	×	1	0	2	6	16.7%	16.7%	50.0%	156%	91%
	ダ1150〜1200m	×	ダ1300〜1400m	×	1	1	4	13	7.7%	15.4%	46.2%	15%	87%
	ダ1300〜1400m	○	ダ1300〜1400m	×	5	4	3	21	23.8%	42.9%	57.1%	116%	112%
	ダ1300〜1400m	×	ダ1300〜1400m	×	5	5	3	20	25.0%	50.0%	65.0%	139%	115%
	ダ1300〜1400m	×	ダ1300〜1400m	○	0	4	1	8	0.0%	50.0%	62.5%	0%	110%
	ダ1300〜1400m	◎	ダ1300〜1400m	○	1	2	0	6	16.7%	50.0%	50.0%	38%	66%
	ダ1300〜1400m	○	ダ1300〜1400m	◎	2	1	1	6	33.3%	50.0%	66.7%	121%	98%
	ダ1600m	×	ダ1300〜1400m	×	1	2	0	6	16.7%	50.0%	50.0%	58%	81%
	ダ1700m	×	ダ1300〜1400m	×	4	3	2	16	25.0%	43.8%	56.3%	110%	108%
	ダ1700m	○	ダ1300〜1400m	×	1	0	0	6	16.7%	16.7%	16.7%	78%	30%
	ダ1700m	○	ダ1300〜1400m	○	1	1	0	5	20.0%	40.0%	40.0%	28%	46%
	ダ1800m	×	ダ1300〜1400m	×	1	0	1	7	14.3%	14.3%	28.6%	98%	50%
	ダ1800m	○	ダ1300〜1400m	×	2	0	0	5	40.0%	40.0%	40.0%	108%	62%
	ダ1800m	○	ダ1300〜1400m	○	2	1	0	5	40.0%	60.0%	60.0%	140%	116%
	ダ1600m	×	ダ1600m	×	0	2	0	6	0.0%	33.3%	50.0%	0%	103%
	ダ1600m	○	ダ1600m	×	2	1	0	5	40.0%	60.0%	60.0%	104%	68%
	ダ1600m	○	ダ1600m	○	2	0	1	5	40.0%	40.0%	60.0%	150%	60%
	ダ1600m	◎	ダ1600m	○	0	1	1	5	0.0%	20.0%	40.0%	0%	70%
	ダ1700m	×	ダ1600m	×	3	2	3	12	25.0%	41.7%	66.7%	98%	120%
	ダ1700m	○	ダ1600m	×	1	2	1	5	20.0%	60.0%	80.0%	44%	108%
	ダ1800m	×	ダ1600m	×	6	2	4	16	37.5%	50.0%	75.0%	120%	115%
	ダ1800m	○	ダ1600m	×	0	2	2	11	0.0%	18.2%	36.4%	0%	60%
	ダ1800m	◎	ダ1600m	×	3	1	0	7	42.9%	57.1%	57.1%	141%	80%
	ダ1800m	○	ダ1600m	○	1	2	0	5	20.0%	60.0%	60.0%	34%	74%
	ダ1000m	○	ダ1700m	○	1	2	0	10	10.0%	30.0%	30.0%	52%	86%
消し	ダ1150〜1200m	×	ダ1700m	○	2	1	2	12	16.7%	25.0%	41.7%	55%	66%
	ダ1150〜1200m	×	ダ1700m	◎	3	0	1	5	60.0%	60.0%	80.0%	250%	140%
	ダ1300〜1400m	×	ダ1700m	○	12	6	4	38	31.6%	47.4%	57.9%	101%	86%
	ダ1300〜1400m	×	ダ1700m	×	8	2	5	29	27.6%	34.5%	51.7%	120%	86%
	ダ1300〜1400m	○	ダ1700m	×	3	6	1	14	21.4%	64.3%	71.4%	32%	87%
	ダ1300〜1400m	○	ダ1700m	○	3	2	0	9	33.3%	55.6%	55.6%	173%	80%
	ダ1300〜1400m	◎	ダ1700m	○	2	0	3	7	28.6%	28.6%	71.4%	107%	100%
	ダ1300〜1400m	○	ダ1700m	◎	2	1	1	5	40.0%	60.0%	80.0%	116%	118%
	ダ1300〜1400m	◎	ダ1700m	◎	3	0	2	5	60.0%	60.0%	100.0%	134%	142%
	ダ1600m	×	ダ1700m	○	7	7	6	33	21.2%	42.4%	60.6%	47%	80%
	ダ1600m	×	ダ1700m	×	1	1	0	19	5.3%	10.5%	36.8%	24%	58%
消し	ダ1600m	○	ダ1700m	○	3	1	0	11	27.3%	36.4%	36.4%	59%	41%
	ダ1600m	○	ダ1700m	×	3	1	0	9	33.3%	44.4%	44.4%	127%	63%
	ダ1600m	××	ダ1700m	○	0	0	2	5	0.0%	0.0%	40.0%	0%	64%
	ダ1700m	○	ダ1700m	○	54	44	37	219	24.7%	44.7%	61.6%	80%	84%
	ダ1700m	○	ダ1700m	×	28	41	29	175	16.0%	39.4%	56.0%	53%	80%
	ダ1700m	×	ダ1700m	×	23	14	19	121	19.0%	30.6%	46.3%	100%	79%
	ダ1700m	×	ダ1700m	○	26	20	15	118	22.0%	39.0%	51.7%	110%	90%
	ダ1700m	○	ダ1700m	◎	11	11	6	52	21.2%	42.3%	50.0%	59%	71%

ダート1700m

評価	前々走 距離	着順	前走 距離	着順	1着	2着	3着	総数	勝率	連対率	複勝率	単回率	複回率
	ダ1700m	◎	ダ1700m	○	15	6	4	41	36.6%	51.2%	61.0%	93%	84%
	ダ1700m	◎	ダ1700m	×	9	6	3	38	23.7%	39.5%	47.4%	126%	77%
	ダ1700m	◎	ダ1700m	×	8	2	3	23	34.8%	43.5%	56.5%	94%	77%
消し	ダ1700m	××	ダ1700m	○	5	1	1	20	25.0%	30.0%	35.0%	79%	48%
	ダ1700m	××	ダ1700m	×	3	3	1	13	23.1%	46.2%	53.8%	146%	110%
	ダ1800m	○	ダ1700m	○	12	17	20	78	15.4%	37.2%	62.8%	51%	87%
	ダ1800m	×	ダ1700m	×	11	5	11	57	19.3%	28.1%	47.4%	90%	87%
	ダ1800m	○	ダ1700m	×	13	5	8	44	29.5%	40.9%	59.1%	85%	77%
	ダ1800m	◎	ダ1700m	×	8	9	4	33	24.2%	51.5%	63.6%	78%	92%
	ダ1800m	××	ダ1700m	○	6	4	3	20	30.0%	50.0%	65.0%	67%	93%
	ダ1800m	○	ダ1700m	◎	6	2	0	17	35.3%	47.1%	47.1%	86%	62%
	ダ1800m	◎	ダ1700m	○	6	2	2	16	37.5%	50.0%	62.5%	101%	83%
	ダ1800m	◎	ダ1700m	×	0	0	5	11	0.0%	0.0%	45.5%	0%	78%
	ダ1800m	×	ダ1700m	◎	3	4	0	10	30.0%	70.0%	70.0%	92%	123%
	ダ1800m	××	ダ1700m	×	0	2	0	9	0.0%	22.2%	22.2%	0%	45%
	ダ2100m〜	×	ダ1700m	○	3	0	2	7	42.9%	42.9%	71.4%	72%	68%
	ダ2100m〜	○	ダ1700m	○	4	0	2	7	57.1%	57.1%	85.7%	184%	134%
	ダ2100m〜	××	ダ1700m	×	2	2	1	6	33.3%	66.7%	83.3%	168%	140%
	芝1400〜1500m	×	ダ1700m	○	2	3	1	7	28.6%	71.4%	85.7%	82%	120%
	芝1600m	○	ダ1700m	○	3	0	1	7	42.9%	42.9%	57.1%	105%	90%
	芝1700〜1800m	×	ダ1700m	○	4	6	0	18	22.2%	55.6%	55.6%	87%	84%
	芝2000m	○	ダ1700m	○	4	2	1	11	36.4%	54.5%	63.6%	140%	89%
	芝2000m	×	ダ1700m	○	4	3	1	10	40.0%	70.0%	80.0%	143%	139%
	ダ1300〜1400m	○	ダ1800m	○	1	2	1	9	11.1%	33.3%	44.4%	16%	70%
	ダ1300〜1400m	×	ダ1800m	×	0	1	0	7	0.0%	14.3%	14.3%	0%	34%
	ダ1600m	○	ダ1800m	×	3	2	3	8	37.5%	62.5%	100.0%	187%	183%
	ダ1700m	○	ダ1800m	×	7	4	4	32	21.9%	34.4%	46.9%	116%	74%
	ダ1700m	×	ダ1800m	○	8	3	4	28	28.6%	39.3%	53.6%	135%	91%
	ダ1700m	◎	ダ1800m	×	9	3	3	25	36.0%	48.0%	60.0%	147%	98%
消し	ダ1700m	○	ダ1800m	○	3	1	2	17	17.6%	23.5%	35.3%	58%	51%
	ダ1700m	◎	ダ1800m	○	4	2	3	16	25.0%	37.5%	56.3%	106%	91%
消し	ダ1700m	×	ダ1800m	◎	1	2	1	11	9.1%	27.3%	36.4%	40%	66%
	ダ1700m	×	ダ1800m	◎	1	0	0	5	20.0%	20.0%	20.0%	82%	36%
	ダ1800m	×	ダ1800m	×	14	14	8	52	26.9%	53.8%	69.2%	124%	120%
	ダ1800m	○	ダ1800m	×	11	10	7	41	26.8%	51.2%	68.3%	82%	89%
	ダ1800m	◎	ダ1800m	×	8	9	6	35	22.9%	48.6%	65.7%	92%	109%
	ダ1800m	○	ダ1800m	○	7	9	1	33	21.2%	48.5%	51.5%	65%	74%
	ダ1800m	◎	ダ1800m	○	2	5	3	12	16.7%	41.7%	58.3%	71%	77%
	ダ1800m	◎	ダ1800m	◎	2	2	2	11	18.2%	36.4%	54.5%	54%	81%
	ダ1800m	◎	ダ1800m	×	1	1	1	10	10.0%	20.0%	30.0%	40%	48%
	ダ1800m	×	ダ1800m	◎	2	0	2	5	40.0%	40.0%	80.0%	198%	134%
	ダ1800m	××	ダ1800m	○	1	0	2	5	20.0%	20.0%	60.0%	118%	102%
	ダ1800m	××	ダ1800m	×	0	1	2	5	0.0%	20.0%	60.0%	0%	106%
	ダ2100m〜	×	ダ1800m	×	2	0	0	5	40.0%	40.0%	40.0%	292%	86%
	芝1700〜1800m	×	ダ1800m	○	1	1	0	5	20.0%	40.0%	40.0%	78%	70%
	芝1700〜1800m	×	芝1600m	×	0	2	0	6	0.0%	33.3%	33.3%	0%	48%
	芝1700〜1800m	×	芝1700〜1800m	×	1	1	1	11	9.1%	18.2%	27.3%	24%	48%
	芝2000m	×	芝1700〜1800m	○	2	1	1	7	28.6%	42.9%	57.1%	84%	90%
	芝1700〜1800m	×	芝2000m	×	2	0	0	7	28.6%	28.6%	28.6%	107%	52%
	芝2000m	×	芝2000m	×	2	2	0	8	25.0%	50.0%	50.0%	126%	90%

激変ローテ●ダート1700m【500万下】4番人気以下

評価	前々走 距離	着順	前走 距離	着順	1着	2着	3着	総数	勝率	連対率	複勝率	単回率	複回率
	ダ1000m	×	ダ1000m	×	1	5	3	55	1.8%	10.9%	16.4%	21%	77%
	ダ1000m	○	ダ1000m	×	1	2	0	15	6.7%	20.0%	20.0%	58%	68%
	ダ1000m	××	ダ1000m	×	0	0	0	10	0.0%	0.0%	0.0%	0%	0%
	ダ1000m	×	ダ1000m	××	0	1	0	9	0.0%	11.1%	11.1%	0%	25%
	ダ1150〜1200m	×	ダ1000m	×	1	1	0	35	2.9%	5.7%	5.7%	36%	39%
	ダ1150〜1200m	××	ダ1000m	×	0	0	0	15	0.0%	0.0%	0.0%	0%	0%
	ダ1300〜1400m	×	ダ1000m	×	0	1	0	12	0.0%	8.3%	8.3%	0%	48%
	ダ1300〜1400m	××	ダ1000m	×	0	0	1	9	0.0%	11.1%	11.1%	0%	167%
	ダ1300〜1400m	×	ダ1000m	××	1	0	0	5	20.0%	20.0%	20.0%	488%	194%
	ダ1300〜1400m	××	ダ1000m	××	0	0	0	5	0.0%	0.0%	0.0%	0%	0%

ダート1700m

評価	前々走 距離	前々走 着順	前走 距離	前走 着順	1着	2着	3着	総数	勝率	連対率	複勝率	単回率	複回率
	ダ1700m	××	ダ1000m	×	0	2	0	14	0.0%	14.3%	14.3%	0%	135%
	ダ1700m	×	ダ1000m	×	0	0	0	13	0.0%	0.0%	0.0%	0%	0%
	ダ1700m	×	ダ1000m	××	0	0	0	5	0.0%	0.0%	0.0%	0%	0%
	芝1200m	×	ダ1000m	×	0	0	1	20	0.0%	0.0%	5.0%	0%	21%
	芝1200m	×	ダ1000m	××	0	0	0	6	0.0%	0.0%	0.0%	0%	0%
	ダ1000m	×	ダ1150~1200m	×	1	0	0	20	5.0%	5.0%	5.0%	53%	16%
	ダ1000m	×	ダ1150~1200m	××	0	0	0	8	0.0%	0.0%	0.0%	0%	0%
	ダ1150~1200m	×	ダ1150~1200m	×	1	3	4	67	1.5%	6.0%	11.9%	48%	93%
	ダ1150~1200m	○	ダ1150~1200m	×	0	2	1	16	0.0%	12.5%	18.8%	0%	77%
	ダ1150~1200m	×	ダ1150~1200m	××	0	0	0	13	0.0%	0.0%	0.0%	0%	0%
	ダ1150~1200m	××	ダ1150~1200m	××	0	1	0	11	0.0%	9.1%	9.1%	0%	242%
	ダ1150~1200m	××	ダ1150~1200m	×	0	0	0	9	0.0%	0.0%	0.0%	0%	0%
	ダ1150~1200m	◎	ダ1150~1200m	×	0	1	0	8	0.0%	12.5%	12.5%	0%	48%
	ダ1150~1200m	×	ダ1150~1200m	◎	0	0	0	8	0.0%	0.0%	0.0%	0%	0%
	ダ1150~1200m	×	ダ1150~1200m	○	0	1	0	5	0.0%	20.0%	20.0%	0%	54%
	ダ1300~1400m	×	ダ1150~1200m	×	0	3	0	33	0.0%	9.1%	9.1%	0%	144%
	ダ1300~1400m	××	ダ1150~1200m	×	1	0	0	18	5.6%	5.6%	5.6%	48%	13%
	ダ1300~1400m	○	ダ1150~1200m	×	0	0	2	12	0.0%	0.0%	16.7%	0%	48%
	ダ1300~1400m	◎	ダ1150~1200m	×	0	0	1	11	0.0%	0.0%	9.1%	0%	45%
	ダ1300~1400m	×	ダ1150~1200m	××	0	1	0	7	0.0%	14.3%	14.3%	0%	41%
	ダ1300~1400m	××	ダ1150~1200m	××	0	0	0	7	0.0%	0.0%	0.0%	0%	0%
	ダ1300~1400m	◎	ダ1150~1200m	××	0	0	1	5	0.0%	0.0%	20.0%	0%	252%
	ダ1600m	×	ダ1150~1200m	×	0	0	1	7	0.0%	0.0%	14.3%	0%	67%
	ダ1700m	×	ダ1150~1200m	×	1	2	0	25	4.0%	12.0%	12.0%	43%	41%
	ダ1700m	××	ダ1150~1200m	×	2	1	0	16	12.5%	18.8%	18.8%	140%	56%
	ダ1700m	××	ダ1150~1200m	××	0	0	0	8	0.0%	0.0%	0.0%	0%	0%
	ダ1800m	×	ダ1150~1200m	×	0	0	0	14	0.0%	0.0%	0.0%	0%	0%
	ダ1800m	×	ダ1150~1200m	×	1	0	3	11	9.1%	9.1%	36.4%	113%	188%
	ダ1800m	××	ダ1150~1200m	××	0	0	0	6	0.0%	0.0%	0.0%	0%	0%
	芝1200m	×	ダ1150~1200m	×	0	1	0	8	0.0%	12.5%	12.5%	0%	80%
	芝1200m	×	ダ1150~1200m	××	0	0	0	8	0.0%	0.0%	0.0%	0%	0%
	芝1400~1500m	×	ダ1150~1200m	×	0	1	0	8	0.0%	12.5%	12.5%	0%	28%
	ダ1000m	×	ダ1300~1400m	×	0	1	0	11	0.0%	9.1%	9.1%	0%	61%
	ダ1000m	×	ダ1300~1400m	○	0	1	0	5	0.0%	20.0%	20.0%	0%	56%
	ダ1150~1200m	×	ダ1300~1400m	×	3	1	1	46	6.5%	8.7%	10.9%	95%	51%
	ダ1150~1200m	×	ダ1300~1400m	××	0	0	1	19	0.0%	0.0%	5.3%	0%	130%
	ダ1150~1200m	×	ダ1300~1400m	◎	1	0	0	12	8.3%	8.3%	8.3%	144%	21%
	ダ1150~1200m	××	ダ1300~1400m	×	0	0	0	10	0.0%	0.0%	0.0%	0%	0%
	ダ1150~1200m	○	ダ1300~1400m	×	0	0	0	8	0.0%	0.0%	0.0%	0%	0%
	ダ1150~1200m	×	ダ1300~1400m	○	0	0	0	7	0.0%	0.0%	0.0%	0%	0%
	ダ1150~1200m	◎	ダ1300~1400m	×	1	0	1	6	16.7%	16.7%	33.3%	235%	100%
特買い	ダ1300~1400m	×	ダ1300~1400m	×	3	8	8	90	3.3%	12.2%	21.1%	35%	109%
	ダ1300~1400m	◎	ダ1300~1400m	×	0	1	1	39	0.0%	2.6%	5.1%	0%	95%
	ダ1300~1400m	○	ダ1300~1400m	×	1	3	3	37	2.7%	10.8%	18.9%	21%	69%
	ダ1300~1400m	×	ダ1300~1400m	◎	1	0	3	35	2.9%	2.9%	11.4%	24%	66%
	ダ1300~1400m	×	ダ1300~1400m	××	0	1	2	32	0.0%	3.1%	9.4%	0%	71%
	ダ1300~1400m	××	ダ1300~1400m	×	2	1	1	26	7.7%	11.5%	15.4%	397%	165%
	ダ1300~1400m	×	ダ1300~1400m	○	1	1	0	25	4.0%	8.0%	8.0%	65%	41%
	ダ1300~1400m	×	ダ1300~1400m	○	1	1	2	19	5.3%	10.5%	21.1%	94%	72%
	ダ1300~1400m	◎	ダ1300~1400m	◎	0	0	1	18	0.0%	0.0%	5.6%	0%	45%
	ダ1300~1400m	◎	ダ1300~1400m	××	0	0	0	14	0.0%	0.0%	0.0%	0%	0%
	ダ1300~1400m	××	ダ1300~1400m	××	0	0	0	14	0.0%	0.0%	0.0%	0%	0%
	ダ1300~1400m	×	ダ1300~1400m	×	0	1	1	12	0.0%	8.3%	16.7%	0%	88%
	ダ1300~1400m	××	ダ1300~1400m	◎	0	0	0	11	0.0%	0.0%	0.0%	0%	0%
	ダ1300~1400m	○	ダ1300~1400m	××	0	0	0	7	0.0%	0.0%	0.0%	0%	0%
	ダ1600m	×	ダ1300~1400m	×	1	1	1	16	6.3%	12.5%	18.8%	132%	432%
	ダ1600m	×	ダ1300~1400m	××	0	0	1	9	0.0%	0.0%	11.1%	0%	54%
	ダ1600m	○	ダ1300~1400m	×	1	1	0	7	14.3%	28.6%	28.6%	214%	74%
	ダ1600m	○	ダ1300~1400m	◎	0	1	0	5	0.0%	20.0%	20.0%	0%	82%
	ダ1600m	○	ダ1300~1400m	×	1	0	0	5	20.0%	20.0%	20.0%	160%	44%
	ダ1600m	××	ダ1300~1400m	×	0	0	0	5	0.0%	0.0%	0.0%	0%	0%
	ダ1700m	×	ダ1300~1400m	×	2	7	2	48	4.2%	18.8%	22.9%	36%	65%
	ダ1700m	××	ダ1300~1400m	×	1	1	1	30	3.3%	6.7%	10.0%	101%	37%
	ダ1700m	××	ダ1300~1400m	××	0	0	0	18	0.0%	0.0%	0.0%	0%	0%
	ダ1700m	×	ダ1300~1400m	◎	1	0	0	16	6.3%	6.3%	6.3%	171%	46%

ダート1700m

評価	前々走 距離	前々走 着順	前走 距離	前走 着順	1着	2着	3着	総数	勝率	連対率	複勝率	単回率	複回率
	ダ1700m	×	ダ1300～1400m	××	1	0	0	16	6.3%	6.3%	6.3%	553%	100%
	ダ1700m		ダ1300～1400m	×	0	0	0	11	0.0%	0.0%	0.0%	0%	0%
	ダ1700m	○	ダ1300～1400m	×	0	0	0	7	0.0%	0.0%	0.0%	0%	0%
	ダ1700m	××	ダ1300～1400m	◎	0	0	1	7	0.0%	0.0%	14.3%	0%	47%
	ダ1800m	×	ダ1300～1400m	×	0	0	3	28	0.0%	0.0%	10.7%	0%	42%
	ダ1800m	××	ダ1300～1400m	×	0	0	0	24	0.0%	0.0%	0.0%	0%	0%
	ダ1800m	××	ダ1300～1400m	××	1	1	0	14	7.1%	14.3%	14.3%	88%	66%
	ダ1800m	×	ダ1300～1400m	××	1	0	1	9	11.1%	11.1%	22.2%	1197%	185%
	ダ1800m	×	ダ1300～1400m	◎	1	0	1	7	14.3%	14.3%	28.6%	207%	211%
	ダ1800m	×	ダ1300～1400m	○	0	0	0	5	0.0%	0.0%	0.0%	0%	0%
	芝1200m	×	ダ1300～1400m	×	0	1	2	9	0.0%	11.1%	33.3%	0%	467%
	芝1200m	×	ダ1300～1400m	××	0	0	0	8	0.0%	0.0%	0.0%	0%	0%
	芝1400～1500m	×	ダ1300～1400m	×	0	0	1	5	0.0%	0.0%	20.0%	0%	86%
	芝1600m	×	ダ1300～1400m	×	1	1	0	11	9.1%	18.2%	18.2%	235%	176%
	芝1600m	××	ダ1300～1400m	×	0	0	0	5	0.0%	0.0%	0.0%	0%	0%
	芝1700～1800m	×	ダ1300～1400m	×	0	1	0	10	0.0%	10.0%	10.0%	0%	31%
	芝1700～1800m	××	ダ1300～1400m	×	0	1	0	5	0.0%	20.0%	20.0%	0%	50%
	芝2000m	××	ダ1300～1400m	×	0	0	0	5	0.0%	0.0%	0.0%	0%	0%
	ダ1300～1400m	×	ダ1600m	×	1	0	0	19	5.3%	5.3%	5.3%	62%	14%
	ダ1300～1400m	×	ダ1600m	××	0	0	0	8	0.0%	0.0%	0.0%	0%	0%
	ダ1300～1400m	◎	ダ1600m	×	0	0	0	7	0.0%	0.0%	0.0%	0%	0%
	ダ1300～1400m	××	ダ1600m	×	0	0	2	7	0.0%	0.0%	28.6%	0%	165%
	ダ1300～1400m	◎	ダ1600m	×	0	0	1	6	0.0%	0.0%	16.7%	0%	43%
	ダ1600m	×	ダ1600m	×	1	1	2	26	3.8%	7.7%	15.4%	77%	62%
	ダ1600m	◎	ダ1600m	×	0	0	1	12	0.0%	0.0%	8.3%	0%	34%
	ダ1600m	×	ダ1600m	××	1	0	0	11	9.1%	9.1%	9.1%	115%	34%
	ダ1600m	××	ダ1600m	××	0	0	0	10	0.0%	0.0%	0.0%	0%	0%
	ダ1600m	○	ダ1600m	◎	0	0	0	9	0.0%	0.0%	0.0%	0%	0%
	ダ1600m	○	ダ1600m	×	0	0	0	9	0.0%	0.0%	0.0%	0%	0%
	ダ1600m	◎	ダ1600m	○	0	0	0	6	0.0%	0.0%	0.0%	0%	0%
	ダ1700m	×	ダ1600m	×	0	1	2	31	0.0%	3.2%	9.7%	0%	34%
	ダ1700m	××	ダ1600m	××	0	0	0	16	0.0%	0.0%	0.0%	0%	0%
	ダ1700m	×	ダ1600m	×	0	1	0	15	0.0%	6.7%	6.7%	0%	20%
	ダ1700m	×	ダ1600m	××	1	0	0	14	7.1%	7.1%	7.1%	470%	117%
	ダ1700m	◎	ダ1600m	×	0	0	0	8	0.0%	0.0%	0.0%	0%	0%
	ダ1700m	○	ダ1600m	××	0	1	0	6	0.0%	16.7%	16.7%	0%	48%
	ダ1700m	○	ダ1600m	×	1	0	2	6	16.7%	16.7%	50.0%	198%	116%
	ダ1700m	×	ダ1600m	○	0	0	1	6	0.0%	0.0%	16.7%	0%	83%
	ダ1800m	×	ダ1600m	×	1	1	4	39	2.6%	5.1%	15.4%	22%	49%
	ダ1800m	××	ダ1600m	×	0	0	2	21	0.0%	0.0%	9.5%	0%	61%
	ダ1800m	×	ダ1600m	××	0	1	1	16	0.0%	6.3%	12.5%	0%	233%
	ダ1800m	◎	ダ1600m	×	0	1	1	15	0.0%	6.7%	13.3%	0%	54%
	ダ1800m	××	ダ1600m	××	1	0	0	11	9.1%	9.1%	9.1%	253%	51%
	ダ1800m	○	ダ1600m	×	0	1	1	8	0.0%	12.5%	25.0%	0%	60%
	ダ1800m	×	ダ1600m	○	0	1	0	7	0.0%	14.3%	14.3%	0%	101%
	ダ1800m	×	ダ1600m	◎	0	0	0	5	0.0%	0.0%	0.0%	0%	0%
	ダ2100m～	××	ダ1600m	×	0	0	0	5	0.0%	0.0%	0.0%	0%	0%
	芝1600m	×	ダ1600m	×	0	1	0	7	0.0%	14.3%	14.3%	0%	47%
	芝1700～1800m	×	ダ1600m	×	0	1	2	8	0.0%	12.5%	37.5%	0%	222%
買い	ダ1000m	×	ダ1700m	×	1	1	3	32	3.1%	6.3%	15.6%	39%	109%
	ダ1000m	×	ダ1700m	××	0	0	0	19	0.0%	0.0%	0.0%	0%	0%
	ダ1000m	××	ダ1700m	××	0	0	0	7	0.0%	0.0%	0.0%	0%	0%
	ダ1000m	×	ダ1700m	◎	0	1	0	5	0.0%	20.0%	20.0%	0%	64%
	ダ1000m	×	ダ1700m	○	0	1	0	5	0.0%	20.0%	20.0%	0%	50%
	ダ1000m	××	ダ1700m	×	0	0	0	5	0.0%	0.0%	0.0%	0%	0%
買い	ダ1150～1200m	×	ダ1700m	×	0	2	7	45	0.0%	4.4%	20.0%	0%	112%
	ダ1150～1200m	×	ダ1700m	××	0	2	1	30	0.0%	6.7%	10.0%	0%	164%
	ダ1150～1200m	×	ダ1700m	○	0	2	2	16	0.0%	12.5%	25.0%	0%	65%
	ダ1150～1200m	××	ダ1700m	××	0	0	0	14	0.0%	0.0%	0.0%	0%	0%
	ダ1150～1200m	×	ダ1700m	◎	0	0	2	6	0.0%	0.0%	33.3%	0%	96%
	ダ1150～1200m	××	ダ1700m	×	0	0	0	6	0.0%	0.0%	0.0%	0%	0%
	ダ1300～1400m	×	ダ1700m	×	7	6	5	118	5.9%	11.0%	15.3%	171%	76%
買い	ダ1300～1400m	×	ダ1700m	××	1	3	2	45	2.2%	8.9%	13.3%	110%	138%
	ダ1300～1400m	××	ダ1700m	×	0	2	0	35	0.0%	5.7%	5.7%	0%	21%

ダート1700m

評価	前々走 距離	前々走 着順	前走 距離	前走 着順	1着	2着	3着	総数	勝率	連対率	複勝率	単回率	複回率
	ダ1300～1400m	××	ダ1700m	××	1	1	0	32	3.1%	6.3%	6.3%	140%	39%
	ダ1300～1400m	○	ダ1700m	×	2	2	1	31	6.5%	12.9%	16.1%	86%	58%
	ダ1300～1400m	×	ダ1700m	○	5	2	1	29	17.2%	24.1%	27.6%	180%	80%
買い	ダ1300～1400m	◎	ダ1700m	×	1	3	3	24	4.2%	16.7%	29.2%	35%	107%
	ダ1300～1400m	○	ダ1700m	××	0	0	0	24	0.0%	0.0%	0.0%	0%	0%
	ダ1300～1400m	○	ダ1700m	××	0	0	2	12	0.0%	0.0%	16.7%	0%	140%
	ダ1300～1400m	×	ダ1700m	◎	0	1	1	11	0.0%	9.1%	18.2%	0%	67%
	ダ1300～1400m	◎	ダ1700m	○	0	0	0	5	0.0%	0.0%	0.0%	0%	0%
	ダ1300～1400m	○	ダ1700m	◎	0	0	1	5	0.0%	0.0%	20.0%	0%	34%
	ダ1300～1400m	××	ダ1700m	◎	0	1	0	5	0.0%	20.0%	20.0%	0%	40%
	ダ1300～1400m	××	ダ1700m	○	1	1	0	5	20.0%	40.0%	40.0%	170%	128%
	ダ1600m	×	ダ1700m	×	5	5	2	76	6.6%	13.2%	15.8%	256%	71%
	ダ1600m	××	ダ1700m	××	0	1	0	31	0.0%	3.2%	3.2%	0%	26%
買い	ダ1600m	××	ダ1700m	×	1	2	2	27	3.7%	11.1%	18.5%	39%	170%
	ダ1600m	×	ダ1700m	××	1	1	0	24	4.2%	8.3%	8.3%	170%	72%
	ダ1600m	◎	ダ1700m	×	0	3	0	16	0.0%	18.8%	18.8%	0%	60%
	ダ1600m	×	ダ1700m	○	2	0	2	13	15.4%	15.4%	30.8%	157%	104%
	ダ1600m	×	ダ1700m	○	1	0	3	13	7.7%	7.7%	30.8%	93%	98%
	ダ1600m	◎	ダ1700m	××	0	0	0	11	0.0%	0.0%	0.0%	0%	0%
	ダ1600m	×	ダ1700m	◎	0	0	0	8	0.0%	0.0%	0.0%	0%	0%
	ダ1600m	○	ダ1700m	××	0	0	0	7	0.0%	0.0%	0.0%	0%	0%
	ダ1700m	×	ダ1700m	×	24	29	52	677	3.5%	7.8%	15.5%	60%	72%
	ダ1700m	×	ダ1700m	××	4	6	9	227	1.8%	4.4%	8.4%	54%	71%
	ダ1700m	××	ダ1700m	×	6	8	14	212	2.8%	6.6%	13.2%	80%	85%
	ダ1700m	○	ダ1700m	×	10	21	21	198	5.1%	15.7%	26.3%	59%	85%
	ダ1700m	××	ダ1700m	××	3	6	4	150	2.0%	6.0%	8.7%	207%	111%
	ダ1700m	×	ダ1700m	○	6	12	18	134	4.5%	13.4%	26.9%	69%	84%
	ダ1700m	○	ダ1700m	×	2	5	7	76	6.6%	9.2%	18.4%	175%	75%
	ダ1700m	×	ダ1700m	◎	5	4	2	71	7.0%	12.7%	15.5%	74%	59%
	ダ1700m	×	ダ1700m	◎	2	3	2	48	4.2%	10.4%	14.6%	165%	70%
	ダ1700m	◎	ダ1700m	××	0	0	3	44	0.0%	0.0%	6.8%	0%	38%
	ダ1700m	○	ダ1700m	××	0	3	2	44	0.0%	6.8%	11.4%	0%	33%
	ダ1700m	○	ダ1700m	○	3	4	4	36	8.3%	19.4%	30.6%	45%	71%
	ダ1700m	××	ダ1700m	○	1	2	1	24	4.2%	12.5%	16.7%	36%	48%
	ダ1700m	◎	ダ1700m	○	2	1	3	19	10.5%	15.8%	31.6%	130%	66%
	ダ1700m	××	ダ1700m	◎	1	1	1	13	7.7%	15.4%	23.1%	80%	76%
	ダ1800m	×	ダ1700m	×	12	11	16	234	5.1%	9.8%	16.7%	108%	86%
	ダ1800m	××	ダ1700m	×	2	4	5	102	2.0%	5.9%	10.8%	83%	62%
	ダ1800m	××	ダ1700m	××	0	0	1	88	0.0%	0.0%	1.1%	0%	3%
	ダ1800m	×	ダ1700m	××	1	2	3	65	1.5%	4.6%	9.2%	13%	43%
	ダ1800m	×	ダ1700m	○	3	4	6	55	5.5%	12.7%	23.6%	55%	53%
	ダ1800m	×	ダ1700m	◎	1	3	2	35	2.9%	11.4%	17.1%	48%	53%
	ダ1800m	◎	ダ1700m	×	0	1	2	24	0.0%	4.2%	12.5%	0%	70%
買い	ダ1800m	◎	ダ1700m	××	2	2	1	21	9.5%	19.0%	23.8%	289%	318%
買い	ダ1800m	○	ダ1700m	◎	2	0	3	19	10.5%	10.5%	26.3%	144%	102%
	ダ1800m	××	ダ1700m	○	0	0	1	19	0.0%	0.0%	5.3%	0%	18%
	ダ1800m	○	ダ1700m	◎	1	1	1	18	5.6%	11.1%	16.7%	57%	50%
	ダ1800m	○	ダ1700m	××	1	1	1	14	7.1%	14.3%	21.4%	130%	67%
	ダ1800m	××	ダ1700m	◎	0	1	0	9	0.0%	11.1%	11.1%	0%	51%
	ダ1800m	◎	ダ1700m	○	1	0	0	6	16.7%	16.7%	16.7%	138%	38%
	ダ1800m	◎	ダ1700m	◎	0	0	0	5	0.0%	0.0%	0.0%	0%	0%
	ダ2100m～	××	ダ1700m	×	0	0	1	23	0.0%	0.0%	4.3%	0%	19%
	ダ2100m～	×	ダ1700m	×	1	1	1	20	5.0%	10.0%	15.0%	139%	70%
	ダ2100m～	××	ダ1700m	××	0	0	0	8	0.0%	0.0%	0.0%	0%	0%
	芝1200m	×	ダ1700m	×	0	2	2	25	0.0%	8.0%	16.0%	0%	84%
	芝1200m	×	ダ1700m	××	0	0	0	10	0.0%	0.0%	0.0%	0%	0%
	芝1200m	×	ダ1700m	◎	1	0	0	7	14.3%	14.3%	14.3%	134%	28%
	芝1200m	×	ダ1700m	○	3	0	0	7	42.9%	42.9%	42.9%	672%	184%
買い	芝1400～1500m	×	ダ1700m	×	3	3	0	13	23.1%	46.2%	46.2%	866%	343%
	芝1400～1500m	×	ダ1700m	××	0	0	0	8	0.0%	0.0%	0.0%	0%	0%
	芝1400～1500m	××	ダ1700m	×	0	0	0	5	0.0%	0.0%	0.0%	0%	0%
買い	芝1600m	×	ダ1700m	×	2	3	1	15	13.3%	33.3%	40.0%	88%	208%
	芝1600m	×	ダ1700m	××	0	0	1	11	0.0%	0.0%	9.1%	0%	46%
	芝1700～1800m	×	ダ1700m	×	1	3	8	57	1.8%	7.0%	21.1%	59%	85%
	芝1700～1800m	×	ダ1700m	××	1	0	1	24	4.2%	4.2%	8.3%	60%	44%

ダート1700m

評価	前々走 距離	着順	前走 距離	着順	1着	2着	3着	総数	勝率	連対率	複勝率	単回率	複回率
	芝1700～1800m	××	ダ1700m	×	2	0	1	15	13.3%	13.3%	20.0%	234%	48%
	芝1700～1800m	××	ダ1700m	××	0	0	0	12	0.0%	0.0%	0.0%	0%	0%
	芝1700～1800m	×	ダ1700m	○	0	2	1	11	0.0%	18.2%	27.3%	0%	137%
	芝1700～1800m	×	ダ1700m	◎	0	1	0	5	0.0%	20.0%	20.0%	0%	74%
	芝2000m	×	ダ1700m	×	1	2	3	33	3.0%	9.1%	18.2%	43%	90%
	芝2000m	×	ダ1700m	××	1	0	2	19	5.3%	5.3%	15.8%	240%	109%
買い	芝2000m	×	ダ1700m	○	4	2	1	14	28.6%	42.9%	50.0%	551%	181%
	芝2000m	××	ダ1700m	××	0	1	0	11	0.0%	9.1%	9.1%	0%	63%
	芝2000m	××	ダ1700m	◎	2	0	2	10	20.0%	20.0%	40.0%	177%	134%
	芝2000m	××	ダ1700m	×	0	0	0	10	0.0%	0.0%	0.0%	0%	0%
	芝2000m	××	ダ1700m	○	0	0	0	8	0.0%	0.0%	0.0%	0%	0%
	芝2200m～	×	ダ1700m	×	0	1	0	14	0.0%	7.1%	7.1%	0%	25%
	芝2200m～	××	ダ1700m	×	0	0	0	12	0.0%	0.0%	0.0%	0%	0%
	芝2200m～	××	ダ1700m	××	0	1	0	6	0.0%	16.7%	16.7%	0%	50%
	ダ1150～1200m	×	ダ1800m	×	1	0	0	9	11.1%	11.1%	11.1%	181%	28%
	ダ1150～1200m	×	ダ1800m	○	0	0	0	8	0.0%	0.0%	0.0%	0%	0%
	ダ1150～1200m	××	ダ1800m	××	0	0	0	8	0.0%	0.0%	0.0%	0%	0%
	ダ1150～1200m	××	ダ1800m	◎	0	0	0	5	0.0%	0.0%	0.0%	0%	0%
買い	ダ1300～1400m	×	ダ1800m	×	3	2	3	32	9.4%	15.6%	25.0%	264%	118%
	ダ1300～1400m	×	ダ1800m	××	0	1	0	18	0.0%	5.6%	5.6%	0%	191%
	ダ1300～1400m	××	ダ1800m	××	0	0	0	16	0.0%	0.0%	0.0%	0%	0%
	ダ1300～1400m	◎	ダ1800m	×	0	2	0	11	0.0%	18.2%	18.2%	0%	102%
	ダ1300～1400m	××	ダ1800m	×	0	0	1	10	0.0%	0.0%	10.0%	0%	81%
	ダ1300～1400m	○	ダ1800m	××	0	0	0	7	0.0%	0.0%	0.0%	0%	0%
	ダ1600m	×	ダ1800m	××	0	0	0	16	0.0%	0.0%	0.0%	0%	0%
	ダ1600m	×	ダ1800m	×	0	1	0	14	0.0%	7.1%	7.1%	0%	24%
	ダ1600m	××	ダ1800m	××	1	0	0	12	8.3%	8.3%	8.3%	311%	98%
	ダ1600m	××	ダ1800m	×	0	0	0	6	0.0%	0.0%	0.0%	0%	0%
	ダ1600m	◎	ダ1800m	××	0	0	0	5	0.0%	0.0%	0.0%	0%	0%
	ダ1600m	×	ダ1800m	○	0	0	0	5	0.0%	0.0%	0.0%	0%	0%
特買い	ダ1700m	×	ダ1800m	×	8	12	11	178	4.5%	11.2%	17.4%	100%	96%
	ダ1700m	×	ダ1800m	××	2	3	3	92	2.2%	5.4%	8.7%	56%	76%
	ダ1700m	××	ダ1800m	×	2	2	3	66	3.0%	6.1%	10.6%	47%	45%
	ダ1700m	××	ダ1800m	××	2	2	2	54	3.7%	7.4%	11.1%	417%	174%
	ダ1700m	○	ダ1800m	×	1	3	4	32	3.1%	12.5%	25.0%	35%	70%
	ダ1700m	○	ダ1800m	×	1	1	0	25	4.0%	8.0%	8.0%	40%	30%
	ダ1700m	○	ダ1800m	××	0	0	2	20	0.0%	0.0%	10.0%	0%	40%
	ダ1700m	×	ダ1800m	◎	1	0	2	16	6.3%	6.3%	18.8%	50%	74%
	ダ1700m	×	ダ1800m	○	1	1	2	16	6.3%	12.5%	25.0%	52%	66%
	ダ1700m	○	ダ1800m	××	0	0	2	14	0.0%	0.0%	14.3%	0%	77%
	ダ1700m	○	ダ1800m	◎	1	0	0	10	10.0%	10.0%	10.0%	48%	35%
買い	ダ1800m	×	ダ1800m	×	8	17	18	203	3.9%	12.3%	21.2%	44%	90%
	ダ1800m	×	ダ1800m	××	4	2	3	88	4.5%	6.8%	10.2%	96%	45%
	ダ1800m	××	ダ1800m	××	2	3	1	68	2.9%	7.4%	8.8%	90%	84%
買い	ダ1800m	××	ダ1800m	×	3	3	4	64	4.7%	9.4%	15.6%	291%	118%
	ダ1800m	○	ダ1800m	×	1	2	7	60	1.7%	5.0%	16.7%	24%	53%
	ダ1800m	◎	ダ1800m	×	1	0	2	37	2.7%	2.7%	8.1%	81%	40%
買い	ダ1800m	×	ダ1800m	○	3	3	5	33	9.1%	18.2%	33.3%	85%	90%
買い	ダ1800m	○	ダ1800m	◎	2	2	1	26	7.7%	15.4%	19.2%	117%	140%
買い	ダ1800m	○	ダ1800m	××	3	2	0	21	14.3%	23.8%	23.8%	249%	135%
買い	ダ1800m	×	ダ1800m	◎	2	3	0	21	9.5%	23.8%	23.8%	161%	128%
買い	ダ1800m	○	ダ1800m	○	4	1	1	18	22.2%	27.8%	33.3%	296%	100%
	ダ1800m	◎	ダ1800m	××	0	0	0	12	0.0%	0.0%	0.0%	0%	0%
	ダ1800m	××	ダ1800m	○	1	0	0	12	8.3%	8.3%	8.3%	127%	23%
	ダ1800m	◎	ダ1800m	○	0	1	1	8	0.0%	12.5%	25.0%	0%	96%
	ダ1800m	××	ダ1800m	◎	0	0	1	7	0.0%	0.0%	14.3%	0%	87%
	ダ2100m～	××	ダ1800m	×	0	0	1	8	0.0%	0.0%	12.5%	0%	105%
	ダ2100m～	×	ダ1800m	×	2	1	1	6	33.3%	50.0%	66.7%	493%	228%
	ダ2100m～	×	ダ1800m	○	0	1	3	5	0.0%	20.0%	80.0%	0%	376%
	芝1700～1800m	×	ダ1800m	×	1	1	0	20	5.0%	10.0%	10.0%	37%	26%
	芝1700～1800m	×	ダ1800m	××	0	2	1	11	0.0%	18.2%	27.3%	0%	330%
	芝1700～1800m	××	ダ1800m	××	0	0	0	8	0.0%	0.0%	0.0%	0%	0%
	芝1700～1800m	××	ダ1800m	×	1	1	0	6	16.7%	33.3%	33.3%	586%	236%
	芝2000m	×	ダ1800m	×	0	0	3	18	0.0%	0.0%	16.7%	0%	61%
	芝2000m	×	ダ1800m	××	0	0	2	9	0.0%	0.0%	22.2%	0%	105%

ダート1700m

評価	前々走 距離	着順	前走 距離	着順	1着	2着	3着	総数	勝率	連対率	複勝率	単回率	複回率
	芝2000m	××	ダ1800m	××	0	0	1	7	0.0%	0.0%	14.3%	0%	102%
	芝2000m	×	ダ1800m	×	0	0	0	5	0.0%	0.0%	0.0%	0%	0%
	芝2200m〜	×	ダ1800m	×	0	1	2	10	0.0%	10.0%	30.0%	0%	137%
買い	ダ1700m	×	ダ2100m〜	×	2	1	2	18	11.1%	16.7%	27.8%	667%	127%
	ダ1700m	×	ダ2100m〜	××	0	1	0	18	0.0%	5.6%	5.6%	0%	12%
	ダ1700m	××	ダ2100m〜	×	0	0	0	13	0.0%	0.0%	0.0%	0%	0%
	ダ1800m	×	ダ2100m〜	××	1	0	1	13	7.7%	7.7%	15.4%	65%	46%
	ダ1800m	×	ダ2100m〜	×	0	1	1	12	0.0%	8.3%	16.7%	0%	38%
	ダ1800m	××	ダ2100m〜	××	0	0	1	9	0.0%	0.0%	11.1%	0%	35%
	ダ1800m	××	ダ2100m〜	×	0	0	0	5	0.0%	0.0%	0.0%	0%	0%
	ダ2100m〜	××	ダ2100m〜	××	0	0	1	11	0.0%	0.0%	9.1%	0%	47%
	ダ2100m〜	××	ダ2100m〜	×	0	1	0	9	0.0%	11.1%	11.1%	0%	42%
	ダ2100m〜	×	ダ2100m〜	×	0	0	2	6	0.0%	0.0%	33.3%	0%	218%
	芝2200m〜	×	ダ2100m〜	××	0	0	0	6	0.0%	0.0%	0.0%	0%	0%
	ダ1000m	×	芝1200m	×	0	0	0	9	0.0%	0.0%	0.0%	0%	0%
	ダ1150〜1200m	×	芝1200m	×	0	1	0	13	0.0%	7.7%	7.7%	0%	20%
	ダ1150〜1200m	××	芝1200m	×	0	0	0	5	0.0%	0.0%	0.0%	0%	0%
	ダ1300〜1400m	×	芝1200m	×	1	0	1	8	12.5%	12.5%	25.0%	132%	108%
	ダ1300〜1400m	××	芝1200m	×	0	0	0	7	0.0%	0.0%	0.0%	0%	0%
	ダ1700m	××	芝1200m	×	0	0	1	8	0.0%	12.5%	12.5%	0%	73%
	ダ1700m	×	芝1200m	×	0	0	0	6	0.0%	0.0%	0.0%	0%	0%
	芝1200m	×	芝1200m	×	1	1	1	53	1.9%	3.8%	5.7%	38%	30%
	芝1200m	×	芝1200m	××	0	0	0	13	0.0%	0.0%	0.0%	0%	0%
	芝1200m	××	芝1200m	×	0	0	0	7	0.0%	0.0%	0.0%	0%	0%
	芝1200m	◯	芝1200m	×	0	0	0	5	0.0%	0.0%	0.0%	0%	0%
	芝1400〜1500m	×	芝1200m	×	0	0	1	16	0.0%	6.3%	6.3%	0%	20%
	芝1600m	×	芝1200m	×	0	0	0	6	0.0%	0.0%	0.0%	0%	0%
	芝1600m	××	芝1200m	×	0	1	0	5	0.0%	20.0%	20.0%	0%	152%
	芝1700〜1800m	×	芝1200m	×	0	0	0	5	0.0%	0.0%	0.0%	0%	0%
	芝1700〜1800m	××	芝1200m	×	0	0	0	5	0.0%	0.0%	0.0%	0%	0%
	ダ1300〜1400m	×	芝1400〜1500m	×	0	0	2	7	0.0%	0.0%	28.6%	0%	84%
	ダ1700m	×	芝1400〜1500m	×	0	1	0	7	0.0%	14.3%	14.3%	0%	30%
	ダ1700m	××	芝1400〜1500m	×	1	0	1	6	16.7%	16.7%	33.3%	171%	113%
	芝1200m	×	芝1400〜1500m	×	0	0	0	8	0.0%	0.0%	0.0%	0%	0%
	芝1400〜1500m	×	芝1400〜1500m	×	0	0	1	9	0.0%	0.0%	11.1%	0%	35%
	芝1600m	×	芝1400〜1500m	×	0	0	0	9	0.0%	0.0%	0.0%	0%	0%
	芝1700〜1800m	×	芝1400〜1500m	×	0	0	2	10	0.0%	0.0%	20.0%	0%	64%
	ダ1300〜1400m	×	芝1600m	×	0	0	0	9	0.0%	0.0%	0.0%	0%	0%
	ダ1700m	×	芝1600m	×	0	0	0	5	0.0%	0.0%	0.0%	0%	0%
	芝1200m	×	芝1600m	×	0	0	0	7	0.0%	0.0%	0.0%	0%	0%
	芝1400〜1500m	×	芝1600m	×	0	0	0	5	0.0%	0.0%	0.0%	0%	0%
	芝1600m	×	芝1600m	×	0	0	0	11	0.0%	0.0%	0.0%	0%	0%
買い	芝1700〜1800m	×	芝1600m	×	2	1	2	11	18.2%	27.3%	45.5%	273%	174%
	芝2000m	×	芝1600m	×	0	1	1	14	0.0%	7.1%	14.3%	0%	72%
	ダ1150〜1200m	×	芝1700〜1800m	×	0	0	0	5	0.0%	0.0%	0.0%	0%	0%
	ダ1300〜1400m	×	芝1700〜1800m	×	0	0	0	5	0.0%	0.0%	0.0%	0%	0%
	ダ1300〜1400m	××	芝1700〜1800m	×	0	0	1	5	0.0%	0.0%	20.0%	0%	56%
	ダ1600m	×	芝1700〜1800m	×	0	0	0	6	0.0%	0.0%	0.0%	0%	0%
	ダ1700m	×	芝1700〜1800m	×	1	0	2	17	5.9%	5.9%	17.6%	74%	77%
	ダ1700m	××	芝1700〜1800m	×	1	0	0	17	5.9%	5.9%	5.9%	57%	17%
	ダ1700m	×	芝1700〜1800m	××	1	0	1	7	14.3%	14.3%	28.6%	161%	354%
	ダ1700m	◯	芝1700〜1800m	×	0	0	0	5	0.0%	0.0%	0.0%	0%	0%
	ダ1700m	×	芝1700〜1800m	××	0	0	0	5	0.0%	0.0%	0.0%	0%	0%
買い	ダ1800m	×	芝1700〜1800m	×	1	0	4	20	5.0%	5.0%	25.0%	643%	180%
	ダ1800m	××	芝1700〜1800m	×	0	0	0	10	0.0%	0.0%	0.0%	0%	0%
	ダ1800m	◎	芝1700〜1800m	×	0	0	0	7	0.0%	0.0%	0.0%	0%	0%
	ダ1800m	◯	芝1700〜1800m	×	0	0	1	5	0.0%	0.0%	20.0%	0%	52%
	芝1200m	×	芝1700〜1800m	×	0	0	1	11	0.0%	0.0%	9.1%	0%	39%
	芝1200m	×	芝1700〜1800m	××	1	0	0	5	20.0%	20.0%	20.0%	130%	46%
	芝1400〜1500m	×	芝1700〜1800m	×	0	0	1	8	0.0%	0.0%	12.5%	0%	43%
	芝1600m	×	芝1700〜1800m	×	0	1	0	17	0.0%	5.9%	5.9%	0%	35%
買い	芝1700〜1800m	×	芝1700〜1800m	×	3	4	3	73	4.1%	9.6%	13.7%	104%	99%
	芝1700〜1800m	◯	芝1700〜1800m	×	0	0	2	15	0.0%	0.0%	13.3%	0%	54%
	芝1700〜1800m	×	芝1700〜1800m	××	0	0	0	9	0.0%	0.0%	0.0%	0%	0%
	芝1700〜1800m	◎	芝1700〜1800m	×	0	0	0	6	0.0%	0.0%	0.0%	0%	0%

ダート1700m

評価	前々走 距離	着順	前走 距離	着順	1着	2着	3着	総数	勝率	連対率	複勝率	単回率	複回率
	芝2000m	×	芝1700〜1800m	×	3	0	1	38	7.9%	7.9%	10.5%	142%	39%
	芝2000m	×	芝1700〜1800m	××	0	0	0	9	0.0%	0.0%	0.0%	0%	0%
	芝2000m	××	芝1700〜1800m	×	0	0	0	9	0.0%	0.0%	0.0%	0%	0%
	芝2000m	○	芝1700〜1800m	×	0	1	0	6	0.0%	16.7%	16.7%	0%	113%
	芝2200m〜	××	芝1700〜1800m	×	0	0	0	6	0.0%	0.0%	0.0%	0%	0%
	ダ1600m	×	芝2000m	×	0	0	0	5	0.0%	0.0%	0.0%	0%	0%
買い	ダ1700m	×	芝2000m	×	0	4	1	22	0.0%	18.2%	22.7%	0%	215%
	ダ1700m	××	芝2000m	×	2	0	0	10	20.0%	20.0%	20.0%	365%	138%
	ダ1700m	××	芝2000m	××	0	0	0	8	0.0%	0.0%	0.0%	0%	0%
	ダ1800m	×	芝2000m	×	0	1	0	9	0.0%	11.1%	11.1%	0%	55%
	ダ1800m	××	芝2000m	××	0	0	0	7	0.0%	0.0%	0.0%	0%	0%
	ダ1800m	××	芝2000m	×	0	1	0	5	0.0%	20.0%	20.0%	0%	130%
	芝1600m	×	芝2000m	××	0	0	0	5	0.0%	0.0%	0.0%	0%	0%
	芝1700〜1800m	×	芝2000m	×	0	0	1	39	0.0%	0.0%	2.6%	0%	7%
	芝1700〜1800m	×	芝2000m	××	0	0	1	12	0.0%	0.0%	8.3%	0%	80%
	芝1700〜1800m	○	芝2000m	×	1	1	0	5	20.0%	40.0%	40.0%	156%	196%
	芝2000m	×	芝2000m	×	0	3	1	46	0.0%	6.5%	8.7%	0%	39%
	芝2000m	×	芝2000m	××	0	0	0	19	0.0%	0.0%	0.0%	0%	0%
	芝2000m	○	芝2000m	×	0	0	0	9	0.0%	0.0%	0.0%	0%	0%
	芝2000m	××	芝2000m	×	0	0	3	9	0.0%	0.0%	33.3%	0%	200%
	芝2000m	××	芝2000m	××	0	1	1	8	0.0%	12.5%	25.0%	0%	431%
	芝2200m〜	×	芝2000m	×	0	0	2	15	0.0%	0.0%	13.3%	0%	56%
	ダ1700m	×	芝2200m〜	×	0	0	1	5	0.0%	0.0%	20.0%	0%	74%
	ダ1800m	×	芝2200m〜	×	0	0	0	9	0.0%	0.0%	0.0%	0%	0%
	ダ1800m	◎	芝2200m〜	××	0	0	1	5	0.0%	0.0%	20.0%	0%	100%
	ダ1800m	××	芝2200m〜	××	0	1	0	5	0.0%	20.0%	20.0%	0%	136%
	芝1700〜1800m	×	芝2200m〜	×	0	0	2	7	0.0%	0.0%	28.6%	0%	301%
	芝2000m	×	芝2200m〜	×	0	0	3	15	0.0%	0.0%	20.0%	0%	91%
	芝2000m	××	芝2200m〜	×	0	1	0	8	0.0%	12.5%	12.5%	0%	32%
	芝2200m〜	×	芝2200m〜	×	1	0	0	13	7.7%	7.7%	7.7%	200%	62%

激変ローテ●ダート1700m【1000万下〜OP】3番人気以内

評価	前々走 距離	着順	前走 距離	着順	1着	2着	3着	総数	勝率	連対率	複勝率	単回率	複回率
	ダ1300〜1400m	×	ダ1300〜1400m	○	1	4	1	8	12.5%	62.5%	75.0%	72%	152%
	ダ1300〜1400m	○	ダ1300〜1400m	○	1	1	0	6	16.7%	33.3%	33.3%	75%	58%
	ダ1300〜1400m	×	ダ1300〜1400m	◎	1	0	0	5	20.0%	20.0%	20.0%	138%	42%
	ダ1800m	×	ダ1600m	×	1	1	0	5	20.0%	40.0%	40.0%	70%	66%
	ダ1300〜1400m	×	ダ1700m	◎	2	0	2	7	28.6%	28.6%	57.1%	194%	102%
	ダ1300〜1400m	×	ダ1700m	○	2	0	2	7	28.6%	28.6%	57.1%	91%	87%
	ダ1300〜1400m	○	ダ1700m	○	2	1	1	5	40.0%	60.0%	80.0%	194%	130%
	ダ1600m	×	ダ1700m	◎	4	0	0	8	50.0%	50.0%	50.0%	137%	65%
	ダ1600m	×	ダ1700m	○	1	0	2	5	20.0%	20.0%	60.0%	48%	88%
	ダ1700m	○	ダ1700m	◎	1	6	3	22	4.5%	31.8%	45.5%	18%	65%
	ダ1700m	◎	ダ1700m	○	4	6	3	21	19.0%	47.6%	61.9%	57%	92%
	ダ1700m	◎	ダ1700m	◎	6	3	2	18	33.3%	50.0%	61.1%	113%	85%
消し	ダ1700m	○	ダ1700m	◎	3	3	1	18	16.7%	33.3%	38.9%	39%	52%
	ダ1700m	○	ダ1700m	×	3	5	1	16	18.8%	50.0%	56.3%	66%	91%
	ダ1700m	×	ダ1700m	◎	5	4	2	15	33.3%	60.0%	73.3%	119%	115%
	ダ1700m	◎	ダ1700m	×	1	5	1	14	7.1%	42.9%	50.0%	36%	88%
	ダ1700m	×	ダ1700m	○	2	1	0	7	28.6%	42.9%	42.9%	111%	68%
	ダ1700m	×	ダ1700m	×	1	1	2	7	14.3%	28.6%	57.1%	35%	120%
消し	ダ1800m	×	ダ1700m	○	1	1	2	12	8.3%	16.7%	33.3%	12%	52%
	ダ1800m	○	ダ1700m	○	5	2	0	11	45.5%	63.6%	63.6%	152%	90%
	ダ1800m	×	ダ1700m	◎	3	1	1	9	33.3%	44.4%	55.6%	55%	64%
	ダ1800m	×	ダ1700m	×	1	1	1	9	11.1%	22.2%	33.3%	56%	63%
	ダ1800m	○	ダ1700m	◎	1	0	1	8	12.5%	12.5%	25.0%	22%	36%
	ダ1800m	○	ダ1700m	×	1	1	0	6	16.7%	33.3%	33.3%	43%	48%
	ダ1800m	○	ダ1700m	◎	1	1	2	5	20.0%	40.0%	80.0%	106%	112%
	ダ1800m	×	ダ1700m	◎	1	0	0	5	20.0%	20.0%	20.0%	76%	72%
消し	ダ1800m	×	ダ1700m	◎	0	1	0	5	0.0%	20.0%	20.0%	0%	22%
	ダ1700m	◎	ダ1800m	○	4	3	0	9	44.4%	77.8%	77.8%	147%	107%
	ダ1700m	◎	ダ1800m	×	1	1	2	8	12.5%	25.0%	50.0%	23%	77%

ダート1700m

評価	前々走		前走		1着	2着	3着	総数	勝率	連対率	複勝率	単回率	複回率
	距離	着順	距離	着順									
	ダ1700m	×	ダ1800m	×	0	1	1	5	0.0%	20.0%	40.0%	0%	98%
消し	ダ1800m	○	ダ1800m	×	3	2	2	18	16.7%	27.8%	38.9%	70%	65%
消し	ダ1800m	×	ダ1800m	◎	4	2	1	16	25.0%	37.5%	43.8%	84%	62%
	ダ1800m	○	ダ1800m	○	0	6	2	13	0.0%	46.2%	61.5%	0%	80%
	ダ1800m	×	ダ1800m	○	5	4	0	12	41.7%	75.0%	75.0%	182%	133%
消し	ダ1800m	◎	ダ1800m	×	3	0	1	11	27.3%	27.3%	36.4%	53%	59%
	ダ1800m	○	ダ1800m	×	1	3	3	11	9.1%	36.4%	63.6%	60%	130%
	ダ1800m	×	ダ1800m	◎	3	2	0	10	30.0%	50.0%	50.0%	83%	98%
	ダ1800m	◎	ダ1800m	○	2	1	1	9	22.2%	33.3%	44.4%	131%	71%
	ダ1800m	○	ダ1800m	◎	1	1	1	5	20.0%	40.0%	60.0%	54%	96%

激変ローテ●ダート1700m【1000万下～OP】4番人気以下

評価	前々走		前走		1着	2着	3着	総数	勝率	連対率	複勝率	単回率	複回率
	距離	着順	距離	着順									
	ダ1150～1200m	×	ダ1150～1200m	×	0	1	0	17	0.0%	5.9%	5.9%	0%	32%
	ダ1300～1400m	×	ダ1150～1200m	×	0	0	0	9	0.0%	0.0%	0.0%	0%	0%
	ダ1800m	×	ダ1150～1200m	×	0	0	1	5	0.0%	0.0%	20.0%	0%	320%
	ダ1800m	××	ダ1150～1200m	×	0	0	0	5	0.0%	0.0%	0.0%	0%	0%
	ダ1150～1200m	×	ダ1300～1400m	×	2	0	0	19	10.5%	10.5%	10.5%	247%	59%
	ダ1300～1400m	×	ダ1300～1400m	×	1	1	4	43	2.3%	4.7%	14.0%	60%	71%
	ダ1300～1400m	◎	ダ1300～1400m	×	1	0	0	10	10.0%	10.0%	10.0%	158%	62%
	ダ1300～1400m	○	ダ1300～1400m	×	1	0	0	10	10.0%	10.0%	10.0%	146%	31%
	ダ1300～1400m	××	ダ1300～1400m	×	0	0	1	9	0.0%	0.0%	11.1%	0%	346%
	ダ1300～1400m	×	ダ1300～1400m	××	0	0	0	8	0.0%	0.0%	0.0%	0%	0%
	ダ1300～1400m	××	ダ1300～1400m	××	0	0	0	5	0.0%	0.0%	0.0%	0%	0%
	ダ1300～1400m	○	ダ1300～1400m	◎	1	0	0	5	20.0%	20.0%	20.0%	218%	56%
	ダ1300～1400m	×	ダ1300～1400m	○	0	1	0	5	0.0%	20.0%	20.0%	0%	52%
	ダ1600m	×	ダ1300～1400m	×	0	0	0	9	0.0%	0.0%	0.0%	0%	0%
	ダ1600m	○	ダ1300～1400m	×	0	0	2	5	0.0%	0.0%	40.0%	0%	116%
	ダ1700m	×	ダ1300～1400m	×	1	0	1	9	11.1%	11.1%	22.2%	195%	140%
	ダ1700m	◎	ダ1300～1400m	×	0	0	1	6	0.0%	0.0%	16.7%	0%	30%
	ダ1700m	××	ダ1300～1400m	×	1	0	0	5	20.0%	20.0%	20.0%	1352%	210%
	ダ1800m	×	ダ1300～1400m	×	0	3	1	30	0.0%	10.0%	13.3%	0%	73%
	ダ1800m	××	ダ1300～1400m	×	0	0	0	8	0.0%	0.0%	0.0%	0%	0%
	ダ1800m	×	ダ1300～1400m	××	1	0	0	7	14.3%	14.3%	14.3%	317%	71%
	ダ1800m	××	ダ1300～1400m	××	0	0	1	5	0.0%	0.0%	0.0%	0%	412%
	ダ1300～1400m	×	ダ1600m	×	0	0	2	8	0.0%	0.0%	25.0%	0%	70%
	ダ1600m	×	ダ1600m	×	1	1	2	14	7.1%	14.3%	28.6%	221%	113%
	ダ1700m	×	ダ1600m	×	0	0	1	7	0.0%	0.0%	14.3%	0%	41%
	ダ1700m	◎	ダ1600m	×	0	0	1	5	0.0%	0.0%	20.0%	0%	48%
買い	ダ1800m	×	ダ1600m	×	2	2	3	22	9.1%	18.2%	31.8%	129%	95%
	ダ1800m	×	ダ1600m	○	0	0	0	6	0.0%	0.0%	0.0%	0%	0%
	ダ1800m	×	ダ1600m	○	1	0	0	5	20.0%	20.0%	20.0%	148%	54%
	ダ1150～1200m	×	ダ1700m	×	0	0	0	7	0.0%	0.0%	0.0%	0%	0%
	ダ1300～1400m	×	ダ1700m	×	1	3	0	32	3.1%	12.5%	12.5%	72%	100%
	ダ1300～1400m	×	ダ1700m	◎	0	1	0	10	0.0%	10.0%	10.0%	0%	34%
	ダ1300～1400m	×	ダ1700m	××	0	0	0	9	0.0%	0.0%	0.0%	0%	0%
	ダ1300～1400m	◎	ダ1700m	×	0	0	0	7	0.0%	0.0%	0.0%	0%	0%
	ダ1300～1400m	×	ダ1700m	○	1	0	1	6	16.7%	16.7%	33.3%	118%	95%
	ダ1300～1400m	◎	ダ1700m	××	0	0	0	5	0.0%	0.0%	0.0%	0%	0%
	ダ1600m	×	ダ1700m	×	1	1	1	18	5.6%	11.1%	16.7%	53%	211%
	ダ1600m	××	ダ1700m	×	0	0	0	7	0.0%	0.0%	0.0%	0%	0%
	ダ1600m	×	ダ1700m	××	0	0	0	5	0.0%	0.0%	0.0%	0%	0%
	ダ1600m	×	ダ1700m	◎	0	0	2	5	0.0%	0.0%	40.0%	0%	196%
	ダ1700m	×	ダ1700m	×	12	4	10	146	8.2%	11.0%	17.8%	159%	78%
	ダ1700m	○	ダ1700m	◎	2	5	6	57	3.5%	12.3%	22.8%	27%	80%
	ダ1700m	◎	ダ1700m	×	1	2	4	50	2.0%	6.0%	14.0%	34%	47%
	ダ1700m	×	ダ1700m	○	1	2	2	46	2.2%	6.5%	10.9%	32%	51%
	ダ1700m	×	ダ1700m	××	2	1	0	37	5.4%	8.1%	8.1%	78%	31%
	ダ1700m	××	ダ1700m	×	0	1	0	35	0.0%	2.9%	2.9%	0%	74%
	ダ1700m	○	ダ1700m	×	0	2	5	31	0.0%	6.5%	22.6%	0%	67%
	ダ1700m	×	ダ1700m	◎	2	3	2	29	6.9%	17.2%	24.1%	63%	78%
	ダ1700m	××	ダ1700m	××	0	0	1	18	0.0%	0.0%	5.6%	0%	53%

ダート1700m

評価	前々走 距離	前々走 着順	前走 距離	前走 着順	1着	2着	3着	総数	勝率	連対率	複勝率	単回率	複回率
	ダ1700m	◎	ダ1700m	××	0	0	0	13	0.0%	0.0%	0.0%	0%	0%
	ダ1700m	◎	ダ1700m	◎	2	0	0	9	22.2%	22.2%	22.2%	251%	81%
	ダ1800m	×	ダ1700m	×	3	3	5	83	3.6%	7.2%	13.3%	53%	82%
買い	ダ1800m	×	ダ1700m	◎	0	1	5	28	0.0%	3.6%	21.4%	0%	97%
	ダ1800m	×	ダ1700m	××	0	1	1	26	0.0%	3.8%	7.7%	0%	26%
買い	ダ1800m	××	ダ1700m	××	0	2	3	23	0.0%	8.7%	21.7%	0%	276%
	ダ1800m	◎	ダ1700m	×	1	1	1	19	5.3%	10.5%	15.8%	101%	114%
	ダ1800m	××	ダ1700m	×	0	1	0	18	0.0%	5.6%	5.6%	0%	64%
	ダ1800m	×	ダ1700m	○	1	1	1	16	6.3%	12.5%	18.8%	50%	39%
	ダ1800m	◎	ダ1700m	◎	0	0	0	5	0.0%	0.0%	0.0%	0%	0%
	ダ2100m〜	×	ダ1700m	×	1	0	2	14	7.1%	7.1%	21.4%	85%	68%
	ダ2100m〜	×	ダ1700m	◎	0	1	0	6	0.0%	16.7%	16.7%	0%	70%
	ダ2100m〜	××	ダ1700m	×	1	0	0	5	20.0%	20.0%	20.0%	344%	60%
	芝1600m	×	ダ1700m	×	0	1	0	5	0.0%	20.0%	20.0%	0%	52%
	芝1700〜1800m	×	ダ1700m	×	0	0	0	11	0.0%	0.0%	0.0%	0%	0%
	芝1700〜1800m	×	ダ1700m	○	1	0	1	5	20.0%	20.0%	40.0%	124%	566%
	芝2000m	×	ダ1700m	×	0	0	1	7	0.0%	0.0%	14.3%	0%	38%
	ダ1150〜1200m	×	ダ1800m	××	0	1	0	5	0.0%	20.0%	20.0%	0%	218%
	ダ1300〜1400m	×	ダ1800m	×	0	2	0	11	0.0%	18.2%	18.2%	0%	119%
	ダ1300〜1400m	××	ダ1800m	×	0	1	0	8	0.0%	12.5%	12.5%	0%	23%
	ダ1300〜1400m	×	ダ1800m	××	0	1	0	6	0.0%	16.7%	16.7%	0%	290%
	ダ1600m	×	ダ1800m	×	2	1	1	7	28.6%	42.9%	57.1%	905%	262%
特買い	ダ1700m	×	ダ1800m	×	2	4	4	49	4.1%	12.2%	20.4%	49%	147%
	ダ1700m	×	ダ1800m	××	0	0	1	19	0.0%	0.0%	5.3%	0%	18%
	ダ1700m	◎	ダ1800m	×	1	0	0	13	7.7%	7.7%	7.7%	223%	56%
	ダ1700m	◎	ダ1800m	××	0	0	1	12	0.0%	0.0%	8.3%	0%	45%
	ダ1700m	×	ダ1800m	◎	1	0	1	11	9.1%	9.1%	18.2%	80%	43%
	ダ1700m	○	ダ1800m	×	0	0	2	8	0.0%	0.0%	25.0%	0%	51%
	ダ1700m	××	ダ1800m	×	0	0	0	8	0.0%	0.0%	0.0%	0%	0%
	ダ1700m	○	ダ1800m	◎	0	0	0	6	0.0%	0.0%	0.0%	0%	0%
	ダ1700m	××	ダ1800m	××	0	0	0	6	0.0%	0.0%	0.0%	0%	0%
	ダ1700m	×	ダ1800m	○	0	0	0	5	0.0%	0.0%	0.0%	0%	0%
買い	ダ1800m	×	ダ1800m	×	2	7	6	101	2.0%	8.9%	14.9%	35%	86%
買い	ダ1800m	×	ダ1800m	××	0	3	2	34	0.0%	8.8%	14.7%	0%	203%
	ダ1800m	○	ダ1800m	×	2	0	1	24	8.3%	8.3%	12.5%	154%	67%
	ダ1800m	××	ダ1800m	×	0	1	0	24	0.0%	4.2%	4.2%	0%	30%
	ダ1800m	◎	ダ1800m	×	0	1	2	20	0.0%	5.0%	15.0%	0%	43%
	ダ1800m	××	ダ1800m	××	0	0	0	17	0.0%	0.0%	0.0%	0%	0%
	ダ1800m	×	ダ1800m	◎	0	0	1	14	0.0%	0.0%	7.1%	0%	25%
	ダ1800m	×	ダ1800m	○	2	0	1	14	14.3%	14.3%	21.4%	159%	49%
	ダ1800m	○	ダ1800m	◎	0	3	1	12	0.0%	25.0%	33.3%	0%	133%
	ダ1800m	◎	ダ1800m	××	0	0	0	8	0.0%	0.0%	0.0%	0%	0%
	ダ1800m	◎	ダ1800m	◎	0	0	0	8	0.0%	0.0%	0.0%	0%	0%
	ダ2100m〜	×	ダ1800m	×	0	0	0	8	0.0%	0.0%	0.0%	0%	0%
	芝2000m	××	ダ1800m	×	0	1	0	5	0.0%	20.0%	20.0%	0%	160%
	芝1600m	×	ダ2100m〜	×	0	0	0	6	0.0%	0.0%	0.0%	0%	0%
	ダ1700m	×	ダ2100m〜	×	0	0	0	6	0.0%	0.0%	0.0%	0%	0%
	ダ1800m	×	ダ2100m〜	×	0	1	1	12	0.0%	8.3%	16.7%	0%	42%
	ダ2100m〜	×	ダ2100m〜	×	0	1	0	9	0.0%	11.1%	11.1%	0%	36%
	ダ1300〜1400m	×	芝1200m	×	0	1	0	6	0.0%	16.7%	16.7%	0%	51%
	芝1700〜1800m	×	芝1400〜1500m	×	0	0	0	5	0.0%	0.0%	0.0%	0%	0%
	芝1600m	×	芝1600m	×	0	0	2	7	0.0%	0.0%	28.6%	0%	161%
	芝1700〜1800m	×	芝1600m	×	0	1	0	7	0.0%	14.3%	14.3%	0%	38%
	芝1800m	×	芝1700〜1800m	×	0	0	2	6	0.0%	0.0%	33.3%	0%	108%
	芝1600m	×	芝1700〜1800m	×	1	0	0	5	20.0%	20.0%	20.0%	184%	70%
	芝2000m	×	芝1700〜1800m	×	0	0	2	7	0.0%	0.0%	28.6%	0%	90%
	芝2000m	×	芝2000m	×	1	0	1	8	12.5%	12.5%	25.0%	250%	80%
	芝1700〜1800m	×	芝2200m〜	××	0	0	0	5	0.0%	0.0%	0.0%	0%	0%

ダート1800m

ダート1800m【未勝利】馬場別データ

評価	前々走 距離	前々走 着順	前走 距離	前走 着順
買い	ダ1150～1200m	××	ダ1150～1200m	×
買い	ダ1150～1200m	××	ダ1300～1400m	×
買い	—	—	芝1400～1500m	×
特買い	—	—	芝1600m	×
買い	芝1400～1500m	×	芝1600m	×
買い	芝1600m	×	芝1600m	×
買い	ダ1700m	○	ダ1700m	××
買い	ダ1700m	×	ダ1700m	×
特買い	ダ1800m	×	ダ1700m	×
買い	ダ1700m	××	ダ1700m	×
買い	ダ1700m	○	ダ1800m	×
買い	ダ1150～1200m	×	ダ1800m	○
買い	芝1600m	×	ダ1800m	×
買い	芝2000m	×	ダ1800m	×
買い	ダ1600m	×	ダ1800m	×
特買い	ダ1700m	×	ダ1800m	×
特買い	ダ1700m	×	ダ1800m	×
買い	ダ1600m	×	ダ1800m	××
特買い	ダ1800m	×	ダ1800m	××
買い	芝2000m	××	ダ1800m	×
買い	ダ1700m	××	ダ1800m	×
買い	ダ1800m	××	ダ1800m	×
買い	芝1600m	×	芝1700～1800m	×
特買い	芝1700～1800m	×	芝2000m*	×
特買い	芝2000m	×	芝2000m*	×
買い	芝2200m～	×	芝2000m*	×
特買い	芝1700～1800m	×	芝2000m	×
特買い	芝2000m	×	芝2000m	×
買い	芝2200m～	×	芝2000m	×

同距離馬、延長馬が有利な馬場

短縮馬が有利な馬場

ダ1800mローテ・各競馬場の傾向

	短縮	延長	同距離
京都	○	○	○
阪神	◎	○	○
新潟	○	○	○
中山	○	◎	◎

【未勝利】

▽同距離馬、延長馬が有利な馬場▽
・ダ1800×↓ダ1700×、ダ1800×↓ダ1800×と近い距離で凡走を続けているローテーションの期待値高い。
・ダ1800×↓ダ1800×のローテーションでは、前走で上がり3ハロン順位が上位だった馬の期待値が特に高い。
・ダ1700×↓ダ1800×のローテーションは、前走で3コーナー4～10番手の競馬をしていた馬の成績が優秀。

▽短縮馬が有利な馬場▽
・芝1600×↓芝1800×、芝1800×↓芝2000×、芝2000×↓芝2000×、芝2000×↓芝2200×、芝2000×↓芝2000×と近2走芝を使っているローテーションの期待値も高い。
・芝1800×↓芝2000×、芝2000×↓芝2000×と近2走芝ともに芝1800m以上を使っているローテーションの期待値高い。

【500万下】

▽同距離馬、延長馬が有利な馬場▽
・ダ1800×↓ダ1400×、ダ1400×↓ダ1800×と近2走でダ1400mとダ1800mを両

ダート1800m

ダート1800m【500万下】馬場別データ

評価		前々走		前走	
		距離	着順	距離	着順
同距離馬、延長馬が有利な馬場	買い	ダ1300〜1400m	◎	ダ1300〜1400m	×
	買い	ダ1800m	×	ダ1300〜1400m	×
	買い	ダ1700m	○	ダ1700m	○
	買い	芝1700〜芝1800m	×	ダ1700m	×
	買い	ダ1700m	××	ダ1700m	×
	買い	ダ1800m	××	ダ1700m	×
	買い	ダ1300〜1400m	◎	ダ1800m	×
	特買い	ダ1800m	◎	ダ1800m	×
	買い	ダ1700m	○	ダ1800m	×
	特買い	芝2000m	×	ダ1800m	○
	特買い	ダ1800m	×	ダ1800m	○
	買い	ダ1300〜1400m	×	ダ1800m	×
	買い	ダ1600m	×	ダ1800m	××
	買い	ダ1800m	××	ダ1800m	○
	買い	芝1700〜芝1800m	×	芝1700〜1800m	×
	買い	芝1700〜芝1800m	×	芝2000m*	×
短縮馬が有利な馬場	特買い	芝1700〜芝1800m	×	芝2000m	×
	特買い	ダ2100m〜	×	ダ2100m〜	×

ダート1800m【1000万下〜OP】馬場別データ

評価		前々走		前走	
		距離	着順	距離	着順
同距離馬、延長馬が有利な馬場	買い	ダ1700m	×	ダ1300〜1400m	×
	買い	ダ1800m	×	ダ1300〜1400m	×
	買い	ダ1800m	×	ダ1300〜1400m	××
	買い	ダ1800m	××	ダ1300〜1400m	×
	買い	ダ1800m	×	ダ1300〜1400m	××
	買い	ダ1700m	○	ダ1700m	◎
	買い	ダ1800m	×	ダ1700m	○
	買い	ダ1700m	×	ダ1700m	○
	買い	ダ1800m	×	ダ1700m	○
	買い	ダ1700m	×	ダ1700m	×
	特買い	ダ1800m	◎	ダ1800m	×
	買い	ダ1800m	○	ダ1800m	◎
	買い	ダ1700m	○	ダ1800m	×
	買い	ダ1800m	×	ダ1800m	○
	買い	ダ1700m	×	ダ1800m	×
	買い	ダ1700m	××	ダ1800m	×

〈短縮馬が有利な馬場〉
・ダ1800◎→ダ1800×、ダ1700○→ダ1800×の期待値が高い。
・近2走ともに芝中距離を使っているローテーションにも注目。

〈1000万下〜OP 同距離馬、延長馬が有利な馬場〉
・ダ2100×→ダ2100×と近2走ともにダート長距離に出走している馬のローテーションが狙える。
・他では、芝1800×→芝2000×の期待値が高い。

・ダ1700×→ダ1400×、ダ1800×→ダ1400×、ダ1700×→ダ1800×、ダ1700×→ダ1800◎→ダ1800×、のよ前々走ダート1700〜1800m、前走ダート1400mというローテーションの期待値高い。
・ダ1800◎→ダ1800×、ダ1700×→ダ1700×と近2走ともにダート中距離を使っているローテーションも期待値高い。

激変ローテ●ダート1800m【未勝利】3番人気以内

評価	前々走 距離	前々走 着順	前走 距離	前走 着順	1着	2着	3着	総数	勝率	連対率	複勝率	単回率	複回率
	—	—	ダ1150〜1200m	×	2	1	0	8	25.0%	37.5%	37.5%	55%	53%
	—	—	ダ1150〜1200m	○	0	0	0	6	0.0%	0.0%	0.0%	0%	0%
	ダ1150〜1200m	×	ダ1150〜1200m	×	0	1	2	7	0.0%	14.3%	42.9%	0%	75%
	ダ1300〜1400m	○	ダ1150〜1200m	×	2	0	0	5	40.0%	40.0%	40.0%	206%	90%
	—	—	ダ1300〜1400m	○	2	4	3	18	11.1%	33.3%	50.0%	18%	60%
	—	—	ダ1300〜1400m	×	5	1	2	17	29.4%	35.3%	47.1%	77%	71%
	ダ1150〜1200m	×	ダ1300〜1400m	○	0	0	3	5	0.0%	0.0%	60.0%	0%	86%
	ダ1300〜1400m	○	ダ1300〜1400m	○	4	3	2	14	28.6%	50.0%	64.3%	74%	85%
消し	ダ1300〜1400m	○	ダ1300〜1400m	×	3	0	1	12	25.0%	25.0%	33.3%	100%	55%
	ダ1300〜1400m	×	ダ1300〜1400m	○	3	0	2	9	33.3%	33.3%	55.6%	123%	82%
	ダ1300〜1400m	×	ダ1300〜1400m	×	0	2	0	5	0.0%	40.0%	40.0%	0%	50%
	ダ1800m	○	ダ1300〜1400m	○	0	1	0	5	0.0%	20.0%	20.0%	0%	48%
	ダ1800m	×	ダ1300〜1400m	×	0	1	1	5	0.0%	20.0%	40.0%	0%	74%
	芝1600m	×	ダ1300〜1400m	×	0	1	1	5	0.0%	20.0%	40.0%	0%	74%
消し	—	—	ダ1600m	○	3	1	1	13	23.1%	30.8%	38.5%	59%	45%
	ダ1300〜1400m	○	ダ1600m		2	1	0	5	40.0%	60.0%	60.0%	154%	72%
	ダ1600m	○	ダ1600m		3	2	0	7	42.9%	71.4%	71.4%	81%	84%
	ダ1800m	○	ダ1600m		4	3	2	13	30.8%	53.8%	69.2%	141%	97%
	ダ1800m	○	ダ1600m		2	5	0	9	22.2%	77.8%	77.8%	50%	93%
	ダ1800m	×	ダ1600m		3	1	1	5	60.0%	80.0%	100.0%	142%	136%
	ダ1800m	×	ダ1600m		1	2	1	5	20.0%	60.0%	80.0%	184%	124%
	—	—	ダ1700m		3	2	2	14	21.4%	35.7%	50.0%	33%	54%
	—	—	ダ1700m	×	4	2	1	14	28.6%	42.9%	50.0%	120%	87%
消し	ダ1300〜1400m	×	ダ1700m	○	2	2	0	10	20.0%	40.0%	40.0%	33%	64%
	ダ1300〜1400m	×	ダ1700m	×	4	1	1	7	57.1%	71.4%	85.7%	481%	151%
	ダ1600m	×	ダ1700m		0	2	3	8	0.0%	25.0%	62.5%	0%	91%
	ダ1700m	○	ダ1700m		9	4	7	35	25.7%	37.1%	57.1%	73%	72%
	ダ1700m	○	ダ1700m	×	6	3	3	20	30.0%	45.0%	60.0%	94%	83%
	ダ1700m	×	ダ1700m		4	1	3	16	25.0%	31.3%	50.0%	102%	74%
	ダ1700m	×	ダ1700m	×	1	3	2	9	11.1%	44.4%	66.7%	48%	134%
	ダ1800m	○	ダ1700m		4	5	4	17	23.5%	52.9%	76.5%	60%	92%
	ダ1800m	○	ダ1700m	×	3	3	1	15	20.0%	40.0%	53.3%	42%	72%
	ダ1800m	×	ダ1700m		1	6	2	14	7.1%	50.0%	64.3%	24%	84%
	ダ1800m	×	ダ1700m	×	4	3	0	12	33.3%	58.3%	58.3%	150%	100%
	ダ1800m	××	ダ1700m		1	1	1	6	16.7%	33.3%	50.0%	40%	68%
	芝1700〜1800m	×	ダ1700m		2	1	2	8	25.0%	37.5%	62.5%	48%	72%
	芝2000m		ダ1700m		3	0	1	6	50.0%	50.0%	50.0%	168%	68%
	—	—	ダ1800m	○	29	17	15	92	31.5%	50.0%	66.3%	84%	85%
消し	—	—	ダ1800m	×	5	2	5	35	14.3%	20.0%	34.3%	50%	52%
	ダ1150〜1200m	×	ダ1800m		4	2	2	12	33.3%	50.0%	66.7%	91%	95%
	ダ1150〜1200m	○	ダ1800m		0	3	0	6	0.0%	50.0%	50.0%	0%	61%
	ダ1300〜1400m	○	ダ1800m		10	2	5	27	37.0%	44.4%	63.0%	135%	90%
	ダ1300〜1400m	○	ダ1800m		5	6	3	18	27.8%	61.1%	77.8%	68%	91%
	ダ1300〜1400m	×	ダ1800m		4	1	3	12	33.3%	41.7%	66.7%	205%	105%
	ダ1300〜1400m	××	ダ1800m		3	2	1	10	30.0%	50.0%	60.0%	93%	82%
	ダ1600m	○	ダ1800m		4	8	3	20	20.0%	60.0%	75.0%	39%	85%
	ダ1600m	×	ダ1800m		6	2	1	14	42.9%	57.1%	64.3%	172%	90%
	ダ1600m	×	ダ1800m	×	2	2	0	7	28.6%	57.1%	57.1%	97%	77%
	ダ1700m	○	ダ1800m		14	14	7	49	28.6%	57.1%	71.4%	86%	84%
	ダ1700m	○	ダ1800m	×	9	12	5	34	26.5%	61.8%	76.5%	85%	111%
消し	ダ1700m	×	ダ1800m	×	3	1	4	21	14.3%	19.0%	38.1%	45%	56%
	ダ1700m	×	ダ1800m	×	6	2	2	17	35.3%	47.1%	58.8%	170%	95%
	ダ1700m	××	ダ1800m		4	2	0	9	44.4%	66.7%	66.7%	170%	91%
	ダ1800m	○	ダ1800m		52	45	22	193	26.9%	50.3%	61.7%	54%	72%
	ダ1800m	○	ダ1800m		25	27	16	109	22.9%	47.7%	62.4%	55%	81%
	ダ1800m	○	ダ1800m	×	21	16	8	71	29.6%	52.1%	63.4%	93%	91%
	ダ1800m	×	ダ1800m	×	12	15	4	47	25.5%	57.4%	66.0%	135%	107%
	ダ1800m	××	ダ1800m		6	4	4	19	31.6%	52.6%	73.7%	72%	96%
	芝1400m		ダ1800m		3	0	1	5	60.0%	60.0%	80.0%	112%	102%
	芝1400〜1500m	×	ダ1800m		3	0	2	9	33.3%	33.3%	55.6%	105%	87%
	芝1600m	×	ダ1800m		5	5	6	25	20.0%	40.0%	64.0%	47%	78%
	芝1700〜1800m	○	ダ1800m		8	4	7	32	25.0%	37.5%	59.4%	70%	82%
	芝1700〜1800m	×	ダ1800m	×	2	2	2	11	18.2%	36.4%	54.5%	64%	89%

ダート1800m

評価	前々走 距離	前々走 着順	前走 距離	前走 着順	1着	2着	3着	総数	勝率	連対率	複勝率	単回率	複回率
	芝1700～1800m	○	ダ1800m	○	1	2	1	7	14.3%	42.9%	57.1%	51%	65%
	芝2000m	×	ダ1800m	○	9	8	4	30	30.0%	56.7%	70.0%	99%	96%
消し	芝2000m	×	ダ1800m	×	1	1	3	11	9.1%	18.2%	45.5%	20%	63%
	芝2000m	○	ダ1800m	○	2	1	0	5	40.0%	60.0%	60.0%	50%	64%
	—	—	芝1200m	×	0	2	0	9	0.0%	22.2%	22.2%	0%	40%
	—	—	芝1400～1500m	×	0	2	1	7	0.0%	28.6%	42.9%	0%	64%
	—	—	芝1600m	×	5	4	5	32	15.6%	28.1%	43.8%	83%	73%
消し	—	—	芝1600m	○	3	2	0	11	27.3%	45.5%	45.5%	48%	50%
	芝1600m	×	芝1600m	×	4	0	1	12	33.3%	33.3%	41.7%	150%	73%
	芝1600m	○	芝1600m	×	3	0	0	7	42.9%	42.9%	42.9%	152%	64%
	芝1700～1800m	×	芝1600m	×	0	2	1	6	0.0%	33.3%	50.0%	0%	83%
消し	—	—	芝1700～1800m	×	1	4	1	18	5.6%	27.8%	33.3%	16%	52%
	—	—	芝1700～1800m	○	3	1	2	9	33.3%	44.4%	66.7%	75%	87%
	芝1600m	×	芝1700～1800m	×	1	2	0	7	14.3%	42.9%	42.9%	42%	81%
	芝1700～1800m	×	芝1700～1800m	×	5	2	0	12	41.7%	58.3%	58.3%	154%	109%
消し	芝1700～1800m	○	芝1700～1800m	×	2	0	2	11	18.2%	18.2%	36.4%	83%	67%
	芝1700～1800m	○	芝1700～1800m	○	2	2	1	6	33.3%	66.7%	83.3%	56%	96%
	芝2000m	×	芝1700～1800m	×	2	1	0	8	25.0%	37.5%	37.5%	96%	57%
	芝2000m	○	芝1700～1800m	×	2	1	0	5	40.0%	60.0%	60.0%	138%	94%
消し	—	—	芝2000m	×	2	1	0	12	16.7%	25.0%	25.0%	70%	38%
	—	—	芝2000m	○	1	0	0	7	14.3%	14.3%	14.3%	18%	14%
	芝1600m	○	芝2000m	×	4	1	0	7	57.1%	71.4%	71.4%	168%	112%
	芝1600m	×	芝2000m	×	1	2	2	7	14.3%	42.9%	71.4%	62%	145%
	芝1700～1800m	×	芝2000m	×	6	4	2	19	31.6%	52.6%	63.2%	138%	127%
消し	芝1700～1800m	○	芝2000m	×	2	1	1	14	14.3%	21.4%	28.6%	46%	38%
	芝2000m	×	芝2000m	×	2	3	2	16	12.5%	31.3%	43.8%	53%	75%
	芝2000m	×	芝2000m	○	2	1	2	7	28.6%	42.9%	71.4%	57%	90%
	芝2000m	○	芝2000m	×	2	0	1	6	33.3%	33.3%	50.0%	116%	65%

激変ローテ●ダート1800m【未勝利】4番人気以下

評価	前々走 距離	前々走 着順	前走 距離	前走 着順	1着	2着	3着	総数	勝率	連対率	複勝率	単回率	複回率
	—	—	ダ1000m	××	1	0	0	21	4.8%	4.8%	4.8%	94%	21%
	ダ1000m	×	ダ1000m	×	0	0	0	6	0.0%	0.0%	0.0%	0%	0%
	ダ1150～1200m	××	ダ1000m	×	0	0	1	9	0.0%	11.1%	11.1%	0%	54%
	—	—	ダ1150～1200m	××	1	1	2	114	0.9%	1.8%	3.5%	9%	17%
	—	—	ダ1150～1200m	×	1	1	1	61	1.6%	3.3%	4.9%	29%	20%
	—	—	ダ1150～1200m	○	0	0	0	6	0.0%	0.0%	0.0%	0%	0%
	ダ1000m	×	ダ1150～1200m	×	0	0	1	7	0.0%	0.0%	14.3%	0%	105%
	ダ1000m	×	ダ1150～1200m	××	1	0	0	7	14.3%	14.3%	14.3%	304%	65%
	ダ1000m	××	ダ1150～1200m	×	0	0	0	7	0.0%	0.0%	0.0%	0%	0%
	ダ1150～1200m	××	ダ1150～1200m	××	0	0	0	58	0.0%	0.0%	0.0%	0%	0%
	ダ1150～1200m	××	ダ1150～1200m	×	0	1	2	55	0.0%	1.8%	5.5%	0%	20%
買い	ダ1150～1200m	××	ダ1150～1200m	×	1	1	6	42	2.4%	4.8%	19.0%	73%	206%
	ダ1150～1200m	×	ダ1150～1200m	××	0	0	2	40	0.0%	0.0%	5.0%	0%	34%
	ダ1150～1200m	○	ダ1150～1200m	×	1	0	1	12	8.3%	8.3%	16.7%	93%	69%
	ダ1150～1200m	○	ダ1150～1200m	××	0	0	0	7	0.0%	0.0%	0.0%	0%	0%
	ダ1300～1400m	××	ダ1150～1200m	××	0	0	0	35	0.0%	0.0%	0.0%	0%	0%
	ダ1300～1400m	×	ダ1150～1200m	×	0	3	1	23	0.0%	13.0%	17.4%	0%	40%
	ダ1300～1400m	××	ダ1150～1200m	×	0	0	0	20	0.0%	0.0%	0.0%	0%	0%
	ダ1300～1400m	×	ダ1150～1200m	××	1	0	0	14	7.1%	7.1%	7.1%	429%	22%
	ダ1700m	××	ダ1150～1200m	×	0	0	0	6	0.0%	0.0%	0.0%	0%	0%
	ダ1700m	×	ダ1150～1200m	××	0	0	0	6	0.0%	0.0%	0.0%	0%	0%
	ダ1800m	××	ダ1150～1200m	×	0	0	1	11	0.0%	0.0%	9.1%	0%	75%
	ダ1800m	×	ダ1150～1200m	××	0	0	0	6	0.0%	0.0%	0.0%	0%	0%
	芝1000m	×	ダ1150～1200m	××	0	1	0	6	0.0%	16.7%	16.7%	0%	110%
	芝1200m	×	ダ1150～1200m	××	0	0	1	24	0.0%	0.0%	4.2%	0%	14%
	芝1200m	×	ダ1150～1200m	×	0	1	3	22	0.0%	4.5%	18.2%	0%	156%
	芝1200m	××	ダ1150～1200m	×	0	0	0	16	0.0%	0.0%	0.0%	0%	0%
	芝1200m	××	ダ1150～1200m	××	0	0	0	7	0.0%	0.0%	0.0%	0%	0%
	芝1400～1500m	×	ダ1150～1200m	×	0	0	1	10	0.0%	0.0%	10.0%	0%	0%
	芝1400～1500m	×	ダ1150～1200m	××	0	0	1	7	0.0%	0.0%	14.3%	0%	57%
	芝1400～1500m	××	ダ1150～1200m	×	0	0	0	6	0.0%	0.0%	0.0%	0%	0%
	芝1600m	×	ダ1150～1200m	×	0	0	1	13	0.0%	7.7%	15.4%	0%	53%

ダート1800m

評価	前々走 距離	前々走 着順	前走 距離	前走 着順	1着	2着	3着	総数	勝率	連対率	複勝率	単回率	複回率
	芝1600m	×	ダ1150〜1200m	××	0	1	0	12	0.0%	8.3%	8.3%	0%	145%
	芝1600m	××	ダ1150〜1200m	××	0	0	0	10	0.0%	0.0%	0.0%	0%	0%
	芝1600m	××	ダ1150〜1200m	×	0	0	0	6	0.0%	0.0%	0.0%	0%	0%
	芝1700〜1800m	×	ダ1150〜1200m	××	0	0	1	8	0.0%	0.0%	12.5%	0%	90%
	芝1700〜1800m	×	ダ1150〜1200m	×	0	0	0	6	0.0%	0.0%	0.0%	0%	0%
	芝1700〜1800m	××	ダ1150〜1200m	×	0	0	0	6	0.0%	0.0%	0.0%	0%	0%
	芝1700〜1800m	××	ダ1150〜1200m	××	0	0	0	5	0.0%	0.0%	0.0%	0%	0%
	―	―	ダ1300〜1400m	××	0	1	1	96	0.0%	1.0%	2.1%	0%	31%
	―	―	ダ1300〜1400m	×	4	0	5	48	8.3%	8.3%	18.8%	92%	55%
	―	―	ダ1300〜1400m	○	0	0	0	6	0.0%	0.0%	0.0%	0%	0%
	ダ1000m	××	ダ1300〜1400m	××	0	0	0	5	0.0%	0.0%	0.0%	0%	0%
	ダ1150〜1200m	××	ダ1300〜1400m	××	0	0	0	29	0.0%	0.0%	0.0%	0%	0%
	ダ1150〜1200m	×	ダ1300〜1400m	×	1	2	0	26	3.8%	11.5%	11.5%	152%	49%
買い	ダ1150〜1200m	××	ダ1300〜1400m	××	1	2	2	25	4.0%	12.0%	20.0%	115%	184%
	ダ1150〜1200m	×	ダ1300〜1400m	××	0	0	1	15	0.0%	0.0%	6.7%	0%	42%
	ダ1150〜1200m	×	ダ1300〜1400m	○	1	1	0	7	14.3%	28.6%	28.6%	117%	65%
	ダ1150〜1200m	○	ダ1300〜1400m	×	1	0	0	6	16.7%	16.7%	16.7%	200%	50%
	ダ1300〜1400m	×	ダ1300〜1400m	×	1	2	4	40	2.5%	7.5%	17.5%	101%	84%
	ダ1300〜1400m	××	ダ1300〜1400m	××	1	0	0	36	2.8%	2.8%	2.8%	91%	20%
	ダ1300〜1400m	×	ダ1300〜1400m	××	0	0	2	30	0.0%	0.0%	6.7%	0%	36%
	ダ1300〜1400m	××	ダ1300〜1400m	×	0	1	1	19	0.0%	5.3%	10.5%	0%	61%
	ダ1300〜1400m	○	ダ1300〜1400m	×	0	3	2	17	0.0%	17.6%	29.4%	0%	62%
	ダ1300〜1400m	○	ダ1300〜1400m	××	0	1	0	11	0.0%	9.1%	9.1%	0%	21%
	ダ1300〜1400m	○	ダ1300〜1400m	○	1	0	0	6	16.7%	16.7%	16.7%	568%	90%
	ダ1300〜1400m	×	ダ1300〜1400m	○	0	0	2	5	0.0%	0.0%	40.0%	0%	124%
	ダ1600m	×	ダ1300〜1400m	×	0	1	0	5	0.0%	20.0%	20.0%	0%	54%
	ダ1700m	×	ダ1300〜1400m	×	0	0	1	17	0.0%	0.0%	5.9%	0%	18%
	ダ1700m	××	ダ1300〜1400m	××	0	0	0	9	0.0%	0.0%	0.0%	0%	0%
	ダ1800m	××	ダ1300〜1400m	×	0	2	2	31	0.0%	6.5%	12.9%	0%	40%
	ダ1800m	××	ダ1300〜1400m	××	0	0	1	24	0.0%	0.0%	4.2%	0%	38%
	ダ1800m	×	ダ1300〜1400m	×	0	1	2	20	0.0%	5.0%	15.0%	0%	41%
	ダ1800m	×	ダ1300〜1400m	××	0	0	0	7	0.0%	0.0%	0.0%	0%	0%
	ダ1800m	×	ダ1300〜1400m	○	1	0	1	5	20.0%	20.0%	40.0%	802%	114%
	ダ1800m	××	ダ1300〜1400m	○	0	0	0	5	0.0%	0.0%	0.0%	0%	0%
	芝1200m	×	ダ1300〜1400m	×	0	0	2	13	0.0%	0.0%	15.4%	0%	213%
	芝1200m	×	ダ1300〜1400m	××	0	0	1	12	0.0%	0.0%	8.3%	0%	19%
	芝1200m	××	ダ1300〜1400m	×	0	1	0	11	0.0%	9.1%	9.1%	0%	312%
	芝1200m	××	ダ1300〜1400m	××	0	0	0	6	0.0%	0.0%	0.0%	0%	0%
	芝1400〜1500m	××	ダ1300〜1400m	×	0	1	0	9	0.0%	11.1%	11.1%	0%	57%
	芝1400〜1500m	×	ダ1300〜1400m	××	1	0	0	8	12.5%	12.5%	12.5%	1952%	150%
	芝1400〜1500m	×	ダ1300〜1400m	×	0	0	1	5	0.0%	0.0%	20.0%	0%	48%
	芝1600m	×	ダ1300〜1400m	××	0	1	0	14	0.0%	7.1%	7.1%	0%	89%
	芝1600m	××	ダ1300〜1400m	××	0	0	0	12	0.0%	0.0%	0.0%	0%	0%
	芝1600m	×	ダ1300〜1400m	×	0	1	1	10	0.0%	10.0%	20.0%	0%	74%
	芝1700〜1800m	×	ダ1300〜1400m	××	0	2	0	12	0.0%	16.7%	16.7%	0%	63%
	芝1700〜1800m	×	ダ1300〜1400m	×	0	1	0	11	0.0%	9.1%	9.1%	0%	52%
	芝1700〜1800m	××	ダ1300〜1400m	×	0	0	0	8	0.0%	0.0%	0.0%	0%	0%
	芝1700〜1800m	××	ダ1300〜1400m	××	0	0	0	6	0.0%	0.0%	0.0%	0%	0%
	芝2000m	×	ダ1300〜1400m	×	0	0	2	10	0.0%	0.0%	20.0%	0%	104%
	芝2000m	××	ダ1300〜1400m	×	0	1	0	6	0.0%	16.7%	16.7%	0%	50%
	芝2000m	×	ダ1300〜1400m	××	0	0	0	6	0.0%	0.0%	0.0%	0%	0%
	芝2000m	××	ダ1300〜1400m	××	0	0	0	5	0.0%	0.0%	0.0%	0%	0%
	―	―	ダ1600m	×	2	2	0	31	6.5%	12.9%	12.9%	56%	69%
	―	―	ダ1600m	××	0	0	1	23	0.0%	0.0%	4.3%	0%	21%
	―	―	ダ1600m	○	1	0	1	5	20.0%	20.0%	40.0%	0%	100%
	ダ1150〜1200m	×	ダ1600m	××	0	0	1	6	0.0%	0.0%	16.7%	0%	81%
	ダ1300〜1400m	××	ダ1600m	××	0	1	0	18	0.0%	5.6%	5.6%	0%	11%
	ダ1300〜1400m	××	ダ1600m	×	0	0	0	11	0.0%	0.0%	0.0%	0%	0%
	ダ1300〜1400m	×	ダ1600m	×	0	0	0	5	0.0%	0.0%	0.0%	0%	0%
	ダ1600m	××	ダ1600m	××	0	0	0	9	0.0%	0.0%	0.0%	0%	0%
	ダ1600m	○	ダ1600m	×	0	0	0	6	0.0%	0.0%	0.0%	0%	0%
	ダ1600m	×	ダ1600m	×	0	0	0	6	0.0%	0.0%	0.0%	0%	0%
	ダ1600m	××	ダ1600m	×	0	0	0	6	0.0%	0.0%	0.0%	0%	0%
	ダ1600m	×	ダ1600m	××	1	0	0	5	20.0%	20.0%	20.0%	164%	58%
	ダ1700m	×	ダ1600m	××	0	0	0	6	0.0%	0.0%	0.0%	0%	0%

ダート1800m

評価	前々走 距離	前々走 着順	前走 距離	前走 着順	1着	2着	3着	総数	勝率	連対率	複勝率	単回率	複回率
	ダ1700m	×	ダ1600m	×	0	0	0	5	0.0%	0.0%	0.0%	0%	0%
	ダ1700m	××	ダ1600m	×	0	0	0	5	0.0%	0.0%	0.0%	0%	0%
	ダ1800m	××	ダ1600m	××	2	0	0	17	11.8%	11.8%	11.8%	317%	59%
	ダ1800m	×	ダ1600m	×	1	1	2	16	6.3%	12.5%	25.0%	97%	55%
	ダ1800m	××	ダ1600m	×	0	1	1	15	0.0%	6.7%	13.3%	0%	134%
	ダ1800m	○	ダ1600m	×	0	2	1	14	0.0%	14.3%	21.4%	0%	47%
	ダ1800m	×	ダ1600m	××	1	1	0	13	7.7%	15.4%	15.4%	120%	102%
	ダ1800m	○	ダ1600m	××	1	0	0	5	20.0%	20.0%	20.0%	180%	52%
	ダ1800m	×	ダ1600m	○	0	1	0	5	0.0%	20.0%	20.0%	0%	74%
	芝1600m	×	ダ1600m	×	0	0	0	6	0.0%	0.0%	0.0%	0%	0%
	芝1600m	×	ダ1600m	××	0	0	0	5	0.0%	0.0%	0.0%	0%	0%
	芝1600m	××	ダ1600m	×	0	0	0	5	0.0%	0.0%	0.0%	0%	0%
	芝1700~1800m	××	ダ1600m	××	0	0	0	6	0.0%	0.0%	0.0%	0%	0%
	—	—	ダ1700m	××	1	1	3	58	1.7%	3.4%	8.6%	109%	60%
	—	—	ダ1700m	×	0	1	2	23	0.0%	4.3%	13.0%	0%	73%
	ダ1000m	×	ダ1700m	××	0	0	0	9	0.0%	0.0%	0.0%	0%	0%
	ダ1000m	×	ダ1700m	×	0	0	0	8	0.0%	0.0%	0.0%	0%	0%
	ダ1000m	××	ダ1700m	××	0	0	0	5	0.0%	0.0%	0.0%	0%	0%
	ダ1150~1200m	××	ダ1700m	××	0	1	1	16	0.0%	6.3%	12.5%	0%	141%
	ダ1150~1200m	×	ダ1700m	×	0	0	0	14	0.0%	0.0%	0.0%	0%	0%
	ダ1150~1200m	×	ダ1700m	××	0	2	0	12	0.0%	16.7%	16.7%	0%	242%
	ダ1150~1200m	××	ダ1700m	×	0	0	0	5	0.0%	0.0%	0.0%	0%	0%
	ダ1300~1400m	×	ダ1700m	×	0	1	1	32	0.0%	3.1%	6.3%	0%	50%
	ダ1300~1400m	××	ダ1700m	××	0	0	1	29	0.0%	0.0%	3.4%	0%	34%
	ダ1300~1400m	××	ダ1700m	×	0	2	1	19	0.0%	10.5%	15.8%	0%	37%
	ダ1300~1400m	×	ダ1700m	××	1	0	1	15	6.7%	6.7%	13.3%	65%	156%
	ダ1300~1400m	×	ダ1700m	○	0	1	1	6	0.0%	16.7%	33.3%	0%	81%
	ダ1300~1400m	××	ダ1700m	○	0	2	0	5	0.0%	40.0%	40.0%	0%	134%
	ダ1600m	×	ダ1700m	×	0	2	1	15	0.0%	13.3%	20.0%	0%	236%
	ダ1600m	××	ダ1700m	×	1	1	2	14	7.1%	14.3%	28.6%	394%	150%
	ダ1600m	××	ダ1700m	××	0	0	0	13	0.0%	0.0%	0.0%	0%	0%
	ダ1600m	×	ダ1700m	××	0	0	0	5	0.0%	0.0%	0.0%	0%	0%
買い	ダ1700m	×	ダ1700m	×	3	1	9	62	4.8%	6.5%	21.0%	156%	104%
買い	ダ1700m	××	ダ1700m	×	1	2	4	41	2.4%	7.3%	17.1%	29%	94%
	ダ1700m	×	ダ1700m	××	0	1	2	38	0.0%	2.6%	7.9%	0%	42%
	ダ1700m	××	ダ1700m	××	0	0	1	35	0.0%	0.0%	2.9%	0%	11%
	ダ1700m	○	ダ1700m	×	2	2	3	32	6.3%	12.5%	21.9%	53%	58%
買い	ダ1700m	○	ダ1700m	××	1	1	4	16	6.3%	12.5%	37.5%	63%	131%
	ダ1700m	×	ダ1700m	○	1	1	3	13	7.7%	15.4%	38.5%	43%	81%
	ダ1700m	○	ダ1700m	○	1	0	1	8	12.5%	12.5%	25.0%	71%	38%
	ダ1700m	××	ダ1700m	○	0	0	0	6	0.0%	0.0%	0.0%	0%	0%
特買い	ダ1800m	×	ダ1700m	×	5	3	6	51	9.8%	15.7%	27.5%	132%	120%
	ダ1800m	××	ダ1700m	××	1	0	0	39	2.6%	2.6%	2.6%	545%	41%
	ダ1800m	××	ダ1700m	×	0	2	0	35	0.0%	5.7%	5.7%	0%	20%
	ダ1800m	×	ダ1700m	××	1	1	1	29	3.4%	6.9%	10.3%	57%	71%
	ダ1800m	○	ダ1700m	×	1	2	3	21	4.8%	14.3%	28.6%	35%	94%
	ダ1800m	×	ダ1700m	○	0	2	0	9	0.0%	22.2%	22.2%	0%	38%
	ダ1800m	××	ダ1700m	○	0	0	2	5	0.0%	0.0%	40.0%	0%	114%
	芝1200m	×	ダ1700m	×	1	1	0	7	14.3%	28.6%	28.6%	442%	215%
	芝1200m	×	ダ1700m	××	0	0	0	5	0.0%	0.0%	0.0%	0%	0%
	芝1200m	××	ダ1700m	×	0	1	0	5	0.0%	20.0%	20.0%	0%	112%
	芝1200m	××	ダ1700m	××	0	0	0	5	0.0%	0.0%	0.0%	0%	0%
	芝1400~1500m	××	ダ1700m	××	0	0	0	7	0.0%	0.0%	0.0%	0%	0%
	芝1400~1500m	××	ダ1700m	×	0	0	0	5	0.0%	0.0%	0.0%	0%	0%
	芝1400~1500m	××	ダ1700m	×	0	2	1	5	0.0%	40.0%	60.0%	0%	516%
	芝1600m	×	ダ1700m	×	0	0	2	8	0.0%	0.0%	25.0%	0%	228%
	芝1700~1800m	×	ダ1700m	×	1	1	2	23	4.3%	8.7%	17.4%	223%	117%
	芝1700~1800m	××	ダ1700m	×	1	0	1	16	6.3%	6.3%	12.5%	52%	35%
	芝1700~1800m	×	ダ1700m	××	0	0	0	13	0.0%	0.0%	0.0%	0%	0%
	芝1700~1800m	××	ダ1700m	××	0	0	0	10	0.0%	0.0%	0.0%	0%	0%
	芝2000m	××	ダ1700m	××	0	0	0	13	0.0%	0.0%	0.0%	0%	0%
	芝2000m	××	ダ1700m	×	0	0	0	8	0.0%	0.0%	0.0%	0%	0%
	芝2000m	×	ダ1700m	×	1	0	0	7	14.3%	14.3%	14.3%	690%	84%
	芝2000m	×	ダ1700m	×	2	0	0	5	40.0%	40.0%	40.0%	726%	162%
	—	—	ダ1800m	××	2	4	3	168	1.2%	3.6%	5.4%	49%	87%

ダート1800m

評価	前々走 距離	前々走 着順	前走 距離	前走 着順	1着	2着	3着	総数	勝率	連対率	複勝率	単回率	複回率
	—	—	ダ1800m	×	3	4	7	89	3.4%	7.9%	15.7%	55%	60%
	—	—	ダ1800m	◯	0	1	4	27	0.0%	3.7%	18.5%	0%	62%
	ダ1000m	××	ダ1800m	××	0	0	0	7	0.0%	0.0%	0.0%	0%	0%
	ダ1000m	×	ダ1800m	××	0	0	0	5	0.0%	0.0%	0.0%	0%	0%
	ダ1150～1200m	××	ダ1800m	××	1	2	1	48	2.1%	6.3%	8.3%	255%	172%
	ダ1150～1200m	×	ダ1800m	×	1	2	3	37	2.7%	8.1%	16.2%	30%	61%
	ダ1150～1200m	×	ダ1800m	××	0	0	2	29	0.0%	0.0%	6.9%	0%	157%
	ダ1150～1200m	◯	ダ1800m	×	0	2	1	24	0.0%	8.3%	12.5%	0%	32%
買い	ダ1150～1200m	×	ダ1800m	◯	1	3	1	9	11.1%	44.4%	55.6%	312%	200%
	ダ1300～1400m	××	ダ1800m	×	0	2	3	53	0.0%	3.8%	9.4%	0%	89%
	ダ1300～1400m	×	ダ1800m	×	2	4	0	43	4.7%	14.0%	14.0%	94%	54%
	ダ1300～1400m	×	ダ1800m	×	1	0	3	39	2.6%	2.6%	10.3%	256%	93%
	ダ1300～1400m	×	ダ1800m	××	1	0	2	31	3.2%	3.2%	9.7%	22%	37%
	ダ1300～1400m	×	ダ1800m	◯	0	1	2	15	0.0%	6.7%	20.0%	0%	48%
	ダ1300～1400m	◯	ダ1800m	×	1	1	1	7	14.3%	28.6%	42.9%	205%	161%
	ダ1300～1400m	◯	ダ1800m	×	3	0	0	5	60.0%	60.0%	60.0%	768%	146%
買い	ダ1600m	×	ダ1800m	××	1	2	2	32	3.1%	9.4%	15.6%	28%	100%
	ダ1600m	××	ダ1800m	××	0	0	2	32	0.0%	0.0%	6.3%	0%	50%
買い	ダ1600m	×	ダ1800m	×	0	2	4	20	0.0%	10.0%	30.0%	0%	113%
	ダ1600m	××	ダ1800m	×	1	0	1	16	6.3%	6.3%	12.5%	60%	48%
	ダ1600m	×	ダ1800m	◯	0	2	0	6	0.0%	33.3%	33.3%	0%	66%
特買い	ダ1700m	×	ダ1800m	×	5	4	13	82	6.1%	11.0%	26.8%	86%	139%
買い	ダ1700m	×	ダ1800m	×	3	5	3	55	5.5%	14.5%	20.0%	124%	92%
	ダ1700m	××	ダ1800m	××	1	0	1	55	1.8%	1.8%	3.6%	135%	34%
	ダ1700m	×	ダ1800m	××	0	2	1	48	0.0%	4.2%	6.3%	0%	38%
	ダ1700m	×	ダ1800m	◯	2	2	5	27	7.4%	14.8%	33.3%	135%	90%
買い	ダ1700m	◯	ダ1800m	×	3	1	4	18	16.7%	22.2%	44.4%	233%	126%
	ダ1700m	××	ダ1800m	◯	1	2	1	13	7.7%	23.1%	30.8%	81%	70%
	ダ1700m	◯	ダ1800m	××	0	1	0	10	0.0%	10.0%	10.0%	0%	65%
特買い	ダ1800m	×	ダ1800m	×	7	14	28	201	3.5%	10.4%	24.4%	110%	101%
	ダ1800m	×	ダ1800m	××	1	2	5	140	0.7%	2.1%	5.7%	8%	50%
特買い	ダ1800m	××	ダ1800m	×	6	2	10	118	5.1%	6.8%	15.3%	141%	126%
特買い	ダ1800m	×	ダ1800m	××	2	4	11	102	2.0%	5.9%	16.7%	39%	107%
	ダ1800m	◯	ダ1800m	×	3	9	4	67	4.5%	17.9%	23.9%	50%	82%
	ダ1800m	×	ダ1800m	◯	3	9	9	60	5.0%	20.0%	35.0%	48%	78%
	ダ1800m	◯	ダ1800m	××	5	0	2	41	12.2%	12.2%	17.1%	113%	46%
	ダ1800m	××	ダ1800m	◯	3	2	2	32	9.4%	15.6%	21.9%	141%	83%
	ダ1800m	◯	ダ1800m	◯	1	2	4	17	5.9%	17.6%	41.2%	44%	73%
	芝1200m	×	ダ1800m	×	0	0	0	17	0.0%	0.0%	0.0%	0%	0%
	芝1200m	××	ダ1800m	××	0	1	0	12	0.0%	8.3%	8.3%	0%	79%
	芝1200m	×	ダ1800m	××	0	1	0	11	0.0%	9.1%	9.1%	0%	41%
	芝1200m	×	ダ1800m	×	0	0	2	10	0.0%	0.0%	20.0%	0%	87%
	芝1400～1500m	×	ダ1800m	×	0	0	0	6	0.0%	0.0%	0.0%	0%	0%
	芝1400～1500m	×	ダ1800m	××	0	0	0	6	0.0%	0.0%	0.0%	0%	0%
	芝1400～1500m	××	ダ1800m	××	1	0	0	6	16.7%	16.7%	16.7%	141%	45%
買い	芝1600m	×	ダ1800m	×	0	2	4	30	0.0%	6.7%	20.0%	0%	119%
	芝1600m	×	ダ1800m	××	0	0	1	23	0.0%	0.0%	4.3%	0%	82%
	芝1600m	××	ダ1800m	××	2	1	0	21	9.5%	14.3%	14.3%	252%	88%
	芝1600m	××	ダ1800m	×	2	1	0	14	14.3%	21.4%	21.4%	945%	271%
	芝1600m	×	ダ1800m	◯	3	0	1	9	33.3%	33.3%	44.4%	391%	94%
	芝1700～1800m	×	ダ1800m	××	1	0	1	39	2.6%	2.6%	5.1%	22%	27%
	芝1700～1800m	×	ダ1800m	×	0	2	4	38	0.0%	5.3%	15.8%	0%	60%
	芝1700～1800m	××	ダ1800m	×	1	2	2	26	3.8%	11.5%	19.2%	31%	90%
	芝1700～1800m	××	ダ1800m	××	0	0	1	25	0.0%	0.0%	4.0%	0%	268%
	芝1700～1800m	×	ダ1800m	◯	0	2	0	8	0.0%	25.0%	25.0%	0%	131%
	芝1700～1800m	◯	ダ1800m	×	0	1	1	5	0.0%	20.0%	40.0%	0%	108%
買い	芝2000m	×	ダ1800m	×	1	4	3	41	2.4%	12.2%	19.5%	16%	103%
	芝2000m	××	ダ1800m	××	0	1	1	33	0.0%	3.0%	6.1%	0%	131%
	芝2000m	×	ダ1800m	××	0	0	0	29	0.0%	0.0%	0.0%	0%	0%
買い	芝2000m	××	ダ1800m	×	0	3	2	23	0.0%	13.0%	21.7%	0%	233%
	芝2200m～	×	ダ1800m	◯	0	1	0	7	0.0%	14.3%	14.3%	0%	34%
	芝2200m～	××	ダ1800m	××	0	0	0	11	0.0%	0.0%	0.0%	0%	0%
	芝2200m～	×	ダ1800m	×	0	0	3	9	0.0%	0.0%	33.3%	0%	245%
	芝2200m～	×	ダ1800m	×	1	1	0	6	16.7%	33.3%	33.3%	271%	108%
	芝2200m～	×	ダ1800m	××	0	1	0	5	0.0%	20.0%	20.0%	0%	176%

ダート1800m

評価	前々走 距離	前々走 着順	前走 距離	前走 着順	1着	2着	3着	総数	勝率	連対率	複勝率	単回率	複回率
	ダ1800m	×	ダ2100m～	×	0	0	1	6	0.0%	0.0%	16.7%	0%	60%
	芝1200m	×	ダ1000m	×	0	0	0	5	0.0%	0.0%	0.0%	0%	0%
	—	—	芝1200m	×	2	1	1	37	5.4%	8.1%	10.8%	76%	52%
	—	—	芝1200m	××	0	1	2	35	0.0%	2.9%	8.6%	0%	40%
	ダ1000m		芝1200m	×	0	0	0	6	0.0%	0.0%	0.0%	0%	0%
	ダ1150～1200m	××	芝1200m	×	0	0	0	10	0.0%	0.0%	0.0%	0%	0%
	ダ1300～1400m	××	芝1200m	×	0	1	0	10	0.0%	10.0%	10.0%	0%	824%
	ダ1300～1400m	×	芝1200m	×	1	0	0	7	14.3%	14.3%	14.3%	132%	35%
	芝1200m	×	芝1200m	×	0	2	3	32	0.0%	6.3%	15.6%	0%	65%
	芝1200m	××	芝1200m	×	0	0	1	12	0.0%	0.0%	8.3%	0%	190%
	芝1200m	○	芝1200m	×	0	0	0	10	0.0%	0.0%	0.0%	0%	0%
	芝1200m	××	芝1200m	××	0	0	0	9	0.0%	0.0%	0.0%	0%	0%
	芝1200m		芝1200m	××	0	0	0	7	0.0%	0.0%	0.0%	0%	0%
	芝1400～1500m	×	芝1200m	×	1	0	1	14	7.1%	7.1%	14.3%	182%	42%
	芝1600m		芝1200m	×	0	0	0	10	0.0%	0.0%	0.0%	0%	0%
	芝1700～1800m	×	芝1200m	×	0	0	0	7	0.0%	0.0%	0.0%	0%	0%
	芝1700～1800m		芝1200m	×	0	0	0	6	0.0%	0.0%	0.0%	0%	0%
買い	—	—	芝1400～1500m	×	0	4	2	29	0.0%	13.8%	20.7%	0%	161%
	—	—	芝1400～1500m	××	0	0	0	19	0.0%	0.0%	0.0%	0%	0%
	ダ1300～1400m	××	芝1400～1500m	××	0	0	0	6	0.0%	0.0%	0.0%	0%	0%
	芝1200m	×	芝1400～1500m	×	1	0	1	10	10.0%	10.0%	20.0%	348%	92%
	芝1400～1500m	×	芝1400～1500m	×	0	2	1	13	0.0%	15.4%	23.1%	0%	227%
	芝1600m		芝1400～1500m	×	0	0	2	14	0.0%	0.0%	14.3%	0%	71%
	芝1700～1800m	××	芝1400～1500m	×	0	2	0	7	0.0%	28.6%	28.6%	0%	241%
	—	—	芝1600m	××	0	1	1	60	0.0%	1.7%	3.3%	0%	18%
特買い			芝1600m	×	4	7	4	57	7.0%	19.3%	26.3%	114%	109%
	ダ1150～1200m	××	芝1600m	×	0	0	0	6	0.0%	0.0%	0.0%	0%	0%
	ダ1300～1400m	××	芝1600m	×	0	0	0	7	0.0%	0.0%	0.0%	0%	0%
	ダ1300～1400m	×	芝1600m	×	0	0	1	5	0.0%	0.0%	20.0%	0%	44%
	ダ1800m	××	芝1600m	×	0	0	2	7	0.0%	0.0%	28.6%	0%	77%
	芝1200m	×	芝1600m	×	0	1	1	12	0.0%	8.3%	16.7%	0%	92%
	芝1200m		芝1600m	××	0	0	0	9	0.0%	0.0%	0.0%	0%	0%
買い	芝1400～1500m	×	芝1600m	×	2	2	3	20	10.0%	20.0%	35.0%	517%	207%
	芝1400～1500m	××	芝1600m	××	0	0	0	7	0.0%	0.0%	20.0%	0%	0%
	芝1400～1500m		芝1600m	×	0	0	0	5	0.0%	0.0%	20.0%	0%	274%
買い	芝1600m	×	芝1600m	×	1	4	2	39	2.6%	12.8%	17.9%	64%	86%
	芝1600m	×	芝1600m	××	0	0	0	8	0.0%	0.0%	0.0%	0%	0%
	芝1600m	○	芝1600m	×	0	1	0	5	0.0%	20.0%	20.0%	0%	44%
	芝1600m	××	芝1600m	×	0	0	0	5	0.0%	0.0%	0.0%	0%	0%
	芝1700～1800m	×	芝1600m	×	0	1	1	18	0.0%	5.6%	11.1%	0%	82%
	芝1700～1800m	××	芝1600m	×	0	0	0	9	0.0%	0.0%	0.0%	0%	0%
	芝1700～1800m	××	芝1600m	×	0	0	1	6	0.0%	0.0%	16.7%	0%	215%
	芝2000m	×	芝1600m	×	1	0	0	12	8.3%	8.3%	8.3%	130%	27%
	—	—	芝1700～1800m	××	0	3	1	67	0.0%	4.5%	6.0%	0%	63%
	—	—	芝1700～1800m		0	3	2	53	0.0%	5.7%	9.4%	0%	68%
	ダ1150～1200m	××	芝1700～1800m	××	0	0	1	8	0.0%	0.0%	12.5%	0%	300%
	ダ1150～1200m	×	芝1700～1800m	×	0	3	0	6	0.0%	50.0%	50.0%	0%	531%
	ダ1300～1400m	××	芝1700～1800m	×	0	0	1	7	0.0%	0.0%	14.3%	0%	398%
	ダ1600m	××	芝1700～1800m	××	0	1	0	6	0.0%	16.7%	16.7%	0%	115%
	ダ1700m		芝1700～1800m	×	0	1	0	5	0.0%	20.0%	20.0%	0%	208%
	ダ1800m	××	芝1700～1800m	×	0	0	0	11	0.0%	0.0%	0.0%	0%	0%
	ダ1800m	××	芝1700～1800m		0	0	0	7	0.0%	0.0%	0.0%	0%	0%
	ダ1800m	×	芝1700～1800m	×	0	0	1	5	0.0%	0.0%	20.0%	0%	194%
	芝1200m	×	芝1700～1800m	×	1	0	1	13	7.7%	7.7%	15.4%	425%	127%
	芝1200m	××	芝1700～1800m	×	0	0	0	9	0.0%	0.0%	0.0%	0%	0%
	芝1200m		芝1700～1800m	×	1	0	0	8	12.5%	12.5%	12.5%	162%	48%
	芝1200m	××	芝1700～1800m	××	0	0	0	6	0.0%	0.0%	0.0%	0%	0%
	芝1400～1500m	×	芝1700～1800m	×	2	1	0	13	15.4%	23.1%	23.1%	189%	92%
	芝1400～1500m	××	芝1700～1800m	××	0	0	0	10	0.0%	0.0%	0.0%	0%	0%
	芝1400～1500m		芝1700～1800m	×	1	1	0	9	11.1%	11.1%	22.2%	661%	237%
買い	芝1600m	×	芝1700～1800m	×	2	3	3	34	5.9%	14.7%	23.5%	55%	115%
	芝1600m	×	芝1700～1800m	××	0	0	2	11	0.0%	0.0%	18.2%	0%	51%
	芝1600m	××	芝1700～1800m	×	0	1	1	7	0.0%	14.3%	28.6%	0%	510%
	芝1700～1800m	×	芝1700～1800m	×	4	2	5	66	6.1%	9.1%	16.7%	159%	77%
	芝1700～1800m	×	芝1700～1800m	××	1	0	0	21	4.8%	4.8%	4.8%	93%	17%

ダート1800m

評価	前々走 距離	前々走 着順	前走 距離	前走 着順	1着	2着	3着	総数	勝率	連対率	複勝率	単回率	複回率
	芝1700~1800m	××	芝1700~1800m	×	0	0	2	20	0.0%	0.0%	10.0%	0%	40%
	芝1700~1800m	×	芝1700~1800m	××	0	1	0	15	0.0%	6.7%	6.7%	0%	44%
	芝1700~1800m	○	芝1700~1800m		0	1	1	7	0.0%	14.3%	28.6%	0%	80%
	芝2000m	×	芝1700~1800m	×	2	4	3	33	6.1%	18.2%	27.3%	105%	84%
	芝2000m	×	芝1700~1800m	××	1	0	1	8	12.5%	12.5%	25.0%	847%	331%
	芝2000m	××	芝1700~1800m	×	0	1	0	7	0.0%	14.3%	14.3%	0%	84%
	—	—	芝2000m	××	1	1	1	52	1.9%	3.8%	5.8%	129%	50%
	—	—	芝2000m	×	0	3	2	45	0.0%	6.7%	11.1%	0%	66%
	ダ1150~1200m	××	芝2000m	×	0	0	0	6	0.0%	0.0%	0.0%	0%	0%
	ダ1150~1200m	××	芝2000m	××	0	0	0	6	0.0%	0.0%	0.0%	0%	0%
	ダ1300~1400m	××	芝2000m	××	0	0	0	8	0.0%	0.0%	0.0%	0%	0%
	ダ1600m		芝2000m		0	0	0	5	0.0%	0.0%	0.0%	0%	0%
	ダ1600m	×	芝2000m	×	0	0	1	5	0.0%	0.0%	20.0%	0%	114%
	ダ1700m	××	芝2000m		0	1	0	7	0.0%	14.3%	14.3%	0%	175%
	ダ1700m	××	芝2000m	××	0	0	1	7	0.0%	0.0%	14.3%	0%	560%
	ダ1700m	×	芝2000m	×	0	2	0	6	0.0%	33.3%	33.3%	0%	153%
	ダ1700m	×	芝2000m	××	0	0	0	6	0.0%	0.0%	0.0%	0%	0%
	ダ1800m	××	芝2000m	×	0	0	2	13	0.0%	0.0%	15.4%	0%	42%
	ダ1800m	××	芝2000m		1	0	0	12	8.3%	8.3%	8.3%	1359%	279%
	ダ1800m	×	芝2000m	×	0	1	1	8	0.0%	12.5%	25.0%	0%	93%
	ダ1800m	×	芝2000m	××	0	0	1	7	0.0%	0.0%	14.3%	0%	70%
	芝1200m	×	芝2000m	×	0	0	1	7	0.0%	0.0%	14.3%	0%	177%
	芝1400~1500m	×	芝2000m		1	0	0	8	12.5%	12.5%	12.5%	303%	52%
	芝1400~1500m	×	芝2000m	××	1	0	0	7	14.3%	14.3%	14.3%	177%	60%
	芝1600m	×	芝2000m		0	1	3	30	0.0%	3.3%	13.3%	0%	207%
	芝1600m	×	芝2000m	×	0	0	1	18	0.0%	0.0%	5.6%	0%	118%
	芝1600m	××	芝2000m	××	0	0	0	5	0.0%	0.0%	0.0%	0%	0%
特買い	芝1700~1800m	×	芝2000m		3	0	4	52	5.8%	5.8%	13.5%	274%	125%
	芝1700~1800m	×	芝2000m	××	1	2	0	27	3.7%	11.1%	11.1%	164%	87%
	芝1700~1800m	××	芝2000m	×	0	2	0	15	0.0%	13.3%	13.3%	0%	244%
特買い	芝2000m	×	芝2000m	×	7	5	5	71	9.9%	16.9%	23.9%	287%	147%
	芝2000m	×	芝2000m	××	0	0	0	38	0.0%	0.0%	0.0%	0%	0%
	芝2000m	××	芝2000m	×	0	0	0	15	0.0%	0.0%	0.0%	0%	0%
	芝2000m	××	芝2000m		0	0	0	12	0.0%	0.0%	0.0%	0%	0%
買い	芝2200m~	×	芝2000m		0	2	3	8	0.0%	25.0%	62.5%	0%	195%
	芝2200m~	××	芝2000m	××	0	0	0	5	0.0%	0.0%	0.0%	0%	0%
	ダ1800m	××	芝2200m~	××	0	0	1	11	0.0%	0.0%	9.1%	0%	47%
	ダ1800m	×	芝2200m~	×	0	0	0	7	0.0%	0.0%	0.0%	0%	0%
	ダ1800m	×	芝2200m~	×	1	0	0	6	16.7%	16.7%	16.7%	181%	60%
	芝1700~1800m	×	芝2200m~		0	0	0	6	0.0%	0.0%	0.0%	0%	0%
	芝1700~1800m	×	芝2200m~	××	0	0	0	6	0.0%	0.0%	0.0%	0%	0%
	芝2000m	×	芝2200m~	×	1	1	0	25	4.0%	8.0%	8.0%	34%	24%
	芝2000m	×	芝2200m~	××	0	0	0	15	0.0%	0.0%	0.0%	0%	0%
	芝2000m	××	芝2200m~	××	0	0	0	7	0.0%	0.0%	0.0%	0%	0%
	芝2200m~		芝2200m~	×	0	0	0	7	0.0%	0.0%	0.0%	0%	0%

激変ローテ●ダート1800m【500万下】3番人気以内

評価	前々走 距離	前々走 着順	前走 距離	前走 着順	1着	2着	3着	総数	勝率	連対率	複勝率	単回率	複回率
	ダ1300~1400m	○	ダ1300~1400m	◎	1	2	0	6	16.7%	50.0%	50.0%	58%	65%
	ダ1300~1400m	×	ダ1300~1400m	○	0	1	0	5	0.0%	20.0%	20.0%	0%	50%
	ダ1300~1400m	×	ダ1300~1400m	×	2	0	1	5	40.0%	40.0%	60.0%	170%	108%
	ダ1800m	×	ダ1300~1400m	×	2	2	0	6	33.3%	66.7%	66.7%	95%	105%
	—	—	ダ1600m	◎	1	4	0	6	16.7%	83.3%	83.3%	38%	106%
	ダ1700m	×	ダ1600m	×	1	2	0	5	20.0%	60.0%	60.0%	54%	104%
	ダ1800m	○	ダ1600m	×	3	2	2	10	30.0%	50.0%	70.0%	140%	117%
	ダ1800m	◎	ダ1600m	○	3	3	0	6	50.0%	100.0%	100.0%	93%	111%
	ダ1800m		ダ1600m	○	1	0	1	6	16.7%	16.7%	33.3%	58%	48%
	—	—	ダ1700m	◎	2	1	2	5	40.0%	60.0%	100.0%	88%	152%
	ダ1300~1400m	×	ダ1700m	×	2	3	0	8	25.0%	62.5%	62.5%	158%	125%
	ダ1300~1400m	×	ダ1700m	◎	1	0	0	5	20.0%	20.0%	20.0%	52%	32%
	ダ1300~1400m	×	ダ1700m	○	2	0	0	5	40.0%	40.0%	40.0%	164%	68%
	ダ1600m	×	ダ1700m	○	3	4	1	10	30.0%	70.0%	80.0%	68%	122%

ダート1800m

評価	前々走 距離	前々走 着順	前走 距離	前走 着順	1着	2着	3着	総数	勝率	連対率	複勝率	単回率	複回率
	ダ1700m	○	ダ1700m	○	19	10	10	68	27.9%	42.6%	57.4%	92%	81%
	ダ1700m	○	ダ1700m	×	6	3	10	38	15.8%	23.7%	50.0%	84%	93%
	ダ1700m	○	ダ1700m	◎	7	3	5	31	22.6%	32.3%	48.4%	90%	84%
	ダ1700m	×	ダ1700m	×	11	1	6	29	37.9%	41.4%	62.1%	165%	101%
	ダ1700m	◎	ダ1700m	◎	5	2	1	15	33.3%	46.7%	53.3%	110%	76%
	ダ1700m	○	ダ1700m	×	1	2	1	14	7.1%	21.4%	28.6%	17%	43%
	ダ1700m	◎	ダ1700m	○	3	2	2	13	23.1%	38.5%	53.8%	32%	68%
	ダ1700m	○	ダ1700m	×	1	3	0	5	20.0%	80.0%	80.0%	60%	124%
	ダ1700m	××	ダ1700m	×	2	0	0	5	40.0%	40.0%	40.0%	230%	90%
	ダ1800m	○	ダ1700m	○	7	4	1	24	29.2%	45.8%	50.0%	139%	80%
	ダ1800m	○	ダ1700m	×	6	5	4	22	27.3%	50.0%	68.2%	87%	114%
	ダ1800m	×	ダ1700m	×	4	3	3	20	20.0%	35.0%	50.0%	84%	82%
	ダ1800m	○	ダ1700m	×	5	4	4	18	27.8%	50.0%	72.2%	100%	112%
	ダ1800m	○	ダ1700m	×	2	1	1	10	20.0%	30.0%	40.0%	56%	57%
	ダ1800m	◎	ダ1700m	○	3	3	0	9	33.3%	66.7%	66.7%	83%	82%
	ダ1800m	○	ダ1700m	◎	1	1	1	7	14.3%	28.6%	42.9%	87%	60%
	ダ1800m	××	ダ1700m	×	2	0	2	5	40.0%	40.0%	80.0%	182%	122%
	芝1700〜1800m	○	ダ1700m	○	0	0	0	5	0.0%	0.0%	0.0%	0%	0%
	芝2000m	×	ダ1700m	○	2	2	0	5	40.0%	80.0%	80.0%	124%	150%
	—	—	ダ1800m	◎	4	3	8	28	14.3%	25.0%	53.6%	46%	79%
	ダ1300〜1400m	×	ダ1800m	◎	3	3	2	12	25.0%	50.0%	66.7%	62%	102%
	ダ1300〜1400m	×	ダ1800m	○	4	2	1	9	44.4%	66.7%	77.8%	194%	125%
	ダ1300〜1400m	◎	ダ1800m	○	4	0	1	6	66.7%	66.7%	83.3%	126%	101%
	ダ1300〜1400m	×	ダ1800m	×	2	0	1	6	33.3%	33.3%	50.0%	146%	83%
	ダ1600m	×	ダ1800m	○	0	3	4	14	0.0%	21.4%	50.0%	0%	84%
	ダ1600m	○	ダ1800m	○	1	2	1	7	14.3%	42.9%	57.1%	65%	81%
	ダ1600m	◎	ダ1800m	○	4	0	0	6	66.7%	66.7%	66.7%	160%	81%
	ダ1600m	×	ダ1800m	×	2	1	0	6	33.3%	50.0%	50.0%	161%	86%
	ダ1700m	×	ダ1800m	○	14	13	14	60	23.3%	45.0%	68.3%	77%	97%
	ダ1700m	○	ダ1800m	○	16	4	8	39	41.0%	51.3%	71.8%	99%	91%
	ダ1700m	×	ダ1800m	×	6	6	5	32	18.8%	37.5%	53.1%	79%	90%
	ダ1700m	◎	ダ1800m	×	2	7	4	26	7.7%	34.6%	50.0%	35%	75%
	ダ1700m	○	ダ1800m	×	2	2	4	14	14.3%	28.6%	57.1%	42%	75%
	ダ1700m	○	ダ1800m	◎	4	0	1	10	40.0%	40.0%	50.0%	164%	66%
	ダ1700m	××	ダ1800m	○	5	2	1	9	55.6%	77.8%	88.9%	233%	128%
	ダ1700m	×	ダ1800m	◎	2	0	1	8	25.0%	25.0%	37.5%	96%	52%
	ダ1700m	××	ダ1800m	×	0	2	0	8	0.0%	25.0%	25.0%	0%	50%
	ダ1700m	◎	ダ1800m	×	4	0	0	5	80.0%	80.0%	80.0%	260%	116%
	ダ1800m	○	ダ1800m	○	27	23	21	117	23.1%	42.7%	60.7%	55%	75%
	ダ1800m	×	ダ1800m	○	31	18	15	103	30.1%	47.6%	62.1%	93%	86%
	ダ1800m	×	ダ1800m	×	8	10	9	57	14.0%	31.6%	47.4%	67%	78%
	ダ1800m	○	ダ1800m	×	11	10	7	56	19.6%	37.5%	50.0%	76%	75%
	ダ1800m	◎	ダ1800m	◎	14	2	5	41	34.1%	39.0%	51.2%	95%	70%
消し	ダ1800m	◎	ダ1800m	×	1	5	7	34	2.9%	17.6%	38.2%	13%	60%
	ダ1800m	◎	ダ1800m	○	11	7	5	27	40.7%	66.7%	85.2%	144%	120%
消し	ダ1800m	××	ダ1800m	○	3	2	0	14	21.4%	35.7%	35.7%	66%	62%
	ダ1800m	××	ダ1800m	×	0	0	2	10	0.0%	0.0%	20.0%	0%	37%
	ダ2100m〜	×	ダ1800m	◎	2	1	0	9	22.2%	33.3%	33.3%	78%	57%
	ダ2100m〜	×	ダ1800m	×	2	0	1	5	40.0%	40.0%	60.0%	196%	100%
	ダ2100m〜	○	ダ1800m	×	2	2	0	5	40.0%	80.0%	80.0%	126%	104%
	芝1700〜1800m	○	ダ1800m	○	7	4	4	20	35.0%	55.0%	75.0%	140%	106%
	芝1700〜1800m	×	ダ1800m	○	2	4	1	8	25.0%	75.0%	87.5%	106%	141%
	芝1700〜1800m	×	ダ1800m	×	1	0	1	6	16.7%	16.7%	33.3%	70%	53%
	芝2000m	×	ダ1800m	○	4	4	1	19	21.1%	42.1%	47.4%	61%	75%
	芝2000m	×	ダ1800m	◎	3	1	1	7	42.9%	57.1%	71.4%	130%	92%
	芝2000m	×	ダ1800m	×	0	1	3	6	0.0%	16.7%	66.7%	0%	95%
	芝2200m〜	×	ダ1800m	○	2	1	0	8	25.0%	37.5%	37.5%	67%	46%
	ダ1800m	◎	芝1700〜1800m	○	1	1	1	5	20.0%	40.0%	60.0%	96%	94%
	芝1700〜1800m	×	芝1700〜1800m	○	1	1	0	9	22.2%	55.6%	77.8%	151%	140%
	芝2000m	×	芝1700〜1800m	×	0	3	0	5	0.0%	60.0%	60.0%	0%	108%
	ダ1800m	○	芝2000m	×	2	1	0	5	40.0%	60.0%	60.0%	306%	122%
	芝1700〜1800m	×	芝2000m	×	0	0	1	7	0.0%	0.0%	14.3%	0%	44%
	芝2000m	×	芝2000m	×	0	0	1	5	0.0%	0.0%	20.0%	0%	26%

激変ローテ●ダート1800m 【500万下】 4番人気以下

評価	前々走 距離	前々走 着順	前走 距離	前走 着順	1着	2着	3着	総数	勝率	連対率	複勝率	単回率	複回率
	ダ1150〜1200m	×	ダ1000m	×	0	0	0	6	0.0%	0.0%	0.0%	0%	0%
	ダ1700m	××	ダ1000m	×	1	0	0	6	16.7%	16.7%	16.7%	260%	76%
	—	—	ダ1150〜1200m	◎	1	0	0	8	12.5%	12.5%	12.5%	152%	25%
	ダ1000m	×	ダ1150〜1200m	×	0	1	0	10	0.0%	10.0%	10.0%	0%	189%
	ダ1150〜1200m	◎	ダ1150〜1200m	×	1	0	0	27	3.7%	3.7%	3.7%	490%	77%
	ダ1150〜1200m	○	ダ1150〜1200m	××	0	0	0	11	0.0%	0.0%	0.0%	0%	0%
	ダ1150〜1200m	◎	ダ1150〜1200m	××	0	0	0	7	0.0%	0.0%	0.0%	0%	0%
	ダ1150〜1200m	○	ダ1150〜1200m	◎	0	0	0	6	0.0%	0.0%	0.0%	0%	0%
	ダ1150〜1200m	××	ダ1150〜1200m	××	0	0	0	6	0.0%	0.0%	0.0%	0%	0%
	ダ1300〜1400m	○	ダ1150〜1200m	×	0	0	0	18	0.0%	0.0%	0.0%	0%	0%
	ダ1300〜1400m	○	ダ1150〜1200m	××	0	0	1	9	0.0%	0.0%	11.1%	0%	153%
	ダ1300〜1400m	××	ダ1150〜1200m	×	0	0	1	7	0.0%	0.0%	14.3%	0%	60%
	ダ1700m	×	ダ1150〜1200m	×	0	0	0	5	0.0%	0.0%	0.0%	0%	0%
	ダ1700m	××	ダ1150〜1200m	××	1	0	0	7	14.3%	14.3%	14.3%	264%	81%
	ダ1800m	××	ダ1150〜1200m	×	0	0	0	6	0.0%	0.0%	0.0%	0%	0%
	ダ1800m	×	ダ1150〜1200m	×	0	0	0	9	0.0%	0.0%	0.0%	0%	0%
	芝1200m	○	ダ1150〜1200m	××	0	0	0	7	0.0%	0.0%	0.0%	0%	0%
	芝1400〜1500m	×	ダ1150〜1200m	×	0	1	1	7	0.0%	14.3%	14.3%	0%	64%
	—	—	ダ1300〜1400m	◎	0	0	1	7	0.0%	0.0%	14.3%	0%	197%
	ダ1000m	×	ダ1300〜1400m	×	0	0	0	7	0.0%	0.0%	0.0%	0%	0%
	ダ1150〜1200m	○	ダ1300〜1400m	×	0	1	0	10	0.0%	10.0%	10.0%	0%	40%
	ダ1150〜1200m	×	ダ1300〜1400m	◎	0	0	0	5	0.0%	0.0%	0.0%	0%	0%
買い	ダ1300〜1400m	◎	ダ1300〜1400m	×	1	4	3	29	3.4%	17.2%	17.2%	19%	170%
	ダ1300〜1400m	○	ダ1300〜1400m	×	0	1	1	24	0.0%	4.2%	4.2%	0%	62%
	ダ1300〜1400m	○	ダ1300〜1400m	◎	1	0	0	21	4.8%	4.8%	4.8%	264%	46%
	ダ1300〜1400m	○	ダ1300〜1400m	×	1	2	1	20	5.0%	15.0%	15.0%	44%	65%
	ダ1300〜1400m	◎	ダ1300〜1400m	××	0	0	1	15	0.0%	0.0%	6.7%	0%	81%
	ダ1300〜1400m	×	ダ1300〜1400m	×	1	0	0	13	7.7%	7.7%	7.7%	120%	25%
	ダ1300〜1400m	××	ダ1300〜1400m	×	1	1	0	11	9.1%	18.2%	18.2%	326%	131%
	ダ1300〜1400m	××	ダ1300〜1400m	××	0	2	0	6	0.0%	33.3%	33.3%	0%	135%
	ダ1300〜1400m	○	ダ1300〜1400m	◎	0	0	0	7	0.0%	0.0%	0.0%	0%	0%
	ダ1600m	×	ダ1300〜1400m	×	0	0	0	7	0.0%	0.0%	0.0%	0%	0%
	ダ1600m	◎	ダ1300〜1400m	×	0	0	0	6	0.0%	0.0%	0.0%	0%	0%
	ダ1700m	×	ダ1300〜1400m	×	0	0	2	22	0.0%	0.0%	9.1%	0%	40%
	ダ1700m	××	ダ1300〜1400m	×	0	1	0	12	0.0%	8.3%	8.3%	0%	65%
	ダ1700m	××	ダ1300〜1400m	××	0	0	0	7	0.0%	0.0%	0.0%	0%	0%
	ダ1700m	○	ダ1300〜1400m	×	1	2	0	6	16.7%	50.0%	50.0%	191%	203%
買い	ダ1800m	×	ダ1300〜1400m	×	1	2	2	21	4.8%	14.3%	14.3%	129%	120%
	ダ1800m	××	ダ1300〜1400m	×	0	1	0	12	0.0%	8.3%	8.3%	0%	405%
	ダ1800m	◎	ダ1300〜1400m	◎	0	1	0	8	0.0%	12.5%	12.5%	0%	101%
	ダ1800m	×	ダ1300〜1400m	××	0	0	0	7	0.0%	0.0%	0.0%	0%	0%
	ダ1800m	×	ダ1300〜1400m	××	0	0	1	6	0.0%	0.0%	16.7%	0%	103%
	ダ1800m	○	ダ1300〜1400m	×	0	0	0	6	0.0%	0.0%	0.0%	0%	0%
	芝1200m	×	ダ1300〜1400m	×	0	0	0	6	0.0%	0.0%	0.0%	0%	0%
	芝1200m	×	ダ1300〜1400m	◎	0	1	0	5	0.0%	20.0%	20.0%	0%	116%
	芝1600m	×	ダ1300〜1400m	×	0	1	0	6	0.0%	16.7%	16.7%	0%	168%
	芝1700〜1800m	×	ダ1300〜1400m	×	0	1	1	8	0.0%	12.5%	12.5%	0%	200%
	芝1700〜1800m	×	ダ1300〜1400m	××	0	0	0	6	0.0%	0.0%	0.0%	0%	0%
	—	—	ダ1600m	◎	0	0	0	5	0.0%	0.0%	0.0%	0%	0%
	ダ1150〜1200m	×	ダ1600m	×	0	0	0	7	0.0%	0.0%	0.0%	0%	100%
	ダ1300〜1400m	×	ダ1600m	×	0	0	1	6	0.0%	0.0%	16.7%	0%	28%
	ダ1300〜1400m	◎	ダ1600m	○	0	0	0	5	0.0%	0.0%	0.0%	0%	172%
	ダ1300〜1400m	○	ダ1600m	×	0	2	0	5	0.0%	40.0%	40.0%	0%	172%
	ダ1300〜1400m	×	ダ1600m	××	0	0	0	6	0.0%	0.0%	0.0%	0%	0%
	ダ1600m	×	ダ1600m	×	0	2	0	11	0.0%	18.2%	18.2%	0%	171%
	ダ1600m	○	ダ1600m	×	1	1	0	8	12.5%	25.0%	25.0%	201%	243%
	ダ1600m	◎	ダ1600m	×	1	0	1	7	14.3%	14.3%	14.3%	222%	80%
	ダ1600m	○	ダ1600m	××	0	0	0	6	0.0%	0.0%	0.0%	0%	0%
	ダ1600m	×	ダ1600m	××	0	0	0	6	0.0%	0.0%	0.0%	0%	0%

ダート1800m

評価	前々走 距離	着順	前走 距離	着順	1着	2着	3着	総数	勝率	連対率	複勝率	単回率	複回率
	ダ1700m	×	ダ1600m	×	0	0	0	21	0.0%	0.0%	0.0%	0%	0%
	ダ1700m	××	ダ1600m	××	0	0	0	8	0.0%	0.0%	0.0%	0%	0%
	ダ1700m		ダ1600m	×	0	0	0	6	0.0%	0.0%	0.0%	0%	0%
	ダ1800m	×	ダ1600m	×	1	1	0	19	5.3%	10.5%	10.5%	67%	43%
	ダ1800m	◎	ダ1600m		0	0	2	14	0.0%	0.0%	0.0%	0%	35%
	ダ1800m	○	ダ1600m		0	1	1	13	0.0%	7.7%	7.7%	0%	37%
	ダ1800m	××	ダ1600m	×	0	0	0	10	0.0%	0.0%	0.0%	0%	0%
	ダ1800m	××	ダ1600m	××	0	0	0	7	0.0%	0.0%	0.0%	0%	0%
	ダ1800m		ダ1600m	◎	0	0	0	6	0.0%	0.0%	0.0%	0%	0%
	ダ1800m	◎	ダ1600m	××	0	0	1	5	0.0%	0.0%	0.0%	0%	404%
	ダ1000m		ダ1700m	×	0	0	2	9	0.0%	0.0%	0.0%	0%	193%
	ダ1150〜1200m	×	ダ1700m	×	0	1	1	20	0.0%	5.0%	5.0%	0%	52%
	ダ1150〜1200m	×	ダ1700m	××	0	1	1	13	0.0%	5.0%	5.0%	0%	50%
	ダ1150〜1200m	××	ダ1700m	×	0	0	0	6	0.0%	0.0%	0.0%	0%	0%
	ダ1300〜1400m	×	ダ1700m	×	1	3	1	39	2.6%	10.3%	10.3%	30%	110%
	ダ1300〜1400m	×	ダ1700m	××	0	1	1	20	0.0%	5.0%	5.0%	0%	38%
	ダ1300〜1400m	××	ダ1700m	×	0	1	0	13	0.0%	7.7%	7.7%	0%	34%
	ダ1300〜1400m	◎	ダ1700m	×	0	0	2	12	0.0%	0.0%	0.0%	0%	80%
	ダ1300〜1400m	◎	ダ1700m	××	0	0	0	12	0.0%	0.0%	0.0%	0%	0%
	ダ1300〜1400m	×	ダ1700m	◎	0	0	0	11	0.0%	0.0%	0.0%	0%	0%
	ダ1300〜1400m	××	ダ1700m	××	0	2	0	11	0.0%	18.2%	18.2%	0%	135%
	ダ1300〜1400m	×	ダ1700m	○	1	0	0	10	10.0%	10.0%	10.0%	96%	25%
	ダ1300〜1400m	○	ダ1700m	×	0	1	0	9	0.0%	11.1%	11.1%	0%	50%
	ダ1300〜1400m	○	ダ1700m	◎	0	0	0	7	0.0%	0.0%	0.0%	0%	0%
	ダ1300〜1400m	○	ダ1700m	××	0	0	0	6	0.0%	0.0%	0.0%	0%	0%
	ダ1600m	×	ダ1700m	×	1	0	2	30	3.3%	3.3%	3.3%	153%	80%
	ダ1600m	××	ダ1700m	×	0	0	0	16	0.0%	0.0%	0.0%	0%	0%
	ダ1600m	×	ダ1700m	××	0	1	0	14	0.0%	7.1%	7.1%	0%	54%
	ダ1600m	○	ダ1700m	×	0	1	0	9	0.0%	11.1%	11.1%	0%	26%
	ダ1600m	×	ダ1700m	○	0	0	0	8	0.0%	0.0%	0.0%	0%	0%
	ダ1600m	◎	ダ1700m	×	1	0	0	7	14.3%	14.3%	14.3%	165%	45%
	ダ1700m	×	ダ1700m	×	13	11	20	269	4.8%	8.9%	8.9%	79%	80%
	ダ1700m	×	ダ1700m	××	0	2	3	95	0.0%	2.1%	2.1%	0%	59%
	ダ1700m	○	ダ1700m	×	6	9	5	91	6.6%	16.5%	16.5%	118%	87%
買い	ダ1700m	××	ダ1700m	×	6	2	4	84	7.1%	9.5%	9.5%	312%	130%
	ダ1700m	××	ダ1700m	××	0	1	1	66	0.0%	1.5%	1.5%	0%	54%
	ダ1700m	×	ダ1700m	○	1	4	2	48	2.1%	10.4%	10.4%	17%	42%
	ダ1700m	◎	ダ1700m	×	1	2	1	47	2.1%	6.4%	6.4%	394%	144%
	ダ1700m	○	ダ1700m	○	1	1	1	46	0.0%	2.2%	2.2%	0%	10%
	ダ1700m	◎	ダ1700m	××	1	0	0	26	3.8%	3.8%	3.8%	597%	114%
	ダ1700m	×	ダ1700m	◎	1	0	0	22	4.5%	4.5%	4.5%	24%	8%
	ダ1700m	○	ダ1700m	××	0	0	1	19	0.0%	0.0%	0.0%	0%	9%
買い	ダ1700m	◎	ダ1700m	◎	2	6	0	17	11.8%	47.1%	47.1%	210%	119%
	ダ1700m	××	ダ1700m	◎	0	0	0	9	0.0%	0.0%	0.0%	0%	0%
	ダ1700m	××	ダ1700m	◎	0	0	1	5	0.0%	0.0%	0.0%	0%	192%
	ダ1800m		ダ1700m	×	3	5	10	131	2.3%	6.1%	6.1%	34%	60%
買い	ダ1800m	××	ダ1700m	×	1	1	8	78	1.3%	2.6%	2.6%	12%	97%
	ダ1800m	×	ダ1700m	××	2	3	1	57	3.5%	8.8%	8.8%	77%	70%
	ダ1800m	××	ダ1700m	××	0	1	1	41	0.0%	2.4%	2.4%	0%	86%
	ダ1800m	○	ダ1700m		1	1	2	37	2.7%	5.4%	5.4%	22%	44%
	ダ1800m	×	ダ1700m	○	1	1	0	30	3.3%	6.7%	6.7%	24%	65%
	ダ1800m	◎	ダ1700m	×	2	2	2	26	7.7%	15.4%	15.4%	175%	80%
	ダ1800m	◎	ダ1700m	××	0	1	1	17	0.0%	5.9%	5.9%	0%	51%
	ダ1800m	○	ダ1700m	◎	1	1	1	11	9.1%	9.1%	9.1%	0%	60%
	ダ1800m	○	ダ1700m	××	1	0	0	10	10.0%	10.0%	10.0%	232%	78%
	ダ1800m	×	ダ1700m	◎	0	1	0	10	0.0%	10.0%	10.0%	0%	306%
	ダ1800m	○	ダ1700m	○	0	1	2	8	0.0%	12.5%	12.5%	0%	92%
	ダ1800m	××	ダ1700m	◎	0	0	0	6	0.0%	0.0%	0.0%	0%	0%
	ダ2100m〜	××	ダ1700m	×	0	0	0	11	0.0%	0.0%	0.0%	0%	0%
	ダ2100m〜		ダ1700m	×	0	0	0	9	0.0%	0.0%	0.0%	0%	0%
	芝1200m	×	ダ1700m	×	1	0	1	5	20.0%	20.0%	20.0%	656%	200%
	芝1200m	×	ダ1700m	××	0	0	0	5	0.0%	0.0%	0.0%	0%	0%
	芝1600m		ダ1700m	×	0	0	0	11	0.0%	0.0%	0.0%	0%	0%
買い	芝1700〜1800m	×	ダ1700m	×	1	1	4	28	3.6%	7.1%	7.1%	135%	102%
	芝1700〜1800m	×	ダ1700m	××	0	0	0	8	0.0%	0.0%	0.0%	0%	0%

ダート1800m

評価	前々走 距離	前々走 着順	前走 距離	前走 着順	1着	2着	3着	総数	勝率	連対率	複勝率	単回率	複回率
	芝1700～1800m	×	ダ1700m	◎	0	1	0	7	0.0%	14.3%	14.3%	0%	51%
	芝2000m	×	ダ1700m	×	0	0	0	15	0.0%	0.0%	0.0%	0%	0%
	芝2000m	××	ダ1700m	×	0	0	0	9	0.0%	0.0%	0.0%	0%	137%
	芝2000m	×	ダ1700m	××	0	0	0	8	0.0%	0.0%	0.0%	0%	48%
	芝2000m	××	ダ1700m	××	0	0	0	5	0.0%	0.0%	0.0%	0%	0%
	芝2200m	×	ダ1700m	×	1	0	0	11	9.1%	9.1%	9.1%	173%	43%
	─	─	ダ1800m	◎	1	0	1	21	4.8%	4.8%	4.8%	36%	17%
	ダ1000m	×	ダ1800m	×	0	0	0	6	0.0%	0.0%	0.0%	0%	0%
	ダ1000m	×	ダ1800m	××	0	0	0	5	0.0%	0.0%	0.0%	0%	0%
	ダ1150～1200m	×	ダ1800m	×	0	0	1	13	0.0%	0.0%	0.0%	0%	20%
	ダ1150～1200m	××	ダ1800m	×	0	0	1	9	0.0%	0.0%	0.0%	0%	197%
	ダ1150～1200m	×	ダ1800m	××	1	0	0	6	16.7%	16.7%	16.7%	1280%	326%
買い	ダ1300～1400m	×	ダ1800m	×	2	1	0	43	4.7%	7.0%	7.0%	44%	141%
	ダ1300～1400m	××	ダ1800m	×	0	1	0	21	0.0%	4.8%	4.8%	0%	14%
	ダ1300～1400m	×	ダ1800m	○	3	0	0	16	18.8%	18.8%	18.8%	213%	99%
	ダ1300～1400m	××	ダ1800m	×	0	1	0	14	7.1%	7.1%	7.1%	0%	30%
	ダ1300～1400m	×	ダ1800m	××	0	0	0	6	0.0%	0.0%	0.0%	0%	0%
買い	ダ1300～1400m	◎	ダ1800m	×	0	3	2	12	0.0%	25.0%	25.0%	0%	131%
	ダ1300～1400m	×	ダ1800m	××	0	0	0	11	0.0%	0.0%	0.0%	0%	0%
	ダ1300～1400m	○	ダ1800m	◎	0	1	1	8	0.0%	12.5%	12.5%	0%	100%
	ダ1300～1400m	○	ダ1800m	×	1	0	0	7	14.3%	14.3%	14.3%	85%	25%
	ダ1300～1400m	○	ダ1800m	○	0	1	0	5	0.0%	20.0%	20.0%	0%	54%
	ダ1300～1400m	×	ダ1800m	◎	0	0	0	5	0.0%	0.0%	0.0%	0%	0%
	ダ1600m	×	ダ1800m	×	0	1	2	22	0.0%	4.5%	4.5%	0%	58%
買い	ダ1600m	×	ダ1800m	××	1	2	2	14	7.1%	21.4%	21.4%	135%	206%
	ダ1600m	○	ダ1800m	×	0	1	1	12	0.0%	8.3%	8.3%	0%	65%
	ダ1600m	××	ダ1800m	××	0	0	1	12	0.0%	0.0%	0.0%	0%	30%
	ダ1600m	◎	ダ1800m	××	0	2	0	7	0.0%	28.6%	28.6%	0%	148%
	ダ1600m	×	ダ1800m	○	0	2	1	7	0.0%	28.6%	28.6%	0%	92%
	ダ1600m	××	ダ1800m	×	0	0	0	7	0.0%	0.0%	0.0%	0%	0%
	ダ1600m	◎	ダ1800m	×	1	0	0	6	16.7%	16.7%	16.7%	386%	60%
	ダ1600m	×	ダ1800m	××	0	0	0	6	0.0%	0.0%	0.0%	0%	0%
	ダ1600m	×	ダ1800m	◎	0	0	0	5	0.0%	0.0%	0.0%	0%	0%
	ダ1700m	×	ダ1800m	×	3	17	13	239	1.3%	8.4%	8.4%	39%	78%
	ダ1700m	×	ダ1800m	××	0	1	0	86	0.0%	1.2%	1.2%	0%	33%
	ダ1700m	××	ダ1800m	×	3	3	4	85	3.5%	7.1%	7.1%	85%	62%
特買い	ダ1700m	○	ダ1800m	×	5	5	8	59	8.5%	16.9%	16.9%	159%	172%
	ダ1700m	×	ダ1800m	○	2	7	3	50	4.0%	18.0%	18.0%	27%	61%
	ダ1700m	××	ダ1800m	××	0	0	1	48	0.0%	0.0%	0.0%	0%	41%
	ダ1700m	◎	ダ1800m	×	1	0	3	27	3.7%	3.7%	3.7%	60%	38%
	ダ1700m	◎	ダ1800m	××	0	0	0	24	0.0%	0.0%	0.0%	0%	133%
	ダ1700m	×	ダ1800m	◎	0	1	2	23	0.0%	4.3%	4.3%	0%	114%
	ダ1700m	○	ダ1800m	○	0	0	0	15	0.0%	0.0%	0.0%	0%	0%
	ダ1700m	○	ダ1800m	◎	0	2	2	14	0.0%	14.3%	14.3%	0%	129%
	ダ1700m	○	ダ1800m	××	1	0	1	12	8.3%	8.3%	8.3%	493%	118%
	ダ1700m	○	ダ1800m	○	0	2	0	11	18.2%	18.2%	18.2%	280%	112%
	ダ1700m	××	ダ1800m	◎	1	0	0	6	16.7%	16.7%	16.7%	130%	35%
	ダ1800m	×	ダ1800m	×	12	20	26	367	3.3%	8.7%	8.7%	61%	67%
	ダ1800m	×	ダ1800m	××	4	6	4	118	3.4%	8.5%	8.5%	144%	90%
	ダ1800m	××	ダ1800m	×	0	3	0	109	0.0%	2.8%	2.8%	0%	49%
	ダ1800m	○	ダ1800m	×	4	8	4	88	4.5%	13.6%	13.6%	43%	56%
	ダ1800m	××	ダ1800m	××	1	2	2	80	1.3%	3.8%	3.8%	12%	32%
	ダ1800m	×	ダ1800m	○	2	4	5	70	2.9%	8.6%	8.6%	21%	52%
特買い	ダ1800m	◎	ダ1800m	×	3	3	5	65	4.6%	9.2%	9.2%	315%	129%
特買い	ダ1800m	×	ダ1800m	○	3	4	4	52	5.8%	13.5%	13.5%	318%	112%
	ダ1800m	×	ダ1800m	◎	1	3	3	51	2.0%	7.8%	7.8%	29%	48%
	ダ1800m	○	ダ1800m	××	3	2	1	40	7.5%	12.5%	12.5%	146%	78%
	ダ1800m	××	ダ1800m	○	1	4	1	27	3.7%	18.5%	18.5%	26%	72%
	ダ1800m	○	ダ1800m	◎	0	3	0	22	0.0%	13.6%	13.6%	0%	25%
買い	ダ1800m	××	ダ1800m	◎	1	1	3	16	6.3%	12.5%	12.5%	46%	108%
	ダ1800m	××	ダ1800m	◎	3	0	1	13	23.1%	23.1%	23.1%	295%	105%
	ダ1800m	◎	ダ1800m	○	1	2	1	11	9.1%	27.3%	27.3%	76%	88%
	ダ2100m～	××	ダ1800m	×	0	2	1	17	0.0%	11.8%	11.8%	0%	130%
	ダ2100m～	×	ダ1800m	×	1	0	0	11	9.1%	9.1%	9.1%	277%	46%
	ダ2100m～	×	ダ1800m	××	0	0	0	10	0.0%	0.0%	0.0%	0%	0%

ダート1800m

評価	前々走 距離	着順	前走 距離	着順	1着	2着	3着	総数	勝率	連対率	複勝率	単回率	複回率
	芝1600m	×	ダ1800m	×	0	1	1	8	0.0%	12.5%	12.5%	0%	148%
	芝1600m	×	ダ1800m	××	0	0	1	6	0.0%	0.0%	0.0%	0%	103%
	芝1700～1800m	×	ダ1800m	×	0	2	1	28	0.0%	7.1%	7.1%	0%	39%
	芝1700～1800m	×	ダ1800m	××	0	0	0	19	0.0%	0.0%	0.0%	0%	0%
	芝1700～1800m	×	ダ1800m	○	2	1	0	11	18.2%	27.3%	27.3%	187%	76%
	芝1700～1800m	×	ダ1800m	◎	1	2	1	10	10.0%	30.0%	30.0%	55%	191%
	芝1700～1800m	××	ダ1800m	×	0	0	1	7	0.0%	0.0%	0.0%	0%	38%
	芝1700～1800m	××	ダ1800m	××	0	0	0	6	0.0%	0.0%	0.0%	0%	0%
	芝2000m	×	ダ1800m	×	2	1	0	29	6.9%	10.3%	10.3%	998%	122%
	芝2000m	×	ダ1800m	××	0	2	0	16	0.0%	12.5%	12.5%	0%	68%
買い	芝2000m	×	ダ1800m	○	0	3	3	14	0.0%	21.4%	21.4%	0%	139%
	芝2000m	×	ダ1800m	◎	1	0	3	10	10.0%	10.0%	10.0%	60%	121%
	芝2000m	××	ダ1800m	××	0	0	1	10	0.0%	0.0%	0.0%	0%	79%
	芝2000m	××	ダ1800m	×	0	0	0	8	0.0%	0.0%	0.0%	0%	0%
	芝2200m～	×	ダ1800m	×	0	0	3	20	0.0%	0.0%	0.0%	0%	95%
	芝2200m～	×	ダ1800m	××	1	0	0	8	12.5%	12.5%	12.5%	133%	38%
	芝2200m～	××	ダ1800m	×	0	1	0	7	0.0%	14.3%	14.3%	0%	128%
	芝2200m～	×	ダ1800m	○	0	0	1	6	0.0%	0.0%	0.0%	0%	38%
	芝2200m～	××	ダ1800m	××	0	0	0	5	0.0%	0.0%	0.0%	0%	0%
	ダ1700m	×	ダ2100m～	××	0	1	2	16	0.0%	6.3%	6.3%	0%	176%
	ダ1700m	×	ダ2100m～	×	0	1	0	6	0.0%	16.7%	16.7%	0%	95%
	ダ1700m	××	ダ2100m～	×	0	0	1	6	0.0%	0.0%	0.0%	0%	105%
	ダ1800m	×	ダ2100m～	×	2	0	0	9	22.2%	22.2%	22.2%	215%	72%
	ダ1800m	×	ダ2100m～	××	0	0	2	9	0.0%	0.0%	22.2%	0%	76%
	ダ1800m	××	ダ2100m～	××	0	0	0	9	0.0%	0.0%	0.0%	0%	0%
特買い	ダ2100m～	×	ダ2100m～	×	2	4	1	13	15.4%	46.2%	46.2%	211%	197%
	ダ2100m～	○	ダ2100m～	×	1	0	0	8	12.5%	12.5%	12.5%	128%	36%
	ダ2100m～	××	ダ2100m～	×	0	0	0	8	0.0%	0.0%	0.0%	0%	0%
	ダ2100m～	×	ダ2100m～	××	0	0	0	6	0.0%	0.0%	0.0%	0%	0%
	ダ2100m～	×	ダ2100m～	○	1	0	0	5	20.0%	20.0%	20.0%	1188%	158%
	ダ2100m～	××	ダ2100m～	××	0	0	0	5	0.0%	0.0%	0.0%	0%	0%
	ダ1150～1200m	×	芝1200m	×	1	0	0	8	12.5%	12.5%	12.5%	641%	123%
	芝1200m	×	芝1200m	×	0	0	0	25	0.0%	0.0%	0.0%	0%	0%
	芝1700～1800m	×	芝1200m	×	0	0	1	5	0.0%	0.0%	0.0%	0%	60%
	芝1700～1800m	×	芝1400～1500m	×	0	0	0	6	0.0%	0.0%	0.0%	0%	0%
	芝1200m	×	芝1600m	×	0	0	0	7	0.0%	0.0%	0.0%	0%	0%
	芝1600m	×	芝1600m	×	0	0	0	7	0.0%	0.0%	0.0%	0%	0%
	芝1700～1800m	×	芝1600m	×	0	0	0	7	0.0%	0.0%	0.0%	0%	0%
	芝2000m	×	芝1600m	×	0	0	0	6	0.0%	0.0%	0.0%	0%	0%
	ダ1700m	×	芝1700～1800m	×	0	1	1	10	0.0%	10.0%	10.0%	0%	56%
	ダ1700m	××	芝1700～1800m	×	0	0	1	8	0.0%	0.0%	0.0%	0%	173%
	ダ1800m	◎	芝1700～1800m	×	0	2	0	13	0.0%	15.4%	15.4%	0%	62%
	ダ1800m	×	芝1700～1800m	×	1	1	1	11	9.1%	18.2%	18.2%	214%	152%
	ダ1800m	××	芝1700～1800m	×	0	1	0	10	0.0%	10.0%	10.0%	0%	95%
	ダ1800m	×	芝1700～1800m	××	0	0	0	6	0.0%	0.0%	0.0%	0%	0%
	ダ1800m	×	芝1700～1800m	○	0	0	0	13	0.0%	0.0%	0.0%	0%	0%
買い	芝1700～1800m	×	芝1700～1800m	×	4	0	3	36	11.1%	11.1%	11.1%	148%	95%
	芝1700～1800m	○	芝1700～1800m	×	1	2	1	11	9.1%	27.3%	27.3%	83%	189%
	芝1700～1800m	×	芝1700～1800m	××	0	0	0	11	0.0%	0.0%	0.0%	0%	0%
	芝1700～1800m	××	芝1700～1800m	×	0	0	0	5	0.0%	0.0%	0.0%	0%	0%
	芝2000m	×	芝1700～1800m	×	0	1	3	26	0.0%	3.8%	3.8%	0%	227%
	芝2000m	××	芝1700～1800m	×	0	2	0	5	0.0%	40.0%	40.0%	0%	162%
	芝2200m～	×	芝1700～1800m	×	0	0	0	6	0.0%	0.0%	0.0%	0%	0%
	ダ1700m	×	芝2000m	×	1	0	0	8	12.5%	12.5%	12.5%	163%	55%
	ダ1700m	××	芝2000m	×	0	0	0	6	0.0%	0.0%	0.0%	0%	0%
	ダ1700m	×	芝2000m	××	0	0	0	5	0.0%	0.0%	0.0%	0%	0%
	ダ1800m	◎	芝2000m	×	0	1	2	15	0.0%	6.7%	6.7%	0%	64%
	ダ1800m	×	芝2000m	×	0	2	2	13	0.0%	15.4%	15.4%	0%	164%
	ダ1800m	××	芝2000m	×	1	1	1	9	11.1%	22.2%	22.2%	312%	103%
	ダ1800m	◎	芝2000m	××	0	1	0	6	0.0%	16.7%	16.7%	0%	41%
	芝1600m	×	芝2000m	×	1	0	0	7	14.3%	14.3%	14.3%	304%	58%
買い	芝1700～1800m	×	芝2000m	×	2	2	4	44	4.5%	9.1%	9.1%	161%	91%
	芝1700～1800m	×	芝2000m	××	0	0	0	8	0.0%	0.0%	0.0%	0%	0%
	芝1700～1800m	××	芝2000m	××	0	0	0	5	0.0%	0.0%	0.0%	0%	0%

ダート1800m

評価	前々走 距離	着順	前走 距離	着順	1着	2着	3着	総数	勝率	連対率	複勝率	単回率	複回率
	芝2000m	×	芝2000m	×	1	0	1	32	3.1%	3.1%	3.1%	27%	29%
	芝2000m	○	芝2000m	×	0	1	0	11	0.0%	9.1%	9.1%	0%	30%
	芝2000m	×	芝2000m	××	0	0	0	11	0.0%	0.0%	0.0%	0%	0%
	芝2000m	××	芝2000m	×	0	0	1	6	0.0%	0.0%	0.0%	0%	171%
	芝2200m～	×	芝2000m	×	0	1	1	18	0.0%	5.6%	5.6%	0%	48%
	ダ1800m	○	芝2200m～	×	1	0	2	12	8.3%	8.3%	8.3%	428%	261%
	ダ1800m	×	芝2200m～	××	0	0	0	7	0.0%	0.0%	0.0%	0%	0%
	ダ1800m	××	芝2200m～	×	0	1	0	5	0.0%	20.0%	20.0%	0%	68%
	芝1700～1800m	×	芝2200m～	×	2	0	0	13	15.4%	15.4%	15.4%	290%	88%
	芝2000m	○	芝2200m～	×	1	1	2	21	4.8%	9.5%	9.5%	43%	110%
	芝2000m	×	芝2200m～	××	0	0	0	8	0.0%	0.0%	0.0%	0%	0%
	芝2000m	××	芝2200m～	××	0	1	0	6	0.0%	16.7%	16.7%	0%	80%
	芝2000m	○	芝2200m～	×	0	1	0	5	0.0%	20.0%	20.0%	0%	78%
	芝2200m～	○	芝2200m～	×	1	1	3	26	3.8%	7.7%	7.7%	73%	74%
	芝2200m～	○	芝2200m～	×	0	1	0	6	0.0%	16.7%	16.7%	0%	28%

激変ローテ●ダート1800m【1000万下～OP】3番人気以内

評価	前々走 距離	着順	前走 距離	着順	1着	2着	3着	総数	勝率	連対率	複勝率	単回率	複回率
消し	ダ1800m	×	ダ1300～1400m	◎	0	2	0	6	0.0%	33.3%	33.3%	0%	51%
	ダ1700m	◎	ダ1700m	◎	4	5	2	18	22.2%	50.0%	61.1%	75%	82%
	ダ1700m	○	ダ1700m	◎	5	3	3	18	27.8%	44.4%	61.1%	110%	111%
	ダ1700m	◎	ダ1700m	○	4	3	2	15	26.7%	46.7%	60.0%	80%	86%
	ダ1700m	○	ダ1700m	×	1	2	1	10	10.0%	30.0%	40.0%	48%	76%
	ダ1700m	◎	ダ1700m	◎	4	0	0	9	44.4%	44.4%	44.4%	125%	57%
	ダ1700m	○	ダ1700m	×	1	0	2	8	12.5%	12.5%	37.5%	40%	51%
	ダ1700m	◎	ダ1700m	◎	2	2	0	8	25.0%	50.0%	50.0%	127%	78%
	ダ1700m	×	ダ1700m	◎	3	1	0	8	37.5%	50.0%	50.0%	161%	77%
	ダ1700m	×	ダ1700m	×	1	1	0	5	20.0%	40.0%	40.0%	88%	56%
	ダ1800m	○	ダ1700m	×	0	2	0	9	0.0%	22.2%	22.2%	0%	34%
	ダ1800m	◎	ダ1700m	◎	2	0	1	8	25.0%	25.0%	37.5%	142%	83%
	ダ1800m	×	ダ1700m	◎	1	3	0	8	12.5%	50.0%	50.0%	47%	80%
	ダ1800m	○	ダ1700m	○	2	2	2	8	25.0%	50.0%	75.0%	63%	112%
	ダ1800m	×	ダ1700m	○	3	0	2	6	50.0%	50.0%	83.3%	158%	110%
	ダ1800m	×	ダ1700m	×	0	1	1	6	0.0%	16.7%	33.3%	0%	48%
	ダ1800m	◎	ダ1700m	○	0	2	0	5	0.0%	40.0%	40.0%	0%	62%
	ダ1300～1400m	◎	ダ1800m	×	3	1	1	7	42.9%	57.1%	71.4%	184%	115%
	ダ1300～1400m	○	ダ1800m	○	2	1	0	5	40.0%	60.0%	60.0%	106%	76%
消し	ダ1300～1400m	×	ダ1800m	◎	0	1	0	5	0.0%	20.0%	20.0%	0%	32%
	ダ1600m	×	ダ1800m	○	2	2	3	10	20.0%	40.0%	70.0%	39%	96%
	ダ1600m	○	ダ1800m	×	1	1	1	9	11.1%	22.2%	33.3%	34%	56%
	ダ1600m	○	ダ1800m	×	2	2	0	8	25.0%	50.0%	50.0%	115%	85%
	ダ1600m	×	ダ1800m	◎	0	1	1	5	0.0%	20.0%	40.0%	0%	56%
	ダ1600m	×	ダ1800m	○	0	3	0	5	0.0%	60.0%	60.0%	0%	94%
	ダ1700m	○	ダ1800m	◎	4	0	5	27	14.8%	33.3%	52.0%	41%	63%
	ダ1700m	○	ダ1800m	○	6	3	5	20	30.0%	45.0%	70.0%	74%	92%
消し	ダ1700m	×	ダ1800m	◎	1	3	1	19	5.3%	21.1%	26.3%	7%	37%
	ダ1700m	○	ダ1800m	◎	5	1	2	14	35.7%	42.9%	57.1%	87%	78%
	ダ1700m	○	ダ1800m	×	4	2	1	14	28.6%	42.9%	50.0%	120%	72%
	ダ1700m	○	ダ1800m	○	3	4	0	13	23.1%	53.8%	53.8%	48%	67%
	ダ1700m	◎	ダ1800m	○	4	1	1	13	30.8%	38.5%	46.2%	104%	71%
	ダ1700m	○	ダ1800m	×	3	2	0	11	27.3%	45.5%	45.5%	190%	88%
	ダ1700m	×	ダ1800m	×	3	3	2	10	30.0%	60.0%	80.0%	126%	145%
	ダ1800m	○	ダ1800m	○	26	16	9	78	33.3%	53.8%	65.4%	100%	85%
	ダ1800m	×	ダ1800m	◎	15	8	16	75	20.0%	30.7%	52.0%	83%	77%
	ダ1800m	○	ダ1800m	×	12	7	6	54	22.2%	35.2%	46.3%	133%	84%
	ダ1800m	×	ダ1800m	◎	10	5	11	49	20.4%	30.6%	53.1%	54%	75%
	ダ1800m	×	ダ1800m	×	10	12	6	48	20.8%	45.8%	58.3%	67%	97%
	ダ1800m	○	ダ1800m	×	8	10	7	42	19.0%	42.9%	59.5%	54%	80%
消し	ダ1800m	◎	ダ1800m	×	2	6	5	35	5.7%	22.9%	37.1%	26%	64%
	ダ1800m	◎	ダ1800m	○	5	5	5	33	15.2%	30.3%	45.5%	38%	71%
	ダ1800m	×	ダ1800m	○	3	6	2	20	15.0%	45.0%	55.0%	74%	99%
	ダ2100m～	×	ダ1800m	○	1	4	2	7	14.3%	71.4%	100.0%	35%	128%
	ダ2100m～	○	ダ1800m	○	2	0	1	5	40.0%	40.0%	60.0%	74%	98%

ダート1800m

評価	前々走		前走		1着	2着	3着	総数	勝率	連対率	複勝率	単回率	複回率
	距離	着順	距離	着順									
	芝1700～1800m	×	ダ1800m	◎	2	0	1	5	40.0%	40.0%	60.0%	136%	96%
	ダ1800m	○	ダ2100m～	×	1	1	0	5	20.0%	40.0%	40.0%	42%	50%

激変ローテ●ダート1800m【1000万下～OP】4番人気以下

評価	前々走		前走		1着	2着	3着	総数	勝率	連対率	複勝率	単回率	複回率
	距離	着順	距離	着順									
	ダ1150～1200m	×	ダ1150～1200m	×	0	0	1	14	0.0%	0.0%	7.1%	0%	25%
	ダ1150～1200m	××	ダ1150～1200m	××	0	0	0	5	0.0%	0.0%	0.0%	0%	0%
	ダ1300～1400m	×	ダ1150～1200m	×	1	0	1	16	6.3%	6.3%	12.5%	130%	474%
	ダ1800m	×	ダ1150～1200m	×	0	0	0	10	0.0%	0.0%	0.0%	0%	0%
	ダ1800m	××	ダ1150～1200m	×	0	0	1	6	0.0%	0.0%	16.7%	0%	230%
	ダ1150～1200m	×	ダ1300～1400m	×	1	0	0	17	0.0%	5.9%	5.9%	0%	13%
	ダ1150～1200m	×	ダ1300～1400m	××	0	0	0	6	0.0%	0.0%	0.0%	0%	0%
	ダ1300～1400m	×	ダ1300～1400m	×	1	0	0	44	2.3%	2.3%	4.5%	22%	28%
	ダ1300～1400m	◎	ダ1300～1400m	×	0	2	0	10	0.0%	20.0%	20.0%	0%	113%
	ダ1300～1400m	○	ダ1300～1400m	×	0	1	0	9	0.0%	11.1%	11.1%	0%	50%
	ダ1300～1400m	×	ダ1300～1400m	×	0	1	1	8	0.0%	12.5%	25.0%	0%	92%
	ダ1300～1400m	××	ダ1300～1400m	×	0	0	1	7	0.0%	0.0%	14.3%	0%	61%
	ダ1300～1400m	××	ダ1300～1400m	××	0	0	0	7	0.0%	0.0%	0.0%	0%	0%
	ダ1300～1400m	×	ダ1300～1400m	××	0	1	1	6	0.0%	16.7%	33.3%	0%	203%
	ダ1600m	×	ダ1300～1400m	×	3	0	0	9	33.3%	33.3%	33.3%	2032%	425%
買い	ダ1700m	×	ダ1300～1400m	×	3	1	0	23	13.0%	17.4%	17.4%	514%	145%
	ダ1700m	◎	ダ1300～1400m	×	0	0	0	12	0.0%	0.0%	0.0%	0%	0%
	ダ1700m	××	ダ1300～1400m	×	0	0	0	10	0.0%	0.0%	0.0%	0%	0%
	ダ1700m	○	ダ1300～1400m	××	0	0	0	6	0.0%	0.0%	0.0%	0%	0%
	ダ1700m	××	ダ1300～1400m	××	0	0	0	6	0.0%	0.0%	0.0%	0%	0%
	ダ1800m	×	ダ1300～1400m	×	1	1	3	32	3.1%	6.3%	15.6%	71%	98%
	ダ1800m	××	ダ1300～1400m	×	0	0	2	13	0.0%	0.0%	15.4%	0%	109%
	ダ1800m	××	ダ1300～1400m	××	0	1	0	9	0.0%	11.1%	11.1%	0%	133%
	ダ1800m	×	ダ1300～1400m	××	0	0	1	7	0.0%	0.0%	14.3%	0%	64%
	ダ1800m	×	ダ1300～1400m	◎	0	1	0	6	0.0%	16.7%	16.7%	0%	45%
	ダ1800m	◎	ダ1300～1400m	×	1	1	2	5	20.0%	40.0%	80.0%	112%	196%
	ダ1300～1400m	×	ダ1600m	×	0	0	1	8	0.0%	0.0%	12.5%	0%	68%
	ダ1600m	×	ダ1600m	×	0	1	0	26	0.0%	3.8%	3.8%	0%	8%
	ダ1600m	×	ダ1600m	×	0	0	1	7	0.0%	0.0%	14.3%	0%	28%
	ダ1600m	○	ダ1600m	×	0	0	0	6	0.0%	0.0%	0.0%	0%	0%
	ダ1600m	××	ダ1600m	××	1	1	0	5	20.0%	40.0%	40.0%	2530%	386%
	ダ1700m	×	ダ1600m	×	1	0	1	26	3.8%	3.8%	7.7%	65%	30%
	ダ1800m	×	ダ1600m	×	0	2	1	15	0.0%	13.3%	20.0%	0%	79%
	ダ1800m	×	ダ1600m	××	0	0	0	10	0.0%	0.0%	0.0%	0%	0%
	ダ1800m	××	ダ1600m	×	0	0	0	8	0.0%	0.0%	0.0%	0%	0%
	ダ1800m	○	ダ1600m	◎	0	0	1	6	0.0%	0.0%	16.7%	0%	33%
	ダ1800m	××	ダ1600m	×	0	1	0	5	0.0%	20.0%	20.0%	0%	198%
	ダ2100m～	×	ダ1600m	×	1	0	0	7	14.3%	14.3%	14.3%	641%	160%
	ダ1300～1400m	×	ダ1700m	×	0	0	2	16	0.0%	0.0%	12.5%	0%	43%
	ダ1300～1400m	×	ダ1700m	××	0	0	0	9	0.0%	0.0%	0.0%	0%	0%
	ダ1300～1400m	××	ダ1700m	×	0	1	0	5	0.0%	20.0%	20.0%	0%	208%
	ダ1600m	×	ダ1700m	×	0	0	0	17	0.0%	0.0%	0.0%	0%	0%
	ダ1600m	○	ダ1700m	×	0	0	0	7	0.0%	0.0%	0.0%	0%	0%
買い	ダ1700m	×	ダ1700m	×	2	4	8	89	2.2%	6.7%	15.7%	129%	102%
買い	ダ1700m	○	ダ1700m	◎	4	4	4	63	6.3%	12.7%	19.0%	74%	98%
	ダ1700m	×	ダ1700m	◎	1	3	2	55	1.8%	7.3%	10.9%	63%	48%
	ダ1700m	◎	ダ1700m	×	0	2	1	38	0.0%	5.3%	7.9%	0%	40%
	ダ1700m	××	ダ1700m	×	0	1	0	30	0.0%	3.3%	3.3%	0%	7%
	ダ1700m	×	ダ1700m	××	1	1	1	26	3.8%	7.7%	11.5%	216%	97%
	ダ1700m	○	ダ1700m	×	0	1	2	20	0.0%	5.0%	15.0%	0%	39%
	ダ1700m	×	ダ1700m	○	0	0	2	19	0.0%	0.0%	10.5%	0%	34%
	ダ1700m	○	ダ1700m	××	1	0	3	16	6.3%	6.3%	25.0%	266%	170%
買い	ダ1700m	○	ダ1700m	○	0	3	2	12	0.0%	25.0%	41.7%	0%	240%
	ダ1700m	××	ダ1700m	××	0	0	1	10	0.0%	0.0%	10.0%	0%	47%
	ダ1700m	◎	ダ1700m	○	1	0	0	6	16.7%	16.7%	16.7%	101%	31%
	ダ1700m	○	ダ1700m	×	1	1	0	5	20.0%	40.0%	40.0%	230%	88%
	ダ1700m	×	ダ1700m	××	0	0	0	5	0.0%	0.0%	0.0%	0%	0%
	ダ1800m	×	ダ1700m	×	1	4	3	66	1.5%	7.6%	12.1%	70%	51%

ダート1800m

評価	前々走 距離	前々走 着順	前走 距離	前走 着順	1着	2着	3着	総数	勝率	連対率	複勝率	単回率	複回率
	ダ1800m	×	ダ1700m	××	0	1	1	23	0.0%	4.3%	8.7%	0%	253%
買い	ダ1800m	×	ダ1700m	◎	1	3	1	21	4.8%	19.0%	23.8%	87%	151%
	ダ1800m	××	ダ1700m	×	1	3	0	19	5.3%	21.1%	21.1%	339%	221%
	ダ1800m	○	ダ1700m	×	0	2	1	17	0.0%	11.8%	17.6%	0%	75%
	ダ1800m	◎	ダ1700m	×	0	0	1	14	0.0%	0.0%	7.1%	0%	19%
	ダ1800m	◎	ダ1700m	○	1	0	1	14	7.1%	7.1%	14.3%	90%	52%
買い	ダ1800m	×	ダ1700m	○	1	1	3	13	7.7%	15.4%	38.5%	63%	150%
	ダ1800m	××	ダ1700m	××	0	0	1	12	0.0%	0.0%	8.3%	0%	30%
	ダ1800m	◎	ダ1700m	◎	0	0	1	5	0.0%	0.0%	20.0%	0%	76%
	ダ1800m	◎	ダ1700m	××	0	0	0	5	0.0%	0.0%	0.0%	0%	0%
	ダ2100m〜	×	ダ1700m	×	0	0	2	12	0.0%	0.0%	16.7%	0%	61%
	ダ2100m〜	××	ダ1700m	×	1	1	0	7	14.3%	28.6%	28.6%	151%	222%
	芝1700〜1800m	×	ダ1700m	×	0	0	0	5	0.0%	0.0%	0.0%	0%	0%
	ダ1150〜1200m	×	ダ1800m	×	0	0	0	10	0.0%	0.0%	0.0%	0%	0%
	ダ1150〜1200m	×	ダ1800m	××	0	0	0	8	0.0%	0.0%	0.0%	0%	0%
	ダ1150〜1200m	××	ダ1800m	××	0	0	0	5	0.0%	0.0%	0.0%	0%	0%
	ダ1300〜1400m	×	ダ1800m	×	3	2	0	46	6.5%	10.9%	10.9%	60%	36%
	ダ1300〜1400m	×	ダ1800m	××	0	0	1	17	0.0%	0.0%	5.9%	0%	165%
	ダ1300〜1400m	××	ダ1800m	×	0	0	0	15	0.0%	0.0%	0.0%	0%	0%
	ダ1300〜1400m	××	ダ1800m	××	0	0	0	9	0.0%	0.0%	0.0%	0%	0%
	ダ1300〜1400m	×	ダ1800m	◎	1	0	1	8	12.5%	12.5%	25.0%	285%	96%
	ダ1300〜1400m	○	ダ1800m	◎	0	0	0	6	0.0%	0.0%	0.0%	0%	0%
	ダ1300〜1400m	◎	ダ1800m	×	1	0	0	5	20.0%	20.0%	40.0%	174%	188%
	ダ1300〜1400m	×	ダ1800m	○	1	0	0	5	20.0%	20.0%	20.0%	224%	58%
	ダ1600m	×	ダ1800m	×	3	3	2	51	5.9%	11.8%	15.7%	102%	74%
	ダ1600m	×	ダ1800m	××	0	0	0	19	0.0%	0.0%	0.0%	0%	0%
	ダ1600m	××	ダ1800m	××	1	0	0	17	5.9%	5.9%	5.9%	115%	18%
	ダ1600m	◎	ダ1800m	×	1	1	0	14	7.1%	14.3%	14.3%	144%	139%
	ダ1600m	×	ダ1800m	◎	1	0	1	9	11.1%	11.1%	22.2%	72%	84%
	ダ1600m	××	ダ1800m	×	0	0	0	8	0.0%	0.0%	0.0%	0%	0%
	ダ1600m	◎	ダ1800m	○	0	0	2	5	0.0%	0.0%	40.0%	0%	106%
	ダ1700m	×	ダ1800m	×	5	3	11	125	4.0%	6.4%	15.2%	52%	96%
	ダ1700m	◎	ダ1800m	×	3	7	2	64	4.7%	15.6%	18.8%	89%	61%
	ダ1700m	×	ダ1800m	××	2	0	1	37	5.4%	5.4%	8.1%	225%	96%
買い	ダ1700m	××	ダ1800m	×	1	1	4	37	2.7%	5.4%	16.2%	35%	156%
	ダ1700m	○	ダ1800m	◎	2	2	1	30	6.7%	13.3%	16.7%	217%	74%
	ダ1700m	×	ダ1800m	◎	0	0	0	30	0.0%	0.0%	0.0%	0%	0%
買い	ダ1700m	○	ダ1800m	×	2	4	3	29	6.9%	20.7%	31.0%	132%	118%
	ダ1700m	××	ダ1800m	××	1	0	1	29	3.4%	3.4%	6.9%	115%	120%
	ダ1700m	◎	ダ1800m	××	0	0	1	20	0.0%	0.0%	5.0%	0%	28%
	ダ1700m	×	ダ1800m	○	2	1	0	15	13.3%	20.0%	20.0%	90%	50%
	ダ1700m	◎	ダ1800m	○	0	0	1	11	0.0%	0.0%	9.1%	0%	46%
	ダ1700m	○	ダ1800m	○	0	0	1	11	0.0%	0.0%	9.1%	0%	24%
	ダ1700m	○	ダ1800m	××	0	0	1	7	0.0%	0.0%	14.3%	0%	47%
	ダ1700m	○	ダ1800m	○	0	0	0	5	0.0%	0.0%	0.0%	0%	0%
	ダ1800m	×	ダ1800m	×	19	23	25	455	4.2%	9.2%	14.7%	93%	81%
	ダ1800m	××	ダ1800m	×	5	3	8	122	4.1%	6.6%	13.1%	81%	66%
	ダ1800m	×	ダ1800m	××	0	2	2	114	0.0%	1.8%	3.5%	0%	21%
特買い	ダ1800m	◎	ダ1800m	×	3	4	11	94	3.2%	7.4%	19.1%	34%	107%
	ダ1800m	○	ダ1800m	×	4	7	9	85	4.7%	12.9%	23.5%	61%	77%
買い	ダ1800m	○	ダ1800m	◎	4	3	9	78	5.1%	9.0%	20.5%	268%	120%
買い	ダ1800m	×	ダ1800m	○	5	5	13	74	6.8%	13.5%	31.1%	71%	99%
	ダ1800m	××	ダ1800m	××	1	2	0	73	1.4%	4.1%	4.1%	17%	35%
	ダ1800m	×	ダ1800m	◎	0	3	5	61	0.0%	4.9%	13.1%	0%	53%
	ダ1800m	◎	ダ1800m	××	1	0	1	26	3.8%	3.8%	7.7%	21%	27%
	ダ1800m	○	ダ1800m	××	2	2	1	23	8.7%	17.4%	21.7%	121%	89%
	ダ1800m	○	ダ1800m	○	1	1	0	21	4.8%	9.5%	9.5%	58%	31%
	ダ1800m	◎	ダ1800m	◎	1	1	2	17	5.9%	11.8%	23.5%	65%	59%
	ダ1800m	◎	ダ1800m	○	0	3	0	15	0.0%	20.0%	20.0%	0%	44%
	ダ2000m	×	ダ1800m	×	2	0	1	16	12.5%	12.5%	18.8%	215%	102%
	ダ2000m	×	ダ1800m	×	0	0	1	6	0.0%	0.0%	16.7%	0%	43%
	ダ2100m〜	×	ダ1800m	×	1	0	2	29	3.4%	3.4%	10.3%	337%	113%
	ダ2100m〜	××	ダ1800m	×	1	1	0	16	6.3%	12.5%	12.5%	453%	150%
	ダ2100m〜	×	ダ1800m	××	0	1	0	11	0.0%	9.1%	9.1%	0%	160%
	ダ2100m〜	○	ダ1800m	×	1	0	0	8	12.5%	12.5%	12.5%	82%	22%

ダート1800m

評価	前々走 距離	前々走 着順	前走 距離	前走 着順	1着	2着	3着	総数	勝率	連対率	複勝率	単回率	複回率
	ダ2100m〜	××	ダ1800m	××	0	0	0	6	0.0%	0.0%	0.0%	0%	0%
	芝1600m	×	ダ1800m	×	0	1	2	10	0.0%	10.0%	30.0%	0%	765%
	芝1600m	×	ダ1800m	××	0	0	0	6	0.0%	0.0%	0.0%	0%	0%
	芝1600m	××	ダ1800m	×	0	0	0	6	0.0%	0.0%	0.0%	0%	0%
	芝1700〜1800m	×	ダ1800m	×	1	0	2	18	5.6%	5.6%	16.7%	135%	71%
	芝2000m	×	ダ1800m	×	1	1	1	16	6.3%	12.5%	18.8%	145%	182%
	芝2000m	××	ダ1800m	××	0	0	0	11	0.0%	0.0%	0.0%	0%	0%
	芝2000m	××	ダ1800m	×	1	0	0	6	16.7%	16.7%	16.7%	165%	45%
	芝2200m〜	×	ダ1800m	×	1	1	0	13	7.7%	15.4%	15.4%	127%	55%
	芝2200m〜	××	ダ1800m	×	0	1	0	11	0.0%	9.1%	9.1%	0%	28%
	ダ1700m	×	ダ2000m	×	2	0	0	6	33.3%	33.3%	33.3%	1183%	250%
	ダ1800m	×	ダ2000m	×	0	0	0	7	0.0%	0.0%	0.0%	0%	0%
	ダ1800m	×	ダ2000m	××	0	0	0	5	0.0%	0.0%	0.0%	0%	0%
	ダ1600m	×	ダ2100m〜	××	0	0	1	8	0.0%	0.0%	12.5%	0%	42%
	ダ1600m	×	ダ2100m〜	×	0	0	0	7	0.0%	0.0%	0.0%	0%	0%
	ダ1700m	×	ダ2100m〜	×	0	0	0	8	0.0%	0.0%	0.0%	0%	0%
	ダ1700m	××	ダ2100m〜	××	0	1	0	5	0.0%	20.0%	20.0%	0%	128%
	ダ1800m	×	ダ2100m〜	×	0	0	1	28	0.0%	0.0%	3.6%	0%	11%
	ダ1800m	××	ダ2100m〜	×	0	0	1	11	0.0%	0.0%	9.1%	0%	82%
	ダ1800m	×	ダ2100m〜	××	0	0	1	8	0.0%	0.0%	12.5%	0%	55%
	ダ1800m	×	ダ2100m〜	×	0	1	0	7	0.0%	14.3%	14.3%	0%	40%
	ダ1800m	×	ダ2100m〜	○	0	0	0	7	0.0%	0.0%	0.0%	0%	0%
	ダ1800m	×	ダ2100m〜	◎	0	0	1	6	0.0%	0.0%	16.7%	0%	38%
	ダ1800m	××	ダ2100m〜	××	0	0	0	5	0.0%	0.0%	0.0%	0%	0%
	ダ2100m〜	×	ダ2100m〜	×	0	0	1	10	0.0%	0.0%	10.0%	0%	46%
	ダ2100m〜	×	ダ2100m〜	××	0	1	0	8	0.0%	12.5%	12.5%	0%	35%
	ダ2100m〜	○	ダ2100m〜	◎	0	2	0	7	0.0%	28.6%	28.6%	0%	180%
	芝2200m	×	ダ2100m〜	×	0	1	0	5	0.0%	20.0%	20.0%	0%	70%
	ダ1800m	×	芝1600m	×	0	2	0	7	0.0%	28.6%	28.6%	0%	278%
	芝1600m	×	芝1600m	×	0	1	0	8	0.0%	12.5%	12.5%	0%	200%
	芝1700〜1800m	×	芝1600m	×	0	1	0	5	0.0%	20.0%	20.0%	0%	42%
	ダ1700m	×	芝1700〜1800m	×	0	1	1	5	0.0%	20.0%	40.0%	0%	570%
	ダ1800m	◎	芝1700〜1800m	×	0	1	1	8	0.0%	12.5%	25.0%	0%	182%
	ダ1800m	×	芝1700〜1800m	×	0	0	0	6	0.0%	0.0%	0.0%	0%	0%
	ダ1800m	××	芝1700〜1800m	×	0	0	0	5	0.0%	0.0%	0.0%	0%	0%
	芝1600m	×	芝1700〜1800m	×	0	2	0	8	0.0%	25.0%	25.0%	0%	83%
	芝1700〜1800m	×	芝1700〜1800m	×	1	1	1	14	7.1%	14.3%	21.4%	90%	77%
	芝2000m	×	芝1700〜1800m	×	0	1	0	10	0.0%	10.0%	10.0%	0%	51%
	芝2000m	××	芝1700〜1800m	×	0	0	0	5	0.0%	0.0%	0.0%	0%	0%
	ダ1700m	×	芝2000m	×	0	0	1	6	0.0%	0.0%	16.7%	0%	36%
	ダ1800m	××	芝2000m	××	0	0	0	7	0.0%	0.0%	0.0%	0%	0%
	ダ1800m	×	芝2000m	××	0	0	0	6	0.0%	0.0%	0.0%	0%	0%
	ダ1800m	◎	芝2000m	×	0	0	1	5	0.0%	0.0%	20.0%	0%	158%
	ダ1800m	××	芝2000m	×	0	0	0	5	0.0%	0.0%	0.0%	0%	0%
	芝1700〜1800m	×	芝2000m	×	0	0	0	5	0.0%	0.0%	0.0%	0%	0%
	芝1700〜1800m	×	芝2000m	××	0	1	0	5	0.0%	20.0%	20.0%	0%	112%
	芝2000m	×	芝2000m	×	0	0	0	6	0.0%	0.0%	0.0%	0%	0%
	芝2200m〜	×	芝2000m	×	0	1	1	8	0.0%	12.5%	25.0%	0%	93%
	ダ1700m	×	芝2200m〜	×	1	0	0	6	16.7%	16.7%	16.7%	186%	46%
	ダ1800m	×	芝2200m〜	×	1	0	0	9	11.1%	11.1%	11.1%	72%	33%
	ダ1800m	◎	芝2200m〜	×	0	0	0	7	0.0%	0.0%	0.0%	0%	0%
	ダ1800m	×	芝2200m〜	××	0	1	1	7	0.0%	14.3%	28.6%	0%	91%
	ダ1800m	××	芝2200m〜	×	0	0	0	5	0.0%	0.0%	0.0%	0%	0%
	芝2000m	×	芝2200m〜	××	0	0	1	6	0.0%	0.0%	16.7%	0%	101%
	芝2200m〜	×	芝2200m〜	×	0	2	0	15	0.0%	13.3%	13.3%	0%	36%
	芝2200m〜	×	芝2200m〜	××	0	0	0	5	0.0%	0.0%	0.0%	0%	0%

ダート2000m以上

【500万下】

▽同距離馬、延長馬が有利な馬場▽
・ダ1700×→ダ1800×、ダ1800×→ダ1800×のローテーションが期待値高い。特に先行しての好走実績を残す馬が狙える。

▽短縮馬が有利な馬場▽
・ダ1700×→ダ1800×、ダ1800×→ダ1800×、ダ2100×→ダ1800×のローテーションが狙える。ダ1700×→ダ1800×、ダ2100×→ダ1800×のローテーションは、近2走ともに後方から差す競馬をしていた馬の期待値が高い。

【1000万下】
・ダ1800×→ダ2100×の期待値高い。

ダート2000m～【500万下】馬場別データ

	評価	前々走		前走	
		距離	着順	距離	着順
同距離馬、延長馬が有利な馬場	買い	ダ1700m	×	ダ1800m	×
	特買い	ダ1800m	×	ダ1800m	×
	買い	ダ2100m～	××	ダ2100m～＊	×
短縮馬が有利な馬場	買い	ダ1700m	×	ダ1800m	×
	特買い	ダ1800m	×	ダ1800m	×
	買い	ダ2100m～	××	ダ2100m～	×

ダート2000m～【1000万下～OP】馬場別データ

	評価	前々走		前走	
		距離	着順	距離	着順
同距離馬、延長馬が有利な馬場	買い	ダ1800m	×	ダ2100m～＊	×
短縮馬が有利な馬場	買い	ダ1800m	×	ダ2100m～	×

激変ローテ●ダート2000m〜【500万下】3番人気以内

評価	前々走 距離	着順	前走 距離	着順	1着	2着	3着	総数	勝率	連対率	複勝率	単回率	複回率
	ダ1700m	×	ダ1700m	○	0	0	1	6	0.0%	0.0%	16.7%	0%	0%
	ダ1700m	○	ダ1700m	×	0	2	1	5	0.0%	40.0%	60.0%	0%	114%
	ダ1700m	○	ダ1700m	○	0	2	0	3	0.0%	66.7%	66.7%	0%	83%
	ダ1700m	×	ダ1800m	○	1	0	1	3	33.3%	33.3%	66.7%	146%	123%
	ダ1700m	○	ダ1800m	×	0	1	2	4	0.0%	25.0%	75.0%	0%	117%
	ダ1800m	×	ダ1800m	×	3	2	1	11	27.3%	45.5%	54.5%	167%	110%
	ダ1800m	○	ダ1800m	○	2	2	0	8	25.0%	50.0%	50.0%	46%	61%
	ダ1800m	×	ダ1800m	○	1	1	2	7	14.3%	28.6%	57.1%	54%	81%
	ダ1800m	×	ダ1800m	○	0	0	0	3	0.0%	0.0%	0.0%	0%	6%
	ダ2100m〜	×	ダ1800m	×	1	1	1	5	20.0%	40.0%	60.0%	96%	110%
	ダ2100m〜	×	ダ1800m	○	1	1	0	3	33.3%	66.7%	66.7%	60%	93%
	ダ1700m	×	ダ2100m〜	×	3	1	2	13	23.1%	30.8%	46.2%	70%	69%
	ダ1700m	×	ダ2100m〜	○	2	0	1	5	40.0%	40.0%	60.0%	236%	128%
	ダ1800m	×	ダ2100m〜	×	4	1	2	13	30.8%	38.5%	53.8%	93%	74%
	ダ1800m	○	ダ2100m〜	×	0	2	1	3	0.0%	66.7%	100.0%	0%	156%
	ダ1800m	×	ダ2100m〜	○	1	0	0	3	33.3%	33.3%	33.3%	113%	46%
	ダ2100m〜	×	ダ2100m〜	○	3	6	4	21	14.3%	42.9%	61.9%	35%	78%
	ダ2100m〜	×	ダ2100m〜	×	4	3	2	16	25.0%	43.8%	56.3%	68%	71%
	ダ2100m〜	○	ダ2100m〜	○	0	4	0	7	0.0%	57.1%	57.1%	0%	87%
	ダ2100m〜	○	ダ2100m〜	×	0	0	4	7	0.0%	0.0%	57.1%	0%	84%
	芝2000m	×	ダ2100m〜	○	0	1	1	3	0.0%	33.3%	66.7%	0%	90%
	芝2200m〜	×	ダ2100m〜	×	1	0	0	4	25.0%	25.0%	25.0%	0%	37%
	芝2200m〜	×	ダ2100m〜	○	0	1	0	3	0.0%	33.3%	33.3%	0%	73%
	芝2200m〜	×	芝2200m〜	×	2	1	2	8	25.0%	37.5%	62.5%	78%	111%
	芝2200m〜	○	芝2200m〜	×	2	0	0	3	66.7%	66.7%	66.7%	226%	100%

激変ローテ●ダート2000m〜【500万下】4番人気以下

評価	前々走 距離	着順	前走 距離	着順	1着	2着	3着	総数	勝率	連対率	複勝率	単回率	複回率
	ダ1800m	××	ダ1300〜1400m	×	0	0	0	4	0.0%	0.0%	0.0%	0%	0%
	ダ1600m	×	ダ1600m	×	0	0	0	3	0.0%	0.0%	0.0%	0%	0%
	ダ1700m	×	ダ1600m	×	1	0	0	3	33.3%	33.3%	33.3%	580%	126%
	ダ1800m	××	ダ1600m	×	0	0	0	4	0.0%	0.0%	0.0%	0%	0%
	ダ1300〜1400m	×	ダ1700m	××	0	0	0	4	0.0%	0.0%	0.0%	0%	0%
	ダ1300〜1400m	×	ダ1700m	×	0	0	0	4	0.0%	0.0%	0.0%	0%	0%
	ダ1600m	×	ダ1700m	×	3	0	0	7	42.9%	42.9%	42.9%	738%	170%
	ダ1700m	×	ダ1700m	×	2	0	5	52	3.8%	3.8%	13.5%	51%	38%
	ダ1700m	××	ダ1700m	×	0	1	0	21	0.0%	4.8%	4.8%	0%	43%
	ダ1700m	××	ダ1700m	××	0	0	0	17	0.0%	0.0%	0.0%	0%	0%
	ダ1700m	×	ダ1700m	××	0	1	1	14	0.0%	7.1%	14.3%	0%	125%
	ダ1700m	○	ダ1700m	×	0	0	1	8	0.0%	0.0%	12.5%	0%	30%
	ダ1800m	×	ダ1700m	×	1	1	1	25	4.0%	8.0%	12.0%	607%	127%
	ダ1800m	×	ダ1700m	××	0	1	0	10	0.0%	10.0%	10.0%	0%	37%
	ダ1800m	××	ダ1700m	×	0	0	0	8	0.0%	0.0%	0.0%	0%	0%
	ダ1800m	××	ダ1700m	××	0	0	0	8	0.0%	0.0%	0.0%	0%	0%
	ダ2100m〜	×	ダ1700m	×	0	1	0	8	0.0%	12.5%	12.5%	0%	152%
	ダ2100m〜	××	ダ1700m	×	0	1	0	5	0.0%	20.0%	20.0%	0%	44%
	ダ2100m〜	××	ダ1700m	××	0	0	1	3	0.0%	0.0%	33.3%	0%	186%
	芝1700〜1800m	×	ダ1700m	×	0	0	1	4	0.0%	0.0%	25.0%	0%	60%
	芝2000m	×	ダ1700m	×	1	1	0	6	16.7%	33.3%	33.3%	380%	208%
買い	ダ1700m	×	ダ1800m	×	5	3	0	30	16.7%	26.7%	26.7%	656%	136%
	ダ1700m	×	ダ1800m	××	1	0	0	9	11.1%	11.1%	11.1%	1263%	212%
	ダ1700m	××	ダ1800m	×	0	0	1	8	0.0%	0.0%	12.5%	0%	36%
	ダ1700m	××	ダ1800m	××	0	0	0	6	0.0%	0.0%	0.0%	0%	0%
	ダ1700m	○	ダ1800m	×	0	1	0	3	0.0%	33.3%	33.3%	0%	70%
特買い	ダ1800m	×	ダ1800m	×	4	3	3	39	10.3%	17.9%	25.6%	117%	122%
	ダ1800m	×	ダ1800m	××	0	1	1	21	0.0%	4.8%	9.5%	0%	57%
	ダ1800m	○	ダ1800m	×	1	0	0	8	12.5%	12.5%	12.5%	326%	46%
	ダ1800m	××	ダ1800m	×	0	0	1	7	0.0%	0.0%	14.3%	0%	87%
	ダ1800m	××	ダ1800m	××	0	0	0	6	0.0%	0.0%	0.0%	0%	0%
	ダ2100m〜	×	ダ1800m	×	1	0	0	8	12.5%	12.5%	12.5%	182%	25%
	ダ2100m〜	××	ダ1800m	×	1	0	0	5	20.0%	20.0%	20.0%	182%	56%

ダート2000m以上

評価	前々走 距離	前々走 着順	前走 距離	前走 着順	1着	2着	3着	総数	勝率	連対率	複勝率	単回率	複回率
	ダ2100m～	××	ダ1800m	××	0	0	0	4	0.0%	0.0%	0.0%	0%	0%
	芝2200m～	×	ダ1800m	×	0	0	0	4	0.0%	0.0%	0.0%	0%	0%
	ダ1600m	××	ダ2100m～	×	0	0	0	5	0.0%	0.0%	0.0%	0%	0%
	ダ1700m	×	ダ2100m～	×	2	3	1	26	7.7%	19.2%	23.1%	83%	71%
	ダ1700m	×	ダ2100m～	××	0	0	0	9	0.0%	0.0%	0.0%	0%	0%
	ダ1700m	××	ダ2100m～	×	1	0	0	8	12.5%	12.5%	12.5%	321%	106%
	ダ1700m	××	ダ2100m～	××	0	0	0	6	0.0%	0.0%	0.0%	0%	0%
	ダ1800m	×	ダ2100m～	×	0	2	1	15	0.0%	13.3%	20.0%	0%	63%
	ダ1800m	×	ダ2100m～	××	1	0	1	12	8.3%	8.3%	16.7%	940%	104%
	ダ1800m	××	ダ2100m～	××	0	0	0	8	0.0%	0.0%	0.0%	0%	0%
	ダ1800m	××	ダ2100m～	×	0	0	0	7	0.0%	0.0%	0.0%	0%	0%
	ダ2100m～	×	ダ2100m～	×	1	0	5	41	2.4%	2.4%	14.6%	25%	76%
	ダ2100m～	×	ダ2100m～	××	0	0	1	23	0.0%	0.0%	4.3%	0%	75%
	ダ2100m～	○	ダ2100m～	×	2	1	0	15	13.3%	20.0%	20.0%	221%	60%
	ダ2100m～	××	ダ2100m～	××	0	0	2	15	0.0%	0.0%	13.3%	0%	40%
買い	ダ2100m～	××	ダ2100m～	×	2	0	3	14	14.3%	14.3%	35.7%	208%	284%
	芝2000m	×	ダ2100m～	×	0	0	0	5	0.0%	0.0%	0.0%	0%	0%
	芝2000m	××	ダ2100m～	××	1	0	0	3	33.3%	33.3%	33.3%	3656%	443%
	芝2200m～	×	ダ2100m～	×	0	0	1	6	0.0%	0.0%	16.7%	0%	73%
	芝2200m～	×	ダ2100m～	××	0	0	0	5	0.0%	0.0%	0.0%	0%	0%
	芝2000m	×	芝1700～1800m	×	0	1	0	4	0.0%	25.0%	25.0%	0%	117%
	ダ1700m	××	芝2000m	×	0	0	0	3	0.0%	0.0%	0.0%	0%	0%
	ダ1800m	×	芝2000m	×	0	0	0	3	0.0%	0.0%	0.0%	0%	0%
	芝1700～1800m	×	芝2000m	×	1	0	0	7	14.3%	14.3%	14.3%	572%	155%
	芝1700～1800m	○	芝2000m	×	0	0	0	3	0.0%	0.0%	0.0%	0%	0%
	芝2000m	×	芝2000m	×	0	0	0	5	0.0%	0.0%	0.0%	0%	0%
	芝2000m	○	芝2000m	×	1	0	0	4	25.0%	25.0%	25.0%	270%	75%
	芝2200m～	×	芝2000m	××	0	0	0	3	0.0%	0.0%	0.0%	0%	0%
	芝2200m～	×	芝2000m	×	0	1	0	3	0.0%	33.3%	33.3%	0%	176%
	ダ1700m	×	芝2200m～	×	1	0	1	4	25.0%	25.0%	50.0%	520%	282%
	ダ1800m	×	芝2200m～	×	0	0	0	4	0.0%	0.0%	0.0%	0%	0%
	ダ2100m～	××	芝2200m～	×	0	0	1	3	0.0%	0.0%	33.3%	0%	103%
	芝1700～1800m	×	芝2200m～	×	0	0	0	5	0.0%	0.0%	0.0%	0%	0%
	芝2000m	×	芝2200m～	×	0	0	1	7	0.0%	0.0%	14.3%	0%	55%
	芝2200m～	×	芝2200m～	×	0	0	1	18	0.0%	0.0%	5.6%	0%	21%
	芝2200m～	××	芝2200m～	×	0	0	0	3	0.0%	0.0%	0.0%	0%	0%

激変ローテ●ダート2000m～【1000万下～OP】3番人気以内

評価	前々走 距離	前々走 着順	前走 距離	前走 着順	1着	2着	3着	総数	勝率	連対率	複勝率	単回率	複回率
	ダ1700m	◎	ダ1800m	×	0	2	1	4	0.0%	50.0%	75.0%	0%	130%
	ダ1800m	◎	ダ1800m	○	3	0	1	6	50.0%	50.0%	66.7%	113%	80%
	ダ1800m	◎	ダ1800m	×	0	0	3	6	0.0%	0.0%	50.0%	0%	91%
	ダ1800m	×	ダ1800m	○	2	0	1	6	33.3%	33.3%	50.0%	61%	60%
	ダ1800m	○	ダ1800m	×	2	0	1	4	50.0%	50.0%	75.0%	80%	92%
	ダ2100m～	×	ダ1800m	×	0	3	0	6	0.0%	50.0%	50.0%	0%	71%
	ダ1800m	×	ダ2100m～	○	2	2	0	8	25.0%	50.0%	50.0%	63%	71%
	ダ2100m～	◎	ダ2100m～	×	4	0	0	7	57.1%	57.1%	57.1%	231%	100%

激変ローテ●ダート2000m～【1000万下～OP】4番人気以下

評価	前々走 距離	前々走 着順	前走 距離	前走 着順	1着	2着	3着	総数	勝率	連対率	複勝率	単回率	複回率
	ダ1800m	×	ダ1300～1400m	×	0	0	0	7	0.0%	0.0%	0.0%	0%	0%
	ダ1300～1400m	×	ダ1600m	×	0	0	0	4	0.0%	0.0%	0.0%	0%	0%
	ダ1600m	×	ダ1600m	×	0	0	0	3	0.0%	0.0%	0.0%	0%	0%
	ダ1800m	×	ダ1600m	×	0	1	1	13	0.0%	7.7%	15.4%	0%	136%
	ダ1800m	××	ダ1600m	×	0	0	0	6	0.0%	0.0%	0.0%	0%	0%
	ダ1800m	×	ダ1600m	◎	0	0	0	3	0.0%	0.0%	0.0%	0%	0%
	ダ2100m～	×	ダ1600m	×	0	0	0	6	0.0%	0.0%	0.0%	0%	0%
	ダ2100m～	××	ダ1600m	××	0	0	0	3	0.0%	0.0%	0.0%	0%	0%
	ダ1700m	×	ダ1700m	×	0	0	2	15	0.0%	0.0%	13.3%	0%	46%

ダート2000m以上

評価	前々走 距離	前々走 着順	前走 距離	前走 着順	1着	2着	3着	総数	勝率	連対率	複勝率	単回率	複回率
	ダ1700m	×	ダ1700m	◎	0	0	0	8	0.0%	0.0%	0.0%	0%	0%
	ダ1700m	◎	ダ1700m	×	0	0	0	6	0.0%	0.0%	0.0%	0%	0%
	ダ1700m	○	ダ1700m	×	0	0	0	4	0.0%	0.0%	0.0%	0%	0%
	ダ1700m	××	ダ1700m	×	1	1	0	4	25.0%	50.0%	50.0%	2062%	687%
	ダ1800m	×	ダ1700m	×	0	0	1	9	0.0%	0.0%	11.1%	0%	70%
	ダ1800m	◎	ダ1700m	×	0	0	1	3	0.0%	0.0%	33.3%	0%	676%
	ダ1300〜1400m	×	ダ1800m	×	0	1	1	5	0.0%	20.0%	40.0%	0%	358%
	ダ1300〜1400m	×	ダ1800m	××	0	0	0	3	0.0%	0.0%	0.0%	0%	0%
	ダ1600m	×	ダ1800m	×	1	1	1	7	14.3%	28.6%	42.9%	1510%	482%
	ダ1600m	◎	ダ1800m	×	0	0	0	4	0.0%	0.0%	0.0%	0%	0%
	ダ1700m	×	ダ1800m	×	1	0	3	13	7.7%	7.7%	30.8%	430%	228%
	ダ1700m	◎	ダ1800m	×	1	1	0	10	10.0%	20.0%	20.0%	272%	97%
	ダ1700m	×	ダ1800m	××	0	0	1	6	0.0%	0.0%	16.7%	0%	70%
	ダ1700m	×	ダ1800m	○	1	0	1	4	25.0%	25.0%	50.0%	337%	167%
	ダ1700m	××	ダ1800m	×	0	0	0	3	0.0%	0.0%	0.0%	0%	0%
	ダ1700m	××	ダ1800m	××	0	0	0	3	0.0%	0.0%	0.0%	0%	0%
	ダ1800m	×	ダ1800m	×	3	3	3	54	5.6%	11.1%	16.7%	90%	82%
	ダ1800m	◎	ダ1800m	×	1	2	0	17	5.9%	17.6%	17.6%	73%	72%
	ダ1800m	○	ダ1800m	×	1	2	0	15	6.7%	20.0%	20.0%	78%	72%
	ダ1800m	××	ダ1800m	×	1	0	0	14	7.1%	7.1%	7.1%	55%	15%
	ダ1800m	×	ダ1800m	××	0	0	1	13	0.0%	0.0%	7.7%	0%	43%
	ダ1800m	×	ダ1800m	○	0	1	1	11	0.0%	9.1%	18.2%	0%	78%
	ダ1800m	×	ダ1800m	◎	0	1	0	10	0.0%	10.0%	10.0%	0%	72%
	ダ1800m	××	ダ1800m	××	0	0	0	6	0.0%	0.0%	0.0%	0%	0%
	ダ2100m〜	×	ダ1800m	×	0	0	0	12	0.0%	0.0%	0.0%	0%	0%
	ダ2100m〜	×	ダ1800m	××	0	0	0	6	0.0%	0.0%	0.0%	0%	0%
	ダ2100m〜	××	ダ1800m	×	0	1	2	5	0.0%	20.0%	60.0%	0%	308%
	ダ2100m〜	◎	ダ1800m	×	0	0	0	3	0.0%	0.0%	0.0%	0%	0%
	ダ2100m〜	○	ダ1800m	×	1	0	0	3	33.3%	33.3%	33.3%	360%	83%
	芝2000m	×	ダ1800m	×	0	0	0	3	0.0%	0.0%	0.0%	0%	0%
	芝2200m	×	ダ1800m	×	0	0	2	5	0.0%	0.0%	40.0%	0%	326%
	ダ1800m	×	ダ2000m	×	1	1	1	7	14.3%	28.6%	42.9%	291%	250%
	ダ1800m	×	ダ2000m	◎	0	0	0	3	0.0%	0.0%	0.0%	0%	0%
	ダ1600m	×	ダ2100m〜	××	0	0	0	3	0.0%	0.0%	0.0%	0%	0%
	ダ1700m	×	ダ2100m〜	○	1	0	0	4	25.0%	25.0%	25.0%	195%	67%
	ダ1700m	×	ダ2100m〜	×	0	0	1	3	0.0%	0.0%	33.3%	0%	503%
買い	ダ1800m	×	ダ2100m〜	×	0	1	5	25	0.0%	4.0%	24.0%	0%	129%
	ダ1800m	×	ダ2100m〜	××	1	0	0	8	12.5%	12.5%	12.5%	133%	47%
	ダ1800m	×	ダ2100m〜	◎	0	0	0	6	0.0%	0.0%	0.0%	0%	0%
	ダ1800m	××	ダ2100m〜	×	0	0	0	5	0.0%	0.0%	0.0%	0%	0%
	ダ1800m	◎	ダ2100m〜	×	0	0	0	3	0.0%	0.0%	0.0%	0%	0%
	ダ1800m	○	ダ2100m〜	×	1	1	0	3	33.3%	66.7%	66.7%	496%	196%
	ダ1800m	×	ダ2100m〜	○	1	0	1	3	33.3%	33.3%	66.7%	560%	236%
	ダ2000m	××	ダ2100m〜	×	0	0	0	3	0.0%	0.0%	0.0%	0%	0%
	ダ2100m〜	×	ダ2100m〜	×	0	0	0	13	0.0%	0.0%	0.0%	0%	0%
	ダ2100m〜	×	ダ2100m〜	◎	1	0	0	8	12.5%	12.5%	12.5%	87%	22%
	ダ2100m〜	×	ダ2100m〜	××	0	0	0	8	0.0%	0.0%	0.0%	0%	0%
	ダ2100m〜	××	ダ2100m〜	×	0	0	0	7	0.0%	0.0%	0.0%	0%	0%
	ダ2100m〜	○	ダ2100m〜	×	0	0	1	6	0.0%	0.0%	16.7%	0%	111%
	ダ2100m〜	××	ダ2100m〜	××	0	0	1	5	0.0%	0.0%	20.0%	0%	86%
	ダ2100m〜	×	ダ2100m〜	×	0	0	0	4	0.0%	0.0%	0.0%	0%	0%
	ダ2100m〜	×	ダ2100m〜	○	0	0	0	4	0.0%	0.0%	0.0%	0%	0%
	ダ2100m〜	◎	ダ2100m〜	×	0	0	0	3	0.0%	0.0%	0.0%	0%	0%
	芝2200m	××	ダ2100m〜	××	0	0	0	3	0.0%	0.0%	0.0%	0%	0%
	芝2200m	×	ダ2100m〜	××	0	0	0	3	0.0%	0.0%	0.0%	0%	0%
	芝2200m	××	ダ2100m〜	×	0	1	0	3	0.0%	33.3%	33.3%	0%	86%
	ダ1800m	×	芝1700〜1800m	×	0	0	1	4	0.0%	0.0%	25.0%	0%	65%
	芝1700〜1800m	×	芝1700〜1800m	×	0	0	0	4	0.0%	0.0%	0.0%	0%	0%
	ダ1800m	××	芝2200m	××	0	0	0	3	0.0%	0.0%	0.0%	0%	0%
	ダ2100m〜	×	芝2200m	×	0	0	1	5	0.0%	0.0%	20.0%	0%	206%
	ダ2100m〜	◎	芝2200m	×	0	0	0	3	0.0%	0.0%	0.0%	0%	0%
	芝2000m	×	芝2200m	×	0	0	0	7	0.0%	0.0%	0.0%	0%	0%
	芝2200m	×	芝2200m	×	2	0	0	16	12.5%	12.5%	12.5%	265%	77%
	芝2200m	○	芝2200m	×	0	0	0	4	0.0%	0.0%	0.0%	0%	0%
	芝2200m	×	芝2200m	××	0	0	0	4	0.0%	0.0%	0.0%	0%	0%

激変血統リスト ──①
芝→ダ【父】3番人気以内

評価	種牡馬	1着	2着	3着	総数	勝率	連対率	複勝率	単回率	複回率
消し	アドマイヤコジーン	1	0	0	8	12.5%	12.5%	12.5%	60%	18%
消し	アドマイヤベガ	4	3	3	31	12.9%	22.6%	29.0%	38%	48%
消し	コマンダーインチーフ	3	3	3	21	14.3%	28.6%	38.1%	60%	68%
消し	サクラバクシンオー	10	11	11	72	13.9%	29.2%	33.3%	42%	51%
消し	スターオブコジーン	2	2	2	15	13.3%	26.7%	33.3%	40%	48%
消し	スペシャルウィーク	7	8	8	54	13.0%	27.8%	35.2%	67%	64%
消し	セイウンスカイ	0	0	0	4	0.0%	0.0%	0.0%	0%	0%
消し	タイキシャトル	6	3	3	38	15.8%	23.7%	42.1%	45%	66%
消し	ダイワテキサス	0	0	0	1	0.0%	0.0%	0.0%	0%	0%
消し	トウカイテイオー	0	1	1	6	0.0%	16.7%	33.3%	0%	51%
消し	フサイチコンコルド	5	2	2	20	25.0%	35.0%	40.0%	73%	69%
消し	ブラックホーク	1	0	0	7	14.3%	14.3%	14.3%	95%	27%
消し	マリエンバード	1	0	0	2	50.0%	50.0%	50.0%	210%	115%

激変血統リスト ──②
芝→ダ【母父】3番人気以内

評価	母父	1着	2着	3着	総数	勝率	連対率	複勝率	単回率	複回率
消し	アンバーシヤダイ	2	1	1	10	20.0%	30.0%	40.0%	116%	69%
消し	カーリアン	3	4	1	23	13.0%	30.4%	34.8%	59%	56%
消し	キングマンボ	0	1	1	8	0.0%	12.5%	25.0%	0%	37%
消し	サクラバクシンオー	0	1	1	5	0.0%	20.0%	40.0%	0%	54%
消し	サクラユタカオー	3	1	3	20	15.0%	20.0%	35.0%	42%	50%
消し	サドラーズウェルズ	3	0	1	16	18.8%	18.8%	25.0%	35%	29%
消し	シルヴァーホーク	0	0	1	7	0.0%	0.0%	14.3%	0%	32%
消し	シンボリルドルフ	5	0	0	14	35.7%	35.7%	35.7%	149%	57%
消し	トウショウボーイ	4	1	1	16	25.0%	31.3%	37.5%	98%	71%
消し	ドクターデヴィアス	1	2	0	13	7.7%	23.1%	23.1%	45%	50%
消し	ナシュワン	0	1	0	8	0.0%	12.5%	12.5%	0%	18%
消し	リアルシヤダイ	2	5	1	20	10.0%	35.0%	40.0%	38%	64%

激変血統リスト ― ③
芝→ダ【父】4番人気以下、着差1.9秒以内

評価	種牡馬	1着	2着	3着	総数	勝率	連対率	複勝率	単回率	複回率
特買い	アジュディケーティング	2	2	3	35	5.7%	11.4%	20.0%	815%	207%
特買い	アフリート	4	7	6	87	4.6%	12.6%	19.5%	60%	93%
買い	エンドスウィープ	3	4	3	68	4.4%	10.3%	14.7%	60%	90%
特買い	カリズマティック	1	1	3	25	4.0%	8.0%	20.0%	242%	162%
特買い	キャプテンスティーヴ	3	5	4	45	6.7%	17.8%	26.7%	201%	379%
買い	キンググローリアス	0	5	2	40	0.0%	12.5%	17.5%	0%	98%
特買い	コロナドズクエスト	0	1	2	14	0.0%	7.1%	21.4%	0%	85%
買い	サウスヴィグラス	0	1	2	5	0.0%	20.0%	60.0%	0%	200%
買い	シャンハイ	1	2	2	26	3.8%	11.5%	19.2%	107%	156%
買い	シングスピール	2	1	0	10	20.0%	30.0%	30.0%	1364%	335%
買い	シンボリクリスエス	2	2	1	16	12.5%	25.0%	31.3%	126%	114%
特買い	スウェプトオーヴァーボード	1	1	6	24	4.2%	8.3%	33.3%	36%	365%
特買い	スキャターザゴールド	0	5	3	41	0.0%	12.2%	19.5%	0%	182%
買い	タニノギムレット	1	5	3	45	2.2%	13.3%	20.0%	121%	189%
特買い	タバスコキャット	2	5	2	61	3.3%	11.5%	14.8%	88%	119%
買い	タヤスツヨシ	4	5	1	46	8.7%	19.6%	21.7%	221%	132%
買い	チーフベアハート	0	4	2	53	0.0%	7.5%	11.3%	0%	152%
特買い	ディアブロ	4	0	2	22	18.2%	18.2%	27.3%	330%	140%
買い	デザートキング	4	2	4	48	8.3%	12.5%	20.8%	133%	151%
特買い	デヒア	8	4	1	63	12.7%	19.0%	20.6%	516%	168%
買い	ナリタトップロード	1	1	1	14	7.1%	14.3%	21.4%	200%	153%
特買い	バブルガムフェロー	7	4	9	101	6.9%	10.9%	19.8%	137%	110%
特買い	フォーティナイナー	7	5	3	76	9.2%	15.8%	19.7%	566%	171%
特買い	ブライアンズタイム	10	5	18	150	6.7%	10.0%	22.0%	107%	88%
特買い	ブラックタキシード	3	4	1	31	9.7%	22.6%	25.8%	412%	156%
特買い	フレンチデピュティ	10	6	9	94	10.6%	17.0%	26.6%	211%	133%
買い	ヘネシー	3	1	0	19	15.8%	21.1%	21.1%	637%	144%
特買い	ボストンハーバー	2	3	4	57	3.5%	8.8%	15.8%	66%	141%
特買い	メイショウオウドウ	1	1	3	26	3.8%	7.7%	19.2%	34%	145%

激変血統リスト——④
芝→ダ【母父】4番人気以下、着差1.9秒以内

評価	母父	1着	2着	3着	総数	勝率	連対率	複勝率	単回率	複回率
買い	アジュディケーティング	1	1	4	21	4.8%	9.5%	28.6%	42%	92%
買い	カポウティ	0	1	2	19	0.0%	5.3%	15.8%	0%	175%
買い	シーキングザゴールド	2	1	4	34	5.9%	8.8%	20.6%	215%	111%
買い	ジェイドロバリー	5	4	4	58	8.6%	15.5%	22.4%	173%	107%
買い	シルヴァーデピュティ	1	2	0	9	11.1%	33.3%	33.3%	84%	92%
買い	ストップザミュージック	0	1	2	8	0.0%	12.5%	37.5%	0%	315%
特買い	ティンバーカントリー	4	3	3	28	14.3%	25.0%	35.7%	263%	117%
買い	パークリージエント	2	2	3	30	6.7%	13.3%	23.3%	395%	150%
特買い	フォーティナイナー	3	1	6	33	9.1%	12.1%	30.3%	218%	193%
買い	ミスタープロスペクター	3	4	2	63	4.8%	11.1%	14.3%	224%	85%
買い	ヤマニンスキー	2	1	4	36	5.6%	8.3%	19.4%	84%	114%

激変血統リスト —⑤
芝→ダ【父】4番人気以下、着差2.0秒以上

評価	種牡馬	1着	2着	3着	総数	勝率	連対率	複勝率	単回率	複回率
特買い	アジュディケーティング	2	2	3	35	5.7%	11.4%	20.0%	815%	207%
特買い	アフリート	4	7	6	87	4.6%	12.6%	19.5%	60%	93%
買い	エンドスウィープ	3	4	3	68	4.4%	10.3%	14.7%	60%	90%
特買い	カリズマティック	1	1	3	25	4.0%	8.0%	20.0%	242%	162%
特買い	キャプテンスティーヴ	3	5	4	45	6.7%	17.8%	26.7%	201%	379%
買い	キンググローリアス	0	5	2	40	0.0%	12.5%	17.5%	0%	98%
特買い	コロナドズクエスト	0	1	2	14	0.0%	7.1%	21.4%	0%	85%
特買い	コロナドズクエスト	1	0	2	4	25.0%	25.0%	75.0%	407%	600%
買い	サウスヴィグラス	0	1	2	5	0.0%	20.0%	60.0%	0%	200%
買い	シャンハイ	1	2	2	26	3.8%	11.5%	19.2%	107%	156%
買い	シングスピール	2	1	0	10	20.0%	30.0%	30.0%	1364%	335%
買い	シンボリクリスエス	2	2	1	16	12.5%	25.0%	31.3%	126%	114%
特買い	スウェプトオーヴァーボード	1	1	6	24	4.2%	8.3%	33.3%	36%	365%
特買い	スキャターザゴールド	0	5	3	41	0.0%	12.2%	19.5%	0%	182%
買い	タニノギムレット	1	5	3	45	2.2%	13.3%	20.0%	121%	189%
特買い	タバスコキャット	2	5	2	61	3.3%	11.5%	14.8%	88%	119%
買い	タヤスツヨシ	4	5	1	46	8.7%	19.6%	21.7%	221%	132%
買い	チーフベアハート	0	4	2	53	0.0%	7.5%	11.3%	0%	152%
特買い	ディアブロ	4	0	2	22	18.2%	18.2%	27.3%	330%	140%
買い	デザートキング	4	2	4	48	8.3%	12.5%	20.8%	133%	151%
特買い	デヒア	8	4	1	63	12.7%	19.0%	20.6%	516%	168%
買い	ナリタトップロード	1	1	1	14	7.1%	14.3%	21.4%	200%	153%
特買い	バブルガムフェロー	7	4	9	101	6.9%	10.9%	19.8%	137%	110%
特買い	フォーティナイナー	7	5	3	76	9.2%	15.8%	19.7%	566%	171%
特買い	ブライアンズタイム	10	5	18	150	6.7%	10.0%	22.0%	107%	88%
特買い	ブラックタキシード	3	4	1	31	9.7%	22.6%	25.8%	412%	156%
特買い	フレンチデピュティ	10	6	9	94	10.6%	17.0%	26.6%	211%	133%
買い	ヘネシー	3	1	0	19	15.8%	21.1%	21.1%	637%	144%
特買い	ボストンハーバー	2	3	4	57	3.5%	8.8%	15.8%	66%	141%
特買い	メイショウオウドウ	1	1	3	26	3.8%	7.7%	19.2%	34%	145%

激変血統リスト──⑥
芝→ダ【母父】4番人気以下、着差2.0秒以上

評価	母父	1着	2着	3着	総数	勝率	連対率	複勝率	単回率	複回率
買い	アジュディケーティング	1	1	4	21	4.8%	9.5%	28.6%	42%	92%
買い	カポウティ	0	1	2	19	0.0%	5.3%	15.8%	0%	175%
買い	シーキングザゴールド	2	1	4	34	5.9%	8.8%	20.6%	215%	111%
買い	ジェイドロバリー	5	4	4	58	8.6%	15.5%	22.4%	173%	107%
買い	シルヴァーデピュティ	1	2	0	9	11.1%	33.3%	33.3%	84%	92%
買い	ストップザミュージック	0	1	2	8	0.0%	12.5%	37.5%	0%	315%
特買い	ティンバーカントリー	4	3	3	28	14.3%	25.0%	35.7%	263%	117%
買い	デヒア	1	1	0	4	25.0%	50.0%	50.0%	847%	190%
買い	パークリージエント	2	2	3	30	6.7%	13.3%	23.3%	395%	150%
特買い	フォーティナイナー	3	1	6	33	9.1%	12.1%	30.3%	218%	193%
買い	ミスタープロスペクター	3	4	2	63	4.8%	11.1%	14.3%	224%	85%
買い	ヤマニンスキー	2	1	4	36	5.6%	8.3%	19.4%	84%	114%

激変血統リスト ― ⑦
ダ→芝【父】4番人気以下、着差1.9秒以内

評価	種牡馬	1着	2着	3着	総数	勝率	連対率	複勝率	単回率	複回率
特買い	アドマイヤベガ	3	5	7	61	4.9%	13.1%	24.6%	70%	141%
買い	アントレプレナー	1	2	0	5	20.0%	60.0%	60.0%	192%	216%
買い	ウォーチャント	0	3	1	4	0.0%	75.0%	100.0%	0%	297%
特買い	エアジハード	4	2	2	38	10.5%	15.8%	21.1%	249%	289%
買い	オース	3	2	0	40	7.5%	12.5%	12.5%	710%	117%
買い	カーネギー	1	2	1	11	9.1%	27.3%	36.4%	114%	116%
特買い	キングヘイロー	4	1	5	71	5.6%	7.0%	14.1%	189%	113%
買い	キングマンボ	0	1	3	8	0.0%	12.5%	50.0%	0%	346%
買い	クロコルージュ	0	2	2	23	0.0%	8.7%	17.4%	0%	91%
特買い	コマンダーインチーフ	2	4	8	75	2.7%	8.0%	18.7%	285%	125%
特買い	サクラバクシンオー	5	10	10	126	4.0%	11.9%	19.8%	59%	139%
特買い	スターオブコジーン	5	6	1	45	11.1%	24.4%	26.7%	199%	143%
特買い	ステイゴールド	2	2	1	31	6.5%	12.9%	16.1%	191%	115%
特買い	スペシャルウィーク	3	2	6	87	3.4%	5.7%	12.6%	137%	96%
特買い	タイキシャトル	4	5	5	96	4.2%	9.4%	14.6%	137%	150%
買い	ダンスインザダーク	5	4	8	103	4.9%	8.7%	16.5%	72%	86%
買い	テンビー	2	0	2	29	6.9%	6.9%	13.8%	260%	97%
買い	トウカイテイオー	3	0	2	39	7.7%	7.7%	12.8%	170%	107%
買い	パントレセレブル	2	2	3	26	7.7%	15.4%	26.9%	167%	196%
買い	フサイチコンコルド	3	3	3	83	3.6%	7.2%	10.8%	275%	92%
特買い	フサイチソニック	0	3	1	15	0.0%	20.0%	26.7%	0%	163%
特買い	メイショウドトウ	2	0	1	26	7.7%	7.7%	11.5%	930%	168%

激変血統リスト ――⑧
ダ→芝【母父】4番人気以下、着差1.9秒以内

評価	母父	1着	2着	3着	総数	勝率	連対率	複勝率	単回率	複回率
買い	アンバーシヤダイ	0	2	2	45	0.0%	4.4%	8.9%	0%	227%
特買い	カーリアン	4	4	4	68	5.9%	11.8%	17.6%	149%	107%
特買い	サクラユタカオー	4	3	4	50	8.0%	14.0%	22.0%	227%	148%
特買い	サツカーボーイ	1	3	2	21	4.8%	19.0%	28.6%	320%	210%
特買い	サンキリコ	2	2	2	7	28.6%	57.1%	85.7%	3345%	825%
買い	シアトリカル	1	0	4	23	4.3%	4.3%	21.7%	50%	210%
買い	ジェイドロバリー	2	4	2	47	4.3%	12.8%	17.0%	67%	123%
買い	シルヴァーホーク	0	0	3	10	0.0%	0.0%	30.0%	0%	128%
特買い	ダンシングブレーヴ	1	4	3	52	1.9%	9.6%	15.4%	37%	240%
特買い	トウショウボーイ	9	5	5	97	9.3%	14.4%	19.6%	152%	147%
買い	フェアリーキング	2	1	0	13	15.4%	23.1%	23.1%	326%	120%
買い	モガミ	0	2	1	28	0.0%	7.1%	10.7%	0%	117%
買い	ロイヤルスキー	2	3	2	29	6.9%	17.2%	24.1%	254%	173%
買い	ロドリゴデトリアーノ	0	3	0	10	0.0%	30.0%	30.0%	0%	90%

激変血統リスト ――⑨
ダ→芝【父】4番人気以下、着差2.0秒以上

評価	種牡馬	1着	2着	3着	総数	勝率	連対率	複勝率	単回率	複回率
買い	エリシオ	1	4	1	47	2.1%	10.6%	12.8%	47%	118%
買い	カーネギー	1	1	1	21	4.8%	9.5%	14.3%	70%	270%
特買い	サクラバクシンオー	6	4	4	116	5.2%	8.6%	12.1%	193%	138%
買い	ティッカネン	0	2	1	13	0.0%	15.4%	23.1%	0%	358%
買い	メイショウオウドウ	1	1	2	15	6.7%	13.3%	26.7%	156%	592%
買い	メイショウドトウ	1	0	2	34	2.9%	2.9%	8.8%	21%	107%
買い	メジロライアン	0	3	1	59	0.0%	5.1%	6.8%	0%	112%
買い	ロドリゴデトリアーノ	0	3	0	31	0.0%	9.7%	9.7%	0%	136%

激変血統リスト ⑩

ダ→芝【母父】4番人気以下、着差2.0秒以上

評価	母父	1着	2着	3着	総数	勝率	連対率	複勝率	単回率	複回率
買い	アンバーシヤダイ	1	1	2	49	2.0%	4.1%	8.2%	273%	222%
買い	ジェイドロバリー	4	1	4	47	8.5%	10.6%	19.1%	275%	138%
買い	タマモクロス	2	2	0	32	6.3%	12.5%	12.5%	263%	186%
特買い	トウシヨウボーイ	2	6	2	81	2.5%	9.9%	12.3%	66%	136%
買い	バンブーアトラス	1	2	1	22	4.5%	13.6%	18.2%	153%	215%
買い	モガミ	0	2	1	35	0.0%	5.7%	8.6%	0%	153%

第4章 【双馬の方式】運用検証

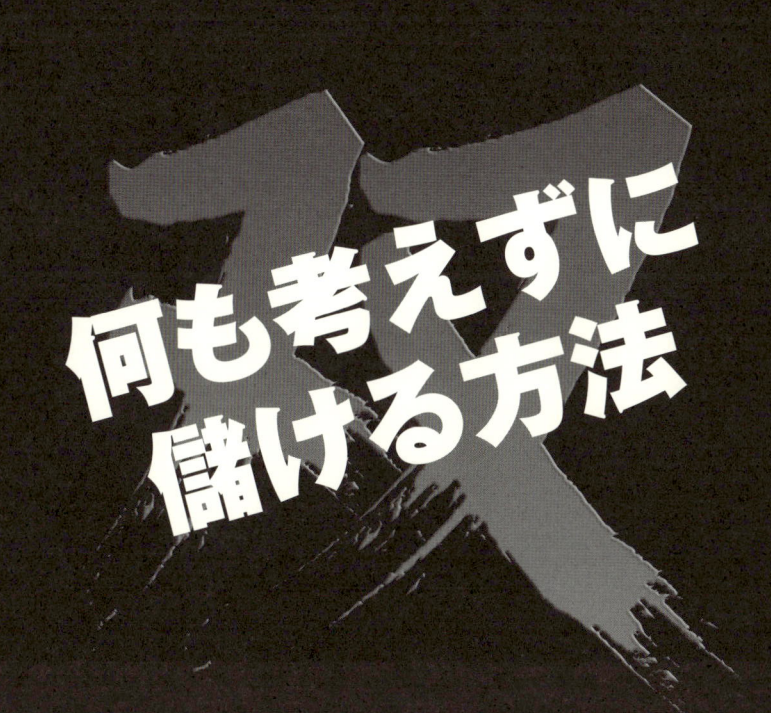

何も考えずに儲ける方法

本章では【双馬の方式】によって選ばれた「買い」「特買い」評価を数種類の購入パターン（単複〜3連単）別に検証を試みる。

「買い」「特買い」をする場合などのケースも想定しているので、参考にしてほしい。

ただし、各馬券の買い方については、あくまで、過去のデータから機械的にプラスが出ると判断したものを掲載している。

1、2章で触れた双馬本人の買い方とは必ずしも一致しないので注意していただきたい。

【単勝・複勝編】

検証① 「特買い」「買い」の単勝、複勝の年度別成績

まず「激変ローテリスト」「激変血統リスト」のいずれかで「買い」もしくは「特買い」評価の馬の単勝、複勝を買い続けた場合の年度別成績を検証した（検証期間は05年1月5日〜08年3月30日まで）。

05、06、07年、そして08年の1〜3月で、各期間で、単勝回収率、複勝回収率が回収率110％を超える。複勝的中率は毎年20％程度だ。

検証② 「特買い」「買い」の単勝、複勝の月別成績

「激変ローテリスト」「激変血統リスト」のいずれかで「買い」もしくは「特買い」評価の馬の単勝、複勝を買い続けた場合の月別成績を検証した。

07年3月〜08年2月の12ヵ月間で、07年3月と8月の複勝回収率が100％を割っているが、他の月はすべてプラス回収率を達成している（以降の項目も同期間の検証）。

検証③ 「激変ローテリスト」――「買い」「特買い」の単勝、複勝成績

「激変ローテリスト」の「買い」もしくは「特買い」の馬の単勝、複勝を買い続けた場合の月別成績を検証した。

「激変ローテリスト」の「買い」もしくは「特買い」の単勝を買い続けた場合、07年7月と11月の単勝回収率が85％を下回る。

複勝を買い続けた場合、07年8月に100％を割っているが、90％を割ったことはない。単勝は月によって回収率に大きな波があるが、複勝の場合、月単位での回収率には大きな波はない。

● 「特買い」「買い」の年度別成績〈単勝・複勝〉

年度	1着	2着	3着	総レース	勝率	連対率	複勝率	単回率	複回率
05年	187	264	299	3820	4.9	11.8	19.6	118	124
06年	230	316	369	4561	5	12	20.1	119	126
07年	234	285	380	4499	5.2	11.5	20	128	116
08年	36	57	64	691	5.2	13.5	22.7	143	148

(05年1月〜08年3月)

● 「特買い」「買い」月別成績〈単勝・複勝〉

月	1着	2着	3着	総レース	勝率	連対率	複勝率	単回率	複回率
3月	22	27	33	461	4.8	10.6	17.8	84	90
4月	22	34	40	428	5.1	13.1	22.4	107	107
5月	30	19	21	373	8	13.1	18.8	230	136
6月	17	20	24	315	5.4	11.7	19.4	141	124
7月	16	27	35	376	4.3	11.4	20.7	76	118
8月	18	15	24	293	6.1	11.3	19.5	139	91
9月	15	29	40	475	3.2	9.3	17.7	144	123
10月	19	20	34	338	5.6	11.5	21.6	107	117
11月	14	24	36	373	3.8	10.2	19.8	113	127
12月	24	28	27	400	6	13	19.8	138	116
1月	16	27	34	361	4.4	11.9	21.3	134	151
2月	20	30	30	330	6.1	15.2	24.2	152	145

(07年3月〜08年2月)

●ローテ評価「特買い」「買い」月別成績〈単勝・複勝〉

月	1着	2着	3着	総レース	勝率	連対率	複勝率	単回率	複回率
3月	20	23	32	366	5.5	11.7	20.5	93	101
4月	18	30	36	337	5.3	14.2	24.9	117	122
5月	22	15	20	281	7.8	13.2	20.3	255	152
6月	13	13	23	241	5.4	10.8	20.3	142	133
7月	13	20	29	282	4.6	11.7	22	74	104
8月	11	14	23	230	4.8	10.9	20.9	139	99
9月	11	23	35	349	3.2	9.7	19.8	105	125
10月	16	18	26	260	6.2	13.1	23.1	112	120
11月	10	19	28	295	3.4	9.8	19.3	72	125
12月	20	25	18	283	7.1	15.9	22.3	148	130
1月	9	21	26	271	3.3	11.1	20.7	128	137
2月	17	24	25	230	7.4	17.8	28.7	161	171

(07年3月〜08年2月)

検証④ 「激変血統リスト」――「買い」「特買い」の単勝、複勝の月別成績

「激変血統リスト」で「買い」もしくは「特買い」の評価が出た馬すべての単勝、複勝を買い続けた場合を検証した。

単勝回収率は07年5月、9月、12月に回収率が100%を下回っていて、3月と7月は85%も下回っている。特に5月は48%とかなり成績が悪い。

複勝回収率が100%を下回ったのは、07年の4月、5月、6月、7月、8月、10月、08年の2月。年間のうち半分以上の月はマイナス回収率になっている。また、5月、6月、10月、12月、08年2月の回収率は85%以下と奮わない。

検証⑤ 「激変ローテリスト」――「特買い」の単勝、複勝の成績

「激変ローテリスト」で「特買い」だけの馬の単勝、複勝をすべて購入した場合を検証した。

まずは単勝。回収率は148%で、該当馬のいずれかが的中する確率は7・4%。20レース以上単勝が的中しなかった事態が12回発生している。そのうち50レース以上当たらなかった事態も1回発生している。

次は複勝。回収率は137%。該当馬のいずれかが

●血統評価「特買い」「買い」月別成績〈単勝・複勝〉

月	1着	2着	3着	総レース	勝率	連対率	複勝率	単回率	複回率
3月	7	7	9	99	7.1	14.1	23.2	139	205
4月	3	6	6	104	2.9	8.7	14.4	126	87
5月	2	4	1	96	2.1	6.3	7.3	48	48
6月	6	4	4	97	6.2	10.3	14.4	101	61
7月	9	4	2	96	9.4	13.5	15.6	157	97
8月	4	7	1	76	5.3	14.5	15.8	136	93
9月	3	9	6	102	2.9	11.8	17.6	77	152
10月	7	1	2	65	10.8	12.3	15.4	134	72
11月	5	6	6	131	3.8	8.4	13	342	136
12月	3	3	8	79	3.8	7.6	17.7	88	108
1月	4	5	8	83	4.8	10.8	20.5	251	126
2月	6	3	10	124	4.8	7.3	15.3	146	84

(07年3月～08年2月)

レースで馬券に絡む確率は28・9％。10レース以上複勝が的中しなかった事態は1年間で5度発生している。連敗数は買い増しなどする際の参考にしてほしい。

検証⑥「激変ローテリスト」──「買い」の単勝、複勝の成績

「激変ローテリスト」で「買い」だけの馬の単勝、複勝をすべて購入した場合を検証した。

単勝の回収率は121％。該当馬のいずれかの単勝が的中する確率は7・5％。20レース以上単勝が的中しなかった事態は19回発生。そのうち50レース以上当たらなかった事態も2回発生している。

一方、複勝の回収率は124％。該当馬のいずれかの複勝がレースで的中する確率は30％。10レース以上複勝が的中しなかった事態が7回発生している。

検証⑦「激変ローテリスト」──「買い」か「特買い」の単勝、複勝の成績

●ローテ・血統の「特買い」「買い」〈単勝〉

	評価	該当R	的中R	的中率	総買い目	平均買い目	回収率	配当最高	連敗数 最大	50以上	20〜49	10〜19
ローテ	特買い	800	59	7.4%	1111	1.4	148%	17040	85	1	11	17
	買い	1362	102	7.5%	2142	1.6	121%	18330	72	2	17	29
	特買い＋買い	1786	161	9.0%	3253	1.8	130%	18330	60	1	22	43
血統	特買い	473	28	5.9%	533	1.1	131%	7570	55	2	4	13
	買い	502	24	4.8%	570	1.1	176%	17260	67	1	6	9
	特買い＋買い	866	52	6.0%	1103	1.3	154%	17260	64	2	15	14
ローテ＋血統	特買い＋買い	2141	207	9.7%	4307	2	133%	18330	52	1	28	42
ダブル		49	6	12.2%	49	1	444%	12740	13	0	0	2

(07年3月〜08年2月) ＊ダブル…ローテ、血統評価ともに特買い、買いに該当する馬（以下同）

●ローテ・血統の「特買い」「買い」〈複勝〉

	評価	該当R	的中R	的中率	総買い目	平均買い目	回収率	配当最高	連敗数 最大	20以上	10〜19	5〜9
ローテ	特買い	800	231	28.9%	1111	1.4	137%	5810	15	0	5	36
	買い	1362	409	30.0%	2142	1.6	124%	4680	16	0	7	64
	特買い＋買い	1786	620	34.7%	3253	1.8	128%	5810	15	0	10	63
血統	特買い	473	87	18.4%	533	1.1	116%	6210	33	2	8	22
	買い	502	77	15.3%	570	1.1	103%	4190	24	1	16	20
	特買い＋買い	866	162	18.7%	1103	1.3	109%	6210	24	4	18	35
ローテ＋血統	特買い＋買い	2141	745	34.8%	4307	2	123%	6210	15	0	10	74
ダブル		49	15	30.6%	49	1	219%	2700	8	0	0	2

＊平均買い目は1レースあたりの平均買い目（点数）（07年3月〜08年2月）

「激変ローテリスト」で「買い」か「特買い」評価の単勝、複勝をすべて購入した場合を検証した。
単勝の回収率は130%。該当馬のいずれかの単勝が的中する確率は9%。20レース以上単勝が的中しなかった事態は23回発生している。そのうち50レース以上単勝が的中しなかった事態も1回発生している。
複勝の回収率は128%。該当馬のいずれかがレースで的中する確率は34・7%。10レース以上複勝が的中しなかった事態は10回発生している。

検証⑧ 「激変血統リスト」の単勝、複勝の成績

「激変血統リスト」で「特買い」だけの単勝、複勝をすべて購入した場合を検証した。
単勝の回収率は131%。該当馬のいずれかの単勝が的中する確率は5・9%。20レース以上単勝が的中しなかった事態が6回発生している。そのうち50レース以上単勝が的中しなかった事態も2回発生している。
複勝の回収率は116%。該当馬のいずれかの複勝がレースで的中する確率は18・4%。10レース以上複勝が的中しなかった事態は10回発生。そのうち20レース以上当たらなかった事態も2回発生している。

検証⑨ 「激変血統リスト」──「買い」の単勝、複勝の成績

「激変血統リスト」で「買い」だけの単勝、複勝をすべて購入した場合を検証した。
単勝の回収率は176%。該当馬のいずれかの単勝が的中する確率は4・8%。20レース以上単勝が的中しなかったケースも1年間で9回発生。そのうち50レース以上当たらなかったケースも1回発生している。
複勝の回収率は103%。該当馬のいずれかの複勝がレースで的中する確率は15・3%。10レース以上複勝が的中しなかった事態は17回発生。そのうち20連敗以上も1回発生している。

検証⑩ 「激変血統リスト」──「買い」か「特買い」の単勝、複勝の成績

「激変血統リスト」で「買い」か「特買い」の単勝、複勝をすべて購入した場合を検証した。
単勝の回収率は154%。該当馬のいずれかの単勝が的中する確率は6%。20レース以上単勝が的中しなかったケースは17回発生。そのうち50レース以上当たらなかったケースも2回発生している。
複勝の回収率は109%。該当馬のいずれかの複勝がレースで的中する確率は18・7%。10レース以上複勝が的

中しなかったケースは22回発生。そのうち20連敗以上も4回発生している。

検証⑪ 「激変ローテリスト」+「激変血統リスト」──いずれかで「買い」か「特買い」の単勝、複勝を買い続けた場合

「激変ローテリスト」、「激変血統リスト」のいずれかで、「買い」か「特買い」の馬が出走しているレースで、該当する馬の単勝、複勝をすべて購入した場合の的中しなかったケースは29回発生。そのうち50レース以上、複勝が的中しなかったケースは10回発生している。

単勝の回収率は133％。該当馬のいずれかの単勝が的中する確率は9・7％。また、20レース以上単勝が的中しなかったケースも1回発生している。

複勝の回収率は123％。該当馬のいずれかの複勝がレースで的中する確率は34・8％。また、10レース以上、複勝が的中しなかったケースは10回発生している。

検証⑫ 「激変ローテリスト」+「激変血統リスト」──どちらも「買い」か「特買い」の馬の単勝、複勝を買い続けた場合

「激変ローテリスト」か「特買い」と「激変血統リスト」に該当する馬（ダブル）で、どちらも「買い」か「特買い」の馬が続く。

単勝、複勝をすべて購入した場合を検証した。
単勝の回収率は444％。該当馬のいずれかの単勝が的中する確率は12・2％。10レース以上単勝が的中しなかったケースは2回発生している。
同様に複勝の回収率は219％。該当馬のいずれかの複勝がレースで的中する確率は30・6％。10レース以上、複勝が的中しなかったケースは1回もなく、5連敗以上が2回のみ。

単勝、複勝ともに非常に優れた成績を残しているが、1年間で49回しか出走機会がないので、買う機会が少ないことと、今後の回収率は多少上下する可能性も含めて）。（さらに上昇する可能性も含めて）。

単複で勝負するアナタなら──激変ローテの「買い」「特買い」の複勝が安定度No.1！

「激変ローテリスト」に比べ、「激変血統リスト」の「買い」が出ている馬は的中には波がある。また、複勝のほうが回収率の数値は低いが、実際には資金が減るリスクも少なく、その分、1レースに多くの資金を投入できるために、利益率は高いだろう。

ローテと血統がどちらも「買い」か「特買い」に該当する馬（ダブル）の複勝が最も投資効率は高く、次に「激変ローテーション」の「特買い」の馬が続く。

第4章◎【双馬の方式】運用検証──何も考えずに儲ける方法

該当レース数を考えると、機械的に買うのならば「激変ローテーション」の「買い」「特買い」に該当する馬の複勝が、最も安定しているといえそうだ。

【馬連編】

この項も検証期間は、07年3月〜08年2月までの1年間。

「激変ローテリスト」「激変血統リスト」で「買い」もしくは「特買い」に選ばれた馬の馬連ボックス馬券は的中率1・7%で回収率126%。一応、プラス回収率ではあるが的中率が低すぎて現実的には買いづらいうえに、将来もこの数値が出るのかも疑問だ。

そこで、的中率、回収率を示すのかを検証した。

「激変ローテリスト」「激変血統リスト」で「買い」もしくは「特買い」に選ばれた馬へ流した場合を検証すると、的中率は14・2%、回収率は114%。プラス回収率ではあるが、この数値も「激変ローテリスト」「激変血統リスト」で「買い」もしくは「特買い」で選ばれた馬の複勝を買うよりも低い。

今回の検証で示した方法で馬連を買うよりは、複勝もしくは、回収率が複勝よりも高くなる馬券へ回した

●ローテ・血統の「特買い」「買い」〈馬連〉

軸	相手	該当R	的中R	的中率	総買い目	平均買い目	回収率	配当最高
1番人気	特買い	1128	46	4.1%	1596	1.4	115%	30800
	買い	1623	95	5.9%	2662	1.6	114%	14960
	ダブル	49	5	10.2%	49	1	242%	6070
	特買い+買い	2141	146	6.8%	4307	2	116%	30800
2番人気	特買い	1128	49	4.3%	1596	1.4	162%	21830
	買い	1623	57	3.5%	2662	1.6	106%	21560
	ダブル	49	1	2.0%	49	1	605%	29620
	特買い+買い	2141	107	5.0%	4307	2	132%	29620
3番人気	特買い	1128	27	2.4%	1596	1.4	98%	23890
	買い	1623	23	1.4%	2662	1.6	85%	69790
	ダブル	49	2	4.1%	49	1	297%	11930
	特買い+買い	2141	52	2.4%	4307	2	92%	69790
1〜3番人気	特買い	1128	122	10.8%	4788	1.4	126%	30800
	買い	1623	175	10.8%	7986	1.6	102%	69790
	ダブル	49	8	16.3%	147	1.0	381%	29620
	特買い+買い	2141	305	14.2%	12921	2.0	114%	69790
特買い、買いのボックス		1207	20	1.7%	3706	3.1	126%	135030

(07年3月〜08年2月)

【3連複・3連単編】

検証①人気上位馬1頭を加えた3連複馬券の成績

ほうがいいだろう（ただし、双馬本人は第1章、2章で述べた通り、馬連、そして次項の3連勝馬券も大穴重視のスタイルで、馬場の「クセ」など応用しながら買っている）。

「激変ローテリスト」や「激変血統リスト」に評価される馬は、1レースあたりの出走頭数が3頭に満たないために、それだけでの3連複馬券の買い目を組めないこともある。

また、仮に3頭以上出走していても、二ケタ人気の馬も多いので「買い」の馬

●ローテ・血統の「特買い」「買い」＋1〜3番人気軸〈3連複〉

軸	相手	該当R	的中R	的中率	総買い目	平均買い目	回収率	配当最高
1番人気	特買い+買い	1207	23	1.9%	3706	3.1	541%	1221770
2番人気	特買い+買い	1207	25	2.1%	3706	3.1	409%	292900
3番人気	特買い+買い	1207	11	0.9%	3706	3.1	135%	97100
1〜3番人気	特買い+買い	1207	59	4.9%	11118	9.3	366%	1221770

(07年3月〜08年2月)

同士のボックスを買ってもなかなか当たらない。ちなみに「激変ローテリスト」や「激変血統リスト」に指示された馬のボックス馬券の回収率は100％を超えるものの、的中率は1％程度。

そこで、的中率が順に高い1、2、3番人気馬をそれぞれ機械的に軸にして「激変ローテリスト」で「買い」もしくは「特買い」に選ばれた馬へ流す3連複馬券の回収率、的中率を検証した（これも検証期間は07年3月〜08年2月）。

1番人気から流した場合の回収率は541％。2番人気からは409％。3番人気からは135％。いずれもプラス回収率だ。

「激変ローテリスト」「激変血統リスト」で「特買い」もしくは「買い」に指示される馬は二ケタ人気の馬も多い。人気馬を軸に流す馬券は「人気馬1頭+人気薄2頭」の組み合わせが多いため、ほぼ高配当になる。

人気馬を1頭軸に「激変ローテリスト」「激変血統リスト」で「買い」もしくは「特買い」の馬へ3連複で流せば高い回収率が期待できるようだ。

検証②人気上位馬2頭を加えた3連複馬券の成績

人気馬を軸に、相手は「激変ローテリスト」や「激

変血統リスト」で「買い」「特買い」に評価される馬が、2頭3着以内に入る組み合わせを、前項で検証した。

では、人気上位馬が2頭3着以内に入り、残りの1頭が「激変血統リスト」や「激変ローテリスト」で「買い」「特買い」に評価される馬の組み合わせはどのような的中率、回収率になるのだろうか。上位人気2頭を軸に、ローテや血統で「買い」「特買い」の馬へ流す3連複の的中率、回収率を検証した。

今回の検証では「2番人気－3～7番人気」「特買い」「買い」(フォーメーション)のゾーンが安定して130％以上を記録していた。

おそらく、この組み合わせの馬券は今後も複勝以上の回収率を残せるだろうが、その他の組み合わせの3連複は、「買い」「特買い」

● ローテ・血統の「特買い」「買い」＋上位人気2頭軸 〈3連複〉

軸	相手	該当R	的中R	的中率	総買い目	平均買い目	回収率	配当 最高	配当 平均
1、2番人気	特買い＋買い	2141	117	5.5%	4307	2	104%	16710	3842
1、3番人気	特買い＋買い	2141	82	3.8%	4307	2	111%	31850	5814
1、4番人気	特買い＋買い	2067	45	2.2%	3999	1.9	96%	48830	8508
1、5番人気	特買い＋買い	2039	40	2.0%	3908	1.9	125%	74720	12252
1、6番人気	特買い＋買い	2032	23	1.1%	3839	1.9	114%	174300	19049
1、7番人気	特買い＋買い	2019	22	1.1%	3854	1.9	137%	75950	23983
2、3番人気	特買い＋買い	2141	55	2.6%	4307	2	134%	84010	10499
2、4番人気	特買い＋買い	2067	40	1.9%	3999	1.9	156%	53510	15565
2、5番人気	特買い＋買い	2039	31	1.5%	3908	1.9	177%	139730	22315
2、6番人気	特買い＋買い	2032	21	1.0%	3839	1.9	209%	108430	38138
2、7番人気	特買い＋買い	2019	18	0.9%	3854	1.9	172%	205370	36920
3、4番人気	特買い＋買い	2067	16	0.8%	3999	1.9	89%	97100	22225
3、5番人気	特買い＋買い	2039	14	0.7%	3908	1.9	70%	66550	19662
3、6番人気	特買い＋買い	2032	22	1.1%	3839	1.9	244%	198550	42525
3、7番人気	特買い＋買い	2019	13	0.6%	3854	1.9	90%	87800	26530
4、5番人気	特買い＋買い	1951	9	0.5%	3600	1.8	138%	218480	55274
4、6番人気	特買い＋買い	1951	5	0.3%	3531	1.8	46%	79130	32398
4、7番人気	特買い＋買い	1936	8	0.4%	3546	1.8	90%	125810	40057
5、6番人気	特買い＋買い	1916	6	0.3%	3440	1.8	69%	77360	39751
5、7番人気	特買い＋買い	1895	1	0.1%	3455	1.8	20%	68860	68860
6、7番人気	特買い＋買い	1895	4	0.2%	3387	1.8	172%	353240	145195

(07年3月～08年2月)

の複勝よりも期待値が下がる。同期間内の「買い」「特買い」の複勝回収率は123％。3連複の回収率は、投資額や的中率などのリスクを考えると、いまひとつ物足りない。これなら複勝を買ったほうが効果的といえるかもしれない。

検証③ 危険な人気馬を消した場合の3連複の成績

次の検証では人気馬の選択を工夫した。

「激変ローテリスト」「激変血統リスト」では危険な人気馬には「消し」の評価が出る。そこで「1～3番人気のうち『消し』評価の馬を消した上位人気2頭」と、ローテと血統で「買い」もしくは「特買い」に選ばれた馬のボックス馬券の的中率、回収率を検証する。

例えば1番人気が「消し」評価ならば、2、3番人気とローテ、血統で「買い」もしくは「特買い」に選ばれた馬のボックス馬券の的中率、回収率を検証する。

まず、2番人気が「消し」評価ならば、1、3番人気と「買い」もしくは「特買い」に選ばれた馬のボックスの的中率、回収率を検証する。

つまり、検証①は3連複の組み合わせは「人気馬1頭＋リスト対象の人気薄3頭」という組み合わせで、検証②は「人気馬2頭＋リスト対象の人気薄2頭」という組み合わせだったが、この③では「危険な人気馬」を除いた上位人気2頭＋リスト対象の人気薄」の組み合わせを検証するわけだ。

実際のレースを例に、今回の検証方法での買い方を説明する。

●07年9月22日・阪神8R（3歳上500万下・D1200m）

このレースでは、1番人気の⑯ブラックプラネットが「消し」評価の危険な人気馬となっていた。同馬は前走芝1200mで1.6秒差の12着。今回はダートのレースに出走しているので「激変血統リスト」の評価対象馬となる。リストでは「3番人気以内、芝からダート替わりの父ブラックホーク」は「消し」の評価だ。

したがって、今回の検証方法では1番人気の⑯ブラックプラネットは消し、2番人気の⑮イカガデスカ、3番人気の②ベルノワールがボックス馬券の対象馬になる。

続いて「激変ローテリスト」「激変血統リスト」を調べると「買い」もしくは「特買い」の評価がついているのは①シゲルバヤルララ、⑤ティエムヨカドー、⑪アマゾンリリー、⑫ウルワシノハナの4頭。

よって「消し」の評価がついていない人気上位2頭の⑮イカガデスカ、②ベルノワールにリストで「買い」もしくは「特買い」の評価が出ている①シゲルバ

● 07年9月22日・阪神8Rの成績

馬番	馬名	前々走		前走		評価		人気	着順
		距離	着順	距離	着順	ローテ	血統		
1	シゲルバヤルラララ	ダ1700	×	ダ1700	×	特買い		15	3
2	ペルルノワール	ダ1500	○	ダ1000	◎			3	8
3	クリテリウム	ダ1400	××	ダ1000	○			5	6
4	モーニングドレス	芝1200	×	芝1400	×			10	11
5	テイエムヨカドー	ダ1200	×	ダ1400	×	特買い		8	7
6	リトルマーメード	ダ1150	×	ダ1000	×			9	10
7	ワンダージュール	芝1200	×	芝1200	×			11	14
8	ラジョリー	ダ1700	××	ダ1200	××			14	9
9	シゲルダンヤバード	ダ1000	◎	ダ1000	×			13	16
10	トーホウマリン	ダ1400	×	ダ1700	×			12	4
11	アマゾンリリー	芝1200	×	ダ1000	×	買い		16	13
12	ウルワシノハナ	芝1200	×	ダ1000	×	買い		6	1
13	トーワスキャット	芝1800	×	芝1800	×			4	5
14	エンブレイス	ダ1200	◎	ダ1000	×			7	15
15	イカガデスカ	ダ1700	○	ダ1700	◎			2	2
16	ブラックプラネット	芝1200	×	芝1200	×		消し	1	12

3連複で勝負するアナタなら——3年連続で回収率200％超え達成のボックス馬券！

年間を通じて、前述の阪神8Rのように「1〜3番人気のうち『消し』評価の馬を消した上位人気2頭」と「激変ローテリスト」「激変血統リスト」で「買い」もしくは「特買い」に選ばれた馬のボックス馬券を購入し続けた場合、次のような回収率となった。

05年——レース的中率7.7％、回収率は284％
06年——レース的中率8.0％、回収率は631％
07年——レース的中率7.7％、回収率は295％

なんと3年連続で200％を超える回収率を記録したのだ。

ヤルラララ、⑤テイエムヨカドー、⑪アマゾンリリー、⑫ウルワシノハナの4頭を加えた6頭ボックス20点が買い目となる。

レースは、6番人気の⑫ウルワシノハナが逃げ切り勝ち。2着には2番人気の⑮イカガデスカ。3着には15番人気①シゲルバヤルラララが入った。なお「消し」に該当していた1番人気の⑯ブラックプラネットは、12着と評価通り馬群に沈む。3連複の配当は10万8430円だった。

検証④ 奇跡のボックス買いは、安定して高い回収率を弾き出せるのか

「リストで「消し」にならない人気上位2頭」と「リストで「買い」もしくは「特買い」に選ばれた馬」のボックス馬券は3連複で200%以上の回収率が期待できる買い方だ。

先の買い方では、06年9月9日・中京3Rの未勝利戦で、3連複695万2600円馬券が的中するなど、確かに超高額配当を獲得している。年間回収率も3年連続で大幅プラスだ。

しかし、年間回収率だけでは、安定して高い回収率が出せる証明にはならない。

極端な話、06年は695万円馬券が当たっているから、他のレースがすべてハズレでも回収率はプラスになる。

例えば、数字を選ぶロト6などの宝くじで1億円が当たれば、その人の宝くじの生涯回収率は永遠にプラスだろうが、その人が今後買う目を一緒に買い続けても、皆がマイナスになる確率が高いのと同様である。

タレントが持ち前の運と資金力で100万馬券を当てているニュースを耳にするが、その後、タレントの買い目にそのまま乗っても、おそらくハズれ続けるか資金

●「特買い」「買い」＋1〜3番人気−「消し」の3連複BOX

	期間	軸	相手	該当R	的中R	的中率	総買い目	平均買い目	回収率	配当最高
05年3月〜06年2月	全体	1〜3人気※	特買い+買い	1905	146	7.7%	11910	6.3	284%	497120
	3〜5月	1〜3人気※	特買い+買い	386	32	8.3%	2564	6.6	382%	464170
	6〜8月	1〜3人気※	特買い+買い	549	39	7.1%	3231	5.9	467%	497120
	9〜11月	1〜3人気※	特買い+買い	480	36	7.5%	3097	6.5	188%	241440
	12〜2月	1〜3人気※	特買い+買い	490	39	8.0%	3018	6.2	103%	54100
06年3月〜07年2月	全体	1〜3人気※	特買い+買い	2127	171	8.0%	14017	6.6	631%	6952600
	3〜5月	1〜3人気※	特買い+買い	634	47	7.4%	4114	6.5	138%	149810
	6〜8月	1〜3人気※	特買い+買い	520	45	8.7%	3263	6.3	157%	167440
	9〜11月	1〜3人気※	特買い+買い	488	41	8.4%	3492	7.2	2091%	6952600
	12〜2月	1〜3人気※	特買い+買い	485	38	7.8%	3148	6.5	149%	140740
07年3月〜08年2月	全体	1〜3人気※	特買い+買い	2084	160	7.7%	13732	6.6	295%	1221770
	3〜5月	1〜3人気※	特買い+買い	598	45	7.5%	3685	6.2	496%	1221770
	6〜8月	1〜3人気※	特買い+買い	458	38	8.3%	2907	6.3	180%	174300
	9〜11月	1〜3人気※	特買い+買い	550	45	8.2%	3711	6.7	267%	197050
	12〜2月	1〜3人気※	特買い+買い	478	32	6.7%	3429	7.2	207%	161610
3年間	全体	1〜3人気※	特買い+買い	6116	477	7.8%	39659	6.5	411%	6952600
08年3月1日〜4月6日	最新	1〜3人気※	特買い+買い	278	19	6.8%	2558	9.2	144%	200850

※…消し以外の上位人気2頭

が追いつかないかになるのが関の山だろう。

3連単はもちろんのこと、3連複も宝くじ的な要素も強いために、単純な回収率だけでは今後の投資戦略の指標にはならない。双馬自身、資金を減らさずに馬券を買うことを研究しているので「(ハズレ続けて)49万円がなくなった後に、100万馬券が的中して回収率200％——というような方式は目指していない」と語っている。

そこで、【双馬の方式】で3連複を購入した場合、ある程度の短い期間でも回収率はプラスになるのかを検証するために、先の買い方を3ヵ月単位に区切って集計してみた。

結果は過去3年間で、3ヵ月単位の集計でも回収率が100％を下回る期間は1回もなかった。この3年間あまり、【双馬の方式】で3連複を購入すると、3ヵ月単位では必ず回収率100％以上を達成しているのだ。

また、05年12月から06年2月の期間の期間を除いては、3ヵ月に1回以上は10万円以上の馬券が的中している。その10万馬券が1本も当たらなかった05年12月から06年2月の期間は、的中最高配当が5万4100円に留まったが、それでも回収率は103％を記録している。ある程度の期間内に、安定してプラス回収率を記録

できることは、それだけ少ない資金でプラスを積み上げられることになる。少額で10万円以上の配当を安定して当てられることは、双馬にとっても理想的な方式といえるだろう。

検証⑤ 芸能人御用達!? 3連単の検証

3連複の検証では「1〜3番人気のうち『消し』評価以外の上位人気2頭」と、「激変ローテリスト」「激変血統リスト」で「買い」もしくは「特買い」に選ば

3連複回収率	配当最高	3連単回収率	配当最高	3単vs3複成績
282%	477870	217%	2759500	
287%	359170	271%	2027430	
585%	477870	379%	2759500	1勝3敗
156%	172490	108%	606500	
51%	37310	88%	486460	
109%	123890	119%	952250	
106%	39660	96%	273310	
145%	86120	215%	952250	2勝2敗
85%	123890	92%	831640	
103%	47580	94%	241220	
368%	1221770	459%	9739870	
865%	1221770	1175%	9739870	
235%	174300	176%	530290	3勝1敗
182%	112300	228%	896910	
141%	118900	148%	713130	
251%	1221770	267%	9739870	
165%	200850	192%	1295110	

れた馬のボックス馬券という方式が、オススメとなった。

では、同じ方式でボックス馬券を購入するとどうなるのか。

3連複と3連単を同じ対象レースで比較するため、3連単が必ず発売される9〜12Rに限定して両方のボックス馬券をそれぞれ検証した。結果は以下の通り。

● 05年3月〜06年2月
3連複 ─ 回収率 282％
3連単 ─ 回収率 217％

● 06年3月〜07年2月
3連複 ─ 回収率 109％
3連単 ─ 回収率 119％

● 07年3月〜08年2月
3連複 ─ 回収率 368％
3連単 ─ 回収率 459％

● 3年間の通算回収率
3連複 251％
3連単 267％

まず【双馬の方式】では、後半の9〜12Rだけを3連複ボックスで参加しても、安定してプラス収支を実現できることは証明された。そして今回の検証による
と、3連単ボックスのほうが3連複よりも、若干回収

● 3連複vs3連単ボックス比較（9〜12R）

期間		軸	相手	該当R	的中R	的中率	総買い目	平均買い目
05年3月〜06年2月	全体	1〜3人気※	特買い+買い	755	47	6.2%	5694	7.5
	3〜5月	1〜3人気※	特買い+買い	163	14	8.6%	1498	9.2
	6〜8月	1〜3人気※	特買い+買い	215	13	6.0%	1539	7.2
	9〜11月	1〜3人気※	特買い+買い	184	9	4.9%	1355	7.4
	12〜2月	1〜3人気※	特買い+買い	193	11	5.7%	1302	6.7
06年3月〜07年2月	全体	1〜3人気※	特買い+買い	831	69	8.3%	6616	8
	3〜5月	1〜3人気※	特買い+買い	244	24	9.8%	2003	8.2
	6〜8月	1〜3人気※	特買い+買い	193	20	10.4%	1447	7.5
	9〜11月	1〜3人気※	特買い+買い	198	8	4.0%	1655	8.4
	12〜2月	1〜3人気※	特買い+買い	196	17	8.7%	1511	7.7
07年3月〜08年2月	全体	1〜3人気※	特買い+買い	807	52	6.4%	6535	8.1
	3〜5月	1〜3人気※	特買い+買い	222	15	6.8%	1791	8.1
	6〜8月	1〜3人気※	特買い+買い	175	10	5.7%	1250	7.1
	9〜11月	1〜3人気※	特買い+買い	219	13	5.9%	1758	8
	12〜2月	1〜3人気※	特買い+買い	191	14	7.3%	1736	9.1
3年間	全体	1〜3人気※	特買い+買い	2393	168	7.0%	18845	7.9
08年3月1日〜4月6日	最新	1〜3人気※	特買い+買い	108	8	7.4%	1458	13.5

※…消し以外の上位人気2頭

率が高い結果も出た。

しかし、3連複と3連単の3ヵ月単位での回収率を比較した場合、どちらかが高くなる確率は五分五分。おそらく、今後も両方のボックス馬券の回収率に大きな差はないだろう。ただ、3連複に比べ、3連単ボックスの回収率が低いわけではないから、より高配当を目指すのならば後者のほうが楽しめる。

この買い方について双馬は次のように指摘した。

「確かに数値上は3連単のほうが配当的にも楽しみはあると思います。でも、この3年間の検証でも1点100円の購入でも数十万円資金が減る期間がありえますよね？ 他の馬券のプラスで補うにしても、このマイナス期間は僕には耐えられません。芸能人並みに運も資金もあれば遊びでで3連単ボックスも買いたいところですが、知っての通り、僕には運もありませんし、有名芸能人ほどの稼ぎはありませんから」

ここで、3章で触れた970万円馬券が的中できた07年のNHKマイルCについて思い出してもらいたい。双馬は馬連のみの的中し、目前の3連単の970万円馬券を買うことはできなかった。「3連複が獲れなかったのは当時の自分が未熟だったが、3連単はリスクがあるのでどちらにしろ狙えなかった」と双馬が語っているが、これは「1000万馬券を狙うために数十万

円の資金の目減りがありえる」リスクを現状では受け入れられないからなのだ（ただし、双馬は今回の検証のように機械的に馬券を買うわけではないので、3連単自体は購入する）。

3連単100円ボックスは3連複100円ボックス以上のリターンが見込めるが、その上昇分のリスクも背負わなければならない。100円単位の馬券であっても、3連単では1000万円が狙える代わりに数十万円単位で資金が減る期間を受け入れる覚悟がいる。3連複ならば、狙える配当の最大値は3連単よりも下がるが（とはいえ600万円馬券も的中させているが）する最大リスクも下がる。特に当時の双馬は、資金が目減りする最大リスクを10万円以下に抑えたいから、1000万円の夢はあきらめていたわけだ。

1レースで1000万円の獲得を目指して──

しかし、今、自らの方式が軌道に乗ってきた双馬は、1レースで1000万円以上の獲得に闘志を燃やしている。

「さらに買い方やリストの的中精度を上げる研究、検証を深めれば、より効率的に3連単1000万円馬券を狙う方式が作れるかもしれません。そのためにバイトも辞めて毎日ローテーションを研究しているんで

すから。やっぱり芸人は金持ちだからなぁ、なんて泣き言をいいながら家で毎日、競馬の研究をしているのは惨めです。

それから、3ヵ月で50万円程度の資金が減る買い方は、リスクとは思わないよって堂々といえるくらいの馬券長者になるのが目標です（笑）」

それにしても、我々取材班にとっては、双馬を先物買いできたのは幸運だった。今後さらに研究が進み、数百万レベルの馬券を安定して狙い続けられる方式が本格的に完成したとしよう（双馬の競馬に対する熱意、研究の速度に伴う利益上昇率から、おそらくそうなると取材班は確信している）。

そのときに双馬と出会ったら、果たして双馬は取材に応じてくれただろうか？

リストは公開されただろうか？

もしかすると、取材を断られ、この方式は本誌で公表されなかった可能性もある。

いやいや。双馬の義理堅い性格ならば快く応じてくれたことだろう。双馬は今回の検証に協力してくれたスタッフ、そして我々取材班にも、いつも丁寧にお礼をする好青年だ。

双馬は今回の企画によって、検証スタッフの協力や取材から刺激を受けたという。【双馬の方式】は、日々成長している手応えを我々取材班も強く感じる。

今後も【双馬の方式】の進化を、「競馬最強の法則」誌などを通じてお伝えすることを約束しよう。

第4章◎【双馬の方式】運用検証──何も考えずに儲ける方法

著者プロフィール

双馬 毅（そうま・つよし）

友人に勧められて競馬を始めて以来、ローテーションに興味を持つ。その研究の結果、「競馬最強の法則」2007年9月号にて「××馬で未勝利戦を金にする男」としてデビュー。当時は看板張替え業のアルバイトと馬券で生計を立てていたが、ここにきて「馬券で食う生活」をスタートさせる。以下のＨＰでは××馬の最新情報やレース回顧などを掲載中（無料で読めるコラムもあり）。

http://batubatu.com/

奇跡のローテーション馬券術
双馬の方式【完全版】

2008年5月25日　初版第一刷発行
2010年6月20日　初版第二刷発行

著　者　　双馬毅＆「競馬最強の法則」特捜班
　　　　　©Souma Tsuyoshi
　　　　　& Keiba Saikyou no Housoku Tokusouhan
　　　　　Printed in Japan,2008

発行者　　栗原幹夫
発行所　　KKベストセラーズ
　　　　　〒170-8457　東京都豊島区南大塚2―29―7
　　　　　電　話　03-5976-9121
　　　　　振　替　00180-6-103083
　　　　　http://www.kk-bestsellers.com/

印刷　　　錦明印刷
製本　　　ナショナル製本
装丁　　　橋元浩明（so what.）　本文デザインDTP　平田充宏（サイツ）
ISBN978-4-584-13076-6　C0075

定価はカバーに表示してあります。乱丁・落丁本がございましたらお取り換えいたします。本書の内容の一部あるいは全部を複製・複写（コピー）することは、法律で認められた場合を除き、著作権及び出版権の侵害になりますので、その場合はあらかじめ小社あてに許諾を求めてください。

芝1600m

未勝利
芝1200 ×	➡	芝1600 ×
芝1800 ×	➡	芝1600 ×
芝1400 ×	➡	芝1800 ×
芝1800 ×	➡	芝1800 ×
芝1800 ○	➡	芝1800 ×

複勝率 20.2%　複回率 110%

500万下
芝1200 ×	➡	芝1600 ×
芝1600 ×	➡	芝1600 ×
芝1400 ×	➡	芝1800 ×
芝1800 ◎	➡	芝1800 ×
芝1800 ○	➡	芝1800 ×

複勝率 27.9%　複回率 169%

1000万下〜OP
芝1600 ×	➡	芝1400 ×
芝1600 ×	➡	芝1800 ×
芝1600 ◎	➡	芝1800 ×
芝1600 ×	➡	芝2000 ×
芝1800 ×	➡	芝2000 ×

複勝率 17.9%　複回率 108%

重賞
芝1600	➡	芝1600
芝2200	➡	芝1600

複勝率 19.5%　複回率 117%

芝1700〜1800m

未勝利
芝1200 ×	➡	芝1800 ×
芝1400 ×	➡	芝1800 ×
芝1800 ×	➡	ダ1800 ××
芝2000 ×	➡	芝2200 ×
芝2200 ×	➡	芝2000 ×

複勝率 20.1%　複回率 126%

500万下
芝1600 ×	➡	芝1400 ×
芝1800 ×	➡	芝1600 ×
ダ1800 ×	➡	ダ1800 ×
芝2200 ×	➡	芝2000 ×
芝2200 ×	➡	芝2200 ×

複勝率 18.8%　複回率 110%

1000万下〜OP
芝1800 ◎	➡	芝1800 ×
芝1800 ○	➡	芝1800 ×
芝1600 ×	➡	芝1800 ◎
芝2000 ○	➡	芝2000 ×
芝2000 ×	➡	芝2000 ○

複勝率 26.8%　複回率 121%

重賞
芝1600	➡	芝1600
芝2000	➡	芝1600
芝1600	➡	芝1800
芝2000	➡	芝2000
芝2200	➡	芝2200

複勝率 18.1%　複回率 113%

芝2000m

未勝利
ダ1800 ×	➡	ダ1800 ×
芝1800 ×	➡	芝2000 ×
ダ1800 ×	➡	芝2000 ×
芝2000 ×	➡	芝2200 ×
芝2000 ×	➡	芝2200 ××

複勝率 20.9%　複回率 125%

500万下
ダ1700 ×	➡	ダ1800 ×
ダ1800 ×	➡	ダ1800 ×
芝1800 ×	➡	芝1800 ×
芝1600 ×	➡	芝2000 ×
芝2200 ×	➡	芝2200 ×

複勝率 20.0%　複回率 127%

1000万下〜OP
芝1800 ×	➡	芝2000 ◎
芝2200 ×	➡	芝2000 ◎
芝2000 ×	➡	芝2200 ◎
芝1800 ×	➡	芝2200 ×
芝2000 ×	➡	芝2200 ×

複勝率 27.5%　複回率 146%

重賞
芝1800	➡	芝1800
芝2000	➡	芝1800
芝1600	➡	芝2000
芝2000	➡	芝2200

複勝率 18.7%　複回率 118%

芝2200m以上

未勝利
芝1800 ×	➡	芝2000 ×
芝2000 ×	➡	芝2000 ×
芝2200 ×	➡	芝2000 ×
芝2000 ×	➡	芝2200 ×

複勝率 21.9%　複回率 110%

500万下
芝2000 ×	➡	芝1800 ×
芝2000 ×	➡	芝2000 ×
芝2200 ×	➡	芝2000 ×
芝2000 ×	➡	芝2200 ×

複勝率 18.5%　複回率 109%

1000万下〜OP
芝2000 ×	➡	芝2000 ◎
芝2200 ×	➡	芝2000 ×
芝2000 ×	➡	芝2200 ◎
芝2200 ×	➡	芝2200 ◎
芝2200 ×	➡	芝2200 ××

複勝率 21.6%　複回率 131%

重賞
芝2000	➡	芝2200

複勝率 20.1%　複回率 108%

【双馬厳選ローテ集】

*ローテーションの表記は、前々走→前走の順番となっている

ダート1000m

未　勝　利	５００万下
ダ1000×→ダ1000×	ダ1200×→ダ1000×
ダ1400×→ダ1000×	ダ1400×→ダ1000×
ダ1200×→ダ1200××	ダ1000×→ダ1200×
ダ1200×→芝1200×	ダ1000×→ダ1200××
芝1200×→芝1200×	ダ1200×→ダ1400××
複勝率　23.2%	複勝率　18.2%
複回率　107%	複回率　110%

ダート1150～1200m

未　勝　利	５００万下	1000万下～ＯＰ
芝1600×→芝1200×	ダ1200◎→ダ1200×	ダ1200◎→芝1200×
芝1600××→芝1200×	ダ1700××→ダ1200×	ダ1400×→ダ1200×
芝1200×→芝1400×	ダ1200×→芝1200×	ダ1400×→ダ1400×
芝1200×→芝1400××	ダ1200×→ダ1400×	ダ1200×→ダ1400×
芝1800×→芝1800×	ダ1700×→ダ1700×	ダ1400×→ダ1600×
複勝率　19.7%	複勝率　22.0%	複勝率　15.3%
複回率　154%	複回率　145%	複回率　104%

ダート1300～1400m

未　勝　利	５００万下	1000万下～ＯＰ
ダ1200×→ダ1200×	ダ1400◎→ダ1200×	ダ1200◎→ダ1400×
ダ1200××→ダ1400×	ダ1200×→ダ1400◎	ダ1400×→ダ1400×
ダ1700×→ダ1700×	ダ1800×→ダ1800×	ダ1700×→ダ1400×
ダ1200××→ダ1800××		ダ1800××→ダ1700×
―　　→ダ1800×		ダ1700×→ダ1800×
複勝率　20.4%	複勝率　23.2%	複勝率　19.0%
複回率　123%	複回率　182%	複回率　120%

ダート1600m

未　勝　利	５００万下	1000万下～ＯＰ
ダ1800×→ダ1800×	該当ローテなし	ダ1800×→ダ1800×
ダ1800×→ダ1800××		複勝率　21.3%
複勝率　25.0%		複回率　99%
複回率　184%		

芝1200m

未　勝　利	５００万下
芝1200×　→　ダ1200×	芝1200×　→　ダ1200×
ダ1200×　→　ダ1200×	芝1200×　→　芝1200◎
芝1600×　→　芝1200×	芝1200○　→　芝1200◎
芝1200×　→　芝1400×	芝1400×　→　芝1400×
芝1600×　→　芝1600×	芝1800×　→　芝1800×
複勝率　21.1%　複回率　130%	複勝率　21.0%　複回率　118%

1000万下～ＯＰ	重　賞
芝1200×　→　芝1200◎	ダ1000　→　芝1200
芝1200×　→　芝1400×	ダ1200　→　芝1200
芝1400◎　→　芝1400×	ダ1400　→　芝1200
芝1400×　→　芝1400×	芝1400　→　芝1400
芝1400×　→　芝1600×	芝1600　→　芝1400
複勝率　18.9%　複回率　104%	複勝率　27.7%　複回率　154%

芝1400～1500m

未　勝　利	５００万下
ダ1200×　→　ダ1200×	芝1200×　→　芝1400×
芝1600×　→　芝1400×	芝1200◎　→　芝1400×
芝1200×　→　芝1600×	芝1600×　→　芝1800×
芝1400×　→　芝1600×	
芝1600×　→　芝1600×	
複勝率　25.8%　複回率　178%	複勝率　20.2%　複回率　110%

1000万下～ＯＰ	重　賞
芝1200○　→　芝1200◎	芝1400　→　芝1600
芝1200×　→　芝1200◎	芝1600　→　芝1600
芝1600×　→　芝1200×	
芝1600×　→　芝1800×	
複勝率　19.9%　複回率　124%	複勝率　20.3%　複回率　104%

袋とじには、各距離、クラス別に厳選した「激変ローテーション」を掲載した。

また、その条件で指示された「激変ローテーション」を03年1月～08年2月の期間、買い続けた場合の的中率、回収率も示されている。

本書で書かれている双馬の実践例をより理解することや「激変血統」を絡ませることによって、より大きな回収は期待できるが、袋とじに厳選されている「激変ローテーション」に目を通すだけでも、勝利を手にできるはずだ。

例えば、芝の1200mの未勝利戦ならば、

- 前々走芝1200m× ➡ 前走ダ1200m×
- 前々走ダ1200m× ➡ 前走ダ1200m×
- 前々走芝1600m× ➡ 前走芝1200m×
- 前々走芝1200m× ➡ 前走芝1400m×
- 前々走芝1600m× ➡ 前走芝1600m×

この5つの「激変ローテーション」に該当する馬の複勝を買い続ければ、過去5年あまりで的中率21.1%、回収率130%を実現できたわけだ。

もちろん、複勝だけではなく、「激変ローテーション」に該当する馬を軸にワイド、3連複を買えばより大きな利益も期待できる。

ダート1700m

未勝利	500万下	1000万下～OP
芝1200×➡芝1200×	ダ1400×➡ダ1400×	ダ1800×➡ダ1600×
ダ1700×➡ダ1700×	ダ1400×➡ダ1800×	ダ1700×➡ダ1800×
ダ1700×➡ダ1700××	ダ1700×➡ダ1800×	ダ1800×➡ダ1800×
ダ1800×➡ダ1800×	芝1800×➡芝1800×	複勝率 18.6%
芝1800×➡芝1800×	ダ1700×➡ダ2000×	複回率 105%
複勝率 18.8%	複勝率 18.5%	
複回率 132%	複回率 108%	

ダート1800m

未勝利	500万下	1000万下～OP
ダ1800×➡ダ1800×	ダ1800×➡ダ1400×	ダ1800×➡ダ1400×
ダ1700×➡ダ1800×	ダ1800◎➡ダ1800×	ダ1700×➡ダ1700×
ダ1800×➡ダ1700×	ダ1400×➡ダ1800×	ダ1800◎➡ダ1800×
芝1800×➡芝2000×	芝1800×➡芝2000×	ダ1800◎➡ダ1800◎
芝2000×➡芝2000×	ダ2100×➡ダ2100×	ダ1800×➡ダ1800◎
複勝率 23.9%	複勝率 21.5%	複勝率 20.7%
複回率 120%	複回率 127%	複回率 106%

ダート2000m以上

500万下	1000万下～OP
ダ1700×➡ダ1800×	ダ1800×➡ダ2100×
ダ1800×➡ダ1800×	複勝率 24.0%
ダ2100××➡ダ2100×	複回率 129%
複勝率 27.7%	
複回率 154%	

【双馬毅のホームページ】

双馬は毎週ローテーションデータを入力して、常に期待値の高いローテーションを分析している。

双馬毅の最新ローテーション情報、「激変血統」の情報はホームページで報告されるとのこと。ご確認いただきたい。

▼ホームページアドレス（携帯、パソコンともに同じ）
http://batubatu.com/

10万馬券直結!

袋とじ【双馬厳選ローテーション】

【即、金になる袋とじ】

双馬厳選ローテーション

← 左端をカッター等で、ていねいにご開封ください。

このローテだけ買い続ければ勝てる!